GEMEENTELIJK ZAKBOEKJE BESTUUR 2021

GEMEENTELIJK ZAKBOEKJE BESTUUR 2021

Brecht WARNEZ
Vakgebied Bestuursrecht, Universiteit Gent

Wolters Kluwer

Kopij afgesloten op 1 oktober 2020.

Verantwoordelijke uitgever: Paul De Ridder

Ragheno Business Park
Motstraat 30
2800 Mechelen

Klantenservice:
Motstraat 30
2800 Mechelen
Tel.: 015 78 76 00
klant.BE@wolterskluwer.com
www.wolterskluwer.be

D/2020/2664/118
ISBN 978-94-03-01701-3
BP/GEMZBEL-PI20001

VOORWOORD

De lokale besturen vormen het basisniveau van de bestuurlijke en territoriale organisatie in België. Allerminst is het verrassend te noemen dat de maatschappelijke ontwikkelingen hun invloed hebben uitgeoefend op de lokale besturen als instelling. De Romeinse *civitas* is niet wat een gemeente vandaag is en ook in de toekomst zullen lokale entiteiten andere gedaantes aannemen. Toch hebben de lokale besturen en de gemeenten in het bijzonder, uit welke tijdsperiode dan ook, één gemeenschappelijk kenmerk: ze staan het dichtst bij de burger en zijn voor de burger het meest herkenbaar. Net daarom moeten we een grote waarde hechten aan het besturen van de gemeenten, OCMW's, provincies en alle aanverwante lokale besturen.

De inrichters van de Belgische staat betonneerden in 1831 de gemeenten daarom, als voornaamste lokale entiteit, in de Grondwet. Vanuit die burgernabije visie verzekerde de Grondwet de rechtstreekse verkiezing van de gemeenteraden en de openbaarheid van vergaderingen en de begrotingen. Dat die gemeenten geen papieren structuren waren, bleek uit de grondwettelijk gewaarborgde gemeentelijke autonomie en lokale fiscale autonomie. Eenzelfde aandacht werd aan de provincies geschonken. De concrete invulling van die beginselen volgde in de Gemeentewet en de Provinciewet van 1836.

In die 180 jaar die volgden, staken er nog verschillende andere lokale besturen de kop op. Denken we bijvoorbeeld aan de Commissies van Openbare Onderstand (de huidige OCMW's), de intercommunales (de huidige intergemeentelijke samenwerkingsverbanden), de politiezones, kerkbesturen, polders en wateringen of, recenter nog, de hulpverleningszones.

Dit zakboekje geeft een overzicht van de organisatie, werking en bevoegdheden van deze plaatselijke entiteiten waarbij de band met de gemeente, als belangrijkste lokale instelling, niet uit het oog wordt verloren. Bij elk aspect wordt bijzondere aandacht besteed aan de juridische grondslagen waarop een lokale bestuurder kan terugvallen. Hierbij aansluitend kan de lezer achteraan dit zakboekje tabellen raadplegen met kruisverwijzingen tussen de tekst en de belangrijkste lokale regelgeving. In de bijlagen zijn voorts de noodzakelijke administratieve gegevens van de lokale besturen te vinden.

Vanuit de praktijk brengt dit zakboekje naast de commentaren ook voorbeelden, schema's en tabellen aan. Het Gemeentelijk Zakboekje Bestuur beoogt dan ook een onmisbare en veilige gids te zijn voor eenieder die met de gemeente of een ander lokaal bestuur te maken heeft.

Brecht WARNEZ
1 oktober 2020

ALGEMENE INHOUD

Voorwoord V

RELEVANTE WETGEVING 1

1. Bevoegdheidsverdeling in de Belgische federale staat 2

2. Relevante wetgeving en afkortingen 4

3. Inwerkingtreding Decreet Lokaal Bestuur 6

DEEL I DE GEMEENTE EN HET OCMW 7

HOOFDSTUK 1 DE TAAKSTELLING 11

1. De taak van de gemeente 11
1.1. Het gemeentelijk belang 11
1.1.1. Principiële taakstelling 11
1.1.2. Begrip 'gemeentelijk belang' 11
1.1.3. Beperkingen 12
1.2. Uitvoeren van taken die het gemeentelijk belang overschrijden 12

2. De taak van het OCMW 13
2.1. Maatschappelijke dienstverlening 14
2.1.1. Actiemiddelen 14
2.1.2. Beroep 19
2.2. Lokaal sociaal beleid 19
2.3. Recht op maatschappelijke integratie 20
2.3.1. Maatschappelijke integratie voor personen jonger dan 25 jaar 21
2.3.2. Maatschappelijke integratie voor personen vanaf 25 jaar 22
2.3.3. Het geïndividualiseerd project voor maatschappelijke integratie (GPMI) 22
2.3.4. Bedrag van het leefloon 23
2.3.5. De procedure 23
2.3.6. Beroep 24

HOOFDSTUK 2 DE GEMEENTERAADSVERKIEZINGEN 25

1. Wie kan zijn stem uitbrengen? 26
1.1. Kiezerslijst 26

1.2. Belgische onderdanen ('algemene kiesvoorwaarden') 27
1.3. EU-burgers 27
1.4. Niet-EU-burgers 28
1.5. Uitsluiting of schorsing 28

2. Wie kan verkozen worden? 28
2.1. Voorwaarden 28
2.2. Kandidatenlijsten 29
2.2.1. Voordrachtsakten 29
2.2.2. Verkiezing zonder stemverrichting 30
2.2.3. Onderzoek van de kandidatenlijst 30

3. Verkiezingsuitgaven 31
3.1. Beperkingen 31
3.2. Verboden of gereglementeerde propaganda 33
3.3. Giften en sponsoring 33
3.4. Aangifte 34
3.5. Controle en sancties 35

4. Organisatie 37

5. Stemverrichtingen op de verkiezingsdag 38
5.1. De stemming 38
5.1.1. Het stemlokaal 38
5.1.2. Stemmen op papier 39
5.1.3. Digitaal stemmen 41
5.1.4. Stemmen bij volmacht 42
5.2. Het stembiljet – het beeldscherm 44
5.3. Einde van de stemming 44

6. Tellen van de stemmen 45
6.1. Stembussen 45
6.2. Telbureau 45
6.3. Telling 45

7. Zeteltoewijzing 46
7.1. Stemcijfer 46
7.2. Zetelverdeling 46
7.3. Verkozenen en opvolgers 47

8. Verkiezingsbetwistingen 49
8.1. Raad voor Verkiezingsbetwistingen 49
8.2. Bezwaar 49
8.3. Ambtshalve onderzoek 50
8.4. Andere bevoegdheden 50
8.5. Beroep 51

HOOFDSTUK 3 DE BESTUURSORGANEN 53

1. Gemeente- en OCMW-raad 53
1.1. Samenstelling 53

1.1.1. Verkiezingen 53
1.1.2. Leden 54
1.1.3. Installatievergadering 56
1.1.4. Tijdelijke beëindiging van het mandaat 64
1.1.5. Definitieve beëindiging van het mandaat 66
1.1.6. Opvolging – plaatsvervanging 70
1.2. Werking 71
1.2.1. Bijeenroeping van de gemeente- en OCMW-raad 71
1.2.2. Agenda 73
1.2.3. Het ter beschikking stellen van de dossierstukken 75
1.2.4. Vergaderlokaal 76
1.2.5. Vergaderdata 76
1.2.6. Openbaarheid van de raadszittingen 76
1.2.7. Het openen en sluiten van en de ordehandhaving tijdens de vergadering 78
1.2.8. Aanwezigheidsquorum 78
1.2.9. Belangenvermenging (onpartijdigheidsbeginsel) 79
1.2.10. Beraadslaging 81
1.2.11. Stemming 81
1.2.12. Notulen 83
1.2.13. Huishoudelijk reglement 85
1.2.14. Deontologische code 86
1.2.15. Commissies 86
1.2.16. Fractie 88
1.3. Bevoegdheden 90
1.3.1. Volheid van bevoegdheid 90
1.3.2. Uitdrukkelijk toegewezen bevoegdheden 91
1.3.3. Delegatie van bevoegdheden 92
1.4. Statuut van het gemeente- en OCMW-raadslid 94
1.4.1. Politiek verlof 94
1.4.2. Bezoldiging en vergoedingen 96
1.4.3. Eretitels 99
1.4.4. Burgerlijke aansprakelijkheid en strafrechtelijke verantwoordelijkheid 99
1.4.5. Mandatendatabank 100
1.5. Rechten en plichten van het gemeente- en OCMW-raadslid 100
1.5.1. Algemeen inzagerecht 101
1.5.2. Briefwisseling 102
1.5.3. Bezoekrecht 102
1.5.4. Bijstand door een vertrouwenspersoon 103
1.5.5. Verbodsbepalingen 104

2.	**College van burgemeester en schepenen en vast bureau**	105
2.1.	Samenstelling	105
2.1.1.	Leden	105
2.1.2.	Voordracht	107
2.1.3.	Rangorde	111
2.1.4.	Tijdelijke beëindiging van het mandaat	112
2.1.5.	Definitieve beëindiging van het mandaat	115
2.1.6.	Individuele opvolging en plaatsvervanging	117
2.1.7.	Collectieve vervanging wegens structurele onbestuurbaarheid	118
2.2.	Werking	120
2.2.1.	Bijeenroeping en vergaderdata	120
2.2.2.	Openbaarheid van vergadering	121
2.2.3.	Voorzitterschap	121
2.2.4.	Aanwezigheidsquorum	121
2.2.5.	Belangenvermenging	122
2.2.6.	Stemming	122
2.2.7.	Collegiaal orgaan	123
2.2.8.	Notulen	123
2.2.9.	Huishoudelijk reglement	124
2.2.10.	Deontologische code	125
2.3.	Bevoegdheden	125
2.3.1.	Toegewezen bevoegdheden	125
2.3.2.	Delegatie van bevoegdheid	127
2.4.	Statuut als lid van het CBS en het vast bureau	129
2.4.1.	Politiek verlof	129
2.4.2.	Bezoldiging en vergoedingen	131
2.4.3.	Eretitels	138
2.4.4.	Onderscheidingsteken en ambtskledij	138
2.4.5.	Burgerlijke aansprakelijkheid	138
2.5.	Bijzondere rechten en plichten als lid van het CBS	139
2.5.1.	Inzagerecht, recht van afschrift en bezoekrecht	139
2.5.2.	Bijstand door een vertrouwenspersoon	140
2.5.3.	Kennis van de bestuurstaal	140
2.5.4.	Vermogensaangifte	141
3.	**De burgemeester en voorzitter van het vast bureau**	142
3.1.	Benoeming	142
3.1.1.	Voordracht en benoeming	142
3.1.2.	Tijdelijke of definitieve beëindiging van het mandaat	145
3.1.3.	Individuele opvolging en plaatsvervanging	146
3.1.4.	Collectieve vervanging wegens structurele onbestuurbaarheid	147

3.2. Werking 147
3.2.1. Voorzitter 147
3.2.2. Buiten de raad 147
3.3. Bevoegdheden 148
3.3.1. Uitvoering wetten, decreten en uitvoeringsbesluiten 148
3.3.2. Bestuurlijke politie 148
3.3.3. Andere toegewezen bevoegdheden 150
3.4. Statuut 152
3.4.1. Eretitels 152
3.4.2. Onderscheidingsteken en ambtskledij 152

4. Het bijzonder comité voor de sociale dienst (BCSD) 153
4.1. Samenstelling 153
4.1.1. Leden 153
4.1.2. Voordracht van BCSD-voorzitter 153
4.1.3. Voordracht van de BCSD-leden 154
4.1.4. Overige regels 155
4.2. Werking 155
4.2.1. Vergadering 155
4.2.2. Subcomités 155
4.3. Bevoegdheden 155
4.3.1. Het BCSD 155
4.3.2. De BCSD-voorzitter 156

HOOFDSTUK 4 PERSONEEL 157

1. Organogram 157

2. Het managementteam 157
2.1. Samenstelling 157
2.2. Algemeen directeur 158
2.2.1. Aanstelling 158
2.2.2. Tijdelijke vervanging 159
2.2.3. Definitieve vervanging 159
2.2.4. Taakstelling 160
2.2.5. Bijzondere rechten en plichten 161
2.3. Financieel directeur 162
2.3.1. Algemeen 162
2.3.2. Taakstelling 163
2.3.3. Dwangbevel 163

3. Personeelsbehoefte en -planning 165

4. Rechtspositie 165
4.1. Statutaire en contractuele personeelsleden 165
4.2. Rechtspositieregeling 166
4.2.1. Minimaal opgenomen aspecten 166
4.2.2. Mandaatstelsel 167

	4.2.3. Opdrachthouderschap	167
4.3.	Aanstelling en eedaflegging	168
	4.3.1. Bevoegdheid	168
	4.3.2. Aanstellingsprocedures	168
	4.3.3. Aanwerving	169
	4.3.4. Samenwerking	170
	4.3.5. Eedaflegging	170
4.4.	Opvolging, feedback en evaluatie	170
	4.4.1. Opvolging en feedback	170
	4.4.2. Evaluatieprocedure	171
	4.4.3. Gevolgen van het evaluatieresultaat	172
	4.4.4. Beroep	173
4.5.	Deontologische rechten en plichten	173
	4.5.1. Uitoefening ambt	173
	4.5.2. Deontologische code	174
4.6.	Uitzonderingsregeling voor grote steden	174
5.	**Samenwerking**	174
5.1.	Terbeschikkingstelling en overdracht van personeel	174
5.2.	Gezamenlijke aanwerving en selectie	175
5.3.	Gemeenschappelijke diensten bij gemeente en OCMW	175
5.4.	Overdracht personeel tussen gemeente en OCMW	176
6.	**Tucht**	176
6.1.	Toepassingsgebied	176
6.2.	Preventieve schorsing	176
6.3.	Tuchtstraffen	177
6.4.	Tuchtprocedure	178
	6.4.1. Tuchtoverheid	178
	6.4.2. Procedure	178
	6.4.3. Beroep	179
6.5.	Verjaring en doorhaling	179
7.	**Bijzondere personeelsleden: de maatschappelijk werker**	180
8.	**Databank van de leidende ambtenaren**	181
HOOFDSTUK 5	**PLANNING EN FINANCIËN**	183
1.	**De beleids- en beheerscyclus (BBC)**	183
1.1.	Algemeen	183
1.2.	De rapporten	183
	1.2.1. Beleidsrapporten	184
	1.2.2. Beheersrapporten	184
	1.2.3. Opvolgingsrapportering	184
1.3.	Het principe van gezamenlijke rapportering van de gemeente en het OCMW	185

2.	**Strategische meerjarenplanning**	186
2.1.	Definitie en structuur	186
	2.1.1. Definitie	186
	2.1.2. Strategische nota	187
	2.1.3. Financiële nota	187
	2.1.4. Toelichting	191
2.2.	Opmaak en goedkeuring	192
	2.2.1. (Voor)ontwerp	192
	2.2.2. Vaststelling	192
2.3.	Aanpassingen	194
2.4.	Toezicht	195
3.	**Uitgaven en ontvangsten**	196
3.1.	Uitgaven	196
	3.1.1. Betalingen van uitgaven	196
	3.1.2. Soorten uitgaven	197
3.2.	Ontvangsten	197
	3.2.1. Facturatie en invordering van ontvangsten	197
	3.2.2. Soorten ontvangsten	198
	3.2.3. Fiscale ontvangsten	198
	3.2.4. Retributies	200
	3.2.5. Tarieven	201
	3.2.6. Vlaams Gemeentefonds	201
	3.2.7. Openruimtefonds	207
	3.2.8. Tussenkomst responsabiliseringsbijdrage	207
	3.2.9. Investeringsfonds	208
	3.2.10. Andere toelagen van hogere overheden	212
	3.2.11. Leningen	212
4.	**Boekhouding**	212
5.	**Jaarrekening**	213
5.1.	Definitie en structuur	213
5.2.	Opmaak en goedkeuring	214
5.3.	Toezicht	214
HOOFDSTUK 6	**DE WERKING**	217
1.	**Akten van de gemeente en het OCMW**	217
1.1.	Informatiedrager	217
1.2.	Ondertekening	217
1.3.	Bekendmaking, kennisgeving en inwerkingtreding	219
	1.3.1. Bekendmaking	219
	1.3.2. Inwerkingtreding	221
	1.3.3. Kennisgeving	221
1.4.	Briefwisseling	221
2.	**Gemeentelijk goederenrecht**	222
2.1.	Overheidsopdrachten	222

2.1.1. Amalgaam aan wetgeving 222
2.1.2. Aanbestedende overheid 223
2.1.3. Aanneming van werken, leveringen en diensten 224
2.2. Concessieovereenkomst 226
2.3. Domeingoederen 227
2.4. Onteigening 228
2.4.1. Grondwettelijke bescherming 228
2.4.2. Onteigeningsvoorwaarden 228
2.4.3. Onteigeningsinstanties met en zonder machtigingsbevoegdheid 229
2.4.4. Bestuurlijke procedure 229
2.4.5. Gerechtelijke procedure 230
2.5. Opeising 231
2.6. Erfdienstbaarheden tot gemeentelijk nut 231
2.7. Recht van voorkoop 232
2.8. Overdracht van gewestwegen 232
2.9. Aanstellen van een landmeter-expert 233

3. Berekening van termijnen 233

4. Rechtsvorderingen en -vertegenwoordiging 234

5. Communicatie 235

HOOFDSTUK 7 ORGANISATIEBEHEERSING EN AUDIT 237

1. Organisatiebeheersing 237

2. Audit 239

HOOFDSTUK 8 VERZELFSTANDIGING EN DEELNAME AAN RECHTSPERSONEN 241

1. Algemeen 241
1.1. Basisbeginselen 241
1.2. Verzelfstandigingsvormen 241

2. Interne verzelfstandiging (GIVA) 242

3. Gemeentelijke externe verzelfstandiging (GEVA) 243
3.1. Algemeen 243
3.1.1. Definitie en taken 243
3.1.2. Taken van gemeentelijk belang 243
3.1.3. Oprichting, deelname en ter beschikkingstelling van middelen 244
3.1.4. Evaluatie 244
3.1.5. Bestuursrechtelijke beginselen 245
3.1.6. Onverenigbaarheden 245
3.1.7. Presentiegeld en vergoedingen 246

3.2. Autonoom gemeentebedrijf (AGB) 246
3.2.1. Definitie 246
3.2.2. Oprichting 246
3.2.3. Beheersovereenkomst 247
3.2.4. Raad van Bestuur 248
3.2.5. Directiecomité en gedelegeerd bestuurder (facultatief) 249
3.2.6. Andere organen 249
3.2.7. Informatieplicht aan gemeente 249
3.2.8. Openbaarheid, inzage- en bezoekrecht 249
3.2.9. Personeel 250
3.2.10. Financiën 250
3.3. GEVA in privaatrechtelijke vorm 250
3.3.1. Definitie 250
3.3.2. Oprichting 251
3.3.3. Samenwerkingsovereenkomst 251
3.3.4. Algemene vergadering en raad van bestuur 252
3.3.5. Personeel 252
3.4. Autonoom gemeentelijk havenbedrijf 252
3.4.1. Definitie 252
3.4.2. Oprichting 253
3.4.3. Raad van bestuur en directiecomité 253

4. Verenigingen of vennootschappen voor maatschappelijk welzijn 253
4.1. Algemeen 253
4.1.1. Vijf samenwerkingsvormen 253
4.1.2. Presentiegelden 254
4.1.3. Maximumaantal mandaten 254
4.2. Welzijnsvereniging 254
4.3. Autonome verzorgingsinstelling 255
4.4. Ziekenhuisvereniging 255
4.5. Vereniging of vennootschap voor sociale dienstverlening 256
4.6. Woonzorgvereniging of -vennootschap 256

5. Deelname aan en oprichting van andere rechtspersonen 257
5.1. Vereniging, stichting en vennootschap met sociaal oogmerk 257
5.2. Andere vennootschap 258
5.3. Beperkingen 258
5.4. Ad-hocmachtiging 259

6. Overeenkomsten tussen het OCMW en een andere openbare of private instelling 259
6.1. Medewerking van personen, inrichtingen en diensten 259

6.2. Samenwerkingsovereenkomst met openbare of private personen of instellingen 259
6.3. Samenwerkingscomité 260

HOOFDSTUK 9 DISTRICTSORGANISATIE 261

1. Inrichting 261

2. Bestuursorganen 261
2.1. Districtsraad 262
2.1.1. Samenstelling 262
2.1.2. Werking 262
2.1.3. Bevoegdheden 263
2.2. Districtscollege 264
2.2.1. Samenstelling 264
2.2.2. Werking 264
2.2.3. Bevoegdheden districtscollege 264
2.2.4. Bevoegdheden districtsburgemeester 265

3. Personeel 265

4. Financiën 266

5. Toezicht 266

HOOFDSTUK 10 INTERGEMEENTELIJKE SAMENWERKING 267

1. Overeenkomsten tussen gemeenten 267

2. Intergemeentelijke verenigingen 267
2.1. Toepasselijke regelgeving 267
2.2. Herwaardering van de gemeenteraad 268
2.3. Intergemeentelijke vereniging zonder rechtspersoonlijkheid: de interlokale vereniging 269
2.3.1. Organisatievorm 269
2.3.2. Leden 269
2.3.3. Oprichting 269
2.3.4. Bestuursorganen 270
2.3.5. Personeel 270
2.4. Intergemeentelijke vereniging met rechtspersoonlijkheid 270
2.4.1. Gemeenschappelijke bepalingen 270
2.4.2. De projectvereniging 273
2.4.3. De dienstverlenende en opdrachthoudende vereniging 274
2.4.4. Financiën 283
2.4.5. Rapportering 283
2.4.6. Bestuurlijk toezicht 283

HOOFDSTUK 11 PARTICIPATIE VAN DE BURGER 285

1. Klachtenbehandeling en ombudsdienst 285

2. Adviesraden en andere inspraakinitiatieven 285
2.1. Algemeen 285
2.2. Bescherming van ideologische en filosofische minderheden 286

3. Voorstellen van burgers 288

4. Verzoekschriften aan organen van de gemeente en het OCMW 288

5. Gemeentelijke volksraadpleging 289
5.1. Algemeen 289
5.2. Initiatief van inwoners 290
5.3. Procedure 291
5.4. Adviescommissie voor Volksraadplegingen 291

6. Budgetten voor wijkcomités en andere burgerinitiatieven 291

7. Optreden in rechte namens de overheid 292

HOOFDSTUK 12 BESTUURLIJK TOEZICHT 293

1. Inleiding 293
1.1. Definitie 293
1.2. Toezichthoudende overheden 293
1.3. Onderzoeksbevoegdheid toezichthoudende overheid 294
1.4. Klachtenprocedure 294

2. Algemeen bestuurlijk toezicht 295
2.1. Publicatie op webtoepassing en kennisgeving 295
2.2. De vernietiging(sprocedure) 295
2.2.1. Vernietiging 295
2.2.2. Termijn 296
2.2.3. Rapportering aan de gemeente- of OCMW-raad 296
2.2.4. Van rechtswege nietigheid 297
2.3. Toezicht op het meerjarenplan 297

3. Dwangtoezicht 297

4. Toezicht op de politiezones 298

5. Toezicht op de hulpverleningszones 298

6. Beslissing na beroep: tuchtmaatregelen 298

HOOFDSTUK 13 FUSIE VAN GEMEENTEN 299

1. Fusiemogelijkheden 299

1.1.	Principe van vrijwillige fusies	299
1.2.	Fusievoorwaarden	299
2.	**Aanmoedigingsmaatregelen**	300
3.	**Procedure**	300
3.1.	Principiële gemeenteraadsbeslissingen	300
3.2.	Coördinatie op ambtelijk niveau	301
3.3.	Gezamenlijk voorstel tot samenvoeging	301
3.4.	Samenvoegingsdecreet	302
4.	**Lopende zaken**	302
5.	**Nieuwe structuren, rechten en plichten**	303
5.1.	De bestuursorganen	303
5.2.	Gemeentelijke reglementen en verordeningen	304
5.3.	Overdracht van rechten en plichten	304
5.4.	Personeel	304
5.5.	Planning en financiën	305
5.6.	Relatie met aanverwante besturen	306

DEEL II DE PROVINCIE 307

HOOFDSTUK 1 DE TAAKSTELLING 309

1.	**Het provinciaal belang**	309
2.	**Betrekken van de burger**	310

HOOFDSTUK 2 DE BESTUURSORGANEN 311

1.	**Provincieraad**	311
1.1.	Samenstelling	311
	1.1.1. Verkiezingen	311
	1.1.2. Leden	314
	1.1.3. Installatievergadering	314
	1.1.4. Beëindiging van het mandaat en opvolging of plaatsvervanging	315
1.2.	Werking	316
1.3.	Bevoegdheden	317
	1.3.1. Volheid van bevoegdheid	317
	1.3.2. Uitdrukkelijk toegewezen bevoegdheden	317
	1.3.3. Delegatie van bevoegdheden	318
1.4.	Statuut van het provincieraadslid	320
1.5.	Rechten en plichten van het provincieraadslid	320
2.	**Deputatie**	320
2.1.	Samenstelling	320
	2.1.1. Leden	320
	2.1.2. Voordracht	321

2.1.3. Beëindiging van het mandaat en opvolging en vervanging 322
2.2. Werking 323
2.3. Bevoegdheden 324
2.3.1. Uitvoeringsbevoegdheden 324
2.3.2. Toegewezen bevoegdheden 324
2.3.3. Delegatie van bevoegdheden 325
2.4. Statuut als lid van de deputatie 326
2.5. Bijzondere rechten en plichten als lid van de deputatie 326

3. Gouverneur 327
3.1. Benoeming 327
3.1.1. Benoeming door gewestregering 327
3.1.2. Verblijfplaats 327
3.1.3. Eedaflegging 327
3.1.4. Onverenigbaarheid 328
3.1.5. Ontslag 328
3.1.6. Financiële belangenvermenging 328
3.2. Werking 329
3.2.1. Voorzitter 329
3.2.2. Bijwonen provincieraad 329
3.3. Bevoegdheden 329
3.3.1. Uitvoerende bevoegdheid 329
3.3.2. Vertegenwoordigingsbevoegdheid 329
3.3.3. Politionele bevoegdheid 330

4. De arrondissementscommissaris 330

HOOFDSTUK 3 PERSONEEL 333

HOOFDSTUK 4 PLANNING EN FINANCIËN 335

1. Provinciebelastingen 335

2. Vlaams Provinciefonds 336

HOOFDSTUK 5 DE WERKING 337

HOOFDSTUK 6 ORGANISATIEBEHEERSING EN AUDIT 339

1. Organisatiebeheersing 339

2. Audit 339

HOOFDSTUK 7 VERZELFSTANDIGING EN SAMENWERKING 341

1. Verzelfstandiging 341

2. Deelname aan rechtspersonen 341

3. Intergemeentelijke samenwerking 342

4. Contacten tussen provincies 342

HOOFDSTUK 8	**PARTICIPATIE VAN DE BURGER**	343
HOOFDSTUK 9	**BESTUURLIJK TOEZICHT**	345
HOOFDSTUK 10	**DE BOVENGEMEENTELIJKE BESTUREN ALS ALTERNATIEF VOOR DE PROVINCIES**	347
DEEL III	**AANVERWANTE BESTUREN EN INSTELLINGEN**	349
HOOFDSTUK 1	**POLITIEZONE**	351
1.	**De lokale politie**	351
1.1.	De geïntegreerde politiedienst	351
1.2.	Opdracht	351
	1.2.1. Basispolitie	351
	1.2.2. Federale opdrachten	351
1.3.	De politiezones	352
2.	**Bestuursorganen**	353
2.1.	Politieraad	353
	2.1.1. Bevoegdheden	353
	2.1.2. Samenstelling	353
	2.1.3. Werking	354
2.2.	Politiecollege	355
	2.2.1. Bevoegdheden	355
	2.2.2. Samenstelling	355
	2.2.3. Werking	355
2.3.	Zonale veiligheidsraad	356
3.	**Gezag en leiding**	357
4.	**Personeel**	357
4.1.	Personeelsformatie	357
4.2.	De korpschef	358
4.3.	Politiesecretaris	359
4.4.	Bijzondere rekenplichtige	360
5.	**Financiën**	360
6.	**Bestuurlijk toezicht**	361
HOOFDSTUK 2	**HULPVERLENINGSZONE**	363
1.	**De brandweerdiensten**	363
2.	**Bestuursorganen**	364
2.1.	Zoneraad	364
2.2.	Zonecollege	364
2.3.	Technische commissie	364
3.	**Personeel**	365

4.	**Financiën**	365
4.1.	Meerjarenbeleidsplan en actieplannen	365
4.2.	Financieringsbronnen	366
5.	**Bestuurlijk toezicht**	366
HOOFDSTUK 3	**KERKBESTUREN**	369
1.	**Vrijheid van eredienst**	369
1.1.	Grondwettelijke waarborgen	369
1.2.	Erkende erediensten	370
2.	**De rooms-katholieke eredienst ('kerkfabrieken')**	370
2.1.	Organisatie en werking	370
	2.1.1. De kerkfabriek	370
	2.1.2. Het centrale kerkbestuur	371
	2.1.3. Overleg met de gemeente	372
	2.1.4. Samenvoeging van parochies	373
	2.1.5. De kathedrale kerkfabriek	374
2.2.	Goederen	374
2.3.	Subsidiëring	374
	2.3.1. Wedden van de bedienaars van de erediensten	374
	2.3.2. Subsidiëring van eredienstgebouwen	375
2.4.	Financiën	376
	2.4.1. Financieel beheer	376
	2.4.2. Gemeentelijke verplichtingen	377
2.5.	Bestuurlijk toezicht	378
	2.5.1. Goedkeuringstoezicht	378
	2.5.2. Dwangtoezicht	378
	2.5.3. Algemeen bestuurlijk toezicht	378
2.6.	Rechtsgedingen	379
3.	**Andere erediensten**	379
3.1.	Benamingen	379
3.2.	Samenstelling van de bestuursraden	379
3.3.	Samenstelling van de centrale bestuursraden	380
3.4.	Wedden van de bedienaars van de erediensten	380
3.5.	Bestuurlijk toezicht	381
HOOFDSTUK 4	**POLDERS EN WATERINGEN**	383
1.	**Algemeen**	383
2.	**Opdracht**	383
3.	**Organen**	384
3.1.	Algemene vergadering	384
3.2.	Het bestuur	385

4. Personeel 385

5. Belasting 386

6. Werken 386
6.1. Uit te voeren werken 386
6.2. Subsidies voor het uitvoeren van waterhuishoudkundige werken 387
6.2.1. Het waterhuishoudplan 387
6.2.2. Investeringskosten 388

7. Bestuurlijk toezicht 389
7.1. Goedkeuringstoezicht 389
7.2. Dwangtoezicht 389
7.3. Algemeen toezicht 390

HOOFDSTUK 5 BELANGENVERENIGINGEN 391

DEEL IV ALGEMENE BEGINSELEN VOOR LOKALE BESTUREN 393

HOOFDSTUK 1 ALGEMENE BEGINSELEN VAN BEHOORLIJK BESTUUR 395

HOOFDSTUK 2 FORMELE MOTIVERING 397

1. Motiveringsverplichting 397
1.1. Algemene formele motiveringsverplichting 397
1.2. Uitdrukkelijk en afdoende 397

2. Toepassingsgebied 398
2.1. Bestuurshandeling 398
2.2. Catch all-beginsel 399

3. Uitzonderingen 399

DEEL V COMMUNICATIE DOOR LOKALE BESTUREN 401

HOOFDSTUK 1 ALGEMENE PRINCIPES 403

1. Heldere en begrijpelijke taal 403

2. Politieke en commerciële neutraliteit 403

3. Gebruik van externe media 404

4. Toegankelijkheid van websites en mobiele applicaties 404

HOOFDSTUK 2 OPENBAARHEID VAN BESTUUR 407

1. Toepassingsgebied 407

2. Passieve openbaarheid 408
2.1. Recht op inzage, informatie en afschrift 408

2.2. Op verzoek 409
2.3. Bevoegd personeelslid 410
2.4. Procedure 410
2.5. Uitzonderingen 410
2.6. Verbetering of aanvulling van bestuursdocumenten 412
2.7. Beroep 412

3. Actieve openbaarheid 413

4. Vermelden van de beroepsmogelijkheden 414

5. Bijzondere toepassing: akten en registers van de burgerlijke stand 414

HOOFDSTUK 3 UITWISSELEN VAN BERICHTEN 417

1. Vermelden contact- en beroepsgegevens 417

2. Elektronische uitwisseling van berichten 417
2.1. Procedure tot digitaal uitwisselen 417
2.2. Rechtsgevolgen 418
2.3. Digitale aangetekende zending 418
2.4. Elektronisch bestuurlijk gegevensverkeer 418

3. Verbod tot opvragen authentieke gegevensbronnen aan burger 419

HOOFDSTUK 4 TAALGEBRUIK 421

1. Taalgebruik in bestuurszaken 421
1.1. De taalgebieden 421
1.2. De bestuurstaal in gemeenten en OCMW's 422
1.2.1. Nederlands en Frans taalgebied 422
1.2.2. Duits taalgebied 423
1.2.3. De taalgrens- en randgemeenten 423
1.3. Toezicht en sancties 423

2. Taalgebruik bij de eedaflegging en in de gemeenteraad 424

DEEL VI BRUSSEL, TAALGRENS- EN RANDGEMEENTEN 425

HOOFDSTUK 1 BRUSSEL: HOOFDSTAD, GEWEST EN AGGLOMERATIE 427

1. Het begrip 'Brussel' 427
1.1. Stad Brussel 427
1.2. Brussels Hoofdstedelijk Gewest 427
1.3. Brusselse agglomeratie 427
1.4. Tweetalig gebied Brussel-Hoofdstad 428
1.5. Arrondissement Brussel-Hoofdstad 428
1.6. Hoofdstedelijke gemeenschap van Brussel 429

2. Het Brusselse gebied 430

3. Gemeenten uit agglomeratie Brussel 431
3.1. Taalregeling 431
3.2. Schepencollege 432

HOOFDSTUK 2 BIJZONDERE MAATREGELEN VOOR DE RAND- EN TAALGRENSGEMEENTEN 433

1. Randgemeenten en taalgrensgemeenten 433

2. De bestuursorganen 434
2.1. Maatregelen voor de randgemeenten, Komen en Voeren 434
2.1.1. College van burgemeester en schepen 434
2.1.2. Het OCMW 435
2.2. Maatregelen uitsluitend voor Voeren en Komen 436
2.2.1. Benoeming van de burgemeester 436
2.2.2. Tucht bij schepenen 436
2.2.3. College van provinciegouverneurs 436
2.2.4. Parlementsverkiezingen in Aubel en Heuvelland 437
2.3. Maatregelen uitsluitend voor de randgemeenten 437
2.3.1. Benoeming van de burgemeester 437

3. Bestuurlijk toezicht 438
3.1. Schorsings- en vernietigingstoezicht door provinciegouverneur 438
3.2. Op eensluidend advies 439

4. Taalgebruik 439
4.1. Diensten van de gemeente en het OCMW 439
4.1.1. Taalgrensgemeenten 439
4.1.2. Randgemeenten 440
4.1.3. Keuze van de bestuurstaal door de burger 440
4.2. Mandatarissen 441

DEEL VII BIJLAGEN 443

BIJLAGE 1 DECREET LOKAAL BESTUUR 445

Decreet over het lokaal bestuur – 22 december 2017 447

BIJLAGE 2 NIEUWE GEMEENTEWET 575

Nieuwe Gemeentewet – 24 juni 1988 577

BIJLAGE 3 KRUISVERWIJZINGSTABEL RELEVANTE WETGEVING 597

1. OCMW-Wet van 8 juli 1976 597
2. Provinciedecreet van 9 december 2005 597
3. Lokaal en Provinciaal Kiesdecreet van 8 juli 2011 598
4. Digitaal Kiesdecreet van 25 mei 2012 599
5. Wet Geïntegreerde Politie van 7 december 1998 599
6. Wet Civiele Veiligheid van 15 mei 2007 599
7. Erediënstendecreet van 7 mei 2004 599
8. Polderswet van 3 juni 1957 600
9. Wateringenwet van 5 juli 1956 600
10. Formele Motiveringswet van 29 juli 1991 600
11. Bestuursdecreet van 7 december 2018 600
12. Taalwetten in Bestuurszaken (SWT) gecoördineerd bij KB van 18 juli 1966 601
13. Gemeentedecreet van 15 juli 2005 601

BIJLAGE 4 ADMINISTRATIEVE GEGEVENS GEMEENTEN IN HET VLAAMSE GEWEST 603

BIJLAGE 5 PROVINCIES EN PROVINCIALE KIESDISTRICTEN 615

1. Provincie Antwerpen: 36 provincieraadsleden 616
2. Provincie Limburg: 31 provincieraadsleden 617
3. Provincie Oost-Vlaanderen: 36 provincieraadsleden 619
4. Provincie Vlaams-Brabant: 36 provincieraadsleden 621
5. Provincie West-Vlaanderen: 36 provincieraadsleden 622

BIJLAGE 6 POLITIEZONES IN HET VLAAMSE GEWEST EN BRUSSELS HOOFDSTEDELIJK GEWEST 625

BIJLAGE 7 HULPVERLENINGSZONES IN HET VLAAMSE GEWEST EN BRUSSELS HOOFDSTEDELIJK GEWEST 629

BIJLAGE 8 WOLTERS KLUWER DATABANKEN 631

RELEVANTE WETGEVING

1.	**Bevoegdheidsverdeling in de Belgische federale staat**	2
2.	**Relevante wetgeving en afkortingen**	4
3.	**Inwerkingtreding Decreet Lokaal Bestuur**	6

1. Bevoegdheidsverdeling in de Belgische federale staat

Art. 1 en 3 DLB

1 De Belgische staatsstructuur met een federale overheid, gemeenschappen en gewesten speelt uiteraard ook een belangrijke rol voor de organisatie, werking en bevoegdheden van de lokale besturen. Niet alleen de Grondwet maar ook de Bijzondere Wet tot Hervorming der Instellingen van 8 augustus 1980 onderging ter zake een ware metamorfose. Om een overzicht te krijgen van de relevante wetgevende bepalingen is het noodzakelijk een inzicht te verwerven in die evolutie van de laatste decennia.

Sinds de vierde staatshervorming in 1993, voor wat de OCMW's betreft, en de vijfde staatshervorming in 2001-02, voor de gemeenten en de provincies, kunnen we stellen dat respectievelijk de Vlaamse Gemeenschap en het Vlaamse Gewest over de belangrijkste bevoegdheden beschikken t.a.v. de lokale besturen. Voor Vlaanderen brengt de splitsing tussen de gemeenschaps- en gewestbevoegdheden geen problemen met zich mee voor de lokale besturen. Het Vlaams Parlement en de Vlaamse Regering ontfermen zich immers over zowel de gemeenschaps- als gewestaangelegenheden.

2 Vandaag de dag zijn de gewesten principieel bevoegd voor:
1) de samenstelling, de organisatie, de bevoegdheid en de werking van de gemeentelijke instellingen, de provinciale instellingen en de bovengemeentelijke besturen;
2) het wijzigen van de grenzen van de gemeenten, provincies en bovengemeentelijke besturen, behalve voor de Brusselse randgemeenten en de gemeenten Voeren en Komen-Waasten;
3) de samenstelling, de organisatie, de bevoegdheid en de werking van de agglomeraties en federaties van gemeenten, behalve voor de Brusselse randgemeenten en de gemeenten Voeren en Komen-Waasten;
4) de verkiezing van de gemeentelijke organen, de binnengemeentelijke organen (de districtsraden dus), de bovenlokale organen, de provinciale organen en de organen van de agglomeraties en federaties van gemeenten;
5) het tuchtstelsel voor de burgemeesters;
6) de kerkfabrieken en de instellingen die belast zijn met het beheer van de temporaliën van de erkende erediensten;
7) de begraafplaatsen en de lijkbezorging;
8) de vereniging van gemeenten, van bovengemeentelijke besturen en van provincies;

9) de algemene financiering van de gemeenten, de bovengemeentelijke besturen, de provincies en de agglomeraties en federaties van gemeenten;
10) de financiering van de opdrachten uit te voeren door de gemeenten, de bovengemeentelijke besturen, de provincies en de agglomeraties en federaties van gemeenten in de tot de bevoegdheid van de gewesten behorende aangelegenheden, behalve wanneer die opdrachten betrekking hebben op een aangelegenheid waarvoor de federale overheid of de gemeenschappen bevoegd zijn;
11) de voorwaarden waaronder en de wijze waarop binnengemeentelijke territoriale organen (districten) kunnen worden opgericht;
12) de organisatie en uitoefening van het bestuurlijk toezicht op de gemeenten, binnengemeentelijke territoriale organen (districten), bovengemeentelijke besturen, provincies en de agglomeraties en federaties van gemeenten.

Uitzonderingen hierop zijn:
- de Pacificatiewet 9 augustus 1988 die bijzondere regels invoert voor Voeren en Komen-Waasten;
- de Provinciewet in verband met het arrondissement Brussel-Hoofdstad, de adjunct van de gouverneur, de benoeming en de wedden van het rijkspersoneel van het provinciaal gouvernement, de kosten voor de burgerlijke stand;
- de organisatie van en het beleid inzake de politie en de brandweer;
- de pensioenstelsels van het personeel en van de mandatarissen;
- de exclusieve bevoegdheid van de Raad van State om bij wijze van arrest in hoogste aanleg uitspraak te doen in kiesrechtszaken;
- het specifiek toezicht op de verenigingen van gemeenten en provincies wat de brandbestrijding betreft;
- de erkenning van de erediensten, de wedden en pensioenen van de bedienaren van de erediensten;
- de bijzondere regelingen in verband met de splitsing van de provincie Brabant, vooral dan in verband met de bevoegdheden van de deputatie;
- de regelingen in de Nieuwe Gemeentewet in verband met de burgerlijke stand (art. 125, 126, 127 en 136).

3 Het beleid inzake het maatschappelijk welzijn, met inbegrip van de organieke regels betreffende het OCMW, komen de gemeenschappen toe. Zij bepalen dus via decreten de structuur en de werking van de OCMW's.

Op die algemene regel werden uitzonderingen geformuleerd. Een aantal bevoegdheden blijft federaal:

- het principe dat elke gemeente door een OCMW wordt bediend (art. 2 OCMW-Wet);
- het recht op maatschappelijke dienstverlening (art. 1 OCMW-Wet);
- de minimale opdrachten van het bestuur (art. 57 *et seq.* OCMW-Wet);
- de beroepsmogelijkheden (art. 71 OCMW-Wet);
- de terugbetaling door particulieren van de kosten van die maatschappelijke dienstverlening (art. 97-104 OCMW-Wet);
- de vaststelling van het minimumbedrag, de toekenningsvoorwaarden en de financiering van het wettelijk gewaarborgd inkomen overeenkomstig de wetgeving tot instelling van het recht op een bestaansminimum (RMI-Wet);
- de regels die bepalen welk OCMW voor welke persoon moet instaan en welke kosten ten laste zijn van de Staat.

De gemeenschappen hebben wel de bevoegdheid om aanvullende of bijkomende rechten toe te kennen.

Ook de uitzonderingsregels voor de taalgrens- en randgemeenten blijven, zoals bij de andere lokale besturen, een federale bevoegdheid.

2. Relevante wetgeving en afkortingen

BBC-Besluit	Besluit van de Vlaamse Regering van 25 juni 2010 betreffende de beleids- en beheerscyclus van de gemeenten, de provincies en de openbare centra voor maatschappelijk welzijn, *BS* 7 oktober 2010.
Besluit OCMW-personeel	Besluit van de Vlaamse Regering van 12 november 2010 houdende de minimale voorwaarden voor de personeelsformatie en het mandaatstelsel van het personeel van de openbare centra voor maatschappelijk welzijn en houdende de minimale voorwaarden voor sommige aspecten van de rechtspositieregeling van bepaalde personeelsgroepen van de openbare centra voor maatschappelijk welzijn, *BS* 3 december 2012.

Besluit Rechtspositieregeling	Besluit van de Vlaamse Regering van 7 december 2007 houdende de minimale voorwaarden voor de personeelsformatie, de rechtspositieregeling en het mandaatstelsel van het gemeentepersoneel en het provinciepersoneel en houdende enkele bepalingen betreffende de rechtspositie van de secretaris en de ontvanger van de openbare centra voor maatschappelijk welzijn, *BS* 24 december 2007.
Besluit Statuut Lokale Mandataris	Besluit van de Vlaamse Regering van 6 juli 2018 houdende het statuut van de lokale mandataris, *BS* 19 september 2018.
Bestuursdecreet	Bestuursdecreet van 7 december 2018, *BS* 19 december 2018.
Decreet Bestuursrechtscolleges	Decreet van 4 april 2014 betreffende de organisatie en de rechtspleging van sommige Vlaamse bestuursrechtscolleges, *BS* 1 oktober 2014.
Digitaal Kiesdecreet	Decreet van 25 mei 2012 houdende de organisatie van de digitale stemming bij de lokale en provinciale verkiezingen, *BS* 8 juni 2012.
Decreet Lokaal Bestuur / DLB	Decreet van 22 december 2017 over het lokaal bestuur, *BS* 15 februari 2018.
Eredienstendecreet	Decreet van 7 mei 2004 betreffende de materiële organisatie en werking van de erkende erediensten, *BS* 6 september 2004.
Formele Motiveringswet	Wet van 29 juli 1991 betreffende de uitdrukkelijke motivering van de bestuurshandelingen, *BS* 12 september 1991.
Gemeentefondsdecreet	Decreet van 5 juli 2002 tot vaststelling van de regels inzake de dotatie en de verdeling van het Vlaams Gemeentefonds, *BS* 31 augustus 2002.
Gemeentekieswet	Gemeentekieswet van 4 augustus 1932, *BS* 12 augustus 1932.
Investeringsfondsdecreet	Decreet van 23 december 2016 tot vaststelling van de regels inzake de werking en de verdeling van een Vlaams fonds voor de stimulering van (groot)stedelijke en plattelandsinvesteringen, *BS* 26 januari 2017.
Kieswetboek	Kieswetboek van 12 april 1894, *BS* 15 april 1894.
LPKD	Decreet van 8 juli 2011 houdende de organisatie van de lokale en provinciale verkiezingen en houdende wijziging van het Gemeentedecreet van 15 juli 2005, het Provinciedecreet van 9 december 2005 en het decreet van 19 december 2008 betreffende de organisatie van de openbare centra voor maatschappelijk welzijn, *BS* 25 augustus 2011.
Nieuwe Gemeentewet/N. Gem.W.	Nieuwe Gemeentewet van 24 juni 1988, *BS* 3 september 1988.
OCMW-Wet	Organieke wet van 8 juli 1976 betreffende de openbare centra voor maatschappelijk welzijn, *BS* 5 augustus 1976.

Overheidsopdrachtenwet	Wet van 15 juni 2006 inzake overheidsopdrachten en bepaalde opdrachten voor werken, leveringen en diensten, *BS* 15 februari 2007.
Pacificatiewet	Wet van 9 augustus 1988 tot wijziging van de Gemeentewet, de Nieuwe Gemeentewet, de Gemeentekieswet, de organieke wet betreffende de openbare centra voor maatschappelijk welzijn, de Provinciewet, het Kieswetboek, de wet tot regeling van de provincieraadsverkiezingen en de wet tot regeling van de gelijktijdige parlements- en provincieraadsverkiezingen (de zogenaamde 'Pacificatiewet'), *BS* 13 augustus 1988.
Polderswet	Wet van 3 juni 1957 betreffende polders, *BS* 21 juni 1957.
Provinciedecreet/Prov.Decr.	Provinciedecreet van 9 december 2005, *BS* 29 december 2005.
Provinciewet/Prov.Wet.	Provinciewet van 30 april 1836, *BS* 23 december 1891.
Raad van State-Wet	Gecoördineerde wetten van 12 januari 1973 op de Raad van State, *BS* 21 maart 1973.
RMI-Wet	Wet van 26 mei 2002 betreffende het recht op maatschappelijke integratie, *BS* 31 juli 2002.
SWT	Gecoördineerd bij KB van 18 juli 1966 houdende coördinatie van de wetten op het gebruik van de talen in bestuurszaken, *BS* 2 augustus 1966.
Vlaamse Codex Fiscaliteit	Vlaamse Codex Fiscaliteit van 13 december 2013, *BS* 23 december 2013.
Wateringenwet	Wet van 5 juli 1956 betreffende de waterwegen, *BS* 5 augustus 1956.
Wet Civiele Veiligheid	Wet van 15 mei 2007 betreffende de civiele veiligheid, *BS* 31 juli 2007.
Wet Geïntegreerde Politie/ WGP	Wet van 7 december 1998 tot organisatie van een geïntegreerde politiedienst, gestructureerd op twee niveaus, *BS* 5 januari 1999.

3. Inwerkingtreding Decreet Lokaal Bestuur

4 Het decreet is inmiddels in werking getreden, behoudens de volgende uitzonderingen:

januari 2020:	– de BBC-regelgeving in het kader van de planning en boekhouding;
januari 2021:	– de BBC-regelgeving met betrekking tot de jaarrekening;
door Vla.Reg. te bepalen:	– diverse beperktere bepalingen.

DEEL I
DE GEMEENTE EN HET OCMW

HOOFDSTUK 1 DE TAAKSTELLING 11

1. De taak van de gemeente 11
2. De taak van het OCMW 13

HOOFDSTUK 2 DE GEMEENTERAADSVERKIEZINGEN 25

1. Wie kan zijn stem uitbrengen? 26
2. Wie kan verkozen worden? 28
3. Verkiezingsuitgaven 31
4. Organisatie 37
5. Stemverrichtingen op de verkiezingsdag 38
6. Tellen van de stemmen 45
7. Zeteltoewijzing 46
8. Verkiezingsbetwistingen 49

HOOFDSTUK 3 DE BESTUURSORGANEN 53

1. Gemeente- en OCMW-raad 53
2. College van burgemeester en schepenen en vast bureau 105
3. De burgemeester en voorzitter van het vast bureau 142
4. Het bijzonder comité voor de sociale dienst (BCSD) 153

HOOFDSTUK 4 PERSONEEL 157

1. Organogram 157
2. Het managementteam 157
3. Personeelsbehoefte en -planning 165
4. Rechtspositie 165
5. Samenwerking 174
6. Tucht 176
7. Bijzondere personeelsleden: de maatschappelijk

werker 180
8. Databank van de leidende ambtenaren 181

HOOFDSTUK 5 PLANNING EN FINANCIËN 183
1. De beleids- en beheerscyclus (BBC) 183
2. Strategische meerjarenplanning 186
3. Uitgaven en ontvangsten 196
4. Boekhouding 212
5. Jaarrekening 213

HOOFDSTUK 6 DE WERKING 217
1. Akten van de gemeente en het OCMW 217
2. Gemeentelijk goederenrecht 222
3. Berekening van termijnen 233
4. Rechtsvorderingen en -vertegenwoordiging 234
5. Communicatie 235

HOOFDSTUK 7 ORGANISATIEBEHEERSING EN AUDIT 237
1. Organisatiebeheersing 237
2. Audit 239

HOOFDSTUK 8 VERZELFSTANDIGING EN DEELNAME AAN RECHTSPERSONEN 241
1. Algemeen 241
2. Interne verzelfstandiging (GIVA) 242
3. Gemeentelijke externe verzelfstandiging (GEVA) 243
4. Verenigingen of vennootschappen voor maatschappelijk welzijn 253
5. Deelname aan en oprichting van andere rechtspersonen 257
6. Overeenkomsten tussen het OCMW en een andere openbare of private instelling 259

HOOFDSTUK 9 DISTRICTSORGANISATIE 261
1. Inrichting 261

2.	Bestuursorganen	261
3.	Personeel	265
4.	Financiën	266
5.	Toezicht	266
HOOFDSTUK 10	**INTERGEMEENTELIJKE SAMENWERKING**	267
1.	Overeenkomsten tussen gemeenten	267
2.	Intergemeentelijke verenigingen	267
HOOFDSTUK 11	**PARTICIPATIE VAN DE BURGER**	285
1.	Klachtenbehandeling en ombudsdienst	285
2.	Adviesraden en andere inspraakinitiatieven	285
3.	Voorstellen van burgers	288
4.	Verzoekschriften aan organen van de gemeente en het OCMW	288
5.	Gemeentelijke volksraadpleging	289
6.	Budgetten voor wijkcomités en andere burgerinitiatieven	291
7.	Optreden in rechte namens de overheid	292
HOOFDSTUK 12	**BESTUURLIJK TOEZICHT**	293
1.	Inleiding	293
2.	Algemeen bestuurlijk toezicht	295
3.	Dwangtoezicht	297
4.	Toezicht op de politiezones	298
5.	Toezicht op de hulpverleningszones	298
6.	Beslissing na beroep: tuchtmaatregelen	298
HOOFDSTUK 13	**FUSIE VAN GEMEENTEN**	299
1.	Fusiemogelijkheden	299
2.	Aanmoedigingsmaatregelen	300
3.	Procedure	300
4.	Lopende zaken	302
5.	Nieuwe structuren, rechten en plichten	303

HOOFDSTUK 1
DE TAAKSTELLING
Art. 2 DLB

5 De gemeente en het OCMW hebben als gezamenlijke doelstelling het bijdragen aan het welzijn van de burgers. Ze verzekert daarbij een burgernabije, democratische, transparante en doelmatige uitoefening van hun specifieke taken. Daarbij betrekken ze de inwoners zoveel mogelijk bij het beleid en waarborgen ze de openbaarheid van bestuur.

1. | De taak van de gemeente

1.1. | Het gemeentelijk belang

1.1.1. | Principiële taakstelling

6 De grondwetgever kende de gemeenten reeds in 1831 de taken van gemeentelijk belang toe. Hoewel het begrip enige evolutie kende, staat die gemeentelijke bevoegdheid voor uitsluitend gemeentelijke belangen nog steeds in het huidige artikel 41 van de Grondwet ingeschreven.

We kunnen dus stellen dat een gemeente zich in beginsel autonoom elke aangelegenheid kan toe-eigenen waarvan zij meent dat deze tot het gemeentelijk belang behoort (GwH 12 februari 2015, nr. 16/2015). Ze kan die aangelegenheid dan in principe naar eigen wens regelen. Dit noemen we de 'gemeentelijke autonomie'.

De gemeente oefent haar gemeentelijke autonomie uit met het oog op het bijdragen tot het welzijn van alle burgers (ook niet-inwoners) en tot de duurzame ontwikkeling van het gemeentelijk gebied.

1.1.2. | Begrip 'gemeentelijk belang'

7 Het begrip 'gemeentelijk belang' is niet alleen evolutief maar mist ook een afgelijnde wettelijke of decretale afbakening. Net als de rechtspraak en vakliteratuur pretendeert dit zakboekje niet een alomvattende definitie in pacht te hebben. Vertrekkend vanuit een negatieve definitie kunnen we hoogstens stellen dat het uitsluitend gemeentelijk belang alles omvat wat niet van provinciaal, communautair, gewestelijk of algemeen belang is. Daarbij moeten we ook onmiddellijk nuanceren dat bepaalde opdrachten ook meerdere belangen kunnen behelzen ('gemengd belang').

Het opstellen van een limitatieve en strikt afgebakende lijst met aangelegenheden van gemeentelijk belang is daarom onmogelijk. De vraag naar invulling van het gemeentelijk belang vraagt een casuïstische aanpak.

1.1.3. Beperkingen

8 Het 'gemeentelijk belang' is dus een vage term die op het eerste zicht aan de gemeenten een ruim werkterrein biedt. Toch is de gemeentelijke bevoegdheid niet zonder grenzen.

Daar waar de federale staat en de deelstaten bevoegdheden kunnen kwalificeren als van gemeentelijk belang, kunnen zij eveneens de gemeenten beperken of verbieden om zich een bepaalde aangelegenheid toe te eigenen. Binnen het kader van het gemeentelijk belang kan de gemeente bijgevolg elk initiatief nemen dat haar niet wordt beperkt of verboden: woon- en zorgcentra oprichten, straten vernieuwen, een sporthal bouwen ...

Die beperking of dat verbod mag echter niet kennelijk onevenredig zijn. Zo moet de hogere overheid bij een beperking van de gemeentelijke bevoegdheden kunnen verantwoorden waarom die aangelegenheid beter op een ander niveau zou worden uitgeoefend. Voorts kan een verbod er niet toe leiden dat de gemeente de essentie van zijn bevoegdheden wordt ontzegd.

Als ondergeschikt bestuur moet de gemeente zich bovendien schikken naar de hogere regelgeving. Wanneer gemeenten optreden op grond van het gemeentelijk belang zijn zij immers verplicht de hogere rechtsnormen, zoals wetten en decreten of besluiten van een regering, te respecteren (hiërarchie der rechtsnormen).

1.2. Uitvoeren van taken die het gemeentelijk belang overschrijden

9 De wet- of decreetgever kan de gemeenten ook inschakelen om hun medewerking te verlenen aan taken die het gemeentelijk belang overschrijden. In feite kunnen we twee vormen van toegewezen taken onderscheiden:

1) *de medebewindstaken*: zonder discretionaire bevoegdheden;
2) *de taken van gemengd belang*: met discretionaire bevoegdheden.

In het kader van medebewindstaken voeren de gemeenten een louter uitvoerende taak uit zonder te beschikken over een discretionaire bevoegdheid. Ze omvatten een bijna mechanische opdracht waarbij het gemeentebestuur over (quasi) geen beoordelingsruimte beschikt zoals bijvoorbeeld bij de uitreiking van identiteitskaarten of de organisatie van verkiezingen.

De medebewindstaken mogen niet worden verward met de taken van gemengd belang. Dit zijn taken die deels van gemeentelijk belang en deels van algemeen belang zijn wegens de door de hogere overheid opgelegde verregaande regeling en bijkomende voorwaarden. In tegenstelling tot het medebewind beschikken de gemeenten bij taken van gemengd belang in meer of mindere mate over een beoordelingsvrijheid (discretionaire bevoegdheid). De hogere overheid legt in dit geval een kader vast met voorwaarden, beperkingen en verplichtingen waarbinnen de gemeenten kunnen handelen. Hierbij kan dan verwezen worden naar de gemeentelijke administratieve sancties, leefmilieu, ruimtelijke ordening en stedenbouw, …

Net als voor aangelegenheden van gemeentelijk belang is het onmogelijk om binnen het bestek van dit zakboekje een limitatieve en strikt afgebakende lijst op te maken van alle aangelegenheden waarbij de gemeente uitvoering geeft aan taken die het gemeentelijk belang overschrijden.

2. De taak van het OCMW

10 De bevoegdheid van de OCMW's kan slechts bestaan uit de door de wet of decreet toegewezen opdrachten. In tegenstelling tot de gemeenten zijn de OCMW's dus niet belast met het regelen van een collectief of onbepaald belang [→ nr. 7]. Voor de OCMW's bestaat geen tegenhanger voor het grondwettelijk beginsel van gemeentelijke autonomie, waarbij de gemeenten de bevoegdheid verkrijgen om alles te regelen wat van uitsluitend gemeentelijk belang is (art. 41 en 162 Gw.). Hun autonomie als functioneel gedecentraliseerd bestuur is dan ook geenszins te vergelijken met of te toetsen aan de door de Grondwet gewaarborgde lokale autonomie van de gemeenten (RvS 29 juni 2011, nr. 214.258).

We gaan in hier dieper in op de voornaamste opdrachten van het OCMW, met name:
- het recht op maatschappelijke dienstverlening;
- hun rol in het lokaal sociaal beleid;
- het recht op maatschappelijke integratie.

2.1. Maatschappelijke dienstverlening

Art. 1, 57, §1, en 59 OCMW-Wet

11 Elke persoon heeft recht op maatschappelijke dienstverlening die tot doel heeft eenieder in de mogelijkheid te stellen een leven te leiden dat beantwoordt aan de menselijke waardigheid. De OCMW's hebben de opdracht deze dienstverlening te verzekeren.

Het OCMW verzekert niet alleen curatieve maar ook preventieve hulp en het bevordert de maatschappelijke participatie van de gebruikers. De dienstverlening kan van materiële, sociale, geneeskundige, sociaal-geneeskundige of psychologische aard zijn. De ideologische, filosofische of godsdienstige overtuiging van elke hulpvrager zal steeds worden geëerbiedigd.

Het recht op maatschappelijke dienstverlening komt toe aan elke bestuurde die in een dergelijke maatschappelijke situatie is verzeild waardoor hem op eigen initiatief geen menswaardig bestaan meer is gegarandeerd. Maatschappelijke dienstverlening kent men derhalve toe ongeacht de nationaliteit van de aanvrager, de meerder- of minderjarigheid, zijn gezinssituatie, het gegeven of hij al dan niet door eigen schuld in een bepaalde toestand is geraakt … Krachtens artikel 57, §2 van de OCMW-Wet kan het OCMW de maatschappelijke dienstverlening evenwel beperken ingeval het om een vreemdeling gaat die illegaal op het grondgebied verblijft. Er is bovendien een bijzondere regeling voorzien in artikelen 57ter tot 57quinquies van de OCMW-Wet.

Het bevoegde OCMW is het OCMW dat gevestigd is binnen de gemeente waarop de behoeftige verblijft. De inschrijving in het bevolkingsregister is een weerlegbaar vermoeden van verblijf.

2.1.1. Actiemiddelen

12 Het OCMW moet dus iedereen in de mogelijkheid stellen een leven te leiden dat beantwoordt aan de menselijke waardigheid. Het OCMW beslist pas over een eventuele tussenkomst na het voeren van een sociaal onderzoek zodat het de omvang van de behoefte kent en de meest passende middelen kan voorzien. De betrokkene is bij dit sociaal onderzoek verplicht elke nuttige inlichting te geven over zijn huidige toestand en het OCMW op de hoogte te brengen van elk nieuw gegeven dat een weerslag kan hebben op de aan hem verleende hulp.

Een aanvraag wordt ingeschreven in een door een OCMW bijgehouden register.

Om de menselijke waardigheid te verzekeren beschikt het OCMW over onder meer de hierna besproken actiemiddelen.

2.1.1.1. Informatie

Art. 60, §2 OCMW-Wet

13 Het OCMW verstrekt alle nuttige raadgevingen en inlichtingen opdat de betrokkene zijn wettelijke rechten en voordelen (bv. pensioenrecht) zou kunnen doen gelden. Het neemt ook alle initiatieven om de door het OCMW verstrekte vormen van dienstverlening kenbaar te maken.

2.1.1.2. Begeleiding

Art. 60, §4 OCMW-Wet

14 Het OCMW verzekert de psychosociale, morele en opvoedende begeleiding die de hulpvrager nodig heeft om geleidelijk zelf zijn moeilijkheden te boven te komen (bv. hulp bij het beheer van het gezinsbudget en de opvoeding van de kinderen).

2.1.1.3. Ziekte- en invaliditeitsverzekering

Art. 60, §5 OCMW-Wet

15 Indien de hulpaanvrager niet is verzekerd tegen ziekte en invaliditeit, maakt het OCMW de betrokkene lid van een verzekeringsinstelling naar zijn keuze of, bij gebrek aan een dergelijke keuze, van de Hulpkas voor Ziekte- en Invaliditeitsverzekering (HZIV). In de mate van het mogelijke wordt er een persoonlijke bijdrage geëist van de betrokkene.

2.1.1.4. Materiële hulp

Art. 60, §3 OCMW-Wet

16 Het OCMW verstrekt materiële hulp in de meest passende vorm (financiële hulp, warme maaltijden ...). De financiële hulpverlening kan afhankelijk worden gesteld van bepaalde voorwaarden uit de RMI-Wet zoals het afsluiten van een geïndividualiseerd project voor maatschappelijke integratie.

2.1.1.5. Inrichtingen

Art. 60, §6 OCMW-Wet

17 Indien het noodzakelijk is kan het OCMW inrichtingen of diensten met een sociaal, curatief of preventief karakter oprichten of uitbreiden. Ze beheert ook deze inrichtingen en diensten.

Hieronder vallen onder meer:
- bedeling van warme maaltijden;
- bejaardentehuizen;
- centra voor algemeen welzijnswerk (CAW);
- centra voor geestelijke gezondheidszorg;
- diensten voor gezinszorg;
- diensten voor onthaalouders;
- teams voor thuisverpleging;
- kinderdagverblijven;
- lokale en regionale dienstencentra;
- ontmoetingscentra voor bejaarden;
- sociale woningbouw voor bejaarden;
- ziekenhuizen.

2.1.1.6. Voogdij

Art. 57, §3, en 63-68 OCMW-Wet

18 Het OCMW oefent de voogdij uit over minderjarige kinderen die aan het OCMW zijn toevertrouwd. De voogdij is een wettelijke opdracht, waardoor de voogd als een goede huisvader de goederen van de minderjarige of pupil moet beheren.

De minderjarige kinderen over wie het OCMW de voogdij uitoefent zijn:
- kinderen over wie niemand het ouderlijk gezag, de voogdij of de materiële bewaring heeft (vondelingen, volle wezen ...);
- kinderen die door de jeugdrechtbank aan het OCMW worden toevertrouwd aangezien het OCMW reeds de materiële bewaring heeft en de ouders geheel of gedeeltelijk uit het ouderlijke gezag zijn ontzet;
- kinderen die om dezelfde reden door het jeugdbeschermingscomité aan het OCMW worden toevertrouwd.

Het OCMW wijst onder zijn leden een persoon aan die als voogd zal optreden. De OCMW-raad zelf vervult de taak van familieraad die een algemeen toezicht uitoefent op de voogd. De financieel directeur is belast met het eigenlijk beheer van de goederen.

De voogdij van het OCMW-lid-voogd neemt een einde:
- zodra is voorzien in een voogdij met toepassing van de regels van het Burgerlijk Wetboek;
- in geval van adoptie, pleegvoogdij, erkenning of herstel van de ontzetting uit het ouderlijk gezag.

2.1.1.7. Tewerkstelling

Art. 60, §7 OCMW-Wet, art. 36 RMI-Wet

19 Wanneer iemand het bewijs van tewerkstelling moet leveren om van bepaalde uitkeringen te kunnen genieten, begeleidt het OCMW met het oog op een betrekking. In voorkomend geval treedt het OCMW zelf als werkgever op. Gedurende de periode van tewerkstelling heeft het OCMW de taak de bestaansminimumtrekker via begeleiding, bijscholing ... voor te bereiden op zijn herintrede op de reguliere arbeidsmarkt.

20 Die exclusieve OCMW-bevoegdheid is middels het Tijdelijkewerkervaringsdecreet van 9 december 2016 (*BS* 17 januari 2017) geïntegreerd in het algemene Vlaamse activeringsbeleid. Een 'traject tijdelijke werkervaring' heeft als doel werkzoekenden met een overbrugbare afstand tot de arbeidsmarkt, waaronder langdurig werkzoekenden, competenties te laten opbouwen binnen een reële arbeidsmarktomgeving. Op die manier is een doorstroming naar de reguliere arbeidsmarkt eenvoudiger. Het OCMW staat in voor de werkzoekenden die bij aanvang van het traject leefloongerechtigd zijn. Voor de anderen is de VDAB verantwoordelijk.

Begeleiding en tewerkstelling op grond van artikel 60 OCMW-Wet is een van de mogelijke instrumenten om dergelijke tijdelijke werkervaring aan te bieden. Het Tijdelijkewerkervaringsdecreet verleent daarom subsidies aan OCMW's die de werkzoekende begeleiden. Voor de maanden waarin gebruik wordt gemaakt van een 'artikel 60-tewerkstelling', wordt een extra compensatie verleend. Die subsidie en compensatie vervangt de voormalige RSZ-korting in het raam van een tewerkstelling op grond van artikel 60, §7 OCMW-Wet. De subsidie- en compensatievoorwaarden zijn omschreven in het besluit van de Vlaamse Regering van 23 december 2016 (*BS* 9 februari 2017).

21 Het komt het OCMW nog steeds toe om – los van het 'traject tijdelijke werkervaring' – een werkzoekende tewerk te stellen. Hiervoor is evenwel geen betoelaging meer voorzien.

2.1.1.8. Bewaring

Art. 60, §8 OCMW-Wet

22 Het OCMW organiseert de bewaring en teruggave van waarden die hem kunnen worden toevertrouwd door personen opgenomen in één van zijn instellingen.

2.1.1.9. Daklozen en huisvesting

Art. 114, lid 2, DLB

23 Wanneer een dakloze een beroep doet op het OCMW, moet de BCSD-voorzitter hem de vereiste dringende hulpverlening toekennen. Op verzoek van de voorzitter beschikt de burgemeester over het recht om elk gebouw dat sinds meer dan zes maanden is verlaten, op te eisen [→ nr. 460].

2.1.1.10. Gas- en elektriciteitsrekening

Wet van 4 september 2002 (*BS* 28 september 2002)

24 Het OCMW is belast met het verstrekken van de noodzakelijke ondersteuning en sociale en budgettaire begeleiding aan personen die betalingsmoeilijkheden ondervinden, in het bijzonder als het hun gas- en elektriciteitsrekeningen betreft. Die begeleiding van deze cliënten in moeilijkheden heeft twee vormen: onderhandelen over afbetalingsplannen en opzetten van budgetbegeleiding. De OCMW's moeten ook financiële maatschappelijke steun toekennen aan personen van wie de schuldenlast van die aard is dat zij – ondanks hun persoonlijke inspanningen – hun gas- en elektriciteitsrekeningen niet meer kunnen betalen.

2.1.1.11. Verwarmingstoelage

Art. 249-264 programmawet 22 december 2008 (*BS* 29 december 2008)

25 Het OCMW kent onder bepaalde voorwaarden een verwarmingstoelage toe aan elke verbruiker met een laag inkomen. Er wordt slechts één verwarmingstoelage toegekend voor één huishouden.

De middelen om deze vorm van maatschappelijke dienstverlening te financieren zijn voor rekening van het Sociaal Stookoliefonds. De OCMW's ontvangen een bijkomend forfaitair bedrag voor de werkingskosten.

2.1.1.12. Installatiepremie

Art. 57*bis* OCMW-Wet

26 Het OCMW kent onder bepaalde voorwaarden een installatiepremie toe aan de persoon die de hoedanigheid van dakloze verliest door een woning te betrekken. Die woning moet zijn hoofdverblijfplaats zijn.

2.1.1.13. Specifieke hulp voor het betalen van onderhoudsgeld ten gunste van kinderen

Art. 68*quinquies* OCMW-Wet

27 Een genieter van een leefloon die onderhoudsgeld is verschuldigd voor zijn kinderen (of bijdragen betaalt voor geplaatste kinderen) en die het bewijs levert dat hij het onderhoudsgeld betaalt (of bijdragen betaalt voor geplaatste kinderen), is gerechtigd op specifieke hulp voor het betalen van onderhoudsgeld ten gunste van kinderen. De hulp bedraagt 50 % van het bedrag van de betaalde gelden met een maximum van € 1 100 per jaar. Deze hulp wordt integraal terugbetaald door de staat.

2.1.2. Beroep

Art. 71 OCMW-Wet

28 Iedereen kan bij de arbeidsrechtbank in beroep gaan tegen een beslissing inzake individuele dienstverlening die het OCMW t.a.v. van hem of haar nam. Hetzelfde geldt wanneer het OCMW één maand na de aanvraag nog geen beslissing nam.

Tegen een vonnis van de arbeidsrechtbank kan beroep worden aangetekend bij het arbeidshof.

2.2. Lokaal sociaal beleid

29 Het decreet van 9 februari 2018 (*BS* 26 februari 2018) voorziet in een aantal instrumenten om te komen tot één lokaal sociaal beleid dat tot doel heeft de toegang van elke burger tot de sociale grondrechten uit artikel 23 en 24, §4 van de Grondwet te waarborgen.

Het lokaal sociaal beleid wordt uitgetekend in de strategische meerjarenplanning [→ nr. 380]. Bij het ontwikkelen van dat beleid in de strategische meerjarenplannen van de gemeente en het OCMW is een sterke samenwerking tussen beide besturen cruciaal. Daarom doorlopen de gemeente en het OCMW een gezamenlijk planningsproces waarbij ze, vanuit een geïntegreerde visie op lokaal sociaal beleid, doelstellingen en acties formuleren. Met betrekking tot de ontwikkeling en de complementaire uitvoering van het beleid en de coördinerende rol van het lokaal bestuur worden afspraken gemaakt.

Bij de voorbereiding, uitvoering en voortgang van het lokaal sociaal beleid betrekt men de bevolking en lokale actoren en in het bijzonder de meest kwetsbare doelgroepen.

Om het lokaal sociaal beleid te optimaliseren organiseert en ondersteunt het lokaal bestuur de samenwerking en de afstemming tussen de lokale actoren.

30 Het lokale bestuur coördineert het lokale sociale beleid en realiseert de doelstellingen van dat beleid door middel van een Sociaal Huis. Om de toegankelijkheid en het bereik van deze hulp- en dienstverlening te verhogen, met bijzondere aandacht voor het aanpakken van onderbescherming, realiseert het lokaal bestuur, vanuit het brede concept Sociaal Huis, ook een samenwerkingsverband 'geïntegreerd breed onthaal'. Dit onthaal is herkenbaar en omvat minstens het openbaar centrum voor maatschappelijk welzijn, het erkende centrum voor algemeen welzijnswerk en de erkende diensten maatschappelijk werk van de ziekenfondsen. Op die manier kan elke burger – en in het bijzonder de meest kwetsbare burger – snel en binnen een aanvaardbare afstand van zijn woonplaats zijn hulpvraag stellen. Het gaat om vragen op materieel, psychosociaal, juridisch of meer zorg gerelateerd vlak.

Het geïntegreerd breed onthaal heeft minstens de volgende functies:
1) neutrale informatie over het aanbod van de lokale sociale hulp- en dienstverlening verstrekken;
2) de rechten verkennen;
3) de rechten realiseren;
4) de hulpvragen verhelderen;
5) neutraal naar de gepaste lokale sociale hulp- en dienstverlening doorverwijzen.

2.3. Recht op maatschappelijke integratie

Art. 2-3 RMI-Wet

31 Elke persoon heeft recht op maatschappelijke integratie. De OCMW's hebben de opdracht dit recht te verzekeren. Ze kunnen hiervoor drie belangrijke instrumenten, al dan niet gecombineerd, inzetten:
1) tewerkstelling;
2) leefloon;

3) geïndividualiseerd project voor maatschappelijke integratie (GPMI).

De tewerkstelling bestaat steeds uit een volwaardige job waar alle regels van het arbeidsrecht op van toepassing zijn, inclusief de loonbeschermingsregels. Wanneer een tewerkstelling niet of nog niet mogelijk is, heeft de persoon recht op een financiële tussenkomst ('leefloon'). De toekenning van het leefloon kan worden gevolgd door het sluiten van een geïndividualiseerd project voor maatschappelijke integratie.

32 Om recht te hebben op maatschappelijke integratie moet de persoon tegelijkertijd:
1) zijn werkelijke verblijfplaats in België hebben;
2) meerderjarig zijn (of daarmee gelijkgesteld);
3) behoren tot een van de volgende categorieën van personen:
   – de Belgische nationaliteit hebben;
   – behoren tot de Europese Gemeenschap;
   – als vreemdeling ingeschreven zijn in het bevolkingsregister;
   – staatloos zijn;
   – vluchteling zijn;
   – subsidiair beschermde zijn;
4) niet over toereikende bestaansmiddelen beschikken, noch er aanspraak op kunnen maken, noch in staat zijn deze ofwel door eigen inspanningen ofwel op een andere manier te verwerven;
5) werkbereid zijn, tenzij dit om gezondheids- of billijkheidsredenen niet mogelijk is;
6) zijn rechten laten gelden op uitkeringen van de sociale zekerheid. Van de betrokkene kan gevraagd worden dat hij zijn rechten op onderhoudsgeld laat gelden.

2.3.1. Maatschappelijke integratie voor personen jonger dan 25 jaar

Art. 6-11 RMI-Wet

33 Voor personen die jonger dan 25 jaar zijn, bestaat het recht op maatschappelijke integratie in:
– *een aangepaste tewerkstelling* binnen de drie maanden na zijn aanvraag door middel van ofwel een arbeidsovereenkomst ofwel een GPMI dat binnen een bepaalde periode leidt tot een arbeidsovereenkomst;
– *een financiële tussenkomst* voor de kosten verbonden aan de inschakeling in het beroepsleven;

- *het toekennen van een leefloon*, dat gepaard kan gaan met een GPMI, in afwachting van tewerkstelling of in geval van de onmogelijkheid tot werken wegens gezondheids- of billijkheidsredenen.

2.3.2. Maatschappelijke integratie voor personen vanaf 25 jaar

Art. 12-13 RMI-Wet

34 Voor personen die 25 jaar of ouder zijn, bestaat het recht op maatschappelijke integratie uit een aangepaste tewerkstelling of uit de toekenning van een leefloon. Het toekennen van het leefloon kan of moet gepaard gaan met het afsluiten van een geïndividualiseerd project voor maatschappelijke integratie.

2.3.3. Het geïndividualiseerd project voor maatschappelijke integratie (GPMI)

Art. 2, 6-13 RMI-Wet

35 Het geïndividualiseerd project voor maatschappelijke integratie, kortweg 'GPMI', is een begeleidings- en opvolgingsinstrument op maat van de gerechtigde. Het is een wederkerige overeenkomst tussen, enerzijds, het OCMW dat zich engageert de persoon te helpen en, anderzijds, de begunstigde die zich engageert om stappen te ondernemen in de maatschappij, zoals werk vinden, vormingen volgen, stage lopen ... De keuze van het meest gepaste traject gebeurt in overleg met de betrokkene met als doel een maximale integratie en sociale participatie in de maatschappij te bewerkstelligen. Iedere persoon heeft recht op een GPMI binnen de drie maanden vanaf de OCMW-beslissing dat de persoon voldoet aan de voorwaarden uit artikel 3 en 4 RMI-Wet.

Het GPMI is dus steeds op maat en er zal een correcte verhouding zijn tussen de toegekende hulp en de eisen die aan de betrokkene worden gesteld. Naargelang de behoeften van de persoon zal het GPMI betrekking hebben op ofwel de inschakeling in het beroepsleven ofwel de integratie in de maatschappij.

De gemeenschapsdienst kan niet langer deel uitmaken van het GMPI. Bij arrest van 5 juli 2018 (nr. 86/2018) vernietigde het Grondwettelijk Hof de bepalingen met betrekking tot de gemeenschapsdienst in de RMI-wet. Het regelen ervan is – aldus het Hof – een bevoegdheid van het gewest en niet van de federale overheid.

Voor personen jonger dan 25 jaar is een GPMI verplicht wanneer
- een studie met voltijds leerplan wordt gevolgd;
- het recht op maatschappelijke integratie bestaat uit een tewerkstelling of uit een GPMI dat binnen een bepaalde periode leidt tot een arbeidsovereenkomst;
- de betrokkene de laatste drie maanden geen recht op maatschappelijke integratie heeft genoten.

Het GPMI is verplicht, ongeacht de leeftijd, voor wie een leefloon wordt toegekend en de laatste drie maanden geen recht op maatschappelijke integratie heeft genoten. Indien evenwel zowel een job als leefloon wordt toegekend, blijft het afsluiten van een GPMI facultatief. De verplichting vervalt evenzeer als er gezondheids- of billijkheidsredenen voorhanden zijn.

2.3.4. Bedrag van het leefloon

Art. 14-15 RMI-Wet

36 Het leefloon bedraagt (op jaarbasis):
- elke persoon die met één of meerdere personen samenwoont (samenwonen = het onder hetzelfde dak wonen van personen die hun huishoudelijke aangelegenheden hoofdzakelijk gemeenschappelijk regelen): € 7 671,25 (geïndexeerd – maart 2020);
- een alleenstaand persoon en voor bepaalde daklozen: € 11 506,89 (geïndexeerd – maart 2020);
- een persoon die samenwoont met een gezin te zijnen laste (gezin te zijnen laste = de echtgenoot, de levenspartner, het ongehuwd minderjarig kind of meerdere kinderen onder wie minstens één ongehuwd minderjarig kind): € 15 550,96 (geïndexeerd – maart 2020).

Het bedrag van het leefloon wordt verminderd met de bestaansmiddelen. Daarvoor komen alle bestaansmiddelen in aanmerking. Een KB kan voorzien dat er rekening wordt gehouden met de bestaansmiddelen van de personen met wie de betrokkene samenwoont. De Koning kan eveneens bepalen dat met sommige bestaansmiddelen géén rekening wordt gehouden.

2.3.5. De procedure

Art. 17-23 RMI-Wet

37 Het OCMW is verplicht aan elke persoon die daarom verzoekt, alle inlichtingen te verstrekken omtrent zijn recht op maatschappelijke integratie. Het recht op maatschappelijke integratie wordt toegekend, herzien of stopgezet door het OCMW. Met het oog op de toekenning ervan verricht het OCMW een sociaal onderzoek.

Het OCMW beslist binnen 30 dagen na ontvangst van de aanvraag en de eerste betaling geschiedt binnen 15 dagen na de beslissing. In tegenstelling tot het onmiddellijk recht op maatschappelijke dienstverlening bestaat hier dus een wachtperiode.

2.3.6. Beroep

Art. 47 RMI-Wet

38 De betrokkene of de minister kunnen een beroep instellen tegen de beslissing van het OCMW bij de arbeidsrechtbank van de woonplaats van betrokkene.

Tegen een vonnis van de arbeidsrechtbank kan beroep worden aangetekend bij het arbeidshof.

HOOFDSTUK 2
DE GEMEENTERAADSVERKIEZINGEN
Art. 5 DLB, art. 6 LPKD

39 Verkiezingen zijn de steunpilaren van de democratie. Bij een lokaal bestuur is dat niet anders. Net als op het federaal of deelstatelijk niveau bezitten de burgers exclusief het voorrecht om hun vertegenwoordigers in het regelgevend bestuursorgaan aan te wijzen. De Grondwet verankerde zodoende in artikel 162 de rechtstreekse verkiezing van de gemeenteraad. Om de zes jaar op de tweede zondag van oktober verkiezen de inwoners van de gemeenten aldus de leden van de gemeenteraad. De laatste gemeenteraadsverkiezingen vonden plaats op zondag 14 oktober 2018. De volgende gemeenteraadsverkiezingen zullen doorgaan op 13 oktober 2024.

In tegenstelling tot de gemeenteraadsleden worden de leden van het college van burgemeester en schepenen niet rechtstreeks verkozen. De schepenen worden verkozen door en uit de gemeenteraad terwijl het Bijzonder Comité voor de Sociale Dienst hun voorzitter, die van rechtswege schepen is, aanduidt [→ nr. 203]. De Vlaamse Regering benoemt de burgemeester die meestal – maar niet noodzakelijk – deel uitmaakt van de verkozen gemeenteraad [→ nr. 283].

40 Krachtens artikel 6, §1, VIII, eerste lid, 4° van de bijzondere wet van 8 augustus 1980 tot hervorming der instellingen beschikken de gewesten over de principiële bevoegdheid inzake lokale verkiezingen. De kiesregelgeving is echter niet opgenomen in het Decreet Lokaal Bestuur.

Daarnaast behoudt de federale wetgever de bevoegdheid over
- de regeling op grond van de Pacificatiewet van 9 augustus 1988 die betrekking heeft op bepaalde aspecten van gemeenten in het Brussels Hoofdstedelijk Gewest en in de gemeenten Komen-Waasten en Voeren;
- de exclusieve bevoegdheid van de Raad van State als rechter in hoogste aanleg inzake kiesverrichtingen;
- het stemrecht van de niet in België verblijvende niet-EU-onderdanen.

In de huidige rechtsorde bevat het Lokaal en Provinciaal Kiesdecreet van 8 juli 2011 (LPKD) nagenoeg alle kiesregels die van toepassing zijn op de gemeenteraadsverkiezingen in het Vlaamse Gewest.

Deze worden aangevuld door het Digitaal Kiesdecreet van 25 mei 2012 en het Kieswetboek van 12 april 1894. Voor de gemeenten uit het Brussels Hoofdstedelijk Gewest en de gemeenten Komen-Waasten en Voeren blijven de artikelen 5, tweede en derde lid, 23*bis* en 30*bis* van de Gemeentekieswet gelden.

1. Wie kan zijn stem uitbrengen?

1.1. Kiezerslijst

Art. 16-22 en 27-35 LPKD

41 De kiezerslijst bevat de gemeenteraadskiezers die op 1 augustus van het verkiezingsjaar voldoen aan de kiesvoorwaarden. Het college van burgemeester en schepenen maakt uiterlijk op 31 augustus van het verkiezingsjaar de lijst op.

Op de lijst moeten ook voorkomen de kiezers die tussen 1 augustus en verkiezingsdag:
- 18 jaar worden;
- van wie schorsing van kiesrecht ophoudt tussen deze data.

Van de kiezerslijst worden geschrapt de kiezers die tussen 1 augustus en verkiezingsdag:
- hun Belgische nationaliteit verliezen of niet meer in de bevolkingsregisters van een Belgische gemeente zijn ingeschreven;
- uitgesloten werden uit het kiesrecht of waarvan het kiesrecht werd geschorst.

Ieder die ten onrechte ingeschreven, weggelaten of geschrapt is of voor wie in het kiezersregister de vermeldingen onjuist zijn, kan bezwaar indienen bij het college. Daarna is beroep mogelijk bij het hof van beroep. De opmaak van de kiezerslijst en de procedure tot bezwaar en beroep worden bekendgemaakt bij wijze van aanplakking aan het gemeentehuis.

42 De kandidaat-gemeenteraadsleden hebben recht op één digitaal exemplaar van de kiezerslijst mits zij daarom verzoeken. In tegenstelling tot de originele kiezerslijst mogen deze afschriften het rijksregisternummer van de kiezers niet vermelden. De gemeente kan hiervoor een vergoeding vragen die niet hoger is dan de werkelijke kostprijs. Dit recht is evenwel gratis voor de persoon die de kandidatenlijst voordraagt. De lijst mag echter voor geen andere dan verkiezingsdoeleinden worden aangewend.

1.2. Belgische onderdanen ('algemene kiesvoorwaarden')

Art. 8-9 LPKD

43 Om als kiezer met een Belgische nationaliteit een stem te mogen uitbrengen bij de gemeenteraadsverkiezingen ('actief kiesrecht') moeten de volgende vier voorwaarden zijn vervuld:
1) *nationaliteit*: de Belgische nationaliteit bezitten op 1 augustus van het verkiezingsjaar. De wijze waarop de kiezer de Belgische nationaliteit verkreeg – geboorte, erkenning, naturalisatie, nationaliteitsverklaring ... – speelt geen rol;
2) *leeftijd*: de leeftijd van 18 jaar hebben bereikt ten laatste op de verkiezingsdag;
3) *woonplaats*: in de bevolkingsregisters van de gemeente zijn ingeschreven op 1 augustus van het verkiezingsjaar. De inschrijving in het bevolkingsregister is evenwel slechts een vermoeden dat de betrokkene daadwerkelijk daar zijn of haar hoofdverblijfplaats heeft. Het vermoeden kan weerlegd worden door het leveren van het bewijs van tegendeel (cf. RvS 14 juni 2000, nr. 87.963; RvS 14 oktober 2004, nr. 136.035);
4) *niet van het kiesrecht zijn uitgesloten of geschorst* [→ nr. 46].

1.3. EU-burgers

Art. 11-12 LPKD

44 Middels het Verdrag van Maastricht van 7 februari 1992 verkreeg iedere burger van de Europese Unie het actief en passief kiesrecht bij de gemeenteraadsverkiezingen van de lidstaat waar hij verblijft. Dit mits voldaan is aan de volgende voorwaarden:
1) *algemene kiesvoorwaarden*: de hiervoor vermelde voorwaarden zijn ook van toepassing op de EU-burgers, uiteraard met uitzondering van de nationaliteitsvoorwaarde;
2) *schriftelijke aanvraag*: om op de gemeentelijke kiezerslijst te kunnen voorkomen moeten de niet-Belgische EU-onderdanen evenwel een schriftelijke aanvraag indienen bij de gemeente waar zij hun hoofdverblijfplaats hebben gevestigd. Dit ten laatste voor 1 augustus van het verkiezingsjaar en conform het model zoals vastgesteld door de minister van Binnenlandse Zaken.

1.4. Niet-EU-burgers

Art. 13-14 LPKD

45 Niet-Belgische burgers die geen EU-burger zijn, kunnen de hoedanigheid van gemeentekiezer verwerven in de gemeente waar zij hun hoofdverblijfplaats hebben. Dit indien de volgende voorwaarden in acht worden genomen:

1) *algemene kiesvoorwaarden*, met uitzondering van de nationaliteitsvereiste;
2) *schriftelijke aanvraag*: in tegenstelling tot de EU-burger moet de aanvrager hierbij ook uitdrukkelijk verklaren dat hij de Grondwet, de wetten van het Belgische volk en het Europees Verdrag ter bescherming van de rechten van de mens zal naleven;
3) *vijfjarige verblijfsvoorwaarde*: de betrokkene moet aantonen door middel van een wettelijk verblijf dat op het ogenblik van de aanvraag gedurende vijf jaar ononderbroken zijn of haar hoofdverblijfplaats zich in België bevond.

1.5. Uitsluiting of schorsing

Art. 15 LPKD, art. 6-8 Kieswetboek

46 Zelfs al voldoet een inwoner van een gemeente aan de eerder omschreven kiesvoorwaarden, toch kan die op grond van diverse redenen in de uitoefening van het kiesrecht worden uitgesloten of geschorst.

	Oorzaak	*Gevolg*
1.	Door veroordeling levenslang ontzet van het kiesrecht	definitief uitgesloten
2.	Door veroordeling voor een bepaalde duur ontzet van het kiesrecht	voor de duur zoals bepaald door de rechter uitgesloten
3.	Door onbekwaamheid bij: – gerechtelijk onbekwaamverklaarden; – verlengde minderjarigen; – geïnterneerden.	zolang de onbekwaamheid duurt uitgesloten

2. Wie kan verkozen worden?

2.1. Voorwaarden

Art. 57-58 LPKD, art. 127 WGP

47 Belgen of EU-burgers kunnen tot gemeenteraadslid worden verkozen ('passief kiesrecht') indien ze voldoen aan de algemene kiesvoorwaarden op de dag van de verkiezingen [→ nr. 43]. Daarnaast zijn eveneens niet verkiesbaar:

1) *EU-burgers* die door een rechterlijke veroordeling in de lidstaat van herkomst uit hun kiesrecht ontzet zijn;
2) *personen* die werden veroordeeld voor bepaalde zwaarwichtige misdrijven tijdens hun gemeenteambt. Het gaat om misdrijven inzake verduistering, ontvreemding of vernieling van akten en titels, afpersing, belangenvermenging en omkoping. De niet-verkiesbaarheid eindigt twaalf jaar na de veroordeling.

Krachtens artikel 127 van de wet van 7 december 1998, die de politiediensten hervormt, mogen politieambtenaren géén kandidaat zijn voor een politiek mandaat en kunnen dus ook geen gemeenteraadslid zijn.

2.2. Kandidatenlijsten

2.2.1. Voordrachtsakten

Art. 68-82 LPKD

48 De voorzitter van het gemeentelijk hoofbureau neemt op zaterdag 14 september 2024 (29ste dag voor de stemopneming), tussen 13 en 16 uur, de voordrachtsakten in ontvangst waarbij de kandidaat of de kandidaten zich officieel kandidaat stellen. De kandidatenlijst kan niet meer kandidaten voordragen dan er raadsleden kunnen worden verkozen [→ nr. 96]. De Vlaamse Regering legt de modellen van voordrachtsakte vast.

49 De voordrachtsakte moet worden ondertekend door de kandidaten én door een aftredend gemeenteraadslid *of*

door gemeentekiezers	*in gemeenten met*
5	< 500 inwoners
10	500-2 000 inwoners
20	2 000-5 000 inwoners
30	5 000-10 000 inwoners
50	10 000-20 000 inwoners
100	> 20 000 inwoners

De voordrachtsakte bevat de voornaam en achternaam, eventueel de roepnaam, de geboortedatum, het geslacht, de nationaliteit, het rijksregisternummer, de hoofdverblijfplaats en de handtekening van de kandidaten evenals de gekozen lijstnaam. Is dit een beschermde lijstnaam dan moet de voordrachtsakte vergezeld zijn van een attest. De persoon gemachtigd door de betrokken politieke formatie levert dit attest af.

De voordracht wijst eveneens de volgorde van de voorgedragen kandidaten. Uiteraard kan een kandidaat slechts op één lijst voorkomen.

De burger die als kandidaat meerdere voordrachtsakten heeft ondertekend, wordt geschrapt van alle lijsten waarop hij voorkomt en hem hangt zelfs strafrechtelijk een veroordeling boven het hoofd.

50 Bij de kandidaatstelling van niet-Belgische EU-burgers verklaren in de voordrachtsakte dat ze:

1) geen lokaal politiek mandaat uitoefenen in een andere EU-lidstaat;
2) geen onverenigbaar ambt uitoefenen, zoals vermeld in het Decreet Lokaal Bestuur, in een andere EU-lidstaat [→ nr. 117];
3) niet in de uitoefening van hun verkiesbaarheidsrecht zijn uitgesloten of geschorst in hun land van herkomst.

51 Om de gendergelijkheid in de lokale politiek te bevorderen schrijft de decreetgever bijzondere pariteitsregels voor. Op een kandidatenlijst, en dus op de voordrachtsakte, mag het verschil tussen het aantal mannelijke en het aantal vrouwelijke kandidaten maximaal één bedragen. Bovendien moeten bij de eerste twee plaatsen minstens één man en één vrouw zijn vermeld. Het 'ritsen' of dus het beurtelings rangschikken van een man en een vrouw doorheen de hele lijst is decretaal niet vereist.

2.2.2. | Verkiezing zonder stemverrichting

Art. 81-82 LPKD

52 Ingeval er niet meer kandidaten op regelmatige wijze werden voorgedragen dan er mandaten toe te kennen zijn, verklaart het gemeentelijk hoofdbureau hen zonder meer verkozen. Zodoende hoeven de inwoners niet te stemmen.

Daarom voorziet de decreetgever in de mogelijkheid dat in gemeenten met minder dan 5 000 inwoners de voordrachtsakte een lijst van drie kandidaat-opvolgers mag bevatten. Bij het niet-plaatsvinden van de stemming worden de kandidaat-opvolgers als opvolgers van de gemeenteraadsleden aangewezen.

Bij gemeenten met meer dan 5 000 inwoners kunnen geen kandidaat-opvolgers worden voorgedragen en spelen de gewone opvolgingsregels [→ nr. 122]. Ook ingeval de stembusgang gewoon doorgaat, vervalt de lijst met kandidaat-opvolgers.

2.2.3. | Onderzoek van de kandidatenlijst

Art. 85-98 LPKD

53 Op de 27ste dag voor de verkiezingen onderzoekt het gemeentelijk hoofdbureau de regelmatigheid van de voordrachtsakten en stelt het een voorlopige kandidatenlijst vast. In bepaalde gevallen kan de indiener van de kandidatenlijst nog correcties aanbrengen door middel van een verbeteringsakte. Een bezwaar tegen kandidatenlijsten is mogelijk bij de voorzitter van dat hoofdbureau op de 26ste dag voor de verkiezingen tussen 13 en 16 uur. Slechts tegen de beslissingen over de onverkiesbaarheid staat een beroep open bij het hof van beroep.

3. Verkiezingsuitgaven

3.1. Beperkingen

Art. 2, 5° en 190-193 LPKD

54 De uitgaven voor de gemeenteraadsverkiezingen worden – zowel voor de lijsten (politieke partijen) als voor de individuele kandidaten – aan banden gelegd. De berekening van de uitgaven gebeurt tegen de geldende marktprijzen.

Vooreerst beperken de uitgaven zich per lijst:

aantal kiezers	*euro per kiezer*
≤ 1.000	€ 2,70
1 001-5 000	€ 1,10
5 001-10 000	€ 0,80
10 001-20 000	€ 1,00
20 001-40 000	€ 1,10
40 001-80 000	€ 1,20
> 80 000	€ 0,14

Ook voor de individuele kandidaat bepaalt het aantal kiezers de bovengrens:

aantal kiezers	*euro per kiezer*	*minimum*
< 50 001	€ 0,080	€ 1 250
50 001-100 000	€ 0,030	-
> 100 000	€0,015	-

Indien een kandidaat op verscheidene lijsten – gemeente, provincie of in sommige gevallen het OCMW – voorkomt, geldt alleen het hoogst mogelijke grensbedrag en niet de som van alle maximumbedragen. Wie kandidaat is voor de provincie in een bepaald kiesdistrict én kandidaat voor de gemeenteraad (of districtsraad) in een gemeente die niet tot dat kiesdistrict behoort, mag wél de twee maximumbedragen samentellen.

De Vlaamse Regering kan de bedragen indexeren. Uiterlijk 40 dagen voor de verkiezingen deelt de Vlaamse Regering de maximumbedragen mee.

55 Met welke uitgaven wordt nu rekening gehouden? Alle uitgaven, ook door derden, voor mondelinge, schriftelijke, auditieve en visuele boodschappen die erop gericht zijn het resultaat van een politieke partij en van haar kandidaten gunstig te beïnvloeden, komen in aanmerking. Zij moeten wel betrekking hebben op de periode vanaf 1 juli van het verkiezingsjaar tot en met de dag van de verkiezingen, de zogenaamde 'sperperiode'.

Worden echter niet als verkiezingspropaganda beschouwd:
- persoonlijke, niet-bezoldigde dienstverlening en het gebruik van een persoonlijk voertuig;
- de publicatie in een dagblad of tijdschrift van redactionele artikelen (zonder vergoeding);
- de kosten van periodieke manifestaties zonder uitsluitende verkiezingsdoeleinden die op geregelde tijdstippen en op dezelfde wijze worden georganiseerd;
- de kostprijs van voor verkiezingsdoeleinden georganiseerde niet-periodieke manifestaties waarvoor een deelnameprijs wordt aangerekend voor zover de uitgaven door de inkomsten – met uitzondering van deze uit sponsoring – worden gedekt en het geen uitgaven voor reclame en uitnodigingen betreft (bv. een eetfestijn waarbij winst wordt gemaakt ten voordele van een goed doel). Als de inkomsten de uitgaven niet dekken, moet het verschil als een verkiezingsuitgave worden aangerekend;
- de uitgaven voor de normale partijwerking op nationaal of lokaal niveau (bv. het serveren van een lunch tijdens een besloten partijvergadering);
- de uitgaven voor de aanmaak van internettoepassingen op voorwaarde dat de aanmaak gebeurt zoals buiten de verkiezingsperiode.

Daarnaast moeten de volgende verkiezingsuitzendingen op radio en TV niet in rekening worden gebracht:
- programma's met berichten en commentaren die op dezelfde wijze en volgens dezelfde regels geschieden als buiten de verkiezingsperiode;
- verkiezingsprogramma's waaraan de vertegenwoordigers van de politieke partijen kunnen deelnemen;
- verkiezingsprogramma's waarvan het aantal en de duur worden bepaald op grond van het aantal vertegenwoordigers van de politieke partijen in de wetgevende vergaderingen.

3.2. Verboden of gereglementeerde propaganda

Art. 194 LPKD

56 Tijdens de sperperiode worden sommige reclamemethodes zelfs absoluut verboden, met name:

- het verspreiden van geschenken en gadgets zoals ballonnen, stylo's of kalenders ...;
- het voeren van commerciële telefooncampagnes;
- het uitzenden van reclamespots op radio, televisie en in bioscopen;
- het gebruikmaken van commerciële reclameborden of affiches;
- het gebruikmaken van niet-commerciële reclameborden of affiches groter dan 4 m^2.

Daarenboven voorziet het besluit van de Vlaamse Regering van 20 april 2012 in bijzondere regels voor het aanbrengen van verkiezingsaffiches en het organiseren van gemotoriseerde voertuigen.

3.3. Giften en sponsoring

Art. 195-195/2 LPKD

57 Alleen natuurlijke personen kunnen in natura of pecuniair giften doen aan politieke partijen of individuele kandidaten. In tegenstelling tot sponsoring dekt de eventuele tegenprestatie de waarde van de gift niet. Zo zal een grootmoeder die haar kleinzoon geld toestopt voor zijn verkiezingscampagne geen specifieke tegenprestatie verrichten. Ook prestaties die onder de reële kostprijs worden verleend, vallen onder het begrip 'gift'. Het kopen voor een symbolische euro van 50 verkiezingsborden is bijgevolg ook een gift. Bijdragen van mandatarissen aan een politieke partij of financiering van kandidaten of lijsten door (een component van) een politieke partij worden door het decreet uitgesloten als giften. Te denken valt aan het doorstorten van een percentage van de presentiegelden aan de moederpartij of een financiële steun van een jongerenpartij aan alle jongerenkandidaten op een lijst.

Ondernemingen, rechtspersonen of feitelijke verenigingen mogen daarentegen noch rechtstreeks noch onrechtstreeks via een tussenpersoon aan een kandidaat of partij een gift schenken. Zij kunnen partijen, lijsten of kandidaten wel financieren door middel van sponsoring. Een sponsor krijgt steeds volgens de heersende marktprijzen de nodige publiciteit in ruil voor het terbeschikkinggestelde geld of product.

Elke partij, lijst of individuele kandidaat mag zich slechts laten financieren per schenker ten belope van € 500 en per sponsor ten belope van € 500. Gespreid tussen verschillende begunstigden kan elke natuurlijke persoon of sponsor maximaal € 2 000 of de tegenwaarde daarvan schenken of besteden aan sponsoring. Eenieder die schenkt of sponsort voor een bedrag of waarde hoger dan € 125, moet die verrichting elektronisch volbrengen door middel van een overschrijving, een lopende betalingsopdracht of een bank- of kredietkaart.

Een natuurlijke persoon die een handelsactiviteit uitoefent en niet is ondergebracht in een rechtspersoon kan dus zowel sponsoren als een gift doen en de bovengenoemde maximale bedragen cumuleren.

3.4. Aangifte

Art. 196-197 LPKD

58 Om toezicht te kunnen houden op de naleving van de regelgeving inzake de verkiezingsuitgaven rust een meervoudige aangifteplicht op de politieke partijen, lijsten en kandidaten. Vooreerst moeten de politieke partijen die een gemeenschappelijk volgnummer en een beschermde lijstnaam hebben, hun aangifte indienen bij de voorzitter van de rechtbank van eerste aanleg in het rechtsgebied waarin de nationale zetel van de partij is gevestigd. Hierbij wordt de herkomst van de geldmiddelen toegevoegd. De aangifte gebeurt binnen 30 dagen na de gemeente- en de districtsraadsverkiezingen. De lijsttrekker of een door hem gemachtigde dient onder dezelfde voorwaarden een aangifte van de verkiezingsuitgaven van de lijst en van elke individuele kandidaat in bij de voorzitter van de rechtbank van eerste aanleg van het rechtsgebied waar de gemeente of het district is gelegen.

In geval van giften of sponsoring groter dan € 125 moeten de politieke partijen, lijsten en kandidaten ook de identiteit van de betrokken schenkers of sponsors meedelen aan de Controlecommissie Verkiezingsuitgaven. Die aangifte gebeurt evenzeer binnen de 30 dagen na de verkiezingen.

Tot slot dienen de politieke partijen de bewijsstukken die betrekking hebben op de verkiezingsuitgaven en de herkomst van de geldmiddelen tot vijf jaar na de verkiezingen te bewaren. De lijsttrekkers en de individuele kandidaten moeten die bewijsstukken tot twee jaar na de verkiezingen bewaren.

3.5. Controle en sancties

Art. 2, 4° en 198-201/1 LPKD

59 Het overtreden van de regelgeving inzake verkiezingsuitgaven kan leiden tot (i) politieke sancties, (ii) administratieve sancties of (iii) strafrechtelijke sancties.

De Controlecommissie Verkiezingsuitgaven staat in voor het toezicht op de aangifte van de politieke partijen die een gemeenschappelijk volgnummer en een beschermde lijstnaam hebben. Het betreft hier dus een controle op gewestelijk en niet op lokaal niveau. Op vertrouwelijke wijze controleert de commissie evenzeer de verplichte registraties van giften of sponsoring. Ze wordt opgericht in de schoot van het Vlaamse Parlement en wordt aangevuld met de voorzitter van de Raad voor Verkiezingsbetwistingen die zetelt zonder stemrecht.

De commissie kan desgevallend de volgende administratieve sancties opleggen:

overtreding	*administratieve sanctie*	*politieke sanctie*
niet-aangifte van (de herkomst van) de verkiezingsuitgaven	€ 1 000 per dag vertraging maximum: € 30 000	na 30 dagen: verlies van aanvullende partijfinanciering
onjuiste of onvolledige aangifte van (de herkomst van) de verkiezingsuitgaven	na 15 dagen: € 1 000 per dag vertraging maximum: € 30 000	na 45 dagen: verlies van aanvullende partijfinanciering
overschrijden maximumbedrag van de verkiezingsuitgaven	bedrag dat gelijk is aan overschrijding minimum: € 25 000 maximum: vier keer aanvullende partijfinanciering	-
ongeoorloofd gebruik van verboden of gereglementeerde propaganda	minimum: € 1 000 maximum: € 250 000 bij herhaling: verdubbeling boete	waarschuwing
schending van de giften- of sponsorregeling	bedrag ten belope van het dubbele van de overschrijding van het toegelaten giften of sponsorbedrag	

Tegen de beslissingen van de Controlecommissie Verkiezingsuitgaven staat een beroep tot nietigverklaring open bij de Raad van State binnen de termijn van 60 dagen.

60 De Raad voor Verkiezingsbetwistingen doet, naast betwistingen over de verkiezing zelf [→ nr. 86], uitspraak over de bezwaren tegen de verkiezingsuitgavenaangifte door lijsttrekkers en individuele kandidaten. Het bezwaar moet worden ingediend binnen de termijn van 45 dagen vanaf de dagtekening van het proces-verbaal van de verkiezingen. In het geval dit bestuursrechtscollege een overtreding vaststelt, kan ze aan de lijsttrekker van de betrokken lijst de volgende administratieve geldboete opleggen:

Overtreding	*administratieve sanctie*
niet-aangifte van (de herkomst van) de verkiezingsuitgaven	€ 100 per dag vertraging maximum: € 3 000
niet-aangifte van (de herkomst van) de verkiezingsuitgaven na uitspraak en aanmaning door de Raad voor Verkiezingsbetwistingen	na 15 dagen: € 1 000, vermeerderd met € 1 000 per volledige maand vertraging
onjuiste of onvolledige aangifte van (de herkomst van) de verkiezingsuitgaven	na 15 dagen: € 100 per dag vertraging maximum: € 3 000
overschrijden maximumbedrag van de verkiezingsuitgaven	bedrag dat gelijk is aan overschrijding minimum: € 2 500 maximum: € 25 000
ongeoorloofd gebruik van verboden of gereglementeerde propaganda	minimum: € 100 of een waarschuwing maximum: € 25 000 bij herhaling: verdubbeling boete
uitgaven verricht voor verkiezingspropaganda op gewestelijk vlak voor een lijst zonder gemeenschappelijk volgnummer en beschermde lijstnaam	minimum: € 2 500 maximum: € 25 000

De Raad voor Verkiezingsbetwistingen bestraft ook individueel een kandidaat indien de kandidaat ofwel individueel meer heeft uitgegeven dan de maximaal toegelaten verkiezingsuitgavenbedragen, ofwel ongeoorloofd gebruik heeft gemaakt van verboden of gereglementeerde propaganda. De volgende sancties kunnen worden uitgesproken:

- een waarschuwing;
- de inhouding van de presentiegelden ten belope van 5 % gedurende een periode van minimum een maand en maximum 12 maanden;
- de schorsing van de uitoefening van het mandaat gedurende een periode van minimum een maand en maximum zes maanden;
- de vervallenverklaring van het mandaat.

Indien de sanctie bestaat uit een schorsing van het mandaat, treedt die pas in werking ten vroegste nadat de beroepstermijn is verstreken en de verkozene zijn eed heeft afgelegd. De mandataris is daardoor verhinderd [→ nr. 112].

Een lijsttrekker kan dezelfde sancties worden opgelegd indien de uitgaven van zijn lijst de betrokken regelgeving inzake verkiezingsuitgaven schendt.

Tegen de beslissingen van de Raad voor Verkiezingsbetwistingen staat een beroep open bij de Raad van State [→ nr. 86].

61 Op initiatief van de procureur des Konings of na een klacht van een belanghebbende persoon kunnen de volgende inbreuken strafrechtelijk worden vervolgd en eventueel bestraft met een gevangenisstraf van acht dagen tot één maand en met een geldboete van € 50 tot € 500, vermeerderd met de wettelijke opdeciemen (x 8 – sinds 1 januari 2017), of met een van die straffen alleen:

– de kandidaat waarvan binnen 30 dagen na de verkiezingen geen aangifte of een onvolledige aangifte van zijn verkiezingsuitgaven, de herkomst van de geldmiddelen en de registratie van de giften en de sponsoring is ingediend;
– de kandidaat die voor kiespropaganda met opzet uitgaven doet die de maximumbedragen overschrijden;
– de kandidaat die tijdens de sperperiode de bepalingen inzake de verboden of gereglementeerde verkiezingspropaganda niet naleeft.

Eenzelfde strafrechtelijke vervolging en bestraffing met een boete van € 26 tot € 100 000, vermeerderd met de wettelijke opdeciemen (x 8 – sinds 1 januari 2017), kan worden opgelegd aan iedereen die de giften- of sponsorregeling overtreedt. De Controlecommissie Verkiezingsuitgaven kan hiertoe een klacht indienen bij de procureur des Konings.

4. | Organisatie

Art. 37, 42-50 en 110-120 LPKD, art. 7 Digitaal Kiesdecreet

62 Bij de gemeenteraadsverkiezingen spelen het gemeentelijk hoofdbureau, de stembureaus en de gemeentelijke telbureaus een belangrijke rol in de praktische organisatie en het vlot verloop van de verkiezingen. Met het begrip 'bureau' doelt de decreetgever niet op een specifieke plaats maar op een groep mensen onder leiding van een voorzitter.

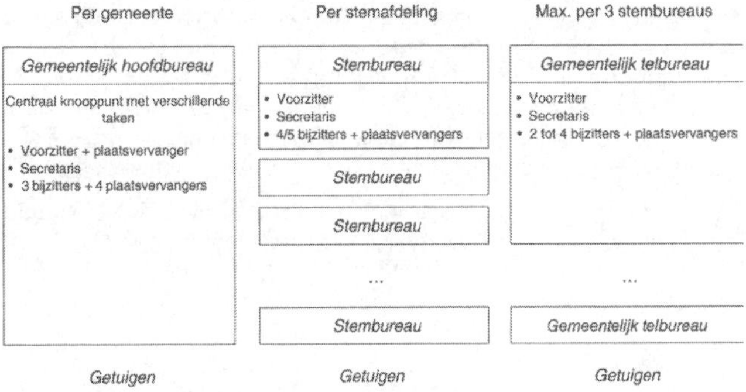

5. Stemverrichtingen op de verkiezingsdag

5.1. De stemming

5.1.1. Het stemlokaal

Art. 23 en 110-137 LPKD, art. 10 Digitaal Kiesdecreet

63 Op de dag van de gemeenteraadsverkiezingen installeert de voorzitter zijn stembureau uiterlijk om 7.30 uur of om 7 uur bij de digitale stemming. De groep mensen die het stembureau vormen [→ nr. 62] staan in voor de goede werking in het stemlokaal. De stemlokalen zelf zijn geopend van 8 uur tot 13 uur en tot 15 uur voor de kiezers die digitaal stemmen. Kiezers die in het stemlokaal of de wachtrij voor die tijdstippen aanwezig zijn, kunnen hun stem uitbrengen.

Het college van burgemeester en schepenen deelt de kiezers in stemafdelingen in. Bij stemming met potlood en papier is het maximum van 800 kiezers per stembureau aanbevolen.

Ingeval er niet meer kandidaat-raadsleden regelmatig worden voorgedragen dan toe te kennen mandaten, vindt de stemming niet plaats [→ nr. 52].

64 De voorzitter van het stembureau, aangewezen door de voorzitter van het hoofdbureau, leidt de stemverrichtingen in het lokaal. Hij wordt bijgestaan door een secretaris die vrij door de voorzitter wordt gekozen en door vier of vijf bijzitters naargelang er al dan niet digitaal wordt gestemd. De voorzitter staat in voor de handhaving van de openbare orde en rust in het stemlokaal en in de omgeving ervan.

Elke politieke groepering, die een kandidatenlijst indiende, mag bij elk stembureau een getuige afvaardigen die het verloop van de stemming controleert op onregelmatigheden.

65 De kiezer moet in beginsel zijn oproepingsbrief bij zich hebben om tot de stemming te worden toegelaten. Zo niet kan hij slechts zijn stem uitbrengen als het bureau zijn identiteit erkent. Hij toont in elk geval zijn identiteit aan door middel van zijn identiteitskaart. Alleen de leden van het stembureau, de getuigen en de kiezers met eventueel hun begeleiders hebben toegang tot het stemlokaal.

De stemming is geheim waardoor niemand kan worden verplicht zijn stem bekend te maken, zelfs niet bij gerechtelijk of parlementair onderzoek.

5.1.2. Stemmen op papier

Art. 138-140 en 155, §3 LPKD

5.1.2.1. Het stemhokje

66 Na de identificatie ontvangt de kiezer een in vieren dichtgevouwen stembiljet met een stempel op de keerzijde. Elke kiezer beschikt over één stem. De kiezer begeeft zich vervolgens onmiddellijk naar het stemhokje en brengt er zijn stem uit. Per 150 kiezers bevat het stemlokaal minstens één stemhokje.

5.1.2.2. Geldig stemmen

67 De kiezer kan zijn stem op volgende wijzen geldig uitbrengen:

1. Lijststem *2. Naamstem (één of meer)*

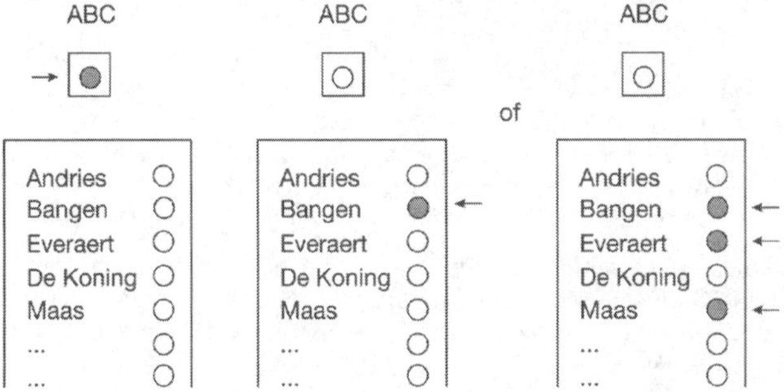

Ook geldig zijn de biljetten waar op eenzelfde kandidatenlijst zowel een lijststem als één of meer naamstemmen voorkomen. De lijststem wordt dan als niet-bestaande beschouwd.

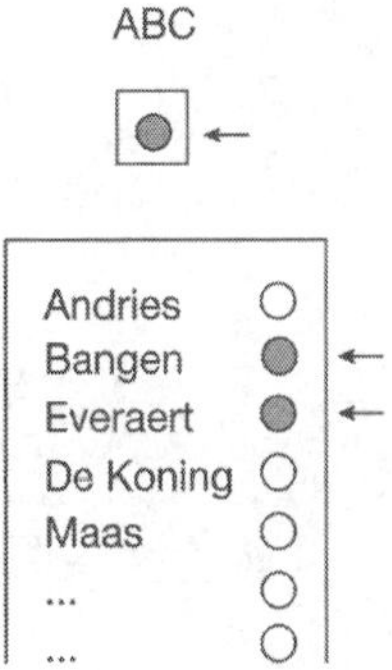

5.1.2.3. Ongeldig stemmen

68 Ongeldig stemmen is enkel mogelijk op papieren stembiljetten. De verkiezingssoftware is als dusdanig geprogrammeerd dat de digitale kiezer steeds geldig stemt. Ongeldig zijn papieren stembiljetten:

– waarop stemmen op twee of meer lijsten werden uitgebracht (panacheren of bontstemmen):

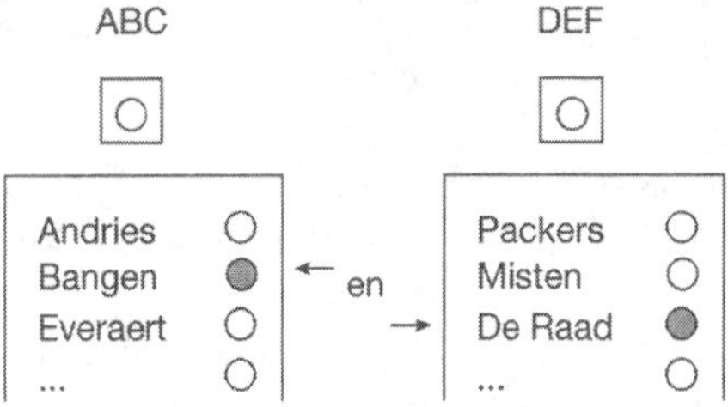

– waarvan de vorm of de afmetingen zijn veranderd;
– waarop getekend is of woorden staan geschreven;
– die binnenin een papier of een ander voorwerp bevatten;
– die de kiezer herkenbaar maken door een teken;
– die anders zijn opgemaakt dan conform de geldende regelgeving.

Blanco stembiljetten waarbij geen enkel bolletje werd aangeduid zijn in beginsel geen ongeldige stemmen. Net als ongeldige stembiljetten tellen blanco stemmen evenwel niet mee bij de verdeling van de zetels.

5.1.2.4. Deponeren in de stembus

69 De kiezer mag het stemhokje pas verlaten na het dichtvouwen van het stembiljet. De voorzitter neemt de buiten het stemhokje geopende stembiljetten terug en maakt ze onbruikbaar. De kiezer moet dan opnieuw zijn stem uitbrengen op een ander stembiljet.

Vervolgens steekt de kiezer eigenhandig het dichtgevouwen stembiljet in de stembus. Hij krijgt zijn afgestempelde oproepingsbrief terug bij wijze van vervulling van de opkomstplicht.

TOEKOMSTIG RECHT
Vanaf de verkiezingen in 2024 zal de opkomstplicht worden afgeschaft voor lokale verkiezingen. De burger is dus niet meer verplicht om zich aan te melden bij het stembureau of iemand anders een volmacht te verlenen.

5.1.3. Digitaal stemmen

Art. 10 en 13-20 Digitaal Kiesdecreet

70 Het Digitaal Kiesdecreet van 25 mei 2012 regelt voor Vlaanderen de digitale stemming bij de lokale verkiezingen. Volgens dit decreet omvat het digitale stemsysteem per stembureau één digitale stembus met een scanner, één of meer stemcomputers met geïntegreerd aanraakscherm en geïntegreerde printer, één computer voor de voorzitter met een schrijfeenheid voor chipkaarten en chipkaarten.

Elk stemhokje is uitgerust met een stemcomputer. Minstens een van die stemcomputers is uitgerust met een handscanner. Er is minstens één stemhokje per 200 kiezers.

71 De kiezer ontvangt van de voorzitter van het stembureau – of van een aangewezen bijzitter – een chipkaart die de voorzitter of de bijzitter vooraf heeft geïnitieerd en die toelaat eenmaal te stemmen per verkiezing waarvoor de kiezer is opgeroepen. De kiezer steekt eerst de chipkaart in de stemcomputer. Als verschillende verkiezingen tegelijk plaatsvinden, verschijnen ze in de volgende volgorde op de stemcomputer: (i) de verkiezing van de gemeenteraad, (ii) de verkiezing van de districtsraad of de OCMW-raad en (iii) de verkiezing van de provincieraad.

Voor elke verkiezing verschijnen het volgnummer en de lijstnaam van alle kandidatenlijsten (politieke partijen) op het scherm. De kiezer wijst op het aanraakscherm de lijst van zijn keuze aan of stemt blanco.

Bij de gekozen lijst verschijnen vervolgens het volgnummer, de naam en één voornaam of de roepnaam van de kandidaten op het beeldscherm. De kiezer brengt zijn stem uit door het aanraakscherm aan te raken:

- op het stemvak bovenaan de lijst als hij zich kan verenigen met de volgorde van de voordracht van de kandidaten ('lijststem');
- op het stemvak met de naam van een of meer kandidaten van dezelfde lijst, of op het stemvak bovenaan de lijst in combinatie met het stemvak van een of meer kandidaten binnen dezelfde lijst als hij de volgorde op de kandidatenlijst wil wijzigen ('naamstem').

Nadat de kiezer zijn stem heeft uitgebracht, wordt hij verzocht die te bevestigen. Voor die bevestiging kan de kiezer zijn uitgebrachte stem nog steeds wijzigen.

Als de kiezer voor alle verkiezingen waarvoor hij opgeroepen is, zijn stem heeft uitgebracht, drukt de stemcomputer een papieren stembiljet af met daarop de uitgebrachte stem (of de uitgebrachte stemmen) in tekst en in een tweedimensionale barcode. De kiezer scheurt het stembiljet los van de stemcomputer en verwijdert de chipkaart. De kiezer kan zijn stem op het stembiljet visueel verifiëren en vouwt het biljet in twee gelijke delen met de bedrukte zijde naar binnen. Noch op de stemcomputer noch op de chipkaart worden gegevens over de stem bewaard.

72 De kiezer overhandigt de chipkaart aan de voorzitter van het stembureau of aan de aangewezen bijzitter en scant de barcode van het stembiljet. Nadat de voorzitter heeft vastgesteld dat de kiezer de stem effectief heeft ingescand, vouwt de kiezer het stembiljet opnieuw dicht met de bedrukte zijde naar binnen en overhandigt het aan de bijzitter, die het stembiljet in de stembus deponeert.

Het stembiljet wordt geannuleerd:
- als de kiezer zijn stembiljet zo vouwt dat de uitgebrachte stem wordt bekendgemaakt;
- als de kiezer het stembiljet heeft beschadigd;
- op verzoek van de kiezer;
- als de barcode niet gelezen kan worden door de digitale stembus.

In dat geval maakt de voorzitter het stembiljet onmiddellijk onbruikbaar en krijgt de kiezer een andere chipkaart waarmee hij opnieuw zijn stem kan uitbrengen. De geannuleerde stembiljetten worden in een aparte verzegelde enveloppe gestopt.

Voor kiezers met een visuele handicap kan een audiomodule worden voorzien.

5.1.4. | Stemmen bij volmacht

Art. 56 en 135, §2 LPKD

73 Kiezers kunnen hun stem uitbrengen door volmacht te verlenen. Alleen de volgende kiezers kunnen een ander kiezer machtigen:
1) de kiezer die om medische redenen niet in staat is om zich naar het stembureau te begeven of er naartoe gevoerd te worden, zoals blijkt uit een medisch attest van een geneesheer die zelf geen kandidaat is;
2) de kiezer die om beroepsredenen in het buitenland vertoeft, alsook de leden van het gezin of van het gevolg die daar met hem verblijven, zoals blijkt uit een werkgeversattest;
3) de kiezer die om beroepsredenen niet naar het stembureau kan komen, zoals blijkt uit een werkgeversattest;
4) de kiezer die om militaire dienstredenen zich niet kan aanmelden bij het stembureau of die in het buitenland wordt opgehouden, zoals blijkt uit een attest van de militaire overheid;

5) schippers, marktkramers of kermisreizigers, alsook de leden van hun gezin, zoals blijkt uit een attest van de burgemeester;
6) de opgesloten gevangene zoals blijkt uit een attest van de gevangenisdirectie;
7) kiezers die omwille van hun geloofsovertuiging zich niet naar het stembureau kunnen begeven zoals blijkt uit een attest van de religieuze overheid;
8) de student, die zich om studieredenen in de onmogelijkheid bevindt zich in het stembureau te melden, zoals blijkt uit een attest van de onderwijsinstelling;
9) de kiezer die de dag van de stemming niet in zijn woonplaats is wegens een tijdelijk verblijf in het buitenland (bijvoorbeeld wegens vakantie). De onmogelijkheid om te gaan stemmen moet door de burgemeester worden vastgesteld en dit op voorlegging van de nodige bewijsstukken of, zonder bewijsstukken, door een verklaring op erewoord. De aanvraag moet bij de burgemeester van de woonplaats uiterlijk de dag van de verkiezing worden ingediend.

Elke andere kiezer kan volmachtdrager zijn. De volmachtdrager hoeft dus niet de echtgenoot of echtgenote of een familielid te zijn. Ieder kiezer mag wel slechts één volmacht krijgen.

De volmachtdrager moet bij het uitbrengen van zijn stem in het bezit zijn van:
- de volmacht die op een officieel formulier gesteld moet zijn;
- de oproepingsbrief van de volmachtgever;
- de hiervoor vermelde attesten van onbeschikbaarheid;
- zijn eigen identiteitskaart;
- zijn eigen oproepingsbrief.

TOEKOMSTIG RECHT

Het ronselen van volmachten zal worden tegengegaan. Vooreerst zal de volmacht na verklaring op eer afgeschaft worden. Bij deze verklaring kon een volmacht worden toegekend zonder dat de kiezer moest aantonen dat hij of zij zich op die dag in het buitenland bevond. Ten tweede zal het systematisch benaderen van personen om hun volmacht te verkrijgen, in het vervolg strafbaar zijn. Het verstrekken van algemene informatie over de mogelijkheden om een volmacht te kunnen geven, valt daar niet onder.

5.2. Het stembiljet – het beeldscherm

Art. 60-67 LPKD

74 De kandidatenlijst van een politieke partij vermeldt bovenaan het lijstnummer van die politieke partij én de naam van die politieke partij. De naam mag bestaan uit maximaal 20 karakters, dus letters, cijfers, tekens.

De voorstelling van de lijsten en de kandidaten op het stembiljet is verschillend naargelang het gaat om een manuele of digitale stemming:

- *bij manuele stemming* staat er vóór elke kandidaat een volgnummer én een stemvakje;
- *bij digitale stemming* worden de namen van de kandidaten van elke lijst in kolommen geplaatst. Als het aantal kolommen geen veelvoud is van het aantal kolommen bevat de uiterst linkse kolom en desgevallend de middelste kolom een kandidaat meer.

Kolommen	*Aantal kandidaten*
1	1 t.e.m. 19
2	20 t.e.m. 38
3	39 t.e.m. 55

75 De Vlaamse minister van Binnenlands Bestuur trekt de volgnummers voor de politieke partijen ('beschermde lijstnamen') die minstens 3 vertegenwoordigers hebben in het Vlaams Parlement.

Wanneer twee of meer politieke partijen met een kartellijst naar de kiezer trekken, mag het nationale nummer gebruikt worden van de eerste partij die in het letterwoord wordt vernoemd. Een kartellijst van bijvoorbeeld Open Vld-SP.a mag het nummer van de Open Vld gebruiken, een kartellijst die SP.a-Open Vld heet, mag het nummer van de SP.a gebruiken. Heeft de kartellijst een volledig nieuwe naam – bv. De Brug – dan moet een lokaal nummer aangevraagd worden. De nummers voor de lokale lijsten – zoals Gemeentebelangen of Lijst van de Burgemeester – worden getrokken door de voorzitter van het gemeentelijk hoofdbureau. Eerst kent hij een volgnummer toe aan de volledige lijsten, daarna aan de onvolledige.

5.3. Einde van de stemming

Art. 141-149 LPKD

76 De kiezers die zich aanbieden voor 13 uur of, bij digitale stemming voor 15 uur aan het stemlokaal worden toegelaten tot de stemming. Het begrip 'lokaal' moet daarbij ruim worden begrepen. Wie voor 13 uur of 15 uur buiten of in de gang staat te wachten om het eigenlijke stemlokaal binnen te treden, wordt eveneens toegelaten om te stemmen (zie o.a. RvS 12 februari 2001, nr. 93.206). Wie zich daarna aanbiedt, kan echter zijn stem niet meer uitbrengen en voldoet in beginsel niet aan de opkomstplicht.

Nadat de laatste toegelaten kiezer heeft gestemd, sluit de voorzitter van het stembureau het stembureau en opent hij de stembussen. Na het vervullen van een aantal formaliteiten, waaronder het opstellen van een proces-verbaal, bezorgt de voorzitter de nodige stukken aan het aangewezen telbureau. De getuigen hebben het recht hun opmerkingen te laten opnemen in het proces-verbaal.

6. | Tellen van de stemmen

Art. 150-164 LPKD

6.1. | Stembussen

77 De telbureaus worden in het bezit gesteld van stembussen van verscheidene stembureaus, zonder dat het aantal te tellen stemmen meer dan 2 400 mag zijn. In de praktijk ontvangt een telbureau van 3 stembureaus telkens 800 stemmen, dus in totaal 2 400.

6.2. | Telbureau

78 Het telbureau bestaat uit een voorzitter, een secretaris, een aantal bijzitters en getuigen, die op dezelfde wijze worden aangeduid als stembureauleden. Ook bij het telbureau hebben de politieke partijen het recht om getuigen af te vaardigen. Het aantal bijzitters is afhankelijk van het aantal te verkiezen raadsleden.

Aantal bijzitters	*Aantal raadsleden*
2	≤ 19
3	19 tot 27
4	≥ 27

79 Bij de digitale stemming is de handmatige telling niet noodzakelijk en richt men dus geen telbureau in. Na afloop van de elektronische stemmingen sluit de voorzitter de stembus af en brengt de geheugendrager – het deel van de computer dat alle gegevens van het bureau heeft geregistreerd – naar het gemeentelijk hoofdbureau dat alle gegevens samenbrengt en de uitslag opmaakt.

6.3. | Telling

80 Uiterlijk om 14 uur installeert de voorzitter het telbureau en kan het effectieve tellen beginnen. De stembiljetten worden ontplooid en in drie stapels verdeeld: de geldige, de twijfelachtige en de ongeldige en de blanco stemmen. Vervolgens sorteren de telbureauleden de geldige stemmen per lijst en beslissen ze tot welke categorie de twijfelachtige stembiljetten behoren. Zo vereenvoudigt de daaropvolgende telling.

Het telbureau voert de telling uit en beslist over de geldigheid van stembiljetten. Hoewel dit in de praktijk vaak gebeurt, zijn getuigen niet gerechtigd om mee de stemmen te tellen. Zij hebben slechts het recht om de stembiljetten na te zien en opmerkingen te maken in het proces-verbaal.

Na het tellen van het aantal blanco en ongeldige stemmen tellen de bureauleden voor elke lijst apart het aantal behaalde stemmen, met name:
- het aantal lijststemmen;
- het aantal biljetten met één of meer naamstemmen;
- het aantal naamstemmen voor elke kandidaat.

81 Tot slot zal het gemeentelijk hoofdbureau instaan voor de algemene telling van de stemmen. Dit kan slechts na het ontvangen van de resultaten van alle telbureaus en in aanwezigheid van de leden van het hoofdbureau en de getuigen.

7. | Zeteltoewijzing

Art. 165-189 LPKD

82 Na de globale optelling door het hoofdbureau volgt het toewijzen van de zetels. Deze toewijzing geschiedt volgens het stelsel van de *algehele evenredige vertegenwoordiging*, ook wel het systeem Imperiali genoemd. We onderscheiden drie fasen:
1) de vaststelling van het stemcijfer van elke lijst;
2) de verdeling van de zetels onder de lijsten;
3) de aanduiding van de verkozenen en opvolgers.

7.1. | Stemcijfer

83 Het stemcijfer van elke lijst is het aantal geldige stembiljetten van één lijst waarop een stem (via lijst- of naamstemmen) werd uitgebracht. De blanco en ongeldige stemmen laat men dus buiten beschouwing.

7.2. | Zetelverdeling

84 Het stemcijfer van elke lijst wordt nu gedeeld door achtereenvolgens ‘1’, ‘1,5’, ‘2’, ‘2,5’, ‘3’, ‘3,5’, ‘4’, ‘4,5’ enz. In de praktijk deelt men het stemcijfer door het dubbele van deze getallen met name 1, 2, 3, 4, 5 ... aangezien die deling eenvoudiger is en toch eenzelfde rangschikking als resultaat oplevert. Deze quotiënten worden vervolgens naar hun grootte gerangschikt tot beloop van een totaal dat gelijk is aan het aantal te verkiezen raadsleden.

EEN VOORBEELD

		lijst 1	*lijst 2*	*lijst 3*	*lijst 4*
Stemcijfers		840	432	360	328
	2	420 (1)	216 (3)	180 (5)	164 (7)
	3	280 (2)	144 (8)	120	109
Deling door	4	210 (4)	108	90	82
	5	168 (6)	86	72	65
	6	140 (9)	72	60	54

De negen te verdelen zetels worden bepaald door de hoogste coëfficiënten: 420, 280, 216, 210, 180, 168, 164, 144 en 140. Vijf zetels worden toegewezen aan lijst 1, twee zetels aan lijst 2 en één zetel aan lijst 3 en 4. Het laatste nuttig quotiënt (140) kent de laatste en negende zetel aan lijst 1 toe.

7.3. Verkozenen en opvolgers

85 Het aanwijzen van de verkozenen vereist een aantal verrichtingen.

Vooreerst berekent men het *verkiesbaarheidscijfer* als volgt:
- aantal nuttige stemmen = stemcijfer × bekomen zetels;
- verkiesbaarheidscijfer = $\frac{\text{nuttige stemmen}}{\text{bekomen zetels} + 1}$.

Vervolgens draagt men de lijststemmen voor een derde over aan de kandidaten volgens de volgorde waarbij ze op de kandidatenlijst voorkomen. In de volksmond heet dit ‘de verdeling van de pot’. Op deze wijze beloont het zetelverdelingssysteem de personen die bovenaan de lijst staan met een vorm van extra stemmen. Dit gebeurt als volgt:
- aantal bijstemmen = $\frac{\text{aantal lijststemmen} \times \text{bekomen zetels}}{3}$, afgerond naar een hogere eenheid;
- een aantal bijstemmen worden aan de eerste kandidaat toegekend tot hij samen met zijn voorkeurstemmen of naamstemmen het verkiesbaarheidscijfer bereikt. Het eventueel overschot wordt aan de 2e kandidaat toegekend, enz.

Tot slot worden de verkozenen bepaald door het aantal behaalde zetels per lijst toe te wijzen aan de kandidaten met de meest behaalde stemmen na het optellen van de persoonlijke naamstemmen en de eventueel overgedragen lijststemmen.

De opvolgers zijn alle niet-verkozen kandidaten en dit in de volgorde van het aantal bekomen stemmen na een nieuwe overdracht van de lijststemmen zoals eerder omschreven.

Bij gelijkheid van stemmen tussen de kandidaten geniet de orde van voordracht op de lijst voorrang.

EEN VOORBEELD

Aantal aan 'lijst A' toegewezen zetels: 5.
Het stemcijfer: stembiljetten met lijststemmen voor 'lijst A' (641) + stembiljetten met naamstemmen voor 'lijst A' (678) = 1319.

Berekening verkiesbaarheidscijfer:

- aantal nuttige stemmen = 1 319 × 5 = 6 595;
- verkiesbaarheidscijfer = $\frac{6\,595}{(5+1)}$ = 1 099.

Berekening overdracht van lijststemmen:

- aantal bijstemmen = $\frac{641 \times 5}{3}$ = 1 069;
- overdracht naar de kandidaten.

Kandidaten	*Naamstemmen*		*Stemmen toegekend bij wijze van overdracht*		*Totaal*
A	300	+	799	=	*1 099*
B	50	+	270	=	*320*
C	80			=	*80*
D	20			=	*20*
E	5			=	*5*
F	60			=	*60*
G	60			=	*60*
H	155			=	*155*

Na deze verdeling stellen wij vast dat alleen kandidaat A het verkiesbaarheidscijfer heeft behaald. Er blijven nog 4 zetels te verdelen op deze lijst. De eerste gaat naar B, die met het overschot van de lijststemmen het hoogste getal bereikte (320). Daar de lijststemmen uitgeput zijn, gaan de andere zetels naar de kandidaten die het hoogste aantal naamstemmen hebben bekomen, nl. H (155), C (80) en F (60). Kandidaat F krijgt de voorkeur op kandidaat G aangezien die hoger in de lijst gerangschikt staat.

Bepalen van de opvolgers na een nieuwe overdracht van een derde van de lijststemmen:

Kandidaten	*Naamstemmen*	*Overgedragen lijststemmen*	*Totaal*
D	20	+ 1 069	= 1 089
E	5		= 5
G	60		= 8

Hoewel kandidaat G meer naamstemmen behaalde, is kandidaat D de eerste opvolger dankzij de overgedragen lijststemmen. Kandidaat G is tweede en kandidaat E derde opvolger.

TOEKOMSTIG RECHT
Bij de lokale verkiezingen in 2024 zal de lijststem worden geneutraliseerd. De kiezer zal nog steeds bovenaan de lijst zijn of haar stem kunnen uitbrengen maar deze zal dus niet meer worden meegeteld bij het bepalen van de volgorde van de verkozen kandidaten. De lijststem speelt in dat geval enkel nog een rol bij de zetelverdeling.

8. Verkiezingsbetwistingen

Art. 202-205 LPKD en Decreet Bestuursrechtscolleges

8.1. Raad voor Verkiezingsbetwistingen

86 De Raad voor Verkiezingsbetwistingen is een bestuurlijk rechtscollege dat ten minste acht bestuursrechters telt die effectief, aanvullend of plaatsvervangend zijn. Het Decreet Bestuursrechtscolleges van 4 april 2014 deed de vijf provinciale raden samensmelten tot één Raad voor Verkiezingsbetwistingen in Vlaanderen. De raad bestaat uit minstens zes kamers waaronder één meervoudige kamer met drie bestuursrechters. Een enkelvoudige kamer houdt zitting met één bestuursrechter.

Krachtens het voormelde decreet werd de organisatie van de raad afgestemd op twee andere Vlaamse bestuursrechtscolleges, met name het Milieuhandhavingscollege en de Raad voor Vergunningsbetwistingen. Zo centraliseert bv. de Dienst van Bestuursrechtcolleges (DBRC) nu de griffiers, referendarissen en ondersteund personeel van de drie rechtscolleges.

8.2. Bezwaar

87 Kandidaten, en zij alleen, kunnen een klacht indienen tegen de verkiezingsuitslag. Een burger die geen kandidaat was, kan geen ontvankelijk bezwaar tegen de gemeenteraadsverkiezing inleiden. Evenmin kan een politieke partij of een getuige van een politieke partij die geen kandidaat was een bezwaar indienen. De beroepstermijn verloopt de 45ste dag na de datum van het proces-verbaal van het hoofdbureau. In geval van een strafrechtelijke veroordeling loopt een nieuwe termijn van 15 dagen vanaf de uitspraak van de definitieve veroordeling.

De raad doet uitspraak over bezwaren:
1) tegen de verkiezing zelf;

2) op grond van de schending van de regelgeving inzake verkiezingsuitgaven.

88 Ten eerste kan de Raad voor Verkiezingsbetwistingen een verkiezing geheel of gedeeltelijk ongeldig verklaren. Dit kan slechts in het geval dat de aangevoerde onregelmatigheden de zetelverdeling tussen de verschillende lijsten kunnen beïnvloeden. In de bestuursrechtspraak worden heel wat bezwaren afgewezen op grond van deze beperking. Voor de bestuursrechter is dit vaak een beoordeling van een feitenkwestie.

De gehele ongeldigverklaring van de verkiezing heeft als gevolg dat de verkiezing van in het begin moeten worden overgedaan. In geval van een gedeeltelijke ongeldigverklaring bepaalt de raad welke aspecten opnieuw moeten worden verricht.

Ten tweede kan de raad een kandidaat en/of de lijsttrekker sanctioneren bij het overtreden van de verkiezingsuitgaven [→ nr. 60].

89 De uitspraak volgt ten laatste 40 dagen na de indiening van de klacht. Wanneer binnen die termijn geen uitspraak volgde, betekent dit de verwerping van het bezwaar en de bevestiging van de verkiezingsuitslag zoals die door het hoofdbureau is afgekondigd. De griffie van de raad geeft kennis van de beslissing aan de gemeenteraad.

TOEKOMSTIG RECHT
De termijn van de uitspraak na een klacht wordt verkort tot 35 dagen.

8.3. | Ambtshalve onderzoek

90 In tweede orde onderzoekt de raad ambtshalve, bij gebrek aan bezwaar, de juistheid van de zetelverdeling tussen de lijsten en de rangorde tussen de verkozen raadsleden en opvolgers. Dit is een louter mathematisch onderzoek.

8.4. | Andere bevoegdheden

Art. 147 en 324 DLB

91 Aanvullend aan de beoordeling van de bezwaren en het ambtshalve onderzoek bij gemeenteraadsverkiezingen beschikt de Raad voor Verkiezingsbetwistingen nog over een aantal andere bevoegdheden, met name bij geschillen over:
- de afstand, het verval, het ontslag of de verhindering van het mandaat van gemeente- of OCMW-raadslid, gemeente- of

OCMW-raadsvoorzitter, schepen, vast bureau-lid en BCSD-lid of -voorzitter;
- het goedkeuren van de geloofsbrieven en de eedaflegging;
- de kennis van de bestuurstaal van de burgemeester, schepenen en de gemeenteraadsvoorzitter;
- de verkiezing, benoeming, vervanging en opvolging van schepenen, de gemeente- of OCMW-raadsvoorzitter, vast bureau-lid en BCSD-lid of -voorzitter;
- de voorwaarden inzake de vertrouwenspersoon;
- de organisatie van een gemeentelijke volksraadpleging [→ nr. 588];
- de verkiezing van districtsraden [→ nr. 525] en het mandaat van hun leden, schepenen en burgemeesters.

8.5. Beroep

92 Binnen acht dagen na de kennisgeving kan beroep ingesteld worden bij de Raad van State. De Raad van State, die zetelt in volle rechtsmacht, doet uitspraak binnen een termijn van 60 dagen. Het beroep werkt slechts schorsend ingeval het een vernietiging van de verkiezing of een wijziging van de zetelverdeling betreft.

HOOFDSTUK 3
DE BESTUURSORGANEN

93 De politieke integratie van het OCMW in de gemeente, betekent dat de bestuursorganen op elkaar zijn afgestemd. Schematisch wordt dit als volgt weergegeven:

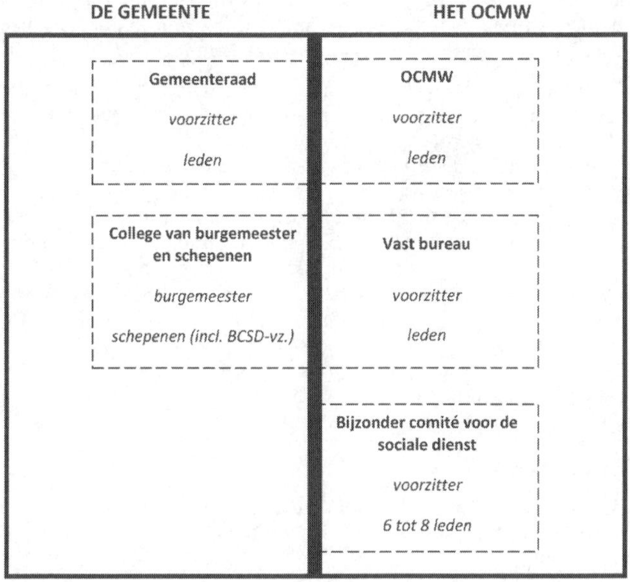

1. | Gemeente- en OCMW-raad

1.1. | Samenstelling

1.1.1. | Verkiezingen

Art. 5 en 68 DLB

94 Als regelgevend bestuursorgaan en als motor van het algemeen gemeentelijk beleid wordt de gemeenteraad verkozen uit en door de inwoners van de gemeente. De gemeenteraad is een legislatuurorgaan dat in beginsel om de zes jaar wordt vervangen. Voor de bespreking van de gewone gemeenteraadsverkiezing verwijzen we naar "De gemeenteraadsverkiezingen" [→ nr. 39] eerder in dit zakboekje.

In bijzondere omstandigheden kunnen naast de zesjaarlijkse verkiezingen ook buitengewone verkiezingen volgen. Daarbij denken we aan de situatie waarbij er een gebrek aan opvolgers is [→ nr. 122], de gehele of gedeeltelijke ongeldig verklaarde verkiezingen [→ nr. 88] en de fusie of splitsing van gemeenten [→ nr. 611].

95 De gemeenteraadsleden nemen van rechtswege het mandaat van OCMW-raadslid op na het onderzoek van de geloofsbrieven [→ nr. 103] en hun eedaflegging [→ nr. 104]. Er is geen afzonderlijke installatie en eedaflegging als OCMW-raadslid.

De OCMW-raad bestaat dus uit dezelfde mensen als de gemeenteraad. Op dit principe geldt één uitzondering, met name als de OCMW-raad niet rechtsgeldig is samengesteld omdat hij niet uit personen van verschillend geslacht bestaat. In voorkomend geval wordt het laatste gemeenteraadslid in rang van rechtswege in de raad voor maatschappelijk welzijn vervangen door de eerstvolgende opvolger van het andere geslacht vanop dezelfde lijst of indien niet mogelijk, vanop de lijst met het hoogste stemcijfer. Dit lid neemt – bij gebrek aan actueel mandaat als gemeenteraadslid – steeds de laatste rang in.

1.1.2. Leden

Art. 4 DLB

1.1.2.1. Aantal

96 Het aantal raadsleden is afhankelijk van het aantal inwoners van de gemeente. De kleinste gemeente telt 7 raadsleden (Herstappe) en de grootste 55 (Antwerpen).

Uiterlijk op 1 juni van het jaar waarin de gemeenteraadsverkiezing plaatsvindt, stelt de Vlaamse Regering een lijst op van het aantal te verkiezen gemeenteraadsleden per gemeente. Deze lijst wordt in het Belgisch Staatsblad bekend gemaakt. De Vlaamse Regering berekent als volgt:

aantal inwoners	*raadsleden*
minder dan 1 000	7
1 000-1 999	9
2 000-2 999	11
3 000-3 999	13
4 000-4 999	15
5 000-6 999	17
7 000-8 999	19
9 000-11 999	21

aantal inwoners	*raadsleden*
12 000-14 999	23
15 000-19 999	25
20 000-24 999	27
25 000-29 999	29
30 000-34 999	31
35 000-39 999	33
40 000-49 999	35
50 000-59 999	37
60 000-69 999	39
70 000-79 999	41
80 000-89 999	43
90 000-99 999	45
100 000-149 999	47
150 000-199 999	49
200 000-249 999	51
250 000-299 999	53
300 000 en meer	55

Het bevolkingscijfer is het aantal personen met hun hoofdverblijfplaats in de gemeente zoals ingeschreven in het rijksregister van de natuurlijke personen op 1 januari van het jaar van de gemeenteraadsverkiezingen.

97 Als bijlage bij dit zakboekje is een tabel voorzien die zowel voor de bestuursperiode 2019-2024 als voor de bestuursperiode 2025-2030 het aantal raadsleden meedeelt (*zie bijlage 'Administratieve gegevens gemeenten in het Vlaamse Gewest'*).

Op te merken is dat een aantal Vlaamse gemeenteraden met twee raadsleden verruimen met ingang van de legislatuur 2025-2030. Dit is het geval voor Aarschot, Ardooie, Berlare, Bonheiden, Deerlijk, Erpe-Mere, Geel, Halle, Herenthout, Kampenhout, Ravels, Rijkevorsel, Temse, Tienen, Veurne en Westerlo. Omgekeerd zorgt een bevolkingsdaling in Alveringem voor een daling van het aantal raadsleden.

1.1.2.2. Burgemeester en schepenen buiten de raad

98 In principe maken zowel de burgemeester als de schepenen deel uit van de gemeente- en OCMW-raad. De decreetgever heeft dus niet gekozen voor een scheiding tussen beide bestuursorganen. Toch zijn er een aantal gevallen waarbij de leden van het college van burgemeester en schepenen niet als raadslid werden verkozen:

1) de benoeming van de burgemeester buiten de raad [→ nr. 286];
2) de vervanging door een schepen van het andere geslacht buiten de raad [→ nr. 206].

De burgemeester en schepenen die niet als gemeenteraadslid werden verkozen, moeten wel aanwezig zijn tijdens de vergadering van de gemeenteraad. Zij beschikken zowel in de gemeente- als de OCMW-raad slechts over een raadgevende stem.

1.1.3. Installatievergadering

Art. 5-8 en 352-355 DLB

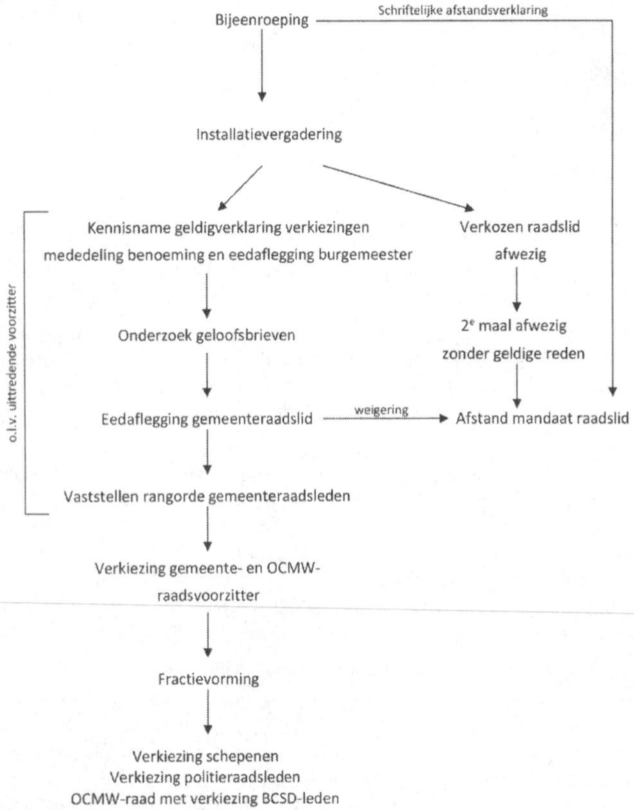

99 In beginsel worden de nieuwe verkozen gemeenteraadsleden op de installatievergadering geïnstalleerd door het afleggen van hun eed. Door het afleggen van die eed zijn zij van rechtswege geïnstalleerd als OCMW-raadslid. De gemeente- en OCMW-raad bestaat dus in beginsel uit dezelfde personen [→ nr. 95].

Er is geen aparte installatievergadering voor de OCMW-raad. Aansluitend op de installatievergadering van de gemeenteraad vindt wel een zitting van de OCMW-raad plaats waarbij raadsleden de voorzitter en de BCSD-leden kiezen [→ nr. 314].

1.1.3.1. Datum en plaats

100 De uittredende gemeenteraadsvoorzitter brengt de verkozen gemeenteraadsleden minstens veertien dagen op voorhand op de hoogte van de datum, het uur en de plaats van de installatievergadering. Het komt de uittredende gemeenteraadsvoorzitter toe om de datum, het uur en de plaats van de installatievergadering zelf te bepalen. De vergadering moet evenwel plaatsvinden binnen de eerste vijf werkdagen van januari. Elke dag van de week, behalve zaterdag, zondag en de wettelijke en decretale feestdagen, is een werkdag. De installatievergaderingen in 2019 vonden dus plaats op donderdag 2 januari, vrijdag 3 januari, maandag 6 januari, dinsdag 7 januari of woensdag 8 januari.

Als de uittredende gemeenteraadsvoorzitter niet aan die oproepingsplicht voldoet, brengt de algemeen directeur de verkozen raadsleden op de hoogte van de installatievergadering. Die vergadering vindt dan van rechtswege plaats in het gemeentehuis, om 20.00 uur, op de eerste werkdag van januari. Ook voor eventuele nieuwe fusiegemeenten vindt de installatievergadering plaats op donderdag 2 januari 2025.

101 De vervanging van de raadsleden kan op een latere datum geschieden indien de Raad voor Verkiezingsbetwistingen of, na beroep, de Raad van State gevat is door een bezwaarschrift tegen de verkiezing. De uittredende gemeenteraadsleden blijven in functie tot na het onderzoeken van de geloofsbrieven en de installatie van de meerderheid van de gemeenteraadsleden. De uittredende gemeenteraadsvoorzitter roept desgevallend de nieuw verkozen raadsleden bijeen. We onderscheiden drie gevallen:

1) *de geldig verklaarde verkiezingen:* bijeenroeping tien dagen na het definitief worden van de uitslag van de geldig verklaarde verkiezingen, met name de betekening van de uitspraak;
2) *de ongeldig verklaarde verkiezingen met daaropvolgende nieuwe verkiezingen* [→ nr. 87] : bijeenroeping tien dagen na het definitief worden van de uitslag van de nieuwe verkiezingen;
3) *de ambtshalve gewijzigde zetelverdeling* [→ nr. 90] : bijeenroeping tien dagen na de definitieve zetelverdeling.

TOEKOMSTIG RECHT
De installatie van de nieuwe gemeenteraad zal worden vervroegd naar een van de eerste vijf werkdagen van december van het jaar van de verkiezingen.

1.1.3.2. Uitredend voorzitter

102 De uittredend voorzitter zit de installatievergadering voor tot de gemeenteraadsleden in hun midden een nieuwe gemeenteraadsvoorzitter hebben verkozen. Als de uittredende voorzitter de vergadering niet kan voorzitten, dan neemt een uittredend lid van het college van burgemeester en schepenen, in volgorde van rang, deze taak op. De burgemeester heeft daarbij de hoogste rang.

1.1.3.3. Geloofsbrieven

103 Het onderzoek van de geloofsbrieven is een exclusieve bevoegdheid van de gemeenteraad. Hierbij gaan de raadsleden na of de gekozen raadsleden voldoen aan de verkiezingsvoorwaarden [→ nr. 47] en ze zich niet in een staat van onverenigbaarheid bevinden [→ nr. 116–117]. De geloofsbrieven bevatten de schriftelijke bewijsstukken waaruit volgt dat het raadslid op wettige wijze werd verkozen en dat er tegen de verkiezingen geen bezwaren zijn.

Tegen de gemeenteraadsbeslissing over de geloofsbrieven kan beroep worden ingesteld bij de Raad voor Verkiezingsbetwistingen [→ nr. 86].

1.1.3.4. Eedaflegging

104 Voor ze hun mandaat aanvaarden leggen alle gemeenteraadsleden, waarvan de geloofsbrieven werden goedgekeurd, in een openbare vergadering de eed af in handen van de voorzitter van de installatievergadering. Ook de schepenen zijn ertoe gehouden de eed af te leggen. De burgemeester die zijn eed reeds heeft afgelegd in handen van de provinciegouverneur hoeft dit niet meer te doen in de gemeenteraad [→ nr. 290]. De vertrouwenspersoon die een raadslid bijstaat [→ nr. 195] is niet gehouden tot de eedaflegging.

De voorzitter van de installatievergadering legt de eed af, als hij herkozen is, in handen van de burgemeester. Als de uittredende burgemeester de installatievergadering voorzit en hij opnieuw wordt benoemd als burgemeester binnen de gemeenteraad, legt hij de eed af in handen van het oudste gemeenteraadslid. Ingeval degene die de eed dient af te nemen weigert zijn taak te vervullen, neemt het lid van het college van burgemeester en schepen met de hoogste rang de eed af.

De eed luidt als volgt: *"Ik zweer de verplichtingen van mijn mandaat trouw na te komen"*. Aan de formule mogen geen woorden worden toegevoegd of weggelaten. Het raadslid kan geen voorbehoud formuleren. Bovendien is de eedaflegging een bestuurshandeling die in het Nederlandse taalgebied slechts in het Nederlands kan geschieden. In elke ander geval moet de voorzitter van de installatievergadering de eedaflegging weigeren.

De installatie van de gemeenteraad is pas voltrokken wanneer de meerderheid van de raadsleden de eed heeft afgelegd en de gemeenteraad bijgevolg is vernieuwd. De eedaflegging is dus geen louter protocollaire aangelegenheid.

1.1.3.5. Afstand van het mandaat

Art. 8, 15 en 70 DLB

105 Een verkozen raadslid kan expliciet of impliciet afstand doen van zijn mandaat. In tegenstelling tot het ontslag neemt het verkozen raadslid dus nooit zijn functie op. De niet-aanvaarding van het mandaat kan op vier manieren:

1) *weigering eedaflegging*: het verkozen raadslid dat aanwezig is op de installatievergadering en de eed weigert af te leggen, doet afstand van zijn mandaat;
2) *niet-aanwezigheid*: het verkozen raadslid dat niet aanwezig is op de installatievergadering én de daaropvolgende gemeenteraadszitting doet eveneens afstand van zijn mandaat mits hij regelmatig en uitdrukkelijk werd opgeroepen voor beide zittingen;
3) *schriftelijke afstandsverklaring*: het verkozen raadslid kan op schriftelijke wijze de voorzitter van de installatievergadering op de hoogte brengen dat hij afstand doet van zijn mandaat;

4) *onverenigbaarheid*: het verkozen raadslid dat zich op het ogenblik van de installatie in een situatie van onverenigbaarheidbevindt [→ nr. 116–117], wordt geacht afstand te doen van zijn mandaat. In beginsel komt de verkozene nooit tot het afleggen van de eed aangezien de onverenigbaarheid reeds werd vastgesteld tijdens het onderzoek van de geloofsbrieven [→ nr. 103].

1.1.3.6. Rangorde

Art. 6, §7 DLB

106 Onmiddellijk na de eedaflegging van de raadsleden in de installatieraad wordt een rangorde vastgesteld. De anciënniteit bepaalt de rangorde tussen raadsleden. De anciënniteit omvat de hele periode waarbinnen de gemandateerde in functie was als gemeenteraadslid van de betrokken gemeente. Die periode mag onderbroken zijn. Bij gelijke anciënniteit geniet het raadslid met de meeste naamstemmen bij de laatste gemeenteraadsverkiezing de voorkeur. Bij een gelijk aantal naamstemmen bepaalt het aantal lijststemmen de rangorde. Voor de bepaling van de anciënniteit is de overdracht van lijststemmen dus niet relevant.

Wie ziek of verhinderd is op de installatievergadering, kan zijn beoogde rangorde innemen. Opvolgers die na de installatievergadering worden geïnstalleerd, sluiten op het einde aan.

De rangorde tussen gemeenteraadsleden behelst een bijzonder belang in bepaalde aangelegenheden:
– *de tijdelijke vervanging gemeenteraadsvoorzitter:* [→ nr. 124];
– *de tijdelijk vervanging van een afwezige schepen:* [→ nr. 226];
– *de tijdelijk vervanging van de ambtenaar van de burgerlijke stand*: de gemachtigde ambtenaar van de burgerlijke stand die is verhinderd, wordt vervangen door de burgemeester, de schepen of een raadslid volgens rangorde ([→ nr. 305], art. 7 oud Burgerlijk Wetboek).

1.1.3.7. Verkiezing gemeente- en OCMW-raadsvoorzitter

Art. 7 en 69 DLB

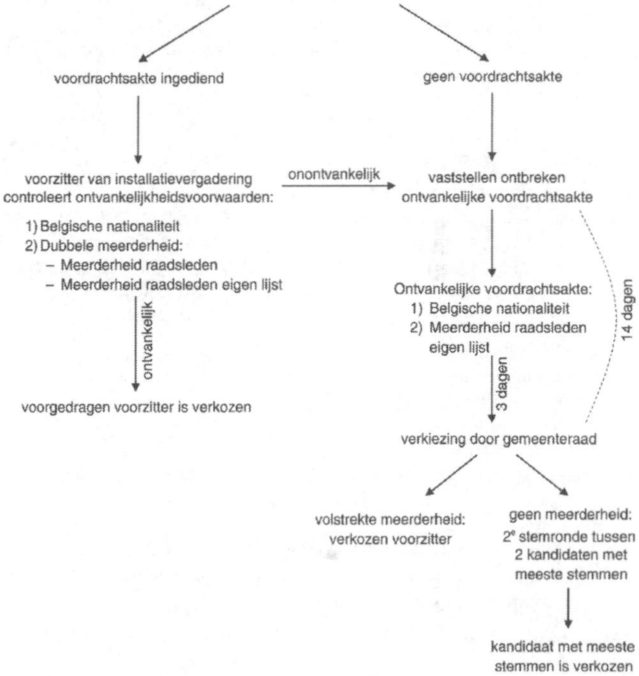

A. Ontvankelijke voordracht

107 Op de installatievergadering verkiest de gemeenteraad in zijn midden een gemeenteraadsvoorzitter op basis van de voordrachtsakte die uiterlijk acht dagen voor de vergadering aan de algemeen directeur werd overhandigd. De gemeenteraadsvoorzitter is van rechtswege ook voorzitter van de OCMW-raad.

De voordrachtsakte is slechts ontvankelijk indien de kandidaat-voorzitter de Belgische nationaliteit bezit en de akte cumulatief is ondertekend door:
– een meerderheid van de beëdigde gemeenteraadsleden;
– een meerderheid van de beëdigde gemeenteraadsleden verkozen op dezelfde lijst als dat de voorgedragen kandidaat werden

verkozen. Als die lijst slechts twee verkozenen telt, volstaat de handtekening van één van hen.

Alleen handtekeningen van gemeenteraadsleden die de eed hebben afgelegd worden hiertoe in aanmerking genomen, met inbegrip van de handtekeningen van de opvolgers die de voordrachtsakte hebben ondertekend en die nadien de eed als gemeenteraadslid hebben afgelegd.

108 Niemand kan meer dan één voordrachtsakte ondertekenen. Handtekeningen die op meerdere akten voorkomen zijn ongeldig. Indien de akte door de ongeldigheid van die handtekening(en) niet meer voldoet aan de dubbele meerderheidsvereiste, is zij in haar geheel onontvankelijk. Bovendien wordt de verkozene die meer dan één voordrachtsakte tekent ook persoonlijk bestraft. Hij kan voor de duur van de zittingsperiode van de gemeenteraad niet worden benoemd of verkozen als of het mandaat waarnemen van:

- burgemeester;
- schepen;
- gemeenteraadsvoorzitter;
- voorzitter van een gemeenteraadscommissie;
- voorzitter of lid van het BCSD;
- vertegenwoordiger of gemandateerde namens de gemeente in een gemeentelijk EVA of andere vereniging, stichting of vennootschap;
- vertegenwoordiger of gemandateerde namens het OCMW in een ziekenhuis-IVA, een OCMW-vereniging of een andere vereniging, stichting of vennootschap.

Als de betrokkene reeds een dergelijk mandaat bekleedt, vervalt dat van rechtswege.

109 De akte van de voordracht kan tevens de einddatum van het mandaat van de kandidaat-voorzitter vermelden, alsook de naam of namen van diegene(n) die hem zal/zullen opvolgen voor de resterende duurtijd van het mandaat. In voorkomend geval is de voorzitter bij het bereiken van de einddatum van het mandaat van rechtswege ontslagnemend en volgt de in de voordrachtsakte vermelde opvolger hem van rechtswege op. Indien het mandaat eindigt voor de in de akte vermelde einddatum, neemt de opvolger vervroegd het mandaat op. Indien de persoon die als opvolger is vermeld, het mandaat niet kan opnemen, gaat de gemeenteraad over tot de vervanging van de uittredende voorzitter.

Nadat de gemeenteraadsleden de eed hebben afgelegd, overhandigt de algemeen directeur de voordrachtsakte van de kandidaat-voorzitter aan de voorzitter van de installatievergadering. De voorzitter gaat de ontvankelijkheid van de voordrachtsakte na. Indien alle voorwaarden vervuld zijn, is de kandidaat-voorzitter verkozen.

TOEKOMSTIG RECHT
De termijn van voordracht van de gemeenteraadsvoorzitter wordt verkort tot drie dagen.

B. Geen ontvankelijke voordracht

110 Als geen ontvankelijke akte van voordacht van kandidaat-voorzitter aan de voorzitter van de installatievergadering is overhandigd, gaat de gemeenteraad binnen de 14 dagen na de installatievergadering over tot verkiezing van een voorzitter. Uiterlijk drie dagen voor de verkiezing kunnen de gemeenteraadsleden een gedagtekende voordrachtsakte bezorgen aan de algemeen directeur. Deze akte moet, om ontvankelijk te zijn, ondertekend zijn door een meerderheid van personen die op dezelfde lijst werden verkozen als de voorgedragen kandidaat. In deze tweede fase is de dubbele meerderheid niet meer vereist.

De verkiezing gebeurt bij geheime stemming. De kandidaat die de volstrekte meerderheid van stemmen heeft gehaald is verkozen tot gemeenteraadsvoorzitter. Als geen enkele kandidaat de volstrekte meerderheid van stemmen heeft behaald en als meerdere kandidaten werden voorgedragen voor het vacante mandaat, vindt de tweede stemronde plaats. Daarin wordt gestemd op de twee kandidaten die in de eerste stemronde de meeste stemmen hebben gehaald. Bij staking van stemmen komt de kandidaat die bij de gemeenteraadsverkiezingen de meeste naamstemmen heeft gehaald, in aanmerking voor de tweede stemronde. De kandidaat die in de tweede stemronde de meerderheid van de stemmen heeft behaald, is verkozen tot voorzitter. Bij staking van stemmen in de tweede stemronde is de kandidaat die bij de gemeenteraadsverkiezingen de meeste naamstemmen heeft behaald, verkozen tot voorzitter. Als beide kandidaten evenveel naamstemmen hebben behaald, is de kandidaat verkozen van wie de lijst bij de gemeenteraadsverkiezingen de meeste stemmen heeft behaald.

1.1.3.8. Overig

111 Voor de volgende aspecten verwijzen we naar de relevante passages verderop in dit zakboekje:
- de vorming en betekenis van de fractie: [→ nr. 163];
- de verkiezing van de schepenen: [→ nr. 203];

– de eerstvolgende vergadering van de OCMW-raad en daarbij horende verkiezing van de BCSD-voorzitter en -leden: [→ nr. 314];
– de verkiezing van de politieraadsleden: [→ nr. 693].

1.1.4. Tijdelijke beëindiging van het mandaat

Art. 12, 15 en 70-71 DLB

112 De gemeenteraad neemt akte van de verhindering van de volgende personen:
– het gemeenteraadslid dat om *medische redenen* gedurende een minimale termijn van 12 weken niet aanwezig kan zijn op de vergaderingen van de gemeenteraad en vervangen wil worden;
– het gemeenteraadslid dat om *studieredenen* gedurende een minimale termijn van 12 weken niet aanwezig kan zijn op de vergaderingen van de gemeenteraad en vervangen wil worden;
– het gemeenteraadslid dat wegens *verblijf in het buitenland* gedurende een minimale termijn van 12 weken niet aanwezig kan zijn op de vergaderingen van de gemeenteraad en vervangen wil worden;
– het gemeenteraadslid dat *ouderschapsverlof* wil nemen voor de geboorte of adoptie van een kind;
– het gemeenteraadslid dat omwille van *palliatief verlof*, of verlof voor bijstand of verzorging van een *zwaar ziek familielid* tot en met de 2e graad of van een zwaar ziek gezinslid, gedurende minimaal 12 weken niet aanwezig wenst te zijn op de vergaderingen van de gemeenteraad en vervangen wil worden;
– het gemeenteraadslid dat *lid is van de Europese Commissie* voor zover het gemeenteraadslid hiertoe uitdrukkelijk verzoekt;
– het gemeenteraadslid waarvan de bestuursrechter zijn mandaat heeft geschorst omwille van de miskenning van de kiesregelgeving inzake verkiezingsuitgaven [→ nr. 88].

Bij verhindering wegens *medische redenen, studieredenen of verblijf in het buitenland* kan het raadslid een verzoek om vervanging aan de gemeenteraadsvoorzitter richten. Het verzoek gaat vergezeld van respectievelijk een geneeskundig getuigschrift van maximaal 15 dagen oud dat de minimale termijn van afwezigheid aangeeft, een attest van de onderwijsinstelling of een attest van de opdrachtgever. Als het gemeenteraadslid dat om medische redenen afwezig blijft, niet in staat is om dat verzoek tot de voorzitter te richten, dan wordt hij van rechtswege als verhinderd beschouwd vanaf de derde opeenvolgende vergadering waarop hij afwezig is en zolang hij afwezig blijft.

Een gemeenteraadslid dat *ouderschapsverlof* wil nemen, richt een schriftelijk verzoek aan de gemeenteraadsvoorzitter. Hij wordt vervangen ten vroegste vanaf de zesde week voor de vermoedelijke datum van geboorte of adoptie tot het einde van de negende week na de adoptie of geboorte. Op schriftelijk verzoek wordt de onderbreking van de uitoefening van het mandaat na de negende week verlengd met een duur die gelijk is aan die gedurende dewelke het raadslid zijn mandaat heeft uitgeoefend tijdens de periode van zes weken die aan de dag van de geboorte of adoptie voorafgaan. In geval van de geboorte of adoptie van een meerling kan de periode voor maximaal twee weken worden verlengd.

Het gemeenteraadslid dat omwille van *palliatief verlof, of verlof voor bijstand of verzorging van een zwaar ziek familielid* vervangen wil worden, richt daartoe aan de gemeenteraadsvoorzitter een schriftelijk verzoek, vergezeld van een verklaring op erewoord waarin het raadslid zich bereid verklaart om bijstand of verzorging te verlenen. De naam van de patiënt hoeft niet te worden vermeld.

Het gemeenteraadslid dat als verhinderd wordt beschouwd, wordt vervangen zolang de toestand van verhindering duurt. De gemeenteraad neemt akte van de beëindiging van de periode van verhindering.

De verhindering als OCMW-raadslid heeft een gelijke uitwerking op het mandaat van gemeenteraadslid en *vice versa*.

113 Een raadslid kan zich slechts laten vervangen om één van bovenvermelde redenen van verhindering. In tegenstelling tot de burgemeester of schepenen is een vervanging niet mogelijk omwille van vrijwillige afwezigheid zoals bv. vakantie [→ nr. 218].

1.1.5. | Definitieve beëindiging van het mandaat

1.1.5.1. Vernieuwing gemeente- en OCMW-raad

Art. 5 en 71 DLB

114 Het is evident dat samen met de algehele vernieuwing van de gemeente- en OCMW-raad het mandaat van gemeenteraadslid eindigt tenzij de betrokkene opnieuw werd verkozen. In beginsel houdt het mandaat dus van rechtswege op om de zes jaar. Daarnaast is er ook een vroegtijdige ontbinding mogelijk na bv. een fusie of splitsing van een gemeente en de daaropvolgende bijzondere gemeenteraadsverkiezingen [→ nr. 582].

De uittredende leden blijven echter steeds in functie tot de installatie van de meerderheid van de nieuw verkozen raadsleden.

1.1.5.2. Ontslag

Art. 13, 15, en 70-71 DLB

115 Naast het voorafgaandelijk afstand doen van zijn mandaat [→ nr. 105], kan een gemeenteraadslid ook ontslag nemen na zijn installatie. Het ontslag van een gemeenteraadslid gaat steeds uit van de vrijwilligheid. Het raadslid kan daartoe niet worden gedwongen.

Het gemeenteraadslid dat ontslag wil nemen, deelt dat schriftelijk mee aan de gemeenteraadsvoorzitter of aan zijn vervanger indien de voorzitter zelf ontslag wil nemen. Het ontslag is definitief na de ontvangst van de kennisgeving door de gemeenteraadsvoorzitter. Het raadslid blijft zijn mandaat uitoefenen tot zijn opvolger is geïnstalleerd behoudens als het ontslag het gevolg is van een onverenigbaarheid.

Het ontslagnemend gemeenteraadslid neemt van rechtswege ook ontslag als OCMW-raadslid en *vice versa*.

1.1.5.3. Vervallenverklaring wegens onverkiesbaarheid

Art. 9, 15 en 70-71 DLB

116 Een gemeenteraadslid moet niet enkel op het ogenblik van de installatie voldoen aan de verkiesbaarheidsvoorwaarden maar moet ononderbroken, gedurende zijn gehele mandaatsperiode voldoen aan de verkiesbaarheidsvoorwaarden zoals die eerder werden besproken [→ nr. 47].

Op het ogenblik dat het raadslid niet meer voldoet aan de verkiesbaarheidsvoorwaarden kan hij ofwel zelf vrijwillig ontslag nemen, ofwel zijn mandaat vervallen laten verklaren door de gemeenteraad. In dit laatste geval beschikt het raadslid alvast over een hoorrecht. De gemeenteraadsvoorzitter brengt de betrokkene en de Raad voor Verkiezingsbetwisting op de hoogte van de feiten die tot het verval van het mandaat leiden. Indien de gemeenteraad niet overgaat tot de vervallenverklaring binnen de twee maanden na de kennisgeving van de feiten, treedt de Raad voor Verkiezingsbetwistingen in zijn plaats op. De vervallenverklaring heeft echter pas gevolg vanaf de kennisgeving aan het gemeenteraadslid en beëindigt ook het mandaat als OCMW-raadslid.

De Raad voor Verkiezingsbetwistingen doet uitspraken over geschillen inzake de vervallenverklaring. Tegen een beslissing van dit Vlaamse bestuursrechtscollege staat beroep open bij de Raad van State [→ nr. 92]. Dit beroep werkt niet schorsend.

Een raadslid dat na de vervallenverklaring zijn mandaat alsnog blijft uitoefenen is strafbaar met een gevangenisstraf van acht dagen tot een jaar en een geldboete van € 26 tot € 500, vermeerderd met de wettelijke opdeciemen (x 8 – sinds 1 januari 2017).

1.1.5.4. Vervallenverklaring wegens onverenigbaarheid

Art. 10-11, 15 en 70-71 DLB, art. 71-72 N.Gem.W., art. 134 WGP

117 De volgende personen kunnen geen deel uitmaken van een gemeenteraad:

1) echtgenoten in de gemeenteraad van eenzelfde gemeente. Personen die een wettelijk samenlevingscontract hebben afgesloten worden met echtgenoten gelijkgesteld;
2) de bloedverwanten t.e.m. de tweede graad (bv. broers en zussen) en de aanverwanten in de eerste graad (bv. schoonouders of schoonkinderen);
3) de volgende mandaten, ambten en functies:
   - de provinciegouverneurs en de de hoge ambtenaar die de Brusselse Hoofdstedelijke Regering aanwijst;

- de provinciegriffiers, de arrondissementscommissarissen en de adjunct-arrondissementscommissarissen voor zover de gemeente in kwestie deel uitmaakt van hun ambtsgebied;
- de magistraten, de plaatsvervangende magistraten en de griffiers bij de hoven en de rechtbanken, de administratieve rechtscolleges en het Grondwettelijk Hof;

4) de volgende personeelsleden:
   - de personeelsleden van de gemeente in kwestie;
   - de personeelsleden van het OCMW dat de gemeente bedient;
   - de gemeentelijke extern verzelfstandigde agentschappen;
   - de leden van het operationeel, administratief of logistiek kader van de politiezone waar de gemeente toe behoort;
5) de leden van een districtsraad;
6) de personen die in een lokale decentrale overheid van een andere lidstaat van de Europese Unie een ambt of een mandaat uitoefenen dat gelijkwaardig is aan dat van een gemeenteraadslid, gemeenteraadsvoorzitter, schepen of burgemeester.

Aanvullend aan bovenstaande opsomming kan bijzondere wetgeving ook voorzien in onverenigbaarheden. Zo is het een personeelslid van het operationele kader van de politie in beginsel verboden om het mandaat van gemeenteraadslid uit te oefenen (art. 134 Wet Geïntegreerde Politie). Toch moeten de wettelijk en decretaal vastgelegde onverenigbaarheden strikt worden geïnterpreteerd. Zij kunnen niet naar analogie worden uitgebreid.

118 Als twee bloed- of aanverwanten in een verboden graad of twee echtgenoten worden verkozen, dan gaat de voorkeur naar diegene die zijn zetel kreeg toegewezen met het hoogste quotiënt [→ nr. 84].

Worden twee bloed- of aanverwanten in een verboden graad of twee echtgenoten verkozen, de één tot raadslid, de ander tot opvolger, dan geldt het verbod om zitting te nemen alleen voor de opvolger, tenzij de plaats waarvoor hij in aanmerking komt, is opengevallen vóór de verkiezing van zijn bloedverwant of aanverwant of echtgenoot. Tussen de opvolgers die voor opengevallen plaatsen in aanmerking komen, wordt de voorrang allereerst bepaald naar tijdsorde van de vacatures.

Aanverwantschap dat later tot stand is gekomen tussen raadsleden, brengt in geen geval verval van hun mandaat mee. Dit geldt niet bij een huwelijk tussen raadsleden of in het geval van wettelijke samenwoning.

De onverenigbaarheid wordt geacht op te houden door het overlijden van de persoon door wie ze tot stand is gekomen, door echtscheiding of door het ophouden van een wettelijk samenlevingscontract.

119 Als een gemeenteraadslid zich in een situatie van onverenigbaarheid bevindt, verklaart in beginsel de gemeenteraad – net als bij het verlies van de verkiesbaarheidsvoorwaarden – zijn mandaat vervallen. Het raadslid kan er ook voor opteren om vrijwillig ontslag te nemen of de situatie van onverenigbaarheid beëindigen binnen de 15 dagen na het verzoek van de gemeenteraadsvoorzitter. In elk geval brengt het einde van het mandaat van gemeenteraadslid ook het einde van het mandaat van OCMW-raadslid met zich mee en *vice versa*.

TOEKOMSTIG RECHT
Na de gemeenteraadsverkiezingen in 2024 zullen twee nieuwe onverenigbaarheden worden toegevoegd. Vooreerst zullen personeelsleden van een sociale huisvestingsmaatschappij tot wier werkingsgebied de gemeente behoort, niet meer in die gemeente als raadslid kunnen zetelen. Ten tweede wordt een onverenigbaarheid ingevoerd ten aanzien van de leidend ambtenaar van een intergemeentelijk samenwerkingsverband waaraan de gemeente deelneemt.

1.1.5.5. Overlijden

120 Het hoeft geen betoog dat politieke rechten persoonlijke rechten zijn die teniet gaan met het overlijden van de verkozene. Zij zijn niet overdraagbaar aan de wettelijke erfgenamen.

1.1.5.6. Bijzonderheid: voorzitter gemeente- en OCMW-raad

121 De gemeente- en OCMW-raadsvoorzitter vervult een bijzondere rol binnen de werking van de gemeentelijke organen. Gelijklopend met de leden van het college van burgemeester en schepenen/vast bureau beschikt hij daarom over bijzondere rechten en plichten en een soms afwijkend statuut. Het mandaat van gemeente- en OCMW-raadsvoorzitter kan daarom ook eindigen in geval van:
- het verstrijken van zijn ambtstermijn [→ nr. 109];
- het handtekenen van meer dan éénvoordrachtsakte [→ nr. 108, 204, 284];
- het miskennen van de bestuurstaalkennisvereiste [→ nr. 281].
- afzetting als tuchtstraf [→ nr. 224].

1.1.6. Opvolging – plaatsvervanging

1.1.6.1. Gemeente- en OCMW-raadslid

Art. 14 en 71-72 DLB

122 Het gemeenteraadslid wordt definitief opgevolgd door de eerste opvolger conform de rangorde die bij de zeteltoewijzing werd vastgelegd [→ nr. 85]. De opvolger moet evenwel ononderbroken aan de verkiesbaarheidsvoorwaarden hebben voldaan sinds de gemeenteraadsverkiezingen (RvS 10 april 1989, nr. 32.330). De opvolging vindt plaats na:

- de afstand van het mandaat [→ nr. 105];
- het ontslag door het verkozen gemeenteraadslid [→ nr. 116];
- de vervallenverklaring van het mandaat [→ nr. 117];
- het overlijden van het verkozen gemeenteraadslid [→ nr. 121].

Het gemeenteraadslid dat tijdelijk is verhinderd, wordt vervangen zolang de toestand van verhindering duurt. De gemeenteraad neemt akte van de beëindiging van de periode van verhindering. De tijdelijke vervanging doet geen afbreuk aan de rang als opvolger. De opvolger die door een onverenigbaarheid of persoonlijke verhindering de vervanging *ad interim* niet kan waarnemen, verliest zijn rechten niet om op een later ogenblik middels een definitieve opvolging een in de gemeenteraad vacante positie in te nemen.

De opvolging of plaatsvervanging als gemeenteraadslid brengt ook de opvolging of plaatsvervanging als OCMW-raadslid met zich mee. In het geval door de opvolging of plaatsvervanging de OCMW-raad niet meer bestaat uit personen van een verschillend geslacht, is een bijzondere procedure voorzien in artikel 72 van het Decreet Lokaal Bestuur.

123 De geloofsbrieven worden, zoals bij de installatievergadering onderzocht door de zetelende gemeenteraadsleden. De opvolger of plaatsvervanger legt vervolgens de eed af in handen van de gemeenteraadsvoorzitter.

1.1.6.2. Gemeente- en OCMW-raadsvoorzitter

Art. 7, §5 en 70-71 DLB

124 Als de voorzitter het mandaat niet aanvaardt, zijn mandaat als gemeenteraadslid vervallen wordt verklaard, als verhinderd wordt beschouwd, ontslag heeft genomen of overleden is, wordt tot een nieuwe verkiezing van voorzitter overgegaan op de eerstvolgende vergadering van de gemeenteraad. Tot aan de nieuwe verkiezing wordt het voorzitterschap waargenomen door het gemeenteraadslid met de meeste anciënniteit.

Als de voorzitter om een andere dan voormelde redenen tijdelijk afwezig is, of als hij bij een welbepaalde aangelegenheid een betrokken partij is, wordt hij vervangen door het gemeenteraadslid aan wie de voorzitter zijn bevoegdheid schriftelijk heeft opgedragen. Indien de voorzitter zijn bevoegdheid niet heeft opgedragen aan een gemeenteraadslid, neemt het gemeenteraadslid met de meeste anciënniteit het voorzitterschap waar. Bij gelijke anciënniteit geniet het gemeenteraadslid dat bij de laatste volledige vernieuwing van de gemeenteraad het hoogste aantal naamstemmen heeft behaald, de voorkeur. Als het gemeenteraadslid met de meeste anciënniteit de voorzitter in die gevallen niet kan vervangen, wordt het voorzitterschap waargenomen door een ander gemeenteraadslid in volgorde van anciënniteit. Bij gelijke anciënniteit wordt het mandaat waargenomen door het gemeenteraadslid dat bij de verkiezingen de meeste naamstemmen heeft behaald.

De vervanging duurt zolang de voorzitter verhinderd of tijdelijk afwezig is. De gemeenteraad neemt akte van de beëindiging van de periode van verhindering.

1.2. Werking

1.2.1. Bijeenroeping van de gemeente- en OCMW-raad

1.2.1.1. Wijze van bijeenroeping reguliere raadszitting

Art. 19-20 en 74 DLB

125 De gemeenteraadsvoorzitter staat in voor de bijeenroeping van de gemeenteraad. Een geldige uitnodiging vermeldt minstens:
- de agenda met voldoende duidelijk omschreven agendapunten;
- een toegelicht voorstel van beslissing;

- de plaats, de dag en het uur van vergaderen;
- de bepalingen van artikel 26 Decreet Lokaal Bestuur ingeval het om een tweede oproeping met dezelfde agenda gaat [→ nr. 142].

De oproeping kan samengaan met het bijeenroepen van de OCMW-raad. Het huishoudelijk reglement kan hierin voorzien.

126 De oproeping wordt, behalve in spoedeisende gevallen en mits motivering, ten minste acht dagen vóór de zitting aan het raadslid bezorgd. Het woord 'bezorgd' impliceert dat het raadslid ook effectief op dat ogenblik in het bezit moet zijn van de oproeping. Overeenkomstig artikel 291 Decreet Lokaal Bestuur berekent men de termijn door acht dagen terug te tellen van de dag van de gemeenteraadsvergadering, zonder de dag van de gemeenteraadszitting zelf mee te rekenen. Als de gemeenteraad bv. vergadert op 25 januari zal het raadslid de oproeping moeten bezitten op 17 januari. Het versturen per post op 17 januari is dus onvoldoende. De verzendingstermijn is niet in de termijn van acht dagen inbegrepen.

Het huishoudelijk reglement bepaalt de verzendingswijze van de oproeping en de wijze van de terbeschikkingstelling van het dossier waarop de agenda betrekking heeft. De gemeenten kunnen daarbij kiezen om de raadsleden door middel van een e-mail op te roepen. Toch moeten de rechten van de raadsleden steeds gevrijwaard blijven en kan geen elektronische oproeping worden opgelegd aan de raadsleden die dit niet kunnen of wensen te ontvangen.

De onregelmatig bijeen geroepen gemeente- of OCMW-raad kan leiden tot de schorsing of vernietiging van de tijdens die raad genomen beslissingen.

1.2.1.2. Bijeenroeping op verzoek

Art. 19, 67 en 74 DLB

127 De voorzitter is verplicht de gemeente- en OCMW-raad bijeen te roepen op verzoek van:
- een derde van de raadsleden;
- het college van burgemeester en schepenen of het vast bureau;
- de burgemeester voor zover de agenda uitsluitend betrekking heeft op de bevoegdheden van de burgemeester;
- een vijfde van de raadsleden als zes weken na de datum van de vorige gemeente- of OCMW-raad nog geen bijeenroeping is gebeurd. De periode van zes weken wordt geschorst van 11 juli tot en met 15 augustus.

In geval van een verplichte bijeenroeping, roept de voorzitter de gemeenteraad bijeen op de aangewezen dag en het aangewezen uur en met de voorgestelde agenda. Daarvoor bezorgen de raadsleden en het college voor elk punt op de agenda hun voorstel van beslissing met een toelichting aan de algemeen directeur. Laatstgenoemde bezorgt de voorstellen vervolgens aan de gemeenteraadsvoorzitter. Het verzoek bevat, naast de handtekeningen van de verzoeker(s), ook de eerder omschreven verplichte vermeldingen van een oproeping.

1.2.1.3. Publieke bekendmaking

Art. 22 en 74 DLB

128 De plaats, datum, tijdstip en agenda van de vergaderingen van de gemeente- en OCMW-raad worden, behalve in geval van hoogdringendheid, uiterlijk acht dagen voor de vergadering openbaar gemaakt. Het huishoudelijk reglement bepaalt de nadere regels over de wijze van openbaarmaking. De openbaarmaking hoeft dus niet op het gemeentehuis te gebeuren.

Als agendapunten aan de agenda worden toegevoegd, geschiedt de publieke bekendmaking van de aangepaste agenda uiterlijk 24 uur nadat hij is vastgesteld. In tegenstelling tot de bekendmaking van de reglementen en verordeningen [→ nr. 439] is de bekendmaking op de website niet verplicht.

Iedere natuurlijke persoon en iedere rechtspersoon of groepering ervan die erom verzoekt, verkrijgt inzicht in de gemeente- en OCMW-raadsagenda en de stukken die erop betrekking hebben door er inzage in te verlenen, er uitleg over te verschaffen of er een afschrift van te overhandigen. De wetgeving, en dus ook de beperkingen, inzake openbaarheid van bestuur is hier van toepassing [→ nr. 776].

1.2.2. | Agenda

Art. 19-23, 74 en 304, §2, DLB

129 De gemeenteraadsvoorzitter stelt de agenda met voldoende duidelijk omschreven agendapunten op en deelt die bij de uitnodiging tot bijeenroeping mee aan de raadsleden. Toch is dit recht niet exclusief en wordt dit gedeeld met:

1) *het college of het vast bureau*: de agenda bevat ten minste de door het college of het vast bureau meegedeelde punten en is vergezeld met een toegelicht voorstel van beslissing;
2) *verzoekende raadsleden*: in geval van de bijeenroeping van de gemeenteraad op verzoek van een raadslid, het college, het vast bureau of de burgemeester bepalen de verzoekers de agenda;
3) *individuele raadsleden*: elk individueel raadslid beschikt over het recht om een bijkomend punt op de agenda te plaatsen. Het raadslid bezorgt het agendapunt, samen met een toegelicht

voorstel van beslissing, uiterlijk vijf dagen vóór de vergadering aan de algemeen directeur. Die laatste overhandigt het op zijn beurt aan de gemeenteraadsvoorzitter. Het moet vergezeld zijn van een toegelicht voorstel van beslissing. De burgemeester en de schepenen beschikken daarentegen niet over het recht een bijkomend punt op de agenda te plaatsen omdat zij reeds voordien het recht hadden punten aan de agenda toe te voegen;

4) *burgers*: onder bepaalde voorwaarden hebben burgers het recht om voorstellen en vragen op de agenda van de gemeente- of OCMW-raad te laten inschrijven [→ nr. 587].

De voorzitter blijft echter bevoegd om zelf punten te agenderen en de volgorde van de agendapunten vast te stellen. De gemeenteraadsvoorzitter controleert in elk geval de formele ontvankelijkheid van de agendapunten. Zo kan hij bv. een bijkomend agendapunt weigeren wegens laattijdigheid. Daarentegen kan hij de opportuniteit niet beoordelen. Dit behoort toe aan de raad zelf.

130 Behalve in spoedeisende gevallen wordt de agenda aan het publiek kenbaar gemaakt:
- *in beginsel*: uiterlijk acht dagen voor de vergadering;
- *in geval van een bijkomend punt toegevoegd door een raadslid*: uiterlijk 24 uur na de vaststelling van de agenda;
- *in spoedeisende gevallen*: uiterlijk 24 uur nadat hij is vastgesteld en vóór de aanvang van de raadszitting.

Het huishoudelijk reglement bepaalt de nadere regels over de wijze van openbaarmaking. Zo kan de agenda ook op de gemeentelijke website worden gepubliceerd.

131 De gemeente- en OCMW-raad blijven echter meester over hun eigen agenda. De raad is dus niet verplicht de geagendeerde punten te behandelen. Bij meerderheidsbeslissing kunnen de punten eveneens worden verdaagd of kan de volgorde van de agendapunten worden gewijzigd.

Een punt dat niet op de agenda voorkomt, mag niet in bespreking worden gebracht, behalve in spoedeisende gevallen. Tot spoedbehandeling moet worden besloten door ten minste twee derde van de aanwezige leden (onthoudingen inbegrepen). De namen van de leden en de motivering van de spoedeisendheid worden in de notulen vermeld.

1.2.3. Het ter beschikking stellen van de dossierstukken

1.2.3.1. Terbeschikkingstelling voor gemeente- en OCMW-raadslid

Art. 20, 22, 29, 74, 75 en 249, §2 DLB

132 De raadsleden hebben een politieke controle en toezichtsfunctie t.a.v. het college van burgemeester en schepenen. Daarnaast moeten de raadsleden voldoende geïnformeerd zijn om bewust beslissingen te kunnen nemen tijdens de raadszitting. Het is voor hen echter onmogelijk om inzicht te krijgen in een aangelegenheid zonder daarbij de nodige stukken te consulteren.

Daarom ligt er, vanaf het verzenden van de agenda, voor elk punt op de gemeenteraadsagenda een dossier met relevante stukken ter beschikking aan de raadsleden. Het dossier bevat alle stukken zodat de raadsleden een beslissing kunnen nemen met voldoende kennis van de belangrijkste gegevens die van invloed kunnen zijn op de te nemen beslissing. Omwille van hun gewicht op het gemeentelijk beleid moeten de stukken inzake de meerjarenplanning, de aanpassing van het meerjarenplan en de jaarrekening reeds 14 dagen voor de vergadering aan de raadsleden worden bezorgd.

De raadsleden kunnen de elektronische terbeschikkingstelling eisen. Dit kan bv. door de raadsleden middels een wachtwoord toegang te geven op het intranet van de gemeente. De raadsleden kunnen de algemeen directeur – of een door hem aangeduid personeelslid – vragen technische toelichting te geven bij de dossiers.

Het huishoudelijk reglement bepaalt de wijze waarop de stukken (elektronisch) raadpleegbaar zijn en op welke wijze inlichtingen worden verstrekt.

133 Daarnaast beschikken gemeenteraadsleden ook over een ruimer recht van inzage in alle dossiers, stukken en akten die het bestuur van de gemeente en het autonoom gemeentebedrijf betreffen [→ nr. 191].

1.2.3.2. Publieke terbeschikkingstelling

Art. 22 en 74 DLB

134 De gemeente- en OCMW-raadsagenda en de bijhorende documenten zijn voor iedere (rechts)persoon die er om verzoekt raadpleegbaar. De gemeente en het OCMW zijn bovendien verplicht er uitleg over te verschaffen en er een afschrift van te overhandigen. Het publieke inzagerecht komt niet enkel de inwoners van de gemeente toe maar ook andere belanghebbenden.

De voorwaarden en beperkingen die voortvloeien uit de openbaarheidsbepalingen in artikelen II.26 tot II.51 van het Bestuursdecreet van 19 december 2018 [→ nr. 776] zijn evenzeer van toepassing.

1.2.4. Vergaderlokaal

135 Het Decreet Lokaal Bestuur legt geen enkele verplichting op wat de vergaderplaats betreft, al lijkt het duidelijk dat het gemeentehuis de logische en meest aangewezen lokaliteit is. De installatievergadering gaat wel van rechtswege door op het gemeentehuis. Vergadering mogen evenwel niet plaatshebben in ideologisch of filosofisch afhankelijke lokalen of in cafés.

De uitnodiging tot bijeenroepen van de gemeente- en OCMW-raad vermeldt alvast de vergaderplaats.

1.2.5. Vergaderdata

Art. 18 en 74 DLB

136 De gemeente- en OCMW-raad vergadert zo vaak als men dit nodig acht en ten minste tienmaal per jaar. Het miskennen van het minimum van tien raadzittingen per jaar kan echter niet rechtstreeks gesanctioneerd worden. In de praktijk zien we dan ook dat een aantal kleinere gemeente minder dan tien keer de raad samenroept.

Het behoort tot de beoordelingsvrijheid van de gemeente- en OCMW-raadsvoorzitter om de datum te bepalen, tenzij wat betreft de installatievergadering. De wetgeving sluit vergaderen niet uit op zon- of feestdagen.

In vele gemeenten bestaat de traditie om te vergaderen op vaste data zoals in het begin van het jaar is vastgelegd.

1.2.6. Openbaarheid van de raadszittingen

Art. 28 DLB

137 Krachtens artikel 162, tweede lid, 4° en 5° van de Grondwet zijn de vergaderingen van de gemeente- en OCMW-raad in beginsel openbaar waardoor iedereen tot de vergadering is toegelaten. Van deze openbaarheidsverplichting kan niet worden afgeweken tijdens het vergaderen over de beleidsrapporten, met name het meerjarenplan en de aanpassing ervan en de jaarrekening.

Daarnaast kan ook de bijzondere regelgeving de openbaarheid van de vergadering bevelen.

138 In de volgende twee gevallen en bij gebreke aan een wettelijk opgelegde openbaarheidsverplichting kan de raad in besloten zitting beraadslagen en stemmen:

1) *persoonlijke levenssfeer*: de voorzitter beveelt de beslotenheid wanneer het om aangelegenheden gaat die de persoonlijke levenssfeer raken. Het begrip 'persoonlijke levenssfeer' wordt ruim geïnterpreteerd. Als er discussie ontstaat over de interpretatie van dit begrip, laat de voorzitter de raad stemmen over de eventuele sluiting van de deuren (RvS 4 juni 2002, nr. 107.304). Zo is de vergadering besloten bij een benoeming of voordracht van een kandidaat, de benoeming van een personeelslid, tuchtstraf aan een personeelslid of het ontslag van een lid van een adviesraad omwille van een correctionele veroordeling. Ook wanneer het aangelegenheden uit het private leven van een raadslid betreft, wordt van de openbaarheid afgeweken. Daarentegen is dit niet zo bij de bespreking van handelingen van een raadslid in het kader van de uitoefening van zijn ambt;
2) *op verzoek*: de voorzitter staat de beslotenheid toe indien ⅔ van de aanwezige leden dit beslist in het belang van de openbare orde of op grond van ernstige bezwaren tegen de openbaarheid. De motieven inzake de beslotenheid van de vergadering moeten uitdrukkelijk in de beslissing worden opgenomen.

De beslotenheid van de raad heeft als doel de onafhankelijkheid van de raad te beschermen en de vrije meningsuiting van de raadsleden te respecteren. Hij werd niet ingericht met het oog op het beschermen van de betrokken persoon.

Behalve in tuchtzaken, kan de besloten vergadering slechts plaatsvinden na de openbare vergadering. Als tijdens de besloten vergadering blijkt dat de behandeling van een punt in openbare vergadering moet worden behandeld, wordt dat punt opgenomen op de agenda van de eerstvolgende raad. In geval van dringende noodzakelijkheid van het punt of bij de eedaflegging van een personeelslid kan de besloten vergadering, enkel met dat doel, worden onderbroken.

139 De raadsleden en ook alle andere personen die krachtens de wet of het decreet de besloten vergaderingen van de raad bijwonen, zijn tot geheimhouding verplicht.

Deze bijzondere geheimhoudingsplicht doet geen afbreuk aan de mogelijkheid van strafrechtelijke vervolging van de raadsleden wegens schending van het beroepsgeheim (art. 458 Sw.).

1.2.7. Het openen en sluiten van en de ordehandhaving tijdens de vergadering

Art. 24-25 en 74 DLB

140 De gemeenteraadsvoorzitter opent de vergadering op het uur dat op de uitnodiging is vermeld, ook als op dat moment geen meerderheid van raadsleden aanwezig is. Indien tijdens de raadszitting niet meer wordt voldaan aan het aanwezigheidsquorum, dan moet de voorzitter de vergadering opheffen [→ nr. 142]. Na het opheffen van de vergadering kunnen de raadsleden niet meer op geldige wijze beraadslagen en besluiten.

De voorzitter beschikt over een onbeperkt recht om de vergadering te sluiten. Hij mag dus de vergadering opheffen vooraleer al de agendapunten zijn afgewerkt, al is het de feitelijke regel dat alle zaken worden afgehandeld. Tegen misbruiken van dit recht kan het raadslid beroep aantekenen bij de toezichthoudende overheid.

Een tijdelijke schorsing van de zitting is mogelijk indien de voorzitter dit opportuun acht. Wanneer de vergadering moet worden onderbroken omdat de meerderheid van de raadsleden niet meer aanwezig is, kan er van een schorsing slechts sprake zijn indien een redelijke verwachting bestaat dat die meerderheid in de eerstvolgende uren of minuten terug aanwezig zal zijn.

141 De gemeenteraadsvoorzitter leidt de vergadering in goede banen. Het politierecht van de voorzitter behelst een dubbel aspect:

1) *t.a.v. de raadsleden:* hij kan de leden het woord ontnemen, hen terug tot de orde roepen, de vergadering schorsen of haar voortijdig opheffen. Hij mag het lid evenwel niet uit de vergadering zetten;
2) *t.a.v. het publiek:* na een voorafgaande waarschuwing kan de voorzitter ieder persoon uit de zaal doen verwijderen die de orde verstoort. Hij kan proces-verbaal opmaken tegen de overtreders en dit bezorgen aan het openbaar ministerie met het oog op vervolging.

1.2.8. Aanwezigheidsquorum

Art. 26 en 74 DLB

142 Om geldig te kunnen beraadslagen moet de meerderheid van de zittinghebbende raadsleden aanwezig zijn. ‘Zittinghebbende leden’ zijn de leden van de gemeente- en OCMW-raad die de eed hebben afgelegd en die niet in een toestand van onverkiesbaarheid of onverenigbaarheid verkeren. Ontslagnemende leden worden beschouwd als zittinghebbend tot hun vervanging. Anders dan bij het beslissingsquorum [→ nr. 150] telt een raadslid dat zich onthoudt bij de stemming wél mee voor de berekening van het aantal aanwezigen.

De raad kan echter, als hij eenmaal bijeengeroepen is zonder dat het vereiste aantal leden aanwezig is, na een tweede oproeping, ongeacht het aantal aanwezige leden, op geldige wijze beraadslagen of beslissen over de onderwerpen die voor de tweede maal op de agenda voorkomen. Die oproeping vermeldt dat het om een tweede oproeping gaat en bevat de woordelijke bepalingen van artikel 26 van het Decreet Lokaal Bestuur.

143 De afwezigheid op de vergadering van de raad wordt niet gesanctioneerd. Zelfs een lid dat permanent afwezig blijft, kan wettelijk niet tot ontslag worden gedwongen.

1.2.9. Belangenvermenging (onpartijdigheidsbeginsel)

Art. 27 en 74 DLB

1.2.9.1. Rechtstreeks belang

144 Het is voor een raadslid en zijn vertrouwenspersoon verboden deel te nemen aan de bespreking en de stemming over aangelegenheden waarbij:
- het raadslid persoonlijk of als vertegenwoordiger een rechtstreeks belang heeft;
- de echtgenoot, wettelijk samenwonende, of bloed- of aanverwanten tot en met de vierde graad (bv. volle neven en nichten) een persoonlijk en rechtstreeks belang hebben.

Dat verbod strekt niet verder dan de bloed- en aanverwanten tot en met de tweede graad als het gaat om de voordracht van kandidaten, benoemingen, ontslagen, afzettingen en schorsingen.

Het raadslid dat zich in een van de voormelde gevallen bevindt, hoeft daarom niet per se de raadzaal te verlaten. In geval van een openbare raadzitting kan het raadslid evenwel bij het publiek plaatsnemen. Evenwel moet hij, samen met het publiek, de raadzaal verlaten bij een besloten raadzitting.

Deze bepaling is niet van toepassing op het raadslid dat zich in deze situatie bevindt louter op grond van het feit dat hij als vertegenwoordiger van de gemeente is aangewezen in andere rechtspersonen. Hier denken we bv. aan een raadslid dat tevens zetelt in de OCMW-raad of namens de gemeente in een intergemeentelijk samenwerkingsverband.

145 Een 'rechtstreeks belang' bevat alle belangen waarvan het raadslid niet met redelijke zekerheid kan worden geacht voldoende afstand te kunnen nemen om de belangen van zijn gemeentebestuur voorrang te verlenen boven zijn persoonlijke belangen (zie o.a. RvS 4 november 2013, nr. 225.317). Hierbij denken we niet enkel aan financiële maar ook aan andere belangen zoals bv. het wijzigen van een rooilijn op de eigendom van een raadslid.

Het belang hoeft ook niet persoonlijk te zijn. Zo kan een raadslid dat lid is van de raad van bestuur van een vzw die een onderwijsinstelling beheert, niet deelnemen aan de bespreking en stemming van een gemeentelijk ruimtelijk uitvoeringsplan dat werd opgesteld naar aanleiding van de uitbreidingsbehoeften van die vzw (RvS 24 oktober 2011, nr. 215.968).

146 Bij de schending van artikel 27, §1, 1° van het Decreet Lokaal Bestuur kan de beslissing worden vernietigd zelfs al had de gemeente- of OCMW-raadsbeslissing niet anders geweest bij de afwezigheid van het betrokken raadslid. Bij de bestuursrechter moet bovendien niet worden bewezen dat de beweerde onpartijdigheid een determinerende weerslag had op de totstandkoming van de beslissing. Het volstaat dat het aannemelijk is dat bij de beraadslaging een belangenvermenging in hoofde van het raadslid mogelijk was en dit raadslid aldus in de verleiding kon komen zijn belangen op die van de gemeente en haar inwoners te laten prevaleren (zie o.a. RvS 24 oktober 2011, nr. 215.968).

1.2.9.2. Controle op andere rechtspersonen

147 Een raadslid of zijn vertrouwenspersoon mag niet deelnemen aan de bespreking en de stemming over de vaststelling of goedkeuring van het meerjarenplan, het budget of de jaarrekening van een instantie waaraan hij rekenschap is verschuldigd of waarvan hij tot het uitvoerend orgaan behoort.

Deze regel is niet van toepassing op het raadslid dat zich in deze situatie bevindt louter op grond van het feit dat hij als vertegenwoordiger van de gemeente is aangewezen in andere rechtspersonen.

1.2.9.3. Buiten de raadszitting

148 Belangenvermenging moet niet alleen worden vermeden tijdens de bespreking en stemming binnen de gemeente- of OCMW-raad. Daarnaast is het een raadslid verboden om op te treden als advocaat of notaris in dienst van de gemeente of de tegenpartij van de gemeente, een overeenkomst te sluiten met de gemeente of op te treden als afgevaardigde of deskundige van een vakorganisatie [→ nr. 196].

1.2.10. Beraadslaging

Art. 23, 30-31 en 74 DLB

149 Voor de toelichting van de agendapunten verwijst de voorzitter naar de indiener van het agendapunt, met name het college, de burgemeester of het raadslid. De raad bespreekt slechts in spoedeisende gevallen en mits de goedkeuring van ten minste twee derde van de aanwezige leden een punt dat niet op de agenda staat [→ nr. 131].

De raadsleden beschikken over het recht aan het college mondelinge en schriftelijke vragen te stellen. Een vraag vereist niet dat het raadslid ook een voorstel van beslissing voorlegt. De burgemeester en schepenen dienen dus, zelfs al zijn ze buiten de raad benoemd, aanwezig te zijn tijdens de gemeente- en OCMW-raadszitting. Het huishoudelijk reglement regelt de voorwaarden waaronder raadsleden dit vraagrecht kunnen uitoefenen.

Op lokaal niveau bestaat het beginsel van parlementaire immuniteit niet: de raadsleden blijven aansprakelijk tegenover derden voor wat ze zeggen in de gemeente- of OCMW-raad. In tegenstelling tot de parlementsleden kunnen zij dus worden vervolgd indien zij personen beledigen [→ nr. 186].

1.2.11. Stemming

1.2.11.1. Beslissingsquorum

Art. 33 en 74 DLB

150 Het belangrijkste recht van elk raadslid is het recht om mee te praten en vooral om mee te beslissen over de gemeentezaken. Zoals eerder gesteld moet, om geldig te kunnen beslissen, de meerderheid van de leden aanwezig zijn [→ nr. 142]. De aanname van gemeente- of OCMW-raadsbesluiten zelf vereist de volstrekte meerderheid van de geldig uitgebrachte stemmen. Met 'volstrekte meerderheid' bedoelt de decreetgever meer dan de helft van de uitgebrachte stemmen. Om deze meerderheid te bepalen wordt, in tegenstelling tot bij het aanwezigheidsquorum, geen rekening gehouden met de onthoudingen, blanco stemmen, weigeringen om aan de stemming deel te nemen, ongeldige biljetten ... In geval van staking van stemmen is het voorstel verworpen.

Bij wijze van voorbeeld bij een gemeenteraad die 23 zittinghebbende leden telt: op een gemeenteraadszitting stemmen 6 raadsleden voor en 5 raadsleden zich tegen het voorstel van gemeenteraadsbeslissing. Eén raadslid onthoudt zich. De gemeenteraadsbeslissing is aangenomen aangezien er voldoende raadsleden aanwezig waren (12) en er een meerderheid van 6 tegen 5 stemmen werd bereikt.

151 In bepaalde gevallen wordt toch een bijzondere meerderheid vereist, met name:
- om tot spoedbehandeling over te gaan over een punt dat niet op de agenda stond;
- om tot de besloten raadszitting over te gaan.

In beide gevallen moet tweederdemeerderheid van de 'aanwezige leden' instemmen. Hier worden de onthoudingen dus wel meegeteld.

1.2.11.2. Wijze van stemmen

Art. 34-35 en 74 DLB

A. Mondeling

152 De leden stemmen in principe mondeling. Het huishoudelijk reglement kan een regeling invoeren die gelijkwaardig is met een mondelinge stemming zoals de mechanisch uitgebrachte naamstemming en de stemming bij zitten en opstaan of bij handopsteking. Toch geschiedt de stemming mondeling telkens wanneer een derde van de aanwezige leden hierom vraagt.

De stemming door stilzwijgende instemming is niet voorzien. De voorzitter mag dus de goedkeuring van een beslissing niet afleiden uit of vragen middels een stilzwijgende stemming. Het stemmen moet steeds uitdrukkelijk zijn.

Wat de volgorde van stemmen betreft, is slechts opgelegd dat de voorzitter van de raad het laatst stemt. Het is aanbevolen de stemvolgorde te regelen via het huishoudelijk reglement. Werd hierin niet voorzien, dan behoort het tot de bevoegdheid van de voorzitter de stemorde te bepalen.

B. Geheim

153 Het stemmen in de gemeente- en OCMW-raad is in principe niet geheim behalve bij het stemmen over:
- de vervallenverklaring van het mandaat van een raadslid;
- het aanwijzen van de leden van de gemeentelijke bestuursorganen en van de vertegenwoordigers van de gemeente in

overlegorganen en in de organen van andere rechtspersonen en feitelijke verenigingen;
- individuele personeelszaken;
- de beëindiging van mandaten;
- de individuele verkiezing van schepenen in geval van gebrek aan gezamenlijke voordrachtsakte [→ nr. 209];
- de verkiezing van de gemeenteraadsvoorzitter bij gebrek aan ontvankelijke voordrachtsakte [→ nr. 110].

De aangelegenheden die een geheime stemming vereisen zijn limitatief bepaald. Zij kunnen niet algemeen worden uitgebreid naar alle aangelegenheden met een persoonlijk karakter. Zo stemt de raad openbaar over de goedkeuring van de geloofsbrieven hoewel de stemming ook personen betreft. Het doel van de geheime stemming is dan ook de vrijheid en de onafhankelijkheid van de raadsleden beschermen en niet zozeer de persoonlijke belangen van de betrokkenen.

Bij geheime stemming moet ook een stemopneming worden georganiseerd. Het is aan de voorzitter om het aantal stemmen te tellen, maar hij laat zich best bijstaan door één of meer leden. Alle raadsleden bezitten het recht inzage te vragen van alle stembiljetten.

154 Bij elke benoeming tot een ambt, elke contractuele aanstelling, elke verkiezing en elke voordracht van kandidaten gaat men over tot een afzonderlijke stemming. Als bij de benoeming, de contractuele aanstelling, de verkiezing of de voordracht van kandidaten de vereiste meerderheid niet wordt verkregen bij de eerste stemming, stemt de raad opnieuw over de twee kandidaten die de meeste stemmen hebben behaald.

Als bij de eerste stemming sommige kandidaten een gelijk aantal stemmen behaald hebben, dan wordt de jongste kandidaat tot de herstemming toegelaten. Personen worden benoemd, aangesteld, verkozen of voorgedragen bij volstrekte meerderheid van stemmen. Bij staking van stemmen heeft de jongste kandidaat de voorkeur.

1.2.12. | Notulen

Art. 32, 74, 277-278 en 284 DLB

155 De algemeen directeur is belast met het opstellen van de notulen en het zittingsverslag van de gemeente- en OCMW-raadsvergaderingen. Hij is eveneens verantwoordelijk voor het bewaren van de originelen van die notulen. Een raadslid heeft het recht de notulen en het zittingsverslag elektronisch op te vragen.

De raadsnotulen bevatten minstens:

- de besproken onderwerpen in chronologische volgorde van bespreking;
- de beslissingen en het resultaat van de stemming;
- de gevolgen gegeven aan de punten waarover het geen beslissing nam;
- de vermelding hoe elk lid heeft gestemd, tenzij er unaniem of geheim werd gestemd;
- de vermelding van alle feiten die noodzakelijk zijn om de vormvereisten na te leven, zoals bv:
  - de aanwezige raadsleden voor het bereiken van het aanwezigheidsquorum [→ nr. 142];
  - het bereiken van een tweederdemeerderheid om een punt bij hoogdringendheid aan de agenda toe te voegen [→ nr. 131];
  - het stemmen middels geheime stemming [→ nr. 153];
  - het vergaderen in beslotenheid [→ nr. 137];
  - het verlaten van de zitting van een raadslid wegens belangenvermenging [→ nr. 144].

De zittingsverslagen van de raad vermelden:

- de besproken onderwerpen in chronologische volgorde van bespreking;
- de essentie van de tussenkomsten en van de mondelinge en schriftelijke vragen en antwoorden.

Een audio-opname of audiovisuele opname kan het zittingsverslag vervangen. In elk geval zullen bij een besloten zitting enkel de beslissingen worden genotuleerd.

156 Behalve in spoedeisende gevallen liggen de notulen van de vorige vergadering ten minste acht dagen voor de dag van de vergadering ter beschikking aan de gemeenteraadsleden. Het huishoudelijk reglement bepaalt de wijze waarop de notulen ter beschikking worden gesteld.

Elk lid heeft het recht tijdens de vergadering opmerkingen te maken over de redactie van de notulen. Slechts na aanvaarding door de meerderheid van de raadsleden worden de notulen aan de hand van die opmerkingen aangepast. Uit de afwezigheid van opmerkingen daarentegen volgt de goedkeuring van de notulen. De raadsvoorzitter en de algemeen directeur ondertekenen de notulen.

Telkens als de raad het wenselijk acht, worden de notulen tijdens de vergadering opgemaakt en door de meerderheid van de raadsleden en de algemeen directeur ondertekend.

157 De algemeen directeur maakt in de rand van de notulen een melding en meldt dit op de eerstvolgende gemeente- of OCMW-raadsvergadering in geval van:
- de intrekking van een besluit;
- de vernietiging of niet-goedkeuring van een besluit door een toezichthoudende overheid.

1.2.13. Huishoudelijk reglement

Art. 38 en 76 DLB

158 De gemeente- en OCMW-raad zijn ertoe gehouden om – elk afzonderlijk – een huishoudelijk reglement aan te nemen bij de aanvang van de zittingsperiode. Het reglement bevat aanvullende maatregelen over de werking van de raad. Het gemeenteraadslid vindt er ook zijn belangrijkste rechten in terug.

Beide reglementen bevatten minstens:
- *oproeping:* de wijze van verzending van de oproeping en het (elektronisch) ter beschikking stellen van het dossier aan de raadsleden, alsook van de wijze waarop de algemeen directeur of de door hem aangewezen personeelsleden, aan de raadsleden die erom verzoeken, technische inlichtingen verstrekken over diestukken [→ nr. 129, 132];
- *openbaar maken raadszitting:* de wijze waarop de plaats, de dag, het tijdstip en de agenda van de vergaderingen van de raad openbaar worden gemaakt [→ nr. 130];
- *inzagerecht:* de voorwaarden voor het inzagerecht en het recht van afschrift voor raadsleden – die strenger zijn voor OCMW-raadsleden – en de voorwaarden voor het bezoekrecht aan de gemeentelijke instellingen en diensten [→ nr. 191];
- *vraagrecht:* de voorwaarden waaronder de raadsleden hun recht uitoefenen om aan de burgemeester of aan de leden van het college van burgemeester en schepenen of het vast bureau mondelinge en schriftelijke vragen te stellen [→ nr. 149];
- *stemmen:* de wijze waarop gestemd wordt indien dit anders dan mondeling is [→ nr. 152];
- *notulen en zittingsverslag:* de wijze van notuleren en de wijze van ter beschikking stellen van de notulen en het zittingsverslag van de vorige vergadering aan de raadsleden [→ nr. 152];
- *ondertekening:* de wijze waarop en de persoon door wie de reglementen, verordeningen, beslissingen, akten van de raad en alle andere stukken of briefwisseling worden ondertekend [→ nr. 1];
- *indienen verzoekschriften:* de nadere voorwaarden waaronder het recht om verzoekschriften in te dienen, wordt uitgeoefend,

en de wijze waarop de verzoekschriften worden behandeld [→ nr. 588];
- *presentiegelden en vergoedingen:* de vergaderingen waarvoor presentiegeld wordt verleend, het bedrag van het presentiegeld en de nadere regels in verband met de eventuele terugbetaling van specifieke kosten die verband houden met de uitoefening van het mandaat van raadslid of lid van het college van burgemeester en schepenen / vast bureau [→ nr. 179];
- *kennisgeving:* de wijze van het ter kennis brengen van de in de notulen opgenomen beslissingen [→ nr. 439];
- commissies en fracties (enkel voor gemeenteraad): de nadere regels voor de samenstelling en de werking van de commissies en de fracties [→ nr. 160, 163].

1.2.14. Deontologische code

Art. 39 en 74 DLB

159 De gemeenteraad neemt een deontologische code aan. Het Decreet Lokaal Bestuur omschrijft niet welke bepalingen de code kan of moet bevatten. Het gemeentebestuur kan de inhoud vrij invullen zolang zij niet strijdig is met de hogere regelgeving.

Het is dus mogelijk dat de deontologische code bestaat uit bv.:
- bestaande wettelijke verplichtingen bevat zoals de onthouding van bespreking en stemming in geval van belangenvermenging [→ nr. 144];
- richtlijnen over de taakinvulling van de mandataris, zoals bv. als doorverwijzer naar de instanties of diensten van de gemeente;
- richtlijnen over het gedrag tussen de mandatarissen onderling en tussen de mandataris en het gemeentepersoneel.

1.2.15. Commissies

Art. 37, 194, 224, 227 en 389 DLB

1.2.15.1. Algemeen

160 Slechts de gemeenteraad en niet de OCMW-raad kan commissies in het leven roepen. De commissies worden in de schoot van de gemeenteraad opgericht en hebben als taak het voorbereiden van de besprekingen tijdens de gemeenteraadszittingen, het verlenen van advies en het formuleren van voorstellen over de uitwerking van de inspraakmogelijkheden van de bevolking telkens als dat voor de beleidsvoering wenselijk wordt geacht. De commissies hebben dus een adviserende taak en geen beslissingsbevoegdheid, tenzij het een tuchtcommissie betreft [→ nr. 367]. In dat opzicht kunnen de commissies steeds deskundigen en belanghebbenden horen.

Een commissie kan bijvoorbeeld in het leven worden geroepen voor een belangrijk beleidsdomein of een groot project. De gemeenteraad kan een commissie ook de taak toekennen om te waken over de afstemming van het beleid van de gemeentelijke verzelfstandigde agentschappen en de intergemeentelijke samenwerkingsverbanden op het gemeentelijk beleid. Als een ombudsman wordt geëvalueerd, gebeurt dit door een bijzondere commissie. De gemeenteraad kan er ook voor kiezen om het personeelslid dat belast is met de interne audit ook door de bijzondere commissie – en niet de algemeen directeur – te laten evalueren.

1.2.15.2. Werking en presentiegeld

161 De regels met betrekking tot de openbaarheid van de vergadering [→ nr. 137] en de stemming in de gemeenteraad [→ nr. 150] zijn van toepassing op de commissies.

Het huishoudelijk reglement bepaalt de nadere regels inzake de samenstelling en de werkwijze van de commissie, alsook de nadere regels met betrekking tot de presentiegelden. Daarbij moeten de leden met raadgevende stem hetzelfde presentiegeld ontvangen als de andere leden. Het kan evenwel niet de bedoeling zijn dat die leden met raadgevende stem meer presentiegelden ontvangen dan de andere leden omdat die persoon op veel meer commissies aanwezig is of kan zijn. Voor de leden met raadgevende stem is daarom een maximumbedrag vastgelegd dat evenveel bedraagt als de jaarlijks toegekende presentiegelden van een vast lid bij de commissie die het vaakst bijeenkwam.

1.2.15.3. Samenstelling

162 De mandaten in iedere commissie worden evenredig verdeeld over de fracties waaruit de gemeenteraad is samengesteld. De gemeenteraad bepaalt per gemeenteraadscommissie het aantal leden, alsook de wijze waarop de evenredigheid wordt berekend. Deze berekeningswijze geldt voor alle commissies die de gemeenteraad opricht. De evenredigheid vereist in ieder geval dat de som van het aantal mandaten dat toekomt aan de fracties waarvan leden deel uitmaken van het college van burgemeester en schepenen steeds hoger is dan de som van het aantal mandaten dat toekomt aan de andere fracties. Elke fractie wijst de mandaten toe, die haar overeenkomstig deze berekeningswijze toekomen, door middel van een voordracht, gericht aan de gemeenteraadsvoorzitter. Als de voorzitter voordrachten ontvangt voor meer kandidaten dan er mandaten te begeven zijn voor een fractie, dan worden de mandaten toegewezen volgens de volgorde van voorkomen op de voordrachtsakte.

Tot de eerstvolgende volledige vernieuwing van de gemeenteraad behoudt een fractie eenzelfde aantal leden in de commissies. Indien één of meerdere leden verklaren niet meer te behoren tot de fractie, kan dit lid niet meer zetelen, noch als lid van deze fractie, noch als lid van een andere fractie. Niettemin behouden deze fracties het oorspronkelijke aantal leden in de commissie. Dit om overloperij tegen te gaan.

Om ontvankelijk te zijn moet de voordrachtsakte voor elk van de kandidaat-commissieleden ten minste ondertekend zijn door een meerderheid van de leden van de fractie waarvan het kandidaat-commissielid deel uitmaakt. Indien de fractie van het kandidaat-commissielid slechts uit twee verkozenen bestaat, volstaat de handtekening van één van hen. Niemand kan meer dan één akte ondertekenen per beschikbaar mandaat voor de fractie. Indien ten gevolge van de toepassing van de evenredige vertegenwoordiging een fractie niet vertegenwoordigd is, kan de fractie een raadslid aanwijzen dat als lid met raadgevende stem in de commissie zetelt.

De burgemeester of de schepenen kunnen geen voorzitter zijn van een gemeenteraadscommissie.

1.2.16. | Fractie

Art. 36 DLB

163 De gemeenteraadsleden die op eenzelfde lijst verkozen zijn, vormen in beginsel één fractie. Zij kunnen onder bepaalde voorwaarden twee fracties vormen, met name als:

- de naam van hun lijst bestaat uit meerdere woorden of afkortingen die minstens de twee fractienamen omvatten;
- de kandidaat-gemeenteraadsleden beslissen bij hun voordrachtsakte dat de op de lijst verkozen gemeenteraadsleden twee fracties vormen of kunnen vormen. In het laatste geval worden er twee fracties opgericht indien een meerderheid van de verkozen gemeenteraadsleden die potentieel een afzonderlijke fractie kunnen vormen, daartoe op de installatievergadering beslist;
- er een akte inzake fractievorming wordt opgesteld, ondertekend door alle kandidaat-gemeenteraadsleden op de lijst;
- de akte inzake fractievorming vermeldt de fractie waartoe de kandidaat-gemeenteraadsleden zullen behoren;
- de akte inzake fractievorming als bijlage bij de voordrachtsakte wordt gevoegd;

– aan de algemeen directeur een afschrift van de akte van fractievorming wordt overgemaakt, uiterlijk de eerste werkdag na het indienen van de voordrachtsakte.

De akte inzake fractievorming en de door de kandidaat-gemeenteraadsleden gemaakte keuze is niet herroepbaar.

Als een kandidaat-gemeenteraadslid zich niet bekent tot een bepaalde fractie, wordt geacht dat hij bij verkiezing – opteert voor de grootste fractie. Indien beide fracties even groot zijn, opteert hij voor de fractie waartoe de lijsttrekker behoort.

De gemeenteraadsleden die verkozen zijn op lijsten die zich uiterlijk op de installatievergadering onderling hebben verenigd, vormen één fractie. Tot onderlinge vereniging kan slechts worden beslist als de meerderheid van de verkozenen op elk van de lijsten daarmee instemt.

164 Het Decreet Lokaal Bestuur voorziet niet in een algemene regeling voor raadsleden om uit een fractie te treden en te zetelen als 'onafhankelijk raadslid' of 'over te stappen naar een andere fractie'. Het decreet geeft enkel aan dat de samenstelling van gemeenteraadscommissies niet kan wijzigen omdat een raadslid aangeeft niet meer tot een bepaalde fractie te willen behoren [→ nr. 162].

Voor alle andere gevallen voorziet het Decreet Lokaal Bestuur niet in een mogelijkheid om uit een fractie te treden. Meer zelfs, artikel 36 geeft aan dat de fractiekeuze niet herroepbaar is. Mijns inziens kan het op de gemeenteraad of daarbuiten aangeven van een raadslid dat hij of zij niet meer tot een bepaalde fractie wil behoren, geen effect hebben op de samenstelling van raden of besturen. Te denken valt aan de adviesraden of de raad van bestuur van een AGB waarvan de samenstelling wordt geregeld in de statuten van het betrokken orgaan.

165 Elke gemeente kan kabinetspersoneel (personeel ten behoeve van de kabinetten van de burgemeester of de schepenen) en fractiepersoneel (personeel ten behoeve van de fracties in de gemeenteraad) aanstellen, volgens eigen behoefte en middelen. Indien de gemeente fractiepersoneel wenst aan te stellen, doet zij dit voor alle fracties die dit wensen. De raad stelt de betrekkingen voor het kabinets- en fractiepersoneel vast. Voor elke betrekking op de formatie van het kabinets- en fractiepersoneel, stelt de raad een overeenkomstige graad of graden vast die gelijkwaardig moeten zijn aan een bestaande graad of graden in de eigen gemeentelijke diensten. De betrekkingen worden ingedeeld per niveau. De niveau-indeling geldig voor het personeel in de gemeentelijke diensten, is van toepassing. De gemeente kan de betrekkingen vervullen door aanwerving via een arbeidsovereenkomst of door het ter beschikking stellen van personeelsleden. De raad beslist over de wijze van aanwerving van het kabinets- en fractiepersoneel. Het kabinetspersoneel wordt aangesteld door het college. Het fractiepersoneel wordt op voorstel van de fractie aangesteld door het college.

Ter ondersteuning van gemeenteraadsfracties kan jaarlijks aan elke fractie, vertegenwoordigd in de gemeenteraad, een toelage ten laste van de gemeente worden toegekend. Op het einde van het werkjaar licht elke fractie in een nota met bewijsstukken toe hoe ze de ontvangen middelen heeft gebruikt. De regels over de fractietoelagen worden verder uitgewerkt in artikel 36 van het besluit van de Vlaamse Regering van 6 juli 2018 houdende het statuut van de lokale mandataris (*BS* 19 september 2018).

166 Opvallend is dat de fractiewerking en -regels enkel bestaat in de gemeenteraad. De OCMW-raadsleden worden niet in fracties onderverdeeld, hoewel die raad – in beginsel – uit dezelfde personen als de gemeenteraad zal bestaan.

TOEKOMSTIG RECHT
Het zal niet langer mogelijk zijn voor zogenaamde 'kartellijsten' om pas op de installatievergadering mee te delen of ze in verschillende fracties zullen zetelen. Bij de volgende verkiezingen zal bij de indiening van de lijsten reeds moeten worden verduidelijkt door de kandidaten van een lijst of ze zullen splitsen in afzonderlijke fracties en bij welke fractie ze behoren. Deze keuze zal vastliggen voor de gehele legislatuur.

1.3. Bevoegdheden

1.3.1. Volheid van bevoegdheid

Art. 2, 40 en 77 DLB, art. 119 N.Gem.W.

167 We bespraken eerder de taak van de gemeenten om in te staan voor de aangelegenheden van gemeentelijk belang [→ nr. 7]. Als motor van het gemeentelijk bestuur bezit de gemeenteraad dan ook de principiële bevoegdheid om het beleid en de algemene regels van gemeentelijk belang vast te stellen in reglementen en verordeningen. Die volheid van bevoegdheid betekent dat de gemeenteraad alle bevoegdheden van gemeentelijk belang bezit tenzij die uitdrukkelijk aan een ander bestuursorgaan werden toevertrouwd. De raadsleden beschikken dus over een zelfstandig initiatiefrecht voor alle gemeentelijke bevoegdheden, uiteraard binnen het gemeentelijk grondgebied, die niet expliciet zijn toegewezen aan een ander bestuursorgaan.

Gemeentelijke reglementen kunnen dus in beginsel bepalingen bevatten aangaande het gemeentelijk beleid, de gemeentelijke belastingen en retributies, het inwendig bestuur en de gemeentelijk politie. Indien de reglementen strafsancties of gemeentelijke administratieve sancties bevatten, stuurt het gemeentebestuur een afschrift van dat reglement naar de rechtbank van eerste aanleg en de politierechtbank.

De bevoegdheid van de gemeenteraad om reglementen op te stellen is evenwel niet onbegrensd:
- zij kunnen slechts betrekking hebben op het gemeentelijk grondgebied;
- zij mogen niet in strijd zijn met hogere regelgeving (wetten, decreten, ordonnanties en besluiten van de federale overheid, de gewesten, de gemeenschappen, de deputatie en de provincieraad).

168 Als tegenhanger van de gemeenteraad bezit de OCMW-raad dan ook de principiële bevoegdheid om het beleid en de algemene regels van het OCMW vast te stellen. Die volheid van bevoegdheid betekent dat de OCMW-raad alle bevoegdheden bezit die aan het OCMW door of krachtens de wet of decreet worden toegewezen, tenzij die uitdrukkelijk aan een ander bestuursorgaan werden toevertrouwd. De OCMW-raadsleden beschikken dus evenzeer over een zelfstandig initiatiefrecht voor deze bevoegdheden die niet expliciet zijn toegewezen aan een ander bestuursorgaan.

Ook de bevoegdheid van de OCMW-raad is territoriaal beperkt en mag niet in strijd met hogere regelgeving worden uitgeoefend.

1.3.2. | Uitdrukkelijk toegewezen bevoegdheden

169 Het toekennen van bevoegdheden aan de gemeente- of OCMW-raad is uiteraard niet het monopolie van het Decreet Lokaal Bestuur. Ook andere wetten, decreten en besluiten in uitvoering van die wetten en decreten kunnen de gemeente- of OCMW-raad aanwijzen als regelgevend orgaan. De voorbeelden zijn talloos en binnen het bestek van dit zakboekje onmogelijk exhaustief te beschrijven. Hier denken we bv. aan de verschillende sectorale regelgeving inzake milieu, ruimtelijke ordening, bestuurlijke politie, wonen, bestuurlijke politie …

1.3.3. Delegatie van bevoegdheden

Art. 41 en 78 DLB

170 Aangezien de gemeenteraad slechts de algemene beleidslijnen uitstippelt, kan het opportuun zijn een aantal bevoegdheden te delegeren aan het college van burgemeester en schepenen. Het college komt vaker samen, is nauwer betrokken bij de gemeentelijke diensten en het personeel en is daarom als orgaan van dagelijks bestuur soms beter geplaatst om bepaalde beslissingen te nemen.

Om aan die noden tegemoet te komen, kan de gemeenteraad bepaalde bevoegdheden aan het college delegeren. Die delegatie kan slechts geschieden middels een uitdrukkelijke beslissing van de gemeenteraad.

Delegeren is steeds een mogelijkheid en nooit een verplichting. Het komt de raad dan ook ten allen tijde toe gedelegeerde bevoegden weer naar zich toe te trekken.

171 Het komt de gemeenteraad echter niet toe om bevoegdheden die hen uitdrukkelijk zijn voorbehouden te delegeren. Indien de hogere overheid uitdrukkelijk aan de gemeenteraad, en aan hem alleen, een bevoegdheid heeft toevertrouwd moet de bedoeling van (het besluit ter uitvoering van) de wet of het decreet worden gerespecteerd.

Daarnaast kunnen ook de essentiële besluiten van een gemeentebestuur niet worden onttrokken aan de beslissingsmacht van de rechtstreeks verkozen gemeenteraadsleden. Daarom heeft het Decreet Lokaal Bestuur een limitatieve lijst opgesteld van niet-delegeerbare bevoegdheden:
- de aan de gemeenteraad toegewezen bevoegdheden in het kader van de organisatie van de gemeenteraad en de werking van de gemeenteraad;
- het vaststellen van gemeentelijke reglementen, andere dan over personeelsaangelegenheden, en het bepalen van straffen en administratieve sancties op de overtreding van die reglementen;
- het vaststellen van de beleidsrapporten, met name het meerjarenplan en de aanpassingen ervan en de jaarrekeningen;
- het oprichten van en het toetreden tot rechtspersonen en het beslissen tot oprichting van, deelname aan of vertegenwoordiging in agentschappen, instellingen, verenigingen en ondernemingen;
- het goedkeuren van beheersovereenkomsten en samenwerkingsovereenkomsten tussen gemeente en autonoom gemeentebedrijf, tussen gemeente en gemeentelijke vennootschap, vereniging of stichting en tussen gemeente en OCMW;
- het aanstellen en ontslaan van de algemeen directeur, de adjunct-algemeen directeur, de financieel directeur en de ombudsman,

alsook de sanctie- en tuchtbevoegdheid t.a.v. die personeelsleden;
- het goedkeuren van het algemene kader van het organisatiebeheerssysteem;
- het vaststellen van wat onder het begrip 'dagelijks bestuur' moet worden verstaan;
- beslissingen die de wet, het decreet of het uitvoeringsbesluit uitdrukkelijk aan de gemeenteraad voorbehoudt;
- het vaststellen van de plaatsingsprocedure en het vaststellen van de voorwaarden van overheidsopdrachten, tenzij:
  - een opdracht die past binnen het begrip dagelijks bestuur, waarvoor het college van burgemeester en schepenen bevoegd is;
  - de raad de plaatsingsprocedure en het vaststellen van de voorwaarden voor die overheidsopdracht nominatief aan het college van burgemeester en schepenen heeft toevertrouwd;
- het stellen van daden van beschikking met betrekking tot onroerende goederen, behoudens het vaststellen van de contractvoorwaarden bij verhuring, concessie, pacht, jacht- en visrechten van meer dan negen jaar;
- het definitief aanvaarden van schenkingen en het aanvaarden van legaten;
- het inrichten van adviesraden en overlegstructuren;
- het vaststellen van de gemeentebelastingen en het vaststellen van de machtiging tot het heffen van de retributies en de voorwaarden ervan, inclusief verminderingen en vrijstellingen;
- het vaststellen van een systeem van klachtenbehandeling;
- het beslissen tot het optreden in rechte en het aanwijzen van een advocaat daarbij in de gevallen waarin een lid of meerdere leden van het college betrokken zijn in de zaak;
- het aangaan van dadingen, andere dan dadingen met personeelsleden naar aanleiding van een beëindiging van het dienstverband, die de gevolgen van de beëindiging van het dienstverband als voorwerp hebben;
- de bevoegdheden van de gemeenteraad in verband met het bepalen wanneer het opvolgingsrapport van het meerjarenplan moet worden voorgelegd;
- de bevoegdheden van de gemeenteraad in verband met het doen van uitgaven door dwingende en onvoorziene omstandigheden;
- het bepalen van de voorwaarden bij budgettoekenningen voor wijkcomités en burgerinitiatieven;
- de wijze van het ter kennis brengen van de genotuleerde beslissingen van het schepencollege;
- het aanstellen en ontslaan van de leden van de raad van bestuur van een AGB, de beslissing tot ontbinding en vereffening van een

AGB, en het aanstellen van de gemeentelijke vertegenwoordigers in de algemene vergadering van een EVA in privaatrechtelijke vorm;
- de aan de gemeenteraad toegewezen bevoegdheden, vermeld in deel 3, titel 3, van het Decreet Lokaal Bestuur in verband met de intergemeentelijke samenwerking;
- het vaststellen van subsidiereglementen en het toekennen van nominatieve subsidies;
- het vaststellen van de structurele onbestuurbaarheid van de gemeente.

172 Net bij de gemeenteraad kan het opportuun zijn dat de OCMW-raad bepaalde bevoegdheden delegeert. Zij kan haar bevoegdheden delegeren aan het vast bureau, met uitzondering van de aangelegenheden opgesomd in artikel 78 van het Decreet Lokaal Bestuur. Het gaat om gelijkaardige bevoegdheden als die van de gemeenteraad. De OCMW-raad kan echter geen bevoegdheden delegeren aan het college van burgemeester en schepenen, zoals de gemeenteraad dit ook niet kan aan het vast bureau.

1.4. Statuut van het gemeente- en OCMW-raadslid

1.4.1. Politiek verlof

1.4.1.1. Regelgeving (capita selecta)

173 Het politiek verlof voor raadsleden is afhankelijk van het specifieke beroepsstatuut waarbinnen het raadslid werkt. Bijgevolg reguleren diverse kaders de modaliteiten van dat verlof.

Beroepsstatuut	*Regelgeving*
Werknemers uit de privésector.	Wet van 19 juli 1976 tot instelling van een verlof voor de uitoefening van een politiek mandaat, *BS* 24 augustus 1976.
Personeelsleden van federale overheidsdiensten.	Wet van 18 september 1986 tot instelling van het politiek verlof voor de personeelsleden van de overheidsdiensten, *BS* 31 oktober 1986.
Personeelsleden van de Vlaamse overheid.	Art. X64- X71 Besluit van de Vlaamse Regering van 13 januari 2006 houdende vaststelling van de rechtspositie van het personeel van de diensten van de Vlaamse overheid, *BS* 27 maart 2006.
Personeelsleden van overheidsinstellingen en publiekrechtelijke verenigingen die van de Vlaamse Gemeenschap en het Vlaamse Gewest afhangen.	Decreet van 30 november 1988 tot instelling van het politiek verlof voor de personeelsleden van de openbare instellingen en publiekrechtelijke verenigingen die van het Vlaamse Gewest afhangen, *BS* 24 december 1988.

Beroepsstatuut	*Regelgeving*
Personeelsleden van lokale besturen.	Decreet van 14 maart 2003 houdende regeling van het politiek verlof voor de personeelsleden van de provincies, gemeenten, de agglomeraties van gemeenten en openbare centra voor maatschappelijk welzijn, alsook de openbare instellingen en publiekrechtelijke verenigingen die onder hun controle of toezicht vallen, *BS* 24 april 2003.
Personeelsleden van het gemeenschapsonderwijs en het gesubsidieerde onderwijs (m.u.v. het hoger onderwijs).	Art. V.29-V.37 Codificatie van 28 oktober 2016 sommige bepalingen voor het onderwijs, *BS* 29 december 2016.
Militair personeel.	Art. 174 wet van 28 februari 2007 tot vaststelling van het statuut van de militairen van het actief kader van de krijgsmacht, *BS* 10 april 2007.

1.4.1.2. Werknemers uit de privésector

174 Raadsleden met hun beroepsactiviteit binnen de privésector bezitten het recht om van hun werk afwezig te zijn om hun politiek mandaat uit te oefenen. De omvang hangt af van het aantal inwoners binnen de gemeente:

- raadsleden uit gemeenten met < 10 000 inwoners: ½ dag per maand;
- raadsleden uit gemeenten met ≥ 10 000 inwoners: 1 dag per maand.

De werkgever betaalt het volledige loon uit gedurende de periode van afwezigheid. De gemeente betaalt dit bedrag terug aan de werkgever. Omdat de mandataris niet meer zou verdienen dankzij het opnemen van het politiek verlof kan het gemeentebestuur dit bedrag geheel of gedeeltelijk terugvorderen van het raadslid. De teruggevorderde geldsom mag echter niet hoger zijn dan de helft van het presentiegeld dat de gemeente toekent.

175 Gedurende de verkiezingsperiode geldt bovendien een bijzonder ontslagbescherming: een werkgever kan een kandidaat-raadslid niet ontslaan tenzij om redenen die niets te maken hebben met de kandidaatstelling. De bewijslast hiervoor ligt bij de werkgever. Deze periode gaat in op het moment dat de werknemer-kandidaat zijn werkgever van zijn voornemen op de hoogte stelt en ten vroegste zes maanden vóór de verkiezingsdatum. De periode blijft na deze datum verder lopen tot drie maanden als de werknemer *niet* werd verkozen en tot zes maanden na zijn mandaat indien hij wel werd verkozen.

1.4.1.3. Personeelsleden van federale, Vlaamse of lokale overheden

176 De vast benoemde, stagelopende, tijdelijke of contractuele federale personeelsleden hebben recht op een dienstvrijstelling van twee dagen per maand. De dienstvrijstelling heeft geen financiële weerslag voor personeelslid.

Daarnaast beschikt het federaal personeelslid, dat geen burgemeester of schepen is, over het recht om facultatief politiek verlof aan te vragen
- in gemeenten met 80 000 inwoners of minder: 2 dagen per maand;
- in gemeenten met meer dan 80 000 inwoners: 4 dagen per maand.

177 Voor personeelsleden die afhangen van de Vlaamse Gemeenschap, het Vlaamse Gewest of van een lokaal bestuur geldt een apart regelgevend kader. De inhoud ervan is gelijklopend met de federale regeling.

1.4.1.4. Andere personeelsleden

178 Voor de volledigheid vermelden we dat er voor bepaalde bijzondere beroepscategorieën een specifieke regeling speelt. Hier denken we aan het militair personeel of het personeel uit de onderwijssector.

1.4.2. Bezoldiging en vergoedingen

Art. 17, §1-3 en 73 DLB

1.4.2.1. Presentiegelden

179 De gemeente betaalt aan de raadsleden geen wedde uit maar een presentiegeld voor hun effectieve aanwezigheid op vergaderingen van de gemeenteraad. Het raadslid dat afwezig is, om welke reden dan ook, beschikt niet over het recht op presentiegeld.

Daarnaast kan de gemeenteraad, indien hij dit wenst, presentiegelden verlenen voor de aanwezigheid op bepaalde vergaderingen die voortvloeien uit de mandaatsverplichting van het gemeenteraadslid. De Vlaamse Regering heeft bij besluit van 6 juli 2018 houdende het statuut van de lokale mandataris (*BS* 19 september 2018) een limitatieve lijst vastgesteld van vergaderingen waarvoor de gemeenteraad presentiegeld kan verlenen:
1) de vergaderingen van de commissies, met inbegrip van de vergaderingen waarvoor de raadsleden aangewezen zijn als lid met raadgevende stem [→ nr. 160];
2) de vergaderingen van het overlegcomité (art. 26 OCMW-Wet);

3) de vergaderingen met de vertegenwoordigers van de IVA's [→ nr. 1];
4) de vergaderingen waarvoor het aanwezigheidsquorum niet werd bereikt, maar waarvoor de raadsleden presentiegeld zouden genieten als het wel bereikt was [→ nr. 142];
5) de vergaderingen die slechts gedeeltelijk werden bijgewoond;
6) vergaderingen die hervat worden op een andere dag.

De vergaderingen die deels besloten en deels openbaar zijn, geven slechts recht op één presentiegeld. Verschillende vergaderingen van verschillende bestuursorganen die plaatsvinden op dezelfde dag kunnen recht geven op meerdere presentiegelden.

Voor de vergadering van de OCMW-raad die onmiddellijk aansluit op de gemeenteraadsvergadering, kan evenwel geen extra presentiegeld worden toegekend. Dit geldt uiteraard niet in het uitzonderlijke geval het gemeenteraadslid geen OCMW-raadslid is [→ nr. 95].

180 De gemeenteraad bepaalt het bedrag van de presentiegelden binnen de grenzen die vastgelegd zijn door de Vlaamse Regering. Daarbij kan rekening gehouden worden met het inwonersaantal van de gemeente. De gemeenteraadsvoorzitter kan maximaal een dubbel presentiegeld ontvangen.

De Vlaamse Regering bepaalde het minimum op € 28,57 en het maximum op € 124,98. Deze bedragen worden gekoppeld aan de spilindex 138,01 waardoor de minimum- en maximumgrenzen € 48,77 en € 213,32 bedragen. De gemeenteraad kan bij het vastleggen van het presentiegeld kiezen om het bedrag:
– in absolute waarde vast te leggen binnen de geïndexeerde minimum- en maximumgrenzen;
– te koppelen aan de index waardoor het bedrag, eveneens binnen de geïndexeerde minimum- en maximumgrenzen, zich aanpast aan de overschrijding van de spilindex.

Het overschrijden van de spilindex heeft slechts gevolg voor de presentiegelden van de raadsleden ingeval het gemeenteraadsbesluit dit uitdrukkelijk vastlegt.

181 Het cumuleren van vergoedingen, wedden en presentiegelden wordt begrensd. De som van de vergoedingen, wedden en presentiegelden die de gemeenteraadsleden ontvangen voor hun mandaat als raadslid, en de som van de vergoedingen, wedden en presentiegelden die ze ontvangen als bezoldiging voor activiteiten die ze naast hun mandaat uitgeoefend hebben, is maximaal anderhalve keer het bedrag van de vergoeding van de leden van het Vlaams Parlement.

1.4.2.2. Vergoeding specifieke kosten

182 De gemeenteraad kan voorzien in kostenvergoedingen voor de raadsleden indien de kosten:
- verband houden met de uitoefening van het mandaat;
- noodzakelijk zijn;
- worden verantwoord met bewijsstukken.

We denken hierbij aan kosten voor dienstreizen, telefoon, internet, vormingen ... De gemeente kiest voor de terugbetaling van reële kosten of het ter beschikking stellen in natura. Zo kan een bestuur gemaakte kopieën terugbetalen na het voorleggen van het kasticket van het copycenter of kan het een kopieerapparaat in het gemeentehuis kosteloos ter beschikking stellen. Een forfaitaire vergoeding is daarentegen niet toegestaan.

De Vlaamse Regering bepaalt bij het besluit van 6 juli 2018 houdende het statuut van de lokale mandataris (*BS* 19 september 2018) de grenzen en voorwaarden voor de terugbetaling. De algemeen directeur beoordeelt of de kosten aan alle voorwaarden voldoen.

De terugbetaling van de kosten van de mandatarissen worden jaarlijks bekendgemaakt in een openbaar document.

Als de aankoop van bv. ICT-materiaal ook voor persoonlijke doeleinden gebruikt wordt, zal dit in hoofde van de betrokken mandataris een voordeel van alle aard opleveren dat door de fiscus beschouwd wordt als een belastbaar voordeel.

1.4.2.3. Aanvulling presentiegeld bij sommige vormen van inkomensverlies

183 Net als de burgemeester en schepenen kunnen ook de presentiegelden van de raadsleden door de gemeenteraad worden verminderd of aangevuld indien het raadslid ook andere wettelijke of reglementaire bezoldigingen, pensioenen, vergoedingen of toelagen ontvangt [→ nr. 262]. De som van de presentiegelden, aangevuld met het bedrag ter compensatie van het inkomensverlies, kan nooit hoger zijn dan de wedde van een schepen van een gemeente met 50 000 inwoners.

1.4.2.4. Bijdrageplicht voor publieke mandatarissen

Wet van 13 juli 2005, *BS* 29 juli 2005

184 Een sociale zekerheidsbijdrage is verschuldigd voor publieke mandatarissen die – uit hoofde van hun mandaat – voor de gemeente tegen betaling zetelen in een private of publieke rechtspersoon.

De private of publieke instelling waarin zij zetelen betaalt aan het Rijksinstituut voor de Sociale Verzekeringen der Zelfstandigen (RSVZ) een sociale zekerheidsbijdrage. Die bijdrage bedraagt 23 % van het brutobedrag van alle beloningen die zij hebben toegekend aan elke publieke mandataris. Voor elke mandataris geldt evenwel een niet-belastbare schijf van € 200. De eigen uitgaven van de instelling (bv. verwarming, koffie, maaltijden ...) en de inkomens waarvoor reeds een sociale bijdrage werd geïnd vallen niet onder het begrip 'beloningen'.

185 Deze private of publieke rechtspersonen – en dus niet de mandataris zelf – moeten zich aansluiten bij het RSVZ. De gemeenten en OCMW's zelf moeten zich niet aansluiten, maar wel de meergemeentepolitiezones, de intergemeentelijke samenwerkingsverbanden, de autonome gemeentebedrijven ...

Meer concreet zullen bv. intergemeentelijke verenigingen zich moeten aansluiten bij de RSVZ en een bijdrage van 23 % van de waarde van de presentiegelden betalen aan de RSVZ voor alle publieke mandatarissen voor zover de individueel uitgekeerde presentiegelden in totaal € 200 per jaar overschrijden.

1.4.3. Eretitels

Art. 17, §4 en 73 DLB

186 De gemeente- en OCMW-raad legt de voorwaarden vast voor de toekenning van eretitels aan raadsleden. Zo kan bv. een bepaalde anciënniteit zijn vereist. De uiteindelijke toekenning van de eretitel aan een raadslid wordt eveneens vastgelegd bij gemeente- of OCMW-raadsbesluit.

1.4.4. Burgerlijke aansprakelijkheid en strafrechtelijke verantwoordelijkheid

Art. 17, §5-6 en 73 DLB

187 De gemeente sluit een verzekering af om de burgerlijke aansprakelijkheid, met inbegrip van de rechtsbijstand, te dekken die persoonlijk ten laste komt van de raadsleden bij de normale uitoefening van hun mandaat. De verzekering moet voldoen aan de voorwaarden van artikelen 42 tot en met 50 van het besluit van de Vlaamse Regering van 6 juli 2018 houdende het statuut van de lokale mandataris (*BS* 19 september 2018).

Voorts sluiten de gemeente en het OCMW een verzekering af voor ongevallen van die hun raadsleden kunnen overkomen in het kader van de normale uitoefening van hun ambt.

Tot slot is de gemeente en het OCMW, behalve in geval van herhaling, burgerrechtelijk aansprakelijk voor de betaling van de geldboeten waartoe een raadslid wordt veroordeeld wegens een misdrijf, begaan bij de normale uitoefening van zijn ambt. Die bescherming geldt evenwel niet voor een persoonlijke inbreuk begaan op de verkeersreglementering (bv. snelheidsovertredingen of parkeerboetes). De regresvordering van het bestuur t.a.v. de veroordeelde raadsleden is beperkt tot de gevallen van bedrog, zware schuld of lichte schuld die bij hen gewoonlijk voorkomen.

188 In tegenstelling met de parlementsleden genieten de raadsleden niet van een 'gemeentelijke immuniteit': zij blijven – zelfs strafrechtelijk – verantwoordelijk voor hun woorden en hun daden tijdens de raadszittingen.

1.4.5. Mandatendatabank

Art. 160 DLB

189 De Vlaamse Regering legt een databank aan met de gegevens de gemeentelijke mandatarissen. De databank bevat de voornaam, de achternaam, het geslacht, de geboortedatum, het rijksregisternummer, de naam van de lijst waarop de mandataris als gemeente- of OCMW-raadslid is verkozen, de naam van de fractie waartoe hij behoort of, in voorkomend geval, de melding dat hij als onafhankelijke zetelt, alsook, in voorkomend geval de bevoegdheden die hij toegewezen krijgt, en de begin- en einddatum van zijn mandaat.

De gegevens van de mandatarissen zijn publiek toegankelijk tot aan de algehele vernieuwing van de raad, met uitzondering van de geboortedatum en het rijksregisternummer van de betrokken mandataris (zie https://mandaten.lokaalbestuur.vlaanderen.be).

Het besluit van de Vlaamse Regering van 30 november 2018 tot nadere uitvoering van de mandatendatabank (*BS* 19 januari 2019) regelt de verdere modaliteiten.

1.5. Rechten en plichten van het gemeente- en OCMW-raadslid

190 Uit de aard en de functie van zijn mandaat beschikt het gemeente- en OCMW-raadslid over bijzondere voorrechten maar moet hij ook voldoen aan specifieke verplichtingen. Naast de hieronder besproken rechten en plichten, haalden we op andere plaatsen in dit zakboekje onder andere ook aan:

- het recht om de gemeente- of OCMW-raad bijeen te roepen [→ nr. 127];
- het recht om punten op de agenda te plaatsen [→ nr. 129];
- het recht op technische uitleg [→ nr. 132];
- het recht om in de gemeente- of OCMW-raad te beraadslagen en te stemmen [→ nr. 149];
- het recht om aan het college mondelinge en schriftelijke vragen te stellen [→ nr. 149];
- het recht om afwezig te kunnen blijven zonder sanctie [→ nr. 143];
- het recht op presentiegeld [→ nr. 179];
- het recht op politiek verlof [→ nr. 173];
- het recht om beroep aantekenen bij toezichthoudende overheid [→ nr. 600];
- het verbod op belangenvermenging op de gemeente- of OCMW-raadszitting [→ nr. 144];
- de geheimhoudingsplicht [→ nr. 139];
- de plicht om de deontologische code te respecteren [→ nr. 159].

1.5.1. | Algemeen inzagerecht

Art. 29, §1, lid 1, art. 75, 406 en 440 DLB

191 De raadsleden beschikken over een algemeen recht van inzage in alle dossiers, stukken en akten die, ongeacht de drager ervan, het bestuur van de gemeente, het OCMW en het autonoom gemeentebedrijf betreffen. Zij kunnen een afschrift verkrijgen van die documenten. De raadsleden kunnen evenwel geen afschrift krijgen van de dossiers die betrekking hebben op de persoonlijke levenssfeer van cliënten van het OCMW of hun onderhoudsplichtigen. De gemeente- en OCMW-raad kan in een huishoudelijk reglement de voorwaarden voor het inzagerecht en het recht van afschrift bepalen.

De eventueel door de gemeente gevraagde vergoeding voor het afschrift mag in elk geval niet meer bedragen dan de kostprijs. Op grond van artikel 15, lid 3 van de Algemene Verordening Gegevensbescherming (EU 2016/679) is de eerste kopie van een informatievraag met betrekking op de persoonsgegevens van een aanvrager evenwel steeds kosteloos.

Krachtens artikel 406 en 440 van het Decreet Lokaal Bestuur beschikt het raadslid over een gelijkaardig inzagerecht voor notulen en stukken van een intergemeentelijk samenwerkingsverband met rechtspersoonlijkheid. Bijzondere wetgeving kan daarnaast voorzien in een specifiek inzagerecht. Zo kunnen gemeenteraadsleden op grond van artikel 33 Wet Civiele Veiligheid de begroting en rekeningen van de hulpverleningszones steeds raadplegen.

Evenwel geldt het inzagerecht slechts voor documenten betreffende het bestuur van de gemeente. Akten en stukken over aangelegenheden waarbij het college of de burgemeester louter uitvoerende bevoegdheden van algemeen belang uitoefent zijn van het inzagerecht uitgesloten. Hierbij denken we hierbij aan het bijhouden van de registers van de burgerlijke stand. Inzage in een aangelegenheid van gemengd belang is wel mogelijk. Taken van gemengd belang zijn bv. de bevoegdheden bij de gemeentelijke administratieve sancties aangezien deze aangelegenheid deels van gemeentelijk en deels van algemeen belang is.

Het inzagerecht behelst niet het recht om alles openbaar te maken. Raadsleden die hierbij het beroepsgeheim schenden kunnen strafrechtelijk vervolgd worden (art. 458 Sw.).

192 Het inzagerecht van de raadsleden is dus ruimer dan de algemene openbaarheidsplicht zoals vastgelegd in het Bestuursdecreet. De voorwaarden en beperkingen uit het Bestuursdecreet zijn niet van toepassing.

Het Bestuursdecreet speelt wel een rol voor documenten die buiten het inzagerecht vallen [→ nr. 783].

1.5.2. Briefwisseling

Art. 29, §1, lid 2, en 75 DLB

193 De briefwisseling gericht aan de voorzitter en die bestemd is voor de raad, moet ter beschikking worden gesteld aan de raadsleden. Te denken valt aan de briefwisseling waarin Audit Vlaanderen een auditverslag over het bestuur toelicht en vraagt het ter kennis te geven aan de raad, of een brief van de toezichthoudende overheid die vraagt deze brief al dan niet samen met bijhorende stukken ter kennis te geven aan de raad. De wijze waarop dat gebeurt, wordt bij voorkeur vastgesteld in het huishoudelijk reglement van de raad.

1.5.3. Bezoekrecht

Art. 29, §2, en 75 DLB

194 De gemeenteraadsleden mogen alle instellingen en diensten bezoeken die de gemeente opricht en beheert zoals bv. het gemeentehuis, een gemeenteschool, een cultureel centrum ... Net als het inzagerecht kan het raadslid dit instrument gebruiken om zijn beleids- en controletaken goed uit te voeren. Het bezoekrecht houdt evenwel niet in dat het raadslid zich mag bemoeien met de werking van de instellingen. De gemeenteraad kan daarom bij huishoudelijk reglement de voorwaarden voor het bezoekrecht aan de gemeentelijke instellingen en diensten bepalen. Zo kan het huishoudelijk reglement bv. de wijze en termijn van de aanvraag van het bezoekrecht regelen.

Het bezoekrecht van de gemeenteraadsleden geldt eveneens voor de autonome gemeentebedrijven van de gemeente. Anderzijds is het niet van toepassing op instellingen of diensten van aanverwante besturen zoals intergemeentelijke samenwerkingsverbanden. Bijzondere wetgeving kan evenwel in een specifiek bezoekrecht voor raadsleden. Zo kunnen gemeenteraadsleden op grond van artikel 33 Wet Civiele Veiligheid de gebouwen en diensten van de hulpverleningszones bezoeken.

1.5.4. | Bijstand door een vertrouwenspersoon

Art. 16 en 71 DLB

195 Raadsleden die wegens een beperking niet zelfstandig hun mandaat kunnen vervullen, kunnen zich voor de uitoefening van hun mandaat laten bijstaan door een vertrouwenspersoon.

Deze vertrouwenspersoon is elke persoon, ouder dan 18 jaar, die legaal binnen de Europese Unie verblijft. De vertrouwenspersoon mag zich niet bevinden in een situatie van onverenigbaarheid zoals die voor raadsleden geldt, met uitzondering van de regels in verband met bloed- of aanverwantschap [→ nr. 116]. Hij krijgt dezelfde middelen ter beschikking als het raadslid en heeft dezelfde verplichtingen. Hij ontvangt presentiegeld, maar dient geen eed af te leggen.

De criteria om te bepalen wanneer een raadslid wegens een beperking niet in staat is zelfstandig zijn mandaat te vervullen, zijn bepaald in artikelen 51 en 52 van het besluit van de Vlaamse Regering van 6 juli 2018 houdende het statuut van de lokale mandataris (*BS* 19 september 2018). Het recht op bijstand van een vertrouwenspersoon wordt alvast toegekend aan een raadslid met een zware zintuiglijke beperking, zware spraakmoeilijkheden of een motorische beperking waardoor het raadslid grote moeilijkheden heeft om met de documenten om te gaan.

1.5.5. Verbodsbepalingen

Art. 27, §2 en §3 en 75 DLB

1.5.5.1. Werken en diensten

196 Het is een raadslid verboden:

- rechtstreeks of onrechtstreeks een overeenkomst te sluiten, behoudens in geval van een schenking aan de gemeente of een gemeentelijk extern verzelfstandigd agentschap;
- deel te nemen aan een opdracht voor aanneming van werken, leveringen of diensten, verkoop of aankoop ten behoeve van de gemeente of een gemeentelijk extern verzelfstandigd agentschap, behoudens in de gevallen waarbij het raadslid een beroep doet op een door de gemeente of een gemeentelijk extern verzelfstandigd agentschap aangeboden dienstverlening en ten gevolge daarvan een overeenkomst aangaat.

Dit geldt eveneens voor de vertrouwenspersoon van het raadslid met een beperking.

1.5.5.2. Rechtsgedingen

197 Het is een raadslid en zijn vertrouwenspersoon verboden rechtstreeks of onrechtstreeks als advocaat of notaris:

- tegen betaling te werken in geschillen ten behoeve van de gemeente;
- tegen betaling of kosteloos ten behoeve van de tegenpartij van de gemeente of ten behoeve van een personeelslid van de gemeente op te treden aangaande beslissingen in verband met de tewerkstelling binnen de gemeente.

Dit verbod geldt ook t.a.v. de personen die in het kader van een associatie, groepering, samenwerking of op hetzelfde kantooradres met het raadslid werken.

1.5.5.3. Tucht

198 Raadsleden mogen niet optreden als raadsman van een personeelslid in tuchtzaken.

1.5.5.4. Vakbondsafgevaardigde

199 Het is raadsleden niet toegestaan op te treden als afgevaardigde of deskundige van een vakorganisatie in het bijzonder onderhandelingscomité of het hoog overlegcomité van de gemeente. Dit geldt eveneens voor de vertrouwenspersoon van het raadslid met een beperking.

2. College van burgemeester en schepenen en vast bureau

2.1. Samenstelling

2.1.1. Leden

Art. 42 en 79 DLB

2.1.1.1. Aantal

200 Het college van burgemeester en schepenen bestaat – naast de burgemeester – uit de voorzitter van het BCSD en één of meerdere andere schepenen. Het college van burgemeester en schepenen en het vast bureau bestaan uit dezelfde mensen. De bestuursorganen bestaan uit personen van een verschillend geslacht.

Net als het aantal gemeenteraadsleden hangt het aantal schepenen af van het aantal inwoners in een gemeente. In tegenstelling tot de gemeenteraad kan het college van burgemeester en schepenen echter bestaan uit minder schepenen dan opgelegd. Het aantal schepenen ligt in beginsel vast voor een gehele bestuursperiode. Het bevolkingscijfer is het aantal personen met hun hoofdverblijfplaats in de gemeente zoals ingeschreven in het rijksregister van de natuurlijke personen op 1 januari van het jaar van de gemeenteraadsverkiezingen.

aantal inwoners	*max. aantal schepenen (excl. BCSD-voorzitter)*
< 4 999 inwoners	2
5 000-9 999 inwoners	3
10 000-19 999 inwoners	4
20 000-29 999 inwoners	5
30 000-49 999 inwoners	6
50 000-99 999 inwoners	7
100 000-199 999 inwoners	8
200 000 en > inwoners	9

201 Voor een overzicht van het maximale aantal schepenen (en dus ook leden van het vast bureau) voor de bestuursperiode 2019-2024 verwijzen we naar de tabel in bijlage van dit zakboekje (*zie bijlage 'Administratieve gegevens gemeenten in het Vlaamse Gewest'*). Een aantal gemeenteraden zullen in de bestuursperiode 2025-2030 door een bevolkingsgroei een extra schepen kunnen aanwijzen. Dit is het geval voor Aarschot, Bertem, Erpe-Mere, Holsbeek en Temse. De per 1 januari 2019 samengevoegde gemeenten kregen 2 extra schepenmandaten omwille van de fusie [→ nr. 620]. In de volgende bestuursperiode (2025-2030) verliezen ze evenwel dat voorrecht. Het gaat om Aalter, Deinze, Kruisem, Lievegem, Oudsbergen, Pelt en Puurs-Sint-Amands.

Opvallend is dat sommige gemeenten een schepenmandaat verliezen ondanks een verhoging van het aantal raadsleden en *vice versa*. Dit is te wijten aan de verschillende barema's die worden gebruikt bij het bepalen van het aantal raadsleden [→ nr. 43] en het bepalen van het maximale aantal schepenmandaten.

2.1.1.2. Voorzitter Bijzonder Comité voor de Sociale Dienst

202 De voorzitter van het Bijzonder Comité voor de Sociale Dienst (BCSD) is van rechtswege schepen indien hij niet werd verkozen onder de leden van het college van burgemeester en schepenen. Dit mandaat loopt vanaf zijn verkiezing tot BCSD-voorzitter door de leden van de OCMW-raad. In een gemeente van bijvoorbeeld 14 000 inwoners kan het college maximaal bestaat uit 6 personen, met name 1 burgemeester, 4 schepenen en 1 schepen die voorzitter is van het BCSD.

De draagwijdte van het mandaat van deze toegevoegde schepen is identiek aan die van het mandaat van de overige leden van het college. Hij of zij komt ook in aanmerking voor de interne taakverdeling binnen het college. Na een volledige vernieuwing van de gemeenteraad blijft hij in functie als schepen tot de installatie van de nieuwe schepenen heeft plaatsgevonden.

2.1.2. | Voordracht

Art. 42-45 en 79-80 DLB

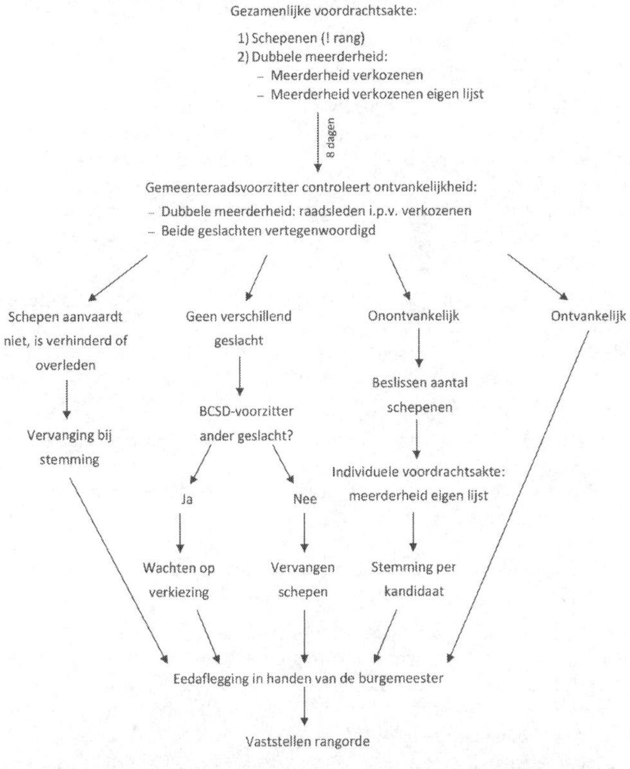

TOEKOMSTIG RECHT

De lijsttrekker van de grootste lijst krijgt na de verkiezingen 14 dagen exclusief het initiatiefrecht om een meerderheidscoalitie te vormen. In die periode kan enkel door die lijsttrekker een gezamenlijke voordrachtsakte worden ingediend.

Als het initiatiefrecht niet tot een coalitie leidt, krijgt de lijsttrekker van de tweede grootste lijst eenzelfde initiatiefrecht gedurende 14 dagen. Desgevallend gaat het initiatiefrecht daarna over naar de lijsttrekker van de derde grootste lijst. Deze opeenvolgende periodes worden slechts beëindigd na het indienen van een gezamenlijke voordrachtsakte door de aan de beurt zijnde initiatiefnemer of ten laatste op de derde dag voor de installatie van de nieuwe gemeenteraad.

2.1.2.1. Gezamenlijke voordrachtsakte

203 Behalve de BCSD-voorzitter of de schepen verkozen buiten de gemeenteraad ([→ nr. 206]) verkiest de gemeenteraad in hun midden de schepenen op basis van een gezamenlijke voordrachtsakte van de kandidaat-schepenen. In tegenstelling tot de burgemeester, waarbij het Belgische nationaliteitsvereiste speelt, kunnen ook EU-onderdanen in de hoedanigheid van schepen deel uitmaken van het college.

Uiterlijk acht dagen voor de installatievergadering van de gemeenteraad overhandigt men de gezamenlijke voordrachtsakte aan de algemeen directeur. De algemeen directeur bezorgt vervolgens een afschrift van de akte aan de burgemeester en publiceert alle ingediende voordrachtsakten op de gemeentelijke website.

Een ontvankelijke gezamenlijke voordrachtsakte is cumulatief ondertekend door:
- een meerderheid van de verkozenen op de lijsten die aan de verkiezingen deelnamen;
- een meerderheid van verkozenen die op dezelfde lijst als de kandidaat-schepenen werden verkozen. Als die lijst slechts twee verkozenen telt, volstaat de handtekening van één van hen.

De regelgever heeft bij de laatste meerderheidsvereiste expliciet de bedoeling gehad om overloperij tegen te gaan. Zo is het niet meer mogelijk dat een verkozene die van de éne partij naar de andere overstapt en zo een meerderheidswissel doet ontstaan, wordt beloond met een schepenambt.

204 Niemand kan meer dan één voordrachtsakte ondertekenen. Handtekeningen die op meerdere akten voorkomen zijn ongeldig. Indien de akte door de ongeldigheid van die handtekening(en) niet meer voldoet aan de dubbele meerderheidsvereiste, is zij in haar geheel onontvankelijk. Bovendien straft de verkozene die meer dan één voordrachtsakte tekent ook zichzelf. Hij kan voor de duur van de zittingsperiode van de gemeenteraad noch benoemd of verkozen worden noch het mandaat waarnemen van:
- burgemeester;
- schepen;
- gemeenteraadsvoorzitter;
- voorzitter van een gemeenteraadscommissie;

- OCMW-raadslid;
- voorzitter van het BCSD;
- vertegenwoordiger of gemandateerde namens de gemeente in een gemeentelijk EVA of andere vereniging, stichting of vennootschap;
- vertegenwoordiger of gemandateerde namens het OCMW in een ziekenhuis-IVA, een OCMW-vereniging of een andere vereniging, stichting of vennootschap.

TOEKOMSTIG RECHT
De termijn van voordracht van de schepenen wordt verkort tot drie dagen.

2.1.2.2. Gedeeld mandaat

205 De gezamenlijke voordrachtsakte kan een einddatum van het mandaat van een kandidaat-schepen vermelden, alsook de naam van diegene die hem zal opvolgen (of diegenen die hem zullen opvolgen) voor de resterende duurtijd van het mandaat. In dat geval is de schepen bij het bereiken van die einddatum van het mandaat van rechtswege ontslagnemend en volgt de in de voordrachtsakte vermelde persoon van rechtswege de ontslagnemende schepen op. Indien het mandaat eindigt voor de in de akte vermelde einddatum, neemt de opvolger vervroegd het mandaat op. Indien vermelde opvolger het mandaat niet kan opnemen of er geen opvolger is voorzien, is de gemeenteraad verplicht een vervanger te kiezen [→ nr. 225].

2.1.2.3. Verschillend geslacht

206 Het college van burgemeester en schepenen bestaat uit personen van een verschillend geslacht. Indien het college na de verkiezing van de BCSD-voorzitter niet als dusdanig is samengesteld, vervangt het op dezelfde lijst verkozen gemeenteraadslid van het andere geslacht met de meeste naamstemmen van rechtswege de laatst verkozen schepen in rang. Als verscheidene raadsleden van het andere geslacht een gelijk aantal naamstemmen hebben behaald, geniet het raadslid dat de hoogste plaats op de lijst bekleedt, voorrang.

Als er géén verkozen raadsleden van het andere geslacht op die lijst voorkomen, vervangt de eerste opvolger van het andere geslacht op die lijst van rechtswege de schepen met de laagste rang. Er is dan een schepen buiten de gemeenteraad. In dit geval beschikt de schepen slechts over een raadgevende stem in de gemeenteraad.

2.1.2.4. Onverenigbaarheden

207 De schepenen mogen zich niet in een staat van onverenigbaarheid bevinden [→ nr. 222].

2.1.2.5. Ontvankelijkheidscontrole

208 Na de eedaflegging van de gemeenteraadsleden overhandigt de algemeen directeur de gezamenlijke voordrachtsakte van de kandidaat-schepenen aan de gemeenteraadsvoorzitter. Deze gaat na of de akte ontvankelijk is. In voorkomend geval worden de voorgedragen kandidaat-schepenen verkozen verklaard en is het aantal schepenen vastgelegd tot de eerstvolgende vernieuwing van de gemeenteraad.

Bij het nazicht van de dubbele meerderheidsvereiste moet enkel rekening gehouden worden met de gemeenteraadsleden, die net hun eed hebben afgelegd, en niet met het aantal handtekeningen van de oorspronkelijk 'verkozenen'. In de meeste gevallen zullen de verkozenen ook effectief zetelen als raadslid. Toch is het mogelijk dat, bv. bij de niet-goedkeuring van de geloofsbrieven of bij afstand van het mandaat, een raadslid inmiddels werd opgevolgd [→ nr. 103, 105]. In dit geval is de handtekening van de opvolger en niet van de initieel verkozene van belang.

2.1.2.6. Individuele voordrachtsakte en verkiezing

209 Als de gemeenteraadsvoorzitter geen (ontvankelijke) gezamenlijke voordrachtsakte van kandidaat-schepenen tijdig ontvangt, beslist de gemeenteraad op de installatievergadering over het aantal te verkiezen schepenen en gaat het binnen de 14 dagen over tot de afzonderlijke verkiezing van de schepenen onder de gemeenteraadsleden. De gemeenteraadsleden kunnen hiertoe kandidaat-schepenen voordragen.

Uiterlijk drie dagen voor de eerstvolgende vergadering van de gemeenteraad bezorgt men de individuele voordrachtsakte aan de algemeen directeur. De individuele voordrachtsakte moet, in tegenstelling tot de gezamenlijke, niet door een dubbele meerderheid worden gedragen. Het is voldoende als de meerderheid van de gemeenteraadsleden, die op dezelfde lijst als de kandidaat-schepen werden verkozen, de akte ondertekenen.

Als de schriftelijk voorgedragen kandidaturen niet volstaan om het college volledig samen te stellen, kunnen kandidaten mondeling op de zitting worden voorgedragen.

210 De verkiezing gebeurt bij geheime stemming, door evenveel afzonderlijke stemmen als er schepenen te kiezen zijn.

De kandidaat die de volstrekte meerderheid van de stemmen behaalt, is verkozen tot schepen. Als geen enkele kandidaat de volstrekte meerderheid van de stemmen achter zich schaart en er meerdere kandidaten werden voorgedragen voor het vacante schepenmandaat, vindt een tweede stemronde plaats. Daarin stemmen de raadsleden op de twee kandidaten die in de eerste stemronde de meeste stemmen hebben gehaald. Bij staking van stemmen in de eerste stemronde, komt de kandidaat die bij de gemeenteraadsverkiezingen de meest naamstemmen heeft behaald, in aanmerking voor de tweede stemronde. De kandidaat die in de tweede stemronde de meerderheid van de stemmen heeft behaald is verkozen tot schepen. Bij staking van stemmen in de tweede stemronde is de kandidaat die bij de gemeenteraadsverkiezingen de meeste naamstemmen heeft behaald, verkozen tot schepen. Als de kandidaten een gelijk aantal naamstemmen hebben behaald, is de voorgedragen kandidaat verkozen van wie de lijst bij de gemeenteraadsverkiezingen de meeste stemmen heeft behaald.

2.1.2.7. Eedaflegging

211 Een schepenmandaat duurt in beginsel zes jaar. Na een volledige vernieuwing van de gemeenteraad blijven de uittredende schepenen in functie tot de installatie van het nieuwe college heeft plaatsgevonden.

De eed wordt afgelegd in handen van de burgemeester en luidt als volgt: *"Ik zweer de verplichtingen van mijn mandaat trouw na te komen"*. Aan de formule mogen geen woorden worden toegevoegd of weggelaten.

De schepen weigert zijn schepenambt door tot twee maal toe zijn eed niet af te leggen.

2.1.3. | Rangorde

Art. 43, §3 DLB

212 De rangorde op de gezamenlijke voordrachtsakte bepaalt de rang van de schepenen. De burgemeester neemt altijd een rang in die hoger is dan die van de schepenen. In geval van afzonderlijke verkiezing van de schepenen wordt de rang van de schepenen bepaald door de volgorde van de stemmingen. De schepenen die de BCSD-voorzitter of een schepen opvolgen teneinde te komen tot een college met personen van een verschillend geslacht, nemen de rang in en volgorde van hun verkiezing of benoeming. In het geval de BCSD-voorzitter door de OCMW-raad niet uit de reeds aangestelde schepenen wordt verkozen, wordt die als laatste schepen in rang toegevoegd.

De rang speelt een rol bij de vervanging van de burgemeester. In geval de burgemeester zijn bevoegdheden niet expliciet aan een andere schepen heeft overgedragen, vervangt de eerste schepen in rang de burgemeester gedurende een tijdelijke afwezigheid [→ nr. 295].

2.1.4. Tijdelijke beëindiging van het mandaat

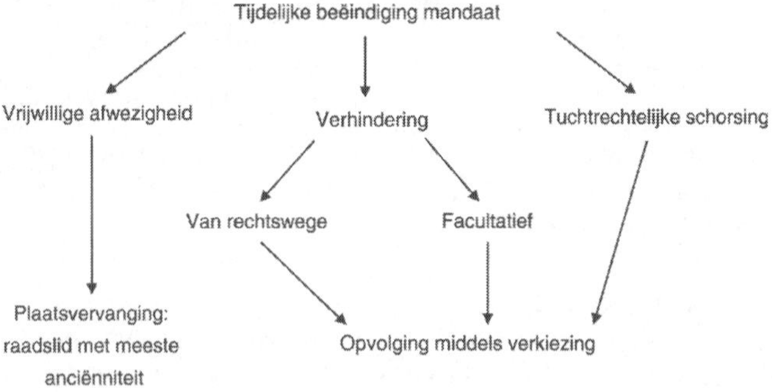

2.1.4.1. Verhindering

Art. 47, 60 en 80 DLB

213 De gemeenteraad neemt akte van de verhindering van rechtswege van de schepen:
- die lid is van de federale of Vlaamse *Regering* of van de *Europese Commissie*;
- die lid is van de *deputatie* van de provincieraad;
- die tot *nieuwe burgemeester* wordt benoemd in geval van verhindering of schorsing van de burgemeester;
- die om medische redenen drie maal afwezig blijft op de vergadering en niet in staat is om vervanging te vragen.

De schepen kan ook uitdrukkelijk om de verhindering (en dus plaatsvervanging) verzoeken indien:
- die het *mandaat* uitoefent van federaal, Vlaams of Europees *parlementslid*, voor zover de schepen hiertoe uitdrukkelijk verzoekt. Eenmaal de plaatsvervanging verzocht werd, blijft de schepen verhinderd zolang het mandaat duurt;

- die om *medische redenen, om studieredenen of wegens verblijf in het buitenland* vervangen wil worden gedurende een minimale termijn van 12 weken;
- die *ouderschapsverlof* wil nemen wegens de geboorte of de adoptie van een kind;
- die omwille van *palliatief verlof, of verlof voor bijstand of verzorging van een zwaar ziek familielid* tot en met de tweede graad of van een zwaar ziek gezinslid vervangen wil worden gedurende minimaal 12 weken.

Bij verhindering wegens *medische redenen, studieredenen of verblijf in het buitenland* richt de schepen een schriftelijk verzoek aan de gemeenteraadsvoorzitter. Het verzoek gaat vergezeld van respectievelijk een geneeskundig getuigschrift van maximaal 15 dagen oud dat de minimale termijn van afwezigheid aangeeft, een attest van de onderwijsinstelling of een attest van de opdrachtgever. Als de schepen die om medische redenen afwezig blijft, niet in staat is om dat verzoek tot de voorzitter te richten, dan wordt hij van rechtswege als verhinderd beschouwd vanaf de derde opeenvolgende vergadering waarop hij afwezig is en zolang hij afwezig blijft.

De schepen die *ouderschapsverlof* wil nemen, richt een schriftelijk verzoek aan de gemeenteraadsvoorzitter. Hij wordt vervangen ten vroegste vanaf de zesde week voor de vermoedelijke datum van geboorte of adoptie tot het einde van de negende week na de adoptie of geboorte. Op schriftelijk verzoek wordt de onderbreking van de uitoefening van het mandaat na de negende week verlengd met een duur die gelijk is aan die gedurende dewelke de schepen zijn mandaat heeft uitgeoefend tijdens de periode van zes weken die aan de dag van de geboorte of adoptie voorafgaan. In geval van de geboorte of adoptie van een meerling kan de periode voor maximaal twee weken worden verlengd.

De schepen die omwille van *palliatief verlof, of verlof voor bijstand of verzorging van een zwaar ziek familielid* vervangen wil worden, richt daartoe aan de gemeenteraadsvoorzitter een schriftelijk verzoek, vergezeld van een verklaring op erewoord waarin het raadslid zich bereid verklaart om bijstand of verzorging te verlenen. De naam van de patiënt hoeft niet te worden vermeld.

214 De schepen die als verhinderd wordt beschouwd – en ook de schepen die geschorst is of tijdelijk afwezig is – wordt vervangen zolang hij verhinderd, geschorst of tijdelijk afwezig is [→ nr. 225].

De gemeenteraad neemt akte van de verhindering of schorsing, en van de beëindiging van de periode van verhindering of schorsing.

2.1.4.2. Tuchtrechtelijke schorsing

Art. 156 DLB

A. Procedure

215 In tegenstelling tot een gemeenteraadslid kan een burgemeester of schepen tuchtrechtelijk worden gesanctioneerd. De procedure hiertoe is geregeld in artikelen 37 t.e.m. 41 van het besluit van de Vlaamse Regering van 6 juli 2018 houdende het statuut van de lokale mandataris (*BS* 19 september 2018).

Als de Vlaamse Regering kennis krijgt van feiten van kennelijk wangedrag of grove nalatigheid gepleegd door een burgemeester of een schepen kunnen die tot een tuchtmaatregel leiden. Indien de regering dit wenst kan ze de territoriaal bevoegde provinciegouverneur de opdracht geven om een tuchtonderzoek te voeren, een tuchtverslag op te maken en een tuchtdossier samen te stellen.

De Vlaamse Regering – of één of meerdere van de door haar aangewezen ambtenaren van het Agentschap voor Binnenlands Bestuur – hoort de betrokken mandataris. De regering beslist vervolgens over het al dan niet opleggen van de tuchtmaatregel en stuurt haar beslissing aangetekend naar de betrokkene of overhandigt ze tegen ontvangstbewijs, binnen een termijn van drie maanden na de ondertekening van het proces-verbaal van de laatste hoorzitting door de persoon die de hoorzitting heeft voorgezeten.

B. Kennelijk wangedrag of grove nalatigheid

216 Tuchtsancties kunnen slechts volgen op grond van feiten van 'kennelijk wangedrag' of 'grove nalatigheid' die zich na de ambtsaanvaarding hebben voorgedaan. Kennelijk wangedrag refereert voornamelijk naar feiten uit de sfeer van het privéleven, terwijl grove nalatigheid eerder betrekking heeft op de specifieke uitoefening van het ambt zelf.

Feiten, waardoor zijn ambt nadelig wordt beïnvloed, die gebeurd zijn vóór de uitoefening van het ambt komen niet in aanmerking. Dit is ook logisch aangezien er zonder ambt geen ambtsplichten en er dus ook geen tekortkoming aan kunnen zijn.

Het wangedrag of de nalatigheid moet 'kennelijk' of 'grof' zijn. Bijgevolg moet het manifest duidelijk zijn dat het wangedrag of nalatigheid onverenigbaar is met de waardigheid van het ambt. Bij kennelijk wangedrag denken we aan bv. regelmatig openbaar dronkenschap of het plegen van een vluchtmisdrijf na een auto-ongeluk in dronken toestand.

Voorbeelden van grove nalatigheid zijn het frauderen in de gemeentelijke boekhouding of het weigeren om gemeenteraadsbesluiten ten uitvoer te brengen. Daarnaast bepaalt het decreet ook uitdrukkelijk dat het miskennen van de vereiste taalkennis voor een burgemeester, schepen of gemeenteraadsvoorzitter een grove nalatigheid vormt [→ nr. 281].

C. Tuchtsancties

217 Het Decreet Lokaal Bestuur voorziet in twee straffen: de schorsing en de afzetting. Door de toepassing van het legaliteitsbeginsel (*nulla poena sine lege*), dat ook geldt in tuchtzaken, is geen enkele andere sanctie mogelijk dan de schorsing of afzetting. De tuchtbevoegdheid mag ook niet worden verruimd op grond van het beginsel *'qui peut le plus, peut le moins'*.

Hoewel dit vanuit het legaliteitsbeginsel in strafzaken discutabel is, heeft de decreetgever geen maximumtermijn inzake de schorsing opgelegd.

2.1.4.3. Vrijwillige afwezigheid

Art. 49, §2 DLB

218 Schepenen kunnen zich ook laten vervangen om andere dan de in het decreet opgesomde redenen. Hiervoor zijn dan ook geen limitatieve gronden voorzien.

De schepen laat zich in de eerste plaats vervangen door het op dezelfde lijst verkozen gemeenteraadslid met de hoogste rang [→ nr. 106]. Het is slechts als er geen op dezelfde lijst verkozen gemeenteraadsleden meer zijn, dat het op een andere lijst verkozen gemeenteraadslid met de hoogste rang de schepen kan vervangen.

2.1.5. Definitieve beëindiging van het mandaat

Art. 81 DLB

219 Logischerwijs eindigt het mandaat van burgemeester en schepen, net als bij gemeenteraadsleden, bij de vernieuwing van het college [→ nr. 114] of bij sterfte [→ nr. 120]. Krachtens artikel 45 Decreet Lokaal Bestuur verliest de uitvoerende mandataris eveneens zijn functie na de vervallenverklaring door onverkiesbaarheid of onverenigbaarheid [→ nr. 116].

Het einde van het mandaat als lid van het college van burgemeester en schepenen brengt ook het eind van het mandaat als lid van het vast bureau met zich mee.

Daarnaast zijn nog enkele bijzonderheden op te merken.

2.1.5.1. Vrijwillig ontslag

Art. 48 en 80 DLB

220 Een schepen kan uiteraard ook vrijwillig ontslag nemen. Het ontslag is definitief nadat de schepen dit schriftelijk heeft meegedeeld aan de gemeenteraadsvoorzitter en die ervan heeft kennis genomen. De schepen blijft zijn mandaat uitoefenen tot zijn opvolger is geïnstalleerd behalve als het ontslag een gevolg is van een onverenigbaarheid.

2.1.5.2. Verstrijken individuele termijn

221 Zoals eerder vermeld kan de voordrachtsakte een einddatum van het mandaat en de opvolger vermelden [→ nr. 205].

2.1.5.3. Vervallenverklaring wegens onverenigbaarheid

222 De onverenigbaarheden zoals die gelden voor gemeenteraadsleden [→ nr. 117], zijn ook van toepassing op leden van het college van burgemeester en schepenen. Zo kunnen bv. bloedverwanten tot en met de tweede graad, aanverwanten in de eerste graad, echtgenoten of wettelijk samenwonenden geen deel uitmaken van het college.

Daarnaast kan ook de bijzondere wetgeving voorzien in onverenigbaarheden. Denken we bijvoorbeeld aan een Europarlementslid indien de gemeente meer dan 50 000 inwoners telt (art. 42 wet van 23 maart 1989, *BS* 25 maart 1989).

2.1.5.4. Ongeldigverklaring wegens ondertekenen meerdere voordrachtsakten

223 We wezen eerder op de sanctie voor het ondertekenen van meerdere voordrachtsakten [→ nr. 108, 204, 284]. Dit kan leiden tot onder andere de ongeldigverklaring van de voordracht en verkiezing tot schepen [→ nr. 204].

2.1.5.5. Tuchtrechtelijke afzetting

Art. 156 DLB

224 Op dezelfde manier als een burgemeester of schepen op tuchtrechtelijke wijze geschorst kan worden en om feiten die dit vereisen kan de Vlaamse Regering de burgemeester of schepen definitief afzetten [→ nr. 215]. De afgezette mandataris kan slechts na twee jaar opnieuw worden aangesteld als burgemeester, gemeenteraadsvoorzitter, voorzitter of lid van het vast bureau of BCSD-voorzitter.

Het decreet bepaalt daarbij uitdrukkelijk dat het miskennen van de vereiste taalkennis voor een burgemeester, schepen of gemeenteraadsvoorzitter een grove nalatigheid vormt en dus tot de afzetting kan leiden [→ nr. 281].

2.1.6. Individuele opvolging en plaatsvervanging

Art. 49 DLB

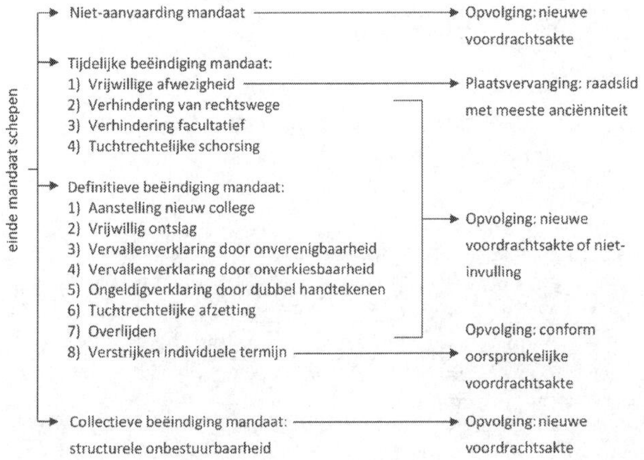

225 Er wordt overgegaan tot een nieuwe verkiezing van een schepen, op basis van een voordrachtsakte, binnen de twee maanden als een schepen:

- zijn mandaat niet aanvaardt;
- van zijn mandaat vervallen wordt verklaard;
- als verhinderd wordt beschouwd;
- afgezet of geschorst is;
- ontslag heeft genomen;
- overleden is.

De voordracht en verkiezing verloopt gelijklopend als de gewone voordracht en verkiezing in het begin van de legislatuur [→ nr. 203]. Tot aan de aanstelling van de nieuwe schepen neemt het van op dezelfde lijst verkozen gemeenteraadslid met de hoogste rang.

226 Als de schepen om een andere reden afwezig is (bv. vakantie), kan hij worden vervangen door het gemeenteraadslid met de hoogste rang.

De verhinderde, geschorste of tijdelijk afwezige schepen wordt vervangen gedurende die verhindering, schorsing of tijdelijke afwezigheid. De gemeenteraad neemt akte van het begin en einde van die vervanging.

227 De gemeenteraad heeft de mogelijkheid om bij het definitief beëindigen van een schepenmandaat, dat mandaat niet in te vullen. Als hij beslist dit mandaat niet in te vullen, is die keuze definitief tot aan het einde van de zittingsperiode. Die mogelijkheid geldt uiteraard niet als de opvolging reeds werd voorzien in de oorspronkelijke voordrachtsakte.

2.1.7. Collectieve vervanging wegens structurele onbestuurbaarheid

Art. 46 DLB

TOEKOMSTIG RECHT

De procedure tot vervanging wegens structurele onbestuurbaarheid wordt opgeheven. De gemeenteraad zal de mogelijkheid krijgen om een constructieve motie van wantrouwen aan te nemen. De motie kan het college van burgemeester en schepenen collectief als een of meerdere schepenen individueel vervangen. Eenzelfde bevoegdheid is de OCMW-raad toegemeten ten aanzien van de BCSD-voorzitter.

De motie van wantrouwen moet voldoen aan een aantal voorwaarden. Vooreerst moet die steeds worden ingediend door een meerderheid van gemeenteraadsleden. Ten tweede moet de motie ondertekend zijn door ten minste twee derde van de leden van elke fractie die de motie ondersteunt. Als het gaat om een individuele motie van wantrouwen moet die bovendien gesteund zijn door twee derde van de fractie waartoe de geviseerde schepen behoort. Ten derde is de motie constructief in die zin dat die moet vergezeld zijn door een nieuwe, ontvankelijke voordracht van, bij een individuele motie, een of meerdere schepenen of, bij een collectieve motie, van de burgemeester en alle schepenen.

Merk dus op dat – in geval van een collectieve motie van wantrouwen – een burgemeester kan worden voorgedragen die niet de meeste voorkeurstemmen heeft binnen de grootste lijst en dus niet semi-rechtstreeks verkozen is.

2.1.7.1. Procedure

228 De gemeenteraad beschikt, als enige, over de bevoegdheid om de structurele onbestuurbaarheid van de gemeente vast te stellen. Na kennisgeving van die vaststelling aan de Vlaamse Regering, geeft die laatste aan de provinciegouverneur een bemiddelingsopdracht. De bestuurspraktijk leert dat de bemiddelingspogingen weinig succesvol zijn.

Na een gefaalde bemiddelingspoging kan de gemeenteraad besluiten de procedure te starten voor de aanstelling van een nieuw college van burgemeester en schepenen. In de praktijk verstrijkt er een periode van ongeveer 3 maanden tussen de gemeenteraadsbeslissing tot vaststelling van de structurele onbestuurbaarheid en de gemeenteraadsbeslissing tot opstart van de aanstellingsprocedure van een nieuw college.

Vervolgens ontslaat de Vlaamse Regering de burgemeester en treden de schepenen af. Ze blijven echter in functie tot hun opvolgers middels een gewone voordrachtsakte voor de resterende periode van de legislatuur zijn aangesteld. Gelijktijdig verkiest de OCMW-raad een nieuwe voorzitter voor het BCSD.

2.1.7.2. Begrip 'structurele onbestuurbaarheid'

229 De decreetgever heeft ervoor gekozen het begrip 'structurele onbestuurbaarheid' niet te definiëren. De Raad van State heeft het begrip daarom erg eng ingevuld (zie o.a. RvS 31 juli 2014, nr. 228.150; RvS 16 januari 2015, nr. 229.846; RvS 12 juni 2015, nr. 231.577; RvS 9 juli 2015, nr. 231.903; RvS 27 juli 2015, nr. 231.998; RvS 17 augustus 2015, nr. 232.055; RvS 2 februari 2016, nr. 233.703; RvS 23 februari 2016, nr. 233.905; RvS 10 juni 2016, nr. 235.032; RvS 10 februari 2017, nr. 237.338; RvS 23 februari 2017, nr. 237.482; RvS 14 maart 2017, nr. 237.638; RvS 27 juni 2017, nr. 238.692).

Onbestuurbaarheid op zich volstaat niet. Er kan slechts sprake zijn van structurele onbestuurbaarheid in geval enerzijds de situatie blijvend en duurzaam is en anderzijds de samenwerking op zwaarwichtige punten spaak loopt. Concrete elementen uit de praktijk moeten die structurele onbestuurbaarheid aantonen.

Zo is het onvoldoende om de structurele onbestuurbaarheid vast te stellen bij:
– het loutere feit dat het college van burgemeester en schepenen de meerderheid binnen de gemeenteraad verliest;
– de bemiddelingspoging van de gouverneur spaak is gelopen;
– de permanente afwezigheid van een minderheid van de schepenen;

- weinig zwaarwichtige redenen zoals de niet-goedkeuring van de vaststelling van de aanwervingsvoorwaarden van een arbeider D-niveau, een subsidiereglement voor fairtradebuurtfeesten of de retributie voor de deelname aan de kerstmarkt.

Structurele onbestuurbaarheid zou wel kunnen worden afgeleid uit het feit dat het schepencollege permanent niet meer in staat is om de nodige beslissingen te nemen, bv. in het kader van de uitvoering van de begroting en de meerjarenplanning of dat cruciale discussiepunten niet meer op de agenda van het college zouden worden ingeschreven. Ook de genoemde voorbeelden zijn slechts indicaties en geen voorwaarden die as such voldoende zijn om de structurele onbestuurbaarheid vast te stellen. Zo kan een gemeenteraad de structurele onbestuurbaarheid niet zelf bewerkstelligen door het niet goedkeuren van de vooropgestelde meerjarenplanning met als enige reden de onbestuurbaarheid te veroorzaken.

2.1.7.3. Beperkingen

230 De vaststelling van de structurele onbestuurbaarheid en de aanstelling van een nieuw college van burgemeester en schepenen kan niet als een spoedeisend punt op de agenda van de gemeenteraad worden geplaatst [→ nr. 131]. Evenmin kan de genoemde vaststelling of aanstelling in de periode van twaalf maanden voor de volgende gemeenteraadsverkiezingen plaatsvinden. Bovendien kan de aanstelling van een nieuw college van burgemeester en schepenen na vaststelling van de structurele onbestuurbaarheid slechts eenmaal per bestuursperiode gebeuren.

2.2. Werking

Art. 83 DLB

231 De werking van het college van burgemeester en schepenen enerzijds, en het vast bureau anderzijds is gelijklopend.

2.2.1. Bijeenroeping en vergaderdata

Art. 50, lid 1, DLB

232 Het college vergadert regelmatig op de dagen en uren die het zelf in een reglement van orde heeft vastgelegd. Er hoeft daarom niet telkens een uitnodiging te worden verzonden. Voorts schrijft het decreet niet voor dat een agenda moet worden opgemaakt. Het huishoudelijk reglement kan die verplichting echter aanvullen.

Wanneer de spoedige afhandeling van een dossier dit vereist, kan het college in buitengewone vergadering samenkomen. In deze omstandigheden bepaalt de burgemeester de dag en het uur van de vergadering.

2.2.2. | Openbaarheid van vergadering

Art. 50, lid 4, DLB, art. 104 N.Gem.W., art. 25 Kieswetboek

233 De vergaderingen zijn niet openbaar en dus ook niet toegankelijk voor gemeenteraadsleden. Echter, wanneer het college als bestuurlijk rechtscollege uitspraak doet over bezwaren tegen de kiezerslijsten is de zitting krachtens artikel 25 van het Kieswetboek wel openbaar.

Het staat het college wel vrij om personeelsleden of deskundigen uit te nodigen om een toelichting te geven bij een agendapunt.

2.2.3. | Voorzitterschap

Art. 51 en 79 DLB

234 De burgemeester is van rechtswege voorzitter van het college en vast bureau. Hij opent en sluit de vergadering. Het komt een schepen niet toe de collegezitting te openen, zelfs al is het aanwezigheidsquorum bereikt, indien de burgemeester afwezig is op de afgesproken plaats en tijdstip.

2.2.4. | Aanwezigheidsquorum

Art. 50, lid 2, DLB

235 Meer dan de helft van de leden van het college moet aanwezig zijn om geldig te kunnen beraadslagen en beslissen. Bij afwezigheid of verhindering van een schepen vervangt het gemeenteraadslid met de meeste anciënniteit hen. Bij gelijke anciënniteit, geniet het gemeenteraadslid dat bij de laatste volledige vernieuwing van de gemeenteraad het hoogste aantal naamstemmen heeft behaald, de voorkeur. Als het gemeenteraadslid met de meeste anciënniteit de schepen in die gevallen niet kan vervangen, wordt het schepenmandaat waargenomen door een ander gemeenteraadslid in volgorde van hun anciënniteit. Bij gelijke anciënniteit neemt het gemeenteraadslid dat bij de verkiezingen de meeste naamstemmen behaalde het schepenmandaat waar. Bij een gelijk aantal naamstemmen geniet het gemeenteraadslid van wie de lijst bij de gemeenteraadsverkiezingen de meeste stemmen behaalde de voorkeur.

Is de burgemeester verhinderd dan vervangt een schepen, in volgorde van rang, hem tenzij de burgemeester zelf zijn bevoegdheid aan een andere schepen heeft opgedragen.

2.2.5. | Belangenvermenging

Art. 50, lid 3, DLB

236 Net als de raadsleden in de gemeenteraad kan de burgemeester of de schepen niet deelnemen aan de beraadslaging en stemming in geval van belangenvermenging. Dit verbod geldt voor de aangelegenheden waarbij, enerzijds, de mandataris of een nauw familielid rechtstreeks en persoonlijk belang heeft en, anderzijds, de mandataris aan een rechtspersoon rekenschap is verschuldigd of waarvan hij tot het uitvoerend orgaan behoort. Voor de specifieke voorwaarden en modaliteiten verwijzen we naar de eerdere bespreking hieromtrent [→ nr. 144].

Uiteraard vinden de regels van belangenvermenging buiten de raadszitting ook toepassing bij de leden van het college [→ nr. 196].

2.2.6. | Stemming

Art. 53 DLB

237 Aangenomen besluiten vereisen een volstrekte meerderheid van de stemmen. Onder volstrekte meerderheid van de stemmen wordt verstaan, meer dan de helft van de uitgebrachte stemmen, onthoudingen niet meegerekend [→ nr. 150].

Bij staking van stemmen verdaagt het college in beginsel de zaak tot een volgende vergadering. In de volgende gevallen is de stem van de burgemeester echter doorslaggevend:
- voor de behandeling van de zaak heeft het college de zaak een *spoedeisend* karakter gegeven;
- twee opeenvolgende vergaderingen is er staking van stemmen over eenzelfde zaak.

Als het college daarentegen als tuchtoverheid optreedt [→ nr. 367] brengt de staking van stemmen het verwerpen van het voorstel met zich mee. De procedure van uitstel van vergadering is immers niet verzoenbaar met de strikte termijnen van de tuchtprocedure.

238 Het college stemt op dezelfde wijze als de gemeenteraad: mondeling waarbij de voorzitter als laatste stemt, tenzij de stemming geheim is. Een schepen die buiten de gemeenteraad is benoemd [→ nr. 206], bezit wel stemrecht in het college.

De stemming is in beginsel niet geheim tenzij bij bepaalde uitzonderingsgevallen zoals individuele personeelszaken.

Voor elke benoeming tot ambten, elke contractuele aanstelling, elke verkiezing en elke voordracht van kandidaten wordt tot een afzonderlijke stemming overgegaan. Als bij de benoeming, de contractuele aanstelling, de verkiezing of de voordracht van kandidaten de vereiste meerderheid niet wordt verkregen bij de eerste stemming, wordt opnieuw gestemd over de twee kandidaten die de meeste stemmen hebben behaald.

Als bij de eerste stemming sommige kandidaten een gelijk aantal stemmen behaald hebben, dan wordt de jongste kandidaat tot de herstemming toegelaten. Personen worden benoemd, aangesteld, verkozen of voorgedragen bij volstrekte meerderheid van stemmen. Bij staking van stemmen heeft de jongste kandidaat de voorkeur.

2.2.7. | Collegiaal orgaan

Art. 52 DLB

239 Het college van burgemeester en schepenen treedt, collegiaal, als een 'korps' op. Dit betekent dat er in beginsel geen delegatie van bevoegdheden mogelijk is aan individuele schepenen, tenzij dit uitdrukkelijk voorzien is (bv. schepen van burgerlijke stand [→ nr. 305]). Toch kunnen er binnen het college afspraken bestaan die tot een geïndividualiseerde taakverdeling leidt voor wat betreft de voorbereiding van de dossiers. Voor de uiteindelijke beraadslaging en stemming blijft het college echter collectief verantwoordelijk.

De BCSD-voorzitter en burgemeester beschikt echter over een aantal eigen bevoegdheden.

2.2.8. | Notulen

Art. 50, lid 5 DLB, 278, §2, en 284 DLB

240 De notulen en het register van de beraadslagingen bevatten alleen de beslissingen van het college of van het vast bureau. Beide bestuursorganen hebben afzonderlijke notulen. Daarbij hoort uiteraard ook de motivering van die beslissingen [→ nr. 767]. Slechts de opgenomen beslissingen kunnen rechtsgevolgen met zich meebrengen.

Na een stemming hoeft de uitslag van de stemming niet te worden opgenomen (*Cass.* 7 januari 2005, AR C.03.0186.N). Op verzoek van een lid van het college wordt een verklaring over zijn stemgedrag echter wel genoteerd als het college:

- na de weigering van de financieel directeur om een visum te verlenen, op eigen verantwoordelijkheid een voorgenomen verbintenis viseert [→ nr. 395];
- na de weigering van de algemeen directeur of een gemachtigd personeelslid om een betalingsopdracht aan een financiële instelling te ondertekenen of als een betaling via de kas wordt geweigerd, op eigen verantwoordelijkheid een bevel geeft tot betaling van een uitgave [→ nr. 395].

De vormvereisten om tot een geldige beraadslaging en stemming te komen moeten evenwel vermeld worden. Indien het college bv. bij geheime stemming heeft beslist [→ nr. 237], moeten de notulen melding maken van die stemwijze (RvS 20 juni 2008, nr. 184.401).

241 Het college keurt de notulen goed op de eerstvolgende gewone vergadering van het college. Zij worden uiterlijk op de dag van de collegevergadering, die volgt op de collegevergadering waarop de notulen werden goedgekeurd, verstuurd aan de gemeenteraadsleden. De verzending van de notulen gebeurt conform de wijze die bepaald is in het huishoudelijk reglement. Indien een gemeenteraadslid hierom verzoekt, volgt de elektronische terbeschikkingstelling.

De burgemeester en de algemeen directeur ondertekenen de notulen.

242 De algemeen directeur maakt in de rand van de notulen een melding en meldt dit op de eerstvolgende collegevergadering in geval van:

- de intrekking van een besluit;
- de vernietiging of niet-goedkeuring van een besluit door een toezichthoudende overheid.

2.2.9. Huishoudelijk reglement

Art. 54 DLB

243 Het college moet bij aanvang van een zittingsperiode een huishoudelijk reglement aannemen met specifieke werkingsregels. In tegenstelling tot het huishoudelijk reglement van de gemeenteraad is dit geen rechtstreekse verplichting.

Het bepaalt minstens de wijze waarop de goedgekeurde notulen worden verstuurd aan de gemeenteraadsleden. De notulen worden in elk geval elektronisch ter beschikking gesteld als een gemeenteraadslid hierom verzoekt. Daarnaast kan het andere praktische aangelegenheden vastleggen, zoals de dagen en uren waarop het college vergadert [→ nr. 232].

2.2.10. Deontologische code

Art. 55 DLB

244 Het college heeft dezelfde deontologische code als die welke is aangenomen voor de gemeenteraad. Het college kan ook zélf een deontologische code aannemen die minstens de deontologische code, zoals aangenomen door de gemeenteraad, omvat.

2.3. Bevoegdheden

2.3.1. Toegewezen bevoegdheden

Art. 56 en 84 DLB en art. 6-101 oud Burgerlijk Wetboek

245 Het college is in de eerste plaats een uitvoerend bestuursorgaan. Het voert de gemeenteraadsbeslissingen uit en bereidt de beraadslagingen en besluiten van de gemeenteraad voor. Evenwel is de burgemeester principieel bevoegd voor de uitvoering van [→ nr. 301] en de uitvoering van (uitvoeringsbesluiten van) wetten en decreten [→ nr. 300].

Daarnaast kan het college, in tegenstelling tot de gemeenteraad die over de volheid van bevoegdheid beschikt, slechts beslissingen nemen over aangelegenheden die het uitdrukkelijk is toegewezen. Die toewijzing komt tot stand krachtens:
1) een delegatiebesluit van de gemeenteraad [→ nr. 170];
2) het Decreet Lokaal Bestuur;
3) andere wetten, decreten of besluiten ter uitvoering van die wetten of decreten.

Het Decreet Lokaal Bestuur wijst de volgende bevoegdheden uitdrukkelijk aan het college toe:
– de daden van beheer over de gemeentelijke inrichtingen en eigendommen, binnen de door de gemeenteraad desgevallend vastgestelde algemene regels;
– het aanstellen en het ontslaan van het personeel, alsook de sanctie- en tuchtbevoegdheid t.a.v. het personeel, onverminderd de bevoegdheid van de gemeenteraad wat de algemeen directeur, adjunct-algemeen directeur, financieel directeur en ombudsman betreft, én de gevallen waarin die bevoegdheid door of krachtens de wet of het decreet aan de gemeenteraad is opgedragen;
– het financieel beheer, onverminderd de uitdrukkelijk aan de gemeenteraad toegekende bevoegdheden;

- het voeren van de plaatsingsprocedure, de gunning en de uitvoering van overheidsopdrachten;
- de vaststelling van de wijze van plaatsingsprocedure en de voorwaarden van overheidsopdrachten als het gaat om een opdracht die past binnen het begrip dagelijks bestuur;
- de vaststelling van de plaatsingsprocedure en de voorwaarden van overheidsopdrachten in gevallen van dwingende en onvoorziene omstandigheden;
- de vaststelling van de wijze van plaatsingsprocedure en de voorwaarden van overheidsopdrachten voor de opdrachten waarvoor de gemeenteraad dat nominatief aan het college van burgemeester en schepenen heeft toevertrouwd;
- beslissingen die de wet, het decreet of het uitvoeringsbesluit uitdrukkelijk aan het college van burgemeester en schepenen voorbehoudt;
- het stellen van daden van beschikking:
  - met betrekking tot roerende goederen, met uitzondering van het aangaan van de dadingen;
  - met betrekking tot verhuring, concessie, pacht, jacht- en visrechten van meer dan 9 jaar, behoudens het vaststellen van de contractvoorwaarden waarvoor de gemeenteraad bevoegd blijft;
- het vertegenwoordigen van de gemeente in gerechtelijke en buitengerechtelijke gevallen, behoudens als de bevoegdheden de gemeenteraad toekomen;
- de burgerlijke stand en de politie over de vertoningen;
- het opleggen van administratieve sancties;
- de vaststelling van de rooilijnen van de wegen, met inachtneming van de algemene plannen als dergelijke plannen bestaan;
- het afsluiten van een afsprakennota tussen het managementteam en het college;
- de zorg voor het gemeentearchief, waaronder de titels.

246 Het college is bovendien verplicht om een volledig en geactualiseerd overzicht bij te houden van:
- alle extern verzelfstandigde agentschappen van de gemeente, hun statuten en hun overeenkomsten met de gemeente;
- alle verenigingen, stichtingen en vennootschappen waarin de gemeente deelneemt;
- alle intergemeentelijke samenwerkingsverbanden waarvan de gemeente deel uitmaakt, hun statuten en hun overeenkomsten met de gemeente.

Minstens eenmaal per jaar wordt de gemeenteraad in kennis gesteld van dit geactualiseerde overzicht met een toelichting over alle wijzigingen aan deze overzichtslijst die zich sinds de vorige toelichting hebben voorgedaan.

Als tegenhanger van het college van burgemeester en schepenen bezit het vast bureau dan ook de bevoegdheid om beraadslagingen van de OCMW-raad voor te bereiden en uit te voeren.

247 Bovendien bezit het college van burgemeester en schepenen de opdracht om de registers van de burgerlijke stand bij te houden. De akten van de burgerlijke stand worden in iedere gemeente, conform de artikelen 6 tot en met 101 van het oud Burgerlijk Wetboek, opgemaakt en chronologisch na elkaar ingeschreven in een of meer dubbel gehouden registers. De meest voorkomende akten van de burgerlijke stand zijn de volgende:
- akten van geboorte (zie art. 42-49 oud Burgerlijk Wetboek);
- akte van erkenning van een kind (zie art. 50-51 en 313, 319*bis* en 325/6 oud Burgerlijk Wetboek);
- akte van adoptie (zie art. 65 en 368-1 oud Burgerlijk Wetboek);
- akte van betwisting moederschap/vaderschap (zie art. 333 oud Burgerlijk Wetboek);
- akten van aangifte en akten van huwelijk (zie art. 54 oud Burgerlijk Wetboek);
- akten van overlijden (zie art. 55-60 oud Burgerlijk Wetboek);
- akte van nationaliteit (zie art. 67 oud Burgerlijk Wetboek en Wetboek van 28 juni 1984 van de Belgische nationaliteit, *BS* 12 juli 1984).

In het bijzonder vervult in beginsel de burgemeester de bediening van ambtenaar van de burgerlijke stand en is hij ermee belast om alles wat de akten en het houden van de registers betreft, stipt te doen nakomen [→ nr. 305].

2.3.2. | Delegatie van bevoegdheid

Art. 57 en 85 DLB

248 Het college kan bij reglement de uitoefening van bepaalde bevoegdheden toevertrouwen aan de algemeen directeur, met uitzondering van de bevoegdheden:
- het voorbereiden van de beraadslagingen en besluiten van de gemeenteraad;
- de vaststelling van de plaatsingsprocedure en de voorwaarden van overheidsopdrachten in gevallen van dwingende en onvoorziene omstandigheden;
- de gedelegeerde bevoegdheden van de gemeenteraad met betrekking tot
  - het vaststellen van de rechtspositieregeling;

  - het vaststellen van wat onder het begrip dagelijks personeelsbeheer moet worden verstaan;
  - het aangaan van dadingen met personeelsleden naar aanleiding van een beëindiging van het dienstverband, die de gevolgen van de beëindiging van het dienstverband als voorwerp hebben.
- beslissingen die de wet, het decreet of het uitvoeringsbesluit uitdrukkelijk aan het college van burgemeester en schepenen voorbehoudt;
- het stellen van daden van beschikking met betrekking tot verhuring, concessie, pacht, jacht- en visrechten van meer dan negen jaar, behoudens het vaststellen van de contractvoorwaarden waar de gemeenteraad voor bevoegd blijft;
- het vertegenwoordigen van de gemeente in rechte;
- de burgerlijke stand en de politie over de vertoningen;
- het opleggen van administratieve sancties;
- het afsluiten van een afsprakennota tussen college en managementteam;
- het zonder de nodige kredieten beslissen over uitgaven die door dwingende en onvoorziene omstandigheden vereist worden en waarvan het geringste uitstel onbetwistbare schade zou veroorzaken;
- het bepalen welk gedeelte van de kredieten voor de gemeente voor investeringen en financiering die voor het vorige boekjaar opgenomen waren in het meerjarenplan maar nog niet zijn aangewend, overgedragen worden naar het lopende boekjaar;
- het verlenen van een visum indien de financieel directeur bij gemotiveerde beslissing aan een door een budgethouder voorgenomen verbintenis, weigert zijn visum te verlenen [→ nr. 395];
- het bevel de betaling uit te voeren wanneer de algemeen directeur of een door hem met betalingsverrichtingen belast personeelslid weigert een betalingsopdracht aan een financiële instelling te ondertekenen;
- het toevertrouwen van een bepaald budget aan een wijkcomité of burgerinitiatief.

Een gelijkaardige delegatiemogelijkheid en -verbod zijn voorzien vanuit het vast bureau ten aanzien van de algemeen directeur.

249 De algemeen directeur kan op zijn beurt de uitoefening van die gedelegeerde bevoegdheid toevertrouwen aan andere personeelsleden van de gemeente. Deze delegatie is niet mogelijk voor het vaststellen van het organogram en de effectieve aanstelling van een waarnemend algemeen directeur of financieel directeur.

Daarnaast kunnen ook andere (besluiten ter uitvoering van) wetten en decreten bevoegdheden aan het college toekennen.

2.4. Statuut als lid van het CBS en het vast bureau

2.4.1. Politiek verlof

2.4.1.1. Regelgeving (capita selecta)

250 Het politiek verlof van de burgemeester en schepenen is, net als dat van het raadslid [→ nr. 173], afhankelijk van het specifieke beroepsstatuut waarbinnen de burgemeester of schepen werkzaam is. Het regelgevend kader is alvast identiek, de modaliteiten daarentegen niet.

Beroepsstatuut	*Regelgeving*
Werknemers uit de privésector	Wet van 19 juli 1976 tot instelling van een verlof voor de uitoefening van een politiek mandaat, *BS* 24 augustus 1976.
Personeelsleden van federale overheidsdiensten	Wet van 18 september 1986 tot instelling van het politiek verlof voor de personeelsleden van de overheidsdiensten, *BS* 31 oktober 1986.
Personeelsleden van de Vlaamse overheid	Artikel X64- X71 Besluit van de Vlaamse Regering van 13 januari 2006 houdende vaststelling van de rechtspositie van het personeel van de diensten van de Vlaamse overheid, *BS* 27 maart 2006.
Personeelsleden van overheidsinstellingen en publiekrechtelijke verenigingen die van de Vlaamse Gemeenschap en het Vlaamse Gewest afhangen	Decreet van 30 november 1988 tot instelling van het politiek verlof voor de personeelsleden van de openbare instellingen en publiekrechtelijke verenigingen die van het Vlaamse Gewest afhangen, *BS* 24 december 1988.
Personeelsleden van lokale besturen	Decreet van 14 maart 2003 houdende regeling van het politiek verlof voor de personeelsleden van de provincies, gemeenten, de agglomeraties van gemeenten en openbare centra voor maatschappelijk welzijn, alsook de openbare instellingen en publiekrechtelijke verenigingen die onder hun controle of toezicht vallen, *BS* 24 april 2003.
Personeelsleden van het gemeenschapsonderwijs en het gesubsidieerde onderwijs (m.u.v. het hoger onderwijs)	Art. V.29-V.37 Codificatie van 28 oktober 2016 sommige bepalingen voor het onderwijs, *BS* 29 december 2016.
Militair personeel	Artikel 174 wet van 28 februari 2007 tot vaststelling van het statuut van de militairen van het actief kader van de Krijgsmacht, *BS* 10 april 2007.

2.4.1.2. Werknemers uit de privésector

251 De burgemeesters en de schepenen, tewerkgesteld in de privésector, hebben recht op politiek verlof om hun ambt uit te oefenen. Gedurende maximaal 2 dagen per week kan de werknemer-mandataris afwezig zijn van het werk met het oog op de uitoefening van dat uitvoerend mandaat.

Een werknemer heeft daarenboven het recht om zijn arbeidsovereenkomst volledig op te schorten met het oog op de uitoefening van een burgemeesters- of schepenmandaat. Deze schorsing duurt minstens 12 maanden.

In geen van beide gevallen is sprake van betaald politiek verlof en ontvangt de burgemeester of schepen geen loon van zijn werkgever.

2.4.1.3. Personeelsleden van federale, Vlaamse of lokale overheden

252 De vast benoemde, stagelopende, tijdelijke of contractuele federale personeelsleden hebben recht op politiek verlof. Dit kan twee vormen aannemen:

1) het *facultatief politiek verlof* dat het personeelslid aanvraagt;
2) het *politiek verlof van ambtswege* dat het personeelslid verplicht opneemt bij aanvang van zijn mandaat en dat een administratieve en financiële weerslag heeft.

Het aantal dagen politiek verlof staat in verhouding tot de door het personeelslid effectief gepresteerde diensten. Zo zal een mandataris die halftijds werkt slechts recht hebben op de helft van het aantal dagen van een voltijdse werknemer.

253 Burgemeesters en schepenen hebben recht op het volgend facultatief verlof:

1) Schepenen:
   - gemeenten met 30 000 inwoners of minder: 4 dagen per maand;
   - gemeenten met 30 001 tot 50 000 inwoners: ¼ van een voltijds ambt;
   - gemeenten met meer dan 50 000 inwoners: ½ van een voltijds ambt.
2) Burgemeesters:
   - gemeenten met 30 000 inwoners of minder: ¼ van een voltijds ambt;
   - gemeenten met 30 001 tot 50 000 inwoners: ½ van een voltijds ambt.

Zij nemen politiek verlof van ambtswege in volgende gevallen:

1) Schepenen:
   - gemeenten met 20 000 inwoners of minder: 2 dagen per maand;
   - gemeenten met 20 001 tot 30 000 inwoners: 4 dagen per maand;

- gemeenten met 30 001 tot 50 000 inwoners: ¼ van een voltijds ambt;
- gemeenten met 50 001 tot 80 000 inwoners: ½ van een voltijds ambt;
- gemeenten met meer dan 80 000 inwoners: voltijds.

2) Burgemeesters:
   - gemeenten met 20 000 inwoners of minder: 3 dagen per maand;
   - gemeenten met 20 001 tot 30 000 inwoners: ¼ van een voltijds ambt;
   - gemeenten met 30 001 tot 50 000 inwoners: ½ van een voltijds ambt;
   - gemeenten met meer dan 50 000 inwoners: voltijds.

254 De periodes gedekt door een facultatief politiek verlof of een verlof van ambtswege worden niet bezoldigd. Voor het bij arbeidsovereenkomst aangeworven personeelslid gelden de termijnen van facultatief politiek verlof of politiek verlof van ambtswege als periodes van dienstschorsing die niettemin moeten worden beschouwd als verhoging binnen de weddeschaal van in aanmerking komende diensten.

255 Voor personeelsleden die afhangen van de Vlaamse Gemeenschap, het Vlaamse Gewest of van een lokaal bestuur werd een apart regelgevend kader voorzien. De inhoud ervan is echter bijna volkomen gelijklopend met de federale regeling.

2.4.1.4. Andere personeelsleden

256 Voor de volledigheid vermelden we dat er voor bijzondere beroepscategorieën een specifieke regeling werd uitgewerkt. Denken we daarbij aan het militair personeel of het personeel uit de onderwijssector.

2.4.2. Bezoldiging en vergoedingen

2.4.2.1. Wedde

Art. 149 DLB

257 In tegenstelling tot de raadsleden genieten de burgemeester en schepenen niet van 'presentiegeld' maar van een 'wedde', inclusief vakantiegeld en eindejaarspremie. Het is de gemeente die de wedde draagt en uitbetaalt. De Vlaamse Regering stelt die wedde vast, rekening houdend met het inwonersaantal van die gemeente, in het besluit van de Vlaamse Regering van 6 juli 2018 houdende het statuut van de lokale mandataris (*BS* 19 september 2018). De wedde van burgemeester wordt uitgedrukt als een percentage van de vergoeding van de leden van het Vlaams Parlement, met uitsluiting van de forfaitaire onkostenvergoeding, de eindejaarstoelage en het vakantiegeld.

De wedde van de schepen is een afgeleide van de burgemeesterswedde:
- in gemeenten tot 50 000 inwoners: 60 % van de wedde van de burgemeester;
- in gemeenten vanaf 50 001 inwoners: 75 % van de wedde van de burgemeester.

De wedde van de burgemeesters en schepenen volgens de laatste indexatie (1 oktober 2018) bedraagt:

Aantal inwoners	*Burgemeester*		*Schepenen en BCSD-voorzitter*	
	Percentage van de parlementaire vergoeding	*Bruto jaarwedde in euro (geïndexeerd)*	*Percentage van de wedde van burgemeester*	*Bruto jaarwedde in euro (geïndexeerd)*
300 en minder	25,8788 %	23 637,15	60 %	14 182,29
van 301 tot 500	28,6168 %	26 138,00	60 %	15 682,80
van 501 tot 750	31,3409 %	28 626,13	60 %	17 175,68
van 751 tot 1 000	34,9962 %	31 964,81	60 %	19 178,89
van 1 001 tot 1 250	38,6376 %	35 290,79	60 %	21 174,47
van 1 251 tot 1 500	39,7772 %	36 331,67	60 %	21 799,00
van 1 501 tot 2 000	40,9169 %	37 372,64	60 %	22 423,59
van 2 001 tot 2 500	42,3902 %	38 718,33	60 %	23 231,00
van 2 501 tot 3 000	44,0997 %	40 279,75	60 %	24 167,85
van 3 001 tot 4 000	46,0316 %	42 044,31	60 %	25 226,59
van 4 001 tot 5 000	47,7411 %	43 605,73	60 %	26 163,44
van 5 001 tot 6 000	52,7445 %	48 175,73	60 %	28 905,44
van 6 001 tot 8 000	56,1496 %	51 285,88	60 %	30 771,53
van 8 001 tot 10 000	60,0412 %	54 840,39	60 %	32 904,24
van 10 001 tot 15 000	68,8250 %	62 863,33	60 %	37 718,00
van 15 001 tot 20 000	73,7311 %	67 344,46	60 %	40 406,68
van 20 001 tot 25 000	87,8797 %	80 267,50	60 %	48 160,50
van 25 001 tot 35 000	93,6475 %	85 535,68	60 %	51 321,41
van 35 001 tot 50 000	99,1374 %	90 550,04	60 %	54 330,02
van 50 001 tot 80 000	116,2602 %	106 189,66	75 %	79 642,25
van 80 001 tot 150 000	140,1516 %	128 011,56	75 %	96 008,67
meer dan 150 000 inwoners	151,0897 %	138 002,20	75 %	103 501,65

Het aantal inwoners is het aantal personen met hun hoofdverblijfplaats in de gemeente zoals ingeschreven in het rijksregister van de natuurlijke personen op 1 januari van het jaar van de gemeenteraadsverkiezingen (*zie ook bijlage 'Administratieve gegevens gemeenten in het Vlaamse Gewest'*).

2.4.2.2. Vakantiegeld en eindejaarspremie

Art. 149 DLB

258 Burgemeesters en schepenen hebben ook recht op vakantiegeld en een eindejaarspremie. De berekening ervan verloopt volgens dezelfde regels als bij het gemeentepersoneel van niveau A.

2.4.2.3. Plaatsvervangend burgemeester of schepen

Art. 151 DLB

259 Wanneer de burgemeester of schepen tijdelijk zijn mandaat niet uitoefent omwille van een verhindering [→ nr. 213] of schorsing [→ nr. 215] ontvang zijn vervanger een wedde. De gemeente betaalt in die periode van vervanging uiteraard geen wedde aan de verhinderde of geschorste burgemeester of schepen.

Bij de vrijwillige afwezigheid van de burgemeester of schepen [→ nr. 218] kan de vervanger slechts een wedde ontvangen als de vervanging minstens 30 opeenvolgende dagen duurt.

2.4.2.4. Vergoeding specifieke kosten of andere vergoedingen

Art. 152 DLB

260 De gemeenteraad kan voorzien in kostenvergoedingen voor burgemeester en schepenen voor zover die kosten
- verband houden met de uitoefening van hun mandaat;
- noodzakelijk zijn voor de uitoefening van hun mandaat;
- worden verantwoord met bewijsstukken.

We denken hierbij aan kosten voor dienstreizen, telefoon, internet, opleidingen ... De gemeente kan kiezen voor de terugbetaling van de reële kosten of het ter beschikking stellen in natura (bv. een GSM). Een forfaitaire vergoeding is niet toegestaan.

De Vlaamse Regering bepaalt bij besluit van 6 juli 2018 de grenzen en voorwaarden voor de terugbetaling. De algemeen directeur beoordeelt of die kosten voldoen aan de voorwaarden.

Jaarlijks wordt een overzicht gemaakt van de terugbetaling van de kosten van de mandatarissen. Dat document is openbaar.

261 De burgemeester en de schepen mogen, buiten hun bezoldiging of effectieve kosten, geen bijkomende verdiensten genieten ten laste van de gemeente, om welke reden of onder welke benaming ook. Zo is het bv. niet toegestaan om maaltijdcheques of een hospitalisatieverzekering toe te kennen aan de burgemeester of schepen. Zij krijgen dus ook geen presentiegeld voor hun aanwezigheid op de gemeenteraad of een vergadering van het college.

2.4.2.5. Aanvulling wedde bij bepaalde vormen van inkomensverlies

Art. 150 DLB

262 In gemeenten met minder dan 50 000 inwoners kan de wedde van een mandataris in sommige gevallen worden aangevuld ter compensatie van bepaalde vormen van inkomensverlies. Het inkomensverlies moet volgen uit de uitoefening van zijn mandaat en de daaraan verbonden wedde. De aangevulde wedde kan echter nooit hoger zijn dan de wedde van een burgemeester, respectievelijk een schepen van een gemeente met 50 000 inwoners.

Het gaat hier om de compensatie van inkomensverminderingen die de mandataris niet zelf veroorzaakt of waarvoor hij zelf niet heeft gekozen. Een compensatie kan dus niet in geval van het nemen van of het geven van ontslag, tijdskrediet, loopbaanonderbreking of andere vormen van onbetaald verlof. De weddeaanvulling is anderzijds wel mogelijk na een verplichte schorsing of vermindering van toelagen, vergoedingen, en wettelijke of reglementaire bezoldigingen, zoals bv. pensioenen, werkloosheidsvergoedingen, studiebeurzen ...

De algemeen directeur kijkt, in het kader van zijn wettigheidscontrole, na of aan de vereiste voorwaarden is voldaan. De toekenning van de weddeaanvulling geschiedt automatisch als ze gevraagd wordt en als aan de voorwaarden voldaan is. De gemeente heeft ter zake geen appreciatierecht.

263 Voorts beschikt de mandataris over de mogelijkheid om een vermindering van zijn wedde aan te vragen indien door die bezoldiging andere wettelijke of reglementaire bezoldigingen, vergoedingen of toelagen worden verminderd of vervallen. De gemeenteraad staat de vermindering toe bij vervulling van de voorwaarden.

2.4.2.6. Cumulatie van mandaten

Art. 153-154 DLB

264 Als een burgemeester of een schepen, naast zijn mandaat van burgemeester of van schepen, nog andere openbare mandaten, openbare functies en openbare ambten van politieke aard uitoefent, dan mag de som van de burgemeesters- of de schepenwedde en van de vergoedingen, wedden en presentiegelden die hij uit die andere ambten ontvangt, niet hoger zijn dan 1,5 keer het bedrag van de parlementaire vergoeding van de leden van het Vlaams Parlement.

Bij de overschrijding van dat plafond vermindert de som van de vergoedingen, wedden of presentiegelden die voortvloeien uit de uitoefening van een openbaar mandaat, een openbare functie of een openbaar ambt van politieke aard.

265 Als vergoedingen, wedden en presentiegelden die voortvloeien uit de uitoefening van een openbaar mandaat, een openbare functie of een openbaar ambt van politieke aard worden begrepen:

- vergoedingen ontvangen als lid van de Kamer van Volksvertegenwoordigers, de Senaat, het Vlaams Parlement of het Europees Parlement;
- presentiegelden ontvangen als lid van de provincieraad, als lid van het OCMW en als lid van de bestuursorganen van provinciaal extern verzelfstandigde agentschappen en hun filialen;
- presentiegelden ontvangen als lid van bestuursorganen van een intergemeentelijk samenwerkingsverband;
- presentiegelden ontvangen als lid van bestuursorganen van sociale huisvestingsmaatschappijen;
- presentiegelden ontvangen als lid van bestuursorganen van mede door de gemeente opgerichte of beheerde verenigingen, stichtingen en vennootschappen met sociaal oogmerk;
- presentiegelden ontvangen als lid van bestuursorganen van door een provincie opgerichte of beheerde verenigingen, stichtingen en vennootschappen met sociaal oogmerk;
- presentiegelden ontvangen als lid van bestuursorganen van mede door het OCMW opgerichte of beheerde verenigingen, stichtingen en vennootschappen met sociaal oogmerk.

De burgemeester en de schepen brengen de gemeenteraad er schriftelijk van op de hoogte wanneer een dergelijk ambt voor hen begint te lopen of een einde neemt tijdens de duur van de legislatuur.

2.4.2.7. Uittredingsvergoeding

266 De rechtspositieregeling van de burgemeesters en schepenen voorziet in een uittredingsvergoeding. De Vlaamse Regering bepaalt de wijze van betaling, de toekenningsvoorwaarden en de duur van de uittredingsvergoeding in het besluit van 6 juli 2018 houdende het statuut van de lokale mandataris (*BS* 19 september 2018). De regeling omvat de volgende principes:

- één maand uittredingsvergoeding per gepresteerd jaar, met een maximum van 12 maanden;
- de vergoeding wordt niet uitgekeerd aan uittredende mandatarissen die worden verkozen of benoemd tot voorzitter of ondervoorzitter van het OCMW, lid van de deputatie, provinciegouverneur, ambassadeur, lid van het parlement, lid van een gemeenschaps- of gewestregering, minister of staatssecretaris, lid van het Grondwettelijk Hof en evenmin aan uittredende mandatarissen die een bezoldigd ambt hebben aanvaard in een internationale of parastatale instelling;

– de uittredingsvergoeding vervalt indien de betrokkene een beroepsinkomen verwerft. Hierbij kan de betrokkene vragen het verschil bij te passen indien dit inkomen lager zou liggen dan de uittredingsvergoeding.

2.4.2.8. Pensioenen

Wet van 8 december 1976 (*BS* 6 januari 1977)

267 De burgemeester of schepen heeft krachtens zijn mandaat en onder bepaalde voorwaarden recht op een pensioen. De mandataris kan niet verplicht worden op pensioen te gaan. De wet van 8 december 1976 voorziet drie vormen van pensioen:
1) rustpensioen;
2) overlevingspensioen voor langstlevende echtgenoot of echtgenote;
3) wezenpensioen.

De genoemde pensioenen zijn ten laste van de gemeente waardoor de gemeentebesturen verplicht zijn op de begroting een bedrag in te schrijven voor de pensioenvorming van de burgemeester en de schepenen (art. 255, 15° N.Gem.W.). Op de bruto bezoldiging van de uitvoerende mandataris houdt men daarom 7,5 % in. Deze inhouding is definitief door de gemeente verworven ook al blijkt later dat de burgemeester of schepen geen aanspraak kan maken op een pensioen.

268 Om van een *rustpensioen* te kunnen genieten moet voldaan worden aan vier voorwaarden:
1) *Leeftijd*: de mandataris moet minimaal 62 jaar zijn, op voorwaarde dat de betrokkene ten minste 40 pensioenaanspraakverlenende dienstjaren telt. Vanaf 2013 werd de minimumleeftijd van 60 jaar stelselmatig verhoogd met 6 maanden om in 2016 de nieuwe minimumleeftijd 62 jaar te bereiken;
2) *Anciënniteit*: de betrokkene moet ten minste 60 maanden het mandaat van burgemeester, schepen of BCSD-voorzitter hebben uitgeoefend. Voor mandatarissen die op 31 december 1988 of later in functie waren, wordt deze termijn teruggebracht tot 12 maanden;
3) *Geen cumul*: van het rustpensioen kan niet worden genoten zolang de betrokkene een bezoldigd politiek mandaat uitoefent in de gemeente;
4) *Geen afzetting*: de mandataris mag niet uit zijn ambt zijn afgezet wegens kennelijk wangedrag of grove nalatigheid [→ nr. 224].

De wetgever heeft de pensioenhervorming van 2012 jammer genoeg niet expliciet opgenomen in de wet van 8 december 1976 maar heeft die impliciet gewijzigd bij artikel 88 van de wet van 28 december 2011 (*BS* 30 december 2011). Krachtens laatstgenoemde rechtsgrond zijn de voorwaarden inzake leeftijd en duur van de diensten vermeld in artikel 46, §1, eerste lid, 1° van de wet van 15 mei 1984 (*BS* 22 mei 1984) ook van toepassing op de burgemeester en schepenen. Vanuit legistiek oogpunt is dit kluwen uitermate te betreuren.

Het rustpensioen wordt op twee manieren aangepast:
1) telkens worden de jaarlijkse basiswedden aangepast: nieuw rustpensioen = (oud rustpensioen) × (nieuwe wedde gedeeld door oude wedde);
2) door indexering.

De berekening van het pensioen gebeurt volgens de regeling van artikel 5 van de wet van 8 december 1976 en valt buiten het bestek van dit zakboekje.

269 Het *overlevingspensioen* is vastgesteld op 60 % van het rustpensioen. Het overlevingspensioen verhoogt uit hoofde van kinderen beneden de 18 jaar, ten belope van 5 % van de wedde voor elk van de kinderen en met een maximum van ¾ van de genoten wedde.

270 Aan de volle wezen van minder dan 18 jaar van de overleden mandataris wordt een *wezenpensioen* uitgekeerd, gelijk aan 60 % van het overlevingspensioen. Laat hij twee kinderen na dan wordt dit bedrag verhoogd tot 80 % en bij drie kinderen tot 100 %. Voor elk bijkomend kind wordt een toeslag van 5 % verleend, met een absoluut maximum van ⅔ van de genoten wedde.

2.4.2.9. Sociaal statuut niet-beschermde lokale mandatarissen

Art. 19, §4 N.Gem.W.

271 Indien burgemeesters of schepenen niet krachtens een ander sociaal of beroepsstatuut beschermd zijn door het stelsel van sociale zekerheid, zijn zij onderworpen aan het stelsel van sociale zekerheid van werknemers, met uitzondering van de pensioenregeling.

2.4.2.10. Bijdrageplicht voor publieke mandatarissen

272 Net als de raadsleden is een sociale zekerheidsbijdrage verschuldigd voor publieke mandatarissen die – uit hoofde van hun mandaat – voor de gemeente tegen betaling zetelen in een private of publieke rechtspersoon [→ nr. 184].

2.4.3. Eretitels

Art. 158 DLB

273 De gemeenteraad kent de eretitels toe aan de schepenen onder de voorwaarden die de gemeenteraad zelf bepaalt (bv. duur mandaat). Voor de BCSD-voorzitter is de OCMW-raad bevoegd.

De procedure voor de aanvraag van een eretitel wordt geregeld bij artikelen 57 tot 63 van het besluit van de Vlaamse Regering van 6 juli 2018 houdende het statuut van de lokale mandataris (*BS* 19 september 2018).

2.4.4. Onderscheidingsteken en ambtskledij

Art. 148 DLB, art. 60-65 Besl.Vl.Reg. 6 juli 2018 (*BS* 19 september 2018)

274 Voor plechtige gelegenheden, maar ook als de schepen als ambtenaar van de burgerlijke stand optreedt, is een ambtskledij voorgeschreven. De schepen draagt een sjerp met rode franjes op een zwart-gele achtergrond. Op de sjerp staat de Vlaamse Leeuw en kan facultatief het wapenschild van de stad of de gemeente worden toegevoegd.

2.4.5. Burgerlijke aansprakelijkheid

Art. 157-159 DLB

275 Vooreerst is naar gelang van de aard van de uitgeoefende bevoegdheid de federale staat, de Vlaamse Gemeenschap, het Vlaamse Gewest of de gemeente burgerrechtelijk aansprakelijk voor de schade die de burgemeester of schepen aan derden berokkent bij de normale uitoefening van zijn mandaat. Als voor die schade een vordering tot schadevergoeding tegen de mandataris wordt ingesteld, brengt hij daarvan de aansprakelijke overheid op de hoogte.

De burgemeester of schepen is voor de schade veroorzaakt in de uitoefening van zijn mandaat slechts persoonlijk aansprakelijk in geval van:
- bedrog;
- zware schuld;
- lichte schuld die bij de mandataris eerder gewoonlijk dan toevallig voorkomt.

In ieder geval sluit de gemeente een verzekering af om de burgerlijke aansprakelijkheid, met inbegrip van de rechtsbijstand, te dekken die persoonlijk ten laste komt van de burgemeester en de schepen bij de normale uitoefening van hun mandaat. De verzekering moet voldoen aan de voorwaarden van artikelen 42 tot 50 het besluit van de Vlaamse Regering van 6 juli 2018 houdende het statuut van de lokale mandataris (*BS* 19 september 2018).

276 Ten tweede is, behalve in geval van herhaling en eveneens naar gelang de aard van de uitgeoefende bevoegdheid, de federale staat, de Vlaamse Gemeenschap, het Vlaamse Gewest of de gemeente burgerrechtelijk aansprakelijk voor het betalen van de geldboeten waartoe de burgemeester of de schepenen zijn veroordeeld wegens een misdrijf dat ze hebben begaan bij de normale uitoefening van hun ambt. De bescherming geldt evenwel niet in geval van een persoonlijke inbreuk op de verkeersreglementering (bv. snelheidsovertredingen of parkeerboetes).

De regresvordering van de gemeente t.a.v. de veroordeelde burgemeester of schepen is beperkt tot gevallen van bedrog, zware of lichte schuld als die bij hen gewoonlijk voorkomt.

277 Ten derde, sluit de gemeente tevens een verzekering af voor ongevallen van de burgemeester of een schepen die hen zijn overkomen in het kader van de normale uitoefening van hun mandaat.

2.5. Bijzondere rechten en plichten als lid van het CBS

278 De burgemeester en schepenen maken in beginsel deel uit van de gemeenteraad. De reeds besproken bijzondere rechten en plichten als raadslid spelen bijgevolg hun rol [→ nr. 190]. De volgende beschouwing behandelt daarom enkel die aspecten die eigen zijn aan het lidmaatschap van het college van burgemeester en schepenen.

2.5.1. Inzagerecht, recht van afschrift en bezoekrecht

Art. 50 en 83 DLB

279 De burgemeesters en schepenen beschikken, net als de gemeenteraadsleden, over een recht op inzage in de dossiers, een recht op het bekomen van een afschrift [→ nr. 191] en het recht om de instellingen en diensten van de gemeente en OCMW te bezoeken [→ nr. 194].

2.5.2. Bijstand door een vertrouwenspersoon

Art. 155 DLB

280 Het mag een verkozene met een beperking niet beletten om de functie van burgemeester of schepen uit te oefenen. Hij kan zich daarom laten bijstaan door een vertrouwenspersoon die de volle leeftijd van 18 jaar heeft bereikt en die legaal binnen de Europese Unie verblijft. Die vertrouwenspersoon mag zich echter niet in een van de volgende gevallen bevinden:

- een situatie van onverenigbaarheid zoals die geldt voor de gemeenteraadsleden [→ nr. 222], met uitzondering van het verbod in verband met bloed- en aanverwantschap t.a.v. de burgemeester of schepen met een beperking;
- een situatie van verhindering waardoor een burgemeester of schepen niet langer deel kan uitmaken van het college [→ nr. 213].

Bij het verlenen van de bijstand krijgt de vertrouwenspersoon dezelfde middelen ter beschikking en heeft hij dezelfde verplichtingen als een gemeenteraadslid, maar hij is niet gehouden tot de eedaflegging. Hij heeft voor elke vergadering eveneens recht op presentiegeld onder dezelfde voorwaarden als een gemeenteraadslid.

De criteria om te bepalen wanneer een raadslid wegens een beperking niet in staat is zelfstandig zijn mandaat te vervullen, zijn bepaald in artikelen 51 en 52 van het besluit van de Vlaamse Regering van 6 juli 2018 houdende het statuut van de lokale mandataris (*BS* 19 september 2018).

2.5.3. Kennis van de bestuurstaal

Art. 42, §5 DLB

281 Ieder die het mandaat van burgemeester, schepen of voorzitter van de raad uitoefent of waarneemt, moet beschikken over de kennis van de bestuurstaal die vereist is voor de uitoefening van het mandaat. Door hun verkiezing of benoeming bestaat het vermoeden dat de mandatarissen de bestuurstaal kennen. Het weerleggen van dat vermoeden kan op verzoek van een gemeenteraadslid op basis van ernstige aanwijzingen, de bekentenis van de mandataris of de wijze waarop de betrokkene het mandaat uitoefent.

Het is de Raad voor Verkiezingsbetwistingen die beslist of het vermoeden effectief wordt weerlegd. Desgevallend kan de betrokkene tot de volledige vernieuwing van de gemeenteraad niet opnieuw worden benoemd of verkozen tot burgemeester, schepen of gemeenteraadsvoorzitter. De miskenning van de taalkennis is bovendien een grove nalatigheid en kan dus tot de tuchtrechtelijke schorsing of afzetting leiden [→ nr. 215, 224].

2.5.4. Vermogensaangifte

282 De burgemeester of schepen moet jaarlijks vóór 1 april bij het Rekenhof een schriftelijke aangifte doen waarin hij melding maakt van alle mandaten, leidende ambten of beroepen, van welke aard ook, die hij tijdens het voorgaande jaar heeft uitgeoefend. Deze aangifte vermeldt tevens voor elk ambt of dat bezoldigd is of niet. Gewone lidmaatschappen (bv. van een politieke partij, een ziekenfonds ...), erefuncties en lidmaatschappen van een algemene vergadering hoeven niet in de lijst te worden vermeld.

In de loop van de maand, volgend op de eerste ambtsaanvaarding dienen de burgemeester en schepenen onder verzegelde omslag een vermogensaangifte in. Deze vermogensaangifte vermeldt alle schuldvorderingen (zoals bankrekeningen, aandelen en obligaties), alle onroerende goederen en alle waardevolle roerende goederen zoals antiquiteiten en kunstwerken.

Uiterlijk één maand na elk ontslag of één maand na het verstrijken van het mandaat dienen de burgemeester en schepenen een tweede vermogensaangifte in waarin dezelfde gegevens zijn opgenomen als in de eerste vermogensaangifte.

De vermogensaangifte wordt geregeld in de volgende wetgeving:
- bijzondere wet van 2 mei 1995 betreffende de verplichting om een lijst van mandaten, ambten en beroepen, alsmede een vermogensaangifte in te dienen, *BS* 26 juli 1995;
- bijzondere wet van 26 juni 2004 tot uitvoering en aanvulling van de bijzondere wet van 2 mei 1995, *BS* 30 juni 2004;
- wet van 26 juni 2004 tot uitvoering en aanvulling van de wet van 2 mei 1995, *BS* 30 juni 2004.

3. De burgemeester en voorzitter van het vast bureau

3.1. Benoeming

3.1.1. Voordracht en benoeming

Art. 58-62 DLB, art. 13 N.Gem.W.

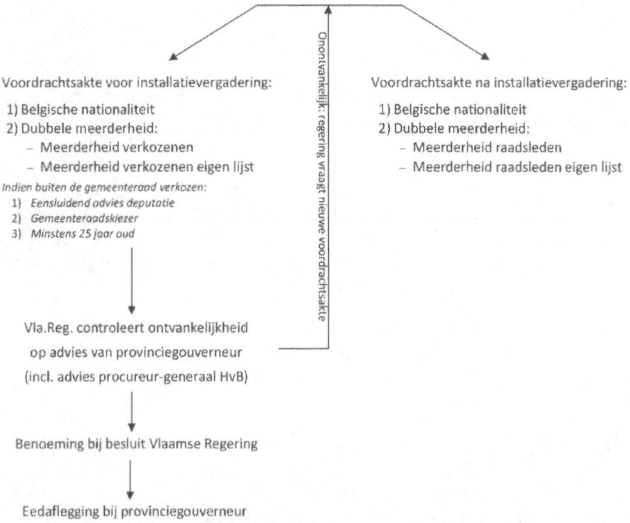

TOEKOMSTIG RECHT

Bij de gemeenteraadsverkiezingen in 2024 zullen de burgers de burgemeester semi-rechtstreeks kunnen verkiezen. De kandidaat met de meeste naamstemmen van de grootste fractie van de coalitie wordt voortaan door de Vlaamse Regering benoemd als burgemeester.

3.1.1.1. Voordrachtsakte

283 De gemeenteraadsleden kunnen kandidaten, die de Belgische nationaliteit bezitten, voordragen. In beginsel, en meestal ook in de bestuurspraktijk wordt de voordrachtsakte voor de installatievergadering van de gemeenteraad ingediend bij de provinciegouverneur.

Een gedagtekende voordrachtsakte, ingediend voor de installatievergadering, is slechts ontvankelijk indien de kandidaat-burgemeester de Belgische nationaliteit bezit en de akte cumulatief is ondertekend door:

- een meerderheid van de verkozenen op de lijsten die aan de verkiezingen deelnamen;
- een meerderheid van verkozenen die op dezelfde lijst als de kandidaat-burgemeester werden verkozen. Als die lijst slechts twee verkozenen telt, volstaat de handtekening van één van hen.

De decreetgever heeft zogenaamde overloperij willen vermijden door ook de steun van de meerderheid van de verkozenen van de eigen lijst te vereisen. Het overstappen van een verkozene van de éne partij naar de andere partij kort na de gemeenteraadsverkiezingen kan niet uitgelokt worden door het aanbieden van het burgemeestersambt.

Indien de voordrachtsakte later dan de installatievergadering werd ingediend, omdat bv. de eerste akte onontvankelijk was of om politieke redenen, vereist de akte een dubbele meerderheid van gemeenteraadsleden in plaats van verkozenen. Dit kan belang hebben in geval een raadslid reeds werd opgevolgd waardoor de handtekening van de opvolger en niet die van de oorspronkelijk verkozene in rekening wordt gebracht.

284 Niemand kan meer dan één voordrachtsakte ondertekenen. Handtekeningen die op meerdere akten voorkomen zijn ongeldig. Indien de akte door de ongeldigheid van die handtekening(en) niet meer voldoet aan de dubbele meerderheidsvereiste, is zij in haar geheel onontvankelijk. Bovendien wordt de verkozene die meer dan één voordrachtsakte tekent ook persoonlijk bestraft. Hij kan voor de duur van de zittingsperiode van de gemeenteraad niet worden benoemd of verkozen als:

- burgemeester;
- schepen;
- gemeenteraadsvoorzitter;
- voorzitter van een gemeenteraadscommissie;
- OCMW-raadslid;
- vertegenwoordiger of gemandateerde namens de gemeente in een gemeentelijk EVA of andere vereniging, stichting of vennootschap;
- vertegenwoordiger of gemandateerde namens het OCMW in een ziekenhuis-IVA, een OCMW-vereniging of een andere vereniging, stichting of vennootschap.

Als de betrokkene reeds een dergelijk mandaat bekleedt, vervalt dat van rechtswege.

3.1.1.2. Gedeeld mandaat

285 De voordrachtsakte kan een einddatum van het mandaat van een kandidaat-burgemeester vermelden, alsook de naam van diegene die hem kan opvolgen (of diegenen die hem zullen opvolgen) voor de resterende duurtijd van het mandaat. In dat geval is de burgemeester bij het bereiken van die einddatum van het mandaat van rechtswege ontslagnemend en wordt de in de voordrachtsakte vermelde opvolger van rechtswege voorgedragen als kandidaat-burgemeester. Het komt de Vlaamse Regering dan opnieuw toe om te oordelen over de benoeming. Indien het mandaat eindigt voor de vermelde einddatum, neemt de opvolger vervroegd het mandaat op. Indien de persoon die als opvolger is vermeld, het mandaat niet kan opnemen, wordt tot vervanging overgegaan [→ nr. 294].

De voordrachtsakte kan ook een einddatum vermelden zonder daarbij de opvolger aan te wijzen. Ook in dit geval is de raad verplicht om tot een vervanging over te gaan.

3.1.1.3. Benoeming buiten de raad

286 De burgemeester kan ook buiten de verkozenen van de gemeenteraad worden benoemd uit de Belgische gemeenteraadskiezers die minstens 25 jaar oud zijn op het ogenblik van de benoemingsbeslissing. In de praktijk komt deze situatie zelden voor.

De burgemeester die buiten de raad is benoemd, is in alle gevallen stemgerechtigd in het college van burgemeester en schepenen. In de gemeente- en OCMW-raad beschikt hij over een raadgevende stem.

3.1.1.4. Kennis van de bestuurstaal

287 Ieder die het mandaat van burgemeester uitoefent of waarneemt, moet beschikken over de kennis van de bestuurstaal die vereist is voor de uitoefening van het mandaat [→ nr. 281].

3.1.1.5. Ontvankelijkheidscontrole

288 De Vlaamse Regering gaat na of de voordrachtsakte ontvankelijk is maar is, zelfs bij een ontvankelijke akte, nooit verplicht om een kandidaat te benoemen. Noch bij de goedkeuring noch bij de afwijzing moet de regering de kandidaat-burgemeester horen. Zij kan bovendien te allen tijde om een nieuwe voordracht verzoeken.

3.1.1.6. Niet opnieuw voordragen

289 Een voorgedragen kandidaat-burgemeester die niet werd benoemd, kan tijdens dezelfde bestuursperiode niet meer opnieuw worden voorgedragen, tenzij op basis van nieuwe feiten of nieuwe gegevens. Op die manier wordt vermeden dat een gemeenteraad tijdens eenzelfde bestuursperiode meerdere keren dezelfde kandidaat-burgemeester voordraagt, nadat de Vlaamse Regering heeft vastgesteld dat deze niet aan de noodzakelijke voorwaarden voldoet om tot burgemeester te worden benoemd.

3.1.1.7. Benoeming en eedaflegging

290 De Vlaamse Regering benoemt de burgemeesters in het Vlaamse Gewest, de Brusselse Regering de burgemeesters in het Brusselse Gewest en de Waalse Gewestregering de burgemeesters in het Waalse Gewest.

Na de gemeenteraadsverkiezingen blijft de aftredende burgemeester in functie tot de installatie van de nieuwe burgemeester heeft plaatsgehad. Wanneer de burgemeester is benoemd, moet hij – vooraleer zijn functie te kunnen opnemen – de eed afleggen in handen van de gouverneur. Deze eedaflegging geldt tevens als eedaflegging als gemeenteraadslid.

De eed luidt als volgt: *"Ik zweer de verplichtingen van mijn mandaat trouw na te komen"*. Aan de formule mogen geen woorden worden toegevoegd of weggelaten. De burgemeester kan geen voorbehoud formuleren.

291 De benoeming geldt voor een periode van zes jaar tenzij in het geval van structurele onbestuurbaarheid [→ nr. 228], van rechtswege opvolging, vrijwillig ontslag, niet-aanvaarding van het mandaat, staat van verhindering, vervallenverklaring, schorsing, afzetting of overlijden van de burgemeester dit niet mogelijk is.

3.1.2. Tijdelijke of definitieve beëindiging van het mandaat

Art. 60-62 DLB

292 De burgemeester is in beginsel een verkozen raadslid en is steeds lid van het college van burgemeester en schepenen en het vast bureau. In principe zijn daarom de bepalingen inzake de tijdelijke of definitieve beëindiging van het mandaat van een raadslid of schepen eveneens van toepassing voor de burgemeester. Zo zijn bv. de bepalingen inzake de tijdelijke verhindering van de schepen eveneens van toepassing voor de burgemeester [→ nr. 213].

De burgemeester dient zijn ontslag, in tegenstelling tot raadsleden en schepenen, niet in bij de gemeenteraadsvoorzitter maar bij de

Vlaamse Regering. De aanvraag van het ontslag is definitief na de kennisname ervan door de regering.

3.1.3. Individuele opvolging en plaatsvervanging

Art. 60, 62 en 82 DLB

293 De opvolging van de burgemeester is afhankelijk van de grond waarop hij afwezig is:

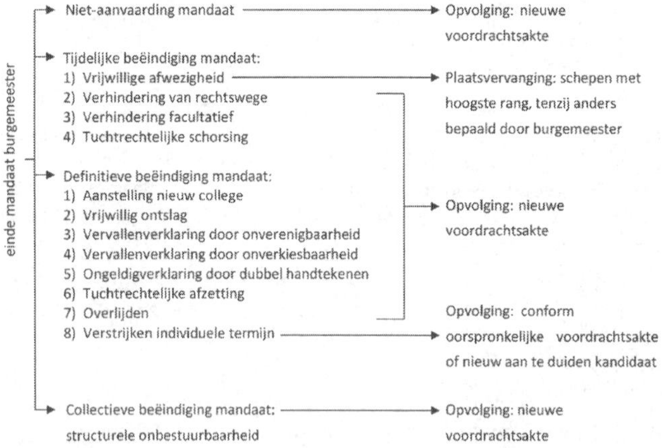

294 De opvolging door een nieuwe burgemeester geschiedt volgens de gewone voordracht en benoeming [→ nr. 283] indien de burgemeester:

- het mandaat niet aanvaardt;
- van zijn mandaat vervallen wordt verklaard;
- zich in staat van verhindering bevindt;
- wordt afgezet of geschorst;
- ontslag heeft genomen;
- overleden is.

Enkel in het geval dat het ontslag van de burgemeester het gevolg is van een onverenigbaarheid, zal het burgemeesterschap tijdelijk moeten worden waargenomen door een vervanger. Wanneer de burgemeester om een andere reden ontslag neemt, blijft hij zijn mandaat uitoefenen tot er een nieuwe burgemeester is benoemd.

295 Indien de burgemeester om andere tijdelijke redenen afwezig is (bv. vakantie), vervangt eveneens een Belgische schepen in volgorde van rang de burgemeester. De tijdelijk afwezige burgemeester kan echter schriftelijk zijn bevoegdheid overdragen aan een andere schepen.

De verhinderde, geschorste of tijdelijke afwezige burgemeester wordt vervangen gedurende die verhindering, schorsing of tijdelijke afwezigheid. In tegenstelling tot de afwezige schepen, is de vervanging van de burgemeester steeds verplicht, ook al is die vrijwillig [→ nr. 226]. De gemeenteraad neemt akte van het begin en einde van die vervanging.

3.1.4. Collectieve vervanging wegens structurele onbestuurbaarheid

Art. 46 DLB

296 In geval van de vervanging van het voltallige college middels de procedure tot herstel van de bestuurbaarheid van de gemeente, verliest uiteraard ook de burgemeester zijn mandaat [-→ nr. 228].

3.2. Werking

Art. 51-52 en 67 DLB

3.2.1. Voorzitter

297 De burgemeester is de voorzitter van het college van burgemeester en schepenen en het vast bureau. Hij kan het college in spoedeisende gevallen bijeen roepen. Hij is niet automatisch de gemeente- of OCMW-raadsvoorzitter, al kan de raad hem daartoe wel verkiezen. Op zijn verzoek roept de voorzitter de gemeente- en OCMW-raad bijeen met de door de burgemeester voorgestelde agenda, voor zover de door de burgemeester voorgestelde agenda uitsluitend betrekking heeft op de bevoegdheden van de burgemeester [→ nr. 127].

3.2.2. Buiten de raad

298 De burgemeester die buiten de gemeenteraad is benoemd [→ nr. 286] moet evenwel aanwezig zijn op de zittingen van de raad. Dit om de gemeenteraadsleden ten volle hun rol te kunnen laten spelen (bv. vraagrecht). Desgevallend beschikt hij in de raad over een raadgevende stem.

3.3. Bevoegdheden

299 De burgemeester heeft een dubbele rol als, enerzijds, een orgaan van de gemeente en, anderzijds, de vertegenwoordiger van de federale en deelstatelijke overheden in de gemeente. Gezien zijn tweeledige opdracht bezit hij enkele bijzondere bevoegdheden.

3.3.1. Uitvoering wetten, decreten en uitvoeringsbesluiten

Art. 63 DLB

300 De burgemeester is belast met de algemene opdracht om uitvoering te geven aan de wetten, decreten en uitvoeringsbesluiten van de federale overheid of de deelstaten, tenzij die bevoegdheid uitdrukkelijk aan een ander orgaan van de gemeente is opgedragen.

Aangezien de burgemeester optreedt als vertegenwoordiger van een hogere overheid, is hij aan het college en de gemeenteraad geen verantwoording verschuldigd voor deze aangelegenheden. Vanuit democratisch oogpunt is het echter aangewezen dat de burgemeester inlichtingen verstrekt aan de gemeenteraad en op die manier aan de bevolking. Hij moet daarom de gemeenteraad informeren wanneer die hem daar om verzoekt.

3.3.2. Bestuurlijke politie

Art. 63-66 DLB, art. 133-135 N.Gem.W., art. 42-43 WGP

301 De burgemeester is verantwoordelijk voor de bestuurlijke politie op het grondgebied van de gemeente. Hij staat daarom vooreerst in voor de uitvoering van politiewetten, politiedecreten, politieverordeningen, politiereglementen en politiebesluiten inzake de bestuurlijke politie. In tegenstelling tot de algemene uitvoeringsbevoegdheid van gemeentelijke reglementen behoort de uitvoering van politiereglementen dus niet toe aan het college van burgemeester en schepenen [→ nr. 245]. De burgemeester licht de gemeenteraad eveneens in over zijn politionele uitvoeringsopdracht indien die hem daar om verzoekt.

302 In tweede orde kan de burgemeester zelfs bij afwezigheid van een reglement, ambtshalve en louter op grond van artikelen 133 en 135, §2, Nieuwe Gemeentewet, concrete 'bestuurlijke politiemaatregelen' nemen. Bestuurlijke politiemaatregelen beogen zuiver de openbare veiligheid, rust of gezondheid te waarborgen binnen de gemeente. In tegenstelling tot bestuurlijke sancties (bv. de GAS-boete) vereisen zij geen overtreding van een reglement maar volstaat een risico of een gevaar.

Enkele voorbeelden van die bevelen of verboden als individuele politiemaatregelen zijn:
- het onbewoonbaar verklaren en het bevel tot afbraak van een bouwvallig gebouw, voor zover vaststaat dat de instorting ervan de veiligheid van de bewoners, hun bezoekers, de buren en voorbijgangers in gevaar brengt;
- het verbieden van de exploitatie of sluiten van een dansgelegenheid gedurende een bepaalde termijn wegens geluidsoverlast;
- het opleggen van een sluitingsuur wegens herhaaldelijke klachten en het vaststellen van geluidsoverlast;
- het verbieden van de exploitatie van een pand op grond van de bescherming van de openbare veiligheid, meer bepaald de bezorgdheid om een veilige evacuatie in geval van ramp of paniek te verzekeren;
- het sluiten van een privaat gebouw aangezien het onvoldoende waarborg biedt inzake brandveiligheid;
- het verbieden van een manifestatie indien is vastgesteld dat de middelen waarover de burgemeester kan beschikken niet volstaan om de openbare orde te bewerkstelligen;
- het verplichten tot het ruimen van beerputten en septische putten.

Daarnaast voorziet de Nieuwe Gemeentewet een aantal expliciete bevoegdheden met bijzondere modaliteiten waarbij de burgemeester uitvoerend kan optreden door individuele politiemaatregelen te nemen:
- de voorlopige sluiting van de instelling of tijdelijke schorsing van een vergunning in geval van hoogdringendheid en wegens de niet-naleving van de voorwaarden van uitbating of vergunning (art. 134*ter* N.Gem.W.);
- het sluiten van een publiek toegankelijke inrichting (art. 134*quater* N.Gem.W.);
- het sluiten van een inrichting in geval van mensenhandel en -smokkel (art. 134*quinquies* N.Gem.W.);
- het tijdelijk plaatsverbod (art. 134*sexies* N.Gem.W.);
- het sluiten van een inrichting bij ernstige aanwijzingen van terroristische activiteiten (art. 134*septies* N.Gem.W.).

Tot slot kennen ook verschillende andere wetten en decreten een politionele bevoegdheid aan de burgemeester toe. Daarbij denken we aan de mogelijkheid tot sluiten van een publiek toegankelijke plaats wegens de schending van de Drugswet (art. 9*bis* Drugswet, *BS* 6 maart 1921).

303 Ondanks de principiële normerende bevoegdheid van de gemeenteraad kan de burgemeester zelf ook politieverordeningen uitvaardigen in geval van oproer, kwaadwillige samenscholing, ernstige stoornis van de openbare rust of andere onvoorziene gebeurtenissen, waarbij het geringste uitstel gevaar of schade zou kunnen opleveren voor de inwoners. Ook hier moet aan een aantal bijzondere voorwaarden worden voldaan (zie art. 134 N.Gem.W.).

304 Voor het uitvoeren van haar opdrachten van bestuurlijke politie, staat de lokale politie onder het gezag van de burgemeester die haar, wat de uitvoering betreft van deze opdrachten op het grondgebied van zijn gemeente, de bevelen, onderrichtingen en richtlijnen geeft die dienaangaande noodzakelijk zijn. Hij kan, onder bepaalde omstandigheden, ook de federale politie opvorderen.

3.3.3. Andere toegewezen bevoegdheden

3.3.3.1. Burgerlijke stand

Art. 7 oud Burgerlijk Wetboek en art. 126 N.Gem.W.

305 In het bijzonder vervult de burgemeester de bediening van ambtenaar van de burgerlijke stand en is hij ermee belast om alles wat de akten en het houden van de registers betreft, stipt te doen nakomen. De burgemeester kan deze bevoegdheid ook aan een schepen toewijzen. Het college van burgemeester en schepenen blijft evenwel belast met het houden van de registers [→ nr. 247].

De burgemeester of, desgevallend de aangewezen schepen, machtigt een 'ambtenaar van de burgerlijke stand' die instaat voor de concrete organisatie van de dienst burgerlijke stand, met inbegrip van het opmaken en bijhouden van de desbetreffende akten. Die ambtenaar oefent ten gevolge van de machtiging een eigen bevoegdheid uit die verschilt met die van de gemeente als rechtspersoon. Zo heeft de gemeente niet de noodzakelijke hoedanigheid om in de plaats van de ambtenaar van de burgerlijke stand de verbetering van een akte van de burgerlijke stand te vorderen (zie Antwerpen 14 januari 2003, *NJW* 2003, 597-598, met noot SL).

De burgemeester en de ambtenaar van de burgerlijke stand kunnen bepaalde bevoegdheden verder delegeren conform artikel 126 van de Nieuwe Gemeentewet.

3.3.3.2. Bekendmaking van besluiten

Art. 286 DLB

306 De burgemeester en voorzitter van het vast bureau staan in voor de bekendmaking van een aantal besluiten [→ nr. 439].

3.3.3.3. Opeisingsrecht

Art. 64 DLB, art. 134*bis* N.Gem.W.

307 De burgemeester beschikt over het recht om elk gebouw, dat sedert meer dan zes maanden verlaten is, op te eisen om het ter beschikking te stellen van daklozen. Het opeisingsrecht kan slechts uitgeoefend worden binnen een termijn van zes maanden vanaf de dag waarop de burgemeester de eigenaar op de hoogte heeft gesteld en mits een billijke vergoeding.

3.3.3.4. Toegewezen aan 'OCMW-voorzitter'

Art. 86 DLB

308 Aan de OCMW-raadsvoorzitter wordt krachtens de wet of het decreet een aantal bevoegdheden toevertrouwd. Zo wordt bijvoorbeeld in artikel 134bis van de Nieuwe Gemeentewet aan de OCMW-raadsvoorzitter een initiatiefrecht toegekend wat betreft het opeisingsrecht van gebouwen. In zoverre de OCMW-raadsvoorzitter bevoegdheden krachtens de wet of het decreet ontleent aan het feit dat de voorzitter van de OCMW-raad als uitvoerend orgaan functioneerde binnen het OCMW, zullen deze bevoegdheden worden uitgeoefend door de voorzitter van het vast bureau, *i.e.* de burgemeester. De OCMW-raadsvoorzitter is in het Decreet Lokaal Bestuur immers niet langer een uitvoerend orgaan van het OCMW.

3.3.3.5. Andere opdrachten

309 Vanuit zijn hoedanigheid vervult de burgemeester nog een aantal andere, maar reeds elders besproken taken. Daarbij denken we aan:
- het afnemen van de eed van de voorzitter van de installatievergadering [→ nr. 104];
- het bijeenroepen van de gemeenteraad [→ nr. 127];
- het ontvangen van een afschrift van de voordrachtsakten van schepenen [→ nr. 203];
- het afnemen van de eed van de schepenen [→ nr. 203];
- het college bijeenroepen in spoedeisende gevallen [→ nr. 232];
- het voorzitten van het college [→ nr. 234];

- het bijwonen van de vergaderingen van het managementteam [→ nr. 322];
- het afnemen van de eed van het personeel, met uitzondering van de (adjunct-)algemeen directeur en de financieel directeur [→ nr. 350];
- het goedkeuren en ondertekenen van de notulen van het college [→ nr. 155];
- het ondertekenen van de reglementen, verordeningen, beslissingen en akten van de burgemeester en van het college [→ nr. 437];
- het ondertekenen van briefwisseling van de gemeente, tenzij die bevoegdheid aan iemand anders werd toegekend [→ nr. 437].

Voorts kan ook bijzondere wetgeving voorzien in uitdrukkelijk aan de burgemeester toegekende bevoegdheden.

3.4. Statuut

310 Voor de bespreking van het statuut van de burgemeester verwijzen we naar de bespreking van het statuut van de leden van het college van burgemeester en schepenen [→ nr. 119]. We bespreken hier slechts de bijzonderheden eigen aan de hoedanigheid van burgemeester.

3.4.1. Eretitels

Art. 148 DLB

311 Een aftredend burgemeester, die zijn ambt gedurende een legislatuur of ten minste zes jaar in een zelfde gemeente heeft uitgeoefend, kan de Vlaamse Regering verzoeken hem de eretitel van zijn ambt te verlenen. Het verzoek kan met instemming van de betrokkene ook door de gemeenteraad worden ingediend.

De aanvraag van een eretitel wordt geregeld bij artikelen 53 tot 59 van het besluit van de Vlaamse Regering van 6 juli 2018 houdende het statuut van de lokale mandataris (*BS* 19 september 2018).

3.4.2. Onderscheidingsteken en ambtskledij

Art. 148 DLB, art. 60-66 *BVR* 6 juli 2018 (*BS* 19 september 2018)

312 De burgemeester draagt een sjerp met zilveren franjes op een zwart-geel-rode achtergrond. Op de sjerp staat de Vlaamse Leeuw en kan facultatief het wapenschild van de stad of de gemeente worden toegevoegd.

TOEKOMSTIG RECHT
In navolging van het regeerakkoord zal het mogelijk worden dat de burgemeester ervoor kan kiezen om, in plaats van de tricolore sjerp, een sjerp te dragen met rode franjes op een zwart-gele achtergrond. De keuze van de sjerp behoort tot de exclusieve bevoegdheid van de burgemeester zelf.

4. Het bijzonder comité voor de sociale dienst (BCSD)

4.1. Samenstelling

4.1.1. Leden

Art. 87 DLB

313 Het aantal BCSD-leden – zonder de voorzitter – staat in verhouding met het aantal OCMW-raadsleden:

aantal OCMW-raadsleden	*aantal BCSD-leden*
23 leden of minder	6
25 t.e.m. 47 leden	8
49 t.e.m. 51 leden	10
53 leden of meer	12

Als bijlage bij dit zakboekje is een tabel voorzien die voor de bestuursperiode 2019-2024 het aantal BCSD-leden meedeelt (*zie bijlage 'Administratieve gegevens gemeenten in het Vlaamse Gewest'*). Een aantal OCMW-raden zullen in de bestuursperiode 2025-2030 door een bevolkingsgroei twee extra BCSD-leden kunnen aanwijzen. Het gaat om Berlare, Bonheiden en Ravels.

4.1.2. Voordracht van BCSD-voorzitter

Art. 88 en 90 DLB

314 De BCSD-voorzitter wordt op basis van een akte van voordracht verkozen door de OCMW-raadsleden, hetzij uit de voorzitter of de leden van het vast bureau, hetzij uit de andere leden van de OCMW-raad. Dit gebeurt op de vergadering van de OCMW-raad die onmiddellijk aansluit op de installatievergadering van de gemeenteraad [→ nr. 99].

De BCSD-voorzitter kan dus de burgemeester of een schepen zijn maar evenzeer een raadslid dat geen deel uitmaakt van het uitvoerend orgaan van de gemeente. De procedure van verkiezing van de BCSD-voorzitter is gelijkaardig aan de procedure voor de verkiezing van de gemeenteraadsvoorzitter [→ nr. 107]. De verkiezing gebeurt via een gezamenlijke akte van voordracht met eenzelfde dubbele meerderheid.

Indien de verkozen BCSD-voorzitter ook burgemeester of schepen is, moet hij de eed niet afleggen. In het andere geval legt hij de eed af in handen van de OCMW-raadsvoorzitter en wordt hij van rechtswege toegevoegd aan het college van burgemeester en schepenen.

TOEKOMSTIG RECHT
De termijn van voordracht van de BCSD-voorzitter wordt verkort tot drie dagen.

4.1.3. Voordracht van de BCSD-leden

Art. 91-93 DLB

315
De zetels in het comité worden zo evenredig mogelijk verdeeld in functie van de verdeling van de zetels in de OCMW-raad. Samengevat komt het erop neer dat de algemeen directeur nagaat hoeveel zetels er aan elke (politieke) lijst toekomen op basis van de verhouding van het aantal zetels waarover elke lijst binnen de OCMW-raad beschikt. Bij de zetelverdeling wordt geen rekening gehouden met de zetel van de BCSD-voorzitter. Hij gebruikt daarvoor de volgende formule:

$$\frac{\text{aantal BCSD-zetels}}{\text{aantal OCMW-raadsleden}} \times \text{aantal OCMW-raadsleden voor de}$$
betrokken lijst.

Het aantal eenheden geeft het aantal rechtstreeks verworden zetels aan. In afnemende volgorde van de decimalen wijst men de niet-rechtsreeks verworven zetel(s) toe. Bij gelijke decimalen bepaalt het hoogste stemcijfer de toewijzing van de zetel.

Meerdere lijsten kunnen er ook voor kiezen om zich te verbinden en worden bij de berekening dan als één lijst beschouwd.

De verkozen gemeenteraadsleden dragen vervolgens middels een gezamenlijke voordrachtsakte de BCSD-leden voor. In het geval een lijst of een groep van lijsten die meerdere BCSD-leden kan voordragen, moeten die kandidaat-leden van verschillend geslacht zijn.

TOEKOMSTIG RECHT
De termijn van voordracht van de BCSD-leden wordt verkort tot drie dagen.

4.1.4. Overige regels

Art. 94-108 DLB

316 De regelgeving met betrekking tot de BCSD-raadsleden is gelijklopend als die met de gemeenteraadsleden voor wat betreft onder meer:
- de genderwaarborg;
- de tijdelijke of definitieve beëindiging van het mandaat;
- de opvolging en plaatsvervanging;
- de eedaflegging;
- de presentiegelden;
- de bijstand van een vertrouwenspersoon.

4.2. Werking

4.2.1. Vergadering

Art. 109-112 DLB

317 De bepalingen die van toepassing zijn op de werking van de gemeenteraad, worden maximaal van toepassing gemaakt op de werking van de BCSD raad. Door de eigenheid van het BCSD zijn enkele afwijkingen voorzien: bv. de vergadering is besloten, er zijn geen geheime stemmingen, een kortere termijn van verzending agenda (5 dagen) is mogelijk en er is geen zittingsverslag. Zij worden evenzeer aangevuld in een afzonderlijk huishoudelijk reglement.

4.2.2. Subcomités

Art. 89 DLB

318 De lokale besturen die dat wensen, beschikken over de mogelijkheid om, binnen het BCSD, subcomités op te richten. De samenstelling daarvan wordt dan bepaald in het huishoudelijk reglement.

4.3. Bevoegdheden

4.3.1. Het BCSD

Art. 113 DLB

319 Het BCSD beschikt over toegewezen bevoegdheden in het raam van de beslissingen over de individuele dossiers inzake maatschappelijke dienstverlening en maatschappelijke integratie [→ nr. 11]. Daarbij wordt erover gewaakt dat de individuele beslissingen op neutrale wijze behandeld worden, met respect voor het privéleven van de hulpaanvrager en gebaseerd op het sociaal verslag.

Individuele steundossiers komen niet in aanmerking voor delegatie aan een personeelslid van de gemeente.

Het BCSD kan ook – op eigen initiatief of op vraag van een ander bestuursorgaan – over het algemeen gemeentelijk of OCMW-beleid een niet-bindend advies geven aan de gemeente- of OCMW-raad of aan het college en vast bureau.

4.3.2. De BCSD-voorzitter

Art. 114 DLB

320 De BCSD-voorzitter kan – indien hij dit opportuun acht – in dringende gevallen en binnen de perken bepaald door het huishoudelijk reglement van het BCSD, zelf tot dringende hulpverlening beslissen. Hij moet die beslissing vervolgens ter bekrachtiging voorleggen op de eerstvolgende vergadering van het BCSD.

De BCSD-voorzitter is verplicht om die dringende steun toe te kennen in het geval een dakloze hierom verzoekt.

HOOFDSTUK 4
PERSONEEL

1. Organogram

Art. 161 DLB

321 Het komt de gemeente en het OCMW toe om, middels aparte besluiten, een identiek organogram vast te stellen voor beide rechtspersonen. De gemeente- en OCMW-raad kan die bevoegdheid evenwel delegeren aan respectievelijk het college van burgemeester en schepenen en het vast bureau. Zij kunnen die bevoegdheid uiteindelijk delegeren aan de algemeen directeur, die niet verder kan subdelegeren. Het organogram bevat minstens de volgende aspecten:
- de organisatiestructuur van de gemeentelijke diensten;
- de gezagsverhoudingen;
- de functies waaraan het lidmaatschap van het managementteam is verbonden.

Het organogram is de vertaling van het personeelsbehoefteplan dat onder meer het aantal betrekkingen per graad, een vermindering of vermeerdering van het aantal betrekkingen (de behoefte), het afschaffen en de omvorming van betrekkingen voor een welbepaalde dienst aangeeft.

2. Het managementteam

2.1. Samenstelling

Art. 179-181 DLB

322 Elke gemeente en OCMW is verplicht een gemeenschappelijk managementteam in te stellen. Het managementteam bestaat uit:
- de algemeen directeur;
- de financieel directeur;
- de adjunct-algemeen directeur en alle andere leden waarvan de deelname aan het managementteam nuttig wordt geacht voor het functioneren van de gemeente en die geen mandataris zijn.

In de praktijk zullen de afdelingshoofden in het managementteam zetelen. Bovendien kan het managementteam voor bepaalde agendapunten andere personeelsleden vragen de vergadering met raadgevende stem bij te wonen. Op die manier bevordert het managementteam de samenwerking en verbondenheid van de verschillende diensten binnen een gemeentelijke organisatie.

Daarnaast maakt ook de burgemeester of de door hem aangeduide schepen met raadgevende stem deel uit van het managementteam. Hij is de verbindende beleidsfactor tussen de administratie en de politieke organen.

Bij wijze van uitoefening van hun algemene toegewezen bevoegdheid inzake personeel [→ nr. 245] stelt het college van burgemeester en schepenen de leden van het managementteam aan, ontslaat ze en treedt t.a.v. hen op als tuchtoverheid.

Het managementteam vergadert regelmatig en onder het voorzitterschap van de algemeen directeur. Het ondersteunt de coördinatie van de gemeentelijke diensten bij de beleidsvoorbereiding, de beleidsuitvoering en de beleidsevaluatie. Het managementteam bewaakt de eenheid in de werking, de kwaliteit van de organisatie en de werking van de gemeentelijke diensten alsook de interne communicatie.

2.2. Algemeen directeur

2.2.1. Aanstelling

Art. 162-163 DLB

323 Elke gemeente dient over één algemeen directeur te beschikken. Gemeenten die meer dan 60 000 inwoners tellen kunnen ook een adjunct-algemeen directeur aanstellen.

De algemeen directeur wordt benoemd, geschorst of ontslagen door de gemeenteraad. De gemeenteraad bepaalt de aanwervingsvoorwaarden. Het kan eveneens beslissen om het ambt deeltijds te laten uitoefenen. De gemeenteraad kan die bevoegdheid niet delegeren.

324 Vooraleer de (adjunct-)algemeen directeur zijn ambt opneemt, legt hij in een openbare gemeenteraadsvergadering in handen van de gemeenteraadsvoorzitter de eed af. De eed luidt als volgt: *"Ik zweer de verplichtingen van mijn ambt trouw na te komen"*. Aan de formule mogen geen woorden worden toegevoegd of weggelaten. De algemeen directeur kan geen voorbehoud formuleren.

Indien de (adjunct-)algemeen directeur zonder wettige reden de eed niet aflegt nadat hij met een aangetekende brief uitgenodigd is om de eed af te leggen op de eerstvolgende vergadering van de gemeenteraad, wordt hij geacht zijn aanstelling niet te aanvaarden. De weigering tot eedaflegging op de gemeenteraad staat gelijk met het verzaken aan de aanstelling.

2.2.2. Tijdelijke vervanging

Art. 57, 166, 175 en 220 DLB

325 Bij gebrek aan adjunct-algemeen directeur om de algemeen directeur bij zijn afwezigheid te vervangen, regelt de gemeenteraad zijn vervanging. Hij kan dit doen door een waarnemend algemeen directeur aan te stellen die over dezelfde bevoegdheden beschikt als de effectieve algemeen directeur. De aanstelling kan dus niet op een gedeelte van de algemeen directeur slaan. De gemeenteraad kan die bevoegdheid delegeren aan het schepencollege of de algemeen directeur zelf. De subdelegatie van deze bevoegdheid aan andere personeelsleden is evenwel uitgesloten.

In elk geval is de vervanging verplicht na een afwezigheid of verhindering langer dan 120 dagen of bij de vacature van het ambt.

2.2.3. Definitieve vervanging

Art. 167-168 DLB

326 De gemeenteraad stelt de algemeen directeur aan binnen de zes maanden nadat het mandaat vacant is geworden. Die termijn kan eenmaal worden verlengd met maximaal zes maanden, voor zover de wervings- en/of bevorderingsprocedure is opgestart of als die procedure geen geslaagde kandidaat heeft opgeleverd. Er is evenwel geen decretale sanctie voorzien bij het overschrijden van deze termijnen.

Aangezien de opvolging van een algemeen directeur erg belangrijk is voor de continuïteit van het gemeentebestuur, kan de gemeenteraad een nieuwe algemeen directeur aanstellen voor de beëindiging van het ambt van de uittredende algemeen directeur. Dit kan ten vroegste zes maanden voor die beëindiging.

De nieuwe algemeen directeur neemt het ambt van algemeen directeur op vanaf het ogenblik dat de uittredende titularis zijn ambt neerlegt. Hij treedt wel vroeger dan die uittreding in dienst en zal de algemeen directeur bijstaan bij de uitoefening van zijn bevoegdheden. Het betreft hier dus een aanstelling waarvoor een vacature is, maar waarvan de nieuwe titularis vroeger in dienst treedt ter ondersteuning van de uittredende titularis.

2.2.4. Taakstelling

Art. 170-175 DLB

327 De algemeen directeur is de hoogste leidende ambtenaar van de gemeente. Hij is verantwoordelijk voor de werking van zowel de gemeentelijke diensten als van die van het OCMW.

De algemeen directeur is het hoofd van het personeel van de gemeente en van het OCMW en is bevoegd voor het dagelijks personeelsbeheer. De gemeenteraad bepaalt, behoudens bij delegatie [→ nr. 170], wat onder het begrip 'dagelijks personeelsbeheer' moet worden verstaan. Denken we daarbij aan allerlei aanvragen voor verlof, disponibiliteit of loopbaanonderbreking, individuele toepassingen van de bepalingen m.b.t. vorming en evaluatie ... Aanwerven, tucht en ontslaan van personeel vallen niet onder het begrip 'dagelijks personeelsbeheer'. Deze bevoegdheden komen dan ook niet principieel de algemeen directeur toe [→ nr. 346, 367].

De algemeen directeur kan de uitoefening van het dagelijkse personeelsbeheer toevertrouwen aan andere personeelsleden. Te denken valt aan een lid van het managementteam, personeelsleden in een staffunctie of personeelsleden van de personeelsdienst.

328 Ten tweede staat de algemeen directeur in voor de werking van de diensten van de gemeente en het OCMW inzake de voorbereiding, uitvoering en evaluatie van het beleid. De algemeen directeur woont daarom de vergaderingen van de gemeente- en OCMW-raad, het schepencollege, het vast bureau en het BCSD bij. Hij is in het bijzonder belast met het opmaken van de notulen en het overschrijven van alle beraadslagingen en besluiten [→ nr. 155, 240].

Wat betreft het bijwonen van de vergaderingen en het opstellen en het medeondertekenen van de notulen van het BCSD, kan de algemeen directeur zijn bevoegdheid delegeren aan een personeelslid van het openbaar centrum voor maatschappelijk welzijn. Met toepassing van artikel 196 van het Decreet Lokaal Bestuur kan een beheersovereenkomst het kader bieden waarbinnen de algemeen directeur deze bevoegdheid kan toevertrouwen aan een personeelslid van de gemeente.

329 De algemeen directeur is verplicht zich te gedragen naar de onderrichtingen die hem worden gegeven door de gemeente- en OCMW-raad, de gemeente- en OCMW-raadsvoorzitter, het college van burgemeester en schepenen, de burgemeester, het vast bureau, de voorzitter van het vast bureau, het BCSD en de BCSD-voorzitter. De afsprakennota kan hiervan afwijken.

Die afsprakennota is een vorm van een contract tussen het politiek en het ambtelijk personeel. Het wordt na elke gemeenteraadsverkiezing gesloten tussen de algemeen directeur, namens het managementteam, en het schepencollege. Uit deze vorm van contract kunnen derden geen rechten putten. De afsprakennota bevat afspraken over:

- de wijze waarop hij en de andere managementteamleden met het college samenwerken om de beleidsdoelstellingen te realiseren;
- de omgangsvormen tussen bestuur en administratie;
- de wijze waarop hij de bevoegdheden uitoefent die hem door het college zijn gedelegeerd.

Delegaties van bevoegdheden aan de algemeen directeur of andere personeelsleden kunnen niet via deze afsprakennota gebeuren.

330 Tot slot oefent de algemeen directeur nog een aantal andere taken uit. Zo is hij onder andere verantwoordelijk voor:

- het organisatiebeheerssysteem [→ nr. 471];
- de behandeling van de briefwisseling;
- de organisatie van het gemeentearchief;
- het opstellen van het voorontwerp van:
    - het organogram [→ nr. 321];
    - de rechtspositieregeling van het personeel [→ nr. 341];
    - de beleidsrapporten en de opvolgingsrapportering [→ nr. 391];
    - de inventaris.

Er moet worden opgemerkt dat de algemeen directeur ook, zoals reeds op verschillende plaatsen in dit zakboekje werd aangehaald, bevoegdheden middels delegatie kan verwerven.

2.2.5. | Bijzondere rechten en plichten

2.2.5.1. Onverenigbaarheden

Art. 164 DLB

331 Het ambt van (adjunct-)algemeen directeur is niet verenigbaar met andere ambten binnen dezelfde gemeente of hetzelfde OCMW. De functies van de algemeen directeur en de financieel directeur zijn dus bv. niet te cumuleren.

Daarnaast mag hij geen personeelslid zijn dat belast is met het bestuurlijk toezicht [→ nr. 596] of taken van externe audit bij de gemeenten [→ nr. 93].

2.2.5.2. Belangenvermenging

Art. 164-165 en 169 DLB

332 Het is de (adjunct-)algemeen directeur verboden om zelf of via een tussenpersoon daden van koophandel te stellen (zie art. 2 Wetboek van Koophandel), met uitzondering van:
- daden van koophandel in het kader van de voogdij;
- de curatele over onbekwamen;
- de opdrachten die in naam van de gemeente in private ondernemingen of verenigingen worden uitgevoerd.

333 De (adjunct-) algemeen directeur mag niet deelnemen aan besprekingen in vergaderingen over (bepaalde) aangelegenheden waarin:
- hij een rechtstreeks belang heeft (persoonlijk, als vertegenwoordiger of familiaal);
- hij controle uitoefent op een andere rechtspersoon.

De invulling van deze begrippen, de modaliteiten en voorwaarden zijn identiek als bij de belangenvermenging van een gemeenteraadslid [→ nr. 144].

Ook buiten de gemeentelijke vergaderingen mag een (adjunct-) algemeen directeur zich niet schuldig maken aan belangenvermenging. Zo is het hem niet toegestaan om in bepaalde omstandigheden een overeenkomst te sluiten met de gemeente of het OCMW, deel te nemen aan een overheidsopdracht van de gemeente of het OCMW, op te treden als advocaat of notaris tegen de gemeente of het OCMW, tegen betaling als advocaat of notaris op te treden voor de gemeente of het OCMW, of op te treden als vakbondsafgevaardigde. De modaliteiten hieromtrent zijn dezelfde als die bij gemeenteraadsleden [→ nr. 196].

2.3. Financieel directeur

2.3.1. Algemeen

334 Elke gemeente en OCMW heeft in beginsel een financieel directeur in dienst. Zijn statuut verloopt gelijkaardig als bij de algemeen directeur wat betreft:
- de aanstelling [→ nr. 323];
- de tijdelijke vervanging [→ nr. 325];
- de definitieve vervanging [→ nr. 326];
- de onverenigbaarheden [→ nr. 331];
- de belangenvermenging [→ nr. 332].

2.3.2. Taakstelling

Art. 176-178 DLB

335 De financieel directeur staat voor een aantal zaken onder functionele leiding van de algemeen directeur. Het gaat hier om het opstellen van het voorontwerp van de beleidsrapporten en de opvolgingsrapportering, het voeren van de boekhouding, het verzorgen van financiële analyse en financiële beleidsadvisering en het thesauriebeleid. Hij rapporteert hierover aan de algemeen directeur.

Daarnaast voert de financieel directeur de volgende taken alleen en onder zijn verantwoordelijkheid uit:
- de voorafgaande krediet- en wetmatigheidscontrole van de beslissingen van de gemeente met budgettaire en financiële impact;
- het debiteurenbeheer, inzonderheid de invordering van de fiscale en niet-fiscale ontvangsten.

De financieel directeur oefent verder toegewezen taken uit die door of krachtens de wet of het decreet werden toevertrouwd.

De financieel directeur staat in voor de uitvoering van de betalingen van de girale uitgaven, mits een uitdrukkelijke betalingsopdracht van de algemeen directeur [→ nr. 395].

2.3.3. Dwangbevel

Art. 177 DLB

336 Met het oog op de invordering van een onbetwistbare en opeisbare niet-fiscale schuldvordering kan een financieel directeur een zogenaamd dwangbevel uitvaardigen. De financieel directeur krijgt hiermee een belangrijk middel om de vorderingen van de gemeente te kunnen innen zonder de traditionele gerechtelijke procedures te moeten doorlopen. Omwille van deze uitzonderingsprocedure heeft de decreetgever verschillende voorwaarden aan de uitvaardiging van een dwangbevel gekoppeld.

2.3.3.1. Toepassingsgebied

337 Het moet gaan om niet-fiscale schuldvorderingen. Dit begrip moet ruimer worden begrepen dan het invorderen van retributies. Het gaat om bv. huurgelden en pachten, op het eigendomsrecht gevestigde inkomsten (bv. de verkoop van roerende goederen) … Het moet evenwel gaan om geldelijke schuldvorderingen.

Ten tweede gaat het om onbetwiste en opeisbare schuldvorderingen:

1) *Opeisbaar*: het kan voorkomen dat de schuld reeds bestaat maar nog niet moet worden betaald. Dit is geen opeisbare schuldvordering;
2) *Onbetwist*: de schuldvordering moet zeker en vaststaand zijn. Een schuld is pas zeker en vaststaand als ze voldoende juridische basis heeft. Dat impliceert dat het bestaan en het bedrag van de schuldvordering niet voor redelijke betwisting vatbaar is op het moment van de uitvoerbaarverklaring van het dwangbevel. Een door de schuldenaar geprotesteerde factuur, uitnodiging tot betaling of aanmaning is per definitie niet onbetwist; de loutere niet-betaling van een schuld vormt evenwel geen betwisting. In geen geval komt in aanmerking de schuld onder opschortende voorwaarde en waarvan de voorwaarde nog niet is vervuld of de schuld die reeds is verjaard.

Het invorderen van schulden van een publieke rechtspersoon is via een dwangbevel uitdrukkelijk niet toegestaan. Daarnaast speelt ook het *lex specialis derogat lex generali*-beginsel. Het hanteren van het gemeentelijk dwangbevel kan niet indien een bijzondere regelgeving voorziet in een specifieke invorderingsprocedure. Te denken valt aan de invordering van gemeentelijke administratieve sancties zoals voorzien in de GAS-Wet van 24 juni 2013 of toepassingen van de wet van 14 november 1983 betreffende de controle op de toekenning en de aanwending van sommige toelagen.

2.3.3.2. Procedure

338 Aangezien de financieel directeur met deze bevoegdheid omzichtig moet opspringen, bouwde de decreetgever enkele procedurele waarborgen in:

1) de schuldenaars moeten voorafgaandelijk zijn aangemaand met een aangetekende brief, die als administratieve kost evenwel aan de schuldenaar kan worden aangerekend;
2) de financieel directeur beslist in volle onafhankelijkheid, zonder dat hij daartoe verplicht kan worden om een dwangbevel uit te vaardigen;
3) het dwangbevel wordt uitvoerbaar verklaard en geviseerd door het schepencollege;
4) het dwangbevel wordt betekend bij gerechtsdeurwaardersexploot, waarop de verjaring stuit.

2.3.3.3. Beroep

339 Een dwangbevel heeft de rechtskracht van een verstekvonnis zodat verzet ertegen over de grond van de zaak steeds mogelijk is.

Het verzet schorst de uitvoerbare kracht van het dwangbevel. Het exploot van betekenen moet de modaliteiten van het verzet expliciet vermelden op grond van artikel II.21 van het Bestuursdecreet.

Verzet kan worden ingediend één maand na de betekening van het exploot, dit bij de territoriaal en materieel bevoegde rechter. De uitputting van dit beroep brengt de schorsing met zich mee van de uitvoerbare kracht van het dwangbevel.

3. | Personeelsbehoefte en -planning

Art. 184 DLB en art. 3-7 Besluit Rechtspositieregeling

340 In tegenstelling tot het Gemeentedecreet is de decretaal opgelegde personeelsformatie afgeschaft. De gemeente en het OCMW zullen voortaan, in overleg met de vakorganisaties, een eigen personeelsplan kunnen opstellen dat de personeelsbehoefte weergeeft. Het plan geeft, binnen de grenzen het personeelsbudget en het meerjarenplan, aan in welke mate aanwervingen en andere personeelsbewegingen mogelijk zijn.

4. | Rechtspositie

4.1. | Statutaire en contractuele personeelsleden

Art. 184 DLB

341 Traditioneel maakt de gemeente in de rechtspositieregeling een onderscheid tussen statutaire en contractuele personeelsleden. De gemeenten beschikken over de vrije keuze om als werkgever iemand statutair of contractueel aan te werven. Die keuze moet evenwel uitdrukkelijk én gemotiveerd zijn.

De rechtspositieregeling is vaak gelijklopend voor statutaire en contractuele personeelsleden. Toch moet de decreetgever voor contractuele personeelsleden rekening houden met het zogenaamde ‘primaat van het arbeidsrecht’. Bepaalde gedeelten van de rechtspositieregeling kunnen wegens het primaat van het arbeidsrecht en het socialezekerheidsrecht namelijk niet van toepassing zijn op de contractuele personeelsleden.

4.2. Rechtspositieregeling

4.2.1. Minimaal opgenomen aspecten

Art. 186 en 195 DLB

342 De rechtspositieregeling is binnen een gemeentebestuur een belangrijk gegeven. Het komt de gemeenteraad daarom toe om de rechtspositieregeling vast te stellen. De raad kan die bevoegdheid evenwel aan het schepencollege delegeren [→ nr. 170]. De gemeentelijke rechtspositieregeling geldt ook voor het OCMW-personeel dat een functie uitoefent die bij de gemeente bestaat. Voor het specifiek OCMW-personeel (bv. maatschappelijk werker) moet de OCMW-raad of het vast bureau een afzonderlijke rechtspositieregeling vaststellen.

Het Decreet Lokaal Bestuur stelt vast dat de Vlaamse Regering de minimale voorwaarden moet vaststellen voor minstens de volgende aspecten van de rechtspositieregeling van het personeel:
1) de bezoldigingsregeling en de salarisschalen;
2) de toekenning van toelagen en vergoedingen;
3) de verloven en de afwezigheden.
4) de dienstbeëindiging, het verlies van de hoedanigheid van statutair personeelslid en de definitieve ambtsneerlegging.

Gemeenten met een inwonersaantal van minstens 200.000 inwoners (Antwerpen en Gent) kunnen afwijken van de drie eerstgenoemde minimale voorwaarden. De Raad van State, afdeling Wetgeving, acht dit in strijd met het gelijkheidsbeginsel.

343 Daarnaast kan de rechtspositieregeling bijvoorbeeld ook de volgende aspecten bevatten:
1) de voorwaarden en procedures voor aanwerving, bevordering en interne mobiliteit;
2) de bekendmaking van vacatures en de proeftijd;
3) waar nodig, de personeelsevaluatie;
4) het loopbaanstelsel en de anciënniteit;
5) de arbeidsduur;
6) de onverenigbaarheden en de beperkingen en voorwaarden voor cumulatie van activiteiten in overheids- of in privédienst;
7) desgewenst, het mandaatstelsel [→ nr. 344].

Voor statutaire personeelsleden, en alleen voor hen, zal de rechtspositieregeling ook bepalingen moeten bevatten inzake:
1) de administratieve toestanden van de statutaire personeelsleden (o.a. disponibiliteitsregeling);
2) de nadere regels betreffende het tuchtstelsel [→ nr. 364].

4.2.2. Mandaatstelsel

Art. 80-91 Besluit Rechtspositieregeling

344 De rechtspositieregeling kan in een mandaatstelsel voorzien. Dit houdt in dat een personeelslid voor een vooraf bepaalde periode wordt belast met de uitoefening van een bepaalde functie. Het mandaatstelsel treedt slechts in werking bij de eerste nieuwe benoeming of aanstelling in de betrekking, nadat het mandaatstelsel voor deze betrekking in de rechtspositieregeling werd voorzien. Alleen een vacante functie kan dus bij mandaat worden vervuld.

Het mandaat is een specifieke wijze van vervullen van een bepaalde vacante functie. Het is dus de gemeenteraad die in de rechtspositieregeling een lijst van functies vaststelt die bij mandaat (kunnen) worden vervuld. De Vlaamse Regering heeft deze mogelijkheid echter beperkt voor de hogere functies, met name:

- de functies van de algemeen directeur, adjunct-algemeen directeur, financieel directeur van de gemeente (de 'decretale graden');
- functies in statutaire betrekkingen van niveau A of niveau B.

De gemeenteraad bepaalt eveneens de duur en de eventuele verlengbaarheid van de mandaatperiode. Voor de zogenaamde decretale functies mag die periode nooit korter zijn dan zeven jaar. Voor de andere statutaire betrekkingen is de ondergrens vijf jaar.

4.2.3. Opdrachthouderschap

Art. 92-94 Besluit Rechtspositieregeling

345 De gemeente- of OCMW-raad kan een stelsel van opdrachthouderschap vaststellen. Het stelt de besturen in staat om personeelsleden gepast te kunnen belonen indien ze binnen hun functie worden belast met een project of een tijdelijke opdracht die hun werklast en hun verantwoordelijkheden verzwaart en die extra eisen stelt. In dit geval kan de raad bepalen dat de opdrachthouder gedurende die opdracht een toelage krijgt.

Het opdrachthouderschap kan alleen toegepast worden op functies in graden van niveau A, B en C en op personeelsleden die de proeftijd beëindigd hebben.

4.3. Aanstelling en eedaflegging

4.3.1. Bevoegdheid

Art. 56, §3, 57, 84 en 85 DLB

346 De bevoegdheid tot het aanstellen van het personeel komt principieel toe aan het schepencollege en het vast bureau [→ nr. 245] behalve in de gevallen waarin door of krachtens de wet of het decreet die bevoegdheid is voorbehouden aan de gemeente- en OCMW-raad. Voor de algemeen directeur, de adjunct-algemeen directeur, de financieel directeur en de ombudsman blijft de gemeenteraad dus bevoegd [→ nr. 171, 323, 334], voor de ombudsman van het OCMW is de OCMW-raad bevoegd.

Het college en vast bureau kan de uitoefening van haar bevoegdheid toevertrouwen aan de algemeen directeur die op zijn beurt deze gedelegeerde bevoegdheid kan toevertrouwen aan andere personeelsleden van de gemeente of het OCMW [→ nr. 248].

4.3.2. Aanstellingsprocedures

Art. 8-9 Besluit Rechtspositieregeling

347 De aanstellende overheid verklaart een betrekking vacant. Zij bepaalt eveneens bij de vacantverklaring volgens welke procedure(s) de aanstelling zal verlopen. Het lokaal bestuur kiest daarbij, ongeacht de rangindeling, uit de volgende mogelijkheden:

1) *een aanwervingsprocedure* waarbij zowel externen als personen in dienst van het bestuur worden uitgenodigd om zich kandidaat te stellen voor de betrekking;
2) *een bevorderingsprocedure* waarbij een personeelslid, dat reeds in dienst is, zich kandidaat stelt voor een vacante betrekking in een graad van een hogere rang;
3) *de procedure van interne personeelsmobiliteit* waarbij een personeelslid, dat reeds in dienst is, zich kandidaat stelt voor een vacante betrekking die in dezelfde graad of in een andere graad van dezelfde rang is ingedeeld;
4) *een combinatie* van de procedures.

De gemeente- of OCMW-raad kan de keuzemogelijkheid van de aanstellende overheid beperken door vast te stellen dat bepaalde functies slechts middels bepaalde procedures kunnen worden ingevuld.

4.3.3. Aanwerving

Art. 10-31 Besluit Rechtspositieregeling

348 Elke aanwerving, zowel voor statutaire als voor contractuele functies, gaat gepaard met een voorafgaande externe bekendmaking van de vacature en een oproep tot kandidaten. De raad stelt de algemene regels voor de externe bekendmaking van de vacatures vast.

Aan een aanwerving gaat in beginsel een selectieprocedure vooraf. Een selectiecommissie die uitsluitend uit deskundigen bestaat, voert de selectie uit. Ten minste ⅓ van de leden van de selectiecommissie zijn deskundigen die extern zijn aan het eigen bestuur. Alleen om redenen die te maken hebben met de aard van de functies kan de raad een afwijking toestaan op de minimale aanwezigheid van externe deskundigen in de selectiecommissie. Daarbij wordt bv. gedacht aan bepaalde functies in niveau E en niveau D.

De gemeente of het OCMW kan de selectieprocedures uitbesteden aan een erkend selectiebureau.

Selectiecommissies of erkende externe selectiebureaus zijn alleen bevoegd voor de uitvoering van de selecties zelf. Ze kunnen vooraf advies geven aan de bevoegde overheid over de aanpak van de selectieprocedure, maar ze kunnen niet in de plaats van de overheid treden voor aspecten van de rechtspositieregeling of voor beslissingen over de kandidaturen of de kandidaten.

Voor de aanvang van een selectie stelt de aanstellende overheid de concrete selectieprocedure vast. Ze bepaalt de selectiecriteria, de keuze van de selectietechnieken, het verloop van de selectie, het minimale resultaat om als geslaagd te worden beschouwd bij de afsluiting van de selectieprocedure en, in voorkomend geval, het minimale resultaat om toegelaten te worden tot een volgende stap in de selectieprocedure, de samenstelling en de werking van de selectiecommissie.

Zij legt ook vast of het om een selectieprocedure gaat die resulteert in een vorm van bindende rangschikking van de geslaagde of geschikt bevonden kandidaten op basis van hun eindresultaat, ofwel dat het gaat om een selectieprocedure die alleen resulteert in een lijst van de geslaagde of geschikt bevonden kandidaten.

De raad kan bepalen dat wervingsreserves worden aangelegd. Hij stelt daarbij de regels voor de wervingsreserves vast en bepaalt de maximale geldigheidsduur van de wervingsreserves, met inbegrip van eventuele verlenging, alsook de regels volgens dewelke de kandidaten hun opname in de wervingsreserve behouden of verliezen.

De aanstellende overheid beslist bij de vacantverklaring of er een wervingsreserve wordt aangelegd en hoe lang die geldig is.

4.3.4. Samenwerking

Art. 196, §1, DLB

349 Gemeenten en het OCMW onderling, of de gemeente of het OCMW en een andere overheid kunnen een samenwerkingsovereenkomst sluiten voor de gezamenlijke werving en selectie van hun personeel en voor het aanleggen van gemeenschappelijke wervingsreserves. De kandidaten krijgen de mogelijkheid om hun kandidatuur voor de aanvang van de selectie te beperken tot één of meer van de samenwerkende gemeenten, zodat ze na de selectie alleen maar werkaanbiedingen krijgen van die gemeenten en alleen maar door die gemeenten kunnen worden aangeworven.

4.3.5. Eedaflegging

Art. 183 en 187 DLB

350 Behalve de algemeen directeur, de adjunct-algemeen directeur en de financieel directeur [→ nr. 324, 334] leggen alle contractuele en statutaire personeelsleden hun eed af in handen van de burgemeester/voorzitter van het vast bureau. De eed luidt als volgt: *"Ik zweer de verplichtingen van mijn ambt trouw na te komen"*. De maatschappelijke werker legt zijn eed af in de handen van de OCMW-raadsvoorzitter. Aan de formule mogen geen woorden worden toegevoegd of weggelaten. Het personeelslid kan geen voorbehoud formuleren.

De burgemeester of voorzitter van het vast bureau kan deze bevoegdheid delegeren aan een schepen of de algemeen directeur. Deze laatste kan op zijn beurt subdelegeren aan een lid van het managementteam.

4.4. Opvolging, feedback en evaluatie

Art. 194 DLB en art. 39-50 Besluit Rechtspositieregeling

4.4.1. Opvolging en feedback

351 Elk personeelslid heeft recht op opvolging en feedback over de wijze van functioneren. Dat is niet alleen de verantwoordelijkheid van de algemeen directeur maar ook die van andere personeelsleden. De gemeentelijke rechtspositieregeling kan de rol van de algemeen directeur ter zake omschrijven.

De opvolging en feedback kan diverse vormen aannemen, waaronder de personeelsevaluatie [→ nr. 352]. De evaluatie is enkel verplicht gesteld bij het ontslag wegens beroepsongeschiktheid ingevolge het ontoereikend functioneren van het personeelslid.

Daarnaast kan de gemeente kiezen uit een waaier van opvolgingsinstrumenten. Te denken valt aan functioneringsgesprekken, loopbaangesprekken of een permanente vorm van coaching. De gemeente beschikt over een grote vorm van autonomie bij de invulling en uitoefening van haar human resourcesbeleid. Zo kiest het bestuur zelf in welke mate ze de opvolgingsinstrumenten formaliseert en reguleert. De opvolging gebeurt, net als de evaluatie, op ambtelijk niveau.

4.4.2. | Evaluatieprocedure

352 De evaluatie is de procedure waarbij een beoordeling wordt geformuleerd over de manier waarop een personeelslid functioneert. De regelgeving gaat uit van periodieke evaluatieperiodes van minstens één en hoogstens twee jaar. Het komt de gemeenteraad toe om de concrete duur van de evaluatieperiodes vast te stellen.

Toch is de personeelsevaluatie volledig facultatief, behalve bij het ontslag wegens beroepsongeschiktheid ingevolge het ontoereikend functioneren van het personeelslid. Bij dat ontslag wordt ook de startfase na indiensttreding geëvalueerd om uit te maken of het personeelslid voldoet aan de functievereisten dan wel ontslagen wordt wegens beroepsongeschiktheid. Die zogeheten 'beroepsongeschiktheid' slaat op manifeste tekortkomingen of disfuncties in de wijze van functioneren en niet op tuchtfeiten, dringende redenen, medische ongeschiktheid of reorganisatie. Merk op dat voor contractuele personeelsleden het gemene arbeidsrecht en dus ook de ontslagmodaliteiten (bv. inzake dringende redenen) van toepassing zijn.

353 Met uitzondering van de evaluatie van de algemeen directeur, de adjunct-algemeen directeur en de financieel directeur vindt de evaluatie van gemeentelijke personeelsleden op ambtelijk niveau plaats. De evaluatoren leggen de evaluatie vast in een kwalitatief beschrijvend evaluatieverslag dat het evaluatieresultaat op afdoende wijze onderbouwt. Het personeelslid wordt geëvalueerd door ten minste één leidinggevende die bij voorkeur de rechtstreekse leidinggevende is. De evaluatie gaat gepaard met een evaluatiegesprek tussen de evaluator en het personeelslid.

Voor de algemeen directeur, de adjunct-algemeen directeur en de financieel directeur voorziet men een evaluatie op politiek niveau. Dit is logisch aangezien zij een grote verantwoordelijkheid in het gemeentebestuur dragen inzake de voorbereiding, uitvoering en evaluatie van het beleid en omwille van hun specifieke verhouding met het politieke niveau bij de dagelijkse uitvoering van hun functie. Een evaluatiecomité, bestaande uit het schepencollege en de gemeenteraadsvoorzitter, evalueert deze hoge ambtenaren.

De ombudsman wordt geëvalueerd door een bijzondere gemeenteraadscommissie, evenredig samengesteld over de fracties waaruit de gemeenteraad is samengesteld op basis van de voordrachten die worden ingediend door de fracties. Die commissie wordt voorgezeten door de gemeenteraadsvoorzitter. Bij staking van stemmen wordt de betrokken ombudsman geacht te voldoen.

354 De evaluatie vindt plaats op basis van een voorbereidend rapport, opgesteld door externe deskundigen in het personeelsbeleid. Het voorbereidend rapport wordt minstens opgemaakt op basis van een evaluatiegesprek tussen de externe deskundigen en de betrokkene en op basis van een onderzoek over de wijze van functioneren van de betrokkene, waarbij de burgemeester, de managementteamleden en de gemeenteraadsvoorzitter worden betrokken. Het evaluatiecomité stemt gunstig of ongunstig over het evaluatieresultaat. Bij staking van stemmen is het evaluatieresultaat gunstig.

4.4.3. Gevolgen van het evaluatieresultaat

355 Een evaluatieresultaat is gunstig of ongunstig. De gemeenteraad kan het evaluatieresultaat gunstig verder opdelen in positieve evaluatieresultaten (bv. goed, zeer goed en uitstekend) en het evaluatieresultaat ongunstig verder opdelen in negatieve evaluatieresultaten (bv. ongunstig en geheel onvoldoende).

De gemeenteraad bepaalt bovendien de gevolgen die aan een resultaat kunnen worden gekoppeld. De minimale gevolgen moeten evenwel zijn dat bij een gunstig resultaat er een doorstroming is in de salarisschaal van de functionele loopbaan, op voorwaarde dat aan de andere voorwaarden daartoe is voldaan. Bij een ongunstig evaluatieresultaat is de niet-doorstroming naar de volgende salarisschaal het gevolg. Uitzonderingen hierop zijn mogelijk.

Aan de evaluatie kan de gemeenteraad ook andere gevolgen koppelen, zoals:
- versnelling van de functionele loopbaan, waarbij de schaalanciënniteit wordt verhoogd met een bepaalde duur;
- loopbaanfaciliteiten, bv. een opleiding op kosten van het bestuur;
- een functioneringstoelage of een managementtoelage;

– een vertraging van de functionele loopbaan door een blokkering voor een vooraf vastgestelde duur van de schaalanciënniteit;
– een blokkering van de eerstvolgende periodieke salarisverhoging voor een beperkte tijd;
– een herplaatsing;
– het ontslag.

4.4.4. Beroep

356 De gemeenteraad stelt een beroepsinstantie in waarbij het personeelslid beroep kan aantekenen. Gemeentelijke mandatarissen en rechtstreeks betrokken partijen kunnen er geen deel van uitmaken.

De beroepsinstantie formuleert, na grondig onderzoek en het horen van de evaluator en het personeelslid, een duidelijk advies aan de algemeen directeur tot bevestiging of tot aanpassing van de evaluatie en van het evaluatieresultaat. Het gaat niet om een vrijblijvend advies maar moet uitdrukkelijke en duidelijke motieven bevatten. De algemeen directeur kan op zijn beurt bepalen welk gevolg hij geeft aan het advies. Hij kan de bestaande evaluatie en het evaluatieresultaat bevestigen of aanpassen. In elk geval brengt hij het personeelslid, de evaluator en de beroepsinstantie van zijn beslissing op de hoogte.

4.5. Deontologische rechten en plichten

Art. 188-193 DLB

4.5.1. Uitoefening ambt

357 De personeelsleden moeten een aantal minimale regels respecteren inzake deontologie. De in het Decreet Lokaal Bestuur opgelegde regels hebben betrekking op:
– de loyauteit;
– de actieve en constructieve bijdrage tot de realisatie van het beleid en de doelstellingen van de gemeente;
– het respect voor de persoonlijke waardigheid;
– de grenzen van het spreekrecht in het kader van o.a. de openbare orde, vertrouwelijke gegevens, medische geheimen …;
– de integriteit, zoals bv. het verbod om giften te ontvangen;
– onverenigbare activiteiten;
– het recht op informatie en vorming, maar ook de plicht om zich op de hoogte te houden en zich te vormen in functie van de ontwikkelingen en het functioneren van de dienst.

4.5.2. Deontologische code

358 De gemeenteraad- en OCMW-raad stellen een gezamenlijke deontologische code voor het gemeente- en OCMW-personeel op. Die code concretiseert hun deontologische rechten en plichten en kan bijkomende deontologische rechten en verplichtingen opnemen. De deontologische code kan echter geen beperking opleggen aan de opdrachten die in volle onafhankelijkheid gebeuren.

4.6. Uitzonderingsregeling voor grote steden

Art. 195 DLB

359 Antwerpen en Gent, als steden met meer dan 200 000 inwoners, beschikken omwille van hun schaalgrootte over een grotere autonomie inzake de rechtspositieregeling. Zij kunnen op gemotiveerde wijze afwijken van de minimale voorwaarden die de Vlaamse Regering vaststelde in het Besluit Rechtspositieregeling inzake:
- de bezoldigingsregeling en de salarisschalen;
- de toekenning van toelagen en vergoedingen;
- het verlof en de afwezigheden.

De uitzonderingsregeling is ingegeven door de grote personeelsaantallen en complexe organisatie die aan die grote steden eigen is. De afwijking moet dan ook worden gesteund door motieven die verband hebben met de schaalgrootte. Voorbeelden van dergelijke afwijkingen kunnen zijn:
- het creëren van tussengraden en salarisschalen die niet voorkomen in de stelsels die de Vlaamse Regering heeft vastgesteld; of
- aangepaste mogelijkheden rond meerekenbaarheid van werkervaring in de privé creëren om topmanagers- en specialisten die noodzakelijk zijn voor grote organisaties sneller en efficiënter te kunnen aantrekken.

5. Samenwerking

5.1. Terbeschikkingstelling en overdracht van personeel

Art. 185 DLB, 144*bis* N.Gem.W.

360 Lokale besturen kunnen een statutair personeelslid tijdelijk ter beschikking stellen aan een lokale overheid, opgesomd in artikel 185 Decreet Lokaal Bestuur, of aan een vzw die verband houdt met het gemeentelijk belang. In de bestuurspraktijk kan de ter beschikkingstelling zinvol zijn voor het tijdelijk uitlenen van een personeelslid met een bijzondere expertise of om overtallig personeel tijdelijk te plaatsen. In elk geval blijft de gemeente en het OCMW de juridische werkgever van het terbeschikkinggestelde personeelslid en blijft het personeelslid onderworpen aan de gemeentelijke rechtspositieregeling.

In afwijking van het principiële verbod van het ter beschikking stellen van contractuele personeelsleden (wet van 24 juli 1987) kunnen gemeentebesturen contractuele personeelsleden ter beschikking stellen van een OCMW, een sociale huisvestingsmaatschappij of een vzw. Artikel 144*bis* van de Nieuwe Gemeentewet voorziet ook hier bijzondere voorwaarden.

5.2. Gezamenlijke aanwerving en selectie

Art. 196, §1, DLB

361 Zoals eerder aangehaald [→ nr. 349] kunnen de gemeente en het OCMW onderling, of de gemeente of het OCMW en een andere overheid een samenwerkingsovereenkomst sluiten voor de gezamenlijke werving en selectie van hun personeel en voor het aanleggen van gemeenschappelijke wervingsreserves.

5.3. Gemeenschappelijke diensten bij gemeente en OCMW

Art. 196, §2, DLB

362 Tussen de gemeente en het OCMW kunnen beheersovereenkomsten worden gesloten over het gemeenschappelijke gebruik van elkaars diensten. Het kan bv. gaan om personeelsmanagement, financiën, logistieke diensten of gemeenschappelijk gebruik van infrastructuur.

De gemeente en het OCMW kunnen in de beheersovereenkomst afspreken om voor bepaalde functies een beroep te doen op elkaars personeelsleden. Zo kan bv. de tuinman, de technisch ingenieur of de maatschappelijk werker van de gemeente ook prestaties leveren voor het OCMW en *vice versa*.

De beheersovereenkomst kan ook bepalingen opnemen met betrekking tot het doordelegeren van bevoegdheden aan de personeelsleden van het andere bestuur. Zo kan bijvoorbeeld de leidinggevende van de gemeenschappelijke dienst worden aangeduid om op te treden in naam van beide besturen, zodat een gemeenschappelijk beleid kan worden gevoerd.

5.4. Overdracht personeel tussen gemeente en OCMW

Art. 197 DLB

363 De gemeenteraad kan gemeentepersoneel overdragen aan het OCMW en omgekeerd. In dit geval moet evenzeer de rechtspositieregeling worden nageleefd. De respectieve raden moeten hun goedkeuring verlenen. De overdracht mag evenwel niet de algemeen directeur, de financieel directeur of een maatschappelijke werker betreffen.

6. Tucht

6.1. Toepassingsgebied

Art. 198-199 DLB

364 De tuchtregeling uit het Decreet Lokaal Bestuur is enkel van toepassing op het statutaire personeel. Dit verhindert echter niet dat de gemeente- en OCMW-raad ook t.a.v. het contractueel personeel disciplinair kan optreden krachtens de Arbeidsovereenkomstenwet van 3 juli 1978 of het arbeidsreglement.

De gemeente en OCMW kan zijn personeel slechts tuchtstraffen opleggen indien er een tuchtvergrijp werd gepleegd. Onder een tuchtgrijp wordt begrepen:
- elke handeling of gedraging die een tekortkoming aan de beroepsplichten uitmaakt;
- elke handeling of gedraging die de waardigheid van het ambt in het gedrang brengt;
- een overtreding van de rechtspositieregeling.

Voor een tuchtvergrijp is een opzettelijke intentie dus niet vereist.

6.2. Preventieve schorsing

Art. 208-211 DLB

365 De tuchtoverheid kan een personeelslid bij wijze van ordemaatregel preventief schorsen, al dan niet met inhouding van salaris. Bij hoogdringendheid beschikt de algemeen directeur over die bevoegdheid. De bevoegde tuchtoverheid moet vervolgens binnen de acht dagen de preventieve schorsing al dan niet bevestigen en desgevallend beslissen over de duur en de eventuele inhouding van salaris.

De preventieve schorsing is slechts mogelijk in geval van een strafrechtelijke of tuchtrechtelijke vervolging en in het belang van de dienst. De gemeente of het OCMW kan het salaris maximaal voor de helft inhouden, met als ondergrens het leefloon.

De preventieve schorsing wordt uitgesproken voor een termijn van maximaal zes maanden. Als er een opsporingsonderzoek of strafvervolging loopt, kan de overheid die termijn voor perioden van maximaal zes maanden verlengen zolang de strafrechtelijke procedure duurt, op voorwaarde dat het personeelslid daarover vooraf wordt gehoord.

Indien de tuchtoverheid heeft besloten tot het inhouden van het salaris en zij geen tuchtstraf oplegt of de tuchtstraf blaam oplegt, wordt de preventieve schorsing ingetrokken en betaalt de gemeente het ingehouden salaris uit.

6.3. Tuchtstraffen

Art. 200 DLB

366 De tuchtregeling voor het gemeentepersoneel bevat vijf tuchtstraffen:

1) *blaam*;
2) *inhouding van salaris*: die de duur van zes maand en de grens van 20 % van het jaarlijks brutosalaris niet mag overschrijden;
3) *schorsing*: zolang ze duurt, met een maximum van één jaar, heeft ze het verlies van salaris tot gevolg;
4) *ontslag van ambtswege;*
5) *afzetting* die eveneens het verlies van pensioenrechten tot gevolg heeft.

Indien de tuchtstraf het verlies van salaris met zich meebrengt, garandeert de gemeente of het OCMW aan de betrokkene een nettosalaris dat gelijk is aan het bedrag van het leefloon.

Aangezien de tuchtsanctie ‘afzetting’ een erg zware sanctie is, kan die slechts worden opgelegd in geval van feiten die evenzeer een misdaad inhouden.

De randvoorwaarden (bv. de impact op de loopbaan, de eventuele gelijkstelling met dienstactiviteit), de gevolgen voor het salaris (bv. het percentage van de inhouding van het salaris) en de termijnen (bv. de doorhalings- en sanctietermijn) kunnen door het bestuur, de gemeente- of OCMW-raad of - na delegatie - door het schepencollege of vast bureau worden vastgesteld. Net zoals dit het geval is voor de opbrengsten van de geldboeten opgelegd aan contractanten, kunnen de besturen de tuchtrechtelijke inhoudingen op het salaris van statutairen bestemmen ten voordele van het personeel.

6.4. Tuchtprocedure

6.4.1. Tuchtoverheid

Art. 201 DLB

367 De tuchtoverheid is in beginsel de overheid die bevoegd is voor de aanstellingen. De delegatie van de aanstellingsbevoegdheid [→ nr. 248] impliceert dus de delegatie van de tuchtbevoegdheid. Een afzonderlijke delegatie van de tuchtbevoegdheid is uitgesloten. De aanstellings- en dus ook tuchtbevoegdheid kan evenwel slechts worden toevertrouwd aan een personeelslid met minstens dezelfde of een gelijkwaardige graad als het personeelslid dat de tuchtprocedure ondergaat. Dit houdt in dat in het geval er wordt overwogen om een tuchtprocedure op te starten, de aanstellende (tucht)overheid zal moeten nagaan of aan die gestelde voorwaarde is voldaan.

De gemeenteraad kan bovendien wel een tuchtcommissie oprichten, die de tuchtbevoegdheid van de gemeenteraad uitoefent. De tuchtcommissie wordt samengesteld volgens de regels die gelden voor de samenstelling van de gemeenteraadscommissies [→ nr. 160].

6.4.2. Procedure

Art. 202-206 DLB

368 De tuchtoverheid belast een personeelslid met het tuchtonderzoek, waaronder ook het opstellen van een tuchtverslag en de samenstelling van het tuchtdossier. De tuchtoverheid kan elk personeelslid dat in een gemeente, een OCMW of een verzelfstandigde entiteit werkt, aanstellen als tuchtonderzoeker. Dit personeelslid moet minstens een graad hebben die gelijkwaardig is aan de graad van het personeelslid dat de tuchtprocedure ondergaat. Dit hoeft dus niet de algemeen directeur te zijn. Op die manier kan de algemeen directeur meer zijn rol spelen als raadgever van het bestuur.

De tuchtonderzoeker kan dus ook een personeelslid zijn van een andere gemeente, OCMW of verzelfstandigde entiteit. Bijgevolg zullen lokale besturen samenwerkingsovereenkomsten kunnen afsluiten om een tuchtdeskundige uit te wisselen.

369 De tuchtprocedure bevat enkele decretale waarborgen ter vrijwaring van de rechten van verdediging, zoals:
– de hoorplicht tijdens een niet-openbare hoorzitting, tenzij het betrokken personeelslid er zelf om verzoekt;

- het recht om zich te laten bijstaan en te vertegenwoordigen door een raadsman;
- de bijzondere kennisgevingsplicht.

Het Besluit van de Vlaamse Regering van 20 juli 2018 (*BS* 14 september 2018) regelt de verdere procedureaspecten.

6.4.3. | Beroep

Art. 212-216 DLB

370 Er kan bij de Beroepscommissie voor Tuchtzaken beroep worden aangetekend tegen de beslissing tot het opleggen van een tuchtstraf of een preventieve schorsing. Het beroep schorst de uitvoering van de tuchtbeslissing of preventieve schorsing niet. De beroepscommissie beschikt over een vernietigingsbevoegdheid. In tegenstelling tot haar vroegere hervormingsbevoegdheid kan zij een beslissing slechts vernietigen, waarna de oorspronkelijke tuchtoverheid opnieuw een beslissing moet nemen. De beroepscommissie beoordeelt dan ook niet de opportuniteit maar slechts de wettigheid.

Tegen de beslissing van de Beroepscommissie voor Tuchtzaken kan door zowel de betrokkene als door het bestuur beroep worden aangetekend bij de Raad van State.

6.5. | Verjaring en doorhaling

Art. 200, §4, en 207 DLB

371 De tuchtoverheid kan geen tuchtrechtelijke vervolging meer instellen na verloop van een termijn van zes maanden na de vaststelling of de kennisname van een tuchtvergrijp. Indien de tuchtoverheid een algemene houding wil bestraffen kan zij wel, ter illustratie van die houding, naast meer recente voorvallen ook feiten aanhalen die zich meer dan zes maanden voor het instellen van de tuchtvordering hebben voorgedaan.

De opgelegde tuchtstraffen worden na verloop van bepaalde termijnen ambtshalve of op verzet van de betrokkene doorgehaald. De termijnen vooraleer een sanctie kan worden doorgehaald, zijn voor een
- blaam: één jaar;
- inhouding van salaris: drie jaar;
- schorsing met inhouding van salaris: vier jaar.

De gemeenteraad kan evenwel kortere doorhalingstermijnen vaststellen.

7. Bijzondere personeelsleden: de maatschappelijk werker

Art. 183 DLB

372 Elk OCMW heeft ten minste één maatschappelijk werker in dienst. De OCMW-raad zal moeten oordelen of er in een voltijdse, een halftijdse of meerdere betrekkingen moet worden voorzien. De maatschappelijk werker heeft als opdracht de personen en gezinnen te helpen bij het opheffen of verbeteren van de noodsituaties waarin zij zich bevinden. Daarvoor verricht hij, onder meer, de onderzoeken ter voorbereiding van de te nemen beslissingen, verstrekt hij documentatie en raadgevingen en verzekert hij de maatschappelijke begeleiding van de betrokkenen. De maatschappelijke werker verricht zijn opdracht steeds ter uitvoering van de taken die hem zijn opgedragen door de algemeen directeur en met de doelstellingen van het OCMW in het achterhoofd.

Indien het OCMW meerdere maatschappelijke werkers in dienst heeft, zal het een verantwoordelijke van de sociale dienst moeten aanduiden. Bij de sociale dienst van een OCMW dat slechts één maatschappelijk werker heeft aangeworven, komt het in het kader van een goede organisatie als vanzelfsprekend voor dat die evenzeer als verantwoordelijke optreedt. Die verantwoordelijke van de sociale dienst licht de OCMW-raad, het vast bureau, het bijzonder comité voor de sociale dienst of de algemeen directeur in over de algemene behoeften die hij bij de vervulling van zijn taak vaststelt en over de maatregelen die hij voorstelt om daaraan tegemoet te komen.

Hij neemt deel aan de vergaderingen van het bijzonder comité voor de sociale dienst. Hij kan bovendien worden uitgenodigd deel te nemen aan de besprekingen van de OCMW-raad of van het vast bureau telkens als over de problemen gehandeld wordt die de sociale dienst aanbelangen.

Als de met het dossier belaste maatschappelijk werker er wegens bijzondere en uitzonderlijke redenen van vertrouwelijke aard om heeft verzocht, neemt de OCMW-raad, het vast bureau of het bijzonder comité voor de sociale dienst pas een beslissing over een individueel geval van dienstverlening na de betrokken maatschappelijk werker gehoord te hebben.

8. | Databank van de leidende ambtenaren

Art. 301 DLB

373 De Vlaamse overheid zal een databank oprichten die gegevens bevat over de aangestelde en waarnemend algemeen directeur en de aangestelde en waarnemend financieel directeur van de gemeente en over de leidend ambtenaar van het autonoom gemeentebedrijf. De databank biedt een overzicht van de personeelsleden die namens de gemeente, het OCMW en het AGB verantwoordelijk zijn voor de digitale communicatie met de Vlaamse overheid. Op die manier kunnen zowel burgers, ondernemingen en organisaties als overheidsdiensten er op vertrouwen dat data betrouwbaar en authentiek zijn en uitgaan van een daartoe gemachtigd persoon. De databank van de leidend ambtenaren wordt geregeld in het Besluit van de Vlaamse Regering van 30 november 2018 (*BS* 16 januari 2019).

De besturen en organisaties hebben dan ook de taak de informatie over deze (hoofd)toegangsbeheerders te actualiseren (en deze gegevens onmiddellijk aan de aangeduide entiteit van de Vlaamse overheid te bezorgen). Om de transparantie en toegankelijkheid voor het publiek met betrekking tot de betrokken besturen en organisaties te bevorderen, worden de gegevens uit de databank publiek gemaakt.

HOOFDSTUK 5
PLANNING EN FINANCIËN

1. De beleids- en beheerscyclus (BBC)

Art. 249-253 en 263-264 DLB en art. 29 BBC-besluit

1.1. Algemeen

374 De beleids- en beheerscyclus is een eengemaakt systeem met financiële regels en planningsinstrumenten voor gemeenten, provincies, OCMW's, autonome gemeente- en provinciebedrijven en de welzijnsverenigingen. Het Decreet Lokaal Bestuur bevat de hoofdlijnen van deze BBC terwijl de besluiten van de Vlaamse Regering van 30 maart 2018 ('BBC-besluit') en het MB van 26 juni 2018 de praktische uitwerking regelen. In dit zakboekje wordt uitgegaan voor de regels die – in zoverre gekend – van toepassing zijn vanaf 1 januari 2020.

De beleids- en beheerscyclus (BBC) is een systeem waarbij gemeenten, OCMW's en provincies hun beleid plannen en financieel vertalen voor een periode van zes jaar. Aan de hand van beleids- en beheersrapporten worden de lokale besturen verplicht om bij het begin van de legislatuur na te denken over het beleid én de financiële impact ervan voor de daaropvolgende zes jaar. Een financiële boekjaar begint op 1 januari en eindigt op 31 december van hetzelfde jaar. De plannen hebben dus steeds betrekking op één of, in voorkomend geval, meerdere financiële boekjaren.

1.2. De rapporten

Er zijn drie beleidsrapporten met een bijhorende toelichtende nota en beheersrapporten die de basis vormen van die geïntegreerde lokale planning. Daarnaast is er nog een opvolgingsrapportering ten aanzien van de gemeenteraad.

<table>
<tr><th colspan="2">Beleids- en beheerscyclus</th></tr>
<tr><td>Beleidsrapporten:
– strategisch meerjarenplan [→ nr. 380];
– aanpassing meerjarenplan [→ nr. 391];
– jaarrekening [→ nr. 432].</td><td>Beheersrapporten [→ nr. 376].</td></tr>
<tr><td colspan="2">Opvolgingsrapportering [→ nr. 377].</td></tr>
</table>

1.2.1. Beleidsrapporten

375 Dat BBC meer is dan een louter financieel verhaal blijkt uit de *beleidsrapporten* die het fundament vormen van de gemeentelijke beleidsbeslissingen. De beleidsrapporten bevatten geen amalgaam van ingewikkelde schema's of modellen maar zijn een bundeling van de cruciale elementen waarop het beleid is gegrondvest. Het MB van 26 juni 2018 stelt de modellen van de beleidsrapporten en de toelichting ervan vast.

Elk beleidsrapport is ingedeeld in *beleidsdomeinen* die de gemeenteraad vaststelt. In elk geval is de opname van het beleidsdomein 'algemene financiering' verplicht. Elk beleidsdomein is opgebouwd uit samenhangende *beleidsvelden*. Het bestuur heeft hier geen keuze en moet de beleidsvelden selecteren uit de exhaustieve lijst van het MB van 26 juni 2018. Een beleidsveld kan slechts tot één beleidsdomein behoren. Het college van burgemeester en schepenen kan vervolgens de beleidsvelden indelen in *beleidsitems*. Op die manier kan een gemeentebestuur gedetailleerder rapporteren indien ze dit wenst.

Bij wijze van voorbeeld kan het beleidsdomein 'Vrije tijd' onder andere het beleidsveld 'Cultuurcentrum' bevatten. Het schepencollege kan op zijn beurt dat beleidsveld indelen in de beleidsitems 'Cultuurcentrum De Feniks' en 'Cultuurcentrum De Wissel'.

1.2.2. Beheersrapporten

376 De beheersrapporten vormen een belangrijk element van het interne controlesysteem van het bestuur. Zij maken het immers mogelijk dat de toegekende delegaties aan de budgethouders kunnen worden opgevolgd en zijn een hulpmiddel voor de controle op de financiële procedures. Het Decreet Lokaal Bestuur en BBC-besluit heeft er evenwel voor gekozen om de lokale besturen zelf te laten bepalen hoe zij de opvolging van de kredieten, en de onderdelen daarvan, concreet vorm willen geven. Uit de regelgeving zijn dus de bepalingen over de budgetten, het budgethouderschap of de interne kredietaanpassingen verdwenen.

1.2.3. Opvolgingsrapportering

Art. 263-264 DLB

377 De gemeente- en OCMW-raad heeft haar rol van democratisch controleorgaan, niet het minst op het vlak van planning en financiën. Het lokaal bestuur is er daarom toe verplicht om minstens éénmaal per jaar – voor het einde van het derde kwartaal – tussentijds te rapporteren. De raden kunnen ook een frequentere rapportering opleggen en aanvullende regels bepalen over de vorm en de nadere inhoud van de rapportering.

Het rapport is in elk geval gericht op de opvolging van de uitvoering van de planning en de realisatie van de beleidsdoelstellingen, actieplannen en acties. De opvolgingsrapportering moet de raadsleden in de eerste plaats een stand van zaken geven van de prioritaire acties of actieplannen die in het meerjarenplan zijn opgenomen. De keuze om te rapporteren op het niveau van de acties of de actieplannen volgt rechtstreeks uit de keuze die het bestuur daarover gemaakt heeft bij de opmaak van de strategische nota van het meerjarenplan. Als een bestuur ervoor kiest om in de strategische nota de prioritaire actieplannen op te nemen, in plaats van de prioritaire acties, dan zal ook de opvolgingsrapportering op het niveau van de actieplannen gebeuren.

Het opvolgingsrapport bevat ook een overzicht van de geraamde en de gerealiseerde ontvangsten en uitgaven voor het lopende jaar en geeft zo informatie over de uitvoering en de bewaking van de kredieten.

Verder moet de opvolgingsrapportering ook de eventuele wijzigingen bevatten van de basisinformatie die het bestuur gehanteerd heeft bij de opmaak van het planningsrapport waarover tussentijds wordt gerapporteerd. Als de grondslagen en assumpties waarvan het bestuur is uitgegaan bij de opmaak van het planningsrapport waarover tussentijds wordt gerapporteerd, in belangrijke mate gewijzigd zijn, moeten de raadsleden tijdig informatie krijgen over de weerslag daarvan op de uitvoering van het geplande beleid. De opvolgingsrapportering moet de raadsleden ten slotte ook informeren over de aard en de omvang van nieuwe of gewijzigde financiële risico's.

Het opvolgingsrapport kan worden aangevuld met alle andere informatie die relevant is voor de raadsleden.

378 Daarnaast moet het lokaal bestuur ook rapporteren aan de Vlaamse Regering over de verrichte transacties van elk kwartaal voor het einde van de maand die volgt op het kwartaal.

1.3. Het principe van gezamenlijke rapportering van de gemeente en het OCMW

379 De BBC-regelgeving gaat uit van gezamenlijke beleidsrapporten voor de gemeenten en hun OCMW's. Die beleidsrapporten worden vastgesteld door de raden van beide rechtspersonen, maar de inhoud ervan is gemeenschappelijk. Op die manier kan een geïntegreerd lokaal sociaal beleid maximaal worden gerealiseerd: beide rechtspersonen kunnen samen één doelstellingenboom hebben, waarbij de doelstellingen van het OCMW en die van de gemeente vervlochten kunnen zijn.

Voor de concrete uitvoering en de registraties blijft het onderscheid tussen beide rechtspersonen wel een belangrijk gegeven. Bij elke verrichting moet het lokaal bestuur daarom aangeven op welke rechtspersoon die betrekking heeft. Ook de praktische uitvoering (ontvangsten- en uitgavencyclus) verloopt voor elke rechtspersoon afzonderlijk.

2. Strategische meerjarenplanning

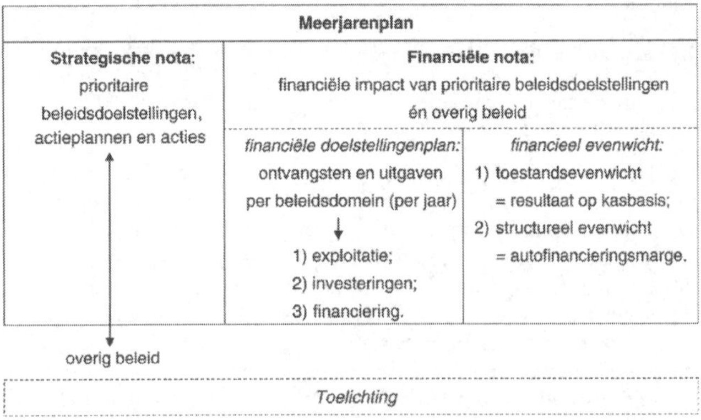

2.1. Definitie en structuur

Art. 254-256 DLB, art. 8-16 BBC-Besluit

2.1.1. Definitie

380 Het meerjarenplan omschrijft voor een periode van zes jaar de beleidsdoelstellingen voor het te voeren beleid, verduidelijkt hoe het financieel evenwicht wordt gehandhaafd en omschrijft de financiële consequenties van de beleidsopties. Het bestaat uit twee delen die onlosmakelijk met elkaar zijn verbonden: een strategische nota en een financiële nota. Daarnaast verduidelijkt de toelichting het meerjarenplan.

2.1.2. Strategische nota

381 De strategische nota geeft een beschrijving van de beleidsdoelstellingen weer. Elke beleidsdoelstelling beantwoordt de vragen "wat is het doel?", "hoe zullen we dat doel bereiken?" en "wat is de financiële weerslag van de actie?". Ze bestaat daarom uit de volgende elementen:
- een *specifieke omschrijving* van het vooropgestelde resultaat of eventueel van het vooropgestelde effect dat de raad wil bereiken. Indien dit mogelijk en wenselijk is, wordt dat resultaat of effect meetbaar gemaakt;
- het *actieplan* of de actieplannen, als verzameling van acties, die ondernomen zullen worden voor de realisatie van de beleidsdoelstelling binnen een vastgelegd schema;
- de *raming van de ontvangsten en uitgaven* per jaar waarop de beleidsdoelstelling betrekking heeft.

Het is de gemeente- en OCMW-raad die deze beleidsdoelstellingen bepaalt. De raad creëert als dusdanig drie types beleidsdoelstellingen:
- *prioritaire beleidsdoelstellingen*: acties waarover hij expliciet geïnformeerd wenst te worden;
- *niet-prioritaire beleidsdoelstellingen*: komen niet expliciet tot uiting in beleidsrapporten en moeten enkel worden opgenomen in een overzicht;
- *verrichtingen zonder beleidsdoelstellingen*: beleid waar geen specifieke doelstelling voor werd geformuleerd.

382 De bestuursoverheid beschikt over een zekere vrijheid voor de opmaak van de strategische nota. In tegenstelling tot de financiële nota waar de decreetgever vaste schema's of modellen oplegt. Voor de bestuurspraktijk is het echter wenselijk dat het aantal prioritaire beleidsdoelstellingen enigszins beperkt blijft zodat de strategische nota zijn doel niet voorbijschiet.

2.1.3. Financiële nota

383 De financiële nota bestaat uit twee onderdelen: het financiële doelstellingenplan en de staat van het financiële evenwicht. Het financiële doelstellingenplan geeft de concrete en financiële gevolgen weer van het geplande beleid, ongeacht of dat verband houdt met de prioritaire beleidsdoelstellingen (opgenomen in de strategische nota) of met het overige beleid (niet opgenomen in de strategische nota). Conform het model vastgelegd bij het MB van 26 juni 2018 worden per beleidsdomein de uitgaven en ontvangsten gesplitst voor de prioritaire doelstellingen en voor het overige beleid.

Daarnaast bevat de staat van het financiële evenwicht minstens, per financiële boekjaar, de raming van het resultaat op kasbasis (toestandsevenwicht) en de raming van de autofinancieringsmarge (structureel evenwicht). Vanuit het resultaat op kasbasis kan het lokaal bestuur aantonen dat hun uitgaven voor een bepaald jaar gedekt zijn door de ontvangsten, rekening houdend met het gecumuleerde budgettaire resultaat van het vorige boekjaar. De berekening van de autofinancieringsmarge bewijst dat de gemeente structureel in staat is de jaarlijkse last van haar schulden te dragen.

384 Het meerjarenplan van de bestuursperiode die in 2019 aanvat, omvat de beleidsdoelstellingen en ramingen van 2020 tot en met 2025. In tegenstelling tot de strategische nota kan de financiële nota langer lopen dan het eerste jaar na het verkiezingsjaar (2025). Voor de financiële nota vereist de BBC-regelgeving immers dat de nota een periode bestrijkt van minstens drie en maximaal zes toekomstige boekjaren.

Bij een aanpassing van het meerjarenplan naar aanleiding van de wijziging aan het meerjarenplan van 2024, moet het bestuur in de financiële nota dus minstens de jaren 2020 tot 2026 opnemen en kan ze er ook voor kiezen om de financiële nota te verlengen tot 2027, 2028 of 2029. Bij de aanpassing van het meerjarenplan voor 2025 bv. zal de financiële nota verplicht de jaren 2025 tot 2027 en facultatief de jaren 2028, 2029 en/of 2030 moeten en kunnen opnemen.

De mogelijkheid om de financiële consequenties over een langere periode weer te geven is niet zonder belang. De autofinancieringsmarge, als criterium voor het financiële evenwicht, slaat namelijk op het laatste financiële boekjaar van de financiële nota en niet op het laatste jaar van de strategische nota (2025) of van de bestuursperiode (2024). Toch mag dit geen afbreuk doen aan de beleidsvrijheid voor het nieuwe gemeentebestuur dat in 2025 aantreedt. Vandaar dat die langere termijn enkel geldt voor de financiële nota en niet voor de strategische nota: de gemeente- en OCMW-raad kan geen beleidsplanning opmaken voor de volgende bestuursperiode. De jaren die (moeten) worden aangevuld aan het einde van de oorspronkelijke zesjaarlijkse periode (2025-2027) geven enkel de cijfers bij ongewijzigd beleid weer.

385 De ramingen voor de exploitatie, de investeringen en de financiering in het eerste jaar van de financiële nota van het meerjarenplan omvatten ook de kredieten voor de gemeente en de kredieten voor het openbaar centrum voor maatschappelijk welzijn voor dat boekjaar.

Schema M1: Financieel doelstellingenplan

		Boekjaar 1	Boekjaar 2	Boekjaar 3	Boekjaar 4	Boekjaar 5	Boekjaar 6
Prioritaire beleidsdoelstelling 1							
Exploitatie	uitgaven ontvangsten saldo						
Investeringen	uitgaven ontvangsten saldo						
Financiering	uitgaven ontvangsten saldo						
Prioritaire beleidsdoelstelling …							
Exploitatie	uitgaven ontvangsten saldo						
Investeringen	uitgaven ontvangsten saldo						
Financiering	uitgaven ontvangsten saldo						
Prioritaire beleidsdoelstelling N							
Exploitatie	uitgaven ontvangsten saldo						
Investeringen	uitgaven ontvangsten saldo						
Financiering	uitgaven ontvangsten saldo						

Bron: Belgisch Staatsblad 3 augustus 2018, p. 61.180.

		Boekjaar 1	Boekjaar 2	Boekjaar 3	Boekjaar 4	Boekjaar 5	Boekjaar 6
Niet-prioritaire beleidsdoelstellingen							
Exploitatie	uitgaven ontvangsten saldo						
Investeringen	uitgaven ontvangsten saldo						
Financiering	uitgaven ontvangsten saldo						
Verrichtingen zonder beleidsdoelstellingen							
Exploitatie	uitgaven ontvangsten saldo						
Investeringen	uitgaven ontvangsten saldo						
Financiering	uitgaven ontvangsten saldo						
Totalen							
Exploitatie	uitgaven ontvangsten saldo						
Investeringen	uitgaven ontvangsten saldo						
Financiering	uitgaven ontvangsten saldo						

Bron: Belgisch Staatsblad 3 augustus 2018, p. 61.181.

Schema M2: Staat van het financieel evenwicht

Budgettair resultaat		Boekjaar 1	Boekjaar 2	Boekjaar 3	Boekjaar 4	Boekjaar 5	Boekjaar 6
I. Exploitatiesaldo	(a-b)						
a. Ontvangsten							
b. Uitgaven							
II. Investeringssaldo	(a-b)						
a. Ontvangsten							
b. Uitgaven							
III. Saldo exploitatie en investeringen	(I+II)						
IV. Financieringssaldo	(a-b)						
a. Ontvangsten							
b. Uitgaven							
V. Budgettair resultaat van het boekjaar	(III+IV)						
VI. Gecumuleerd budgettair resultaat vorig boekjaar							
VII. Gecumuleerd budgettair resultaat	(V+VI)						
VIII. Onbeschikbare gelden							
IX. Beschikbaar budgettair resultaat	(VII-VIII)						

Autofinancieringsmarge		Boekjaar 1	Boekjaar 2	Boekjaar 3	Boekjaar 4	Boekjaar 5	Boekjaar 6
I. Exploitatiesaldo							
II. Netto periodieke aflossingen	(a-b)						
a. Periodieke aflossingen conform de verbintenissen							
b. Periodieke terugvordering leningen							
III. Autofinancieringsmarge	(I-II)						

Gecorrigeerde autofinancieringsmarge							
I. Autofinancieringsmarge							
II. Correctie op de periodieke aflossingen	(a-b)						
a. Periodieke aflossingen conform de verbintenissen							
b. Gecorrigeerde aflossingen o.b.v. de financiële schulden							
III. Gecorrigeerde autofinancieringsmarge	(I+II)						

Bron: Belgisch Staatsblad 3 augustus 2018, p. 61.182.

2.1.4. Toelichting

386 De toelichting bevat alle informatie die noodzakelijk is voor de raadsleden en die verband houdt met de verrichtingen die opgenomen zijn in het beleidsrapport. Het verduidelijkt het meerjarenplan. De toelichting omvat minstens de volgende rubrieken: de grondslagen en assumpties, functionele indeling, economische indeling, investeringsprojecten, financiële schulden, financiële risico. De documentatie omvat o.m. de omgevingsanalyse, een overzicht van de personeelsinzet en de jaarlijkse opbrengst van elke belastingsoort.

2.2. Opmaak en goedkeuring

2.2.1. (Voor)ontwerp

Art. 171, §4 en 176 DLB

387 Vanzelfsprekend zijn de algemeen directeur en de financieel directeur de spilfiguren in de voorbereidende fase tot opmaken van een ontwerp van het meerjarenplan. In overleg met het managementteam zal de algemeen directeur instaan voor het opstellen van de strategische nota terwijl de financieel directeur de financiële nota opstelt. In de voorbereidende fase voorziet de regelgeving geen bijzondere inspraakmogelijkheden voor de politieke bestuurders. De burgemeester of een aangewezen schepen maakt uiteraard wel deel uit van het managementteam met raadgevende stem [→ nr. 322]. In de praktijk daarentegen zal een wisselwerking tussen administratie en politiek wel noodzakelijk zijn aangezien het meerjarenplan als planmatige vertaling geldt van het politieke bestuursakkoord in financieel realistische beleidsdoelstellingen.

2.2.2. Vaststelling

Art. 249, 254 en 274 DLB

388 Voor het einde van dat eerste legislatuurjaar, stelt de gemeenteraad het meerjarenplan vast voor een periode van zes jaar. Op die manier heeft de (nieuwe) politieke meerderheid een jaar lang de tijd om hun beleidsdoelstellingen en beleidsopties planmatig vast te leggen. Het meerjarenplan is dus één jaar legislatuuroverschrijdend. In 2019 stellen de gemeente- en OCMW-raden dus de meerjarenplannen 2020-2025 vast.

De gemeente- en OCMW-raad maken geen afzonderlijke beleidsrapporten meer op [→ nr. 379]. Beide besturen delen hun beleidsrapporten waardoor er dus één strategisch meerjarenplan is voor beide besturen. Beide raden spreken zich elk uit voor de aspecten in het beleidsrapport die binnen hun eigen bevoegdheden vallen. Er kan dus van een integrale vaststelling van dat meerjarenplan slechts sprake zijn zodra beide raden hun deel van het beleidsrapport hebben vastgesteld. Daarna wordt het deel van het beleidsrapport zoals vastgesteld door het OCMW goedgekeurd door de gemeenteraad omdat die de financiële gevolgen moet dragen van de keuzes van de OCMW-raad. Door die goedkeuring wordt het geïntegreerd beleidsrapport geacht definitief, in zijn geheel, te zijn vastgesteld en kan het uitwerking krijgen.

In het uitzonderlijke geval dat het deel van het beleidsrapport dat de OCMW-raad heeft vastgesteld, de financiële belangen van de gemeente bedreigt, kan de gemeenteraad dat deel niet goedkeuren. In dat geval vervalt de eventuele vaststelling van het deel van het beleidsrapport zoals vastgesteld door de gemeenteraad. Aangezien beide raden principieel uit dezelfde mensen zijn samengesteld, zal die situatie in de bestuurspraktijk evenwel uitzonderlijk zijn [→ nr. 94].

In ieder geval moet de gemeente er voor zorgen dat het OCMW dat de gemeente bedient, steeds zijn financiële verplichtingen kan nakomen.

389 Het meerjarenplan is een cruciaal document voor een lokaal bestuur. Dit veruitwendigt zich ook in de regelgeving. Vooreerst is de vaststelling van het meerjarenplan een exclusieve, niet-delegeerbare bevoegdheid van de gemeenteraad [→ nr. 171]. Ten tweede vindt de bespreking van het ontwerp plaats in openbare zitting.

Ten derde moet ieder gemeenteraadslid minstens 14 dagen voor de vergadering waarop het meerjarenplan wordt besproken het ontwerp van meerjarenplan bezitten. De toelichting wordt eveneens aan de raadsleden bezorgd maar is geen voorwerp van de vaststelling door de gemeenteraad. Bij de berekening van die termijn is de dag van bezorging inbegrepen. In tegenstelling tot artikel 191 Decreet Lokaal Bestuur spreekt artikel 249 niet over versturen maar over bezorgen. Bij wijze van voorbeeld: als de gemeenteraad plaatsvindt op 30 november dan moet het ontwerp van meerjarenplan uiterlijk op 16 november in het bezit zijn van de gemeenteraadsleden. De agenda van de gemeenteraad daarentegen kan volgens de gebruikelijke termijn van acht dagen worden geleverd [→ nr. 125].

390 De gemeente- en OCMW-raad stemt – elk over zijn deel – over het meerjarenplan in zijn geheel. Elk raadslid kan echter de afzonderlijke stemming eisen over één of meer onderdelen van het meerjarenplan dat hij aanwijst. De afzonderlijke stemming is in de bestuurspraktijk geen evident gegeven. De niet-goedkeuring of aanpassing van een onderdeel kan repercussies hebben op andere onderdelen van het plan. De raad moet dus waakzaam zijn zodat de coherentie van het meerjarenplan niet verloren gaat.

In geval van afzonderlijke stemming mag over het geheel pas worden gestemd na de stemming over de onderdelen die aldus zijn aangewezen. De stemming over het geheel heeft dan betrekking op de onderdelen waarover geen enkel raadslid afzonderlijk wil stemmen en op de onderdelen die al bij een afzonderlijke stemming zijn aangenomen.

2.3. Aanpassingen

Art. 257-258 DLB, art. 15 BBC-Besluit

391 De strategische meerjarenplanning is een dynamisch gegeven. Bijsturingen van inhoudelijke of financiële aard zijn mogelijk en zelfs jaarlijks verplicht. Door de jaarlijkse aanpassing van het meerjarenplan worden ook de kredieten bepaald vanaf het tweede boekjaar van het meerjarenplan. De raad kan in één beslissing zowel de kredieten voor het volgende jaar vaststellen als de kredieten voor het lopende jaar aanpassen. Een aanpassing van het meerjarenplan is dus noodzakelijk als de kredieten voor het lopende boekjaar moeten worden aangepast of om de kredieten van het volgende boekjaar vast te stellen.

In het eerste jaar na de gemeenteraadsverkiezingen (2025) doet zich een bijzondere situatie voor. Op dat ogenblik treden nieuwe bewindsploegen aan, die de eigen beleidsdoelstellingen nog moeten bepalen. Intussen moeten de besturen echter wel kunnen blijven werken en hebben ze dus ook meteen kredieten nodig. Daarom is geregeld dat de vaststelling van de kredieten voor dat eerste jaar na de verkiezingen automatisch gebeurt, als de gemeente- en OCMW-raad daarvóór nog geen kredieten hebben vastgesteld voor dat boekjaar. De nieuwe raden kunnen desgewenst de kredieten ook nog aanpassen in de loop van het eerste jaar van de bestuursperiode, maar hoeven niet meteen te beslissen over de vaststelling van de kredieten, omdat er sowieso kredieten beschikbaar zijn: ofwel werden die in het voorgaande boekjaar nog vastgesteld, ofwel worden ze automatische vastgesteld op basis van de ramingen in de financiële nota van het (vorige) meerjarenplan voor dat boekjaar.

De procedure tot aanpassen van het meerjarenplan verloopt analoog aan de procedure tot opmaak en vaststellen van het oorspronkelijke plan zelf. De decreetgeving waarborgt eveneens de exclusiviteit, openbaarheid en vervroegde bezorgingsplicht [→ nr. 389].

Bij de aanpassing van het meerjarenplan en de daarbij horende opmaak van de kredieten moet het lokaal bestuur als goede huisvader steeds nagaan of de gemaakte ramingen nog steeds realistisch zijn. De aanpassing bevat minstens, in voorkomend geval, de wijzingen van de strategische nota, het financiële doelstellingenplan, de staat van het financiële evenwicht én een motivering van wijzigingen.

392 Het gemeentebestuur moet het resultaat van de jaarrekening in (de aanpassing van) het meerjarenplan verwerken. Dit is noodzakelijk aangezien het financiële evenwicht niet kan worden aangetoond wanneer het resultaat van de jaarrekening nog niet is vastgesteld door de gemeenteraad en/of het resultaat nog niet is verwerkt in de aanpassing van het meerjarenplan [→ nr. 383]. Zo moet bv. bij de aanpassing van een meerjarenplan 2020-2025 het resultaat van de jaarrekening worden verwerkt in de aanpassing van het meerjarenplan.

2.4. Toezicht

Art. 259 DLB

393 Het meerjarenplan en de aanpassingen ervan zijn onderworpen aan het algemeen bestuurlijk toezicht. De lokale besturen dienen hun meerjarenplan – of elke wijziging daarvan – toe te sturen aan de Vlaamse Regering. De toezichthoudende overheid kan dit meerjarenplan vernietigen wegens de schending van het recht of wegens strijdigheid met het algemeen belang [→ nr. 596].

De toezichthoudende overheid is verplicht het meerjarenplan of de wijziging ervan te vernietigen in vier gevallen:
- niet alle noodzakelijke informatie is aan de raadsleden ter beschikking gesteld om met kennis van zaken een beslissing te kunnen nemen, onder meer over de financiële risico's;
- er wordt niet afdoende of alleen op basis van fictieve gegevens aangetoond dat het financiële evenwicht gevrijwaard blijft in de boekjaren waarop het meerjarenplan betrekking heeft;
- het meerjarenplan dat aan de raadsleden is bezorgd, stemt niet overeen met de digitale rapportering die daarover aan de Vlaamse Regering is bezorgd;
- de verwachte ontvangsten of uitgaven zijn ten onrechte, of ten onrechte niet, opgenomen in het meerjarenplan.

Door de vernietiging van het meerjarenplan of de aanpassing ervan, vervallen meteen ook de kredieten die erin vastgesteld zijn.

Aangezien de gemeente en het OCMW gezamenlijke beleidsrapporten delen, is het evident dat de vernietiging door de toezichthoudende overheid van het meerjarenplan van de gemeente (of een aanpassing ervan), de vernietiging impliceert van het meerjarenplan van het openbaar centrum voor maatschappelijk welzijn (of de aanpassing ervan). Uiteraard geldt ook het omgekeerde.

3. Uitgaven en ontvangsten

3.1. Uitgaven

3.1.1. Betalingen van uitgaven

Art. 265-273 DLB

394 Een verbintenis mag alleen worden aangegaan als de financiele gevolgen ervan tijdens de periode van het meerjarenplan passen binnen de ramingen van het meerjarenplan en als de financiële gevolgen voor het lopende boekjaar passen binnen de limitatieve kredieten voor dat boekjaar in het meerjarenplan.

In de gevallen dat het bestuur nog geen kredieten heeft voor het lopende boekjaar, moet elke nieuwe verbintenis of elke aanpassing aan een bestaande verbintenis worden goedgekeurd door de bevoegde gemeente- of OCMW-raad.

395 Een verbintenis, aangegaan door de bevoegde overheid, moet voorafgegaan zijn door een visum van de financieel directeur. Daarna volgt, na de levering, de factuur en vervolgens de betaling die meestal giraal is. De financieel directeur staat in voor de uitvoering van alle girale betalingen.

Voor de girale betalingen is een dubbele handtekening vereist. De eerste vereiste toestemming is die van de algemeen directeur of zijn gemachtigde (betalingsopdracht). De tweede handtekening is afkomstig van de financieel directeur zelf of zijn gemachtigde (uitvoering van de betaling).

Indien de algemeen directeur of een door hem met betalingsverrichtingen belast personeelslid weigert een betalingsopdracht aan een financiële instelling te ondertekenen of als een betaling via de kas wordt geweigerd, kan het college op eigen verantwoordelijkheid bevelen de betaling uit te voeren.

396 Andere betalingswijzen, zoals bv. de contante betaling, kunnen ook voorkomen. Voor de betaling van geringe exploitatie-uitgaven van dagelijks bestuur, die voor de goede werking van de dienst zonder uitstel of onmiddellijk moeten worden gedaan, kan de algemeen directeur beslissen om aan bepaalde personeelsleden een provisie ter beschikking te stellen. Het organisatiebeheersingssysteem moet hierin voorzien. Hiervoor is dus geen dubbele handtekeningverplichting vereist.

Betalingen in verband met het thesauriebeheer gebeuren autonoom door de financieel directeur. Hier is dus geen dubbele handtekening vereist.

397 Als verscheidene gemeenten betrokken zijn bij een uitgave die door of krachtens wettelijke of decretale bepalingen aan de gemeente is opgelegd, dragen ze allemaal daarin bij naar evenredigheid van het belang dat ze erbij kunnen hebben. In geval van weigering of van onenigheid over de verhouding van dat belang en van de te dragen lasten, beslist de provinciegouverneur.

Tegen dit besluit van de gouverneur kan de gemeenteraad binnen de 30 dagen beroep aantekenen bij de Vlaamse Regering.

3.1.2. | Soorten uitgaven

398 We onderscheiden drie soorten uitgaven:

1) *Exploitatie-uitgaven* die relateren aan de normale werking van het gemeentebestuur zoals bv. de wedde van het personeel, de aankoop van bureelbenodigdheden, toelagen aan verenigingen, dotatie voor de werking van de politiezone of de hulpverleningszone ...;
2) *Investeringsuitgaven* die verband houden met de verwerving van duurzame middelen zoals bv. de aankoop van een gebouw, het aanleggen van een weg, studie naar een investeringsproject, de participatie in intergemeentelijke samenwerkingsverbanden ...;
3) *Andere uitgaven* die vooral verband houden met de schulden.

De volledige catalogisering van soorten uitgaven is terug te vinden in de bijlage 'algemene rekeningen voor de budgettaire verrichtingen' bij het MB van 26 juni 2018 (*BS* 3 augustus 2018).

3.2. | Ontvangsten

3.2.1. | Facturatie en invordering van ontvangsten

Art. 265-273 DLB

399 De invordering komt de financieel directeur toe. Voor onbetwiste niet-fiscale schuldvorderingen kan hij daarvoor een decretaal dwangbevel uitvaardigen. Voor de fiscale vorderingen en voor toegestane terugvorderbare subsidies zijn er wettelijk geregelde dwangbevelen. Zoals eerder gesteld moet de te vorderen schuld opeisbaar, zeker en vaststaand zijn [→ nr. 336].

3.2.2. Soorten ontvangsten

400 Net als bij de uitgaven onderscheiden we drie vormen van ontvangsten:
1) *exploitatieontvangsten* die verband houden met de normale werking van het gemeentebestuur, waaronder de fiscale ontvangsten en boetes (bv. gemeentebelasting), werkingssubsidies (bv. gemeentefonds) of financiële ontvangsten (bv. dividenden);
2) *investeringsontvangsten* zoals bv. de verkoop van gebouwen;
3) *andere ontvangsten* die vooral verband houden met de schulden, zoals op te nemen leningen en leasings.

De volledige catalogisering van soorten ontvangsten is terug te vinden in de bijlage 'algemene rekeningen voor de budgettaire verrichtingen' bij het MB van 1 oktober 2010 (*BS* 27 oktober 2010).

In wat verder volgt gaan we dieper in op enkele belangrijke ontvangsten.

3.2.3. Fiscale ontvangsten

401 Om haar uitgaven te dekken kan de gemeente overgaan tot het heffen van belastingen. Het is een eenzijdige maatregel waarbij de gemeente aan de burgers een verplichting oplegt. De gemeenten beschikken over een ruime fiscale autonomie. De wet kan echter maximumvoeten instellen of verbieden dat bepaalde belastingen worden geheven.

De gemeenten kunnen twee soorten belastingen heffen:
1) *eigen belastingen*: dit zijn belastingen die alleen door de gemeente en niet door een andere overheid worden geheven;
2) *aanvullende belastingen*: dit zijn belastingen die in de vorm van een bepaald percentage op een bestaande belasting worden geheven.

3.2.3.1. Aanvullende belastingen

402 De twee belangrijkste aanvullende belastingen zijn de opcentiemen op de onroerende voorheffing (titel 2, hoofdstuk 1, Vlaamse Codex Fiscaliteit) en de aanvullende personenbelasting (art. 464-470*bis* WIB92). De aanvullende belasting op de personenbelasting (APB) wordt gevestigd als een percentage op de inkomstenbelastingen, die geregeld, gevestigd, en ingevorderd worden door de federale overheid. De onroerende voorheffing is een gewestbelasting, gevestigd op het kadastraal inkomen van onroerende goederen: gronden, woningen, gebouwen en sommige bedrijfsuitrustingen.

De Vlaamse belastingdienst vordert de opcentiemen samen met de basisbelasting in en stort die door naar de gemeenten.

Daarnaast zijn nog enkele andere aanvullende belastingen mogelijk, waaronder:
- opdeciemen op de verkeersbelasting (art. 2.2.4.0.5 Vlaamse Codex Fiscaliteit);
- opcentiemen op de gewestelijke milieuheffing (art. 44-65 decreet van 23 december 2011, *BS* 28 februari 2012);
- opcentiemen op de gewestbelasting op verkrotte woningen (titel 2, hoofdstuk 5, Vlaamse Codex Fiscaliteit);
- opcentiemen op de gewestbelasting op leegstand bedrijfsruimten (titel 2, hoofdstuk 6, Vlaamse Codex Fiscaliteit).

3.2.3.2. Eigen gemeentebelastingen

A. Gemeenteraadsbeslissing

403 De Belgische Grondwet waarborgt het exclusieve recht van de gemeenteraad om belastingen in te voeren. Bij eigen gemeentebelastingen bepaalt de gemeenteraad alle elementen van het belastingreglement: het belastbaar voorwerp, de berekening, de aanwijzing van de belastingschuldige, de vrijstellingen en de verminderingen. Hij kan deze bevoegdheid niet aan het schepencollege delegeren [→ nr. 171]. De gemeentebelasting kan algemeen zijn maar ook voor specifieke zaken worden ingevoerd. Hier denken we bv. aan de belasting op tweede verblijven, de milieubelasting, een belasting op parkeren, een belasting op het ophalen van huisvuil …

Het decreet van 30 mei 2008 (*BS* 4 juli 2008) legt de modaliteiten voor het vestigen, het invorderen en de geschillen van de eigen gemeentebelasting vast. Dit decreet geldt dus niet voor de opcentiemen en aanvullende belastingen op de belastingen van de federale overheid, de gemeenschappen en de gewesten.

B. Facultatief onderzoek de commodo et incommodo

404 Na de beslissing van de gemeenteraad om een belasting te vestigen, kan een voorafgaand onderzoek de *commodo et incommodo* worden geopend. Hiertoe hangt het gemeentebestuur gedurende 15 dagen een bericht voor het publiek uit, met vermelding van de dag, het uur en de plaats waar de burgers hun klachten kunnen indienen. Dit onderzoek geraakte geleidelijk in onbruik. Het wordt dan ook niet langer verplicht gesteld, maar is aan te bevelen bij diepgaande wijzigingen van een belastingreglement.

C. Invordering

405 De invordering van de eigen gemeentebelastingen hangt af van het soort belasting. Vooreerst zijn er de kohierbelastingen waar het gemeentebestuur voor de invordering een belastingkohier moet opmaken. Een belastingkohier is een lijst waarop, per belastingplichtige en voor elk soort belasting afzonderlijk, het bedrag van die belasting samen met de identiteit van de belastingplichtige en het dienstjaar wordt vermeld. Om ingevorderd te kunnen worden, moeten de kohieren ten laatste op 30 juni door het schepencollege uitvoerbaar worden verklaard.

Ten tweede zijn er de contantbelastingen die dus niet bij wege van kohieren worden geïnd. De invordering gebeurt contant tegen afgifte van een betalingsbewijs.

D. Bezwaar

406 Een belastingschuldige kan bij het schepencollege bezwaar indienen als hij niet akkoord gaat met de gemeentebelasting. Hij beschikt daarvoor over een termijn van drie maanden na de verzending van het aanslagbiljet. Het schepencollege beslist vervolgens binnen de zes maanden.

Tegen de beslissing van het schepencollege staat een beroep bij de rechtbank van eerste aanleg open.

3.2.4. | Retributies

407 Retributies zijn rechten die door de gemeente worden geheven ter vereffening of betaling van een dienst die de gemeente aan een derde heeft bewezen, zonder dat deze laatste enige verplichting had om op die gemeentelijke dienstverlening een beroep te doen. Retributies zijn geen belastingen.

Voorbeelden van gemeentelijke retributies zijn parkeergelden, toegangsgelden voor musea of sporthallen, het onschadelijk maken of vernietigen van een wespennest door de brandweer, het voltrekken van huwelijken …

De financieel directeur kan een dwangbevel uitvaardigen voor de invordering van deze onbetwiste en opeisbare niet-fiscale schuldvorderingen [→ nr. 336].

3.2.5. Tarieven

408 Tarieven zijn de vergoedingen voor een prestatie die door een andere instantie geleverd wordt dan de instantie opgesomd in artikel 173 van de Grondwet (o.a. de gemeenten, de provincies, de agglomeratie en de federatie van gemeenten of de gemeente). Te denken valt aan de diensten van een autonoom gemeentebedrijf waar een 'tarief' wordt gevraagd.

3.2.6. Vlaams Gemeentefonds

409 De hogere overheden hebben in de loop der jaren een aantal fondsen opgericht die zij zelf spijzen door middel van dotaties. Deze middelen worden vervolgens naar de gemeenten omgeslagen. Het resultaat was een amalgaam van ad-hocfondsen. De meeste fondsen werden inmiddels gebundeld in het Vlaams Gemeentefonds waarvan de organisatie en verdeling van de gelden is vastgelegd bij het Gemeentefondsdecreet van 5 juli 2002.

Zo werd een compensatie voorzien na de afschaffing van de Eliataks en ten aanzien van bepaalde gemeenten die een grensoverschrijdende leasingoperatie voor hun rioolstelsel hebben aangegaan. Recent integreerde het decreet van 3 juli 2015 (*BS* 24 juli 2015) zeven sectorale subsidies (jeugd, cultuur, sport, flankerend onderwijsbeleid, ontwikkelingssamenwerking, integratie en kinderarmoedebestrijding) in het Vlaams Gemeentefonds. Met ingang van 1 januari 2016 verkrijgen de gemeenten een aanvullende dotatie.

Bij decreet van 2 december 2017 werden ook de middelen van het voormalig Vlaams Stedenfonds ingebed in het Gemeentefonds. Vanaf 1 januari 2017 krijgen 13 centrumsteden een aanvullende centrumstaddotatie volgens dezelfde financiële verdeelsleutel als in het voormalig Stedenfonds.

3.2.6.1. Basisdotatie

Art. 1-19*octies* Gemeentefondsdecreet

A. Gewestelijke dotatie

410 384.413. Het Vlaamse Gewest neemt zijn jaarlijkse dotatie aan het Vlaams Gemeentefonds op in zijn begroting. De hoogte van die dotatie van het Vlaamse Gemeentefonds is gelijk aan het bedrag van het vorige jaar, aangepast aan een evolutiepercentage van 3,5 %. Die berekende dotatie wordt voor de jaren 2013 tot en met 2017 telkens met een bepaald bedrag verminderd, met name:
- 2013: € 261 000;
- 2014: € 522 000;

- 2015: € 783 000;
- 2016: € 1 044 000;
- 2017 e.v.: € 470 000.

Deze in mindering gebrachte bedragen worden als structurele co-financiering toegevoegd aan de kredieten die voor de financiering van de externe audit van de lokale overheden worden ingeschreven in de algemene uitgavenbegroting van de Vlaamse Gemeenschap.

De dotatie voor 2020 bedraagt € 2 767 685 000 (raming).

B. Verdeling over de gemeenten en OCMW's

411 De dotatie van het Vlaams Gemeentefonds wordt elk jaar verdeeld over de gemeenten en de OCMW's voor hun algemene financiering.

De verdelingscriteria zijn:
1) 40,96 % voor centrumgemeenten en kustgemeenten:
   - 29,9 % volgens het aantal inwoners in de steden Antwerpen en Gent;
   - 1,6 % voor de stad Brugge;
   - 1,1 % voor de stad Leuven;
   - 5,3 % volgens het aantal inwoners in de volgende steden: Turnhout, Roeselare, Genk, Oostende, Hasselt, Sint-Niklaas, Kortrijk, Mechelen en Aalst;
   - 2% volgens het aantal inwoners in de volgende steden: Aarschot, Deinze, Dendermonde, Diest, Eeklo, Geel, Halle, Herentals, leper, Knokke-Heist, Lier, Lokeren, Mol, Oudenaarde, Ronse, Sint-Truiden, Tielt, Tienen, Tongeren, Vilvoorde en Waregem;
   - 1% volgens het aantal inwoners in de gemeenten waarvan het grondgebied grenst aan de zee;
2) 8 % voor de centrumfunctie:
   - 4 % volgens de actieve bevolking, tewerkgesteld in de gemeente;
   - 4 % volgens het aantal leerlingen en studenten dat onderwijs volgt op het grondgebied van de gemeente;
3) 30,2 % voor de fiscale armoede:
   - 19 % op de omgekeerde evenredigheid van de totale opbrengst van de personenbelasting van de inwoners in de gemeente, exclusief de aanvullende belasting op de personenbelasting;
   - 11,2 % op de omgekeerde evenredigheid van het totale kadastrale inkomen op het grondgebied van de gemeente;

4) 6 % voor de open ruimten op basis van de oppervlakte bos, tuinen en parken, woeste gronden, gekadastreerde wateren, akkerland, grasland, recreatiegebieden en boomgaarden;
5) 15 % voor sociale maatstaven:
   - 1 % volgens het aantal personen met een voorkeursregeling in de ziekteverzekering, exclusief leefloners;
   - 4 % volgens het aantal kortgeschoolde werkzoekenden met een werkloosheidsuitkeringsaanvraag;
   - 3 % volgens het gemiddelde aantal geboorten in een kansarm gezin over 3 jaar;
   - 3 % volgens het aantal sociale huurappartementen;
   - 4 % volgens het gemiddelde aantal personen dat recht heeft op een leefloon over 3 jaar.

Voor de gemeenten Sint-Niklaas, Dendermonde en Hamme wordt nog een specifiek bedrag in mindering gebracht ter recuperatie van een door de Vlaamse Regering verleende waarborg bij een leasingsoperatie van hun rioleringsstelsel.

Het Grondwettelijk Hof heeft bovenstaande criteria niet ongrondwettig geacht (GwH 4 oktober 2018, nr. 120/2018). In haar arrest van 4 oktober 2018 (nr. 121/2018) stelt het Hof evenwel dat bij een volgende wijziging van de middelen uit het Gemeentefonds de decreetgever verplicht is rekening te houden met de huidige actualiteitswaarde van de gegevens. De huidige verdeling van de middelen is immers gebaseerd op verouderde gegevens, met name het Ruimtelijk Structuurplan Vlaanderen van 1998, een analyse van de sociaaleconomische Raad van Vlaanderen van 1995 en een economische typologie van gemeenten, onderzocht door het toenmalige Gemeentekrediet in 1998.

412 De toepassing van het decreet mag er niet toe leiden dat een gemeente minder ontvangt dan de som van:
1) het aandeel in het Gemeentefonds 2002, behalve een eventueel uitzonderlijk aanvullend aandeel;
2) het toegekend trekkingsrecht uit het Investeringsfonds 2002 behalve een eventueel uitzonderlijk aanvullend trekkingsrecht;
3) het voor 2002 gewaarborgde aandeel uit het Sociaal Impulsfonds (SIF);
4) het gedeelte boven de waarborg uit het *SIF* 2002 voor de gemeenten die zo'n aandeel ontvingen in 2002, behalve voor de centrumsteden die hierboven onder de punten 1. a, b en c van de verdelingscriteria werden vernoemd.

De berekende aandelen van de gemeenten die lager liggen dan de gewaarborgde ontvangst, worden verhoogd door afneming van de daarvoor noodzakelijke bedragen op de aandelen van de gemeenten die hoger liggen dan de gewaarborgde ontvangst. De afnemingen gebeuren in verhouding tot de bedragen waarmee de aandelen van die gemeenten de gewaarborgde ontvangst overstijgen.

C. Fiscale penalisatie

413 Het Vlaams Gemeentefonds is in de eerste plaats een instrument tot herverdeling van middelen, terwijl in beginsel de middelen van de gemeenten in de eerste plaats moeten voortvloeien uit de eigen belastingen. Daarom kunnen de gemeenten slechts hun volledig berekend aandeel uit het fonds verkrijgen als zij zelf een minimale fiscale inspanning leveren op het vlak van de personenbelasting en de onroerende voorheffing.

Het gemeentelijk aandeel vermindert daarom als de aanslagvoet voor de aanvullende personenbelasting (APB) lager is dan 5 % of als de aanslagvoet voor de opcentiemen op de onroerende voorheffing (OOV) lager is dan 700. In die gevallen wordt het gemeentelijk aandeel verminderd:
- met 0,5 % voor elk tiende van een procent voor de APB;
- met 25/700 % voor elke opcentiem onder de drempelwaarde bij de onroerende voorheffing.

De som van de bedragen die in mindering wordt gebracht van deze gemeenten, wordt evenredig verdeeld onder de overige gemeenten, behalve onder de gemeenten van wie de aandelen verhoogd werden tot de gewaarborgde ontvangst.

D. Verhouding gemeente en OCMW

414 Elke gemeente kan vragen een deel van het aandeel rechtstreeks te storten op de rekening van het OCMW. De beslissing moet uitgaan van de gemeente- en de OCMW-raad en moet uiterlijk op 30 juni van het jaar dat de verdeling voorafgaat, toekomen op het Ministerie van het Vlaamse Gewest, Administratie Binnenlandse Aangelegenheden.

De verhouding blijft de volgende jaren behouden, tenzij de gemeente- en de OCMW-raad hun eerdere beslissing voor 30 juni wijzigen.

Als de gemeente en het OCMW geen beslissing nemen – of hun beslissing te laat overmaken – dan wordt sowieso 8 % van het gemeentelijk aandeel op de rekening van het OCMW gestort.

3.2.6.2. Algemene aanvullende dotatie

Art. 19*novies*-19*duodecies* Gemeentefondsdecreet

415 De sectorale middelen voor jeugd, cultuur, sport, flankerend onderwijsbeleid, ontwikkelingssamenwerking, integratie en kinderarmoedebestrijding werden geïntegreerd in het Vlaams Gemeentefonds. Door die samensmelting van middelen gelden de voormalige sectorale subsidievoorwaarden en stringente rapporteringsplicht niet meer.

Jaarlijks verdeelt het Vlaamse Gewest het bedrag van € 130 390 328,71 over de gemeenten. Het bedrag wordt niet geïndexeerd en ligt vast per gemeente in de bijlage 1 van het Gemeentefondsdecreet.

3.2.6.3. Aanvullende dotatie voor centrumsteden

Art. 19*terdecies*-19*sexies* Gemeentefondsdecreet

A. Dertien centrumsteden

416 De Vlaamse Gemeenschap verdeelt vanaf het begrotingsjaar 2017 de middelen van het voormalig Stedenfonds via een aanvullende dotatie. Een bedrag van € 146 378 000 zal in dit eerste begrotingsjaar over dertien centrumsteden worden verdeeld en wordt jaarlijks geïndexeerd met 3,5 %.

Meer concreet is de aanvullende dotatie voorzien voor de centrumsteden Aalst, Antwerpen, Brugge, Hasselt, Genk, Gent, Kortrijk, Leuven, Mechelen, Oostende, Roeselare, Sint-Niklaas en Turnhout.

B. Verdelingsmechanisme

417 Het totaalbedrag wordt verdeeld in twee stappen:
- voor Antwerpen en Gent: ¾ van het totaalbedrag;
- voor de overige 11 steden: de resterende middelen proportioneel verdeeld op basis van het bevolkingsaantal.

In tegenstelling tot de regeling van het Stedenfonds is de aanvullende dotatie volledig vrij van bijzondere voorwaarden en rapporteringsverplichtingen.

C. Geraamde verdeling 2020-2021

418 De volgende dotaties (in euro) worden – volgens de raming van het Agentschap Binnenlands Bestuur – aan dertien steden toegekend tussen in 2020 tot 2025.

	2020	2021	2022	2023	2024	2025
Aalst	3 899 063,29	4 049 608,79	4 204 958,85	4 365 300,92	4 530 870,61	4 701 899,47
Antwerpen	79 719 014,82	82 670 677,04	85 726 959,53	88 890 905,28	92 166 609,09	95 558 176,34
Brugge	5 365 504,04	5 575 109,98	5 791 204,10	6 014 059,61	6 244 014,69	6 481 400,12
Genk	5 467 773,00	5 467 773,00	5 467 773,00	5 467 773,00	5 467 773,00	5 467 773,00
Gent	39 703 270,19	41 167 030,38	42 683 213,48	44 253 295,75	45 879 280,60	47 563 181,40
Hasselt	3 511 958,54	3 650 839,78	3 793 882,64	3 941 276,47	4 093 252,25	4 250 034,89
Kortrijk	3 491 321,11	3 622 543,22	3 758 248,46	3 898 582,32	4 043 735,28	4 193 896,88
Leuven	4 656 748,77	4 829 368,38	5 008 089,23	5 193 090,33	5 384 612,02	5 582 895,12
Mechelen	4 033 336,39	4 171 674,98	4 315 862,86	4 465 985,26	4 622 186,46	4 784 619,43
Oostende	4 134 015,00	4 134 015,00	4 134 015,00	4 134 015,00	4 134 015,00	4 134 015,00
Roeselare	2 817 716,82	2 929 144,11	3 043 910,35	3 162 167,46	3 284 100,77	3 409 890,71
Sint-Niklaas	3 471 479,95	3 608 760,46	3 750 154,62	3 895 849,60	4 046 073,71	4 201 049,28
Turnhout	2 022 798,07	2 098 454,89	2 176 727,88	2 257 699,00	2 341 476,52	2 428 168,38
Totaal	162 294 000,00	167 975 000,00	173 855 000,00	179 940 000,00	186 238 000,00	192 757 000,00

3.2.6.4. Compenserende dotatie voor de afgeschafte Eliataks

Art. 19*bis*-19*quinquies* Gemeentefondsdecreet

419 De Eliataks was een belasting op het elektriciteitsverbruik die werd geheven via de beheerder van het hoogspanningsnetwerk en bedroeg € 4,91 per 1 000 kilowattuur. Deze taks werd ingevoerd ten gevolge van de Europese verplichting om het monopolie op de elektriciteitsdistributie af te schaffen. Daardoor verloren vele gemeenten, die immers via het voormalige Electrabel en talrijke intercommunales, hoge dividenden opstreken ten gevolge van de hoge elektriciteitsprijzen, een belangrijke inkomstenbron.

De federale overheid schafte in 2007 de Eliataks af. De Vlaamse Regering voorzag daarom dat vanaf 2008 de gemeenten een aanvullende dotatie zouden ontvangen ter compensatie van de afschaffing van de Eliataks. Tot en met 2025 wordt dit bedrag geraamd op de totale te verdelen som van € 83 000 000. Dit bedrag wordt niet geïndexeerd.

3.2.7. | Openruimtefonds

420 De artikelen 22 tot en met 25 van het Programmadecreet van 20 december 2019 (*BS* 30 december 2019) voorzien een aanvullende werkingssubsidie voor alle steden en gemeenten van het Vlaamse Gewest, met uitzondering van de 13 centrumsteden. Dit zogenoemde Openruimtefonds wil de beperkte fiscale inkomsten die lokale besturen krijgen uit hun open ruimte compenseren aangezien aan open ruimte wel veel kosten verbonden zijn.
De verdeling onder de steden en gemeenten gebeurt op basis van de kadastrale gegevens over open ruimte (bos, tuin en park, woeste gronden, gekadastreerde wateren, akkerland, grasland, recreatieterreinen en boomgaarden), zoals gehanteerd voor de definitieve afrekening van het Gemeentefonds voor het voorgaande jaar. De 13 centrumsteden zijn uitgesloten van deze financiering. Voor de regionale steden en kustgemeenten wordt het bedrag beperkt tot maximaal 6 % van het aandeel in het Gemeentefonds van het voorgaande jaar, verhoogd met 3,5 %. Voor de andere gemeenten is er een aftopping tot 13 % van hun aandeel in het Gemeentefonds van het voorgaande jaar, verhoogd met 3,5 %.
Er is een groeipad voor dit fonds voorzien naar 2024.

3.2.8. | Tussenkomst responsabiliseringsbijdrage

421 Om de toenemende pensioenuitgaven van lokale besturen te milderen voorzien de artikelen 26 tot en met 28 van het

Programmadecreet van 20 december 2019 (*BS* 30 december 2019) in een financieringslijn ten belope van de helft van de responsabiliseringsbijdrage die de Vlaamse gemeenten, OCMW's, autonome gemeentebedrijven, havenbedrijven, hulverleningszones, politiezones, ziekenhuizen en welzijnsverenigingen moeten betalen.
De korting die besturen kunnen krijgen op de responsabiliseringsbijdrage door de verschuldigde premie voor een aanvullende pensioenregeling voor hun contractueel personeel (tweede pensioenpijler) in mindering te brengen, wordt in deze financieringsregeling niet in rekening gebracht. De Vlaamse overheid gaat in dezen uit van de "bruto responsabiliseringsbijdrage".
Er is een groeipad voor deze financiering voorzien naar 2024.

3.2.9. Investeringsfonds

3.2.9.1. Doelstelling en verdelingsmechanisme

Art. 2-5 Investeringsfondsdecreet

422 Het Investeringsfondsdecreet van 23 december 2016 (*BS* 26 januari 2017) bundelt het Grootstedenfonds, het Stadsvernieuwingsfonds en het Plattelandsfonds in één nieuw fonds: het Vlaams Fonds voor stimulering van (groot)stedelijke en plattelandsinvesteringen ('Investeringsfonds'). De bundeling gaat gepaard met een vermindering van de administratieve lasten en bijhorende voorwaarden.

Bijgevolg blijven vanaf 1 januari 2017 slechts twee gemeentelijke fondsen over: het Gemeentefonds en het Investeringsfonds.

3.2.9.2. Verdeling

423 Voor het jaar 2017 bevat het fonds € 28 017 000 (Begrotingsaanpassingsdecreet 28 juni 2017). De verdeling van dit bedrag uit het Investeringsfonds is in een eerste stap afhankelijk gesteld van de kwalificatie van de verschillende steden en gemeenten. De vaste verdeelsleutel is als volgt.

1) *Grootsteden*: 46,36 %
   - Antwerpen: 34,79 %;
   - Gent: 7,25 %;
   - Sint-Niklaas: 1,79 %;
   - Mechelen: 1,66 %;
   - Oostende: 0,87 %.
2) *Centrumsteden, provinciale steden en Brussel-Hoofdstad*: 29,37 %

– Centrumsteden: Antwerpen, Aalst, Brugge, Hasselt, Genk, Gent, Kortrijk, Leuven, Mechelen, Oostende, Roeselare, Sint-Niklaas en Turnhout;
– Provinciale steden: Deinze, Dendermonde, Diest, Eeklo, Geel, Halle, Herentals, Ieper, Knokke-Heist, Lier, Lokeren, Mol, Oudenaarde, Ronse, Sint-Truiden, Tielt, Tienen, Tongeren, Vilvoorde en Waregem;
– Brussel-Hoofdstad via de Vlaamse Gemeenschapscommissie (VGC).

3) *Plattelandsgemeente*n: 24,27 % aan een selectie van 50 gemeenten [→ nr. 426].

In een tweede stap worden de drie subsidiestromen binnen het Investeringsfonds verdeeld onder de corresponderende steden en gemeenten. Die verdeling geschiedt volgens het besluit van de Vlaamse Regering van 12 mei 2017 (*BS* 20 juni 2017).

3.2.9.3. Subsidies voor grootsteden

Art. 6 Investeringsfondsdecreet

424 De voor de grootsteden bestemde middelen kunnen door die steden worden aangewend voor innoverende stadvernieuwingsprojecten. Die investeringsuitgaven hebben als doel de duurzaamheid en de kwaliteit van de fysieke leefomgeving in een bepaald stadsdeel te verbeteren. Het moet wel degelijk gaan om investeringen en niet om de personeelsinzet of de werking te financieren.

Er is geen oproep met jurering voorzien, maar de steden moeten de inzet van de middelen evenwel verantwoorden op basis van hun jaarrekeningen.

3.2.9.4. Subsidies voor centrumsteden, provinciale steden en de VGC

Art. 7-8 Investeringsfondsdecreet

425 De centrumsteden (incl. de grootsteden), provinciesteden en de VGC kunnen (ook) subsidies vragen voor hun stadsvernieuwingsprojecten. Het decreet voorziet drie onderscheiden subsidie-instrumenten:

1) projectsubsidies voor multidisciplinaire stadsvernieuwingsprojecten (max. € 5 000 000);
2) projectsubsidies voor thematische stadsvernieuwingsconcepten (max. € 500 000);
3) conceptsubsidies voor de begeleiding van een stad bij de ontwikkeling van een stevige projectbasis en een innoverende projectvisie van een nieuw of lopend stadsvernieuwingsproject (max. € 90 000).

Elk instrument heeft zijn eigen procedure voor het toekennen van de subsidie. Daarbij wordt steeds een projectoproep gelanceerd door de minister bevoegd voor Binnenlands Bestuur waarna een jury advies verleent over alle aanvragen. Uiteindelijk is het de Vlaamse Regering die beslist over welke projecten ze wel dan niet betoelaagt.

3.2.9.5. Subsidies voor plattelandsgemeenten

Art. 9-14 en 17 Investeringsfondsdecreet

A. Doellijst

426 De selectie van 50 plattelandsgemeenten geschiedt op basis van een aantal afbakeningscriteria zodat de gemeenten een afspiegeling zijn van het platteland. De Vlaamse Regering maakte een 'doellijst' van 50 gemeenten die in aanmerking komen voor de plattelandssubsidies.

De criteria voor de opmaak van de doellijst zijn:
– het gemiddeld aantal inwoners per km² van de betrokken gemeente;
– het percentage bebouwde oppervlakte van de gemeente.

Krachtens het besluit van de Vlaamse Regering van 19 juli 2013 (*BS* 8 augustus 2013) zijn de volgende gemeenten, en in die volgorde, de doelgemeenten voor een periode van zes jaar die overeenstemt met de lokale beleidscyclus:

1.	Alveringem;	18.	Assenede;	35.	Koekelare;
2.	Zuienkerke;	19.	Herne;	36.	Hoegaarden;
3.	Lo-Reninge;	20.	Maarkedal;	37.	Wortegem-Petegem;
4.	Herstappe;	21.	Houthulst;	38.	Kaprijke;
5.	Heuvelland;	22.	Kortenaken;	39.	Zomergem (nu: Lievegem);
6.	Voeren;	23.	Geetbets;	40.	Mesen;
7.	Sint-Laureins;	24.	Ravels;	41.	Merksplas;
8.	Vleteren;	25.	Zoutleeuw;	42.	Wingene;
9.	Diksmuide;	26.	Meeuwen-Gruitrode;	43.	Gooik;
10.	Heers;	27.	Linter;	44.	Pittem;
11.	Bever;	28.	Moerbeke;	45.	Knesselare (nu: Aalter);
12.	Veurne;	29.	Bekkevoort;	46.	Glabbeek;
13.	Pepingen;	30.	Ruiselede;	47.	Hoogstraten;
14.	Langemark-Poelkapelle;	31.	Zonnebeke;	48.	Kortemark;
15.	Gingelom;	32.	Borgloon;	49.	Spiere-Helkijn;
16.	Damme;	33.	Horebeke;	50.	Galmaarden.
17.	Poperinge;	34.	Peer;		

De doellijst kan slechts worden herzien vanaf 1 januari 2024 en treedt vervolgens in werking vanaf het begin van de lokale beleidscyclus die daarop volgt (*de facto* 1 januari 2026).

B. Prioriteringslijst

427 De middelen van de totale subsidiepot voor plattelandsgemeenten worden verdeeld over de 50 bovengenoemde doelgroepgemeenten. De Vlaamse Regering maakt aan de hand van welbepaalde criteria een prioriteringslijst voor een periode van zes jaar die overeenstemt met de lokale beleidscyclus. Die verdelingscriteria zijn gebaseerd op fiscale draagkracht:

- het onroerend inkomen van de doelgemeente;
- de aanvullende personenbelasting van de doelgemeente;
- het aantal inwoners van de doelgemeente.

Deze criteria laten toe om een rangschikking op te maken van gemeenten die kampen met een beperkte financiële draagkracht. Krachtens het besluit van de Vlaamse Regering van 19 juli 2013 (*BS* 8 augustus 2013) komen de gemeenten, en in die volgorde, op de prioriteringslijst voor:

1. Mesen;
2. Vleteren;
3. Alveringem;
4. Houthulst;
5. Heuvelland;
6. Zonnebeke;
7. Koekelare;
8. Heers;
9. Poperinge;
10. Lo-Reninge;
11. Langemark-Poelkapelle;
12. Diksmuide;
13. Kortemark;
14. Gingelom;
15. Moerbeke;
16. Meeuwen-Gruitrode;
17. Sint-Laureins;
18. Ruiselede;
19. Knesselare (nu: Aalter);
20. Wingene;
21. Voeren;
22. Peer;
23. Spiere-Helkijn;
24. Borgloon;
25. Geetbets;
26. Ravels;
27. Assenede;
28. Zomergem (nu: Lievegem);
29. Zoutleeuw;
30. Pittem;
31. Kortenaken;
32. Damme;
33. Horebeke;
34. Herstappe;
35. Kaprijke;
36. Maarkedal;
37. Linter;
38. Bekkevoort;
39. Veurne;
40. Merksplas;
41. Bever;
42. Galmaarden;
43. Glabbeek;
44. Wortegem-Petegem;
45. Hoogstraten;
46. Zuienkerke;
47. Gooik;
48. Herne;
49. Hoegaarden;
50. Pepingen.

De prioriteringslijst kan slechts worden herzien vanaf 1 januari 2024 en treedt vervolgens in werking vanaf het begin van de lokale beleidscyclus die daarop volgt (de facto 1 januari 2026).

C. Verdeling

428 De plattelandssubsidies worden jaarlijks verdeeld over de doelgemeenten. De verdeling geschiedt volgens de volgorde zoals de gemeenten op de prioriteitenlijst voorkomen. Het bedrag hangt af van het aantal kilometer lokaal verhard wegennet zonder de maximumgrens van € 250 000 te mogen overschrijden.

De gemeente kunnen de middelen aanwenden voor hun project naar keuze zolang het gaat om investeringen in materiële vaste activa. De functionele en financiële verantwoording van de ingezette subsidies gebeurt via de jaarrekeningen.

3.2.10. Andere toelagen van hogere overheden

429 Naast de specifieke fondsen kunnen hogere overheden, zoals de Europese Unie, de federale overheid, de gemeenschap, het gewest of de provincie, toelagen uitreiken voor het dekken van bepaalde gemeentelijke uitgaven. Daarbij denken we aan de subsidies voor het onderwijs, cultuur of openbare werken.

3.2.11. Leningen

430 De gemeenteraad kan beslissen om leningen aan te gaan. Hij kan die bevoegdheid niet aan het schepencollege delegeren [→ nr. 171]. Leningen worden voornamelijk aangewend om de kosten van investeringen te dekken.

De gemeenteraadsbeslissingen zijn niet aan een bijzonder toezicht onderworpen.

4. Boekhouding

Art. 253 DLB, 80-164 BBC-besluit

431 De gemeente voert een voor de aard en de omvang van haar activiteiten passende boekhouding zodat ze aan de informatienoden van de interne en externe gebruiker kunnen voldoen. Het bestuur past daarbij de methode van het dubbel boekhouden toe. Op die manier registreert men gelijktijdig alle financiële gevolgen van een transactie. De techniek van dubbel boekhouden heeft het voordeel dat het een automatische controle inhoudt op de correctheid van de registratie.

Dit betekent evenwel niet dat de budgettaire boekhouding, gebaseerd op ontvangsten en uitgaven, wordt verlaten. Een budgettaire boekhouding is immers essentieel om de beleids- en de autorisatiefunctie van de beleidsrapporten te vervullen. Via het budget worden namelijk de machtigingen verleent om een bepaalde ontvangst te realiseren of een bepaalde uitgave te doen.

5. Jaarrekening

JAARREKENING	
Beleidsevaluatie: 1) doelstellingenrealisatie 2) ontvangsten en uitgaven per (prioritaire) doelstelling 3) verwijzing naar overzicht met alle beleidsdoelstellingen, actieplannen en acties, en bijbehorende ontvangsten en uitgaven	**Financiële nota**: 1) de doelstellingenrekening 2) de staat van het financieel evenwicht 3) de realisatie van de kredieten 4) de balans 5) de staat van de opbrengsten

Toelichting

5.1. Definitie en structuur

Art. 260-261 DLB, art. 17-28 BBC-besluit

432 De jaarrekening is de opgave van de ontvangsten en uitgaven die gedurende een bepaalde periode werkelijk werden gedaan. Dit document laat aan de gemeente- en OCMW-raadsleden toe toezicht uit te oefenen op het door het schepencollege en vast bureau gevoerde beheer. De jaarrekening geeft namelijk de mate van realisatie van de beleidsdoelstellingen en actieplannen weer. Bovendien worden de uitgevoerde actieplannen financieel vertaald en vergeleken met het meerjarenplan en de aanpassing ervan.

Het financiële dienstjaar komt overeen met het burgerlijk jaar. Tot een dienstjaar behoren alleen de rechten verkregen door de gemeente en de verplichtingen aangegaan ten opzichte van de schuldeisers tijdens dit dienstjaar, ongeacht het dienstjaar waarin zij worden vereffend.

433 Om de toegankelijkheid van de beleidsrapporten te waarborgen, zijn deze in de plannings- en evaluatiefase zoveel als mogelijk gelijk inzake hun structuur, vorm en inhoud. Net als het meerjarenplan bevat de jaarrekening dus een beleidsnota en een financiële nota. Naast de beleidsnota en de financiële nota bevat de jaarrekening tevens de samenvatting van de algemene rekeningen.

De structuur is dus als volgt:
1) *beleidsnota*: evaluatie van de mate van realisatie van de prioritaire beleidsdoelstellingen;
2) *financiële nota*: evaluatie van het gebruik van de toegekende kredieten aan de hoofdbudgethouder;
3) *samenvatting van de algemene rekeningen*: een balans (met actief- en passiefzijde) en een staat van opbrengsten en kosten.

De jaarrekening bevat eveneens een uitgebreide toelichting.

5.2. Opmaak en goedkeuring

Art. 249 en 254 DLB

434 De opmaak en goedkeuring van de jaarrekening verloopt op dezelfde wijze als bij het meerjarenplan [→ nr. 387]. De gemeente- en OCMW-raad moeten de jaarrekening uiterlijk vaststellen vóór 30 juni van het boekjaar dat volgt op het boekjaar waarop de rekening betrekking heeft.

5.3. Toezicht

Art. 262 en 334 DLB

435 In tegenstelling tot het meerjarenplan is de jaarrekening onderworpen aan het goedkeuringstoezicht door de toezichthoudende overheid.

Als de toezichthoudende overheid geen beslissing over de goedkeuring van de jaarrekening heeft verzonden binnen een termijn van 150 dagen wordt hij geacht te zijn goedgekeurd. De toezichtstermijn begint te lopen nadat de gemeente heeft laten weten dat de jaarrekening gepubliceerd is op de gemeentelijke website én de digitale rapportering erover heeft bezorgd.

De toezichthoudende overheid kan de jaarrekening slechts goedkeuren op voorwaarde dat:
- in het beleidsrapport alle noodzakelijke informatie aan de raadsleden ter beschikking is gesteld om met kennis van zaken een beslissing te nemen;
- de jaarrekening juist en volledig is en een waar en getrouw beeld geeft van de financiële toestand van de gemeente en het OCMW;
- het beleidsrapport dat aan de raadsleden is bezorgd overeenstemt met de digitale rapportering die daarover aan de Vlaamse Regering is bezorgd;

- de algemene en de budgettaire boekhouding op elkaar aansluiten.

HOOFDSTUK 6
DE WERKING

1. Akten van de gemeente en het OCMW

1.1. Informatiedrager

Art. 276 DLB

436 De lokale besturen kunnen vrij kiezen voor de meest geschikte informatiedrager doorheen het hele proces. Dit ontslaat hen evenwel niet van de verantwoordelijkheid om – ongeacht de gekozen informatiedrager – in te staan voor een duurzame bewaring en toegankelijkheid overeenkomstig de regels en principes van het Bestuursdecreet. Zo zijn er specifieke regels voorzien voor het bewaren van documenten (art. III.79-III.89 Bestuursdecreet), voor bestuurshandelingen in elektronische vorm (art. II.24-II.25 Bestuursdecreet) en voor het hergebruik van overheidsdocumenten (art. II.52-II.73 Bestuursdecreet). De communicatie van lokale besturen (o.a. taal, openbaarheid van bestuur, uitwisselen van berichten) wordt verder in dit zakboekje besproken [→ nr. 772].

1.2. Ondertekening

Art. 276, lid 2, en 279-283 DLB en art. II.24 Bestuursdecreet

Soort akte	*Ondertekening*	*Delegatiemogelijkheid*
Reglementen, verordeningen, beslissingen en andere stukken		
- van de gemeenteraad:	Gemeenteraadsvoorzitter	naar één of meer raadsleden, m.u.v. de notulen en het zittingsverslag
	Algemeen directeur	naar één of meer personeelsleden, m.u.v. de notulen en het zittingsverslag
- van het schepencollege:	Burgemeester	naar één of meer schepenen, m.u.v. de notulen
	Algemeen directeur	naar één of meer personeelsleden, m.u.v. de notulen
- van de burgemeester:	Burgemeester	naar één of meer schepenen
	Algemeen directeur	naar één of meer personeelsleden
Reglementen, verordeningen, beslissingen en andere stukken		
- van de OCMW-raad:	OCMW-raadsvoorzitter	naar één of meer raadsleden, m.u.v. de notulen en het zittingsverslag
	Algemeen directeur	naar één of meer personeelsleden, m.u.v. de notulen en het zittingsverslag

Soort akte	*Ondertekening*	*Delegatiemogelijkheid*
– van het vast bureau:	Voorzitter vast bureau	naar één of meer leden van het vast bureau, m.u.v. de notulen
	Algemeen directeur	naar één of meer personeelsleden, m.u.v. de notulen
– van de voorzitter van het vast bureau:	Voorzitter vast bureau	naar één of meer schepenen
	Algemeen directeur	naar één of meer personeelsleden
– van het BCSD	BCSD-voorzitter	naar één of meer BCSD-leden, m.u.v. de notulen
	Algemeen directeur	naar één of meer personeelsleden, m.u.v. de notulen
Beslissingen, akten e.d. voor taakstellingen specifiek toevertrouwd aan de financieel directeur	Financieel directeur, m.u.v. voor de aan andere personeelsleden gedelegeerde taken	
Beslissingen, akten e.d. voor taakstellingen specifiek toevertrouwd aan de maatschappelijk werker	Maatschappelijk werker m.u.v. voor de aan andere personeelsleden gedelegeerde taken	
Algemene briefwisseling van gemeente en OCMW	Burgemeester	naar één of meer schepenen
	Algemeen directeur	naar één of meer personeelsleden
Algemene briefwisseling van BCSD	BCSD-voorzitter	naar één of meer BCSD-leden
	Algemeen directeur	naar één of meer personeelsleden
Andere stukken	Conform huishoudelijk reglement of, bij gebrek daaraan, door de burgemeester/voorzitter vast bureau en algemeen directeur	

437 Indien een schepen, lid van het vast bureau, een raadslid of een personeelslid een gelegeerde handtekeningsbevoegdheid heeft verkregen, moet die bij het ondertekenen steeds zijn naam, functie en melding van die handtekenopdracht vermelden. Een gedelegeerde ondertekeningsopdracht is steeds herroepbaar.

438 Het Decreet Lokaal Bestuur voorziet aan welke criteria een elektronische handtekening moet voldoen om als handtekening te kunnen worden gekwalificeerd. De handtekening moet met name de authenticiteit en de integriteit van de gegevens waarborgen. De identiteit van de ondertekenaar en de inhoud van de akte moet ontegensprekelijk vaststaan. Deze vereisten zijn ook opgenomen in artikel II.24 van het Bestuursdecreet.

Een specifieke procedure om akten elektronisch te ondertekenen is niet voorzien in het decreet zelf aangezien er diverse mogelijkheden bestaan in de bestuurspraktijk. De Vlaamse Regering kan een specifieke procedure wel vastleggen.

1.3. Bekendmaking, kennisgeving en inwerkingtreding

Art. 285-287 DLB

1.3.1. Bekendmaking

439 Het lokaal bestuur is er toe gehouden om heel wat documenten digitaal bekend te maken op de gemeentelijke website. Dankzij deze modernisering is de bekendmaking middels aanplakking niet meer noodzakelijk. Het betreft een bekendmaking in de eigenlijke juridische zin: ze behelst de bekendmaking van de teksten en is noodzakelijk opdat de reglementen uitwerking zouden kunnen krijgen. De bekendmaking van de teksten gebeurt met vermelding van de datum waarop de beslissingen werden aangenomen en van de datum waarop de beslissingen op de website worden bekendgemaakt.

Het is de burgemeester en de voorzitter van het vast bureau die instaan voor de bekendmaking op de website met een lijst van de besluiten van:
- de gemeenteraad;
- het college van burgemeester en schepenen;
- de burgemeester;
- de raden van bestuur van de autonome gemeentebedrijven;
- de OCMW-raad;
- de algemene vergadering en de raad van bestuur van de welzijnsvereniging;
- het vast bureau;
- de voorzitter van het vast bureau.

De volgende besluiten moeten integraal worden bekendgemaakt op de gemeentelijke website:
- de reglementen en de verordeningen van de gemeenteraad, van het college van burgemeester en schepenen en van de burgemeester;
- de rechtspositieregeling van het gemeentepersoneel en de wijzigingen ervan;
- de beleidsrapporten van de gemeente en van het OCMW en de beleidsrapporten van de AGB's;
- de besluiten van de gemeenteraad over de beleidsrapporten van de AGB's;
- de oprichtingsakte van de AGB's;
- de statuten en de wijzigingen ervan van de AGB's;
- de oprichtingsakte van de GEVA in privaatrechtelijke vorm;
- de statuten van de GEVA in privaatrechtelijke vorm;
- de oprichtingsakte van het IGS met rechtspersoonlijkheid;
- de statuten van het IGS met rechtspersoonlijkheid;

- het besluit van de gemeenteraad tot oprichting van districten;
- de reglementen van de OCMW-raad en van het vast bureau;
- de afwijkingen van de rechtspositieregeling voor bepaalde OCMW-personeelsleden;
- de oprichtingsakte van de verenigingen en vennootschappen voor maatschappelijk welzijn die het OCMW heeft opgericht of mede opgericht;
- de statuten van de verenigingen voor maatschappelijk welzijn waarvan het OCMW deelgenoot is;
- de beleidsrapporten van de welzijnsverenigingen waarvan de maatschappelijke zetel zich in de gemeente bevindt.

Bovenstaande bekendmaking moet gebeuren binnen een termijn van tien dagen.

Uit privacyoverwegingen zijn de besluiten van het bijzonder comité voor de sociale dienst uiteraard niet openbaar. Ook informatie die valt onder de uitzonderingen tot algemene openbaarmaking in titel II, hoofdstuk 3, van het Bestuursdecreet van 7 december 2018 (zie [→ nr. 783]) wordt niet openbaar gemaakt. Te denken valt aan persoonsgegevens (namen, adressen ...) van burgers en personeelsleden die niet openbaar mogen worden gemaakt zonder hun toestemming.

440 De termijn waarop de publicatieplichtige besluiten raadpleegbaar moeten zijn op de gemeentelijke webtoepassing is bovendien verschillend:
- reglementen en verordeningen: zolang ze geldig zijn;
- agenda van de gemeente- en OCMW-raad: tot de publicatie van de notulen;
- goedgekeurde notulen van de gemeente- en OCMW-raad: ten minste een jaar vanaf de datum van de zitting waarin ze zijn goedgekeurd;
- de geactualiseerde en gecoördineerde versies van de rechtspositieregelingen, de belasting- en retributiereglementen, de statuten, de deontologische codes, de samenstelling van de politieke organen en het overzicht en de samenstelling van adviesraden en overlegstructuren: altijd;
- andere publicatieplichtige besluiten: zolang een maatregel van bestuurlijk toezicht mogelijk is.

De gedetailleerde bekendmakingsmodaliteiten zijn opgenomen in het Besluit van de Vlaamse Regering van 20 april 2018 (*BS* 20 april 2018).

1.3.2. Inwerkingtreding

Art. 288 DLB

441 Het publiceren op de website moet voldoende transparant gebeuren. Het louter publiceren van reglementen door het publiceren van de notulen van de gemeenteraad is onvoldoende. Die werkwijze vereist immers dat de burger die wil kennisnemen van een reglement moet weten op welke datum de gemeenteraad het reglement goedkeurde (RvS 3 februari 2017, nr. 237.284).

De reglementen en verordeningen treden in werking de vijfde dag na de rechtsgeldige bekendmaking ervan, tenzij deze akten zelf een andere datum van inwerkingtreding vermelden. De bekendmaking en de datum van bekendmaking van deze reglementen en verordeningen moeten blijken uit de aantekening in een speciaal register dat bij het besluit van 20 april 2018 (*BS* 11 mei 2018) door de Vlaamse Regering wordt geregeld.

1.3.3. Kennisgeving

Art. 289 DLB

442 Alle andere stukken worden bij wijze van een gewone brief ter kennis gebracht aan de betrokkene. Niet alleen de wet of het decreet kan van deze algemene regel afwijken. Ook het huishoudelijk reglement kan bepalen dat stukken op een andere wijze worden meegedeeld of ter kennis worden gebracht.

1.4. Briefwisseling

Art. 290 DLB

443 Alle briefwisseling aan de gemeente en het OCMW wordt geacht te zijn gericht aan respectievelijk het schepencollege en het vast bureau. De decreetgever achtte het niet wenselijk dat mogelijk verkeerd gerichte briefwisseling als niet bestaand wordt beschouwd. Daarbij denken we bv. aan brieven in het kader van een gerechtelijke procedure. Met briefwisseling wordt ook bedoeld een e-mail, een fax, maar bv. geen reclame, sms, spam of berichtgeving op sociale media.

Tenzij de gemeente- of OCMW-raad anders beslist, moet de briefwisseling geadresseerd zijn aan het gemeentehuis. Het is een gemeentebestuur niet enkel aangeraden, maar zelfs verplicht vanuit de openbaarheidsregelgeving om de coördinaten te vermelden van de gemeente [→ nr. 787].

Er wordt een register aangelegd van alle ingaande en uitgaande briefwisseling, van welke aard ook.

2. Gemeentelijk goederenrecht

2.1. Overheidsopdrachten

2.1.1. Amalgaam aan wetgeving

444 Een dwingend Europees, communautair kader regelt de Belgische overheidsopdrachtenreglementering op vrij dwingende wijze. Meer zelfs, het ontstaan van de federale overheidsopdrachtenwetgeving ondergaat een sterke beïnvloeding door de Europese Unie. De verschillende communautaire richtlijnen hebben de wetgever er meermaals toe geleid om de nationale regelgeving aan te passen, met wisselend succes. Hoewel de roep om een vereenvoudigde regelgeving bestaat, is de Belgische regelgever daar niet volledig in geslaagd.

Op 28 maart 2014 werden nieuwe Europese richtlijnen inzake overheidsopdrachten gepubliceerd in het Publicatieblad van de Europese Unie. Het betreft een richtlijn inzake het plaatsen van concessieovereenkomsten (richtlijn 2014/23/EU), een richtlijn voor de klassieke sectoren (richtlijn 2014/24/EU) en een richtlijn voor de speciale sectoren (richtlijn 2014/25/EU). De implementatietermijn bedraagt 24 maanden en dus had de federale overheid tijd tot 18 april 2016 om ze in Belgische regelgeving om te zetten.

Vandaag de dag is de volgende federale wetgeving relevant:
- Overheidsopdrachtenwet van 17 juni 2016, *BS* 14 juli 2016;
- Rechtsbeschermingswet van 17 juni 2013 betreffende de motivering, de informatie en de rechtsmiddelen inzake overheidsopdrachten en bepaalde opdrachten voor werken, leveringen en diensten, *BS* 21 juni 2013;
- KB van 18 april 2017 plaatsing overheidsopdrachten in de klassieke sectoren, *BS* 9 mei 2017;
- KB van 14 januari 2013 tot bepaling van de algemene uitvoeringsregels van de overheidsopdrachten en van de concessies voor openbare werken, *BS* 14 februari 2013;
- KB van 18 juni 2017 plaatsing overheidsopdrachten in de speciale sectoren, *BS* 23 juni 2017;
- Concessiewet van 17 juni 2016, *BS* 14 juli 2016;
- KB van 25 juni 2017 betreffende de plaatsing en de algemene uitvoeringsregels van de concessieovereenkomsten, *BS* 29 juni 2017.

De uitvoeringsbesluiten inzake de overheidsopdrachtenwetgeving maken een onderscheid tussen de klassieke en speciale sectoren. De klassieke overheden zijn de federale staat, de gewesten, gemeenten, OCMW's, (intergemeentelijke) samenwerkingsverbanden ... Daartegenover staan de speciale sectoren, met name water, energie, vervoer en postdiensten. In wat verder volgt, wordt niet dieper ingegaan op die speciale sectoren.

445 Het enkele feit dat de Europese en de Belgische wetgever hebben geoordeeld dat de bijzondere en stringentere procedures van de overheidsopdrachten niet van toepassing zijn voor bepaalde contracten van aanbestedende overheden, betekent echter nog niet dat ze zonder meer kunnen worden gesloten met een partij naar keuze. De aanbestedende overheden die deze overeenkomsten sluiten, blijven – minstens voor contracten met een intracommunautaire dimensie – in beginsel immers onderworpen aan het primaire EU-recht. Daarnaast blijven ook de Belgische beginselen van behoorlijk bestuur hun rol spelen [→ nr. 769].

2.1.2. Aanbestedende overheid

446 De overheidsopdrachtenwetgeving kent een vrij ruim toepassingsgebied. De Overheidsopdrachtenwet bevat in artikel 2 een gedetailleerde lijst van zogenaamde 'aanbestedende overheden' die onderworpen zijn aan de wetgeving. Het is duidelijk dat de wet van toepassing is op:
- gemeenten;
- provincies;
- OCMW's;
- meergemeentepolitiezones;
- hulpverleningszones;
- kerkfabriek en de instellingen die belast zijn met het beheer van de temporaliën van de erkende erediensten;
- polders en wateringen;
- verenigingen van één of meer aanbestedende overheden.

Minder vanzelfsprekend is de vraag of verzelfstandigingen en andere samenwerkingsverbanden van lokale besturen onder de Overheidsopdrachtenwet vallen. *Ad hoc* moet daarom per bestaande entiteit worden nagegaan of het gaat om een persoon die:
- opgericht is met het specifieke doel te voorzien in behoeften van algemeen belang die niet van industriële of commerciële aard zijn; en
- rechtspersoonlijkheid hebben; en

– waarvan:
  • ofwel de werkzaamheden in hoofdzaak gefinancierd worden door aanbestedende overheden of instellingen;
  • ofwel het beheer onderworpen is aan het toezicht van aanbestedende overheden of instellingen;
  • ofwel de leden van de directie, van de raad van bestuur of van de raad van toezicht voor meer dan de helft door aanbestedende overheden of instellingen zijn aangewezen.

Minstens is alvast te zeggen dat de Overheidsopdrachtenwet van toepassing zal zijn op de AGB's, interlokale verenigingen, projectverenigingen, dienstverlenende en opdrachthoudende verenigingen.

2.1.3. Aanneming van werken, leveringen en diensten

2.1.3.1. Bevoegdheid

447 Wanneer een gemeente een opdracht wil geven voor de aanneming van werken, leveringen of diensten, is zij strikt gebonden door wettelijke beschikkingen.

De gemeenteraad is bevoegd voor het vaststellen van de wijze waarop de opdrachten voor aanneming van werken, leveringen en diensten worden toegewezen, en het vaststellen van de voorwaarden ervan. Hij kan die bevoegdheid evenwel overdragen aan het schepencollege in twee gevallen:
– indien de opdracht nominatief in het vastgestelde meerjarenplan is opgenomen;
– wanneer het gaat om opdrachten van dagelijks bestuur [→ nr. 171, 245].

2.1.3.2. Wijzen van gunning

Naar keuze van het lokaal bestuur worden de overheidsopdrachten geplaatst bij aanbesteding of bij offerteaanvraag. In welbepaalde gevallen mogen ze bij onderhandelingsprocedure of via een concurrentiedialoog worden geplaatst.

A. Aanbesteding

448 Bij een aanbesteding zal de gemeente slechts de prijs als beoordelingsgrond meenemen. Indien de gemeente beslist de opdracht te plaatsen bij aanbesteding, dient die te worden gegund aan de inschrijver die de laagste regelmatige offerte heeft ingediend. In de praktijk plaatst men de meeste opdrachten van werken door middel van een aanbestedingsprocedure aangezien het opdrachtendocument ('bestek') vaak zodanig technisch gedetailleerd is dat de prijs het enige gunningscriterium is.

De aanbesteding kan open of beperkt zijn. De procedure is open wanneer elke geïnteresseerde inschrijver een offerte mag indienen. Een beperkte procedure is een tweestapsprocedure die bestaat uit een selectie- en gunningsfase. In tegenstelling tot de open procedure kunnen bij de beperkte procedure slechts de door de gemeente geselecteerde kandidaten een offerte indienen.

B. Offerteaanvraag

449 Bij een offerteaanvraag wijst de gemeente de opdracht toe aan de regelmatige offerte die economisch het voordeligst is vanuit het oogpunt van de gemeente. Hierbij spelen nog andere criteria dan de prijs een rol. De verschillende gunningscriteria zijn voorafgaandelijk in de aankondiging van de opdracht of een ander opdrachtdocument ('bestek') opgenomen.

Een offerteaanvraag kan evenzeer open of beperkt zijn.

C. Onderhandelingsprocedure

450 De opdracht geschiedt bij onderhandelingsprocedure indien de bevoegde overheid over de voorwaarden onderhandelt met een of meerdere aannemers, leveranciers of dienstenverleners. Op de onderhandelingsprocedure mag slechts een beroep worden gedaan in een limitatief aantal, in de wet opgesomde gevallen. Die gevallen moeten restrictief worden geïnterpreteerd.

De onderhandelingsprocedure kan gebeuren met of zonder bekendmaking. De gunningsprocedure geschiedt zonder bekendmaking wanneer de gemeente de door haar gekozen aannemers, leveranciers of dienstverleners raadpleegt en over de voorwaarden van de opdracht onderhandelt met één of meer van hen. Het gebeurt mét bekendmaking wanneer elke aannemer, leverancier of dienstverlener een aanvraag tot deelneming mag indienen, waarbij alleen de geselecteerden een offerte mogen indienen en waarbij over de voorwaarden van de opdracht kan worden onderhandeld met de inschrijvers.

D. Concurrentiedialoog

451 De concurrentiedialoog is de gunningsprocedure waaraan elke geïnteresseerde aannemer, leverancier of dienstverlener mag vragen deel te nemen en waarbij de gemeente een dialoog voert met de voor deze procedure geselecteerde kandidaten, teneinde één of meer oplossingen uit te werken die aan de behoeften van de gemeente gehoor geven en op grond waarvan de gekozen kandidaten zullen worden uitgenodigd om een offerte in te dienen.

Een aanbestedende overheid kan de concurrentiedialoog slechts gebruiken in geval van een bijzondere opdracht, met name wanneer zij:

- objectief niet in staat is de technische middelen te bepalen die aan haar behoeften kunnen voldoen of te beoordelen wat de markt te bieden heeft op het vlak van technische, financiële of juridische oplossingen; en
- van oordeel is dat de toepassing van de open of beperkte procedures het onmogelijk maakt de opdracht te plaatsen.

2.2. Concessieovereenkomst

452 De concessie van openbare dienst is een bestuurlijke overeenkomst, waarbij de overheid een particulier of een ander publiekrechtelijk orgaan ('concessiehouder') er tijdelijk mee belast een openbare dienst te beheren. Een concessieovereenkomst is in die zin een overeenkomst *sui generis*. Op de plaatsing van concessies van werken en diensten, zowel in de klassieke als de speciale sectoren, die de Europese drempelbedragen evenaren of overschrijden, is de Concessiewet van 17 juni 2016 (*BS* 14 juli 2016) van toepassing. De wet is niet van toepassing voor leveringen.

Het beheer gebeurt onder het gezag van de gemeente en met naleving van de voorwaarden die door de gemeente werden bepaald. Bij dergelijke overeenkomsten draagt de concessiehouder het ermee verbonden risico en wordt de vergoeding principieel op de gebruikers verhaald.

De concessie wordt op gemeentelijk vlak nogal eens toegepast voor de uitbating van kantines of restaurants in culturele of sportcentra.

Aangezien de concessie van bestuurlijke aard is, blijft de gemeente als concessieverlenende overheid meester van de situatie: zij kan eenzijdig het contract verbreken (eventueel met schadeloosstelling) of kan eenzijdig de uitbatingsvoorwaarden wijzigen.

453 De concessieovereenkomst mag niet worden verward met een domeinconcessie. Dit laatste is de overeenkomst waarbij een bestuurde de toestemming verkrijgt om privatief gebruik te maken van openbare domeingoederen. Immers, een dergelijke concessie is er niet op gericht de begunstigde een activiteit van algemeen belang te doen uitvoeren.

2.3. Domeingoederen

Art. 292-294 DLB

454 De overheidsgoederen, dus ook die van de gemeente, behoren tot ofwel het openbaar ofwel het privaat domein. Er bestaat evenwel geen wettelijk afgebakend onderscheid tussen het openbaar en privaat domein. In beginsel behoren overheidsgoederen tot het privaat domein, tenzij het tegendeel uitdrukkelijk blijkt uit een wetgevende norm of de bestemming van het goed. Het onderscheid tussen beiden is echter niet irrelevant.

We zouden kunnen stellen dat goederen tot het openbaar domein behoren als ze een artistieke, architectonische, wetenschappelijke, historische of bestuurlijke waarde hebben en onmisbaar zijn voor de openbare dienstverlening. Geval per geval zal echter moeten worden nagegaan of een goed nu aan het privaat dan wel het openbaar domein toebehoort. Voorbeelden van goederen van het openbaar domein zijn:
- het wegen- en spoorwegennet;
- het onroerend openbaar domein zoals openbare musea, bibliotheken, culturele en sportcentra, begraafplaatsen, kerken ...;
- het roerend openbaar domein zoals musea- en bibliotheekcollecties, voor de dienstverlening noodzakelijk materieel ...

Goederen van het openbaar domein staan in beginsel buiten de handel en er kunnen geen zakelijke rechten op worden gevestigd. Het verkopen van of vestigen van een erfdienstbaarheid op deze goederen is bijvoorbeeld onmogelijk.

Het Decreet Lokaal Bestuur voorziet op dit principe een uitzondering voor de gemeenten, AGB's, OCMW's, de welzijnsvereniging en de autonome verzorgingsinstelling. Op voorwaarde van bijzondere en omstandige motivering kunnen zij wél zakelijke rechten vestigen op openbare domeingoederen indien die rechten niet kennelijk onverenigbaar zijn met de bestemming van de goederen. Op die manier kunnen PPS-projecten ook eenvoudiger worden gerealiseerd [→ nr. 517]. Het vervreemden moet evenwel volgens de principes van mededinging en transparantie geschieden, behalve als er een motivering wordt gegeven voor een afwijking daarvan. De omzendbrief KB/ABB 2019/3 (*BS* 27 mei 2019) geeft meer toelichting bij de transacties van onroerende goederen door lokale besturen.

De OCMW's kunnen bovendien het beheer van hun onroerende goederen toevertrouwen aan de gemeente of een AGB van die gemeente, dat ook het privé- en het openbaar domein van de gemeente beheert.

2.4. Onteigening

2.4.1. Grondwettelijke bescherming

455 Onze Grondwet stelt in artikel 16 dat niemand uit zijn eigendom kan worden ontzet, dan ten algemenen nutte, in de gevallen en op de wijze bij de wet bepaald, en tegen billijke en voorafgaande schadeloosstelling. De grondwet legt dus drie vereisten op:
1) *doelstelling van algemeen nut*: het kan hierbij gaan om het gemeentelijk belang;
2) *een voorafgaandelijke billijke schadevergoeding*: een nauwkeurige en rechtvaardige vergoeding die een integraal herstel van de geleden schade inhoudt;
3) *volgens de bij 'wet' bepaalde procedure.*

Door een onteigening kan de gemeentelijke overheid de beschikking verkrijgen over roerende, maar vooral onroerende goederen, nodig voor de uitvoering van werken in het algemeen belang. Naast de traditionele eigendomsverwerving kan de onteigening ook slaan op een ander zakelijk recht dat apart op een onroerend goed rust. Te denken valt aan een recht van uitweg. Persoonlijke rechten, zoals huur of pacht, kunnen niet worden onteigend.

Het Onteigeningsdecreet van 24 februari 2017 (*BS* 25 april 2017) bepaalt de onteigeningsvoorwaarden en -procedures. De drie oude federale onteigeningswetten van 17 april 1835, 27 mei 1870 en 26 juli 1962 vervallen. In het bijzonder wordt de tweevoudige procedure (gewone en bij hoogdringendheid) vervangen door één overkoepelende onteigeningsprocedure.

2.4.2. Onteigeningsvoorwaarden

456 De onteigeningsprocedure is een bijzonder en ultiem rechtsmiddel dat slechts kan worden aangewend voor doeleinden van algemeen nut als de overheid niet via de gewone wijze een eigendom kan verwerven. Het Onteigeningsdecreet voorziet daarom een noodzakelijkheidsvoorwaarde.

De onteigenende overheid moet bijgevolg nagaan of en motiveren dat aan de volgende drie voorwaarden cumulatief is voldaan:
1) *het doel van de onteigening* is noodzakelijk: het doel bevat een dwingende reden van algemeen belang;
2) *de onteigening als middel* is noodzakelijk: er bestaat geen redelijk alternatief om het onroerend goed te verwerven;
3) *het voorwerp van de onteigening*: bestaat wel degelijk uit het geviseerde goed en geen ander.

Het onteigenen verloopt volgens een specifieke bestuurlijke procedure en na het betalen van een billijke en vooraf vastgestelde schadevergoeding.

2.4.3. Onteigeningsinstanties met en zonder machtigingsbevoegdheid

457 Diverse overheden beschikken over de mogelijkheid om het onteigeningsinstrument aan te wenden. Het gaat onder meer over de Vlaamse Regering, de gemeenten, de provincies, de OCMW's, de AGB's, de intergemeentelijke samenwerkingsverbanden, de havenbedrijven, de polders en wateringen, de autonome provinciebedrijven, de provinciale ontwikkelingsbedrijven, de sociale huisvestingmaatschappijen, Aquafin en waterzuiveringsmaatschappijen.

In beginsel kunnen de bevoegde onteigeningsinstanties slechts overgaan tot het afsluiten van de bestuurlijke en de opstart van de gerechtelijke procedure in het geval een hogere overheid een machtiging verleent. Dit is niet het geval voor de Vlaamse Regering, de gemeenten en de provincies die autonoom een onteigeningsbesluit kunnen uitvaardigen. Voor de OCMW's, AGB's, IGS'en en OCMW-samenwerkingsverbanden verleent de gemeenteraad een machtiging. De provincieraad doet dit ten aanzien van de autonome provinciebedrijven en de provinciale ontwikkelingsbedrijven. Bij het verlenen van die machtiging toetst die overheid de interne en externe onwettigheid van het voorgestelde onteigeningsbesluit.

2.4.4. Bestuurlijke procedure

458 De bestuurlijke procedure kan als volgt worden samengevat:
- aanvang bestuurlijke procedure: opmaak van basisdocumenten door onteigenende overheid:
  - voorlopig onteigeningsbesluit: voorwerp van onteigening, onteigeningsinstantie, rechtsgrond, doel van algemeen nut, motivatie van noodzakelijkheidsvoorwaarde;
  - onteigeningsplan: aangeduide percelen;
  - projectnota met onteigeningsdoelstellingen: te realiseren werken, realisatievoorwaarden, realisatietermijnen en beheersmodaliteiten van openbaar domein;
- onderhandelingsplicht: een ernstige poging om het goed minnelijk te verwerven;
- openbaar onderzoek: het recht om gedurende 30 dagen opmerkingen te formuleren voor alle eigenaars en houders van zakelijke of persoonlijke rechten op het onroerend goed;

- verzoek tot zelfrealisatie: de noodzakelijkheidsvereiste kan vervallen indien de eigenaar of houder van het zakelijk recht aangeeft dat die zelf bereid en in staat is om, binnen dezelfde termijnen en onder dezelfde voorwaarden, het onteigeningsdoel dat de overheid voor ogen had, te realiseren;
- *vaststelling definitief onteigeningsbesluit* binnen de 90 dagen na het openbaar onderzoek (160 dagen in geval van verzoek tot zelfrealisatie).

Het Onteigeningsdecreet voorziet bijzondere procedurele mogelijkheden om de onteigeningsprocedure te laten samenvallen met de procedure tot opstellen van een ruimtelijk uitvoeringsplan (RUP), een voorkeurs- of projectbesluit of rooilijnplan.

Een verzoek tot schorsing of vernietiging van het definitief onteigeningsbesluit kan binnen de 65 dagen worden ingediend bij de Raad voor Vergunningsbetwistingen. De Raad van State treedt op als cassatierechter.

2.4.5. Gerechtelijke procedure

459 Na de bestuurlijke procedure tot uitvaardigen van het onteigeningsbesluit volgt een gerechtelijke procedure die als volgt kan worden samengevat:

- *inleiding bij vrederechter* die binnen drie maanden oordeelt over wettigheid en vervolgens over de provisionele vergoeding;
  - inbezitname door de overheid is mogelijk na betalen van een provisionele vergoeding in de Deposito- en Consignatiekas of op een latere datum indien zo door de vrederechter is bepaald;
- *mogelijkheid tot beroep* bij rechtbank van eerste aanleg;
- *uitspraak van de vrederechter*, ingeval wettigheid is vastgesteld, binnen de vijf maanden over de definitieve onteigeningsvergoeding;
- *mogelijkheid tot beroep* bij de rechtbank van eerste aanleg.

Als de gerechtelijke procedure niet aanvangt binnen de vijf jaar na het definitieve onteigeningsbesluit, kan de eigenaar of houder van het zakelijk recht verzoeken van de onteigening af te zien. Indien de overheid hier niet op ingaat, moet zij binnen de twee jaar de gerechtelijke onteigeningsprocedure aanvangen.

2.5. Opeising

460 Door de opeising kan de gemeente zich in bijzondere omstandigheden de medewerking van de burgers verzekeren of zich bepaalde zaken toe-eigenen.

Zo kan de gemeente in volgende gevallen tot opeising overgaan:
1) de burgemeester kan een gebouw dat sedert meer dan zes maanden is verlaten, opeisen om het ter beschikking te stellen van dakloze personen (art. 134*bis* N.Gem.W. [→ nr. 307]);
2) bij mobilisatie kan de burgemeester personen en zaken opeisen om de werking der openbare diensten te verzekeren (Wet 5 maart 1935, *BS* 15 maart 1935);
3) de burgemeester kan personen en zaken opeisen om te voorzien in de wederopbouw van het land en in de huisvesting na het beëindigen van een oorlog (Wet 5 maart 1935, *BS* 15 maart 1935);
4) in vredestijd kan de burgemeester in het raam van de civiele bescherming personen en zaken opvorderen die hij nodig acht (artikel 5 van de Wet van 31 december 1963, *BS* 16 januari 1964).

2.6. Erfdienstbaarheden tot gemeentelijk nut

461 Een erfdienstbaarheid tot gemeentelijk nut is een last die op een erf wordt gelegd in het algemeen belang (art. 649-650 oud Burgerlijk Wetboek). Zij legt dus een beperking op aan de uitoefening van het privaat eigendomsrecht. Het gaat om zakelijke rechten die niet mogen worden verward met gewone wettelijke of reglementaire verplichtingen om bepaalde prestaties te leveren, zoals het ruimen van beken, grachten en waterlopen.

De voornaamste erfdienstbaarheden tot gemeentelijk nut zijn:
1) de stedenbouwkundige erfdienstbaarheden;
2) voet- en jaagpaden langs vlotbare en bevaarbare waterlopen;
3) het graafrecht, waardoor de gemeente zoveel zand, steen en anderen uit het veld kan halen, nodig voor de aanleg en het onderhoud van wegen, vaarten en dergelijke;
4) de erfdienstbaarheden voor de elektriciteitsbedeling en voor het vervoer van gas door pijpleidingen;
5) de erfdienstbaarheden die op erven gelegd worden die in de nabijheid van begraafplaatsen zijn gelegen;
6) de erfdienstbaarheden op beschermde monumenten en landschappen;
7) de erfdienstbaarheden met het oog op het behoud van bossen.

Het opleggen van een erfdienstbaarheid tot gemeentelijk nut kan aanleiding geven tot een vergoeding. Uit het beginsel van gelijkheid van openbare lasten vloeit voort dat de benadeelde burgers moeten worden vergoed voor het gedeelte van de last die het normaal maatschappelijk risico of het normaal bedrijfsrisico te buiten gaat. De overheid mag immers niet zonder vergoeding lasten opleggen aan burgers die groter zijn dan het deel dat elke burger in het algemeen belang moet dragen (GwH 19 april 2012, nr. 55/2012). Ook in geval de wet of het decreet niet (uitdrukkelijk) heeft voorzien in een vergoeding, beschikt de burger over het recht op een vergoeding vanwege de overheid.

2.7. Recht van voorkoop

462 Gemeenten kunnen ter verwezenlijking van een ruimtelijk uitvoeringsplan een recht van voorkoop uitoefenen bij de verkoop van een onroerend goed dat gelegen is in die zones die in het definitief vastgestelde ruimtelijke uitvoeringsplan als zones worden aangeduid waar het voorkooprecht geldt.

De eigenaars van de goederen gelegen binnen de omtrek van de zones waar het verkooprecht geldt, worden ten laatste op de dag van de inwerkingtreding van het uitvoeringsplan, bij aangetekend schrijven in hun woonplaats op de hoogte gesteld van dit feit.

Dit gemeentelijk recht van voorkoop wordt geregeld in de artikelen 2.4.1 tot en met 2.4.2 van de Vlaamse Codex Ruimtelijke Ordening (*BS* 20 augustus 2009) en het Voorkooprechtendecreet van 25 mei 2007 (*BS* 24 juli 2007).

2.8. Overdracht van gewestwegen

Art. 295 DLB

463 De Vlaamse Regering bepaalt, na advies van de gemeenteraad in kwestie, welke wegen op het grondgebied van die gemeente als gewestwegen worden beschouwd.

Als bestaande wegen of weggedeelten niet langer als gewestwegen worden beschouwd, kwalificeert men ze als gemeentewegen mits de gemeenteraad daarmee instemt. De Vlaamse overheid schenkt bijgevolg de wegen aan de gemeente. Bij die eigendomsoverdracht moeten deze wegen zich in goede staat van onderhoud bevinden. Daarom kent het Vlaamse Gewest bij die overdracht een investeringssubsidie toe aan de gemeente (*MB* 4 juli 2002, *BS* 1 augustus 2002). De subsidie wordt berekend op basis van de werken die nodig zijn om de gewestweg of een gedeelte ervan in goede staat te brengen.

De gemeentelijke bevoegdheid inzake de gemeentewegen wordt geregeld in het Decreet van 3 mei 2019 houdende de gemeentewegen (*BS* 12 augustus 2019).

2.9. Aanstellen van een landmeter-expert

Art. 296 DLB

464 In het verleden lieten lokale besturen hun schattingsverslagen opmaken door beroep te doen op het comité van aankoop of op de ontvanger van registratie. Beide instanties hadden echter te kampen met een ernstige achterstand. Om de achterstand bij de opmaak van schattingsverslagen op te vangen heeft de decreetgever de mogelijkheid voorzien voor gemeenten en haar verzelfstandigde agentschappen om landmeters-experten aan te stellen. Zij kunnen schattingsverslagen opstellen in het kader van de onroerende verrichtingen die worden gesteld door de gemeente en haar verzelfstandigde agentschappen.

Het schattingsverslag is vereist voor alle aankopen en verkopen van onroerend goed en voor huurovereenkomsten, overeenkomsten van erfpacht of opstal en concessies van onroerend goed waarbij openbare besturen betrokken zijn. Op die manier is het mogelijk om een geobjectiveerde waardebepaling aan de bevolking en de toezichthoudende overheid te kunnen aantonen.

3. Berekening van termijnen

Art. 291 DLB

465 Indien het Decreet Lokaal Bestuur termijnen vermeldt, moeten die worden berekend volgens de algemene regeling van artikel 190, tenzij uitdrukkelijk anders is bepaald. Voor de berekening van de termijn begint men te tellen vanaf de dag na de dag van de akte of gebeurtenis die een termijn doet ingaan. De laatste dag ('vervaldag') is ook in de termijn inbegrepen. Alle dagen, ook de zaterdag, de zondag en de wettelijke of decretale feestdagen zijn in die termijn omvat. Is de vervaldag echter een zaterdag, zondag of feestdag dan wordt die verplaatst naar de eerstvolgende werkdag.

466 Bij gebrek aan een akte of gebeurtenis die een termijn doet ingaan, wordt de termijn berekend door terug te tellen vanaf de gebeurtenis die de termijn doet eindigen. In dit geval wordt de dag van de gebeurtenis en de dag van verzending niet in de termijn begrepen.

We denken hierbij bv. aan de oproeping voor een gemeenteraadszitting die ten minste acht dag voor de vergadering aan het raadslid moet worden bezorgd [→ nr. 125]. Men berekent de termijn door acht dagen terug te tellen van de dag van de gemeenteraadsvergadering, zonder de dag van de gemeenteraadszitting zelf mee te rekenen. Als de gemeenteraad bv. vergadert op 11 februari zal het raadslid de oproeping moeten bezitten op 3 februari. De verzendingstermijn is niet in de termijn van acht dagen inbegrepen aangezien het decreet vereist dat de oproeping acht dagen voordien is 'bezorgd'.

467 In heel wat gevallen kiest het Decreet Lokaal Bestuur ervoor om de digitale bekendmaking op de gemeentelijke website als aanvangspunt te nemen voor de berekening van termijnen. Te denken valt aan de termijn voor het indienen van een klacht of de uitoefening van het bestuurlijk toezicht.

4. Rechtsvorderingen en -vertegenwoordiging

Art. 297-300 DLB

468 Het college beslist in beginsel tot het optreden in rechte namens de gemeente. Die bevoegdheid is een logisch gevolg van het soms noodzakelijke snelle optreden in het kader van een lopende beroepstermijn. Het komt de gemeenteraad evenwel toe om die bevoegdheid naar zich toe te trekken. In ieder geval neemt de raad de beslissing om een rechtsvordering in te stellen als een burgemeester of schepen rechtstreeks belang heeft [→ nr. 144]. Hiervoor is niet vereist dat het lid van het schepencollege partij is in de zaak. Een 'betrokkenheid' is voldoende om de beslissingsbevoegdheid van het schepencollege naar de gemeenteraad over te brengen (Cass. 6 maart 2012, nr. P.11.1238.N).

Eenzelfde regeling geldt voor het OCMW waarbij het in beginsel het vast bureau is dat beslist om in rechte op te treden en de OCMW-raad de beslissing naar zich toe trekt in geval van een belangenconflict.

469 Het schepencollege en het vast bureau vertegenwoordigen respectievelijk de gemeente en het OCMW in gerechtelijke en buitengerechtelijke gevallen. Zij of, desgevallend, de gemeente- en OCMW-raad kan een persoon aanwijzen om namens de gemeente en het OCMW in rechte te verschijnen. De aangewezen persoon kan zijn:
- een lid van het college/vast bureau;
- een personeelslid;

– een advocaat.

Indien het gaat om de terugvordering van de kosten voor verleende hulp door het OCMW treedt de financieel directeur als eiser op, in naam van het OCMW. De beslissing om een gerechtelijke procedure tot terugvordering van de kosten voor verleende hulp te starten zelf ligt evenwel bij het vast bureau, of in voorkomend geval, de OCMW-raad. De financieel directeur doet al het nodige om hier gevolg aan te geven.

5. Communicatie

470 De lokale besturen zijn onderworpen aan specifieke regels als zij communiceren met de burger of andere overheden, in het bijzonder wat betreft de openbaarheid van bestuursdocumenten, het digitaal uitwisselen van berichten en het taalgebruik. Dit wordt verderop in dit zakboekje besproken (zie [→ nr. 772]).

HOOFDSTUK 7
ORGANISATIEBEHEERSING EN AUDIT

1. | Organisatiebeheersing

Art. 217-220 DLB

471 De gemeenten staan in voor het organisatiebeheersingssysteem. Er is één organisatiebeheersingssysteem voor de gemeente en het OCMW. De organisatiebeheersing is een geheel van maatregelen en procedures die ontworpen zijn om een redelijke zekerheid te verschaffen over onder meer:

- het bereiken van de vastgelegde doelstellingen en het kennen en beheersen van de risico's om de doelstellingen te bereiken;
- het naleven van de wetgeving (o.a. ook interne huishoudelijke reglementen e.d.) en van de procedures;
- de beschikbaarheid van betrouwbare financiële en beheersinformatie;
- het efficiënt en economisch gebruik van middelen (financiële middelen, personeel, materieel, gebouwen ...);
- de bescherming van activa;
- het voorkomen van fraude.

De algemeen directeur stelt, na overleg met het managementteam, het organisatiebeheersingssysteem vast en legt het ter goedkeuring voor aan de gemeente- en OCMW-raad.

Het organisatiebeheersingssysteem bepaalt:

1) de vorm van de organisatiebeheersing, met inbegrip van de te nemen controlemaatregelen, procedures en de aanwijzing van de verantwoordelijke personeelsleden;
2) de rapportageverplichtingen van de betrokken personeelsleden.

472 De concrete invulling van het organisatiebeheersingssysteem kan dus verschillende vormen aannemen. Daarbij kan aandacht besteed worden aan:

- hoe men het proces van beleidsplanning, -uitvoering en -evaluatie concreet invult met het oog op het bereiken van de beleidsdoelstellingen;
- welke monitoringsystemen men ontwikkelt om relevante data over het gevoerde beleid en beheer te verzamelen;

- hoe men de sleutelprocessen beheert en de belangrijkste risico's identificeert, en welke risicobeheersingsmaatregelen er genomen worden;
- hoe men de verwachtingen van de belanghebbenden in kaart brengt en er de dialoog mee aangaat;
- hoe men de inzet en de prestaties van het personeel opvolgt en hoe de instrumenten van het personeelsbeleid geëvalueerd worden;
- hoe men de belangrijkste waarden van de organisatie in de werking inpast en het integriteitsbeleid vorm geeft;
- het kader voor het informatiebeheer en de interne en externe communicatie;
- het kader voor het financieel management en de financiële rapportering, waaronder:
  - wie verantwoordelijk is voor de facturatie van de te ontvangen bedragen en onder welke voorwaarden dat gebeurt;
  - wie verantwoordelijk is voor de goedkeuring van de te betalen bedragen en onder welke voorwaarden dat gebeurt;
  - wie verantwoordelijk is voor de kasverrichtingen en onder welke voorwaarden die gebeuren;
  - aan wie kasprovisies kunnen worden ter beschikking gesteld voor het betalen van geringe exploitatie-uitgaven die voor de goede werking van de dienst onmiddellijk moeten worden gedaan, en onder welke voorwaarden dat gebeurt;
  - de regels voor de kredietbewaking;
- het kader voor het facilitair management;
- het kader voor het beleid en het beheer inzake informatie- en communicatietechnologie en -veiligheid;
- hoe de naleving van de relevante wet- en regelgeving gegarandeerd wordt, waaronder wie advies kan vragen aan de financieel directeur over de wettigheid en regelmatigheid voor verrichtingen die van de visumverplichting zijn uitgesloten;
- de regels voor de actualisatie van de inventaris van al de bezittingen, rechten, vorderingen, schulden en verplichtingen van de gemeente van welke aard ook.

Het systeem beantwoordt minstens aan het principe van functiescheiding waar mogelijk en is verenigbaar met de continuïteit van de werking van de gemeentelijke diensten. Het omvat dus onder meer mechanismen om conflicten op te lossen die rijzen naar aanleiding van de uitoefening van de organisatiebeheersing, en die de normale werking van de diensten kunnen hinderen.

473 De algemeen directeur staat in voor de organisatie en werking van het organisatiebeheersingssysteem én voor de jaarlijkse rapportage aan het college, de gemeenteraad, de OCMW-raad en het vast bureau. De rapportage dient te gebeuren uiterlijk tijdens de vergadering waarop de jaarrekening wordt vastgesteld. Niet onbelangrijk is dat de algemeen directeur ervoor moet zorgen dat het personeel op de hoogte is van het controlesysteem. Hij kan hiervoor gebruik maken van bv. een handboek of het intranet.

De rapportering over het systeem van organisatiebeheersing bevat idealiter een overzicht van de sterke punten en de verbeterpunten op vlak van organisatiebeheersing. Daarnaast wordt weergegeven welke acties de organisatie zal nemen om de organisatiebeheersing te versterken, wie die acties opneemt en welke timing daar tegenover staat. Het opmaken van een dergelijk beeld kan gebeuren aan de hand van een periodieke zelfevaluatie. De organisatie is vrij om de vorm van de rapportering te kiezen.

474 De algemeen directeur en financieel directeur kan via het organisatiebeheersingssysteem zijn bevoegdheden toevertrouwen aan andere personeelsleden van de gemeente of het OCMW. Het gaat hier niet om de bevoegdheden die de directeur heeft in het politieke functioneren van het bestuur, maar enkel om de bevoegdheden die te maken hebben met het ambtelijke functioneren van het bestuur. Het kan hier bijvoorbeeld wel gaan om het verlenen van het visum of het ondertekenen van de betalingsopdrachten: die bevoegdheden kunnen door de financieel directeur en/of de algemeen directeur worden toevertrouwd aan andere personeelsleden. Zij blijven echter steeds de eindverantwoordelijkheid dragen.

2. | Audit

Art. 221-224 DLB

475 In elke gemeente en in elk OCMW zal periodiek een externe audit plaatsvinden. De dienst Audit Vlaanderen staat in voor de uitvoering van die externe audit. Hij evalueert het organisatiebeheersingssysteem, gaat na of ze adequaat zijn en formuleert aanbevelingen tot verbetering daarvan. Deze entiteit voert daartoe financiële audits, overeenstemmingsaudits en operationele audits uit en is gemachtigd alle bedrijfsprocessen en activiteiten te onderzoeken. Audit Vlaanderen is tevens bevoegd voor het uitvoeren van forensische audits bij de gemeentebesturen en de AGB's. De audit – uitgevoerd door Audit Vlaanderen – wordt aan de gemeente- en OCMW-raad bezorgd. Hij bezorgt vervolgens het rapport aan de raadsleden zelf.

Om zijn bevoegdheid te kunnen uitoefenen, heeft Audit Vlaanderen toegang tot alle informatie en documenten en tot alle gebouwen, ruimtes en installaties waar taken worden uitgevoerd van de gemeentebesturen of de AGB's. Audit Vlaanderen kan aan ieder personeelslid de noodzakelijke inlichtingen vragen. Er rust een medewerkingsplicht op ieder personeelslid.

476 De rapportering aan Audit Vlaanderen door een personeelslid ('klokkenluider') kan nooit tot een tuchtsanctie of ontslag leiden, behalve in geval van kwade trouw, persoonlijk voordeel of een valse aangifte die een dienst of persoon schade kan toebrengen.

477 De lokale besturen kunnen daarnaast een interne audit organiseren. Die auditdienst kan daarbij structureel onafhankelijk van de algemeen directeur worden geplaatst. De dienst staat dan ook niet onder zijn gezag. Er geldt bijgevolg een bijzondere regelgeving voor de evaluatie en de preventieve schorsing als ordemaatregel van personeelsleden die tot die auditdienst behoren.

HOOFDSTUK 8
VERZELFSTANDIGING EN DEELNAME AAN RECHTSPERSONEN

1. Algemeen

1.1. Basisbeginselen

478 Via verzelfstandiging kan de gemeente of het OCMW een soepelere werking van bepaalde beleidsaspecten stimuleren. We moeten echter waakzaam blijven dat de verzelfstandiging niet leidt tot een versplintering in deelentiteiten waarop de verkozen raad zijn greep verliest. De uitholling van de gemeente als instelling en de daaruit volgende democratische besluitvorming moet worden vermeden. De Grondwet stelt aldus, krachtens artikel 33, dat bevoegdheden slechts kunnen worden uitgeoefend door de organen die daartoe zijn aangewezen door een (grond)wetgevende regel. Zowel de interne als externe overdracht van gemeentelijke bevoegdheden aan andere bestuursorganen, personeelsleden of verzelfstandigde agentschappen is slechts mogelijk als de (Grond)wet of het decreet dit voorschrijft.

Het Decreet Lokaal Bestuur voorziet daarom verschillende waarborgen. Slechts welbepaalde beleidsuitvoerende taken zullen in aanmerking komen voor verzelfstandiging. Bovendien zal de gemeente- of OCMW-raad steeds moeten instemmen én zal de verzelfstandigde entiteit aan de raad rapporteren.

1.2. Verzelfstandigingsvormen

479 De gemeentelijke verzelfstandiging komt voor in verschillende vormen. In geval van interne verzelfstandiging kiest het bestuur ervoor om welbepaalde opdrachten toe te kennen aan bestuursorganen of personeelsleden binnen de gemeente. Bij externe verzelfstandiging daarentegen verwerft een andere rechtspersoon dan de gemeente bepaalde beleidsuitvoerende bevoegdheden. Extern verzelfstandigde entiteiten kunnen ook worden betrokken bij de beleidsvoorbereiding.

In dit hoofdstuk bespreken we de in het Decreet Lokaal Bestuur voorziene vormen van verzelfstandiging.

Er wordt ook dieper ingegaan op de verenigingen, stichtingen en vennootschappen met sociaal oogmerk en lokale PPS-projecten die gemeenten oprichten of waarin ze deelnemen.

Daarnaast kunnen ook de interne delegatie aan andere bestuursorganen of personeelsleden [→ nr. 170, 248] als zachte vormen van interne verzelfstandiging worden beschouwd. De overdracht van opdrachten aan andere rechtspersonen vinden we eveneens bij contractuele verzelfstandiging (bv. concessies van openbare diensten; [→ nr. 452]), deelname in intergemeentelijke samenwerkingsverbanden [→ nr. 516], het gunnen van overheidsopdrachten [→ nr. 444] ... In die zin kunnen we hier ook spreken van externe verzelfstandiging.

We behandelen die zachte vormen van interne en externe verzelfstandiging echter op andere plaatsen in dit zakboekje.

2. Interne verzelfstandiging (GIVA)

480 De intern verzelfstandigde agentschappen (IVA) zijn diensten zonder eigen rechtspersoonlijkheid die door de gemeente of het OCMW belast zijn met een welbepaalde beleidsuitvoerende taak van gemeentelijk belang. De algemene diensten van de gemeente of het OCMW staan in voor het beheer van deze entiteiten.

In tegenstelling tot het voormalig Gemeentedecreet en OCMW-decreet voorziet het Decreet Lokaal Bestuur geen voorgeschreven formules voor interne verzelfstandiging. De gemeente of het OCMW kan voortaan zelf een regeling op maat uitwerken.

De IVA's beschikken over operationele autonomie en worden beheerd buiten de algemene diensten van de gemeente of het OCMW. Die autonomie kan betrekking hebben op:
- het vaststellen en wijzigen van de organisatiestructuur van het agentschap;
- de organisatie van de operationele processen met het oog op de realisatie van de afgesproken doelstellingen;
- de uitvoering van het personeelsbeleid;
- het aanwenden van de ter beschikking gestelde middelen voor de werking van het agentschap, de uitvoering van de doelstellingen en taken van het agentschap en het sluiten van contracten ter verwezenlijking van de opdrachten van het agentschap;
- de interne controle binnen het IVA;
- specifieke delegaties naar gelang van de eigen aard van het IVA.

3. Gemeentelijke externe verzelfstandiging (GEVA)

3.1. Algemeen

Art. 225-230 DLB

3.1.1. Definitie en taken

481 De gemeentelijke extern verzelfstandigde agentschappen of GEVA's zijn diensten met een eigen rechtspersoonlijkheid die door de gemeente worden opgericht of waarin de gemeente deelneemt. Zij zijn niet alleen belast met bepaalde beleidsuitvoerende taken van gemeentelijk belang, maar kunnen ook worden betrokken bij de beleidsvoorbereiding (bv. door het aanleveren van studies). De eigenlijke beleidsbepaling blijft uiteraard toekomen aan de gemeenteraad.

De Vlaamse Regering kan bovendien de taken van gemeentelijk belang nader bepalen waarvoor de oprichting van of de deelname in GEVA's mogelijk is. De GEVA's mogen in principe hun taken noch geheel noch gedeeltelijk overdragen aan andere rechtspersonen.

Er bestaan drie vormen van GEVA's: het autonome gemeentebedrijf, het gemeentelijke extern verzelfstandigd agentschap in privaatrechtelijke vorm en het autonoom gemeentelijk havenbedrijf. Een aantal regels zijn echter voor de drie vormen gemeenschappelijk.

3.1.2. Taken van gemeentelijk belang

482 In drie gevallen is er een weerlegbaar vermoeden dat een gemeente een rechtspersoon belast met een 'taak van gemeentelijk belang', met name als die rechtspersoon voldoet aan een van de volgende voorwaarden:

- één of meer van zijn organen bestaan voor meer dan de helft uit gemeenteraadsleden of leden van het college van burgemeester en schepenen van de gemeente in kwestie of de leden van de organen worden voor meer dan de helft aangewezen of voorgedragen door die personen;
- de gemeente of haar vertegenwoordigers beschikken over de meerderheid van de stemrechten in één of meer van zijn organen;
- zijn financiële middelen vallen voor meer dan de helft ten laste van het gemeentebudget.

Het vermoeden is weerlegbaar omdat de gemeente kan aantonen dat, ondanks het vervullen van de voorwaarden, de activiteit niet van gemeentelijk belang is. Denken we bv. aan een gemeentelijke vereniging (bv. wijkcomité) die, door een occasionele toelage, in één welbepaald jaar een meerderheid van zijn middelen van de gemeente ontvangt. Dit is belangrijk omdat die gemeentelijke vereniging dus niet moet voldoen aan de strengste voorwaarden van de verzelfstandigingsvormen [→ nr. 516].

Het vermoeden is bovendien niet alles omvattend. Ook indien aan geen enkele van de drie voorwaarden is voldaan, kan een taak van gemeentelijk belang zijn.

3.1.3. Oprichting, deelname en ter beschikkingstelling van middelen

483 De oprichting van, de deelname in, de vertegenwoordiging in of de terbeschikkingstelling van personeel, financiële middelen of andere activa aan een rechtspersoon met taken van gemeentelijk belang kan de gemeente slechts binnen de grenzen van het Decreet Lokaal Bestuur of een andere rechtspersoon. De gemeenteraad is exclusief bevoegd om hiertoe over te gaan.

484 In de periode van 12 maanden voor de datum van de volledige vernieuwing van de gemeenteraden is de beslissing tot oprichting van of deelname in een GEVA uitgesloten.

Bij een gemeenteraadsbesluit kan de gemeente aan haar GEVA-middelen, infrastructuur of, mits de ter zake geldende rechtspositieregeling nageleefd worden, personeel ter beschikking stellen of overdragen.

3.1.4. Evaluatie

485 Elke gemeentelijke EVA legt in de loop van het eerste jaar na de volledige vernieuwing van de gemeenteraden een evaluatieverslag voor aan de gemeenteraad over de uitvoering van de beheers- of samenwerkingsovereenkomst sinds de inwerkingtreding ervan. Dat verslag omvat ook een evaluatie van de verzelfstandiging met daarin onder andere de motieven van verzelfstandiging. Binnen de drie maanden na het overmaken van het verslag spreekt de gemeenteraad zich uit over de inhoud van het verslag en over het behoud, de intrekking of de verruiming van de GEVA.

Het college van burgemeester en schepenen houdt een volledig en geactualiseerd overzicht bij van alle GEVA's, hun statuten en hun overeenkomsten met de gemeente.

3.1.5. Bestuursrechtelijke beginselen

486 De techniek van verzelfstandiging kan worden gebruikt om te ontsnappen aan de algemene beginselen van behoorlijk bestuur [→ nr. 766] waaraan de gemeente is onderworpen. Daarnaast verklaart het Decreet Lokaal Bestuur ook uitdrukkelijk dat de verplichtingen inzake openbaarheid van bestuur [→ nr. 776] en formele motivering [→ nr. 767] ook gelden voor GEVA's. Ook de bestuurstaalwetgeving is toepasselijk. Dit om de uitholling van de bestuurlijke transparantie ten allen tijde te vermijden.

3.1.6. Onverenigbaarheden

487 Voor de gemeentelijke vertegenwoordigers in GEVA's gelden gelijkaardige onverenigbaarheden als degene die gelden voor schepenen. De volgende personen kunnen niet worden voorgedragen of aangewezen als vertegenwoordiger of bestuurder in een gemeentelijk extern verzelfstandigd agentschap:
- de provinciegouverneurs, de gouverneur en de vicegouverneur van het administratief arrondissement Brussel-Hoofdstad, de adjunct van de gouverneur van de provincie Vlaams-Brabant, de provinciegriffiers, de arrondissementscommissarissen en de adjunct-arrondissementscommissarissen voor zover het GEVA dat gevestigd is in hun ambtsgebied;
- de magistraten, de plaatsvervangende magistraten en de griffiers bij de hoven en de rechtbanken, de administratieve rechtscolleges en het Grondwettelijk Hof;
- de leden van het operationeel, administratief of logistiek kader van de politiezone waar de gemeente toe behoort die het GEVA heeft opgericht of die erin deelneemt;
- de personen die op commerciële wijze of met een winstoogmerk activiteiten uitoefenen in dezelfde beleidsdomeinen als het agentschap en waarin het agentschap niet deelneemt, alsook de werknemers en de leden van een bestuurs- of controleorgaan van die personen;
- de personen die in een andere lidstaat van de Europese Unie een ambt of een functie uitoefenen, gelijkwaardig aan een ambt of een functie, vermeld in dit artikel, en de personen die in een lokale basisoverheid van een andere lidstaat van de Europese Unie een ambt of een mandaat uitoefenen dat gelijkwaardig is aan dat van een gemeenteraadslid, schepen of burgemeester.

3.1.7. Presentiegeld en vergoedingen

488 De gemeenteraad bepaalt het bedrag van het presentiegeld en de andere vergoedingen die in het kader van de bestuurlijke werking van het AGB worden toegekend. Er gelden beperkingen krachtens artikel 19 t.e.m. 25 van het besluit van de Vlaamse Regering van 6 juli 2018 houdende het statuut van de lokale mandataris (*BS* 19 september 2018).

3.2. Autonoom gemeentebedrijf (AGB)

Art. 231-244 DLB

3.2.1. Definitie

489 Een autonoom gemeentebedrijf is een verzelfstandigde entiteit met rechtspersoonlijkheid die geen andere leden kent dan de constituerende gemeente. Het AGB verwerft een volledige bevoegdheidsoverdracht voor een welbepaalde taak van gemeentelijk belang.

3.2.2. Oprichting

490 De gemeenteraad richt, op grond van een door het schepencollege opgemaakt verslag, een AGB op. Het verslag maakt een afweging van de voor- en de nadelen en toont aan dat het beheer binnen de rechtspersoonlijkheid van de gemeente niet dezelfde voordelen kan bieden.

De oprichtingsbeslissing stelt de statuten van het autonoom gemeentebedrijf vast. Het autonoom gemeentebedrijf krijgt, onder voorbehoud van het goedkeuringstoezicht, rechtspersoonlijkheid op de datum van het oprichtingsbesluit. De statuten van het autonoom gemeentebedrijf vermelden ten minste:
- de naam en eventueel de afkorting;
- het maatschappelijke doel, inzonderheid een omschrijving van de beleidsuitvoerende taken van gemeentelijk belang waarmee het AGB wordt belast;
- de maatschappelijke zetel, gevestigd in de oprichtende gemeente;
- de samenstelling, de vergaderwijze, de werkingsvoorwaarden en de bevoegdheden van de organen;
- de wijze van ontbinding en vereffening van het autonoom gemeentebedrijf.

De oprichting is onderworpen aan het algemeen bestuurlijk toezicht. De volledig gecoördineerde tekst van de statuten moet evenwel worden gepubliceerd op een webtoepassing van de gemeente.

3.2.3. Beheersovereenkomst

491 Tussen de gemeenten en het autonoom gemeentebedrijf wordt een beheersovereenkomst gesloten. Bij het onderhandelen wordt de gemeente vertegenwoordigd door het schepencollege en het gemeentebedrijf door de raad van bestuur.

De beheersovereenkomst regelt de werking van het AGB door het bepalen van bijvoorbeeld:
- de concretisering van de wijze waarop het AGB zijn taken moet vervullen en van de doelstellingen ervan;
- de toekenning van middelen voor de eigen werking en de uitvoering van de doelstellingen van het AGB;
- binnen de perken en overeenkomstig de toekenningsvoorwaarden, bepaald door de Vlaamse Regering, het presentiegeld en de andere vergoedingen die in het kader van de bestuurlijke werking van het AGB worden toegekend;
- de voorwaarden waaronder eigen inkomsten of andere financieringen mogen worden verworven en aangewend;
- de wijze waarop de tarieven voor de geleverde prestaties door de raad van bestuur vastgesteld en berekend worden;
- de gedragsregels inzake dienstverlening door het AGB;
- de voorwaarden waaronder het AGB andere personen kan oprichten, erin kan deelnemen of zich erin kan laten vertegenwoordigen;
- de informatieverstrekking door het AGB aan de gemeente;
- de wijze waarop het AGB de organisatiebeheersing regelt, waaronder de regels voor het aangaan van verbintenissen, de kredietbewaking, de wetmatigheidscontrole en de ondertekening van de girale betalingsorders;
- het moment waarop de opvolgingsrapportering aan de gemeenteraad moet worden voorgelegd;
- de maatregelen bij niet-naleving door een partij van haar verbintenissen uit hoofde van de beheersovereenkomst en de bepalingen inzake beslechting van geschillen die rijzen bij de uitvoering van de beheersovereenkomst;
- de omstandigheden waarin en de wijze waarop de beheersovereenkomst kan worden verlengd, gewijzigd, geschorst en ontbonden.

De beheersovereenkomst wordt openbaar gemaakt via een webtoepassing van de gemeente.

Indien het AGB geen eigen regeling heeft uitgewerkt voor de uitgavencyclus, geldt de standaardregeling uit artikel 234, §2 Decreet Lokaal Bestuur.

492 De gemeenteraad evalueert jaarlijks de beheersovereenkomst en de uitvoering ervan. Hij kan de beheersovereenkomst verlengen, wijzigen, schorsen of ontbinden. Uiterlijk zes maanden na de vernieuwing van de gemeenteraad eindigt de overeenkomst echter van rechtswege. Als bij het verstrijken van de beheersovereenkomst geen nieuwe beheersovereenkomst in werking is getreden, wordt de bestaande overeenkomst van rechtswege verlengd.

Als geen nieuwe beheersovereenkomst in werking is getreden binnen één jaar na die automatische verlenging of als een beheersovereenkomst werd ontbonden of geschorst, kan de gemeenteraad na overleg met het AGB voorlopige regels vaststellen inzake de in de beheersovereenkomst bedoelde aangelegenheden. Die voorlopige regels zullen als beheersovereenkomst gelden tot op het ogenblik dat een nieuwe beheersovereenkomst in werking treedt.

3.2.4. Raad van Bestuur

493 Het autonoom gemeentebedrijf heeft een raad van bestuur die de gemeenteraad benoemt. De raad van bestuur is bevoegd voor alles wat niet uitdrukkelijk bij decreet, in de statuten of in de beheersovereenkomst aan de gemeenteraad is voorbehouden ('volheid van bevoegdheid').

Het aantal leden bedraagt ten hoogste de helft van het aantal gemeenteraadsleden, met een maximum van 12. Ten hoogste twee derde van de door de gemeente voorgedragen leden van de raad van bestuur is van hetzelfde geslacht. Elke fractie kan minstens één lid van de raad van bestuur voordragen waardoor elke fractie is vertegenwoordigd. De voordracht kan evenwel met gewogen stemrecht geschieden indien de meerderheid in het schepencollege geen meerderheid in de raad van bestuur zou bezitten. De gemeenteraad kan er ook voor kiezen alle leden van de gemeenteraad te benoemen als lid van de raad van bestuur.

De raad van bestuur kiest uit zijn leden een voorzitter die deel moet uitmaken van het college van burgemeester en schepenen van de oprichtende gemeente.

3.2.5. Directiecomité en gedelegeerd bestuurder (facultatief)

494 De statuten kunnen de raad van bestuur toelaten om het dagelijks bestuur, de vertegenwoordiging met betrekking tot dat bestuur en de voorbereiding en uitvoering van de beslissingen van de raad van bestuur toe te vertrouwen aan een directiecomité of aan een gedelegeerd bestuurder. De raad van bestuur benoemt, niet noodzakelijk uit hun midden, de leden van het directiecomité of de gedelegeerd bestuurder.

De statuten kunnen het directiecomité of de gedelegeerd bestuur toelaten om sommige van hun bevoegdheden te delegeren aan personeelsleden van het AGB.

3.2.6. Andere organen

495 Andere organen dan de raad van bestuur, het directiecomité of de gedelegeerd bestuurder zijn evenwel mogelijk ingeval die geen beslissingsrecht bezitten. Zo kunnen de statuten voorzien in comités met niet-bindende adviesbevoegdheden.

3.2.7. Informatieplicht aan gemeente

496 Het AGB bezorgt de beleidsrapporten en de lijsten met besluiten onmiddellijk aan de gemeente, zodat ze op een webtoepassing van de gemeente kunnen worden gepubliceerd. Het is namelijk de burgemeester die verantwoordelijk is voor deze publicatie. Daarnaast is het van belang dat het autonoom gemeentebedrijf zijn beleidsrapporten meteen aan de gemeente bezorgt, omdat de gemeenteraad het meerjarenplan (en de aanpassingen ervan) moet goedkeuren en een advies moet uitbrengen bij de jaarrekening.

3.2.8. Openbaarheid, inzage- en bezoekrecht

497 De raadsleden beschikken over een bijzonder inzage- en bezoekrecht [→ nr. 191]. Daarnaast is de publicatie op een gemeentelijke webtoepassing uitdrukkelijk voorgeschreven voor

- de oprichtingsbeslissing en de statuten, samen met het verslag;
- een lijst met de besluiten van zijn raad van bestuur, met een beknopte omschrijving van de daarin geregelde aangelegenheden;
- de beleidsrapporten;
- een volledig gecoördineerde tekst van de statuten;
- de beheersovereenkomst, inclusief alle wijzigingen ervan;

- een lijst met besluiten van de raad van bestuur;
- de wijze waarop het publiek inzage kan krijgen in de notulen van de raad van bestuur en van het directiecomité en in de beslissingen van de gedelegeerd bestuurder.

3.2.9. Personeel

498 Het AGB kan, conform de statuten, zowel statutaire als contractuele personeelsleden in dienst nemen. Zij hebben dezelfde rechtspositieregeling als het personeel van de oprichtende gemeente tenzij de specifieke situatie van het bedrijf dit verantwoordt. Het gemeentebedrijf bepaalt ook de rechtspositieregeling van de betrekkingen die niet bestaan binnen de gemeente. Aangezien deze beslissingen geen zaak van dagelijks bestuur zijn, komen de beslissingen ter zake exclusief toe aan de raad van bestuur van het AGB.

Het jaarsalaris van een AGB-personeelslid is in elk geval beperkt tot het jaarsalaris van de algemeen directeur van de overeenkomstige gemeente.

3.2.10. Financiën

499 De AGB's zijn in beginsel onderworpen aan dezelfde BBC-regels als de gemeente [→ nr. 374]. Er gelden evenwel enkele specifieke voorschriften met betrekking tot de jaarrekening en de regels inzake de ontvangsten- en uitgavencyclus zijn uitgesloten.

De jaarrekening wordt vastgesteld door de raad van bestuur en voor advies voorgelegd aan de gemeenteraad, waarna ze goedgekeurd wordt door de toezichthoudende overheid. De controle op de financiële toestand, op de jaarrekening en op de regelmatigheid van de verrichtingen wordt weergeven in de jaarrekening van het autonoom gemeentebedrijf en wordt uitgeoefend door één of meer commissarissen. Die commissarissen zijn erkende bedrijfsrevisoren en worden benoemd door de gemeenteraad.

3.3. GEVA in privaatrechtelijke vorm

Art. 245-247 DLB

3.3.1. Definitie

500 Een privaatrechtelijke GEVA is een verzelfstandigde entiteit die belast is met welbepaalde taken van gemeentelijk belang maar juridisch gestructureerd is volgens een privaatrechtelijke rechtspersoon (vennootschap, vzw of stichting). Ze ontstaat doordat de gemeente een rechtspersoon opricht overeenkomstig de bepalingen van het vennootschaps- of verenigingsrecht of in een bestaande rechtspersoon met dergelijke vorm deelneemt.

In tegenstelling tot het AGB kunnen in de privaatrechtelijke GEVA's ook private en sommige publieke partners zoals bv. het OCMW deelnemen. Andere gemeenten, andere GEVA's, intergemeentelijke samenwerkingsverbanden en provinciale EVA's zijn niet participatiegerechtigd. Ook de Vlaamse Gemeenschap en het Vlaamse Gewest zijn van deelname uitgesloten.

3.3.2. | Oprichting

De gemeenteraad beslist, zoals bij de oprichting van een AGB, over de oprichting of deelname op grond van een door het college van burgemeester en schepenen opgemaakt verslag. Het verslag weegt de voor- en nadelen van een privaatrechtelijke GEVA af en toont aan dat het beheer binnen de rechtspersoonlijkheid van de gemeente of in de vorm van een AGB niet dezelfde voordelen kan bieden. De beslissing tot oprichting of deelname en de statuten worden op de gemeentelijke webtoepassing gepubliceerd. Net zoals bij het AGB valt de oprichtingsbeslissing onder de algemene toezichtsregeling [→ nr. 596].

In tegenstelling tot de oprichting van een AGB is een privaatrechtelijk GEVA niet eenhoofdig. Bij de partnerkeuze moeten de beginselen inzake gelijkheid, mededinging en staatssteun dus worden gerespecteerd.

3.3.3. | Samenwerkingsovereenkomst

501 Tussen de gemeente en het GEVA wordt een samenwerkingsovereenkomst gesloten over de uitvoering van de toevertrouwde taken van gemeentelijk belang. De samenwerkingsovereenkomst bevat minstens:

- in de eventuele aanwending van de aan het agentschap ter beschikking gestelde of overgedragen personeelsleden, middelen en infrastructuur;
- het presentiegeld en de andere vergoedingen die in het kader van de bestuurlijke werking van het agentschap worden toegekend, dit uiteraard binnen de perken en overeenkomstig de toekenningsvoorwaarden, bepaald door de Vlaamse Regering;
- de wijze waarop de gemeentelijke vennootschap, vereniging of stichting zal voorzien in een systeem van interne controle;
- de toekenning aan een of meer commissarissen van de controle op de financiële toestand, op de jaarrekening en op de

regelmatigheid van de verrichtingen zoals weergegeven in de jaarrekening van de gemeentelijke vennootschap, vereniging of stichting. Die commissarissen zijn erkende bedrijfsrevisoren.

3.3.4. Algemene vergadering en raad van bestuur

502 De privaatrechtelijke GEVA's zijn onderworpen aan de regels die op hun private rechtsvorm van toepassing zijn (bv. specifieke wetgeving voor vennootschappen en vzw's). Dit geldt onder meer voor de regelgeving inzake personeel, toezicht, bestuurssamenstelling en -verantwoordelijkheid, boekhouding, financiën en ontbinding. Daarnaast gelden toch enkele bijzondere bepalingen in het kader van de vertegenwoordiging van de gemeente in de algemene vergadering en de raad van bestuur.

Vooreerst moet de gemeente steeds, ongeacht de inbreng van de verschillende partijen, beschikken over de meerderheid van de stemmen in de algemene vergadering van de betrokken persoon. De gemeenteraad kiest zijn vertegenwoordigers in de algemene vergadering uit hun midden. De vertegenwoordigers van de gemeente handelen overeenkomstig de instructies van de gemeenteraad.

Ten tweede, draagt de gemeente een meerderheid van de leden van de raad van bestuur voor. Die voordracht waarborgt elke fractie een vertegenwoordiging. Ten hoogste twee derde van de door de gemeente voorgedragen leden van de raad van bestuur is van hetzelfde geslacht.

3.3.5. Personeel

503 De regelgeving van het betrokken privaatrechtelijk statuut van het GEVA is toepasselijk op het personeelsstatuut van zijn personeel. In ieder geval mag het jaarsalaris van een personeelslid van een GEVA in privaatrechtelijke vorm niet hoger zijn dan het jaarsalaris van de algemeen directeur van de overeenkomstige gemeente.

3.4. Autonoom gemeentelijk havenbedrijf

Art. 248 DLB

3.4.1. Definitie

504 Een autonoom gemeentelijk havenbedrijf is een havenbedrijf in de zin van het decreet van 2 maart 1999 houdende het beleid en het beheer van de zeehavens (*BS* 8 april 1999). Dit Zeehavendecreet is tevens van toepassing voor de werking van het autonoom gemeentelijk havenbedrijf.

3.4.2. Oprichting

505 Een autonoom gemeentelijk havenbedrijf wordt opgericht bij een gemeenteraadsbesluit. De oprichtingsbeslissing stelt de statuten van het autonoom gemeentelijk havenbedrijf vast. Bij een gemeenteraadsbesluit kan de gemeente, op verzoek van het havenbedrijf, aan het havenbedrijf middelen, infrastructuur of statutair personeel ter beschikking stellen of overdragen.

De gemeenteraad kan steeds beslissen om tot ontbinding en vereffening van het autonoom gemeentelijk havenbedrijf over te gaan.

3.4.3. Raad van bestuur en directiecomité

506 Een raad van bestuur en een directiecomité beheren het havenbedrijf. De raad van bestuur is gemachtigd alle nuttige of noodzakelijke handelingen te stellen om de doelstellingen van het autonoom gemeentelijk havenbedrijf te verwezenlijken. Het directiecomité kan het dagelijkse bestuur, de vertegenwoordiging met betrekking tot dat bestuur en de voorbereiding en uitvoering van de beslissingen van de raad van bestuur worden toevertrouwd.

De gemeenteraad wijst de leden van de raad van bestuur aan. Het aantal bestuursleden in de raad van bestuur bedraagt ten hoogste de helft van het aantal gemeenteraadsleden, maar met een maximum van achttien. De meerderheid van de raad van bestuur bestaat uit leden van de gemeenteraad. Gelijkaardig als een gewoon AGB is er een genderquotum en een waarborg voor het schepencollege om een meerderheid in de raad van bestuur te leveren.

4. Verenigingen of vennootschappen voor maatschappelijk welzijn

4.1. Algemeen

Art. 474 DLB

4.1.1. Vijf samenwerkingsvormen

507 Een OCMW kan een samenwerkingsverband oprichten met een of meer andere OCMW's, met andere openbare besturen of met andere rechtspersonen dan rechtspersonen die winstoogmerk hebben. Het OCMW kan ook toetreden tot die samenwerkingsverbanden.

De verzamelnaam voor deze samenwerkingsverbanden is "verenigingen of vennootschappen voor maatschappelijk welzijn". Ze bestaan in 5 vormen:
- de welzijnsvereniging;
- de autonome verzorgingsinstelling;
- de ziekenhuisvereniging;
- de vereniging voor sociale dienstverlening of de vennootschap voor sociale dienstverlening;
- de woonzorgvereniging of de woonzorgvennootschap.

4.1.2. | Presentiegelden

508 Leden van de raad van bestuur en de algemene vergadering van de welzijnsverenigingen en de autonome verzorgingsinstellingen kunnen per bijgewoonde vergadering presentiegeld ontvangen. De algemene vergadering bepaalt het bedrag, dat niet hoger mag zijn dan het presentiegeld van de OCMW-raad.

4.1.3. | Maximumaantal mandaten

509 Indien alle leden van een welzijnsvereniging of alle deelgenoten van een autonome verzorgingsinstelling openbare rechtspersonen zijn, bedraagt het aantal leden van de raad van bestuur van deze samenwerkingsverbanden maximaal vijftien.

Maximaal twee derden van de leden is van hetzelfde geslacht.

4.2. | Welzijnsvereniging

Art. 475-495 DLB

510 Om één van haar opdrachten uit te voeren of voor leidinggevende-, staf-, experten- en managementfuncties, kan een OCMW een vereniging oprichten. Dit is de welzijnsvereniging.

Het OCMW kan dit doen met zichzelf als enig lid van de vereniging maar ook met andere partners:
- één of meerdere andere OCMW's;
- andere openbare besturen (bv. gemeente);
- rechtspersonen zonder winstoogmerk (bv. vzw).

Aan de vereniging kunnen verschillende opdrachten worden toegewezen. Daarbij denken we aan allerlei initiatieven inzake huisvesting, begeleiding van vluchtelingen, activiteiten inzake kinder- en jeugdzorg, sociale restaurants …

Het besluit tot oprichting van een dergelijke vereniging is onderhevig aan de goedkeuring van van de Vlaamse Regering.

4.3. | Autonome verzorgingsinstelling

Art. 496-500 DLB

511 Een autonome verzorgingsinstelling ('A.V.') is een vereniging voor maatschappelijk welzijn, opgericht met het oog op de exploitatie van een ziekenhuis of van een gedeelte van een ziekenhuis.

In tegenstelling tot de welzijnsvereniging kan maximaal een derde van de door het OCMW aan te wijzen stemgerechtigde beheerders externe deskundigen zijn (niet-OCMW-raadsleden).

4.4. | Ziekenhuisvereniging

Art. 501-507 DLB

512 Met het oog op de gehele of gedeeltelijke exploitatie van een ziekenhuis kan een OCMW een vereniging zonder winstoogmerk (vzw), internationale vzw of stichting oprichten.

Het OCMW kan dit doen samen met één of meer rechtspersonen zonder winstoogmerk (vzw) en met zichzelf als enig lid van de vereniging maar ook met andere partners:
- één of meerdere andere OCMW's;
- gemeenten;
- OCMW-verenigingen van publiekrecht;
- andere openbare besturen.

De oprichting van zo'n vereniging kan slechts indien ten minste wordt voldaan aan een van de twee volgende voorwaarden:
- het uitgebate OCMW-ziekenhuis voldoet niet langer aan de voorwaarden om erkend te blijven als ziekenhuis;
- de oprichting is noodzakelijk om het ziekenhuisaanbod van de regio te optimaliseren of om betere economische voorwaarden te realiseren

De OCMW's zijn in de algemene vergadering en in de beheersorganen van de vzw vertegenwoordigd door OCMW-raadsleden. In afwijking hiervan kun maximaal een derde van de door het OCMW aan te wijzen stemgerechtigde beheerders deskundigen zijn die geen lid zijn van het OCMW.

Het met redenen omklede besluit van de OCMW-raad of -raden tot oprichting van de vereniging is onderworpen aan de goedkeuring van de Vlaamse Regering.

4.5. Vereniging of vennootschap voor sociale dienstverlening

Art. 508-512 DLB

513 Een OCMW kan met het oog op het vervullen van sociale doeleinden, met uitsluiting evenwel van de exploitatie van een ziekenhuis of van ziekenhuisgebonden activiteiten, toetreden tot of lid worden van een vzw, een internationale vzw, een stichting of een vennootschap met sociaal oogmerk (VSO). Aangezien de decreetgever heeft voorzien in een bijzondere rechtsvorm voor woon- en zorgcentra [→ nr. 514] kan de vereniging of vennootschap voor sociale dienstverlening als rechtsfiguur niet voor woon- en zorgcentra worden aangewend.

Er moet minstens één private rechtspersoon die geen winst nastreeft, lid zijn van die vereniging. Van deze voorwaarde kan worden afgeweken als er met het OCMW-lidmaatschap geen overdracht of inbreng van een bestaande dienst gepaard gaat.

Het lidmaatschap van deze samenwerkingsvorm is slechts mogelijk indien aan een van de volgende voorwaarden is voldaan:
- de rechtsvorm is een bij decreet of besluit van de Vlaamse Regering opgelegde voorwaarde om een erkenning, een vergunning of een subsidiëring te kunnen bekomen;
- het bereiken van een bepaalde regionale dekking of schaalgrootte is een bij decreet of besluit van de Vlaamse Regering opgelegde voorwaarde voor erkenning, vergunning of subsidiëring én aan deze voorwaarde kan door geen van de lokale openbare deelgenoten afzonderlijk worden voldaan;
- het lidmaatschap van de vereniging maakt het voor het OCMW mogelijk om een nieuwe dienst aan te bieden.

Het OCMW kan in de organen van de vereniging enkel worden vertegenwoordigd door OCMW-raadsleden en door deskundigen. De OCMW-raad duidt zijn vertegenwoordigers aan. Het aandeel van de deskundigen kan maximaal een derde van het aantal vertegenwoordigers zijn.

Het besluit tot oprichting of toetreding is onderworpen aan de goedkeuring van de Vlaamse Regering.

4.6. Woonzorgvereniging of -vennootschap

Art. 513-515 DLB

514 Een OCMW kan voor woon- en zorgcentra lid worden van een vzw, een internationale vzw of een stichting. Er moet minstens

één private rechtspersoon die geen winst nastreeft, lid zijn van die OCMW-vereniging. Aan de vereniging kunnen ook andere partners deelnemen:
- één of meer andere OCMW's;
- gemeenten;
- OCMW-verenigingen van publiekrecht;
- andere openbare besturen.

Het dossier dat ter goedkeuring aan de Vlaamse Regering wordt overgemaakt, bevat minstens een grondige motiveringsnota waarin de noodzaak om een private partner aan te trekken en de meerwaarde van de gekozen privaatrechtelijke rechtsvorm worden aangetoond.

Bovendien zal uit dit dossier moeten blijken dat er afdoende waarborgen worden voorzien rond de continuïteit van de dienstverlening, de democratische controle, de beslissingsmacht en de vertegenwoordiging, het ideologisch profiel en desgevallend de prijszetting en het opnamebeleid.

Het met redenen omklede besluit van de raad of de raden tot oprichting van de vereniging en de statuten van de vereniging zijn onderworpen aan de goedkeuring van de Vlaamse Regering.

5. Deelname aan en oprichting van andere rechtspersonen

Art. 386 DLB

5.1. Vereniging, stichting en vennootschap met sociaal oogmerk

515 Een gemeente kan ook verenigingen, stichtingen en vennootschappen met sociaal oogmerk oprichten, erin deelnemen of zich erin laten vertegenwoordigen zonder dat die rechtspersonen worden belast met de verwezenlijking van welbepaalde taken van gemeentelijk belang. In tegenstelling tot de GEVA in privaatrechtelijke vorm is hierbij geen sprake van de verzelfstandiging van gemeentelijke taken.

Te denken valt aan de gemeente die middels één of enkele vertegenwoordigers deelneemt in sport- of culturele verenigingen om coördinerend op te treden of voeling te houden met het gemeentelijk verenigingsleven. Ook kan gedacht worden aan de deelname in allerlei overlegfora.

Deze algemene machtiging om deel uit te maken van een rechtspersoon die niet aan de voorwaarden van externe verzelfstandiging voldoet, geldt slechts voor de rechtspersonen bedoeld in de wet van

27 juni 1921 (vzw's) en de vennootschappen met sociaal oogmerk. De gemeenten worden dus niet op algemene wijze gemachtigd om deel te nemen in andere rechtspersonen, tenzij deze uitsluitend bedoeld zijn voor de realisatie van lokale PPS-projecten in de zin van het Decreet betreffende Publiek-private Samenwerking.

5.2. Andere vennootschap

516 Gemeenten kunnen slechts andere vennootschappen in de zin van het Wetboek Vennootschappen oprichtingen, erin deelnemen of zich erin laten vertegenwoordigen als die vennootschap uitsluitend de realisatie van een zogenaamd 'lokaal PPS-project' tot doel heeft.

517 Gemeenten kunnen 'lokale PPS-projecten' (publiek-private samenwerking) oprichten volgens de regels van het PPS-Decreet van 18 juli 2003 (*BS* 19 september 2003). PPS-projecten zijn projecten die door publiek- en privaatrechtelijke partijen, gezamenlijk en in een samenwerkingsverband, worden gerealiseerd om een meerwaarde voor alle partijen tot stand te brengen. In dit geval vormen de gemeenten en de ervan afhangende rechtspersonen dus de publiekrechtelijke partners.

Omdat bij dergelijke projecten vaak een beroep wordt gedaan op overheidseigendommen moet daarvoor het strakke domeinrecht versoepeld worden. Vandaar dat een gemeente zakelijke rechten kan vestigen op onroerende goederen die behoren tot het openbaar domein, voor zover die zakelijke rechten niet kennelijk onverenigbaar zijn met de bestemming van die goederen [→ nr. 454]. De gemeente moet daartoe wel een bijzondere én omstandige motivering opmaken.

5.3. Beperkingen

518 De oprichting, deelname of vertegenwoordiging mag niet gepaard gaan met de overdracht of terbeschikkingstelling van gemeentelijk personeel of met de overdracht van gemeentelijke infrastructuur. De terbeschikkingstelling van de gemeentelijke infrastructuur is wél toegestaan.

De taken van de rechtspersoon mogen het gemeentelijk belang niet betreffen. Gemeenten kunnen in beginsel slechts rechtspersonen belasten met taken van gemeentelijk belang als die voldoen aan de voorwaarden van externe verzelfstandiging [→ nr. 481].

Het is de gemeenten verboden om, rechtstreeks of onrechtstreeks, rechtspersonen die niet belast zijn met welbepaalde taken van gemeentelijk belang op te richten, erin deel te nemen of zich erin te laten vertegenwoordigen, tenzij de voorschriften voldoen aan de hierboven geformuleerde voorwaarden of er voor die oprichting, deelname of vertegenwoordiging een andere decretale of wettelijke rechtsgrond bestaat.

5.4. Ad-hocmachtiging

519 Daarnaast kunnen andere wetten of decreten ook de gemeenten machtigen om tot bepaalde rechtspersonen tot te treden

6. Overeenkomsten tussen het OCMW en een andere openbare of private instelling

6.1. Medewerking van personen, inrichtingen en diensten

Art. 61, lid 1 en 2 OCMW-Wet

520 Het OCMW kan een beroep doen op de medewerking van personen, van inrichtingen of diensten, die, opgericht hetzij door openbare besturen, hetzij op privé-initiatief, in staat zijn de middelen aan te wenden tot verwezenlijking van de verschillende oplossingen die nodig zijn, met eerbiediging van de vrije keuze van de betrokkene.

Het OCMW kan de eventuele kosten van deze samenwerking dragen in geval deze niet in uitvoering van een wet, reglement, overeenkomst of rechterlijke beslissing worden gedekt.

6.2. Samenwerkingsovereenkomst met openbare of private personen of instellingen

Art. 61, lid 3 OCMW-Wet

521 Het OCMW kan overeenkomsten sluiten met een ander OCMW, een ander openbaar bestuur of instelling van openbaar nut of een andere private persoon. Dit moet eveneens gebeuren met het oog op de verwezenlijking van de verschillende oplossingen die zich opdringen, met eerbiediging van de vrije keuze van de betrokkene.

Het bestuur kan daarbij kiezen uit een waaier aan mogelijkheden: zowel zakenrechtelijke overeenkomsten (bv. verkoop onder voorwaarde, mede-eigendom, erfpacht, opstal, erfdienstbaarheden), privaatrechtelijke overeenkomsten (bv. huur) als publiekrechtelijke rechtsfiguren (bv. domeinconcessie of concessie van openbare dienst) komen in aanmerking.

6.3. Samenwerkingscomité

Art. 62 OCMW-Wet

522 De instellingen en diensten die in het ambtsgebied van het OCMW een sociale activiteit of specifieke activiteiten uitoefenen, kunnen aan het OCMW voorstellen om gezamenlijk één of meer comités in te stellen waarin het OCMW en die instellingen en diensten hun werkzaamheden kunnen coördineren en overleg kunnen plegen over de individuele of collectieve behoeften en de middelen om daarin te voorzien.

HOOFDSTUK 9
DISTRICTSORGANISATIE

1. Inrichting

523 Na de fusieoperatie van 1976 (en van 1982 voor Antwerpen) ontstond de kritiek dat in bepaalde grote steden de nieuw samengesmolten lokale entiteit te ruim was. De democratische tekortkomen van bestuurlijke grootschaligheid kwamen de kop op steken: de te grote afstand tussen bestuurde en bestuurder, de afnemende detectie van de noden en behoeften van de lokale bevolking, de problematische informatiedoorstroming naar de inwoners en het gebrek aan democratische inspraak en participatie. Op politiek niveau dacht men na over defusioneren maar ook over het creëren van binnengemeentelijke organen met een beslissingsbevoegdheid die een soort deelgemeenteraden vormden. Die laatste piste haalde het uiteindelijk. Zij het in beperkte mate.

Op 11 maart 1997 werd, middels een wijziging van artikel 41 van de Grondwet gewijzigd, de mogelijkheid geschapen om zogenaamde binnengemeentelijke territoriale organen op te richten die aangelegenheden van gemeentelijk belang behandelen. Gemeenten met meer dan 100 000 inwoners kunnen zogenaamde districtsbesturen oprichten. In de bestuurspraktijk is de districtswerking in Vlaanderen dus enkel mogelijk in Brugge, Gent en Antwerpen. Slechts de laatstgenoemde heeft effectief van de mogelijkheid gebruik gemaakt.

2. Bestuursorganen

Art. 115-116, 133, 136 en 137 DLB

524 De districten beschikken over een aan de gemeente parallelle structuur met een districtsraad, een districtscollege en een districtsvoorzitter. Het komt de gemeenteraad exclusief toe om districtsbesturen op te richten.

De bestuursorganen mogen, als een veruitwendiging van binnengemeentelijke decentralisatie, geen handelingen stellen die in strijd zijn met hogere rechtsnormen, waaronder ook de besluiten van de gemeenteraad of het college van burgemeester en schepenen. Het decreet voorziet bovendien in een bijzondere medewerkingsplicht van de districtsbesturen aan het gemeentebestuur.

De mogelijkheid om volksraadplegingen te organiseren binnen het district onderstreept het belang van de nabijheid van het districtsbestuur bij de burger.

2.1. Districtsraad

2.1.1. Samenstelling

Art. 117-120 DLB

525 De inwoners van het district kiezen zesjaarlijks de districtsraadsleden. De districtsraadsverkiezingen vallen samen met de verkiezing van de gemeenteraad.

Het aantal districtsraadsleden wordt bepaald op ⅔ van het aantal zetels dat het district zou kunnen verkiezen als het een zelfstandige gemeente zou zijn geweest. Het resultaat van deze berekening wordt afgerond naar het hogere oneven getal.

Bij wijze van voorbeeld voor een district met 3 420 inwoners: als een zelfstandige gemeente zou dit district een gemeenteraad met 13 leden tellen [→ nr. 96]. Twee derden van 13 zetels is 8,66. Na de afronding naar het hoger oneven getal weten we dat in dit district de inwoners dus 9 districtsleden moeten kiezen.

526 Op de districtsraad zijn de meeste bepalingen met betrekking tot onverenigbaarheden, afstand van mandaat, verkiesbaarheidsvoorwaarden, ontslag etc. van toepassing als bij de gemeenteraad. Bovendien kan een districtsraadslid niet tegelijkertijd gemeenteraadslid zijn.

2.1.2. Werking

Art. 126-128 en 144 DLB

527 De districtsraden vergaderen op dezelfde wijze als de gemeenteraad. De gemeenteraadsleden beschikken daarbij over een inzagerecht op de besluiten van de districtsraad.

Het schepencollege kan alvast de voorzitters van de districtsraden samenroepen voor een overleg ('conferentie van de districtsvoorzitters'). Dit overleg vindt minstens jaarlijks plaats voor de opmaak van het meerjarenplan en de aanpassingen er van, en van de vaststelling van de personeelsbehoeften van het district.

2.1.3. Bevoegdheden

Art. 134-136, 138, 140, 142 en 145 DLB

528 Niet elke stad die overgaat tot de oprichting van districten dient dezelfde wijze van bevoegdheidsoverdracht te volgen. Het decreet creëert daarom slechts een kader dat de gemeenteraad vervolgens invult. Binnen eenzelfde stad moet de toewijzing van de bevoegdheden evenwel in alle districten op een gelijke wijze gebeuren.

Vanuit de idee van consultatieve districtsraden verleent het Decreet Lokaal Bestuur enkele adviesbevoegdheden aan de districtsraad:
- een algemene adviesbevoegdheid voor alle aangelegenheden die betrekking hebben op het district;
- een bijzondere adviesbevoegdheid over de manier waarop de financiering naar de districten loopt;
- een voorstelbevoegdheid wat betreft het vaststellen van de personeelsbehoefte van de districten.

De districtsraad kan bij reglement die algemene adviesbevoegdheid of delen ervan overdragen aan het districtscollege.

529 Voorts heeft de districtsraad het recht om punten toe te voegen aan de agenda van de gemeenteraad, voor zover die betrekking hebben op zaken die van gemeentelijk belang zijn en die tot de bevoegdheid van de districtsraad behoren.

530 Naast zijn adviesbevoegdheid kan de districtsraad ook beslissingsbevoegdheid bezitten indien de gemeenteraad van de betrokken stad daartoe beslist. De gemeenteraad kan in drie gevallen bevoegdheden overdragen:
1) *bevoegdheden van gemeentelijk belang*: indien de gemeenteraad over die bevoegdheid beschikt;
2) *aan de gemeenteraad toegewezen bevoegdheden*: indien de toewijzende norm de gemeenteraad de mogelijkheid toekent om die bevoegdheid over te dragen;
3) *uitvoeringsbevoegdheden*: indien de hogere overheid die de gemeenteraad met die opdracht heeft belast, voorziet in de mogelijkheid om die opdracht over te dragen.

Sommige bevoegdheden kunnen zeker niet worden overgedragen: de tuchtregeling, de gemeentelijke beleidsrapporten en de gemeentebelastingen.

De raad kan dus zelf reglementen uitvaardigen. Politieverordeningen moeten evenwel steeds worden goedgekeurd door de gemeenteraad. De districtsraad is er ook toe gehouden haar medewerking te verlenen aan de gemeenteraad.

2.2. Districtscollege

2.2.1. Samenstelling

Art. 121-124 DLB

531 De districtsraden verkiezen uit hun midden een districtscollege ('districtsschepenen'). Hiertoe kunnen de raadsleden kandidatenlijsten indienen die zoveel kandidaten bevatten als er mandaten in het college in te vullen zijn. De verkiezing gebeurt op een gelijkaardige wijze als de gemeentelijke verkiezing van de schepenen middels voordrachtsakte. De voorzitter van de districtsraad is de kandidaat die als eerste op de voordrachtslijst voorkomt.

De districtsraad kan beslissen dat de voorzitter van de districtsraad geen deel uitmaakt van het districtscollege en het college niet voorzit. In dat geval kiest het districtscollege in zijn midden een afzonderlijke voorzitter van het districtscollege. In tegenstelling tot de burgemeester is de voorzitter dus steeds verkozen en niet benoemd.

532 De gemeenteraad bepaalt het maximale aantal districtsschepenen voor de volgende bestuursperiode en dit per district dat door hem werd opgericht. De gemeenteraad moet het maximale aantal vaststellen uiterlijk op 1 juni van het jaar waarin de districtsraadsverkiezingen plaatsvinden. Het districtscollege bevat – met inbegrip van de districtsburgemeester – in elk geval minstens twee leden.

2.2.2. Werking

Art. 122 en 129-131 DLB

533 De districtscolleges vergaderen volgens het model van het college van burgemeester en schepenen.

2.2.3. Bevoegdheden districtscollege

Art. 139 DLB

534 Het Decreet Lokaal Bestuur belast het districtscollege met:
- het beheer van de aan het district toevertrouwde inrichtingen;
- de leiding van werken van het district.

Voorts kan het schepencollege het districtscollege belasten met:
- het beheer van gemeentelijke inrichtingen die in het district gelegen zijn;
- de vaststelling van de rooilijnen;
- het beheer van eigendommen van de gemeente die in het district gelegen zijn;
- het doen onderhouden van buurtwegen en waterlopen.

Ook de districtsraad kan bevoegdheden delegeren. Bij reglement kan hij zijn algemene adviesbevoegdheid of delen ervan aan het districtscollege overdragen [→ nr. 531].

2.2.4. Bevoegdheden districtsburgemeester

Art. 134 DLB

535 De burgemeester kan opdrachten overdragen aan de districtsburgemeester:

1) *bevoegdheden van gemeentelijk belang*: indien de burgemeester over die bevoegdheid beschikt;
2) *aan de gemeenteraad toegewezen bevoegdheden*: indien de toewijzende norm aan de burgemeester de mogelijkheid toekent om die bevoegdheid over te dragen;
3) *uitvoeringsbevoegdheden*: indien de hogere overheid die de burgemeester met die opdracht heeft belast, voorziet in de mogelijkheid om die opdracht over te dragen.

De bevoegdheid van de burgemeester inzake het houden van de registers van de burgerlijke stand, de bediening van ambtenaar van burgerlijke stand, het houden van de registers, machtigen van een ambtenaar zoals bepaald in artikel 125 en 126 van de Nieuwe Gemeentewet geldt ook voor de voorzitter van de districtsraad en het districtscollege.

De politiebevoegdheden van de burgemeester zijn niet overdraagbaar.

3. Personeel

Art. 125 en 140 DLB

536 Om goed te functioneren moet het district over een voldoende en geschikt personeel beschikken. De gemeente stelt het vereiste personeel, waaronder één districtssecretaris, ter beschikking aan het districtsbestuur. Daartoe doet de districtsraad een voorstel voor het vaststellen van de personeelsbehoeften van de districten. Nadat de gemeenteraad die behoefte heeft goedgekeurd, wordt het personeel toegewezen.

Hoewel het districtscollege toezicht houdt op de toegewezen personeelsleden, blijven de gemeentelijke organen de bevoegde tuchtoverheid.

4. Financiën

Art. 141-143 DLB

537 Jaarlijks krijgen de districten algemene en specifieke dotaties van de gemeente aangezien zij zelf geen belastingen kunnen vaststellen. De financiële middelen moeten in verhouding staan met de overgedragen bevoegdheden. Het is de gemeenteraad die daarover beslist en de criteria daarvoor vastlegt.

De districtsbesturen zijn, net als de gemeenten, onderworpen aan het systeem van de beleids- en de beheerscyclus [→ nr. 374].

5. Toezicht

Art. 146 DLB

538 In geval een gemeentebestuur ervoor kiest om een districtswerking te organiseren, is die oprichting aan een bijzonder goedkeuringstoezicht door de Vlaamse Regering onderworpen.

Daarnaast geldt ook het gewoon bestuurlijk toezicht zoals die van toepassing is op de gemeente.

HOOFDSTUK 10
INTERGEMEENTELIJKE SAMENWERKING

1. Overeenkomsten tussen gemeenten

Art. 387 DLB

539 Krachtens artikel 162, laatste lid van de Grondwet kunnen gemeenten zich slechts met elkaar verstaan of verenigingen op de wijze die het decreet bepaalt. Artikel 387 van het Decreet Lokaal Bestuur voorziet daarom in een juridische grondslag voor overeenkomsten tussen gemeenten voor een niet-duurzame en niet-projectmatige samenwerking.

Duurzame of projectmatige samenwerkingsverbanden komen niet in aanmerking aangezien het Decreet Lokaal Bestuur daarvoor de figuur van de 'interlokale vereniging' in het leven heeft geroepen [→ nr. 543]. Gemeenten kunnen zich dus niet beroepen op artikel 387 van het Decreet Lokaal Bestuur om de strengere verplichtingen, die bij de interlokale vereniging zijn opgelegd (bv. het beheerscomité of de verplichte vermeldingen in de overeenkomst) te omzeilen. Een goede motivering over het al dan niet duurzaam karakter, zoals de duur en de omvang van de overeenkomst, is alvast vereist.

2. Intergemeentelijke verenigingen

2.1. Toepasselijke regelgeving

Art. 388-391 DLB

540 De intergemeentelijke samenwerkingsverbanden zijn hulpstructuren voor de gemeenten waarbij ze vrijwillig een nieuwe organisatie oprichten, met of zonder rechtspersoonlijkheid, voor een welomschreven taak van gemeentelijk belang. In de bestuurspraktijk zien we alvast een inflatie aan dergelijke intergemeentelijke verenigingen. Met de afzwakking van de provincies als bestuursinstelling zal de drang bij gemeenten om samen te werken nog meer toenemen.

De keuze om zich te verenigingen staat de gemeenten vrij, de manier waarop daarentegen niet. Krachtens artikel 162 van de Grondwet en artikel 6, §1, eerste lid, 8° BWHI kunnen gemeenten zich slechts met elkaar verstaan of verenigen volgens de voorwaarden en de wijze die een decreet bepaalt. Zij kunnen bovendien slechts gemeentelijke belangen behartigen.

Het Decreet Lokaal Bestuur voorziet vijf vormen van intergemeentelijke samenwerking:
1) *samenwerking zonder rechtspersoonlijkheid:* interlokale verenigingen;
2) *samenwerking mét rechtspersoonlijkheid:*
   - projectvereniging;
   - dienstverlenende vereniging;
   - opdrachthoudende vereniging;
   - opdrachthoudende vereniging met private deelname.

Het decreet geldt slecht voor de samenwerkingsverbanden van gemeenten waarvan het hele ambtsgebied in Vlaanderen ligt. Voor de gewestoverschrijdende samenwerkingsverbanden, waarbij gemeenten uit meer dan één gewest zijn aangesloten, heeft het Vlaamse Gewest, het Waals Gewest en het Brussels Hoofdstedelijk Gewest conform artikel 92*bis*, § 2, d) BWHI een samenwerkingsakkoord gesloten (*dd.* 13 februari 2014, *BS* 14 april 2014). Behoudens enkele uitzonderingen geldt de principiële regel dat op de gewestgrensoverschrijdende intercommunales het recht van toepassing is van het gewest waaronder de aandeelhouders vallen die samen het grootste deel van de publiekrechtelijke aandeelhouders vormen.

2.2. Herwaardering van de gemeenteraad

541 Net als bij de verzelfstandigingstechniek schuilt het gevaar om de hoek dat de intergemeentelijke vereniging de gemeente als instelling uitholt. Een democratisch deficit mag geen gevolg zijn van een samenwerkingsverband. Het Decreet Lokaal Bestuur voorziet daarom expliciet enkele bepalingen om de gemeenteraad te beschermen:
- de gemeenteraad neemt de beslissingen over de wijze en mate van samenwerking, niet het college van burgemeester en schepenen;
- de leden van de raad van bestuur brengen minstens jaarlijks verslag uit aan de gemeenteraad;
- de gemeenteraad verleent het mandaat voor de algemene vergadering;
- er zijn minstens twee algemene vergaderingen per jaar;
- alle statutenwijzigingen liggen voor aan de gemeenteraden;
- vertegenwoordigers van de gemeente in de raad van bestuur zijn in beginsel raadslid.

Bovendien is uitdrukkelijk bepaald dat de gemeenteraad of een gemeenteraadscommissie moet waken over de afstemming van het beleid van de intergemeentelijke samenwerkingsverbanden op het gemeentelijk beleid.

2.3. Intergemeentelijke vereniging zonder rechtspersoonlijkheid: de interlokale vereniging

Art. 392-395 DLB

2.3.1. Organisatievorm

542 Twee of meer gemeenten kunnen een samenwerkingsverband zonder rechtspersoonlijkheid vormen om – zonder beheersoverdracht – een welbepaald project van gemeentelijk belang te verwezenlijken. De interlokale vereniging kan een geschikte vorm zijn om een heel concreet, in omvang beperkt, project uit te voeren zoals de levering van een goed of dienst of de uitvoering van een werk.

Als in een dergelijk samenwerkingsverband andere overheden dan gemeenten, zoals het OCMW of de provincie, deelnemen, mag het zich ook 'interbestuurlijk samenwerkingsverband' in plaats van 'interlokale vereniging' noemen.

2.3.2. Leden

543 Alle rechtspersonen, zowel publiekrechtelijke als privaatrechtelijke, kunnen in de overeenkomst participeren tenzij andere regelgeving hun deelneming verbiedt.

2.3.3. Oprichting

544 De oprichting is louter op een overeenkomst gegrond. Die overeenkomst bezit statutaire draagkracht en kan bepalingen omvatten met betrekking tot de duurtijd en de eventuele verlenging, de opzegmogelijkheid, de eventuele inbreng van de deelnemers en de beheerwijze van deze inbreng, de interne organisatie, de wederzijdse rechten en verplichtingen en de financiële repercussies, de informatieverstrekking aan de deelnemers en de jaarlijkse evaluatie door de gemeenteraden, de opmaak van de rekeningen en de bestemming van het resultaat, de financiële controle en de vereffening. De concrete invulling van deze verplichte bepalingen is vrij door de initiatiefnemers in te vullen.

De overeenkomst kan een van de deelnemende gemeenten aanstellen als beherende gemeente, waar de zetel wordt gevestigd en die de interlokale vereniging vertegenwoordigt. Deze inzet kan zich vertalen in een financiële bijdrage door de andere participanten.

2.3.4. Bestuursorganen

545 Een beheerscomité, dat samengesteld is uit slechts één afgevaardigde van elke deelnemer, overlegt over de uitvoeringswijze van de overeenkomst. Dit bestuursorgaan bezit evenwel geen beslissings- maar slechts een adviesbevoegdheid. Het stelt de rekeningen vast en legt die ter goedkeuring voor aan de gemeenteraden van de deelnemende gemeenten.

De gemeenteraad wijst zijn afgevaardigden aan onder de gemeenteraadsleden, de burgemeester en de schepenen. Enkel natuurlijke personen kunnen dus in het beheerscomité zetelen. Behalve de burgemeester en schepenen kunnen zij een presentiegeld ontvangen dat het presentiegeldbedrag van een gemeenteraadsvergadering niet overstijgt.

Een huishoudelijk reglement kan de werking van het beheerscomité vastleggen.

2.3.5. Personeel

546 Het aanwerven van personeel is voor de interlokale vereniging, als samenwerkingsverband zonder rechtspersoonlijkheid, niet mogelijk. De beherende gemeente kan evenwel eigen personeel inzetten ten behoeve van het samenwerkingsverband volgens de voorwaarden, bepaald in de overeenkomst en onder voorbehoud dat de rechten van dit personeel geëerbiedigd blijven.

2.4. Intergemeentelijke vereniging met rechtspersoonlijkheid

2.4.1. Gemeenschappelijke bepalingen

Art. 396-400 en 452 DLB

2.4.1.1. Doel

547 Twee of meer gemeenten kunnen een samenwerkingsverband met rechtspersoonlijkheid tot stand brengen om doelstellingen te verwezenlijken. Het hoeft niet om samenhangende doelstellingen te gaan.

Die doelstellingen zijn echter niet onbeperkt in omvang. Het kan niet dat intergemeentelijke samenwerkingsverbanden krachtens hun statutaire doelstellingen bijna het hele gemeentelijke beleidsdomein binnen hun actieterrein verwerven. De statuten moeten daarom die (meerdere) doelstellingen duidelijk en afgebakend omschrijven zodat het samenwerkingsverband de gemeenteraad en gemeentelijke administratie niet uitholt.

2.4.1.2. Rechtspersoonlijkheid

548 Het samenwerkingsverband met rechtspersoonlijkheid is een publiekrechtelijke rechtspersoon. Voor wat niet uitdrukkelijk is geregeld door het Decreet Lokaal Bestuur zijn de bepalingen van toepassing van het Wetboek van vennootschappen zoals die gelden voor de vennootschapsvorm van de coöperatieve vennootschap met beperkte aansprakelijkheid. De omzendbrief BA 2003/09 van 18 juli 2003 (*BS* 19 augustus 2003) gaat in op die toepasselijke gemeenrechtelijke bepalingen.

2.4.1.3. Participanten

549 Naast gemeenten kunnen aan deze samenwerking uitsluitend deelnemen: AGB's, OCMW's en hun verenigingen, politiezones, hulpverleningszones en andere intergemeentelijke samenwerkingsverbanden. Provincies zijn bijgevolg uitgesloten.

Privaatrechtelijke partners (natuurlijke personen en zuiver privaatrechtelijke rechtspersonen) kunnen deelnemen aan een intergemeentelijk samenwerkingsverband dat fungeert als

- *energiedistributienetbeheerder*, met louter doelstellingen ter uitvoering van artikel 4.1.1 Energiedecreet van 8 mei 2009 (*BS* 7 juli 2009), en in zoverre de privaatrechtelijke partner niet actief is als energieproducent;
- *afvalintercommunale*, met louter doelstellingen ter uitvoering van artikel 26, eerste lid, Decreet van 23 december 2011 (*BS* 28 februari 2012).

De private deelname is evenwel aan de volgende beperkingen onderworpen:

- de inbreng kan geen controle of blokkerende macht opleveren;
- de privaatrechtelijke personen kunnen geen beslissende invloed op de vereniging uitoefenen;
- de gezamenlijke inbreng van de privaatrechtelijke personen mag niet meer bedragen dan 49 % van het totale maatschappelijk kapitaal.

In geval er sprake is van de deelname van een private partner draagt het samenwerkingsverband de naam 'opdrachthoudende vereniging met private deelname'. Door de private deelname kan dit type samenwerkingsverband niet deelnemen in andere intergemeentelijke verenigingen. Wanneer dit zakboekje spreekt over de 'opdrachthoudende vereniging', wordt zowel de gewone als de opdrachthoudende vereniging met private deelname bedoeld.

550 De zetel van het samenwerkingsverband met rechtspersoonlijkheid is steeds gevestigd in een gebouw dat hemzelf of een deelnemende gemeente toebehoort en op het grondgebied van een deelnemende gemeente is gelegen.

2.4.1.4. Beheersoverdracht

551 De keuze voor de éne dan wel de andere vorm van intergemeentelijke vereniging met rechtspersoonlijkheid hangt af van de mate waarin de gemeenten een beheersoverdracht willen voorzien. Enkel in geval van de opdrachthoudende vereniging is er een werkelijke beheersoverdracht.

Bij een beheersoverdracht vertrouwen de deelnemende gemeenten het samenwerkingsverband de bevoegdheid toe om de door hen genomen beslissingen uit te voeren. Door de beheersoverdracht ontzeggen de gemeenten zichzelf het recht om zelfstandig of samen met derden dezelfde opdracht als het samenwerkingsverband uit te voeren.

2.4.1.5. Schematisch overzicht intergemeentelijke verenigingen met rechtspersoonlijkheid

	Projectvereniging	*Dienstverlenende vereniging*	*Opdrachthoudende vereniging*
Doel	project plannen, uitvoeren en controleren	ondersteunende dienst verlenen	uitvoering van één of meer bevoegdheden
Rechtspersoonlijkheid	Ja	Ja	Ja
Beheersoverdracht	Nee	Nee	Ja
Organen	raad van bestuur	algemene vergadering raad van bestuur (directiecomité) (adviescomité)	algemene vergadering raad van bestuur (directiecomité) (adviescomité) *tenzij voor opdrachthoudende verenigingen voor distributienetbeheer*

2.4.2. De projectvereniging

Art. 401-412 DLB

2.4.2.1. Organisatievorm

552 De projectvereniging is een samenwerkingsverband zonder beheersoverdracht dat tot doel heeft een duidelijk omschreven project te plannen, uit te voeren en te controleren. Ze is dus uitermate geschikt voor kleinschalige projecten die een beperkt aantal gemeenten aanbelangen en waarvan de verwezenlijking een korte tijdspanne vergt.

2.4.2.2. Oprichting

553 De oprichting van een projectvereniging kan voor de duur van maximaal zes jaar. Na het verstrijken van die periode is de verlenging voor een nieuwe termijn van zes jaar steeds mogelijk mits instemming van alle betrokken gemeenten. In het jaar van de gemeenteraadsverkiezing is de oprichting uitgesloten.

De oprichtingsakte, die de statuten bevat, vereist geen notariële tussenkomst maar kan worden verleden voor de burgemeester van de gemeente waar de zetel is gevestigd. De goedkeuring van de hogere overheid is niet verplicht. De toezichthoudende overheid ontvangt evenwel de oprichtingsakte, louter informatief, binnen de 30 dagen. Daarnaast volgt een bekendmaking in de bijlage van het Belgisch Staatsblad.

Een statutenwijziging en toetreding behoeven de instemming van de deelnemende gemeenten.

2.4.2.3. Bestuursorganen

De projectvereniging beschikt enkel over een raad van bestuur die uit natuurlijke personen bestaat. De raad van bestuur bezit de bevoegdheid om beslissingen te nemen die hun expliciet door de deelnemers zijn opgedragen. De raad van bestuur is in elk geval bevoegd voor het personeelsbeleid en voor het vaststellen van de jaarrekeningen.

Alle deelnemende gemeenten zijn erin vertegenwoordigd middels één vertegenwoordiger met één stem. Zij benoemen ook rechtstreeks de leden in de raad van bestuur. Voor gemeenten kunnen dat uitsluitend de burgemeester, schepenen en gemeenteraadsleden zijn. Het is steeds een door een gemeente aangewezen bestuurder die de voorzittersfunctie bekleedt.

Daarnaast kunnen ook gemeenteraadsleden die geen deel uitmaken van de politieke partijen (lijsten) zoals die in het schepencollege zijn vertegenwoordigd, deel uitmaken van de raad van bestuur met raadgevende stem. Zij tellen evenwel niet meer voor de berekening van het aanwezigheidsquorum.

Er bestaat een onverenigbaarheid tussen het mandaat van bestuurder en sommige andere mandaten [→ nr. 571].

Het bij de statuten gevoegde huishoudelijk reglement legt de werkingsmodaliteiten van de raad van bestuur vast. De raad van bestuur kan dit bij een eenvoudige beslissing wijzigen. De vergaderingen zijn alvast niet openbaar. De gedetailleerde notulen en de daarbij horende documenten liggen wel (ook elektronisch) ter inzage van de gemeenteraadsleden.

2.4.2.4. Financiën

554 De door de raad van bestuur benoemde accountant controleert de financiële toestand. De boekhouding wordt gevoerd overeenkomstig de wetgeving op de boekhouding van de ondernemingen en met naleving van de richtlijnen die de overheid uitvaardigt met betrekking tot de boekhoudkundige verrichtingen. Voor de projectverenigingen die dat wensen, is er de mogelijkheid om de regels van de beleids- en beheerscyclus toe te passen.

De jaarrekeningen worden na hun goedkeuring overeenkomstig de procedure, bepaald in de statuten, door toedoen van de raad van bestuur neergelegd bij Nationale Bank van België.

2.4.2.5. Rapportering

555 Elke projectvereniging rapporteert aan de Vlaamse Regering over haar werking zoals bepaald in het besluit van 9 mei 2014 (*BS* 1 september 2014). Uit deze rapportering vloeien geen gevolgen voor het bestuurlijk toezicht of de daarbij horende termijnen voort [→ nr. 596].

2.4.3. De dienstverlenende en opdrachthoudende vereniging

2.4.3.1. Organisatievorm

Art. 398 DLB

556 De dienstverlenende vereniging is een samenwerkingsverband *zonder beheersoverdracht* dat tot doel heeft een duidelijk omschreven ondersteunende dienst te verlenen aan de deelnemende gemeenten, eventueel voor verscheidene beleidsdomeinen. Hierbij denken we bv. aan intergemeentelijke samenwerking voor streekontwikkeling die aan projectontwikkeling kunnen doen (bv. ontwikkelen van bedrijventerreinen, woonprojecten ...) maar ook aan het verlenen van adviezen en het uitvoeren van studies (bv. op het gebied van mobiliteit, ruimtelijke planning, sociale economie, milieu, erfgoed, duurzame ontwikkeling ...).

In de meeste gevallen opteren de deelnemende partners voor een combinatie van enerzijds volkomen vrijheid van de deelnemende gemeenten, anderzijds vrijwaring van de mogelijkheid tot eigen gemeentelijk beheer, met exclusieve dienstverlening door de vereniging ten behoeve van de gemeenten die uit dat eigen beheer willen treden. Het komt erop neer dat, in het laatste geval, de gemeente zich uitsluitend tot haar vereniging kan wenden, maar dat zij daartoe niet verplicht is, als zij een opdracht verder in eigen beheer wil verwezenlijken.

557 De opdrachthoudende vereniging is een samenwerkingsverband *met beheersoverdracht* waaraan de deelnemende gemeenten de uitvoering van één of meer duidelijk omschreven bevoegdheden met betrekking tot één of meer beleidsdomeinen toevertrouwen.

2.4.3.2. Oprichting

A. Voorbereidende fase

Art. 413-415 DLB

558 De gemeenten moet middels een gemeenteraadsbeslissing vooraf een overlegorgaan, zonder rechtspersoonlijkheid, oprichten om de samenwerkingsmogelijkheden en -voorwaarden te bestuderen. Ze wijzen daarbij de burgemeester of een schepen aan die zitting zal hebben in dit overlegorgaan en leggen de eventuele werkingskredieten vast. Alleen gemeenten kunnen deel uitmaken van het overlegorgaan. De OCMW's kunnen slechts een waarnemer afvaardigen.

Om geen te grote discrepantie te laten ontstaan tussen het tijdstip van het oprichtingsvoornemen en de oprichting zelf, beschikt het overlegorgaan over maximaal één jaar. Een verkiezingsjaar op zich heeft geen invloed op het bestaan van het overlegorgaan. Al is de oprichting van een dienstverlenende of opdrachthoudende vereniging tijdens de sperperiode van één jaar voor de verkiezingen uitgesloten.

559 Indien het resultaat van de studieopdracht positief is, stelt het overlegorgaan een bundel documenten samen:
– een grondige motiveringsnota;

- een bestuursplan met een omschrijving van de maatschappelijke opdrachten en de daaraan verbonden wijze van dienstverlening, en met een beschrijving van de bestuurlijke organisatie;
- een ondernemingsplan met een omschrijving van de bedrijfsopdrachten, de financiële structuur en de in te zetten middelen, en de controlemogelijkheden op de uitvoering;
- een ontwerp van statuten.

Normalerwijze monden de werkzaamheden van het overlegorgaan uit in de oprichting van een dienstverlenende of opdrachthoudende vereniging. Nochtans bestaat er in hoofde van de deelnemende gemeenten geen verplichting om deze stap te zetten. Zij kunnen de resultaten van de studie aannemen, afwijzen of er wijzigingen aan voorstellen. De deelneming in het overlegorgaan bindt hen niet.

In een tweede fase beslist het overlegorgaan *in consensus* over de beslissingen en voorstellen van de gemeenten. De vertegenwoordigers van de afhakende deelnemers nemen niet deel aan deze besluitvorming. Daaruit volgt een definitief voorstel dat aan de (overblijvende) gemeenten wordt voorgelegd. De gemeenten kunnen dit voorstel enkel goed- of afkeuren.

B. De eigenlijke oprichting

Art. 416-425 DLB

560 De gemeenten die instemden met het definitieve voorstel kunnen binnen de drie maanden na de laatste gemeentelijke goedkeuringsbeslissing de dienstverlenende of opdrachthoudende vereniging oprichten. De oprichting brengt de ontbinding van het overlegorgaan met zich mee.

De oprichtingsakte, die de statuten en eventuele bijlagen bevat, kan worden verleden voor de burgemeester van de gemeente waar de zetel is gevestigd. Tenzij op grond van een wettelijke verplichting bij onroerende inbreng is er geen notarieel optreden vereist. De Vlaamse Regering ontvangt de oprichtingsakte binnen een termijn van 30 kalenderdagen na haar dagtekening. Ze beschikt vervolgens, als toezichthoudende overheid, over een goedkeuringstermijn 60 kalenderdagen na de ontvangst. Het verstrijken van de termijn staat gelijk met een goedkeuring. Daarnaast volgt er een bekendmaking in de bijlage van het Belgisch Staatsblad.

De dienstverlenende of opdrachthoudende verenigingen kunnen niet worden opgericht in de loop van het jaar van de gemeenteraadsverkiezingen. Ook een toetreding is niet toegestaan.

C. Toetreding

Art. 420-421 DLB

561 Een gemeente kan slechts toetreden na een gemeenteraadsbeslissing ter zake te hebben genomen en dat op basis van een onderzoek. Het bestuur maakt, net zoals bij de grondige motiveringsnota, duidelijk in welke mate de gekozen vorm van vereniging een meerwaarde zal betekenen voor de gemeente.

Een dienstverlenende of opdrachthoudende vereniging en projectvereniging kunnen slechts toetreden na een beslissing door respectievelijk de algemene vergadering en de raad van bestuur.

D. Duur

Art. 422-425 DLB

562 Tijdens de duur van een dienstverlenende of opdrachthoudende vereniging, die 18 jaar niet mag overschrijden, is geen uittreding mogelijk. Een verlenging is mogelijk telkens voor maximumperiode van 18 jaar.

Voor een opdrachthoudende vereniging die een distributienetbeheerder is in de zin van artikel 4.1.1 van het Energiedecreet van 8 mei 2009 (*BS* 7 juli 2009) is de uittreding wel mogelijk ten gevolge van een gebiedsuitwisseling op voorwaarde dat zowel de betrokken gemeente als de opdrachthoudende vereniging hiermee instemt en hierover afspraken hebben gemaakt. Op die manier is uniformisatie mogelijk bij gemeenten die bijvoorbeeld voor gas en elektriciteit bij twee verschillende distributienetbeheerders zijn aangesloten of die bijvoorbeeld voor een bepaald territorium (bv. een deelgemeente) bij verschillende distributienetbeheerders zijn aangesloten.

E. Uitsluiting

Art. 422 DLB

563 De algemene vergadering kan een deelnemer uitsluiten, op de wijze zoals in de statuten bepaald is, wegens een behoorlijk vastgestelde niet-naleving van de verbintenissen ten opzichte van de dienstverlenende of opdrachthoudende vereniging.

F. Ontbinding

Art. 425 DLB

564 De vervroegde ontbinding van de dienstverlenende of opdrachthoudende vereniging kan op verzoek van 3/4 van de gemeenten door een beslissing – genomen met een 3/4 meerderheid – van de algemene vergadering. In elk ander geval eindigt het samenwerkingsverband slechts na het verstrijken van de statutair bepaalde termijn.

G. De statuten

Art. 426-430 DLB

565 De statuten van de dienstverlenende of opdrachthoudende verenigingen vermelden ten minste:
- de naam en eventueel de afkorting;
- de maatschappelijke doelstellingen, die duidelijk en beperkend zijn omschreven;
- de maatschappelijke zetel;
- de duur en de wijze van verlenging;
- de nauwkeurige aanduiding van de deelnemers, hun inbreng en hun verbintenissen en eventueel het vast kapitaal;
- de samenstelling, de vergaderwijze en de bevoegdheden van alle organen van de dienstverlenende of opdrachthoudende vereniging;
- de wijze van opmaak van de rekeningen en de verdeling van het resultaat;
- de wijze van toetreding, ontbinding en vereffening;
- de wijze van uitsluiting van een deelnemer;
- de wijze en periodiciteit van noodzakelijke informatiedoorstroming tussen de organen van de dienstverlenende of opdrachthoudende vereniging onderling, naar de deelnemers en eventueel naar belanghebbende derden toe.

De wijzigingen in de statuten behoeven voor goedkeuring een 3/4 meerderheid in de algemene vergadering én worden in alle gevallen aan de deelnemende gemeenten voorgelegd met het oog op een raadsbeslissing.

2.4.3.3. Bestuursorganen

Art. 431-499 DLB

566 De dienstverlenende en opdrachthoudende verenigingen beschikken ten minste over een algemene vergadering en een raad van bestuur. Daarnaast kunnen ook directiecomités en regionale bestuurscomités worden opgericht.

A. Voorzitterschap – bestuursleden

567 De voorzitters van alle bestuursorganen moeten steeds bestuurders zijn die door de deelnemende gemeenten werden voorgedragen én die burgemeester, schepen of gemeenteraadslid zijn.

Alle mandatarissen zijn van rechtswege ontslagnemend bij het verlies van hun openbaar mandaat. Bij gemeenteraadsverkiezingen moet binnen de eerste drie maanden van het jaar volgend op dat van de verkiezingen, een algemene vergadering worden bijeengeroepen waarbij men tot een algehele vervanging van de raad van bestuur overgaat.

Met uitzondering van de algemene vergadering kunnen alleen natuurlijke personen lid zijn van de organen van de dienstverlenende en opdrachthoudende verenigingen. Deze bepaling geldt evenwel niet voor privaatrechtelijke rechtspersonen.

B. Algemene vergadering

568 De algemene vergadering is samengesteld uit vertegenwoordigers van de deelnemers. Het bevolkingscijfer en de kapitaalinbreng bepalen het aantal gemeentelijke afgevaardigden. De statuten bepalen de verdeelsleutel tussen beide criteria. De gemeenteraden wijzen rechtstreeks hun afgevaardigde(n) aan en herhalen, voor elke algemene vergadering, de vaststelling van het mandaat van de vertegenwoordiger.

Voorts nemen de statuten ook op over hoeveel stemmen iedere deelnemer beschikt, met dien verstande dat de deelnemende gemeenten steeds over de meerderheid van de stemmen beschikken en dat deelnemende private partners samen over niet meer dan 25 % van de statutair bepaalde stemmen kunnen beschikken. De statuten kunnen bepalingen ter bescherming van minderheden bevatten.

Jaarlijks belegt men minstens twee algemene vergaderingen. Vooreerst controleert de algemene vergadering in het eerste semester van het boekjaar de activiteiten van het voorbije boekjaar. Daarnaast legt een bijzondere algemene vergadering in de loop van het laatste trimester van elk jaar de activiteiten voor komend boekjaar vast en keurt ze de door de raad van bestuur opgestelde begroting goed.

De zittingen van de algemene vergadering zijn openbaar.

C. Raad van bestuur

569 De raad van bestuur bezit de residuaire bevoegdheid op het vlak van beheer en bestuur. Hij is bevoegd voor alles wat niet decretaal of statutair aan een ander orgaan is toegewezen. Voorts vertegenwoordigt hij de dienstverlenende of opdrachthoudende vereniging tegenover derden en in rechte als eiser of verweerder.

570 De algemene vergadering benoemt de leden van de raad van bestuur op voordracht van de deelnemers. Indien de gemeenteraad kandidaat-bestuurders voordraagt die geen lid zijn van de gemeente- of de districtsraad, maar van wie de deskundigheid manifest aantoonbaar is ('onafhankelijke bestuurders'), wordt deze voordracht uitdrukkelijk gemotiveerd. De benoeming gebeurt middels geheime stemming.

Niemand kan mandaten uitoefenen in de uitvoerende organen van meer dan drie dienstverlenende of opdrachthoudende verenigingen. De statuten leggen het aantal en de samenstelling van de raad van bestuur vast. De raad van bestuur kan – met inbegrip van de onafhankelijke bestuurders – echter maximaal vijftien leden bevatten. Indien evenwel op 1 mei 2017 het aantal leden van de raad van bestuur minder dan vijftien bedroeg, geldt dat aantal als maximum aantal leden. Maximaal 2/3 van de leden van de raad van bestuur mag van hetzelfde geslacht zijn.

Aan de vergaderingen van de raad van bestuur wordt deelgenomen door ten hoogste 5 rechtstreeks door verschillende gemeenten aangewezen afgevaardigden die lid zijn met raadgevende stem ('bestuurders uit de oppositie'). Deze afgevaardigden worden niet meegeteld in het maximumaantal leden van de raad van bestuur. Daarnaast kunnen de bestuurders zich laten bijstaan door deskundigen.

571 Er bestaat een onverenigbaarheid tussen het mandaat van bestuurder en de volgende mandaten, ambten of functies:
- lid van een regering of van de Europese Commissie;
- lid van een wetgevende vergadering (o.a. het Europees Parlement);
- gouverneur, adjunct van de gouverneur;
- arrondissementscommissaris, adjunct-arrondissementscommissaris;
- provinciegriffier;
- lid van een bestuurs- of controleorgaan in een privaatrechtelijke rechtspersoon die activiteiten uitoefent in dezelfde beleidsdomeinen;
- werknemer zijn van een aangesloten openbaar bestuur, tenzij als een bij een gemeentelijk vertegenwoordiger toegevoegd deskundige;
- werknemer zijn van een administratie die belast is met het toezicht op de vereniging.

Er bestaat geen onverenigbaarheid tussen het mandaat van bestuurder van een opdrachthoudende vereniging met private deelname en de volgende functies of mandaten:
- lid van een bestuurs- of controleorgaan in de deelnemende private rechtspersoon;

- werknemer van de deelnemende private rechtspersoon.

Daarnaast mag een bestuurder niet:
- aanwezig zijn bij een beraadslaging of besluit over zaken waarbij hij een rechtstreeks belang heeft, of waarbij zijn bloed- of aanverwanten tot en met de vierde graad een persoonlijk en rechtstreeks belang hebben. Dit verbod strekt niet verder dan de bloed- en aanverwanten tot de tweede graad als het gaat om de voordracht van kandidaten, benoemingen, afzettingen en schorsingen;
- rechtstreeks of onrechtstreeks deelnemen aan overeenkomsten die met de dienstverlenende of opdrachthoudende vereniging zijn gesloten;
- als advocaat, notaris of zaakwaarnemer optreden in rechtsgedingen tegen de dienstverlenende of opdrachthoudende vereniging. Het is hem verboden, in dezelfde hoedanigheid ten behoeve van de dienstverlenende of opdrachthoudende vereniging te pleiten, raad te geven of op te treden in enige betwisting, tenzij dit kosteloos gebeurt;
- optreden als raadsman van een personeelslid in tuchtzaken.

Het huishoudelijk reglement bepaalt de werkingsmodaliteiten van de raad van bestuur. Het bevindt zich als bijvoegsel bij de statuten. De raad van bestuur kan het huishoudelijk reglement bij eenvoudige beslissing wijzigen. De vergaderingen zijn niet openbaar. De gedetailleerde notulen en de daarbij horende documenten liggen wel (ook elektronisch) ter inzage van de gemeenteraadsraadsleden. Daarnaast moet ook een deontologische code worden opgemaakt.

D. Directiecomité

572 Het dagelijks bestuur kan door de raad van bestuur worden toevertrouwd aan een directiecomité dat uit zijn midden wordt benoemd. Het aantal leden kan maximaal ⅓ van het aantal bestuurders zijn. De meerderheid komt toe aan de bestuurders van de gemeenten.

Ieder lid van het directiecomité heeft één stem.

E. Regionaal bestuurscomité, algemeen comité of adviescomité

573 Opdrachthoudende verenigingen voor distributienetbeheer (art. 4.1.1 Energiedecreet van 8 mei 2009) met een uitgestrekt werkingsgebied beschikken over de mogelijkheid om regionale bestuurscomités met beslissingsbevoegdheid op te richten. Hiervoor moet aan twee voorwaarden zijn voldaan:
1) er is geen directiecomité of er zijn geen regionale adviescomités;

2) dit leidt netto tot een vermindering van het totaal aantal bestuursleden.

De raad van bestuur neemt beslissingen met een algemene gelding voor het volledige werkingsgebied, terwijl de regionale bestuurscomités beslissingen nemen die enkel gelden binnen hun regio. De regionale bestuurscomités kunnen echter nooit bevoegd zijn voor personeelsbeslissingen.

574 Bij dienstverlenende of opdrachthoudende verenigingen kunnen ook de volgende organen worden ingesteld:
– een algemeen comité om de verbinding en het overleg tussen de raad van bestuur en de deelnemers te faciliteren en stroomlijnen;
– een adviescomité als de doelstellingen meervoudig zijn of als de geografische spreiding het verantwoordt.

Een adviescomité oprichten is slechts mogelijk indien:
1) ofwel de doelstellingen van de vereniging meervoudig zijn;
2) ofwel niet aan alle gemeenten het recht is toegekend kandidaat-bestuurders voor te dragen;
3) ofwel de geografische spreiding het verantwoordt.

De algemene vergadering benoemt de leden van de adviescomités op voordracht van de deelnemers. In elk geval hebben alle gemeenten die geen kandidaat hebben kunnen voordragen voor benoeming in de raad van bestuur, wel het recht voor benoeming van een of meer kandidaat-leden in de regionale bestuurscomités of adviescomités.

F. Beperkingen presentiegeld

575 Voor de algemene comités, adviescomités en regionale bestuurscomités kan in geen enkel geval een presentiegeld worden voorzien. Bewezen kosten kunnen wel worden vergoed. Voor de andere bestuursorganen kan een presentiegeld toegekend worden dat maximaal het bedrag is dat een gemeenteraadslid kan ontvangen voor een gemeenteraadszitting.

Aan vertegenwoordigers van de intergemeentelijke samenwerkingsverbanden in de bestuursorganen in (rechtstreekse en onrechtstreekse) filialen kan evenmin een presentiegeld worden toegekend.

G. Rapportering aan de gemeenteraad

576 Aangezien in een aantal dienstverlenende of opdrachthoudende verenigingen een aantal gemeenten niet meer vertegenwoordigd zal zijn in de raad van bestuur, wordt een extra informatie-instrument voor de gemeenteraad ingebouwd. Een lid van de raad van bestuur of een gemandateerde moet immers minstens tweemaal per jaar, tijdens een openbare vergadering van elk van de deelnemende gemeenten, verslag uitbrengen over de uitoefening van de bevoegdheden en taken van en door de raad van bestuur. Die persoon licht ook het beleid van de intergemeentelijke vereniging toe.

De andere leden van de bestuursorganen van de dienstverlenende of opdrachthoudende vereniging, kunnen per bijgewoonde vergadering een presentiegeld ontvangen dat ten hoogste gelijk is aan het hoogste bedrag dat uitkeerbaar is aan een gemeenteraadslid voor een gemeenteraadszitting in een van de deelnemende gemeenten.

2.4.4. Financiën

Art. 449 DLB

577 De controle op de financiële toestand, op de jaarrekening en op de regelmatigheid van de verrichtingen, weer te geven in de jaarrekeningen, wordt uitgeoefend door één of meer commissarissen, die lid zijn van het Instituut van de Bedrijfsrevisoren.

2.4.5. Rapportering

Art. 460 DLB

578 De dienstverlenende of opdrachthoudende vereniging rapporteert aan de Vlaamse Regering over haar werking zoals bepaald in het KB van 9 mei 2014 (*BS* 1 september 2014). Uit deze rapportering vloeien geen gevolgen voort voor het bestuurlijk toezicht of de daarbij horende termijnenvoort [→ nr. 596].

2.4.6. Bestuurlijk toezicht

Art. 461-470 DLB

579 De Vlaamse Regering, die de toezichthoudende overheid is, beperkt zich bij de uitoefening van het toezicht tot een toetsing aan het recht en aan het algemeen belang [→ nr. 596]. Zij kan daarbij alle documenten en inlichtingen opvragen of die ter plaatse raadplegen. In geval van een klacht is zij dit verplicht.

Net als de gemeente en het OCMW is de intergemeentelijke vereniging verplicht om een besluitenlijst van haar bestuursorganen bekend te maken op haar website. Daarnaast staat de voorzitter van

de raad van bestuur ook in om de inhoud van de volgende besluiten bekend te maken:
- de besluiten betreffende de rechtspositieregeling van het personeel;
- de voorstellen van de raad van bestuur in verband met het saneringsplan;
- de code van goed bestuur.

De webtoepassing van de dienstverlenende en opdrachthoudende vereniging vermeldt daarnaast ook:
- de wijze waarop het publiek inzage kan krijgen in de besluiten die op de lijst zijn vermeld;
- de datum van bekendmaking van de lijst, vermeld in het eerste lid;
- de mogelijkheid om klacht in te dienen bij de toezichthoudende overheid.

De Vlaamse Regering beschikt vervolgens over 30 dagen om de uitvoering van de besluiten te vernietigen. Voor de besluiten inzake de rechtspositieregeling en het saneringsplan beschikt de toezichthoudende overheid over een termijn van 50 dagen.

De termijn om een beroep in te stellen bij de Raad van State tegen een beslissing van de intergemeentelijke overheid wordt gestuit ten voordele van degene die een klacht indient bij de toezichthoudende overheid, op voorwaarde dat die klacht aangetekend wordt verzonden voor het verstrijken van de beroepstermijn en voor het verstrijken van de termijn voor het uitoefenen van het toezicht.

580 De toezichthoudende overheid kan bovendien een dwangtoezicht uitoefenen. Na een schriftelijke ingebrekestelling kan zij één of meer commissarissen gelasten om ter plaatse te gaan en de gevraagde inlichtingen of opmerkingen in te zamelen of om de maatregelen ten uitvoer te brengen die in rechte zijn voorgeschreven.

HOOFDSTUK 11
PARTICIPATIE VAN DE BURGER

1. | Klachtenbehandeling en ombudsdienst

Art. 302-303 DLB

581 Een goed klachtenmanagement behoort tot de essentiële taken van het gemeentelijk bestuur in zijn relatie tot de burger. Het draagt ook bij tot verbetering van de lokale werking. De gemeente- en OCMW-raad is daarom ertoe verplicht om bij reglement een systeem van klachtenbehandeling te organiseren. De algemeen directeur neemt het vervolgens op in zijn organisatiebeheerssysteem [→ nr. 471].

De organisatie van het systeem van klachtenbehandeling gebeurt op het ambtelijk niveau van de gemeente. Het moet daarbij de onafhankelijkheid respecteren van de diensten waarop de klachten betrekking hebben. Het is uiteraard niet de bedoeling dat de klachten worden behandeld door de persoon of dienst waarop de klacht betrekking heeft.

582 De gemeente kan ervoor opteren om een ombudsdienst in dit gegeven in te passen. De ombudsdienst kan worden ingericht hetzij in eigen beheer, hetzij in het kader van een intergemeentelijk samenwerkingsverband, hetzij in samenwerking met het OCMW dat de gemeente bedient, hetzij via een overeenkomst met de Vlaamse Ombudsdienst. Het OCMW beschikt over dezelfde mogelijkheden en kan daarnaast ook een ombudsdienst oprichten in een welzijnsvereniging of autonome verzorgingsinstelling.

583 De algemeen directeur moet jaarlijks aan de gemeente- en OCMW-raad rapporteren over de klachten ingediend tegen respectievelijk de gemeente en het OCMW. De jaarlijkse rapportering moet oog hebben voor de link met het kwaliteitsbeleid en de verbetering van de dienstverlening.

2. | Adviesraden en andere inspraakinitiatieven

Art. 304, §1 en §§3-5 DLB

2.1. | Algemeen

584 De gemeente- en OCMW-raad neemt initiatieven om de betrokkenheid en de inspraak van de burgers of van de doelgroepen te verzekeren bij de beleidsvoorbereiding, de uitwerking van de gemeentelijke dienstverlening en de evaluatie ervan. De invulling en organisatie ter zake behoort tot de autonomie van het lokaal bestuur.

Een mogelijkheid is daarbij om raden en overlegstructuren te organiseren met de opdracht op regelmatige en systematische wijze het gemeentebestuur te adviseren. Dit zijn de zogenaamde 'adviesraden'. Tenzij dit bij wet of decreet reeds is gebeurd, behoort het tot de exclusieve bevoegdheid van de gemeente om deze adviesraden in te richten. Voorbeelden van adviesraden zijn de milieuraad, de landbouwraad, de cultuurraad, sportraad, seniorenraad of jeugdraad. De gemeente is op grond van de Cultuurpactwet verplicht om één of meerdere adviesorganen op te richten die adviseren voor cultuur, jeugd en sport (*infra* [→ nr. 585]).

In elk geval mag de adviesraad ten hoogste twee derde van de leden van hetzelfde geslacht omvatten. Dit kan bv. worden gegarandeerd door aan de maatschappelijke geledingen te vragen om zowel een mannelijke als een vrouwelijke kandidaat voor te stellen, zeker indien die geledingen meer dan één zetelend lid hebben. Om de adviesraad alle kansen te geven houdt de gemeente- en OCMW-raad beter ook rekening met de volgende principes:

1) *representativiteit*: de representativiteit binnen een adviesraad wordt gegarandeerd. Dit kan bv. door bepaalde maatschappelijke geledingen kandidaten te laten voordragen;
2) *gevolg van adviezen*: de wijze waarop gevolg aan de adviezen wordt gegeven, is uitdrukkelijk vastgelegd;
3) *voldoende middelen*: de adviesraden beschikken over voldoende middelen voor hun adviesopdracht;
4) *politiek onafhankelijk*: de gemeenteraadsleden, schepenen en de burgemeester mogen geen stemgerechtigd lid zijn. Het kan evenwel nuttig zijn de bevoegde schepen (gedeeltelijk) aanwezig te laten zijn op de vergadering zodat zij de besproken aangelegenheden kunnen toelichten;
5) *rapporteringsplicht*: er kan een rapporteringsplicht aan de gemeente- en OCMW-raad worden voorzien.

2.2. Bescherming van ideologische en filosofische minderheden

585 Onze Grondwet bepaalt dat de wetten en de decreten geen enkele discriminatie om ideologische en filosofische redenen mogen bevatten. Om hieraan concreet gestalte te geven werd de Cultuurpactwet van 16 juli 1973 (*BS* 16 oktober 1973) uitgevaardigd die werd bevestigd door het Cultuurpactdecreet van 28 januari 1974 (*BS* 31 mei 1974). Krachtens het cultuurpact moeten de gemeenten bij de voorbereiding en de uitvoering van hun cultuurbeleid alle ideologische en filosofische strekkingen en de gebruikers betrekken. Het cultuurbeleid wordt in de ruime zin opgevat waardoor ook sport of jeugd in deze bescherming vervat kan zitten.

De gemeenten moeten volgende regels in acht nemen:

1) *inspraak via adviesraden:* de gemeente moet culturele adviesraden – gewoonlijk de gemeentelijke cultuurraad, sportraad, jeugdraad ... – oprichten, die de gemeente adviseren bij het te voeren cultuurbeleid. Het cultuurbeleid bevat ook het jeugd- en sportbeleid. Alle strekkingen en gebruikers moeten hierin vertegenwoordigd zijn;
2) *subsidiëring:* de toekenning van culturele subsidies moet gebeuren op basis van en een door de gemeenteraad goedgekeurd reglement. Bij gebrek aan een dergelijk reglement, moeten alle toelagen op naam ingeschreven worden in de gemeentebegroting;
3) *beheer culturele infrastructuur:* voor het beheer van musea, openbare bibliotheken en andere culturele infrastructuur moet de gemeente kiezen uit de drie volgende beheersformules:
   - een beheerraad samengesteld uit vertegenwoordigers van de gemeenteraad en in verhouding met de sterkte van de politieke fracties. In dit geval moet een bijkomende adviescommissie worden opgericht waarin alle strekkingen en de gebruikers vertegenwoordigd zijn;
   - een beheerraad voor een deel samengesteld uit vertegenwoordigers van de gemeenteraad en voor een ander deel uit vertegenwoordigers van de strekkingen en gebruikers;
   - een beheerraad samengesteld uit deskundigen of gebruikers, waarbij alle strekkingen en alle gebruikers vertegenwoordigd moeten zijn. De overheid is hier dus niet aanwezig;
4) *gebruik culturele infrastructuur:* een gemeente moet haar culturele infrastructuur zonder discriminatie ter beschikking stellen van de strekkingen en de gebruikers die er wensen gebruik van te maken. Zij mag voor niet langer dan één legislatuur een infrastructuur permanent ter beschikking stellen van een bepaalde strekking. Beschikt de gemeente slechts over één infrastructuur of één infrastructuur van een bepaalde soort – bv. een toneelzaal – dan mag zij die alleen bij toerbeurt toekennen;
5) *toekenning van prijzen, beurzen e.d.:* voor de toekenning van individuele prijzen, beurzen e.d. mag de gemeente zich alleen laten leiden door wetenschappelijke, artistieke en esthetische criteria en niet door politieke of godsdienstige.

Wanneer een individu of een organisatie meent door een maatregel van de gemeente te zijn benadeeld om ideologische of filosofische redenen, kan hij of zij een klacht indienen bij de Vaste Nationale Cultuurpactcommissie.

3. Voorstellen van burgers

Art. 300, §1 en §5 DLB

586 De inwoners van een gemeente hebben het recht om zelf voorstellen en vragen over de gemeentelijke en OCMW-beleidsvoering en -dienstverlening op de gemeente- en OCMW-raadsagenda te schrijven en deze ook eventueel in de gemeente- en OCMW-raad te komen toelichten.

Het komt de gemeente- en OCMW-raad toe om bij reglement aan dit recht concreet vorm te geven. Dit kan door bijvoorbeeld in een reglement de volgende zaken op te nemen:

- *Een quotum*: het voorstel moet worden ondersteund door bv. 2 % van het aantal inwoners ouder dan 16 jaar in gemeenten met minder dan 15 000 inwoners, 300 inwoners ouder dan 16 jaar in gemeenten met minstens 15 000 inwoners en minder dan 30 000 inwoners, en 1 % van het aantal inwoners ouder dan 16 jaar in gemeenten met minstens 30 000 inwoners.
- *Een bijzondere motivering*: het voorstel moet worden toegelicht middels een gemotiveerde nota en alle nuttige stukken bevatten die de gemeenteraad kan voorlichten.
- *Vormvereisten*: bv. het verzoek moet worden ingediend per aangetekende brief door middel van een formulier dat de gemeente ter beschikking stelt.
- *Termijnen*: bv. het verzoek moet minstens 20 dagen voor de dag van de gemeenteraadsvergadering bij het schepencollege zijn ingediend om in de eerstvolgende gemeenteraadszittingen te kunnen worden behandeld.
- *Bekendmakingsmodaliteiten*: de raad kan bepalen op welke wijze het gevolg/antwoord op het voorstel wordt bekendgemaakt.

4. Verzoekschriften aan organen van de gemeente en het OCMW

Art. 304, §2 DLB

587 Het in artikel 28 van de Grondwet gewaarborgde petitierecht geldt ook voor de lokale besturen en hun inwoners. Ieder heeft het recht verzoekschriften, door één of meer personen ondertekend, schriftelijk bij de gemeente en het OCMW in te dienen. De indiening van een verzoekschrift hoeft niet per se gericht te zijn aan de gemeente- of OMCW-raad. Het kan ook andere organen betreffen zoals de gemeenteraadsvoorzitter of het college van burgemeester en schepenen als die in een bepaalde aangelegenheid als overheid optreedt. Verzoekschriften die een onderwerp betreffen waarvoor de gemeente niet bevoegd is, zijn weliswaar onontvankelijk.

De gemeente- en OCMW-raad kan een verzoekschrift naar het schepencollege of een gemeenteraadscommissie verwijzen met het verzoek om over de inhoud ervan uitleg te verschaffen. De verzoeker of de eerste ondertekenaar kan worden gehoord. In dat geval kan hij zich laten bijstaan door een persoon naar keuze.

Het huishoudelijk reglement bepaalt de specifieke voorwaarden waaronder dit recht wordt uitgeoefend en de behandelingswijze van de verzoekschriften.

5. Gemeentelijke volksraadpleging

Art. 305-325 DLB

5.1. Algemeen

588 De gemeentelijke volksraadpleging is een grondwettelijk gewaarborgde inspraakmogelijkheid (art. 41 Gw.) waarbij een vraag met betrekking tot een aangelegenheid van gemeentelijk belang aan de gemeentekiezers wordt voorgelegd. Het is de gemeenteraad exclusief voorbehouden om, op eigen initiatief of op verzoek van de inwoners, te beslissen om een volksraadpleging te organiseren.

In geen geval kan een volksraadpleging handelen over persoonlijke aangelegenheden (bv. dossiers bij BCSD), de rekeningen, het meerjarenplan, de gemeentebelastingen en retributies. Daarnaast gelden ook een aantal tijdsgebonden beperkingen:

- de gemeentelijke volksraadpleging is uitgesloten in de periode van 12 maanden vóór een gemeenteraadsverkiezing of 40 dagen vóór een andere verkiezing;
- slechts eenmaal om de zes maanden mag een gemeentelijke volksraadpleging plaatsvinden;
- er kunnen maximaal zes raadplegingen plaatsvinden per bestuursperiode;
- Er kans slechts één volksraadpleging over hetzelfde onderwerp worden georganiseerd binnen dezelfde bestuursperiode.

Uit de adviespraktijk van de Vlaamse Adviescommissie voor Volksraadplegingen blijkt dat naast aangelegenheden van zuiver gemeentelijk belang, ook aangelegenheden van gemengd belang kunnen worden aanvaard [→ nr. 78].

589 De vraag is zodanig geformuleerd dat men met ja of nee kan antwoorden. Op die manier wordt een duidelijke en ondubbelzinnige vraagstelling bekomen. Bij voorkeur worden de volgende principes ook in acht genomen:
- geen dubbele negaties in de vraag ('ja' indien voorstander, 'neen' indien tegenstander);
- eenheid van onderwerp;
- laten kiezen voor concrete mogelijkheden en geen principes (het moet zowel duidelijk zijn waar men voor kiest als wat men verwerpt);
- geen gebruik van suggestieve termen en argumenten in de vraagtekst;
- geen gebruik van suggestieve termen en argumenten in de inleidende tekst (die zo minimaal mogelijk moet zijn).

5.2. Initiatief van inwoners

590 De burgers kunnen om een volksraadpleging verzoeken. Het initiatief dat uitgaat van de inwoners van de gemeente moet worden gesteund door ten minste:
1) 20 % van de inwoners in gemeenten met minder dan 15 000 inwoners;
2) 3 000 inwoners in gemeenten met meer dan 15 000 en minder dan 30 000 inwoners;
3) 10 % van de inwoners in gemeenten met minstens 30 000 inwoners.

Elke persoon kan verzoeken om een volksraadpleging of eraan deelnemen indien diegene:
- ten minste 16 jaar oud is;
- ingeschreven is in het bevolkingsregister van de gemeente;
- niet is uitgesloten of geschorst van het kiesrecht.

Het verzoek moet daarom worden ingediend door middel van het formulier dat de Vlaamse Regering heeft vastgelegd bij besluit van 18 mei 2018 (*BS* 17 augustus 2018). Daarbij voegen zij eveneens een gemotiveerde nota en de eventuele stukken die de gemeenteraad kan voorlichten. Het schepencollege onderzoekt de ontvankelijkheidsvoorwaarden.

De gemeenteraad blijft evenwel exclusief bevoegd om het verzoek, zelfs al voldoet het aan alle formele voorwaarden, al dan niet te weigeren. Daarenboven is de volksraadpleging louter adviserend voor het gemeentebestuur. Hoewel ze juridisch niet gebonden is door het resultaat zal de stem van de bevolking zoals die uit de gemeentelijke volksraadpleging blijkt, evenwel een belangrijk politiek drukkingsmiddel zijn.

5.3. Procedure

591 Elke kiezer heeft recht op één stem maar kan een andere mogelijke kiezer machtigen om in zijn plaats te stemmen op een vergelijkbare wijze als dit voor de parlementsverkiezingen mogelijk is. Tot stemopneming wordt slechts overgegaan indien aan de raadpleging hebben deelgenomen, ten minste:

- 20 % van de inwoners in gemeenten met minder dan 15 000 inwoners;
- 3 000 inwoners in gemeenten met meer dan 15 000 en minder dan 30 000 inwoners;
- 10 % van de inwoners in gemeenten met minstens 30 000 inwoners.

De raadpleging kan enkel op zondagen plaatsvinden. De Vlaamse Regering bepaalt de nadere procedureregels bij het besluit van 18 mei 2018 (*BS* 17 augustus 2018).

5.4. Adviescommissie voor Volksraadplegingen

592 Er is een Vlaamse Adviescommissie voor Volksraadplegingen. Die adviescommissie heeft als opdracht om op verzoek advies uit te brengen aan de Vlaamse Regering, aan initiatiefnemers of aan gemeenten over het houden van een gemeentelijke volksraadpleging. Ze kan ook uit eigen beweging advies verstrekken aan de Vlaamse Regering.

6. Budgetten voor wijkcomités en andere burgerinitiatieven

Art. 304, § 6 DLB

593 Het college kan, onder de voorwaarden die de gemeenteraad vaststelt, het beheer van budgetten voor de realisatie van bepaalde acties of projecten toevertrouwen aan wijkcomités en burgerinitiatieven.

7. Optreden in rechte namens de overheid

Art. 194 Gem.Decr.

594 Het komt het schepencollege of de gemeenteraad toe om te beslissen om als gemeente in rechte op te treden (zie [→ nr. 468] e.v.). Als het college of de gemeenteraad het echter nalaten om een zaak aanhangig te maken, kunnen een of meer inwoners of rechtspersonen waarvan de maatschappelijke zetel in de gemeente is gevestigd in rechte optreden namens de gemeente. Het Decreet Lokaal Bestuur had dit recht opgeheven per 1 januari 2019. Deze wijziging wordt nu teruggefloten door het Grondwettelijk Hof bij arrest van 10 oktober 2019 (nr. 129/2019 en nr. 131/2019).
De inwoners komt echter slechts een initiatiefrecht toe in zoverre de gemeente zelf op ontvankelijke wijze de zaak aanhangig zou kunnen maken. In het verleden beperkte deze mogelijkheid zich tot vorderingen die betrekking hadden op het leefmilieu. Het Grondwettelijk Hof heeft deze restrictie vernietigd (GwH 23 januari 2014, nr. 9/2014).
Vooraleer de inwoners namens de gemeente in rechte kunnen optreden, moeten zij, onder zekerheidstelling, aanbieden om persoonlijk in te staan voor de kosten van het geding, een eventuele veroordeling tot schadevergoeding, een eventuele boete wegens tergend en roekeloos geding of het hoger beroep dat kan worden uitgesproken.
De personen die in rechte wensen op te treden namens de gemeente moeten, op straffe van onontvankelijkheid, voorafgaand het college in gebreke hebben gesteld en daarna een wachttermijn van tien dagen respecteren.

595 Hoewel de inwoners dus een zaak aanhangig kunnen maken, verzet zich dit niet tegen een optreden van dezelfde gemeente, ditmaal vertegenwoordigd door haar schepencollege, om te betwisten wat in haar naam door een aantal inwoners van de gemeente wordt gevorderd. De belangen van de gemeente zullen in dit geval door zowel de inwoners als het schepencollege worden verdedigd.
In het raam van dat geding heeft het college hierbij het recht om een eigen advocaat aan te stellen (GwH 24 februari 2011, nr. 29/2011). De gemeente kan de vordering van de inwoners ondersteunen maar ook haar eigen visie ter zake uiteenzetten en de vordering in dat geval betwisten (GwH 28 april 2016, nr. 60/2016). De gemeente kan evenwel geen dading meer aangaan of afstand doen van het geding zonder toestemming van de inwoners die het geding namens haar hebben gevoerd (Cass. 23 september 2010).

HOOFDSTUK 12
BESTUURLIJK TOEZICHT

1. Inleiding

1.1. Definitie

Art. 326-329 DLB

596 Vanuit de filosofie van de hiërarchie der rechtsnormen houdt de hogere overheid een algemeen toezicht op alle beslissingen van de gemeenten en OCMW's om te beletten dat (i) ze het recht schenden of (ii) het algemeen belang schaden. Onder 'het recht' verstaan we niet enkel de nationale wetten en decreten maar ook alle internationale normen met rechtstreekse werking, de Grondwet, besluiten van de hogere overheid, interne reglementen en besluiten van gemeenten en provincies en de algemene beginselen van behoorlijk bestuur [→ nr. 766]. Naast dit wettigheidstoezicht kan de toezichthoudende overheid, zij het in beperkte mate, een opportuniteitscontrole uitoefenen. Het kan echter enkel een toetsing aan het 'algemeen belang' betreffen dat elk belang ruimer dan het gemeentelijk belang omvat.

De besluiten van de gemeente of het OCMW beperken zich niet tot de gemeente- of OCMW-raadsbesluiten. Het toezicht strekt zich uit tot alle beslissingen van de organen en personeelsleden van de gemeente, het OCMW en de AGB's.

Aangezien het bestuurlijk toezicht ertoe strekt de beslissing van een gedecentraliseerd bestuur te toetsen, bestaat steeds het gevaar om de grondwettelijk gewaarborgde gemeentelijke autonomie te beknotten. Behoudens uitzonderlijke omstandigheden, is het daarom uitgesloten dat de toezichthoudende overheid in de plaats treedt van de gemeente door hetzij een nieuwe beslissing te nemen, hetzij de bestuursbeslissing te hervormen.

Naast dit algemeen toezicht onderscheiden we ook dwangtoezicht en – voor bepaalde documenten – een goedkeuringstoezicht.

1.2. Toezichthoudende overheden

597 De gewesten oefenen het administratief toezicht uit op de gemeenten voor wat het 'gewoon administratief toezicht' betreft (art. 7 BWHI). Dit omvat elke vorm van toezicht ingesteld door het Vlaamse Decreet Lokaal Bestuur.

Het Vlaamse Gewest is ook bevoegd voor alle andere handelingen waarvoor in een 'specifiek toezicht' door een ander decreet dan het Vlaamse Decreet Lokaal Bestuur werd voorzien. Op deze regel zijn twee uitzonderingen:

1) voor de federale bevoegdheden blijft de federale overheid de toezichthoudende overheid;
2) voor de materies die tot de bevoegdheid van de gemeenschappen behoren vormen de Gemeenschappen de toezichthoudende overheid.

Het administratief toezicht op de gemeenten die gelegen zijn op het grondgebied van eenzelfde gewest wordt door dit gewest op identieke wijze geregeld.

598 De in het Decreet Lokaal Bestuur bedoelde toezichthoudende overheid is de Vlaamse Regering (bij delegatie de Vlaamse minister van Bestuurszaken) of namens de Vlaamse regering de provinciegouverneur die handelt overeenkomstig de instructies van de Vlaamse Regering. Een akkoord tussen de provinciegouverneurs en het Vlaamse Gewest moet bepalen wie in concreto de toezichthoudende taken op zich neemt. Hierbij kan principieel gelden dat de provinciegouverneurs de klachten in het raam van het bestuurlijk toezicht zullen behandelen, maar dat de minister te allen tijde het dossier voor beslissing naar zich toe kan trekken. In elk geval zal slechts één van beiden gevat worden als toezichthoudende overheid en het bestuurlijk toezicht uitoefenen, wat de eenheid van toezicht garandeert.

1.3. Onderzoeksbevoegdheid toezichthoudende overheid

599 De gemeenten zijn gebonden door een medewerkingsplicht. De toezichthoudende overheid kan alle gewenste documenten en inlichten opvragen. Daarna beschikt ze over de mogelijkheid om ter plaatse de gewenste documenten te raadplegen. Deze mogelijkheid kan nuttig zijn bv. ingeval de toezichthoudende overheid snel te werk wenst te gaan en tijd wil winnen, de lokale overheid onwillig is of draalt om bepaalde documenten door te sturen of in het geval het volume van de opgevraagde documenten te omvangrijk is.

1.4. Klachtenprocedure

600 De toezichthoudende overheid kan ambtshalve een besluit onderzoeken maar ook naar aanleiding van een klacht. Zelfs bij niet-gemotiveerde klachten is de toezichthoudende overheid verplicht

het bij het besluit horende dossier op te vragen. De indiening van een klacht heeft de verlenging van de toezichtstermijn en de beroepstermijn bij de Raad van State tot gevolg.
Iedereen kan klacht indienen, zowel natuurlijke als rechtspersonen. Men is niet verplicht om een persoonlijk belang aan te tonen.

2. Algemeen bestuurlijk toezicht

2.1. Publicatie op webtoepassing en kennisgeving

Art. 330-331 DLB

601 Bij dit algemeen toezicht wordt een belangrijke verantwoordelijkheid gelegd op burgers en raadsleden. Het toezicht evolueert naar een klachtentoezicht. Vandaar voorziet het Decreet Lokaal Bestuur ook grotere en digitale bekendmakingsverplichtingen. Die uitgebreidere digitale bekendmaking is bovendien voldoende als kennisgeving aan de toezichthoudende overheid.

Zoals eerder aangegeven moeten de gemeente en het OCMW op hun webtoepassing een lijst van besluiten bekendmaken van diverse organen van de gemeente en het OCMW (zogenaamde 'lijstbesluiten' [→ nr. 439]). Op dezelfde publicatiedag moet de gemeente of het OCMW ook de toezichthoudende overheid in kennis stellen van de bekendmaking van een aantal van die besluiten. Het gaat om de besluiten van de gemeenteraad, de raad van bestuur van het AGB, de OCMW-raad, de algemene vergadering en raad van bestuur van een welzijnsvereniging en alle besluiten die integraal moeten worden bekendgemaakt op de gemeentelijke webtoepassing.

De toezichthoudende overheid kan altijd overgaan tot ambtshalve opvraging van besluiten van een gemeenteoverheid of van een OCMW. Het is niet de bedoeling dat besluiten van de gemeente en het OCMW die verplicht integraal moeten bekendgemaakt worden op de webtoepassing van de gemeente, ambtshalve worden opgevraagd. Door de verplichte publicatie op de webtoepassing van de gemeente zijn deze besluiten immers al digitaal beschikbaar voor de toezichthoudende overheid.

2.2. De vernietiging(sprocedure)

Art. 332-334 DLB

2.2.1. Vernietiging

602 Het bestuurlijk toezicht is vereenvoudigd. Zo geldt het principe van het ééntrapstoezicht door de in het Gemeentedecreet voorziene mogelijkheid te schrappen om een betwiste beslissing te schorsen. De beslissing van de toezichthoudende overheid is voortaan onmiddellijk een vernietigingstoezicht. De voorafgaande procedure waarbij een eerste toezichthouder de mogelijkheid had om een beslissing te schorsen, valt weg.

Het komt de toezichthoudende overheid dus toe om een besluit van een gemeente of een OCMW te vernietigen.

2.2.2. Termijn

603 De toezichtstermijn bedraagt 30 dagen met uitzondering van de termijnen voor de BBC-beleidsrapporten (een termijn van 50 dagen voor het meerjarenplan en 150 dagen voor de jaarrekening). De termijn om een klacht in te dienen bedraagt evenzeer 30 dagen.

De toezichtstermijn gaat in op de dag die volgt op de kennisgeving aan de toezichthoudende overheid van de bekendmaking op de webtoepassing van de gemeente van de lijst met beknopte omschrijving van de aangelegenheden die door de gemeente en het OCMW werden behandeld (de lijstbesluiten). Voor de andere besluiten start de toezichtstermijn op de dag die volgt op de verzending van het opgevraagde besluit door de gemeente of het OCMW na opvraging bij klacht of ambtshalve opvraging door de toezichthoudende overheid.

De toezichtstermijn wordt gestuit door de verzending van een klacht aan de toezichthoudende overheid en door het (ambtshalve) opvragen door de toezichthoudende overheid van een besluit.

2.2.3. Rapportering aan de gemeente- of OCMW-raad

604 Alle opmerkingen en besluiten van de toezichthoudende overheid moeten ter kennis worden gebracht van de gemeente- of OCMW-raad of de raad voor maatschappelijk welzijn. Het gaat daarbij niet enkel om opmerkingen of besluiten naar aanleiding van een klacht, maar ook om opmerkingen die ambtshalve worden geformuleerd, bijvoorbeeld naar aanleiding van het onderzoek van de beleidsrapporten. Ook wanneer de toezichthoudende overheid niet optreedt, maar wel opmerkingen formuleert, is het immers vaak relevant voor de raadsleden om daar kennis van te krijgen, zodat ze er rekening mee kunnen houden bij latere gelijkaardige beslissingen.

2.2.4. Van rechtswege nietigheid

605 Als de toezichthoudende overheid een besluit opvraagt, moet de gemeente of het OCMW binnen een termijn van 30 dagen volgend op de dag van de verzending van de opvraging aan deze vraag voldoen. Als de gemeente of het OCMW nalaat om binnen deze termijn het gevraagde besluit te versturen, stuurt de toezichthoudende overheid een herinnering, waarin expliciet is opgenomen dat als het gevraagde besluit na een nieuwe termijn van 30 dagen nog niet is verzonden, het betreffende besluit van rechtswege nietig is.

Als de gemeenteoverheid of het OCMW het besluit wel tijdig toestuurt, maar nalaat verdere informatie te verschaffen, zal de toezichthoudende overheid oordelen op basis van de motivering van het besluit en de aanwezige stukken van het dossier. Er kan dan bij de gemeente of het OCMW wel nog aangedrongen worden op bijkomende informatie, maar dit zal niet beletten dat de toezichtstermijn verder loopt.

2.3. Toezicht op het meerjarenplan

606 Naast deze algemene regeling beschikt de gouverneur en de Vlaamse Regering over bijzondere vernietigingsbevoegdheden in het kader van (wijzigingen aan) het meerjarenplan [→ nr. 393].

3. Dwangtoezicht

Art. 335 DLB

607 Het dwangtoezicht gebeurt door het sturen van één of meerdere commissarissen die zich ter plaatse kunnen begeven om inlichtingen of opmerkingen in te zamelen. De commissarissen kunnen bovendien in de plaats van de onwillige of nalatige gemeente de nodig maatregelen ten uitvoer brengen die in rechte zijn voorgeschreven.

Het behoeft geen uitgebreid betoog om aan te tonen dat deze vorm van bestuurlijk toezicht een ernstige aantasting van het beginsel van de lokale autonomie inhoudt. Het Decreet Lokaal Bestuur legt daarom strikte vereisten op, waaronder de voorafgaande schriftelijke ingebrekestelling en het verbod om op te treden voor de termijn die in de ingebrekestelling is vermeld.

De kosten zijn persoonlijk ten laste van het personeel dat heeft verzuimd gevolg te geven aan de schriftelijke ingebrekestelling.

Het spreekt voor zich dat ze in de bestuurspraktijk eerder uitzonderlijk wordt toegepast.

4. Toezicht op de politiezones

Art. 336-338 DLB

608 Het toezicht op de politiezones wordt verderop in dit zakboekje besproken [→ nr. 710].

5. Toezicht op de hulpverleningszones

Art. 339-341 DLB

609 Het toezicht op de hulpverleningszones wordt verderop in dit zakboekje besproken [→ nr. 719].

6. Beslissing na beroep: tuchtmaatregelen

Art. 214 DLB

610 Tegen de besluiten van de gemeentelijke tuchtoverheid tot het opleggen van een tuchtstraf kan de betrokkene beroep aantekenen bij de Beroepscommissie voor Tuchtzaken [→ nr. 370].

HOOFDSTUK 13
FUSIE VAN GEMEENTEN

1. | Fusiemogelijkheden

Art. 344 DLB

1.1. | Principe van vrijwillige fusies

611 Het Vlaams Parlement kan een fusie van twee of meer gemeenten vaststellen bij decreet. Artikel 7 van de Grondwet *juncto* artikel 6, §1, VIII, 2° BWHI waarborgt immers dat de wijziging van de gemeentegrenzen slechts bij decreet mogelijk is. De fusiebereidheid van de betrokken besturen is daarbij wel een cruciale voorwaarde. De regelgeving gaan uit van vrijwillige fusies waarbij het initiatief tot samenvoeging van onderuit, vanuit de gemeenten zelf, moet komen.

Bij die vrijwillige fusie komt het de gemeenteraden ook zélf toe om de gemeenschappelijke belangen onderling te regelen. Een vermeerdering van het aantal gemeenteraadszetels brengt alvast een nieuwe gemeenteraadsverkiezing met zich mee.

1.2. | Fusievoorwaarden

612 Het samenvoegen van gemeenten kan al dan niet gepaard gaan met het wijzigen van de buitengrenzen. We onderscheiden dus twee situaties. Vooreerst kunnen twee of meer buurgemeenten fusioneren zonder hun gemeentegrenzen te wijzigen ('zuivere fusie'). Hoewel de gemeenten aangrenzend moeten zijn, hoeven ze niet tot dezelfde provincie behoren.

Ten tweede kunnen buurgemeenten ook samenvoegen met het wijzigen van hun gemeentegrenzen. Het gaat hier dus om een fusie die gekoppeld is aan een splitsing van één of meerdere van die gemeenten. In dit geval is vereist dat het aantal nieuwe gemeenten kleiner is dan het aantal oorspronkelijke gemeenten. Zo is het bijvoorbeeld mogelijk dat de gemeente A voor een deel van haar grondgebied fusioneert met de gemeente B en voor het resterend deel van haar grondgebied met de gemeente C.

613 De samenvoeging van gemeenten is te allen tijde mogelijk, ook in de loop van een lokale bestuursperiode. In dat geval vinden er tussentijdse gemeenteraadsverkiezingen plaats [→ nr. 620]. Om de kost en het werk van die tussentijdse verkiezingen te vermijden, zal de decreetgever een financiële bonus uitreiken in de vorm van een schuldovername.

TOEKOMSTIG RECHT
De financiële ondersteuning (schuldovername) wordt gedifferentieerd naargelang de bereikte schaalgrootte met een maximum van 50 miljoen per fusieoperatie:
- > 20 000 inwoners: 200 EUR/inwoner;
- > 25 000 inwoners: 300 EUR/inwoner;
- > 30 000 inwoners: 400 EUR/inwoner;
- > 35 000 inwoners: 500 EUR/inwoner.

Daarnaast is er ook een garantieregeling voor het gemeentefonds waardoor de nieuwe fusiegemeente nooit minder zal ontvangen dan de som van de afzonderlijke lokale besturen.

2. Aanmoedigingsmaatregelen

Art. 355 en 384 DLB

614 In 1976 verminderde het aantal gemeenten in Vlaanderen drastisch van 2 359 tot 596 gemeentebesturen. Hoewel België dus reeds een grote fusieoperatie kende, is het thema vandaag de dag niet van de politieke tafel. Integendeel, de Vlaamse Regering wil de snelle fusies van gemeenten aanmoedigen en ondersteunen door middel van drie stimuleringsmaatregelen:
- een uitbreiding van de waarborgregeling van het Gemeentefonds en het Open Ruimte-fonds zodat de nieuwe gemeente niet minder zal ontvangen dan de som van de aandelen van de samen te voegen gemeenten (art. 10 decreet van 5 juli 2002, *BS* 31 augustus 2002);
- de mogelijkheid om tijdelijk een groter aantal schepenen te voorzien voor de fusiegemeenten [→ nr. 620].
- de mogelijkheid dat de Vlaamse Regering om een financiële bonus toekent aan de gemeenten die kiezen voor een vrijwillige samenvoeging.

3. Procedure

3.1. Principiële gemeenteraadsbeslissingen

Art. 345 DLB

615 De fusieprocedure start met de individuele gemeenteraadsbeslissingen van alle betrokken gemeenten. Die principiële beslissingen veruitwendigen de wens om de gemeenten samenvoegen. De gemeenteraadsbesluiten bevatten de motieven en de beoogde datum van de samenvoeging en worden aan de Vlaamse Regering kenbaar gemaakt.

3.2. Coördinatie op ambtelijk niveau

Art. 346 DLB

616 De gemeenten wijzen, in onderling overleg, één van hun algemeen directeurs en één van hun financieel directeurs aan als respectievelijk algemeen directeur-coördinator en financieel directeur-coördinator. De aanduiding kan in de principiële beslissing zelf of in een aparte beslissing.

De algemeen directeur-coördinator heeft de volgende taken:
- de coördinatie van de voorbereiding op ambtelijk niveau;
- enkele wettelijke opdrachten bij het verkiezingsproces [→ nr. 620];
- optreden als waarnemend algemeen directeur van de nieuwe gemeente tot aan de aanstelling van de nieuwe algemeen directeur.

De financieel directeur-coördinator heeft de volgende taken:
- de coördinatie van de voorbereiding op ambtelijk niveau wat de financiële aspecten betreft;
- optreden als waarnemend financieel directeur van de nieuwe gemeente tot aan de aanstelling van de nieuwe financieel directeur.

De aanduiding van beide coördinatoren heeft geenszins implicaties op de latere aanstelling van de algemeen directeur of financieel directeur van de nieuwe gemeente.

TOEKOMSTIG RECHT
De gemeenteraad zal meer vrijheid krijgen om zelf vorm te geven aan de samenvoegingsoperatie en het veranderingstraject. Zo zal men bijvoorbeeld een transitiemanager kunnen aanduiden.

3.3. Gezamenlijk voorstel tot samenvoeging

Art. 347 DLB

617 Indien de gemeenten op basis van de resultaten van het voorbereidend onderzoek effectief tot een samenvoeging willen overgaan, keuren zij het gezamenlijk voorstel tot samenvoeging goed. Onder 'gezamenlijk' voorstel wordt een 'identiek' voorstel verstaan. Bijgevolg betekent dit dus meerdere gemeenteraadsbesluiten over eenzelfde voorstel.

Dit gezamenlijk voorstel bevat minstens de volgende elementen:
- de kadastrale gegevens waaruit de grenzen van de nieuwe gemeente blijken;
- het voorstel van naam van de nieuwe gemeente;
- de beoogde fusiedatum.

Bij fusies over de provincie-, politiezone-, hulpverleningszone- of gerechtelijke kantongrenzen heen kan het gezamenlijk voorstel desgevallend ook voorstellen hieromtrent bevatten [→ nr. 626]. Met uitzondering van de provinciekeuze zijn deze voorstellen evenwel facultatief.

Uiterlijk op 31 december van het tweede jaar voorafgaand aan de fusie moet het gezamenlijk voorstel bij de Vlaamse Regering worden ingediend.

3.4. Samenvoegingsdecreet

Art. 348 DLB

618 De laatste stap in de procedure is het indienen door de Vlaamse Regering in het Vlaams Parlement van een ontwerp van samenvoegingsdecreet. Het ontwerp van decreet bevat minstens de volgende elementen:
- de naam van de samen te voegen gemeenten;
- de samenvoegingsdatum;
- de naam van de nieuwe gemeente;
- de aanduiding van de grenzen van de nieuwe gemeente;
- de naam van de provincie waartoe de nieuwe gemeente behoort in geval van een provinciegrenzen overschrijdende gemeentefusie.

4. Lopende zaken

Art. 349 DLB

619 Vanaf de beslissing van de gemeenteraden over het gezamenlijk voorstel tot samenvoeging treedt een overgangsperiode ('lopende zaken') in die loopt tot de dag van inwerkingtreding van de samenvoeging of de dag waarop de Vlaamse Regering beslist om geen gevolg te geven aan het voorstel tot samenvoeging of waarop het Vlaams Parlement het ontwerp van samenvoegingsdecreet verwerpt.

Tijdens deze periode moeten de gemeenten de nodige voorzichtigheid in acht nemen. In beginsel kunnen er alleen handelingen worden gesteld die betrekking hebben op de lopende zaken. Traditioneel behoren hiertoe:

- de dringende zaken, zelfs al zijn het zaken van algemeen politiek belang, waarvan de regeling niet redelijkerwijs kan worden uitgesteld;
- de zaken van dagelijks bestuur waarvan het belang gering is;
- de zaken die meer zijn dan zaken van dagelijks bestuur maar ook geen algemeen politiek belang hebben, voor zover zij de normale voortzetting of beëindiging zijn van een regelmatig ingezette procedure, zij voor de kritieke periode beleidsmatig zijn beslecht en zij zonder overhaasting worden afgewerkt.

Handelingen die buiten de lopende zaken vallen, kunnen slechts worden gesteld na onderling overleg tussen de gemeenten. Bij onenigheid bij dit overleg beslecht de Raad van State het geschil. Als er geschillen ontstaan over rechten die voortvloeien uit titels of bezit, worden de gemeenten echter naar de hoven en rechtbanken verwezen.

5. | Nieuwe structuren, rechten en plichten

5.1. | De bestuursorganen

Art. 351/1-355/1 DLB

620 De eerste verkiezing van de nieuwe gemeenteraad verloopt volgens de algemene regels die vastgelegd zijn in het Lokaal en Provinciaal Kiesdecreet [→ nr. 39]. Krachtens artikelen 352 tot en met 355 van het Decreet Lokaal Bestuur zijn er evenwel enkele afwijkingen voorzien bij de installatie van de nieuwe gemeenteraad. Hierbij is een belangrijke rol weggelegd voor de algemeen directeur-coördinator. In het geval de nieuwe bestuursorganen niet zijn geïnstalleerd op 1 januari na de gemeenteraadsverkiezingen, behouden de uittredende burgemeesters en BCSD-voorzitters, elk voor hun 'voormalig' grondgebied, hun bevoegdheden.

Vanuit de optiek dat gefusioneerde gemeenten extra uitdagingen hebben, staat het Decreet Lokaal Bestuur toe dat gedurende de eerste bestuursperiode het schepencollege twee extra schepenen kan tellen bovenop de toegestane decretale aantallen [→ nr. 200].

TOEKOMSTIG RECHT
De nieuwe gemeente zal in de bestuursperiode 2025-2030 twee schepenen extra kunnen omvatten. In de daaropvolgende legislatuur (2030-2035) krijgen ze één schepen extra bovenop de in het Decreet Lokaal Bestuur vastgelegde aantallen.

5.2. Gemeentelijke reglementen en verordeningen

Art. 351 DLB

621 In beginsel blijven alle besluiten, reglementen en verordeningen van de oorspronkelijke gemeenten van toepassing op het grondgebied waarvoor ze zijn uitgevaardigd, tot op de dag dat ze door de bevoegde overheid worden opgeheven. Op deze algemene regel zijn evenwel afwijkingen voorzien met betrekking tot
- de rechtspositieregeling van de gemeente en het OCMW (art. 365 en 379 DLB [→ nr. 623]);
- het organogram van de gemeente en het OCMW (art. 367 en 380 DLB [→ nr. 623]);
- belastingen en retributies (art. 369 DLB [→ nr. 625]).

5.3. Overdracht van rechten en plichten

Art. 350 DLB

622 Alle roerende en onroerende goederen en alle (andere) rechten en plichten gaan over van de oorspronkelijke gemeente naar de nieuwe gemeente. Bij een fusie die gepaard gaat met een splitsing [→ nr. 612] moet over deze rechten en plichten een overeenkomst worden gesloten en bekrachtigd door de oorspronkelijke gemeenteraden.

5.4. Personeel

Art. 356-367 en 382-383 DLB

623 De gemeenten kunnen in de overgangsperiode (vanaf de datum van de principiële gemeenteraadsbeslissing [→ nr. 615]) beheersovereenkomsten sluiten om voor bepaalde functies beroep te doen op elkaars personeelsleden. Er is een specifieke regeling opgesteld in het geval dat het ambt van algemeen directeur of de financieel directeur vacant wordt bij een van de gemeenten en voor de aanstelling van deze topfuncties in de nieuwe gemeente.

Voor de andere personeelsleden geldt de regel dat het voltallige personeel van alle gemeenten wordt overgedragen naar de nieuwe gemeente. In ieder geval kan de samenvoeging geen aanleiding vormen voor ontslagen.

624 Binnen het jaar na de fusie stelt de nieuwe gemeenteraad het organogram en de rechtspositieregeling vast. In tussentijd blijven de personeelsleden onderworpen aan de voor hen oorspronkelijk toepasselijke rechtspositieregeling. Voor nieuw aan te stellen personeelsleden bepaalt de gemeenteraad van de nieuwe gemeente een tussentijdse rechtspositieregeling.

De nieuwe gemeenteraad zou er natuurlijk ook voor kunnen opteren om onmiddellijk na de fusie een nieuwe rechtspositieregeling voor het geheel van het personeel vast te stellen om zo het naast elkaar bestaan van verschillende rechtspositieregelingen te vermijden.

De personeelsleden behouden in ieder geval na de overdracht aan de nieuwe gemeente hun primaire rechten, met name de aard van het dienstverband, hun graad, hun administratieve en geldelijke anciënniteit, hun prestatieregeling en hun salarisschaal.

Voor leden van het gesubsidieerde onderwijspersoneel geldt een bijzondere regel in artikel 366 van het Decreet Lokaal Bestuur.

TOEKOMSTIG RECHT
De personeelsmobiliteit wordt verruimd tussen de gemeenten en de OCMW's zodat gezamenlijke aanwervingen en bevorderingen mogelijk worden. Zo kunnen lokale besturen in aanloop naar de fusiedatum reeds de organisatiestructuren op elkaar afstemmen. Daarnaast zal een gewezen algemeen of financieel directeur nu ook een passende functie in het OCMW, het AGB of de OCMW-verenigingen kunnen worden gegeven.

5.5. | Planning en financiën

Art. 368-370 DLB

625 De nieuwe gemeenteraad stelt het meerjarenplan voor de eerste bestuursperiode vast vóór het einde van het jaar dat volgt op de algemene of de tussentijdse gemeenteraadsverkiezingen en vóór hij beraadslaagt over de aanpassing van het meerjarenplan voor het tweede boekjaar van die bestuursperiode. De nieuwe gemeente kan ervoor kiezen om in de loop van het eerste kwartaal van de eerste bestuursperiode een eenjarig meerjarenplan vast te stellen voor het eerste jaar van die eerste bestuursperiode. Als de samenvoeging van gemeenten samenvalt met de normale cyclus van verkiezingen, is dit de enige optie. In dat geval sluit de nieuwe gemeente daarna aan bij de normale cyclus voor de opmaak van de meerjarenplanning.

Voor de besluiten en reglementen over de gemeentelijke belastingen en retributie geldt een bijzondere regeling. Zij blijven van toepassing op het grondgebied waarvoor zij werden uitgevaardigd tot het ogenblik dat zij worden opgeheven. In tegenstelling tot andere besluiten en reglementen geldt dat die besluiten en reglementen van rechtswege worden opgeheven één jaar na de fusiedatum.

5.6. Relatie met aanverwante besturen

Art. 371-381 DLB

626 Een gemeentefusie heeft ook gevolgen voor andere lokale besturen die aan die gemeenten verwant zijn. Zo zijn er de OCMW's die ten gevolge van de fusie van rechtswege ook fusioneren. Het Decreet Lokaal Bestuur voorziet daarom ook enkele bijzondere regels in artikelen 371 tot en met 381.

Over de relatie met de intergemeentelijke samenwerkingsverbanden zwijgt het decreet. Aangezien er een principieel verbod tot uittreding bij deze samenwerkingsverbanden geldt, blijft de nieuwe gemeente rechtsopvolger van de deelnemende deelgemeente tot het einde van de duur van het intergemeentelijk samenwerkingsverband.

Tot slot wordt ook geen gewag gemaakt van de impact op de indeling van de gerechtelijke kantons, de hulpverleningszones of de politiezones aangezien de organisatie en werking ervan tot de federale bevoegdheid behoort. Hoewel ze niet is opgelegd, zal de communicatie tijdens fusieprocedure tussen, enerzijds, de gemeenten en de Vlaamse overheid en, anderzijds, de hulpverlenings- of politiezones en de federale overheid, cruciaal zijn om het fusieverhaal tot een goed einde te brengen.

DEEL II
DE PROVINCIE

HOOFDSTUK 1	**DE TAAKSTELLING**	309
1.	Het provinciaal belang	309
2.	Betrekken van de burger	310
HOOFDSTUK 2	**DE BESTUURSORGANEN**	311
1.	Provincieraad	311
2.	Deputatie	320
3.	Gouverneur	327
4.	De arrondissementscommissaris	330
HOOFDSTUK 3	**PERSONEEL**	333
HOOFDSTUK 4	**PLANNING EN FINANCIËN**	335
1.	Provinciebelastingen	335
2.	Vlaams Provinciefonds	336
HOOFDSTUK 5	**DE WERKING**	337
HOOFDSTUK 6	**ORGANISATIEBEHEERSING EN AUDIT**	339
1.	Organisatiebeheersing	339
2.	Audit	339
HOOFDSTUK 7	**VERZELFSTANDIGING EN SAMENWERKING**	341
1.	Verzelfstandiging	341
2.	Deelname aan rechtspersonen	341
3.	Intergemeentelijke samenwerking	342
4.	Contacten tussen provincies	342
HOOFDSTUK 8	**PARTICIPATIE VAN DE BURGER**	343
HOOFDSTUK 9	**BESTUURLIJK TOEZICHT**	345

HOOFDSTUK 10 DE BOVENGEMEENTELIJKE BESTUREN ALS ALTERNATIEF VOOR DE PROVINCIES 347

HOOFDSTUK 1
DE TAAKSTELLING

1. Het provinciaal belang

Art. 2 Prov.Decr.

627 De provincies acteren als een regisserend en afstemmend intermediair beleidsniveau tussen het Vlaamse en het gemeentelijke niveau. Ze zijn in hoofdorde gericht op gebieds- en streekgerichte werking. De grondgebonden bevoegdheden sluiten zodoende aan op hun hoofdopdracht. In deze materies (bv. ruimtelijke ordening, leefmilieu, economie) is het aangewezen dat bevoegdheden worden uitgeoefend door een bovenlokaal bestuur, aangezien voor deze aangelegenheden vaak sprake is van belangentegenstellingen en een nood aan belangenafweging, zowel tussen sectoren als tussen gemeenten, op een bovenlokaal niveau.

628 De provincieraad beslist over alle zaken van provinciaal belang. De opdrachten die tot die provinciale belangen behoren zijn drieledig:

1) *bovenlokale taakbehartiging*: aangelegenheden die het gemeentelijk belang overstijgen en die gericht zijn op de streek en op realisaties binnen de grenzen van het grondgebied van de provincie;
2) *ondersteunende taken* op verzoek van andere overheden;
3) *gebiedsgerichte samenwerkingsinitiatieven* ter bevordering van de samenwerking tussen besturen in een regio, met inbegrip van samenwerkingsverbanden met of zonder rechtspersoonlijkheid, binnen de grenzen vastgelegd door de Vlaamse Regering, zonder afbreuk te doen aan de intergemeentelijke samenwerking.

Het kan bijvoorbeeld gaan om:

- de aanleg en beheer van provinciedomeinen, fietsroutes, wandelpaden, ...;
- het beheer van waterwegen en preventie van wateroverlast;
- het beheer van natuurgebieden;
- een beleid voor ruimtelijke ordening en leefmilieu;
- de coördinatie van en een eigen beleid rond economie of werkgelegenheid;
- een crisiscoördinatie op provinciaal niveau.

Belangrijk is dat de provincies alleen de medewerking van de gemeenten kunnen regelen als dat uitdrukkelijk bij decreet is voorzien.

629 De niet-grondgebonden materies, met name culturele en persoonsgebonden aangelegenheden, zijn sinds 1 januari 2018 aan dit provinciaal belang onttrokken. De provincies voeren geen taken uit in het kader van cultuur, jeugd, sport of welzijn. De opdrachten die in deze sectoren op provinciaal niveau werden uitgeoefend, werden overgeheveld naar het Vlaamse en gemeentelijke niveau.

2. Betrekken van de burger

Art. 3 Prov.Decr.

630 De provincies verzekeren een burgernabije, democratische, transparante en doelmatige uitoefening van de provinciale bevoegdheden. Ze betrekken de inwoners zo veel mogelijk bij het beleid en zorgen voor openheid van bestuur.

HOOFDSTUK 2
DE BESTUURSORGANEN

1. Provincieraad

1.1. Samenstelling

1.1.1. Verkiezingen

1.1.1.1. Wie kan zijn stem uitbrengen?

Art. 16-22 en 27-35 LPKD

631 Om als kiezer met een Belgische nationaliteit een stem te mogen uitbrengen bij de provincieraadsverkiezingen ('actief kiesrecht') moeten de volgende vier voorwaarden zijn vervuld:

1) *nationaliteit*: de Belgische nationaliteit bezitten op 1 augustus van het verkiezingsjaar. De wijze waarop de kiezer de Belgische nationaliteit verkreeg – geboorte, erkenning, naturalisatie, nationaliteitsverklaring ... – speelt geen rol;
2) *leeftijd*: de leeftijd van 18 jaar hebben bereikt ten laatste op de verkiezingsdag;
3) *woonplaats*: in de bevolkingsregisters van een gemeente van de provincie zijn ingeschreven op 1 augustus van het verkiezingsjaar. De inschrijving in het bevolkingsregister is evenwel slechts een vermoeden dat de betrokkene daadwerkelijk daar zijn of haar hoofdverblijfplaats heeft. Het vermoeden kan worden weerlegd door het leveren van het bewijs van tegendeel (*cf.* RvS 14 juni 2000, nr. 87.963; RvS 14 oktober 2004, nr. 136.035).
4) *niet van het kiesrecht zijn uitgesloten of geschorst*: [→ nr. 46].

In tegenstelling tot de gemeenteraadsverkiezingen kunnen EU-onderdanen en vreemdelingen van buiten de EU niet meestemmen voor de provincieraadsverkiezingen. Daaruit volgend kunnen ze zich uiteraard ook niet verkiesbaar stellen.

1.1.1.2. Wie kan worden verkozen?

Art. 59 en 68-82 LPKD

632 Belgen kunnen tot provincieraadslid worden verkozen ('passief kiesrecht') indien ze voldoen aan de algemene kiesvoorwaarden op de dag van de verkiezingen én ze niet door een rechterlijke veroordeling uit hun kiesrecht zijn ontzet. De kandidaat moet uiteraard ingeschreven zijn in het bevolkingsregister van een gemeente die tot de provincie behoort.

1.1.1.3. Organisatie en procedure

Art. 6 LPKD en art. 6 Prov.Decr.

633 Evenals de gemeenteraadsleden verkiezen de burgers hun provincieraadsleden middels een rechtstreekse verkiezing. Deze geschieden per district (*zie bijlage 0 in dit zakboekje*). Provincieraadsverkiezingen vallen samen met de gemeenteraadsverkiezingen, dus om de zes jaar en op de tweede zondag van oktober. De laatste verkiezingen vonden plaats op zondag 14 oktober 2018.

De organisatie en procedure bij de provincieraadsverkiezingen zijn gelijklopend met deze van de gemeenteraadsverkiezingen. We verwijzen voor een uitgebreidere bespreking hiervoor naar het hoofdstuk over de gemeenteraadsverkiezingen eerder in dit zakboekje:
- verkiezingsuitgaven: [→ nr. 54];
- organisatie van hoofd-, stem- en telbureaus: afwijkend t.a.v. de gemeentelijke organisatie [→ nr. 62];
- stemverrichtingen op de verkiezingsdag: [→ nr. 63];
- tellen van de stemmen: [→ nr. 77];
- verkiezingsbetwistingen: [→ nr. 86].

1.1.1.4. Zeteltoewijzing

Art. 177-184 LPKD

634 Sinds de afschaffing van de apparentering of lijstenverbinding is de toewijzing van de zetels eenvoudiger geworden.

Een voorbeeld verduidelijkt de procedure:

Gegevens:

	District a
Lijst	A: 10 500
	B: 20 000
	C: 33 000
	D: 2 500
	Totaal: 66 000
	6 zetels

Procedure
1) Stemcijfer: dit is het aantal stemmen door elke lijst bekomen in elk district (bv. stemcijfer lijst A in district α = 1 000).
2) Kiesdrempel: enkel lijsten die minsten 5 % van de totaal aantal uitgebrachte stemmen hebben behaald, komen in aanmerking voor de zetelverdeling. Lijst D heeft bijgevolg geen recht op een zetel.

Lijst A	*Lijst B*	*Lijst C*	*Lijst D*
$\frac{10\,500}{66\,000} = 16\,\%$	$\frac{20\,000}{66\,000} = 30\,\%$	$\frac{33\,000}{66\,000} = 50\,\%$	$\frac{2\,500}{66\,000} = 4\,\%$

3) Kiesdeler: dit is het totaal aantal stemmen per district, gedeeld door het aantal te verdelen zetels. De kiesdeler voor het district α wordt als volgt berekend:

$$\frac{66\,000}{6} = 11\,000.$$

4) Het stemcijfer van elke lijst wordt gedeeld door 1, 2, 3, 4, 5 etc.

	Lijst A	*Lijst B*	*Lijst C*
	10 500	20 000	33 000
: 2	$\frac{10\,500}{2} = 5\,250$	$\frac{20\,000}{2} =$ 10 000	$\frac{33\,000}{2} = 16\,500$
: 3	$\frac{10\,500}{3} = 3\,500$	$\frac{20\,000}{3} = 6\,667$	$\frac{33\,000}{3} = 11\,000$
: 4	$\frac{10\,500}{4} = 2\,625$	$\frac{20\,000}{4} = 5\,000$	$\frac{33\,000}{4} = 8\,250$
: 5	$\frac{10\,500}{5} = 2\,100$	$\frac{20\,000}{5} = 4\,000$	$\frac{33\,000}{5} = 6\,600$

5) De bekomen quotiënten worden gerangschikt tot alle zetels zijn verdeeld.

Zetel	*Quotiënt*	*Corresponderende lijst*
1	33 000	Lijst A
2	20 000	Lijst B
3	16 500	Lijst A
4	11 000	Lijst A
5	10 500	Lijst C
6	10 000	Lijst B

6) Eindresultaat: Lijst A bekomt 3 zetels, Lijst B bekomt 2 zetels en Lijst C bekomt 1 zetel.

De kandidaten met de meeste stemmen krijgen een zetel toegewezen. Bij het berekenen van het aantal stemmen neemt men zowel de persoonlijke naamstemmen als de overgedragen lijststemmen in aanmerking. Het overdragen van lijststemmen geschiedt zoals bij de gemeenteraadsverkiezingen [→ nr. 85].

Er wordt niet – zoals voor de parlementsverkiezingen wel het geval is – apart voor opvolgers gekozen. De aanduiding van de opvolgers geschiedt op dezelfde wijze als bij de gemeenteraadsverkiezingen [→ nr. 85], onder de niet-verkozen kandidaten.

1.1.1.5. Indeling van de provincieraadsleden over de kiesdistricten

Art. 6 Prov.Decr.

635 De provincieraadsverkiezingen worden per provinciedistrict gehouden. Een provinciedistrict valt samen met een kieskanton of kan twee of meer kieskantons bevatten.

Het aantal leden per provinciedistrict wordt bekomen door volgende bewerking: aantal leden =

$$\frac{\text{bevolking provinciedistrict} \times \text{provincieraadsleden in de provincie}}{\text{bevolking van de provincie}}$$

De overblijvende zetels worden toegewezen aan de provinciedistricten met het grootste nog niet vertegenwoordigde bevolkingsoverschot.

636 De kiesdistricten zijn vastgelegd in de derde bijlage van het besluit van de Vlaamse Regering van 25 mei 2018 (*BS* 7 juni 2018). Een overzicht van de kiesdistricten en de te verkiezen provincieraadsleden per kiesdistrict is achteraan dit zakboekje toegevoegd in bijlage 0.

1.1.2. Leden

1.1.2.1. Het aantal raadsleden

Art. 5 Prov.Decr.

637 De provincieraad bestaat, met inbegrip van de leden van de deputatie die als provincieraadslid werden verkozen, uit:
- 63 leden in provincies met minder dan 1 000 000 inwoners;
- 72 leden in provincies met 1 000 000 of meer inwoners.

Concreet betekent dit dus:

Aantal inwoners	*Aantal raadsleden*	*Vallen hieronder*
750 000-1 000 000	31	Limburg
>1 000 000	36	Antwerpen, Oost-Vlaanderen, West-Vlaanderen, Vlaams-Brabant

1.1.3. Installatievergadering

Art. 6-9 en 12 Prov.Decr.

638 Na elke volledige vernieuwing van de provincieraad vergaderen de nieuw gekozen raadsleden op een van de eerste vijf werkdagen van december. De uittredende voorzitter van de provincieraad bepaalt de plaats, dag en tijdstip. Als die niet bepaald is, vergadert de nieuwe provincieraad van rechtswege op de eerste werkdag van de maand december, om 10 uur in het provinciehuis.

Na het onderzoek van de geloofsbrieven en de eedaflegging, verkiest de raad een voorzitter en een of meer ondervoorzitters op basis van een voordrachtsakte. De voorzitter van de provincieraad – dus niet de gouverneur – heeft o.m. tot taak:

- de vergadering te openen en te sluiten;
- de vergadering te leiden door het woord te verlenen of te ontnemen, de agendapunten aan te brengen, de uitslag van de stemmingen bekend te maken;
- de orde in de vergadering te doen naleven;
- samen met de griffier de brieven, de reglementen en verordeningen van de raad te ondertekenen.

Na de verkiezing van de voorzitter stelt de raad zijn bureau samen op basis van het huishoudelijk reglement.

De installatievergadering verloopt op een gelijkaardige wijze als in de gemeenteraad [→ nr. 47].

1.1.4. Beëindiging van het mandaat en opvolging of plaatsvervanging

Art. 6-16 Prov.Decr.

639 Net als bij gemeenteraadsleden bestaan er verschillende gronden om een mandaat van provincieraadslid al dan niet tijdelijk te beëindigen:

- afstand van het mandaat: artikel 7, 9 en 12 Prov.Decr. [→ nr. 105];
- vernieuwing van de provincieraad: artikel 6 Prov.Decr. [→ nr. 114];
- ontslag: artikel 15 Prov.Decr. [→ nr. 115];

- vervallenverklaring wegens onverkiesbaarheid: artikel 10 en 13 Prov.Decr. [→ nr. 116];
- vervallenverklaring wegens onverenigbaarheid: artikel 11-13 Prov.Decr. [→ nr. 117];
- overlijden: [→ nr. 120];
- verhindering: artikel 14 Prov.Decr [→ nr. 112].

De provinciale onverenigbaarheden zijn echter uitgebreider dan bij gemeenteraadsleden. Provincieraadsleden kunnen immers geen van de volgende mandaten bekleden:
- federaal, Vlaams of Europees parlementslid;
- federaal regeringslid, Vlaams regeringslid of Europees commissielid.

Evenals bij de gemeenteraadsvoorzitter bestaan er voor de provincieraadsvoorzitter bijzondere gronden voor het beëindigen van het mandaat [→ nr. 121].

In geval van een tijdelijke beëindiging van het mandaat wordt de plaats van het betrokken raadslid tijdelijk vervangen. Bij de definitieve beëindiging volgt een ander raadslid het betrokken raadslid definitief op (art. 16 Prov.Decr. [→ nr. 122]).

1.2. Werking

Art. 19-41 Prov.Decr.

640 De provincieraad vergadert telkens als de aangelegenheden die onder zijn bevoegdheid vallen het vereisen en ten minste tienmaal per jaar. De raad vergadert in de hoofdplaats van de provincie, tenzij de voorzitter de provincieraad wegens een buitengewone gebeurtenis in een andere gemeente bijeenroept.

De werk- en vergaderwijze zijn gelijklopend aan de werking van de gemeenteraad:
- bijeenroeping: artikel 20-21 Prov.Decr. [→ nr. 125];
- agenda: artikel 20-23 en 29 Prov.Decr. [→ nr. 129];
- het ter beschikking stellen van dossierstukken: artikel 21, 23, 30, 37, 142-144 en 170 Prov.Decr. [→ nr. 132];
- vergaderlokaal: [→ nr. 135];
- vergaderdata: artikel 19 Prov.Decr. [→ nr. 136];
- openbaarheid van de raadszittingen: artikel 28 Prov.Decr. [→ nr. 137];
- het openen en sluiten van en de ordehandhaving tijdens de vergadering: artikel 24-25 Prov.Decr. [→ nr. 140];
- aanwezigheidsquorum: artikel 26 Prov.Decr. [→ nr. 142];
- belangenvermenging (onpartijdigheidsbeginsel): artikel 27 Prov. Decr. [→ nr. 144];

- beraadslaging: artikel 29 en 31-32 Prov.Decr. [→ nr. 149];
- stemming: artikel 34-36 Prov.Decr. [→ nr. 150];
- notulen: artikel 33 en 176-177 Prov.Decr. [→ nr. 155];
- huishoudelijk reglement: artikel 40 Prov.Decr. [→ nr. 158];
- deontologische code: artikel 41 Prov.Decr. [→ nr. 159];
- commissies: artikel 39 Prov.Decr. [→ nr. 160];
- fracties: artikel 38 Prov.Decr. [→ nr. 163].

1.3. Bevoegdheden

1.3.1. Volheid van bevoegdheid

Art. 42 Prov.Decr., art. 85 Prov.Wet.

641 We bespraken eerder de taak van de provincies om de provinciale belangen te behartigen [→ nr. 627]. Ter zake komt het de provincieraad dan ook principieel toe om, als rechtstreeks verkozen orgaan, het beleid en de algemene regels van provinciaal belang vast te stellen in reglementen en verordeningen. Die volheid van bevoegdheid betekent dat de provincieraad alle bevoegdheden van provinciaal belang bezit tenzij die uitdrukkelijk aan een ander bestuursorgaan werden toevertrouwd. De raadsleden beschikken over een zelfstandig initiatiefrecht voor alle provinciale bevoegdheden die niet expliciet zijn toegewezen aan een ander bestuursorgaan.

Provinciale reglementen kunnen in beginsel bepalingen bevatten aangaande het provinciaal beleid, de provinciale belastingen en retributies en het inwendig bestuur. De provincieraad kan eveneens politieverordeningen aannemen. Indien de reglementen strafsancties of bestuurlijke sancties bevatten, stuurt het provinciebestuur een afschrift van dat reglement naar de rechtbank van eerste aanleg en de politierechtbank.

De bevoegdheid van de provincieraad is evenwel niet onbegrensd:
- zij kunnen slechts betrekking hebben op het grondgebied van de provincie;
- zij mogen niet in strijd zijn met hogere regelgeving (wetten, decreten, ordonnanties en besluiten van de federale overheid, de gewesten en de gemeenschappen).

1.3.2. Uitdrukkelijk toegewezen bevoegdheden

642 Het toekennen van bevoegdheden aan de provincieraad is uiteraard niet het monopolie van het Provinciedecreet. Ook andere wetten, decreten en besluiten in uitvoering van die wetten en decreten kunnen de provincieraad aanwijzen als regelgevend orgaan.

1.3.3. Delegatie van bevoegdheden

Art. 43 Prov.Decr.

643 Aangezien de provincieraad slechts de algemene beleidslijnen uitstippelt, kan het opportuun zijn een aantal bevoegdheden over te dragen aan de deputatie. De deputatie komt vaker samen, is nauwer betrokken bij de provinciale diensten en het personeel en is daarom als orgaan van dagelijks bestuur soms beter geplaatst om bepaalde beslissingen te nemen.

Om aan die noden tegemoet te komen, kan de provincieraad bepaalde bevoegdheden aan de deputatie delegeren. Die delegatie kan slechts geschieden middels een uitdrukkelijke beslissing van de provincieraad.

Delegeren is steeds een mogelijkheid en nooit een verplichting. Het komt de raad dan ook ten allen tijde toe gedelegeerde bevoegden weer naar zich toe te trekken.

644 De provincieraad kan echter de bevoegdheden die hen uitdrukkelijk zijn voorbehouden niet delegeren. Indien de hogere overheid uitdrukkelijk aan de provincieraad, en aan hem alleen, een bevoegdheid heeft toevertrouwd, moet de bedoeling van (het besluit ter uitvoering van) de wet of het decreet worden gerespecteerd.

Daarnaast kunnen ook de essentiële besluiten van een provinciebestuur niet worden onttrokken aan de beslissingsmacht van de rechtstreeks verkozen provincieraadsleden. Daarom heeft het Provinciedecreet een limitatieve lijst opgesteld van niet-delegeerbare bevoegdheden:
- de aan de provincieraad toegewezen bevoegdheden;
- het vaststellen van provinciale reglementen, andere dan over personeelsaangelegenheden, en het bepalen van straffen op de overtreding van die reglementen;
- het vaststellen van de beleidsrapporten;
- het oprichten en toetreden tot rechtspersonen en het beslissen tot oprichten deelname aan of vertegenwoordiging in agentschappen, instellingen, verenigingen en ondernemingen;
- het goedkeuren van beheersovereenkomsten en samenwerkingsovereenkomsten;
- het aanstellen en ontslaan van de provinciegriffier, de financieel beheerder en de ombudsman, alsook de sanctie- en tuchtbevoegdheid t.a.v. die personeelsleden;
- het goedkeuren van het organisatiebeheerssysteem;
- het vaststellen van wat onder het begrip dagelijks bestuur moet worden verstaan;
- beslissingen die de wet, het decreet of het uitvoeringsbesluit uitdrukkelijk aan de provincieraad voorbehoudt;

- het vaststellen van de wijze van de plaatsingsprocedure en het vaststellen van de voorwaarden van overheidsopdrachten tenzij de opdracht past binnen het begrip dagelijks bestuur waarvoor de deputatie bevoegd is, of tenzij de raad de plaatsingsprocedure en het vaststellen van de voorwaarden voor die overheidsopdracht nominatief aan de deputatie heeft toevertrouwd;
- het stellen van daden van beschikking met betrekking tot roerende en onroerende goederen, behalve met betrekking tot verhuring, concessie, pacht, jacht- en visrechten van meer dan negen jaar, behoudens het vaststellen van de contractvoorwaarden waarvoor de provincieraad bevoegd blijft;
- het definitief aanvaarden van schenkingen en het aanvaarden van legaten;
- het inrichten van adviesraden en overlegstructuren;
- het vaststellen van de provinciale belastingen en retributies;
- het vaststellen van een systeem van klachtenbehandeling;
- de samenstelling van het bureau;
- het beslissen tot het optreden in rechte in plaats van de deputatie en alleszins wanneer een lid of meerdere leden van de deputatie betrokken zijn in de zaak;
- het aangaan van dadingen, andere dan dadingen met personeelsleden naar aanleiding van een beëindiging van het dienstverband, die de gevolgen van de beëindiging van het dienstverband als voorwerp hebben;
- de bevoegdheden van de provincieraad vermeld in artikelen 155, 157, 158, 159 en 161 Provinciedecreet;
- de wijze van het ter kennis brengen van de beslissingen van de deputatie;
- het aanstellen en ontslaan van de leden van de raad van bestuur van een autonoom provinciebedrijf, de goedkeuring van de jaarrekening en het budget van een autonoom provinciebedrijf, de beslissing tot ontbinding en vereffening van een autonoom provinciebedrijf, en het aanstellen van de provinciale vertegenwoordigers in de algemene vergadering van een extern verzelfstandigd agentschap in privaatrechtelijke vorm;
- de bevoegdheid om beroep te doen op saldobudgettering bij provinciale intern verzelfstandigde agentschappen;
- het vaststellen van de onbestuurbaarheid van de provincie;
- het vaststellen van subsidiereglementen en het toekennen van nominatieve subsidies;
- het goedkeuren van het meerjarenplan en de aanpassingen ervan van een autonoom provinciebedrijf.

1.4. Statuut van het provincieraadslid

Art. 17 en 72*bis* Prov.Decr.

645 Het statuut van het provincieraadslid is vergelijkbaar met dat van een gemeenteraadslid:
- politiek verlof: [→ nr. 173];
- bezoldiging en vergoedingen: artikel 17, §1-4 Prov.Decr. [→ nr. 179];
- eretitels: artikel 17, §5 Prov.Decr. [→ nr. 186];
- burgerlijke aansprakelijkheid: artikel 17, §6-7 Prov.Decr. [→ nr. 187];
- mandatendatabank: artikel 72*bis* Prov.Decr. en Besluit van de Vlaamse Regering van 30 november 2018 (*BS* 18 januari 2019) [→ nr. 189].

Het statuut van de provinciale mandataris is verder geregeld in het Besluit van de Vlaamse Regering van 7 september 2018 (*BS* 11 oktober 2018).

1.5. Rechten en plichten van het provincieraadslid

Art. 18 en 30 Prov.Decr.

646 De vergelijkbaarheid met het Decreet Lokaal Bestuur kan ook worden doorgetrokken voor wat de bijzondere rechten en plichten van het provincieraadslid betreft:
- algemeen inzagerecht: artikel 30 Prov.Decr. [→ nr. 191];
- bezoekrecht: artikel 30, §2 Prov.Decr. [→ nr. 194];
- bijstand door een vertrouwenspersoon: artikel 18 Prov.Decr. [→ nr. 195];
- verbodsbepalingen: artikel 27, §2-3 Prov.Decr. [→ nr. 196].

2. Deputatie

2.1. Samenstelling

2.1.1. Leden

Art. 44 Prov.Decr.

647 De deputatie bestaat – naast de gouverneur – uit ten hoogste vier leden ('gedeputeerden') die de provincieraad kiest. Het orgaan bestaat bij toepassing van artikel 11*bis* van de Grondwet uit leden van een verschillend geslacht.

De gouverneur neemt het voorzitterschap van de deputatie waar. Bij verhindering wijst de deputatie een van haar leden als voorzitter aan. De gouverneur is niet stemgerechtigd tenzij de deputatie een rechtsprekende taak uitoefent.

2.1.2. | Voordracht

Art. 44-47 Prov.Decr.

648 De provincieraad kiest uit zijn midden en op basis van een voordrachtsakte de leden van de deputatie. Deze procedure van voordracht is gelijklopend als bij het voordragen van de schepenen [→ nr. 203].

Indien de deputatie geen leden van verschillend geslacht telt, wordt de laatste gedeputeerde in rang van rechtswege vervangen door het op dezelfde lijst verkozen provincieraadslid van het andere geslacht met procentueel de meeste naamstemmen in verhouding tot het totale aantal geldig uitgebrachte stemmen in de kiesomschrijving (kiesdistrict). Als er geen verkozen provincieraadsleden van het andere geslacht op die lijst voorkomen, wordt de gedeputeerde van rechtswege vervangen door het niet-verkozen provincieraadslid van het andere geslacht met procentueel de meeste naamstemmen in verhouding tot het totale aantal geldig uitgebrachte stemmen in de kiesomschrijving op diezelfde lijst. Wanneer het procentuele aandeel stemmen hetzelfde is voor verscheidene kandidaten, dan wordt voorrang gegeven aan diegene die het grootste aantal voorkeurstemmen behaalde.

2.1.3. Beëindiging van het mandaat en opvolging en vervanging

Art. 47*bis*-50, 61 en 69 Prov.Decr.

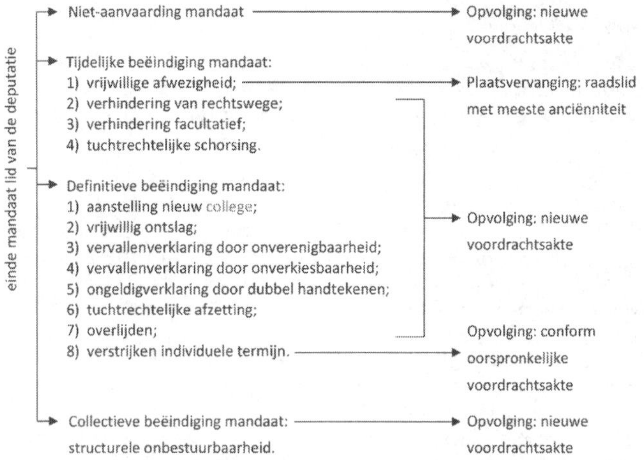

649 De gedeputeerde kan, zoals bij een schepen, tijdelijk worden vervangen indien zijn mandaat tijdelijk eindigt in geval van:
- verhindering (van rechtswege en facultatief): artikel 48 Prov. Decr. [→ nr. 213];
- tuchtrechtelijke schorsing: artikel 69 Prov.Decr. [→ nr. 215];
- vrijwillige afwezigheid: artikel 50, §2 Prov.Decr. [→ nr. 218].

Aangezien provincieraadsleden geen deel kunnen uitmaken noch van het federale, Vlaamse of Europese parlement noch van de Vlaamse Regering, federale regering of van de Europese Commissie [→ nr. 639], kunnen deze mandaten geen oorzaak van verhindering vormen. Dit in tegenstelling tot bij gemeenteraadsleden.

Daarnaast bepaalt het Decreet Lokaal Bestuur dat het ambt van gedeputeerde onverenigbaar is met het mandaat van:
- schepen: artikel 48, 2° DLB [→ nr. 213];
- burgemeester: artikel 61 DLB [→ nr. 292].

650 Het mandaat van de gedeputeerde zal, zoals bij de schepenen [→ nr. 219], eindigen bij:
- de vernieuwing van de deputatie (art. 47, eerste lid Prov.Decr.);
- het vrijwillig ontslag (art. 49 Prov.Decr.);
- het verstrijken van een individuele termijn (art. 45 Prov.Decr.);

- de vervallenverklaring door onverkiesbaarheid of onverenigbaarheid (art. 47, tweede lid Prov.Decr.);
- ongeldigverklaring wegens ondertekenen van meerdere voordrachtsaktes (art. 8, 45 en 50 Prov.Decr.);
- tuchtrechtelijke afzetting (art. 69 Prov.Decr.).

Individuele opvolging en plaatsvervanging is eveneens gelijklopend aan de opvolging en plaatsvervanging van schepenen (art. 50 Prov. Decr. [→ nr. 225]).

Tot slot eindigt hun mandaat ook na de collectieve vervanging wegens structurele onbestuurbaarheid (art. 47*bis* Prov.Decr. [→ nr. 228]).

2.2. Werking

Art. 51-56 Prov.Decr.

651 De deputatie vergadert regelmatig op de dagen en uren die ze zelf bepaalt. De gouverneur fungeert als voorzitter. Ze komt zo dikwijls bijeen als de behandeling van de zaken dit vereist.

De deputatievergaderingen worden door gelijkaardige regels beheerst als bij het college van burgemeester en schepenen:
- bijeenroeping en vergaderdata: artikel 51, lid 1 Prov.Decr. [→ nr. 232];
- openbaarheid van vergadering: artikel 51, lid 4 Prov.Decr. [→ nr. 233];
- voorzitterschap: artikel 52 Prov.Decr. [→ nr. 234];
- aanwezigheidsquorum: artikel 51, lid 2 Prov.Decr. [→ nr. 235];
- belangenvermenging: artikel 51, lid 3 Prov.Decr. [→ nr. 236];
- stemming: artikel 54 Prov.Decr. [→ nr. 237];
- collegiaal orgaan: artikel 53 Prov.Decr. [→ nr. 239];
- notulen: artikel 51, lid 5 Prov.Decr. [→ nr. 240];
- huishoudelijk reglement: artikel 55 Prov.Decr. [→ nr. 243];
- deontologische code: artikel 56 Prov.Decr. [→ nr. 244].

652 Toch moeten we wijzen op een drietal niet onbelangrijke afwijkende bepalingen.

Ten eerste kan de deputatie, in tegenstelling tot het schepencollege, wel openbaar vergaderen, met name als het een rechtsprekende functie uitoefent. In dit geval verkrijgt de gouverneur ook uitzonderlijk stemrecht.

Een tweede onderscheid is te vinden bij de regeling inzake de staking van stemmen. Indien het schepencollege evenveel voor- als tegenstemmen voor een voorstel bekomt, volgt een verdaging van de zaak tot een volgende vergadering. De staking van stemmen binnen een deputatievergadering betekent daarentegen de verwerping van het voorstel, behalve als de deputatie een rechtsprekende taak uitoefent. In dit laatste geval is de stem van de voorzitter, in beginsel de gouverneur, doorslaggevend.

Ten slotte bepaalt het Provinciedecreet ook dat de deputatie expliciet, bij huishoudelijk reglement, afspraken maakt over de interne verdeling van bevoegdheden onder haar leden. De deputatie blijft evenwel, net als het schepencollege, als een collegiaal orgaan beslissen.

2.3. Bevoegdheden

2.3.1. Uitvoeringsbevoegdheden

Art. 57, §1 Prov.Decr.

653 De deputatie is in de eerste plaats een uitvoerend bestuursorgaan. Het voert de haar eigen beslissingen en die van de raad uit en bereidt de beraadslagingen en besluiten van de provincieraad voor. Ze kan een gedeputeerde hiermee belasten.

De deputatie kan eveneens een of meer gedeputeerden belasten met een opdracht en het onderzoek van een zaak, o.m. wat betreft het horen van betrokkenen bij een bestuurlijke beroepsprocedure.

2.3.2. Toegewezen bevoegdheden

Art. 57, §2-5 Prov.Decr.

654 De deputatie beslist over alle zaken die tot het dagelijkse bestuur van de provincie behoren. Daarnaast beslist ze over die zaken die de provincieraad haar heeft toegewezen en die haar door andere wetten en decreten zijn toevertrouwd.

Bovendien heeft het Provinciedecreet de deputatie uitdrukkelijk bevoegd verklaard voor:
- de daden van beheer over de provinciale inrichtingen en eigendommen, binnen de door de provincieraad vastgestelde algemene regels;
- het aanstellen en het ontslaan van het personeel, alsook de tucht t.a.v. het personeel;
- het financieel beheer, onverminderd de bevoegdheden van de provincieraad;
- het voeren van de gunningsprocedure, de gunning en de uitvoering van overheidsopdrachten;

- de vaststelling van de wijze van gunning en de voorwaarden van overheidsopdrachten als het gaat om een opdracht van dagelijks bestuur;
- de vaststelling van de wijze van gunning en de voorwaarden van overheidsopdrachten als de opdracht nominatief in het vastgestelde budget is opgenomen en de provincieraad de wijze van gunning en de voorwaarden niet zelf heeft vastgesteld;
- beslissingen die de wet, het decreet of het uitvoeringsbesluit uitdrukkelijk aan de deputatie voorbehoudt;
- het stellen van daden van beschikking met betrekking tot roerende goederen (m.u.v. dadingen), m.b.t. onroerende goederen voor zover de verrichting nominatief in het vastgestelde budget is opgenomen en m.b.t. verhuring, concessie, pacht, jacht- en visrechten van meer dan negen jaar, behoudens het vaststellen van de contractvoorwaarden waarvoor de provincieraad bevoegd blijft;
- het afsluiten van de afsprakennota over de samenwerking tussen deputatie en provinciegriffier en managementteam;
- het nemen van besluiten voor het aangaan van leningen voor een periode langer dan één jaar en voor leningen waarbij de financiële lasten van de opgenomen leningen worden herschikt door die lasten te spreiden over een kortere of gelijke periode;
- de vaste belegging van kapitalen voor een periode langer dan één jaar;
- het vertegenwoordigen van de provincie in rechte, tenzij de provincieraad beslist zelf in rechte op te treden of wanneer een lid of meerdere leden van de deputatie betrokken zijn in de zaak;
- de zorg voor het provinciearchief, waaronder de titels.

655 De deputatie is bovendien verplicht om een volledig en geactualiseerd overzicht bij te houden van:
- alle EVA's van de provincie, hun statuten en hun overeenkomsten met de provincie;
- alle verenigingen, stichtingen en vennootschappen waarin de provincie deelneemt.

Minstens eenmaal per jaar wordt de provincieraad in kennis gesteld van dit geactualiseerd overzicht met een toelichting over alle wijzigingen aan deze overzichtslijst die zich sinds de vorige toelichting hebben voorgedaan.

2.3.3. Delegatie van bevoegdheden

Art. 58 Prov.Decr.

656 De deputatie kan de uitoefening van bepaalde bevoegdheden aan de provinciegriffier toevertrouwen en bij deze delegatie bepalen dat de provinciegriffier de uitoefening van die gedelegeerde bevoegdheid kan toevertrouwen aan andere personeelsleden van de provincie. Bepaalde essentiële bevoegdheden kunnen krachtens artikel 58 Provinciedecreet evenwel niet worden gedelegeerd.

De provinciegriffier kan op zijn beurt de uitoefening van die gedelegeerde bevoegdheid toevertrouwen aan andere personeelsleden van de provincie. Deze delegatie is niet mogelijk voor het vaststellen van het organogram en de effectieve aanstelling van een waarnemend griffier of financieel beheerder.

2.4. Statuut als lid van de deputatie

Art. 67-68 en 70-72 Prov.Decr.

657 Het statuut van het gedeputeerde is vergelijkbaar met dat van een schepen:
- politiek verlof: [→ nr. 250];
- bezoldiging en vergoedingen: artikel 68 Prov.Decr. [→ nr. 257];
- eretitels, onderscheidingsteken en ambtskledij: artikel 67 Prov. Decr. [→ nr. 273];
- burgerlijke aansprakelijkheid: artikel 70-72 Prov.Decr. [→ nr. 275].

In tegenstelling tot een schepen geniet een gedeputeerde van een 'vergoeding' – en geen 'wedde' – waarvan het bedrag gelijk is aan de parlementaire vergoeding van de leden van het Vlaams Parlement. Het bedrag van de onkostenvergoeding is gelijk aan de forfaitaire vergoeding die voor de in het raam van het mandaat van Vlaamse volksvertegenwoordiger gemaakte kosten wordt toegekend. Gedeputeerden die buiten de provinciehoofdplaats verblijven, ontvangen een onkostenvergoeding.
Het statuut van de provinciale mandataris is verder geregeld in het Besluit van de Vlaamse Regering van 7 september 2018 (*BS* 11 oktober 2018).

2.5. Bijzondere rechten en plichten als lid van de deputatie

Art. 30, 44 en 68*bis* Prov.Decr.

658 De vergelijkbaarheid met het Decreet Lokaal Bestuur kan ook worden doorgetrokken voor wat de bijzondere rechten en plichten van het lid van de deputatie betreft:
- inzagerecht, recht van afschrift en bezoekrecht: artikel 30 Prov. Decr. [→ nr. 279];

- bijstand door een vertrouwenspersoon: artikel 68*bis* Prov.Decr. [→ nr. 280];
- kennis van de bestuurstaal: artikel 44, §4 Prov.Decr. [→ nr. 281];
- vermogensaangifte: [→ nr. 282].

Als lid van de provincieraad behoren de rechten en plichten van provincieraadsleden ook aan de gedeputeerden toe [→ nr. 646].

3. Gouverneur

3.1. Benoeming

Art. 59 Prov.Decr.

3.1.1. Benoeming door gewestregering

659 De gouverneur is geen verkozen of door de raad voorgedragen persoon. Aangezien hij de commissaris is van de Vlaamse Regering is het de Vlaamse Regering die de gouverneurs van de Vlaamse provincies én de adjunct-gouverneur benoemt op eensluidend advies van de ministerraad. In tegenstelling tot de werkelijke politieke mandaten eindigt het ambt van gouverneur niet na een bepaalde bestuursperiode.

De gouverneurs van de Vlaamse provincies zijn de volgende:
- Antwerpen: Cathy Berx;
- Limburg: André (roepnaam Jos) Lantmeeters;
- Oost-Vlaanderen: Carina Van Cauter;
- Vlaams-Brabant: Jan Spooren;
- West-Vlaanderen: Carl Decaluwé.

3.1.2. Verblijfplaats

Art. 59, lid 3 Prov.Decr.

660 De provinciegouverneur verblijft in de hoofdplaats van de provincie of op iedere andere plaats van de provincie die de Vlaamse Regering aanwijst na advies van de provincieraad.

3.1.3. Eedaflegging

Art. 61, lid 1 Prov.Decr.

661 Wanneer de provinciegouverneur wordt benoemd, moet hij – vooraleer zijn functie te kunnen opnemen – de eed afleggen voor de Vlaamse Regering. De eed luidt als volgt: "*Ik zweer de verplichtingen van mijn mandaat trouw na te komen*". Aan de formule mogen geen woorden worden toegevoegd of weggelaten. De gouverneur kan geen voorbehoud formuleren.

3.1.4. Onverenigbaarheid

Art. 60 Prov.Decr.

662 De volgende personen kunnen geen provinciegouverneur zijn:
- de magistraten, de plaatsvervangende magistraten en de griffier bij de hoven en de rechtbanken, de administratieve rechtscolleges en het Grondwettelijk Hof;
- de leden van het operationeel kader van de politiediensten;
- de personen die een ambt uitoefenen dat rechtstreeks onder het gezag staat van de provinciegouverneur, van de provincieraad of van de deputatie;
- de personen die in een andere lidstaat van de Europese Unie een ambt of functie uitoefenen, gelijkwaardig aan een ambt of functie, als vermeld in deze bepaling en de personen die in een lokale basisoverheid van een andere lidstaat van de Europese Unie een ambt of een mandaat uitoefenen dat gelijkwaardig is aan dat van provincieraadslid, lid van de deputatie of provinciegouverneur.

3.1.5. Ontslag

Art. 61, lid 2 Prov.Decr.

663 De provinciegouverneur kan vrijwillig zijn ontslag indienen. Hij brengt de Vlaamse Regering hiervan aangetekend op de hoogte. Het ontslag wordt definitief zodra de Vlaamse Regering het heeft aanvaard.

3.1.6. Financiële belangenvermenging

Art. 62 Prov.Decr.

664 De provinciegouverneur kan geen enkel financieel voordeel verwerven uit zijn deelname aan raden van bestuur of andere vergaderingen van private vennootschappen of openbare instellingen.

3.2. Werking

3.2.1. Voorzitter

Art. 51-52 Prov.Decr.

665 De gouverneur is voorzitter van de deputatie. Als de provinciegouverneur de deputatie niet kan voorzitten, wijst de deputatie een van haar leden aan om het voorzitterschap waar te nemen. De procedure wordt geregeld in het huishoudelijk reglement van de deputatie.

Hij is niet stemgerechtigd, tenzij de deputatie een rechtsprekende taak uitoefent. Als voorzitter kan hij de deputatie in spoedeisende gevallen bijeenroepen.

3.2.2. Bijwonen provincieraad

Art. 63-64 Prov.Decr.

666 De gouverneur heeft het recht de vergaderingen van de provincieraad bij te wonen, waar hij zich door commissarissen kan laten bijstaan. Hij heeft er spreekrecht als hij hierom verzoekt. De provincieraad kan zijn aanwezigheid vorderen.

De gouverneur kan de provincieraad verzoeken die zaken te behandelen die hij passend vindt.

3.3. Bevoegdheden

3.3.1. Uitvoerende bevoegdheid

Art. 64-65 Prov.Decr.

667 De gouverneur is in de provincie belast met de tenuitvoerlegging van de wetten, van de decreten en van de besluiten van de federale overheid, het gewest of de gemeenschap, tenzij die bevoegdheid uitdrukkelijk aan een ander orgaan van de provincie is opgedragen.

3.3.2. Vertegenwoordigingsbevoegdheid

Art. 124 Prov.Wet.

668 De gouverneur is de vertegenwoordiger van de Staat in de provincie. Als dusdanig zit hij een interministeriële commissie voor die gelast is de coördinatie en het overleg te bevorderen tussen de besturen en de openbare inrichtingen en instellingen van de Staat die in de provincie zijn gevestigd en ervoor bevoegd zijn, met uitsluiting van de diensten die afhangen van de departementen van justitie en van landsverdediging.

Op verzoek van de Vlaams regering wordt de werking van de interministeriële commissie uitgebreid tot de diensten van de Vlaamse Gemeenschap of het Vlaams Gewest in die provincie.

3.3.3. Politionele bevoegdheid

Art. 64 Prov.Decr. en art. 128-129 Prov.Wet.

669 De gouverneur zorgt voor de handhaving van de rust en de orde in de provincie, voor de veiligheid van de personen en van de eigendommen. Hiertoe kan hij de federale politie vorderen. In geval van woelige samenscholingen, van oproer of van gewelddadig verzet tegen de uitvoering van de wetten kan hij ook de gewapende macht inzetten.

Hij ziet toe op een goede samenwerking tussen de politiediensten en tussen de politiezones in de provincie. Hij kan door de bevoegde ministers worden belast met bijzondere opdrachten m.b.t. veiligheid en politie.

Tot slot beschikt de gouverneur over een verordenende bevoegdheid op grond van de artikelen 1 en 2 van de wet van 6 maart 1818. Het gaat om een gelijkaardige uitzonderingbevoegdheid als de burgemeester op grond van artikel 134 Nieuwe Gemeentewet.

4. De arrondissementscommissaris

Art. 66 Prov.Decr. en art. 133-139*bis* Prov.Wet.

670 Er is voor een of meer administratieve arrondissementen – behalve voor het arrondissement Brussel-Hoofdstad – een commissaris van de regering, die de titel voert van arrondissementscommissaris. De arrondissementscommissaris is commissaris van de Vlaamse Regering én commissaris van de federale regering. Het is evenwel de Vlaamse Regering die hem benoemt en afzet. De Vlaamse Regering bepaalt bovendien het aantal arrondissementscommissarissen en regelt hun rechtspositie.

Het bestuurlijk arrondissement is een administratieve onderverdeling van het land zonder eigen politieke, vertegenwoordigende organen en ook zonder eigen 'arrondissementele' belangen.

Onder gezag van de gouverneur heeft de arrondissementscommissaris volgende taken:
- de handhaving van de wetten van algemeen bestuur;

- eens per jaar kennisnemen van de registers van de burgerlijke stand;
- voor zover dit betrekking heeft op de politie, verslag uitbrengen aan de gouverneur over elke buitengewone gebeurtenis die zich in zijn arrondissement voordoet;
- zorgen voor de handhaving van de orde en de rust en voor de veiligheid van personen en eigendommen. Hij kan hiervoor beschikken over de federale politie;
- de gewapende macht opvorderen in geval van oproer of woelige samenscholingen.

Bovendien is hij de adjunct van de gouverneur die hem taken kan opdragen in het gehele of een gedeelte van het grondgebied van de provincie.

HOOFDSTUK 3
PERSONEEL
Art. 73-140 Prov.Decr.

671 In de provinciale personeelsorganisatie spreekt men niet over een algemeen directeur maar wel over een griffier. Hij heeft evenwel een vergelijkbare functie als de algemeen directeur van de gemeente en het OCMW. Daarnaast beschikt iedere provincie ook over een financieel beheerder die een vergelijkbare functie heeft als de gemeentelijke financieel directeur.

De provinciale personeelsorganisatie en -statuten zijn gelijklopend aan de gemeentelijke. We verwijzen daarom naar de eerdere passages in dit zakboekje voor:

- het organogram: artikel 73 Prov.Decr. [→ nr. 321];
- de samenstelling van het managementteam: artikel 92-97 Prov. Decr. [→ nr. 322];
- de provinciegriffier: artikel 74-88 Prov.Decr. [→ nr. 323];
- de financieel beheerder: artikel 74-82 en 89-91 Prov.Decr. [→ nr. 334];
- de rechtspositie: artikel 100-112 Prov.Decr. [→ nr. 341];
- de terbeschikkingstelling van personeel: artikel 112*bis* Prov. Decr. [→ nr. 360];
- de tuchtprocedure: artikel 114-140 Prov.Decr. en Besluit van de Vlaamse Regering van 14 december 2018 (*BS* 1 februari 2019) [→ nr. 364].

HOOFDSTUK 4
PLANNING EN FINANCIËN
Art. 141-175 Prov.Decr.

672 De financiële organisatie en werking gebeurt op gelijklopende wijze als bij de gemeente, in het bijzonder volgens de methode van beleids- en beheerscyclus:
- strategische meerjarenplanning: artikel 142-143 Prov.Decr. [→ nr. 374];
- budget: artikel 144-153 Prov.Decr., in tegenstelling tot de gemeentelijke BBC-regelgeving is op provinciaal niveau wel nog een 'budget' als beleidsrapport voorzien;
- jaarrekening: artikel 167-171 Prov.Decr. [→ nr. 433];
- boekhouding: artikel 160 Prov.Decr. [→ nr. 432];
- financiële rapportering: artikel 161-166 Prov.Decr.

Ook de inning van de ontvangsten en de betaling van de uitgaven verlopen volgens gelijkaardige principes (art. 159 Prov.Decr. [→ nr. 395]). We gaan hier evenwel in op twee bijzondere ontvangsten, met name de provinciebelastingen en het Vlaams Provinciefonds.

1. | Provinciebelastingen

673 De invoering van een provinciale belasting vereist toestemming van de provincieraad. Het provinciebestuur kan zoals en op gelijkaardige wijze als de gemeente zowel eigen als aanvullende belastingen heffen [→ nr. 401]. Voorbeelden van provinciebelastingen zijn:
- de provinciale opcentiemen op de onroerende voorheffing;
- de algemene provinciebelasting;
- de belasting op bedrijven;
- de belasting op tweede verblijven;
- de belasting op jachtverloven en -vergunningen.

Na de overdracht sinds 1 januari 2018 van bevoegdheden en middelen van het provinciale naar het Vlaamse en gemeentelijke bestuursniveau [→ nr. 629], werd een deel van de provinciale onroerende voorheffing in de Vlaamse onroerende voorheffing geïntegreerd. Die integratie betekent een verhoging van de Vlaamse tarieven en het opleggen van maximumtarieven voor de provinciale opcentiemen op de onroerende voorheffing.

De maximumtarieven gelden slechts tot het aanslagjaar 2023 en bedragen, krachtens artikel 2.1.4.0.2., §3 Vlaamse Codex Fiscaliteit van 13 december 2013, voor:

- de provincie Antwerpen: 145,33 opcentiemen;
- de provincie Limburg: 214,52 opcentiemen;
- de provincie Oost-Vlaanderen: 148,47 opcentiemen;
- de provincie Vlaams-Brabant: 171,75 opcentiemen;
- de provincie West-Vlaanderen: 186,22 opcentiemen.

2. Vlaams Provinciefonds

674 Het decreet van 29 april 1991 (*BS* 8 juni 1991) stelde een Vlaams Provinciefonds in voor de Vlaamse provincies dat jaarlijks een dotatie onder die vijf provincies verdeelde. In het kader van de operaties 'afslanking van de provincies' en 'vereenvoudiging van de financiële stromen naar lokale besturen' koos de decreetgever er echter voor om dit fonds af te schaffen (decreet van 19 december 2014, *BS* 30 december 2014). Het saldo van de dotatie van het Vlaams Provinciefonds voor het begrotingsjaar 2013 werd aan de provincies betaald op het einde van de eerste maand van het eerste kwartaal van 2015.

HOOFDSTUK 5
DE WERKING

Art. 186 Prov.Decr.

675 Verlopen op gelijkaardige wijze als bij de gemeente:
- de toepassing van de overheidsopdrachtenregelgeving met dien verstande dat het de provincieraad of eventueel de deputatie over de wijze van gunning beslissen [→ nr. 444, 644];
- het instellen van rechtsvorderingen en het vertegenwoordigen van de provincie in gerechtelijke en buitengerechtelijke gevallen: artikel 186 Prov.Decr. [→ nr. 468].

De bekendmaking en raadpleegbaarheid van besluiten en stukken is verder geregeld in het Besluit van de Vlaamse Regering van 7 september 2018 (*BS* 3 oktober 2018).

HOOFDSTUK 6
ORGANISATIEBEHEERSING EN AUDIT

1. | Organisatiebeheersing

Art. 95-97 Prov.Decr.

676 Net als bij de gemeentelijke diensten staan de provincies in voor de organisatiebeheersing op hun activiteiten. Het systeem loopt gelijk met het gemeentelijk organisatiebeheersingssysteem met die bemerking dat bij de provincies de provinciegriffier als spilfiguur fungeert en dat het opdragen van kasverrichtingen niet is voorzien [→ nr. 471].

2. | Audit

Art. 265-268 Prov.Decr.

677 Audit Vlaanderen bezit eenzelfde bevoegdheid t.a.v. de provincies en de autonome provinciebedrijven als zij bezit t.a.v. de gemeenten. Er is evenzeer een interne audit mogelijk [→ nr. 475].

HOOFDSTUK 7
VERZELFSTANDIGING EN SAMENWERKING

1. Verzelfstandiging

Art. 215-240*bis* Prov.Decr.

678 De provincie krijgt de mogelijkheid om via verzelfstandigde agentschappen een soepelere werking mogelijk te maken voor de realisatie van bepaalde provinciale opdrachten. Daarvoor zijn verschillende types van verzelfstandigde agentschappen:

1) *Provinciale intern verzelfstandigde agentschappen (PIVA)*: geen rechtspersoonlijkheid;
2) *Provinciale extern verzelfstandigde agentschappen (PEVA)*: wel rechtspersoonlijkheid;
   i. autonome provinciebedrijven;
   ii. PEVA's in privaatrechtelijke vorm.

De principes zijn gelijklopend als bij gemeentebesturen. We verwijzen daarom naar de besprekingen eerder in dit zakboekje [→ nr. 479].

2. Deelname aan rechtspersonen

Art. 188 Prov.Decr.

679 Een provincie kan ook verenigingen, stichtingen en vennootschappen met sociaal oogmerk oprichten, erin deelnemen of zich erin laten vertegenwoordigen zonder dat die rechtspersonen worden belast met de verwezenlijking van welbepaalde taken van provinciaal belang. Andere vennootschappen kunnen provincies slechts oprichten, erin deelnemen of zich laten vertegenwoordigen als die vennootschap uitsluitend de realisatie van een zogenaamd 'lokaal PPS-project' tot doel heeft.

Ook hier zijn *ad hoc*-machtigingen mogelijk voor een participatie in andere rechtspersonen.

De modaliteiten voor oprichting, deelname en vertegenwoordigen zijn gelijklopend aan die van de gemeentelijke participatie in rechtspersonen [→ nr. 516].

3. Intergemeentelijke samenwerking

680 Sinds het wijzigingsdecreet van 13 mei 2016 (*BS* 17 juni 2016) kunnen provincies niet meer deelnemen in intergemeentelijke verenigingen.

4. Contacten tussen provincies

Art. 189 Prov.Decr.

681 De provincies kunnen onderling overeenkomsten sluiten.

HOOFDSTUK 8
PARTICIPATIE VAN DE BURGER
Art. 190-214 Prov.Decr.

682 Net als in het Decreet Lokaal Bestuur heeft de decreetgever ook de betrokkenheid van de burger bij het beleid en bestuur van de provincie een belangrijke plaats gegeven. We merken dan ook bij de provincie enkele participatiemogelijkheden op die gelijklopen met de gemeentelijke methodes:

- het instellen van een systeem van klachtenbehandeling, waarbij de ombudsdienst slechts in eigen beheer of via een overeenkomst met de Vlaamse Ombudsdienst kan worden opgericht: artikel 190-191 Prov.Decr. [→ nr. 581];
- de mogelijkheid voor de provincie om initiatieven te nemen om de betrokkenheid en inspraak van de burger te verzekeren, met de uitdrukkelijke mogelijkheid van provinciale adviesraden: artikel 191*bis*, §§3-5 Prov.Decr. [→ nr. 584];
- de mogelijkheid voor burgers om voorstellen en vragen op de provincieraadsagenda in te schrijven: artikel 193*bis*-193*quinquies* Prov.Decr. (nog niet in werking getreden) [→ nr. 587];
- de mogelijkheid om een provinciale volksraadpleging te organiseren, waarbij het initiatief moet uitgaan van minstens 10 % van de inwoners en de stemopneming pas start als het quorum ten minste 10 % van de inwoners van de provincie bedraagt: artikel 198-214*sexies* Prov.Decr. en Besluit van de Vlaamse Regering van 30 november 2018 (*BS* 26 februari 2019) [→ nr. 590];
- het recht van inwoners om opnieuw naar de rechter te kunnen stappen in naam van de provincie (art. 187 Prov.Decr.) [→ nr. 594].

HOOFDSTUK 9
BESTUURLIJK TOEZICHT
Art. 241-253 Prov.Decr.

683 De provincies zijn bevoegd voor alles wat van provinciaal belang is. Het bestuurlijk toezicht vertrekt net als bij de gemeenten vanuit de filosofie dat de hogere overheid een *algemeen toezicht* uitoefent op de beslissingen van de provincie om te beletten dat (i) ze het recht schenden of (ii) het algemeen belang schaden [→ nr. 596]. De provinciebeslissingen beperken zich niet tot de provincieraadsbesluiten. Het toezicht strekt zich uit tot alle besluiten van de organen en personeelsleden van de provincie en de autonome provinciebedrijven die een beslissing nemen.

In tegenstelling tot het toezicht op gemeentebeslissingen treedt slechts de Vlaamse Regering en niet de gouverneur op als toezichthoudende overheid. De Vlaamse Regering beschikt bijgevolg over de vernietigingsbevoegdheid.

De decreetgever beoogde een gelijkvormig bestuurlijk toezicht bij zowel de gemeenten, OCMW's als de provincies waardoor heel wat parallellen te trekken zijn. Zo verloopt het toezicht op de provincieraadsbeslissingen gelijkaardig o.m. inzake:

- de communicatiewijze met de toezichthoudende overheid (art. 244, eerste lid Prov. Decr. en het Besluit van de Vlaamse Regering van 7 september 2018 (*BS* 4 oktober 2018));
- de berekeningswijze van de toezichtstermijnen (art. 244, tweede tot vierde lid Prov. Decr.) [→ nr. 603];
- de inzendingsplicht voor een lijstbesluit en bepaalde uitdrukkelijke benoemde besluiten (art. 245-246 Prov.Decr [→ nr. 601]);
- een klachtenprocedure en de rechten en plichten die daaruit voortvloeien (art. 247, 248, 250 en 251 Prov.Decr [→ nr. 600]);
- een ambtshalve onderzoeksbevoegdheid (art. 243 en 247 Prov. Decr. [→ nr. 599]);
- een vernietigingsbevoegdheid voor de toezichthoudende overheid (art. 248-252 Prov.Decr. [→ nr. 603]);
- het dwangtoezicht (art. 253 Prov. [→ nr. 609]);
- een aparte regeling voor toezicht op (de wijzigingen aan) het meerjarenplan en het budget (art. 172-174*bis* Prov.Decr [→ nr. 606]).

HOOFDSTUK 10
DE BOVENGEMEENTELIJKE BESTUREN ALS ALTERNATIEF VOOR DE PROVINCIES

684 Na de zesde staatshervorming kunnen, krachtens artikel 41 en 162 van de Grondwet, zogenaamde 'bovengemeentelijke besturen' de provincies vervangen. Die bovengemeentelijke besturen regelen dan alles wat van bovengemeentelijk belang is. Het zijn de gewesten die voor hun gebied kunnen beslissen over deze afschaffing van de provincies. De beslissing moet evenwel worden genomen met een bijzondere meerderheid van twee derden van de uitgebrachte stemmen en met een aanwezigheidsquorum van de helft van de parlementsleden.

De bovengemeentelijke besturen beschikken over de bevoegdheid om alles te regelen wat van bovengemeentelijk belang is. Zij moeten daarbij evenwel de grondwettelijke waarborgen uit artikel 162 van de Grondwet respecteren zoals de provincies en gemeenten dit ook moeten doen. Daarbij denken we aan de openbaarheid van de vergaderingen, begrotingen en rekeningen en de rechtstreekse verkiezingen van de raden.

Van deze grondwettelijke mogelijkheid werd tot nu toe geen gebruikgemaakt.

685 De gewesten kunnen de samenstelling, organisatie, bevoegdheid en werking van de bovengemeentelijke besturen decretaal vastleggen zoals zij dit ook kunnen doen voor de provincies en gemeenten. Voorts regelen de gewesten ook (art. 6, §1, VIII BWHI):
- de grenzen van de bovengemeentelijke besturen;
- de verkiezing van de bovengemeentelijke organen;
- het bestuurlijk toezicht op bovengemeentelijke besturen;
- de verenigingen van bovengemeentelijke besturen;
- de algemene financiering en de financiering van de opdrachten uit te voeren door de bovengemeentelijke besturen;
- de volksraadpleging op het niveau van het bovengemeentelijk bestuur.

Indien de gewesten een decretale regeling treffen voor de bovengemeentelijke besturen moeten zij evenwel niet raken aan de mechanismen uit de Pacificatiewet en de organisatie van en het beleid inzake politie en brandweer.

Tot op heden nam de Vlaamse overheid nog geen dergelijk initiatief.

686 Wanneer de provinciale instellingen worden afgeschaft, gebeurt dit zonder afbreuk te doen aan de functie van de provinciegouverneurs. Als een gewest de provinciale instellingen schrapt, heeft de gouverneur, binnen zijn ambtsgebied, de hoedanigheid van commissaris van de regering van de federale staat, de gemeenschap of het gewest.

DEEL III
AANVERWANTE BESTUREN EN INSTELLINGEN

HOOFDSTUK 1 POLITIEZONE 351

1. De lokale politie 351
2. Bestuursorganen 353
3. Gezag en leiding 357
4. Personeel 357
5. Financiën 360
6. Bestuurlijk toezicht 361

HOOFDSTUK 2 HULPVERLENINGSZONE 363

1. De brandweerdiensten 363
2. Bestuursorganen 364
3. Personeel 365
4. Financiën 365
5. Bestuurlijk toezicht 366

HOOFDSTUK 3 KERKBESTUREN 369

1. Vrijheid van eredienst 369
2. De rooms-katholieke eredienst ('kerkfabrieken') 370
3. Andere erediensten 379

HOOFDSTUK 4 POLDERS EN WATERINGEN 383

1. Algemeen 383
2. Opdracht 383
3. Organen 384
4. Personeel 385
5. Belasting 386
6. Werken 386

7. Bestuurlijk toezicht 389

HOOFDSTUK 5 BELANGENVERENIGINGEN 391

HOOFDSTUK 1
POLITIEZONE

1. De lokale politie

1.1. De geïntegreerde politiedienst

687 Het Octopus-akkoord en de politiehervorming in 1998 had ook voor de lokale besturen zijn rechtsgevolgen. De Wet op de Geïntegreerde Politiedienst van 7 december 1998 (*BS* 5 januari 1999) is gestructureerd op twee niveaus: de lokale en federale politie.

Op lokaal niveau is er per politiezone één politiedienst belast met het verzorgen van de gehele basispolitiezorg. Een politiezone bestaat uit één of meerdere gemeenten ('meergemeentezone').

Op federaal niveau verzorgt één politiekorps, de federale politie, de gespecialiseerde functies en de steun aan de lokale politie. Er is een adviesraad van burgemeesters die raad verleent advies aan de minister van Binnenlandse Zaken over elk reglementair besluit betreffende de lokale politie.

1.2. Opdracht

1.2.1. Basispolitie

Art. 3 WGP

688 De lokale politie staat ten eerste in voor de basispolitiezorg met name alle opdrachten van bestuurlijke en gerechtelijke politie die noodzakelijk zijn voor het beheren van de lokale gebeurtenissen en verschijnselen op het grondgebied van de politiezone.

1.2.2. Federale opdrachten

Art. 61-64 WGP

689 Ten tweede staat de lokale politie in voor de uitvoering van sommige opdrachten met een federaal karakter. De ministers van Justitie en Binnenlandse Zaken – ieder voor wat betreft zijn bevoegdheid – kan richtlijnen geven aan de burgemeester of de politiecolleges voor die federale opdrachten. Deze dwingende richtlijnen zijn gebaseerd op het nationale veiligheidsplan. Indien de burgemeester of de lokale politie geen gevolg geeft aan deze richtlijnen, kan de betrokken minister de lokale politie zelf vorderen.

De minister van Binnenlandse Zaken kan bovendien de lokale politie uit een andere zone opvorderen in geval van ramp, onheil of schadegeval, oproer, kwaadwillige samenscholingen of ernstige en nakende bedreigingen van de openbare orde, als de middelen van de lokale politie van een politiezone ontoereikend zijn. De gevorderde lokale politie moet alle vorderingen uitvoeren tot beloop van een gedeelte van haar jaarcapaciteit dat niet lager mag zijn dan 10 % en niet hoger dan 20 % van de capaciteit van het minimale effectief van het personeel van het operationele kader. Het gedeelte wordt jaarlijks vastgesteld in het zonale veiligheidsplan.

1.3. De politiezones

Art. 9-10 WGP

690 Een politiezone is een territoriaal afgebakend gebied dat bestaat uit ofwel één gemeente ofwel meerdere gemeenten ('meergemeentepolitiezones'). De korpschef leidt de politiezone en beschikt daarbij over een lokaal politiekorps. In meergemeentezones kunnen er binnen de zone meerdere politieposten zijn.

Een ééngemeentepolitiezone valt samen met de gemeentegrenzen en beschikt daarom niet over een eigen rechtspersoonlijkheid en over eigen bestuursorganen. De gemeenteraad en het college van burgemeester en schepenen blijven ter zake bevoegd. Het politiekorps staat onder het gezag van de burgemeester. Evenwel maakt de ééngemeentezone een eigen begroting en eigen rekening [→ nr. 708].

Een meergemeentepolitiezone daarentegen beschikt over een eigen rechtspersoonlijkheid en eigen bestuursorganen. De politieraad en het politiecollege zijn dan de beslissingsorganen van de zone. Het politiecollege oefent het gezag uit over het politiekorps.

691 De Koning verdeelt het grondgebied van de provincies en van het administratief arrondissement Brussel-Hoofdstad in politiezones. Hierbij wint hij het advies van de betrokken burgemeesters (die op hun beurt hun gemeenteraad raadplegen), de procureurs-generaal en de gouverneur in. De politiezones kunnen fusioneren (art. 91/1-91/10 WGP). In de bestuurspraktijk is dit reeds meermaals voorgekomen. Een gemeente kan zich ook afsplitsen van een politiezone en opgaan in een andere politiezone (art. 91/11-91-15 WGP).

Een lijst met de actuele politiezones vindt u in de bijlage 'Politiezones in het Vlaamse Gewest en Brussels Hoofdstedelijk Gewest' achteraan in dit boekje.

2. Bestuursorganen

2.1. Politieraad

2.1.1. Bevoegdheden

Art. 11 WGP

692 De politieraad neemt in meergemeentezones de bevoegdheden van de gemeenteraad inzake de organisatie en het beheer van het lokaal politiekorps waar.

2.1.2. Samenstelling

Art. 12-22*bis* WGP

693 De politieraad is samengesteld uit vertegenwoordigers van elke gemeente. Het inwonersaantal van de verschillende gemeenten bepaalt het aantal leden van de politieraad:

aantal inwoners	raadsleden
tot 15 000	13
15 001-25 000	15
25 000-50 000	17
50 001-80 000	19
80 001-100 000	21
100 001-150 000	23
meer dan 150 000	25

De respectievelijke inwonersaantallen per gemeente bepalen het aantal vertegenwoordigers die een gemeenteraad kan afvaardigen. In elk geval beschikt elke gemeente over minstens één vertegenwoordiger in de politieraad.

Buiten de voorziene aantallen zijn de burgemeesters van de participerende gemeenten van rechtswege lid.

694 De verkiezing van de politieraad vindt plaats op de installatievergadering van de gemeenteraad of ten laatste tien dagen na die vergadering op basis van de ingediende voordrachtsakten. Als die tiende dag een zaterdag, een zondag of een feestdag is, wordt de verkiezing verschoven naar de eerstvolgende dag die géén zaterdag, zondag of feestdag is.

Kandidaat-leden worden in de gemeenteraad schriftelijk voorgedragen door een of meer gemeenteraadsleden. De kandidaten stemmen in door een ondertekende verklaring op de voordrachtsakte. De burgemeester, bijgestaan door de algemeen directeur en in tegenwoordigheid van een verkozene voor de gemeenteraad van elke politieke fractie die een kandidatenlijst indient, neemt de voordrachten in ontvangst.

Bij de verkiezing van de leden van de politieraad heeft elk lid:
- 1 stem indien er minder dan 4 leden te verkiezen zijn;
- 3 stemmen indien er 4 of 5 leden te verkiezen zijn;
- 4 stemmen indien er 6 of 7 leden te verkiezen zijn;
- 5 stemmen indien er 8 of 9 leden te verkiezen zijn;
- 6 stemmen indien er 10 of 11 leden te verkiezen zijn;
- 8 stemmen indien er 12 of meer leden te verkiezen zijn.

De verkiezing verloopt bij geheime stemming in één enkele stemronde in openbare vergadering. De kandidaten met de meeste stemmen zijn verkozen.

Bij staking van stemmen wordt voorrang verleend in de volgende orde:
1) aan de kandidaat die op de dag van de verkiezing een mandaat in de politieraad uitoefent. Indien alle kandidaten in die situatie verkeren, is diegene verkozen die zonder onderbreking het langst het mandaat heeft uitgeoefend;
2) aan de kandidaat die voorheen een mandaat in de politieraad heeft uitgeoefend. Indien alle kandidaten in die situatie verkeren, is diegene verkozen die zonder onderbreking het langst het mandaat heeft uitgeoefend en bij gelijke duur diegene die het mandaat het laatst heeft uitgeoefend;
3) aan de jongste kandidaat.

695 De kandidaten moeten op de dag van de verkiezing deel uitmaken van de gemeenteraad van een van de gemeenten die de meergemeentezone vormen. Effectieve leden mogen noch echtgenoten noch bloed- of aanverwanten tot en met de derde graad zijn. Aanverwantschap dat na de verkiezing tot stand komt stelt geen einde aan het mandaat.

Het mandaat duurt zes jaar en vangt aan de eerste werkdag van februari tenzij de leden rechtsgeldig vroeger zijn bijeengeroepen. Zij leggen de eed af in handen van de politieraadsvoorzitter door het uitspreken van de volgende woorden: *"Ik zweer getrouwheid aan de Koning, gehoorzaamheid aan de Grondwet en aan de wetten van het Belgische volk"*.

2.1.3. | Werking

Art. 25-27/3 WGP

696 De politieraadsvoorzitter opent, sluit en leidt de vergadering. De politieraad vergadert op een gelijkaardige wijze als de gemeenteraad. Ze komt zo dikwijls samen als de zaken het vereisen met een minimum van viermaal per jaar waarvan ten minste eenmaal per semester. De raad komt samen door de bijeenroeping van het politiecollege of op verzoek van een derde van de politieraadsleden.

Elk politieraadslid, de leden van het politiecollege inbegrepen, bezit één stem. Evenwel bij de stemming over de vaststelling van de begroting, de begrotingswijzigingen en de jaarrekeningen beschikt elke groep vertegenwoordigers van één gemeente over evenveel stemmen als waarover de burgemeester van dezelfde gemeente beschikt in het politiecollege [→ nr. 698].

2.2. Politiecollege

2.2.1. Bevoegdheden

Art. 11 WGP

697 Het politiecollege oefent in meergemeentezones de bevoegdheden van de colleges van burgemeester en schepenen en van de burgemeesters uit inzake de organisatie en het beheer van het lokaal politiekorps.

2.2.2. Samenstelling

Art. 23-24 en WGP

698 Het politiecollege bestaat uit de burgemeesters van de verschillende gemeenten die de meergemeentezone vormen. Het mandaat vangt aan op het ogenblik van de eedaflegging van de burgemeester. Het college stelt een van zijn leden aan als voorzitter.

In het politiecollege beschikt elke burgemeester over een aantal stemmen naar evenredigheid van de minimum politiedotatie die zijn gemeente in de meergemeentezone inbrengt.

2.2.3. Werking

Art. 28 WGP

699 Het politiecollege mag enkel beraadslagen en besluiten indien de meerderheid van de stemmen is vertegenwoordigd. De besluiten worden aangenomen bij de meerderheid van stemmen. Bij staking van stemmen verdaagt het college de zaak naar de volgende vergadering. Indien bij meerderheid van stemmen de zaak voorafgaand spoedeisend is verklaard, of wanneer de zaak in een vorige vergadering na staking van stemming werd verdaagd, dan is bij staking van stemmen de stem van de voorzitter beslissend.

2.3. Zonale veiligheidsraad

Art. 35-37 WGP

700 De zonale veiligheidsraad bestaat in alle politiezones, de ééngemeentezones inbegrepen. Hij zet een systematisch overleg op tussen de politieoverheden (procureur des Konings en burgemeester) en de politiediensten (korpschef van de lokale politie en bestuurlijke directeur-coördinator van de federale politie). De zonale veiligheidsraad kan deskundigen uitnodigen. Ze vergadert minstens eenmaal per jaar.

De zonale veiligheidsraad heeft als taak:
1) het bespreken en de voorbereiding van het zonaal veiligheidsplan;
2) het bevorderen van de optimale coördinatie van de uitvoering van de opdrachten van bestuurlijke en gerechtelijke politie;
3) het evalueren van de uitvoering van het zonaal veiligheidsplan.

Het zesjaarlijkse zonaal veiligheidsplan omvat:
1) de prioritaire opdrachten en doelstellingen die in een globale veiligheidsaanpak worden geïntegreerd en de wijze waarop deze opdrachten en doelstellingen zullen worden bereikt;
2) de capaciteit van de lokale politie die is bestemd voor de uitvoering van de opdrachten van gerechtelijke en bestuurlijke politie en die ervoor moet zorgen dat deze opdrachten steeds kunnen worden uitgevoerd, in het bijzonder de lokale opdrachten;
3) de bijdrage van de lokale politie in de uitvoering van de opdrachten van federale aard;
4) de opdrachten en doelstellingen die eigen zijn aan een gemeente van de zone en die overeenstemmen met een budgettaire tussenkomst van deze gemeente die de overeengekomen dotatie overschrijdt.

De delen van het zonaal veiligheidsplan die een weerslag hebben op de aangelegenheden die onder de bevoegdheid ressorteren van de gemeenteraad of van de politieraad worden voor akkoord voorgelegd aan de gemeente- of politieraad. Na goedkeuring door de burgemeester en de procureur des Konings wordt het voor goedkeuring voorgelegd aan de ministers van Binnenlandse Zaken en Justitie die zich uitspreken binnen een termijn van twee maanden. Bij niet-goedkeuring wordt aan de beide ministers een nieuwe versie voorgelegd. De termijn van goedkeuring wordt dan herleid tot één maand.

3. Gezag en leiding

Art. 42-46 WGP

701 De burgemeester beschikt inzake de bestuurlijke politie over het functionele eindgezag op het grondgebied van zijn gemeente. Voor het uitvoeren van de opdrachten van bestuurlijke politie kan de burgemeester daarom bevelen, onderrichtingen en richtlijnen geven aan de lokale politie. Het lokale politiekorps staat onder de leiding van een korpschef [→ nr. 704].

Wanneer in de meergemeentezones de uitvoering van een beslissing van een burgemeester niet is opgenomen in het zonaal veiligheidsplan en dit voor gevolg heeft dat de uitvoering van de beslissingen van de andere burgemeesters wordt beperkt, licht de korpschef het politiecollege hierover in. Op die manier poogt men de ontwrichting van de evenwichtige afspraken over de verschillende gemeenten van de politiezone te vermijden.

In geval van ramp, onheil, schadegeval, oproer, kwaadwillige samenscholing of ernstige en nakende bedreigingen van de openbare orde en indien de middelen van de lokale politie onvoldoende zijn, kan de burgemeester de federale politie opvorderen. Hij licht de gouverneur en de arrondissementscommissaris hierover in.

In het uitzonderlijk geval dat de middelen van de politiediensten onvoldoende zijn om de openbare orde te handhaven kan de burgemeester zelfs de krijgsmacht opvorderen.

4. Personeel

Art. 29-32*bis*, 47-60 en 116-140*quater* WGP

4.1. Personeelsformatie

702 De gemeenteraad of de politieraad, in meergemeentezones, bepaalt de formatie van het politiepersoneel, met name het operationeel, administratief en logistiek personeel. De formatie moet voldoen aan de minimumnormen zoals vastgesteld bij KB van 7 december (*BS* 11 december 2001).

De politiediensten bestaan bijgevolg uit twee kaders:
1) *operationeel kader*: bevoegd voor de uitoefening van opdrachten van gerechtelijke en bestuurlijke politie;
2) *administratief en logistiek kader ('Calog')*: ondersteunend aan het operationele kader en in beginsel niet bevoegd voor de uitoefening van opdrachten van gerechtelijke en bestuurlijke politie.

Het operationele kader bestaat op zijn beurt dan weer uit drie kaders, met name het basiskader, middenkader en officierenkader. De 'agenten van politie' (vroegere 'hulpagenten') zijn personeelsleden zonder de hoedanigheid van politieambtenaar die evenwel een beperkte politiebevoegdheid bezitten. Zij behoren niet tot een van de drie bovengenoemde kaders. In het rechtspositie-KB van 30 maart 2001 (art. II.II.1, *BS* 31 maart 2001) voorziet de regelgever daarom een 'kader van hulpagenten van politie'.

Binnen het operationeel kader onderscheiden we bijgevolg vier graden:

1) officierskader;
   - hoofdcommissaris van politie;
   - commissaris van politie;
   - aspirant-commissaris van politie;
2) middenkader;
   - hoofdinspecteur van politie;
   - aspirant-hoofdinspecteur van politie;
3) basiskader;
   - inspecteur van politie;
   - aspirant-inspecteur van politie;
4) kader van hulpagenten van politie ('hulpkader');
   - hulpagent van politie;
   - aspirant-hulpagent van politie.

703 De gemeenteraad of politieraad bezit de bevoegdheid om personeelsleden aan te stellen, met uitzondering van de aanstelling van de hogere officieren (hoofdcommissaris van politie) die de Koning op zich neemt. In dit laatste geval bezit de gemeente- of politieraad evenwel een adviesbevoegdheid.

De aanstellingsbevoegdheid voor personeelsleden van het hulp-, basis- en middenkader kan de gemeente- of politieraad delegeren aan de burgemeester of het politiecollege. Indien de burgemeester of het politiecollege de bedoeling heeft om af te wijken van de na de selectieprocedure opgestelde rangorde, blijft de gemeenteraad of de politieraad bevoegd.

4.2. De korpschef

704 Elk lokaal politiekorps staat onder leiding van een korpschef. Hij is verantwoordelijk voor de uitvoering van het lokaal politiebeleid en de uitvoering van het zonaal veiligheidsplan. Hij staat in voor de dagelijkse leiding, de organisatie en de verdeling van de taken binnen het lokaal politiekorps en de uitvoering van het beheer van dit korps. Hiertoe kan de burgemeester of het politiecollege hem sommige van zijn bevoegdheden delegeren. Hij oefent zijn bevoegdheden uit onder gezag van de burgemeester of van het politiecollege.

Op de korpschef rust een bijzondere informatieplicht. Elke maand brengt hij verslag uit bij de burgemeester of bij het politiecollege over de werking van het korps en de klachten van buitenaf aangaande de werking van het korps of het optreden van zijn personeel.

De korpschef van de lokale politie is belast met de voorbereiding van de zaken die aan de politieraad of aan het politiecollege worden voorgelegd en woont de vergaderingen bij. Hij tekent, samen met de voorzitter, de briefwisseling van de politieraad en het politiecollege tenzij daarvoor delegatie wordt verleend.

705 De Koning benoemt de korpschef uit de door een selectiecommissie geschikt bevonden kandidaten en op gemotiveerde voordracht van de gemeente- of politieraad. De procureur-generaal bij het hof van beroep en de gouverneur bezitten een adviesbevoegdheid. De burgemeester of het politiecollege kan, middels een gemotiveerde beslissing, een andere door de selectiecommissie geschikt bevonden kandidaat voordragen.

Een evaluatiecommissie, samengesteld door de minister van Binnenlandse Zaken, staat in voor de evaluatie van de korpschef. De burgemeester of, desgevallend, de voorzitter van het politiecollege neemt het voorzitterschap waar van de evaluatiecommissie. Een verlenging van het mandaat is nict mogelijk in geval de korpschef een 'onvoldoende' behaalt.

4.3. Politiesecretaris

706 Het secretariaat van de politieraad en het politiecollege in een meergemeentezone wordt waargenomen door een lid van het personeel van het administratief of logistiek kader van het politiekorps of van een gemeentelijke administratie. De politieraad en het politiecollege duiden elk hun secretaris aan.

De secretaris stelt de notulen van de vergadering op, ondertekent ze samen met de voorzitter en zorgt voor de overschrijving ervan. De taken van de secretaris zijn uitdrukkelijk beperkt tot opdrachten inzake de notulering en enkele uitvoerende administratieve taken voor het samenroepen van beide organen. Ze kan dus niet worden vergeleken met de ruimere taken van de algemeen directeur die in zijn gemeente ook het hoofd van de administratie en het personeel is. Voor deze laatstgenoemde functies is de korpschef verantwoordelijk.

4.4. Bijzondere rekenplichtige

707 De bijzondere rekenplichtige is de financiële raadgever en financiële beheerder van de lokale politie. Hij staat in voor het beheer van de ontvangsten en uitgaven van de politiezone. De bijzondere rekenplichtige staat onder het gezag van het politiecollege.

In een ééngemeentezone treedt de financieel directeur op als bijzondere rekenplichtige. In een meergemeentezone wijst de politieraad, op voorstel van het politiecollege, de bijzonder rekenplichtige aan onder de financieel directeur van de gemeenten of OCMW's die deel uitmaken van de politiezone of van een andere politiezone. Daarnaast kan de politieraad ook kiezen voor een bijzonder rekenplichtige van een andere politiezone, een personeelslid van niveau A van het administratief en logistiek kader van het lokale politiekorps, een gewestelijke ontvanger of zelfs, onder bepaalde voorwaarden, een ander personeelslid van een gemeente of OCMW.

5. Financiën

Art. 39-41*bis* WGP

708 Elke politiezone maakt zijn eigen begroting op. Ook in de ééngemeentezone is die niet in de gemeentelijke begroting geïntegreerd. De begrotingstechniek is niet dezelfde als die van de gemeenten. De BBC-regelgeving is dus niet van toepassing [→ nr. 374]. De begroting moet worden opgesteld conform het KB van 5 september 2001 houdende het algemeen reglement op de boekhouding van de politiezone (*BS* 26 september 2001).

De gemeente- of politieraad keuren de begroting van het lokaal politiekorps goed in respectievelijk een ééngemeentezone of meergemeentezone.

709 De begroting van elke politiezone komt ten laste van:
1) de gemeente(n) van de zone;
2) de federale overheid.

In de meergemeentezone stemt elke gemeenteraad afzonderlijk over de aan de politiezone toegekende dotatie. De dotatie wordt in de gemeentebegroting in de uitgaven ingeschreven en wordt op zijn minst in twaalfden uitbetaald. Als de meergemeentezone niet over voldoende middelen beschikt om de uitgaven te dekken die voortkomen uit de vervulling van haar opdracht, wordt het verschil gedragen door de gemeenten die er deel van uitmaken.

De federale toelage wordt bepaald op basis van:
1) het aandeel van de federale overheid in de financiering van de lokale opdrachten van de politie;

2) de algemene en bijzondere federale opdrachten die binnen de betrokken zone worden vervuld.

6. | Bestuurlijk toezicht

Art. 336-338 DLB en art. 65-89 WGP

710 De besluiten van de gemeente- of politieraad en het schepen- of politiecollege zijn onderworpen aan de algemene regeling uit het Decreet Lokaal Bestuur zoals die ook van toepassing is op de gemeenteraad of het college van burgemeester en schepenen, m.u.v. de inzendingsplicht [→ nr. 596].

Voor de besluiten waarvoor de Wet op de Geïntegreerde Politiediensten een specifieke regeling voorziet, is de algemene regeling uit het Decreet Lokaal Bestuur niet van toepassing. De artikelen 65 tot 89 WGP voorzien in een algemeen toezicht én een bijzonder toezicht met name een goedkeurings- en dwangtoezicht.

Vooreerst is er een specifieke regeling voorzien voor de goedkeuring door de gouverneur van een aantal handelingen inzake de:
- personeelsformatie;
- begroting(swijziging);
- gemeentelijke dotatie(wijziging);
- rekeningen.

Ten tweede is een dwangtoezicht voorzien waarbij de minister van Binnenlandse Zaken of de gouverneur, na het verstrijken van de termijn bepaald in een uit briefwisseling blijkende waarschuwing, een of meer commissarissen de opdracht geven zich ter plaatse te begeven. De commissarissen kunnen inlichtingen of opmerkingen inwinnen maar ook maatregelen treffen die voortvlceien uit wettelijke verplichtingen. De kosten zijn persoonlijk ten laste van het gemeentelijk overheidspersoneel of van het overheidspersoneel van de meergemeentezone die verzuimde aan de voorafgaande waarschuwingen te voldoen.

Tot slot voorziet de Wet op de Geïntegreerde Politiediensten ook in een algemeen toezicht waaronder alle besluiten van de beheersorganen van de lokale politie vallen indien ze niet onderworpen zijn aan het bijzondere toezicht. De regeling is gelijkaardig als het gemeentelijk bestuurlijk toezicht.

HOOFDSTUK 2
HULPVERLENINGSZONE

1. De brandweerdiensten

Art. 14-22 Wet Civiele Veiligheid

711 De Wet op de Civiele Veiligheid van 15 mei 2007 gaat uit van het beginsel dat iedere burger recht heeft op de 'snelste adequate hulp'. Die filosofie knipt de band door tussen het interveniëren van de brandweer en de gemeentegrenzen die de territoriale bevoegdheid van de brandweer bepaalden. De snelste adequate hulp vereist dat, onafhankelijk van de gemeente- of provinciegrenzen, de dienst intervenieert die als eerste ter plaatse kan komen. Een belangrijke voorwaarde om deze filosofie te lanceren was de schaalvergroting van de brandweerdiensten. De hulpverleningszones zijn daar een gevolg van.

Voortaan zijn er binnen de brandweerdiensten drie niveaus te onderscheiden:

1) *het federale niveau* waarbij de minister van Binnenlandse Zaken en zijn administratie garant staan voor de civiele veiligheid;
2) *de hulpverleningszones* die als autonome juridische entiteit fungeren;
3) *het uitvoerende niveau* waarbij een netwerk van reddingsposten ('kazernes'), zonder rechtspersoonlijkheid, instaan voor de uitvoering van de opdrachten om de snelste adequate hulp te realiseren.

712 Elke hulpverleningszone beschikt over een rechtspersoonlijkheid en wordt bestuurd door een zoneraad en een zonecollege. Zij kan ook als een intercommunale worden georganiseerd indien een van de op het grondgebied aanwezige brandweerdiensten op 10 augustus 2007 als een intercommunale was georganiseerd.

Het KB van 2 februari 2009 deelde het land in hulpverleningszones in waarbij elke gemeente tot één zone behoort. Een overzicht van de Vlaamse zones en hun gemeenten is achteraan dit zakboekje te vinden (*zie bijlage 'Hulpverleningszones in het Vlaamse Gewest en Brussels Hoofdstedelijk Gewest'*).

2. Bestuursorganen

2.1. Zoneraad

Art. 24-54 Wet Civiele Veiligheid

713 De zone wordt bestuurd door een zoneraad die over de residuaire bevoegdheid beschikt om te beraadslagen en beslissen over alle aangelegenheden die niet uitdrukkelijk aan het zonecollege werden toegewezen. De raad bezit hiervoor over een reglementaire bevoegdheid.

Elke gemeente heeft recht op één vertegenwoordiger binnen de zoneraad, namelijk de burgemeester of, als hij dat wenst, zijn vertegenwoordiger. De zoneraad staat onder leiding van een zonecommandant die verantwoordelijk is voor de leiding, de organisatie, het beheer, alsook de taakverdeling binnen de zone.

De raad vergadert zo vaak als de zaken die tot zijn bevoegdheid horen het vereisen en ten minste één keer per trimester. Deze vergaderingen zijn openbaar.

De aanname van een beslissing vereist een volstrekte meerderheid van stemmen. Hierbij beschikt elk raadslid in beginsel over één stem. Om het evenwicht te verzekeren tussen de verschillende gemeenten die deelnemen aan de zone, geldt een uitzondering op deze regel voor budgettaire en boekhoudkundige zaken. Tijdens de stemming over het opstellen van de begroting, de budgettaire wijzigingen en de jaarrekeningen, beschikt elk raadslid over een aantal stemmen in verhouding tot de dotatie van zijn gemeente aan de zone.

2.2. Zonecollege

Art. 55-63 Wet Civiele Veiligheid

714 De raad kiest onder zijn leden, middels een volstrekte meerderheid van stemmen, de leden van het college. Zij staat in voor het dagelijks beheer van de zone.

Het college vergadert op de dagen en uren door het reglement bepaald en zo dikwijls de spoedige afdoening van de zaken het vereist. Deze vergaderingen zijn niet openbaar.

2.3. Technische commissie

Art. 64-66 Wet Civiele Veiligheid

715 Binnen elke zone richt men een technische commissie op. Dit adviesorgaan bestaat uit de commandant en leden van het operationele personeel van de zone. Het moet de zonecommandant bijstaan in zijn opdrachten en, op verzoek, adviezen uitbrengen over kwesties van operationele aard.

3. | Personeel

Art. 100-106/1 Wet Civiele Veiligheid

716 Het personeel van de zone bestaat uit administratieve en operationele leden die door de zoneraad zijn opgenomen in het personeelsplan. Het operationeel personeel bestaat uit:
- beroepsbrandweermannen;
- vrijwillige brandweermannen;
- beroepsambulanciers, die geen brandweerman zijn;
- vrijwillige ambulanciers, die geen brandweerman zijn.

Het administratieve personeel is samengesteld uit statutaire of contractuele ambtenaren.

4. | Financiën

Art. 23 en 67-99 Wet Civiele Veiligheid

4.1. | Meerjarenbeleidsplan en actieplannen

717 Bij het begin van elke legislatuur stelt de zoneraad een meerjarenbeleidsplan vast dat onder andere gebaseerd is op een risicoanalyse. Het bevat de prioriteiten inzake civiele veiligheid, evenals de materiele en financiële middelen die aangewend moeten worden om deze doelstellingen te bereiken. Het meerjarenplan wordt opgemaakt voor de duur van zes jaar en kan worden aangepast. Dit beleidsplan omvat een gemeentelijk en een zonaal deel en vermeldt de doelstellingen inzake civiele veiligheid, alsook de middelen inzake materieel en de financiële middelen die aangewend moeten worden om die doelstellingen te verwezenlijken.

Het komt de zoneraad toe om het meerjarenbeleidsplan goed te keuren. De gemeentelijke delen moeten evenwel ook ter goedkeuring worden voorgelegd aan de gemeenteraden van de zone. Indien de gemeenteraad zijn goedkeuring niet verleent, organiseert de gouverneur een overleg tussen de zonale en gemeentelijke overheid. De gouverneur kan zelf de beslissing nemen als dit overleg niets oplevert.

Het meerjarenbeleidsplan wordt uitgewerkt door jaarlijkse actieplannen, voorbereid door de zonecommandant en onder toezicht van het zonecollege en goedgekeurd door de zoneraad. De jaarlijkse actieplannen worden ter advies voorgelegd aan de betrokken gemeenteraden.

4.2. Financieringsbronnen

718 De hulpverleningszones worden gefinancierd door:
1) gemeentelijke dotaties;
2) federale dotaties;
3) provinciale dotaties (eventueel);
4) vergoeding van opdrachten waarvan de terugvordering expliciet is toegestaan;
5) diverse andere bronnen.

De hulpverleningszones verkrijgen dus hun belangrijkste financiële bijdragen van de gemeenten en de federale overheid. In beperkte mate innen zij ook retributies voor bv. wespenverdelging. De wettelijke opdrachten van de brandweerdiensten mogen echter niet aan de begunstigde worden doorgerekend.

De dotatie van elke gemeente wordt jaarlijks bepaald in onderling overleg tussen de gemeenteraden van de zone. Bij gebrek aan dergelijk akkoord legt de provinciegouverneur de dotaties. Bij zijn berekening houdt hij rekening met de volgende criteria voor elke gemeente: de residentiële en actieve bevolking, de oppervlakte, het kadastraal inkomen, het belastbaar inkomen, de risico's aanwezig op het grondgebied van de gemeente, de gemiddelde interventietijd op het grondgebied van de gemeente en de financiële draagkracht van de gemeente. Het belangrijkste criterium is het eerstgenoemde aangezien het in de berekening minstens een weging 70 % wordt toegekend.

5. Bestuurlijk toezicht

Art. 339-341 DLB en art. 120-152 Wet Civiele Veiligheid

719 De hulpverleningszones zijn eveneens onderworpen aan een specifieke vorm van bestuurlijk toezicht om de brede autonomie van die zones te beperken. De ingestelde toezichtsvorm vertoont heel wat gelijkenissen met het federale bestuurlijk toezicht op de politiezones:
– een *algemeen toezicht* met een schorsingsbevoegdheid voor de gouverneur en vernietigingsbevoegdheid voor de federale regering;

- een *bijzonder toezicht* met:
  - een goedkeuringstoezicht voor de gouverneur voor het personeelsplan, de begroting, de gemeentelijke bijdrage en de rekeningen;
  - een algemeen evocatierecht voor de minister voor bepaalde aangelegenheden;
  - een dwangtoezicht voor de gouverneur en de minister.

Naast dit specifieke toezicht door de federale overheid, is er ook voorzien in een algemeen gewestelijk toezicht. De besluiten van de zoneraad en het zonecollege zijn onderworpen aan de algemene toezichtregeling uit het Decreet Lokaal Bestuur zoals die ook van toepassing is op de gemeenteraad of het college van burgemeester en schepenen, m.u.v. de inzendingsplicht [→ nr. 596]. De communicatie tussen het lokaal bestuur en de Vlaamse toezichthoudende overheden gebeurt conform het besluit van de Vlaamse Regering van 30 januari 2015 (*BS* 3 maart 2015 [→ nr. 599]).

Het gewestelijk toezicht is zowel van toepassing op handelingen die niet uitdrukkelijk onder het specifieke toezicht vallen, als op handelingen die wel onder het specifieke toezicht vallen. Wat dat laatste betreft is dat echter alleen om na te gaan of die handelingen niet in strijd zijn met andere wetten of met aspecten van het algemeen belang, die niet worden gevat door het specifieke toezicht.

HOOFDSTUK 3
KERKBESTUREN

1. Vrijheid van eredienst

1.1. Grondwettelijke waarborgen

720 De Belgische Grondwet waarborgt de vrijheid van eredienst in de artikelen 19 tot 20. Deze vrijheid is drieledig:
1) het recht om het geloof van zijn keuze of geen geloof te beleven en uit te oefenen;
2) het recht om niet deel te nemen aan handelingen of plechtigheden van een eredienst of de rustdagen;
3) het recht om de godsdienstige gemeenschap in te richten zonder inmenging van de burgerlijke overheden.

Naast de Grondwet verzekeren ook verschillende mensenrechtenverdragen de vrijheid van eredienst. We verwijzen daarvoor naar artikel 9 en 14 van het Europees Verdrag voor de Rechten van de Mens en artikel 18 van het Internationaal Verdrag inzake burgerlijke en politieke rechten.

721 Er is een scheiding tussen kerk en staat die o.m. tot uiting komt in:
- het recht van een geloofsgemeenschap om zich organisatorisch naar eigen wens te structureren, door bv. nieuwe bisdommen, nieuwe parochies of andere kerkelijke gebiedsomschrijvingen in te voeren;
- het verbod voor de Staat om zich te bemoeien met de benoeming van de bedienaren van de eredienst.

Nochtans bestaat er tussen de burgerlijke en de kerkelijke overheid een band van samenwerking en ondersteuning. Denken we daarbij aan bv.:
- de wedden en pensioenen van de bedienaren van de eredienst vallen ten laste van de staat;
- de oprichting van bisdommen, parochies e.d. heeft eerst burgerlijke rechtsgevolgen als de staat er wettelijke gevolgen aan verbonden heeft;
- de provincieraad is gehouden elk jaar op de begroting de uitgaven voor de bisschoppelijke kerken, paleizen en seminaries te brengen;
- de gemeenteraad is verplicht elk jaar hulpgelden voor kerkfabrieken en consistories, bij gebleken ontoereikendheid van de middelen van die instellingen, op de begroting te voorzien;

- de gemeenteraad moet voorzien in een vergoeding voor de huisvesting van de bedienaren van de eredienst ofwel hen een woning verschaffen;
- de erkenning van een eredienst door of krachtens een wet, verleent de rechtspersoonlijkheid aan de openbare instellingen die belast zijn met het beheer van de goederen die voor de eredienst worden gebruikt.

1.2. Erkende erediensten

De Belgische wetgever erkent zes erediensten: de rooms-katholieke, de protestantse (calvinistisch, lutheraans ...), de anglicaanse, de Israëlitische, de islamitische en de orthodoxe. Het Eredienstendecreet van 7 mei 2004 (*BS* 6 september 2004) regelt, met respect voor de vrijheid van eredienst, de materiële organisatie en de werking van die erkende erediensten. De erkenning van de eredienst is belangrijk omdat zij daardoor een bijzonder statuut verkrijgen, inclusief enkele bijzondere rechten zoals bv. de betaling van de wedde en het pensioen van de bedienaars door de staat.

2. De rooms-katholieke eredienst ('kerkfabrieken')

2.1. Organisatie en werking

2.1.1. De kerkfabriek

Art. 2-33/1 Eredienstendecreet

2.1.1.1. De kerkfabriek als openbare instelling

722 Per parochie is er een kerkfabriek die een openbare instelling met rechtspersoonlijkheid is en die wordt bestuurd door een kerkraad.

De kerkfabriek is belast met de zorg voor de materiële voorwaarden die de uitoefening van de eredienst en het behoud van de waardigheid ervan mogelijk maken. Zij is ook belast met het onderhoud van de kerk(en) van de parochie en met het beheer van de goederen en de gelden die eigendom zijn van de kerkfabriek of die bestemd zijn voor de uitoefening van de eredienst in de parochie.

2.1.1.2. De kerkraad

723 De kerkraad is het bestuursorgaan van de kerkfabriek met volheid van bevoegdheid. Ze vergadert zo dikwijls als nodig, maar ten minste eenmaal per kwartaal. De vergaderingen zijn niet openbaar.

De kerkraad bestaat uit vijf leden. Bovendien maakt een door de bisschop aangewezen verantwoordelijke van de parochie er van rechtswege deel van uit (bv. de pastoor of een diaken). De kerkraad verkiest onder zijn leden een voorzitter, een secretaris en een penningmeester.

724 Om de drie jaar, in de loop van de maand april, vernieuwt de samenstelling van kerkraad gedeeltelijk. In 2014 gebeurde dit door het uittreden van drie leden die door het lot werden aangewezen. De twee overige leden traden dan uit in 2017. Uittredende leden kunnen zich opnieuw verkiesbaar stellen.

Om verkiesbaar te kunnen zijn, moeten de leden:
- rooms-katholiek zijn;
- de volle leeftijd van 18 jaar hebben bereikt op het ogenblik van de verkiezing;
- in de bevolkingsregisters zijn ingeschreven van (een van) de gemeente(n) van de gebiedsomschrijving van de parochie.

Personeelsleden van de kerkfabriek en bloed- of aanverwanten (of wettelijk samenwonenden) tot en met de tweede graad of echtgenoten kunnen geen deel uitmaken van de kerkraad.

2.1.2. Het centrale kerkbestuur

Art. 25-32 Eredienstendecreet

725 In de gemeenten met twee of meer erkende parochies richt men een centraal kerkbestuur op. Dit centrale kerkbestuur is eveneens een openbare instelling met rechtspersoonlijkheid. Ze overkoepelt alle parochies waarvan de hoofdkerk op het grondgebied van de gemeente is gelegen.

In gemeenten met acht of meer parochies kan de Vlaamse Regering, op voorstel van de door de bisschop aangewezen verantwoordelijke (bv. pastoor of diaken), een machtiging verlenen om méér dan één centraal kerkbestuur op te richten.

In de gemeenten waar slechts één kerkfabriek bestaat fungeert de kerkfabriek als centraal kerkbestuur.

726 Het centrale kerkbestuur bestaat uit:
- een door de bisschop aangeduide vertegenwoordiger;
- drie afgevaardigden van de kerkraden;
- één expert.

Indien er meer dan vijf kerkfabrieken zijn, wordt er – per schijf van vijf kerkfabrieken – één afgevaardigde meer verkozen. Een vergadering met alle leden van de betrokken kerkraden kiezen hun afgevaardigden voor een termijn van drie jaar. Na elke gedeeltelijke vernieuwing van de kerkraad volgt dus een verkiezing van afgevaardigden.

727 Aangezien de kerkraad volheid van bevoegdheid geniet, is het centrale kerkbestuur slechts gemachtigd om op te treden voor zaken die het uitdrukkelijk is toegewezen, met name:

1) het coördineren van het beleid van de kerkfabrieken van de gemeente te coördineren, in het bijzonder het beleid m.b.t. hun roerend en onroerend patrimonium, met inbegrip van het bepalen van de prioritaire investeringen;
2) het verlenen van administratieve en technische ondersteuning;
3) het aanwerven en ter beschikking stellen van personeel voor de kerkfabrieken;
4) het instellen van de overheidsopdrachtenprocedure en gunnen van de opdracht indien de kerkraad die bevoegdheid heeft overgedragen;
5) het vaststellen van de bijdrage van de kerkfabrieken in de werkingskosten van het centrale kerkbestuur;
6) het gecoördineerde indienen bij de gemeente van het meerjarenplan, van de budgetten en van de jaarrekeningen van de kerkfabrieken;
7) het in de plaats treden van een kerkfabriek ingeval die in gebreke blijft voor het indienen van het meerjarenplan, het budget of de jaarrekening.

2.1.3. | Overleg met de gemeente

Art. 33-33/1 Eredienstendecreet

728 Het centrale kerkbestuur bezit niet enkel een coördinerende maar ook een communicatieve taak. Zij speelt een cruciale rol in het geïnstitutionaliseerde overleg tussen de kerkelijke en burgerlijke entiteiten. Indien er geen centraal kerkbestuur voorhanden is [→ nr. 725] vervult de kerkraad die opdracht.

Op verzoek van het centrale kerkbestuur van de gemeente en in elk geval ten minste tweemaal per jaar is er een overleg over deze materies tussen het centrale kerkbestuur of de kerkraad en het schepencollege. Het centrale kerkbestuur bezorgt een verslag van dat overleg aan de betrokken kerkfabrieken en stellen het ter beschikking van de kerkfabrieken.

Als de gebiedsomschrijving van een parochie zich uitstrekt over het grondgebied van meer dan één gemeente, betrekt de gemeente waar de hoofdkerk van de parochie zich bevindt de andere gemeente of gemeenten bij het overleg.

2.1.4. Samenvoeging van parochies

Art. 4/1-4/11 Eredienstendecreet

729 Dankzij de toenemende secularisering is de vraag om parochiefusies de laatste jaren sterk gestegen. Aangezien de kerkfabrieken openbare instellingen zijn is een dergelijke samenvoeging geen evidentie en moet de rechtszekerheid te allen tijde gewaarborgd blijven. De decreetgever heeft de samenvoeging van parochies in 2012 daarom aan bijzondere procedureregels onderworpen.

Op voorstel van de bisschop kan de Vlaamse Regering de samenvoeging van twee of meer parochies erkennen. De erkenning van die samenvoeging maakt een einde aan het bestaan van de kerkfabrieken van de samengevoegde parochies, m.u.v. de door de bisschop aangeduide kerkfabriek die wordt behouden. De erkenning van de samenvoeging maakt ook van rechtswege een einde aan het mandaat van de leden van de kerkraden van alle samengevoegde kerkfabrieken.

Een dergelijke samenvoeging heeft geen invloed op de samenstelling van het centrale kerkbestuur waaronder de kerkfabrieken van de samengevoegde parochies ressorteerden. Het reeds opgerichte centrale kerkbestuur blijft aldus bestaan tenzij de samenvoeging leidt tot één erkende parochie op het grondgebied van de gemeente. In dat geval wordt het centrale kerkbestuur van die gemeente opgeheven.

730 De leden van de kerkraad van de te behouden kerkfabriek worden na de samenvoeging de eerste keer aangesteld door de bisschop, op voorstel van de door de bisschop aangestelde verantwoordelijke van de nieuwe parochie. De Vlaamse Regering bepaalt bij de erkenning van de samenvoeging wanneer de eerste gedeeltelijke vernieuwing van de kerkraad plaatsvindt. Het lot wijst de leden aan die bij die eerste gedeeltelijke vernieuwing uittreden.

Vanaf de datum van de kennisgeving van de beslissing van het erkende representatieve orgaan tot samenvoeging van twee of meer parochies, worden de bevoegdheden van de bestuursorganen van de kerkfabrieken van die parochies, behalve van de te behouden kerkfabriek, beperkt tot de handelingen die voortvloeien uit het dagelijkse beheer, die gaan over de dringende zaken of die betrekking hebben op de lopende zaken. Zo niet zijn de genomen beslissingen of de gevolgen ervan niet tegenstelbaar aan de bestuursorganen van de te behouden kerkfabriek.

2.1.5. De kathedrale kerkfabriek

Art. 65-78 Eredienstendecreet

731 Per bisdom is er ook een kathedrale kerkfabriek die, als openbare instelling met rechtspersoonlijkheid, wordt bestuurd door een kathedrale kerkraad. Deze kathedrale kerkraad bestaat uit zeven door de bisschop aangewezen leden. Bovendien zijn de bisschop (of zijn plaatsvervanger) en de pastoor van de betreffende parochie, van rechtswege lid. De bisschop is tevens voorzitter.

2.2. Goederen

Art. 34-40 Eredienstendecreet

732 De bevoegdheid inzake het patrimoniumbeheer komt de kerkraad toe. Zij beslist over (de voorwaarden van) zowel de daden van beheer (bv. verhuur huis) als de daden van beschikking (bv. aankoop onroerend goed) over goederen van de kerkfabriek of over de aan de eredienst ter beschikking gestelde goederen.

In het verlengde kan de kerkraad bij opdrachten voor aanneming van werken, leveringen of diensten de gunningswijze, de voorwaarden en gunning vaststellen. Die bevoegdheden zijn evenwel overdraagbaar aan het centrale kerkbestuur. Hij kan die bevoegdheden voor de opdrachten die betrekking hebben op het dagelijkse beheer van de kerkfabriek overdragen aan de voorzitter en de secretaris van de kerkraad, die samen optreden, binnen de perken van de daartoe op het exploitatiebudget ingeschreven kredieten.

De kerkraad oordeelt eveneens over de (definitieve) aanvaarding van schenkingen en legaten. Op de aanvaarding van legaten voorziet het decreet een bijzonder bestuurlijk toezicht.

2.3. Subsidiëring

2.3.1. Wedden van de bedienaars van de erediensten

733 Krachtens artikel 181, §1 van de Grondwet komen de wedden en pensioenen van de bedienaren van de erediensten ten laste van de federale staat. De wet van 2 augustus 1974 (*BS* 19 september 1974) stelt de wedden als volgt vast:
- aartsbisschop: € 68 371,77;
- bisschop: € 55 127,56;
- vicaris-generaal: € 20 418,57;
- kanunnik: € 14 830,68;
- pastoor: € 13 409,11;
- onderpastoor: € 13 409,11;

- kerkbedienaars: € 13 409,11;
- kapelaan: € 13 409,11.

Deze wedden worden aangepast aan het indexcijfer van de consumptieprijzen (spilindexcijfer 138,01).

2.3.2. Subsidiëring van eredienstgebouwen

734 Krachtens het decreet van 12 juli 2013 (*BS* 13 augustus 2013) kan de Vlaamse Regering een subsidie verlenen aan de gemeenten voor de investeringen voor gebouwen van de eredienst.

De toegekende subsidie bedraagt maximaal 30 % van de kostprijs van de werken zoals vastgesteld bij de eindafrekening. Het subsidiebedrag is evenwel beperkt tot het initieel berekende en goedgekeurde aanbestedingsbedrag. Daarbij wordt de basis voor de berekening van de subsidie van 30 % verhoogd met 7 % als tussenkomst voor de algemene kosten. Het subsidiepercentage wordt immers enkel berekend op de kostprijs van de eigenlijke werken, exclusief de algemene kosten die onvermijdelijk ook gemaakt moeten worden voor een dergelijke investering.

De subsidie kan slechts betrekking hebben op gebouwen. Roerende goederen komen nooit in aanmerking. Komen dus wel in aanmerking: nieuwbouw, aankoop en verbouwing, renovatie, studies voor herbestemming, studies en aanpassingsinvesteringen voor nevenbestemming. Kleine onderhoudswerken en herstellingen vallen niet onder het begrip 'renovatie' en komen dus niet in aanmerking voor een investeringssubsidie.

Alleen de investeringen aan gebouwen van de eredienst die eigendom zijn van een publieke rechtspersoon en die niet als monument zijn beschermd komen in aanmerking voor subsidie. De monumenten komen immers in aanmerking voor een andere subsidiëring die een heel andere finaliteit heeft.

735 De subsidie voor de investeringen kan worden aangevraagd door:
- het bestuur van de eredienst dat belast is met het onderhoud en de bewaring van het gebouw van de eredienst;
- het bisschoppelijk seminarie, voor de investeringen aan een bisschoppelijk seminarie;
- het gemeente- of provinciebestuur of het bestuur van de eredienst dat eigenaar is van het gebouw van de eredienst;
- het betrokken gemeente- of provinciebestuur.

Bij de subsidieaanvraag voegt men een advies van het erkende representatieve orgaan van de eredienst (de bisschop) en een advies van het schepencollege van het betrokken gemeentebestuur toe.

2.4. Financiën

Art. 41-56 Eredienstendecreet

2.4.1. Financieel beheer

736 Binnen de zes maanden na de vernieuwing van de gemeenteraad stelt de kerkraad een meerjarenplan vast dat de financiële afspraken tussen de kerkfabriek en de gemeente bevat voor de periode van zes jaar die ingaat op 1 januari van het tweede jaar dat volgt op de vernieuwing van de gemeenteraad. Zo vangt, na de gemeenteraadsverkiezingen in oktober 2018, het meerjarenplan van de kerkfabriek aan op 1 januari 2020.

De gemeenteraad spreekt zich uit over de goedkeuring binnen een termijn van 100 dagen en verstuurt zijn besluit uiterlijk de laatste dag van deze termijn aan de provinciegouverneur, het centrale kerkbestuur, de kerkfabrieken in kwestie en het erkend representatief orgaan. De gemeenteraad kan het meerjarenplan goedkeuren, niet goedkeuren of aanpassen aan wat in het overleg werd besproken. Als binnen de voormelde termijn van 100 dagen géén besluit naar de betrokken organen is verstuurd, wordt de gemeenteraad geacht zijn goedkeuring aan de meerjarenplannen te hebben verleend. Tegen de beslissing van de gemeenteraad kan beroep worden ingesteld bij de provinciegouverneur binnen een termijn van 30 dagen. Tegen de beslissing van de gouverneur kan de kerkfabriek in beroep gaan bij de Vlaamse Regering.

737 De kerkraad stelt jaarlijks – op basis van het meerjarenplan – het budget vast en dient het in vóór 30 juni bij het centrale kerkbestuur. Het centrale kerkbestuur dient het budget op zijn beurt, na advies van de bisschop, vóór 1 oktober bij de gemeente in.

Jaarlijks stelt de kerkfabriek ook de rekening vast en dient die vóór 1 maart in bij het centrale kerkbestuur. Vóór 1 mei dient dat bestuur alle jaarrekeningen gecoördineerd in bij de gemeente.

738 De kerkfabriek draagt minstens de volgende kosten:
- personeelskosten;
- kosten noodzakelijk voor de uitoefening van de eredienst;
- grove herstellingen van gebouwen;
- terugbetaling van de aflossingen en interesten van de leningen die werden aangegaan voor het verwerven of renoveren van goederen;

- de bijdrage in de kosten van het centrale kerkbestuur;
- alle andere uitgaven die verband houden met de aan de kerkfabriek toebehorende of teruggeschonken goederen.

De gemeente verleent aan de kerkfabriek toelagen die bestemd zijn om voormelde uitgaven te dekken in geval van ontoereikende middelen van de kerkfabriek en draagt bij in de investeringen in de gebouwen van de eredienst.

2.4.2. Gemeentelijke verplichtingen

739 De gemeentebesturen passen de tekorten bij in de exploitatie van de kerkfabrieken en dragen bij in de investeringen in de gebouwen van de eredienst. Onder 'de gebouwen van de eredienst' verstaan we zowel het kerkgebouw als de pastorie. Een woning die de bedienaar van de eredienst ter beschikking wordt gesteld, maar niet als een echte pastorie kan worden beschouwd, valt daar dus in principe niet onder, tenzij het gebouw eigendom is van de kerkfabriek. De gemeentelijke verplichtingen gelden in principe ongeacht wie eigenaar is van het gebouw in kwestie, maar er wordt wel de beperking aan toegevoegd dat een gemeentebestuur niet verplicht kan worden bij te dragen aan investeringen in gebouwen die geen eigendom zijn van een publieke rechtspersoon (bv. de gemeente of de kerkfabriek).

In de parochies waar er een bedienaar van de eredienst, belast met de eredienst van de parochie, verblijft, stelt de gemeente de bedienaar een pastorie ter beschikking of, als er geen pastorie is, een woning of een woonstvergoeding.

In de parochies waar er geen bedienaar van de eredienst, belast met de eredienst van de parochie, verblijft, stellen de gemeenten aan de kerkfabriek een ruimte ter beschikking waar de gelovigen ontvangen kunnen worden, waar de kerkraad kan vergaderen en waar het archief van de kerkfabriek kan worden bewaard of betalen de gemeenten de kerkfabriek een secretariaatsvergoeding.

Als de gebiedsomschrijving van een parochie zich uitstrekt over het grondgebied van meer dan één gemeente, delen alle betrokken gemeenten deze verplichtingen.

2.5. Bestuurlijk toezicht

Art. 57-63 Eredienstendecreet

2.5.1. Goedkeuringstoezicht

740 De gemeenteraad verleent zijn goedkeuring aan (de wijziging van) het meerjarenplan, de budgetten, de rekeningen van de kerkfabriek en de eindrekening van de penningmeester.

2.5.2. Dwangtoezicht

741 Na een waarschuwing kan de gouverneur een of meer commissarissen de opdracht geven zich ter plaatse te begeven. De commissarissen kunnen inlichtingen of opmerkingen inwinnen maar ook maatregelen nemen die zijn voorgeschreven bij de wetten, decreten, algemene reglementen en besluiten van de staat, de gemeenschap, het gewest of de provinciale of gemeentelijke instellingen.

De kosten zijn persoonlijk ten laste van de leden van de kerkraad of het centrale kerkbestuur die verzuimde aan de voorafgaande waarschuwingen te voldoen.

2.5.3. Algemeen bestuurlijk toezicht

742 Een afschrift van de notulen van de kerkraad en van het centrale kerkbestuur wordt binnen een termijn van 20 dagen verstuurd naar de gouverneur, de gemeente en de bisschop.

Het schepencollege kan bij gemotiveerd besluit de uitvoering schorsen van een besluit waarbij de kerkraad of het centrale kerkbestuur het gemeentelijke belang en inzonderheid de financiële belangen van de gemeente schaadt.

De gouverneur kan bij gemotiveerd besluit de uitvoering schorsen als een wet of decreet werd geschonden of het algemene belang werd geschaad. Ten slotte kan de Vlaamse Regering bij gemotiveerd besluit het besluit van de kerkraad of het centrale kerkbestuur vernietigen indien een wet of decreet werd geschonden of het algemeen belang werd geschaad.

De communicatie tussen het lokaal bestuur en de toezichthoudende overheden gebeurt conform het besluit van de Vlaamse Regering van 13 mei 2016 (*BS* 1 juli 2016).

2.6. Rechtsgedingen

Art. 64 Eredienstendecreet

743 Bij elke tegen de kerkfabriek ingestelde rechtsvordering treedt de voorzitter samen met de secretaris van de kerkraad als verweerder op. Zij stellen de vorderingen in kort geding en de bezitsvorderingen in. Zij verrichten alle handelingen tot bewaring van recht of tot stuiting van verjaring en van verval.

Alle andere rechtsvorderingen waarbij de kerkfabriek als eiser optreedt, mogen door de voorzitter en de secretaris, die samen optreden, pas worden ingesteld na machtiging door de kerkraad.

3. Andere erediensten

Art. 79-272 Eredienstendecreet

744 De regelingen zoals hiervoor uiteengezet, zijn quasi volledig van toepassing voor de andere erkende erediensten, met name voor de protestantse eredienst, voor de anglicaanse eredienst, voor de israëlitische eredienst, voor de orthodoxe eredienst en voor de islamitische eredienst.

We schetsen hieronder in grote lijnen de licht aangepaste regeling voor die erediensten.

3.1. Benamingen

745 In de plaats van 'kerkfabriek', van 'kerkraad' en van 'centraal kerkbestuur' hanteert men de volgende termen:
- protestantse eredienst: kerkgemeente, bestuursraad en centraal kerkbestuur;
- anglicaanse eredienst: kerkfabriek, kerkraad en centraal kerkbestuur;
- Israëlitische eredienst: Israëlitische gemeente, bestuursraad en centraal bestuur;
- orthodoxe eredienst: kerkfabriek, kerkfabriekraad en centraal kerkbestuur;
- islamitische eredienst: islamitische gemeenschap, comité en centraal bestuur.

3.2. Samenstelling van de bestuursraden

746 Er dient pas een centraal bestuursorgaan te worden opgericht indien er vier of meer parochies of kerkgemeenten zijn erkend. Om kandidaat te kunnen zijn voor het lidmaatschap van een rooms-katholieke kerkfabriek moet de kandidaat rooms-katholiek zijn. Voor de andere besturen wordt gevraagd dat de kandidaat is ingeschreven in het register van de betrokken protestantse kerkgemeente, de anglicaanse parochie, de orthodoxe parochie, de israëlitische gemeente of de islamitische gemeenschap.

Het lid van rechtswege is in die erediensten respectievelijk: de protestantse predikant, de anglicaanse bedienaar van de eredienst, de israëlitische rabbijn, de orthodoxe kerkbedienaar en de islamitische eerste imam.

3.3. Samenstelling van de centrale bestuursraden

747 De centrale bestuursraden van de anglicaanse en van de orthodoxe erediensten zijn samengesteld uit één vertegenwoordiger van het erkende representatieve orgaan van de betrokken eredienst, uit drie vertegenwoordigers van de kerkfabrieken en uit één expert.

De centrale bestuursraden van de protestantse, de israëlitische en de islamitische erediensten zijn eveneens op eenzelfde wijze samengesteld: twee vertegenwoordigers van het erkende representatieve orgaan van de betrokken eredienst, vier vertegenwoordigers van de kerkgemeente, israëlitische gemeenschap of islamitische gemeenschap, en uit één expert. Voor de islamitische eredienst wordt – wanneer er méér dan vijf comités bestaan – één afgevaardigde per schijf van vijf comités bijkomend verkozen.

3.4. Wedden van de bedienaars van de erediensten

748 De wet van 2 augustus 1974 (*BS* 19 september 1974) stelt de door de federale staat gedragen wedden van de bedienaars van de erediensten als volgt vast:

- *protestants-evangelische eredienst;*
  - predikant-synodevoorzitter: € 43 228,00;
  - 1e predikant: € 18 652,70;
  - 2e predikant: € 15 840,77;
  - predikant: € 15 840,77;
  - hulppredikant: € 13 409,11;
- *anglicaanse eredienst;*
  - kapelaan van de kerken te Antwerpen en te Elsene: € 15 840,77;
  - kapelaan van de andere kerken: € 14 397,74;
- *israëlitische eredienst;*
  - grootrabbijn: € 31 234,69;
  - rabbijn: € 14 397,74;
  - officiërende bedienaars: € 13 409,11;

- *islamitische eredienst;*
  - eerste imam in rang: € 18 652,70;
  - derde imam in rang: € 13 409,11;
- *orthodoxe eredienst;*
  - metropoliet-aartsbisschop: € 31 234,69;
  - bedienaars; onderpastoor: € 13 409,11.

Deze wedden worden aangepast aan het indexcijfer van de consumptieprijzen (spilindexcijfer 138,01).

3.5. Bestuurlijk toezicht

749 Omdat de orthodoxe eredienst en de islamitische eredienst niet per gemeente maar per provincie zijn georganiseerd, is niet de gemeente maar de provincie het eerste niveau van toezichthoudende overheid.

HOOFDSTUK 4
POLDERS EN WATERINGEN

1. Algemeen

750 In een laaggelegen land aan de zee, waar de rivieren onderhevig zijn aan de getijdestroming, is het logisch dat de openbare besturen al zeer vroeg maatregelen uitvaardigden om het polderland – vooral dan het bewoonde en bebouwde, vruchtbare deel – te beschermen tegen overstroming. Het verschil tussen polders en wateringen is dan ook historisch te verklaren. De gebieden van de polders zijn ingewonnen land door indijking terwijl wateringen over het gehele land voor laaggelegen, drassige gronden een meerwaarde creëren door het in stand houden van een gunstige waterhuishouding.

Onze wetgeving betreffende de polders en wateringen gaat dan ook terug tot in de napoleontische periode. De wetgever vaardigde pas in 1956 en 1957 moderne, aangepaste wetten uit voor de inrichting en werking van de polders en wateringen. Die twee soorten openbare besturen staan in, elk binnen hun territorium, voor de bescherming tegen wateroverlast (bv. overstromingen) en de zorg voor een optimale waterhuishouding van o.a. landbouwgronden.

De wateringen en polders vinden vandaag de dag nog steeds hun grondslag in de wet van 5 juli 1956 betreffende de waterwegen (*BS* 5 augustus 1956) en de wet van 3 juni 1957 betreffende polders (*BS* 21 juni 1957). Hoewel de gewesten de betrokken bevoegdheid verwierven na de derde staatshervorming (1988-1989), onderging de decennia oude wetgeving geen grote wijzigingen.

2. Opdracht

Art. 1 Wateringenwet, art. 1 Polderswet

751 Polders zijn openbare besturen met als taak de verwezenlijking van een integraal waterbeleid en het uitvoeren van deelbekkenbeheerplannen, zoals omschreven in het decreet van 18 juli 2003. Wateringen hebben – buiten de polderzones – een identieke opdracht.

3. Organen

De polders en de wateringen bestaan uit twee organen: de algemene vergadering en het bestuur.

3.1. Algemene vergadering

Art. 12-28 Wateringenwet, art. 12-27 Polderswet

752 De algemene vergadering bestaat uit de stemgerechtigde 'ingelanden'. Ingelanden zijn alle natuurlijke en rechtspersonen die een erf (weiland, grond) in het poldergebied of de watering hebben liggen.

Op basis van een (kadastrale) legger maakt het bestuur van de watering of polder elk jaar vóór 1 oktober de lijst van de stemgerechtigde leden op. Het reglement van de polder en de watering bepaalt wie stemgerechtigd lid is, maar moet ten minste stemrecht waarborgen aan iedereen die grond bezit in de polder of watering ter grootte van:
- ½ ha in een gebied van minder dan 100 ha;
- 1 ha in een gebied van 100 tot 499 ha;
- 2 ha in een gebied van 500 tot 999 ha;
- 3 ha in een gebied van 1 000 tot 4 999 ha;
- 4 ha in een gebied van 5 000 tot 9 999 ha;
- 5 ha in een gebied van 10 000 ha en meer.

Eigenaars die afzonderlijk geen stemrecht hebben, kunnen hun eigendommen groeperen om samen stemrecht te bekomen. Elk lid van de algemene vergadering beschikt over één stem.
Van rechtswege zijn eveneens lid van de algemene vergadering, zonder medebeslissende stem:
- de gouverneur (of zijn gemachtigde);
- de burgemeester of burgemeesters (of zijn/hun gemachtigden).

753 De algemene vergadering is in het bijzonder bevoegd voor:
- het opmaken van het huishoudelijk reglement;
- het opmaken van politiereglementen voor de polders en wateringen met als doel het behoud van de dijken, waterlozingen en bevloeiingen, van de wegen, van de kunstwerken en hun aanhorigheden;
- het treffen van beslissingen aangaande het aanleggen en verbeteren van de verdedigings-, drooglegging- of bevloeiingswerken en van de wegen;
- de beslissingen betreffende het principe en de voorwaarden van de verhuringen en verpachtingen van goederen van de polder of watering en het eventueel kwijtschelden van verplichtingen aangegaan door huurders, pachters en aannemers van werken of leveranciers;

- het verrichten van daden van beschikkingen m.b.t. hun goederen;
- het goedkeuren van de polder- of wateringbelasting of 'geschot';
- het aangaan van leningen;
- de begrotingen en de rekeningen.

Op de begroting moeten alle uitgaven worden opgenomen die wettelijk ten laste van de polders en wateringen vallen. Zijn de voorziene middelen ontoereikend, dan moeten polder- of wateringbelastingen worden ingevoerd.

3.2. | Het bestuur

Art. 29-49 Wateringenwet, art. 28-49 Polderswet

754 Het bestuur, dat voornamelijk belast is met de uitvoering van de beslissingen en met het dagelijks beheer, bestaat uit:
- *polders*: een dijkgraaf, een adjunct-dijkgraaf en gezworenen, waarvan het aantal door het polderreglement wordt bepaald;
- *wateringen*: een voorzitter, een ondervoorzitter en beheerders, waarvan het aantal door het reglement van de watering wordt bepaald.

De burgemeester maakt van rechtswege deel uit van het bestuur van de polder, niet van de watering.

De algemene vergadering verkiest bij geheime stemming de bestuursleden. Ze duiden daarbij een dijkgraaf of voorzitter en een adjunct-dijkgraaf of ondervoorzitter aan. Zijn er minder dan vier ingelanden lid van de polder of watering, dan duidt de gouverneur het bestuur aan. Het mandaat duurt zes jaar.

755 Het bestuur staat in voor het dagelijkse beheer van de polder of watering. Bij grote stormvloed of hoge waterstand en telkens de polder of watering in overstromingsgevaar verkeert, gaan de bestuursleden ter plaatse en treffen ze de nodige maatregelen.

Het bestuur moet elk jaar in de maand maart of april en in de maand september, in het bijzijn van (een afgevaardigde van) een lid van de deputatie en van de gemeentebesturen, de hele polder of watering schouwen.

4. | Personeel

Art. 50-64 Wateringenwet, art. 50-64 Polderswet

756 De polder en watering wordt bijgestaan door een ontvanger-griffier, die de taak van secretaris en van ontvanger uitoefent. Zo stelt hij o.a. de notulen op van de algemene vergadering en de bestuursvergadering maar is hij ook verantwoordelijk voor de bewaring van de boeken, de stukken van comptabiliteit en beheer alsook het archief. De algemene vergadering benoemt de ontvanger-griffier.

De polders beschikken tevens over dijk- en sluiswachters en de wateringen over wachters en sluiswachters of -meesters. Zij kunnen bij proces-verbaal overtreding op het politiereglement van de polder of watering vaststellen. Het bestuur benoemt hen.

5. | Belasting

Art. 65-79 Wateringenwet, art. 65-79 Polderswet

757 Op al de erven binnen het gebied van de polder of de watering kan een polderbelasting, respectievelijk een belasting voor de watering worden geheven. Voor de betaling van de belasting, van de intresten en de kosten heeft de polder en watering een hoofdelijke rechtsvordering tegen de eigenaars, erfpachters, opstalhouders, vruchtgebruikers en houders van een recht van gebruik van eenzelfde erf. De algemene vergadering stelt jaarlijks de belastingvoet vast en maakt het belastingkohier op. De belasting kan differentiëren naargelang de categorie van erf (bv. hoogteligging). Het belastingkohier wordt door de deputatie uitvoerbaar verklaard.

6. | Werken

Art. 80-88 Wateringenwet, art. 80-88 Polderswet

6.1. | Uit te voeren werken

758 De polders en wateringen maken jaarlijks een staat op van werken die in de loop van het jaar moeten worden uitgevoerd. Deze staat bevat een raming van de uitgaven en maakt een onderscheid tussen de aanleg- en verbeteringswerken enerzijds en de onderhouds- en instandhoudingswerken anderzijds. Hij wordt vóór 1 februari van het jaar waarin de werken moeten worden uitgevoerd, aan de deputatie en aan de belanghebbende gemeentebesturen overgelegd.

Het bestuur van de polder en de watering bezit een sleutelbevoegdheid bij de uit te voeren werken:
- het kiest de gunningswijze van de opdrachten voor aanneming van werken, leveringen en diensten en stelt de gunningsvoorwaarden vast;
- het stelt de procedure in;
- het gunt uiteindelijk de opdracht;

- het is verantwoordelijk voor de oplevering van de werken en materialen.

Het gunningsbesluit is onderworpen aan het goedkeuringstoezicht van de gouverneur.

6.2. Subsidies voor het uitvoeren van waterhuishoudkundige werken

6.2.1. Het waterhuishoudplan

759 Het waterhuishoudplan is een plan voor een of meer subhydrografische zones waarbinnen de polder of watering bevoegdheid heeft en waarin de probleemstelling van het hemelwater, de afvoer van het bodemwater, het grachtenstelsel en het irrigatiebeheer, de prioritaire knelpunten en de brongerichte aanpak worden toegelicht. Het plan moet zijn afgestemd op andere beheersplannen voor het gebied. Het plan bevat een tekstgedeelte en bijhorende kaarten en wordt opgesteld conform de methodiek zoals voorgeschreven door de code van goede praktijk voor het integrale lokale waterbeheer.

De subsidies voor het uitvoeren van bepaalde huishoudkundige werken aan de (vereniging van) polders en wateringen liggen vast bij besluit van de Vlaamse Regering van 18 januari 2002 (*BS* 25 april 2002).

De gewestbijdrage bedraagt maximaal € 12 500 vermenigvuldigd met een correctiefactor 'WATcoef' voor het opstellen van het waterhuishoudplan voor een subhydrografische zone.

De correctiefactor 'WATcoef' bedraagt:
- 0,50 als de totale lengte van de waterlopen van de tweede en de derde categorie binnen de subhydrografische zone minder dan 10 km valt;
- 0,75 als de totale lengte van de waterlopen van de tweede en de derde categorie binnen de subhydrografische zone groter dan 10 km en minder dan 25 km valt;
- 1,00 als de totale lengte van de waterlopen van de tweede en de derde categorie binnen de subhydrografische zone groter dan 25 km en minder dan 75 km valt;
- 1,25 als de totale lengte van de waterlopen van de tweede en de derde categorie binnen de subhydrografische zone groter dan 75 km en minder dan 100 km valt;
- 1,50 als de totale lengte van de waterlopen van de tweede en de derde categorie binnen de subhydrografische zone groter dan 100 km valt.

Indien de kosten voor het opstellen van het waterhuishoudplan lager liggen dan het bedrag van € 12 500 vermenigvuldigd met de 'WATcoef' wordt de gewestbijdrage beperkt tot de werkelijke uitgave.

6.2.2. Investeringskosten

760 De gewestbijdrage bedraagt 75 % van de investeringskosten voor werken uitgevoerd overeenkomstig de code van goede praktijk voor het toepassen van natuurtechnische milieubouw (NTMB) bij inrichtings- en herstellingswerken aan de oevers van onbevaarbare waterlopen, voor:

1) de aanleg van wacht- of retentiebekkens die noodzakelijk zijn voor;
   i. de duidelijke vertraging van de afvoer van oppervlaktewater en hemelwater;
   ii. de verhoging van de infiltratiemogelijkheden voor oppervlaktewater en hemelwater;
   iii. de watervoorziening ten behoeve van de instandhouding, de ontwikkeling en het herstel van de natuur en het natuurlijk milieu;
   iv. de veiligheidsvoorziening tegen wateroverlast, gerelateerd aan de bestemming van het gebied;
   v. de nazuivering van overstortwater uit afvalwaterstelsels en van drainagewater;
2) de aanleg of het ombouwen van beekoevers volgens de principes van natuurtechnische milieubouw;
3) de aanleg van visdoorgangen in waterlopen, die de migratie van vissen uit laaglandbeken mogelijk maken;
4) het bouwen van waterpeilbeheersinstallaties;
5) de aanleg van voorzieningen die de aanvoer van sedimenten en erosiemateriaal naar de waterlopen tegengaan;
6) de aanleg van zand- en/of slibvangen;
7) het inrichten van de waterloop met het oog op het ecologisch herstel;
8) ingrepen, nodig om de risico's op overstromingen die de veiligheid kunnen aantasten, terug te dringen.

De gewestbijdrage bedraagt 50 % van de investeringskosten voor:

1) het bouwen, het uitbreiden en het verbouwen van pompstations voor de afvoer van oppervlaktewater;
2) het aanleggen, de verbeteringen en de buitengewone herstelling van de wegen die functioneel zijn voor het waterbeheer, nodig voor het verzekeren van de toegang tot de infrastructuur.

De gewestbijdrage bedraagt 30 % van de investeringskosten voor het bouwen, het verbouwen, met inbegrip van de bijhorende werken en de verwerving van onroerende goederen en vergoedingen voor innemingen van de ondergrond, het uitbreiden en de thermische isolering van dienstgebouwen, dienstwoningen en bijhorigheden voor de administratieve en technische organisatie van een polder, een watering, een vereniging van polders of van een vereniging van wateringen.

7. | Bestuurlijk toezicht

7.1. | Goedkeuringstoezicht

Art. 10, 26, 27, 51, 85 Wateringenwet, art. 10, 26, 27, 51, 85 Polderswet

761 De volgende beslissingen van de algemene vergadering zijn aan de goedkeuring van de deputatie onderworpen:
- overeenkomsten tussen polders of wateringen onderling of tussen polders of wateringen en derden betreffende de afwatering of de watertoevoer;
- vervreemdingen, verkrijgingen, ruilingen en dadingen welke onroerende goederen of rechten betreffen en huurovereenkomsten;
- geldleningen en overeenkomsten, waaruit lasten van blijvende aard voortvloeien voor de polder;
- beslissingen houdende vaststelling van de polderbelastingen;
- begrotingen en rekeningen;
- de wedde van de ontvanger-griffier.

De gouverneur moet zijn goedkeuring verlenen aan een gunningsbeslissing van het bestuur.

De Vlaamse Regering verleent zijn goedkeuring, na advies van de deputatie, aan:
- de reglementen en de wijziging ervan;
- de tussen verscheidene wateringen of polders gesloten overeenkomsten inzake hun vereniging.

7.2. | Dwangtoezicht

Art. 25 Wateringenwet, art. 24 Polderswet

762 Na twee achtereenvolgende waarschuwingen kan de gouverneur of de bestendige deputatie een of meer commissarissen de opdracht geven zich ter plaatse te begeven. De commissarissen kunnen inlichtingen of opmerkingen inwinnen maar ook maatregelen, voorgeschreven door wetten en reglementen, en de op grond van de

Wateringen- of Polderswet genomen beslissingen van alle bevoegde overheden ten uitvoer te leggen.

De kosten zijn ten laste van de polder of watering die verzuimde aan de voorafgaande waarschuwingen te voldoen.

7.3. Algemeen toezicht

Art. 28 Wateringenwet, art. 27 Polderswet

763 De gouverneur of, bij zijn ontstentenis, de Vlaamse Regering kunnen beslissingen van de algemene vergaderingen vernietigen, tenzij die reeds onder het goedkeuringstoezicht vallen. De vernietiging kan slechts in geval de besluiten strijdig zijn met:
- de wetten;
- de besluiten;
- het door de hogere overheid goedgekeurde reglement van de watering of polder;
- het algemene belang;
- het belang van een ander bestuur, openbare instelling of inrichting.

De gouverneur en de Vlaamse Regering beschikken respectievelijk over een termijn van drie en zes maanden om een beslissing te vernietigen. Gedurende de termijn van zes maanden, waarbinnen de Vlaamse Regering kan vernietigen, kan de gouverneur tussentijds beslissen het besluit van de algemene vergadering te schorsen.

HOOFDSTUK 5
BELANGENVERENIGINGEN

764 De Vereniging van Belgische Steden en Gemeenten werd in 1913 opgericht. Sinds de regionalisering van 1 januari 1994 heeft elk gewest zijn eigen gemeentelijke belangenvereniging. De drie regionale verenigingen (Vlaamse, Brusselse en Waalse) hebben de studie van de problemen op lokaal vlak en de verdediging van de belangen van de gemeentelijke instellingen tot doel. Zij zijn het 'syndicaat' van de gemeenten.

Sinds deze herstructurering is de Vereniging van Belgische Steden en Gemeenten een overlegplatform voor de drie regionale verenigingen voor wat betreft de federale en internationale belangenbehartiging. De drie regionale verenigingen zijn:

1) Vereniging van Vlaamse Steden en Gemeenten (VVSG);
2) Vereniging van de Stad en de Gemeenten van het Brussels Hoofdstedelijk Gewest (VSGB)/Association de la Ville et des Communes de la Région de Bruxelles-Capitale (AVCB);
3) Union des Villes et Communes de Wallonie (UVCW).

De VVSG kent in de Vereniging van de Vlaamse Provincies (VVP) zijn provinciale tegenhanger.

765 Daarnaast telt het Vlaamse landschap nog tal van andere (belangen)verenigingen die zijn voortgesproten uit lokale besturen en hun bestuurders. Zo zijn er bv. Exello, een netwerkorganisatie voor gemeentelijke algemeen directeurs in Vlaanderen. Ook lokale politieke mandatarissen hebben bv. hun vereniging.

De oplijsting en de contactgegevens van deze lokale belangenverenigingen zijn raadpleegbaar in het Gemeentelijk Zakboekje Databank.

DEEL IV
ALGEMENE BEGINSELEN VOOR LOKALE BESTUREN

HOOFDSTUK 1 ALGEMENE BEGINSELEN VAN BEHOORLIJK BESTUUR 395

HOOFDSTUK 2 FORMELE MOTIVERING 397

1. Motiveringsverplichting 397

2. Toepassingsgebied 398

3. Uitzonderingen 399

HOOFDSTUK 1
ALGEMENE BEGINSELEN VAN BEHOORLIJK BESTUUR

766 In de Belgische rechtspraak ontwikkelden zich de zogenaamde algemene beginselen van behoorlijk bestuur. Deze beginselen zijn een bijzondere categorie van algemene rechtsbeginselen, met name een categorie van de ongeschreven grondstellingen die rechters in het proces van rechtsvinding en controle afleiden uit het geldende recht.

De algemene beginselen van behoorlijk bestuur (ABBB) zijn op te vatten als criteria waaraan behoorlijk (discretionair) overheidshandelen moet beantwoorden en kan worden getoetst. Deze beginselen vormen geen louter vrijblijvende leidraad voor goed bestuur maar zijn échte rechtsregels waaraan de rechter overheidshandelen kan toetsen.

Een exhaustieve bespreking van deze beginselen valt buiten het bestek van dit zakboekje. We geven hier een korte oplijsting weer:

1) *hoorplicht*: degene tegen wie een maatregel wordt genomen die de persoon (zwaar) in zijn belangen treft, moet in de gelegenheid worden gebracht om zijn standpunt naar voor te brengen;
2) *onpartijdigheid*: niemand kan rechter en partij zijn in één zaak en er mag geen belangenvermenging zijn bij de besluitvorming;
3) *motiveringsplicht*: elke bestuurshandeling moet op rechtsgeldige motieven in feite en in rechte zijn gesteund;
4) *fair play-beginsel*: de overheid mag de burgers niet unfair behandelen;
5) *behoorlijke belangenafweging en zorgvuldigheidsplicht;*
6) *gelijkheidsbeginsel*: de overheid moet de burgers gelijk behandelen in de mate dat zij in gelijke omstandigheden verkeren;
7) *rechtszekerheids- en vertrouwensbeginsel*: de burger moet erop kunnen vertrouwen dat een overheidsbestuur of medeburgers volgens het recht zullen handelen en dat hijzelf binnen de grenzen van het recht mag handelen;
8) *redelijkheidsbeginsel*: bij het uitoefenen van haar discretionaire bevoegdheid moet de beslissingnemende instantie, hetzij een redelijke keuze maken, hetzij een redelijke maatregel opleggen;
9) *evenredigheids- of proportionaliteitsbeginsel*: maatregelen moeten in een redelijke verhouding staan met het nagestreefde doel van algemeen belang.

Merk op dat, hoewel de beginselen van behoorlijk bestuur ongeschreven rechtsregels zijn, ze toch in bepaalde bijzondere wetgeving worden verduidelijk of zelfs versterkt. Denken we hierbij bv. aan de Formele Motiveringswet.

HOOFDSTUK 2
FORMELE MOTIVERING

1. Motiveringsverplichting

Art. 2-3 Formele Motiveringswet

1.1. Algemene formele motiveringsverplichting

767 Een bestuursbeslissing is 'formeel' gemotiveerd als die de juridische en feitelijke redenen uitdrukkelijk weergeeft. Daartegenover staat de 'materiële motivering' die slechts vereist dat een beslissing inhoudelijk op juridische en feitelijke overwegingen berust maar waarbij de beslissing die redenen niet uitdrukkelijk in de beslissing zelf moet veruitwendigen.

Tot het begin van de jaren negentig gold geen algemene verplichtingen om bestuurshandelingen formeel te motiveren. De formele motivering was slechts noodzakelijk indien een wettelijke of decretale bepaling dit expliciet verplichtte. De Formele Motiveringswet van 29 juli 1991 bracht daar verandering in waardoor nu alle bestuursbeslissingen met individuele strekking een uitdrukkelijk en afdoende motivatie moeten bevatten.

Hoewel de Formele Motiveringswet slechts zes artikelen bevat, is zijn impact en bijbehorende rechtspraak enorm omvangrijk. We geven hier de basisbeginselen mee.

1.2. Uitdrukkelijk en afdoende

768 De opgelegde motivering bevat een tweevoudige verplichting: de feitelijke en juridische redenen moeten enerzijds 'uitdrukkelijk' en anderzijds 'afdoende' zijn. *Uitdrukkelijke motivering* impliceert dat de akte de juridische en feitelijke redenen expliciet opneemt. M.a.w., de eigenlijke beslissing wordt voorafgegaan door feitelijke en juridische overwegingen die het (lokaal) bestuur in acht nam bij het nemen van de beslissing. Het is een substantiële vormvereiste.

Een *afdoende motivering* is een motivering die een redelijke grondslag vormt voor de beslissing. De motivering moet in rechte en in feite evenredig zijn aan het gewicht van de genomen beslissing.

De draagwijdte van de motivering hangt ook samen met de beoordelingsbevoegdheid van het lokale bestuur. Hoe ruimer de beoordelingsbevoegdheid, hoe uitvoeriger de motivering moet zijn. Bij wijze van voorbeeld zal een gemeentelijke sanctionerend ambtenaar uitvoerig moeten motiveren indien hij een GAS-boete oplegt bij het veroorzaken van openbare overlast. Hij zal vooreerst de feiten moeten staven middels het proces-verbaal van de politie. Daarnaast zal hij de juridische grondslagen moeten aanhalen, door o.m. de evenredigheid uit te leggen tussen de (hoogte van) opgelegde boete en de feiten die ertoe aanleiding geven. Indien het lokale bestuur over weinig of geen beoordelingsvrijheid beschikt kan de motivering dus beperkter zijn. Denken we bv. aan de toekenning van een overheidsopdracht aan de goedkoopste regelmatige inschrijving bij een aanbesteding.

Het volstaat echter wel dat de beslissing duidelijk en bondig de rechtsgronden, de adviezen of verslagen aangeeft waarop de beslissing berust. De formele motiveringsverplichting vereist niet dat het bestuur die rechtsgronden, adviezen etc. in extenso in de beslissing opneemt.

De afdoende motivering vereist bovendien niet dat het bestuur antwoordt op alle argumenten die een rechtzoekende inroept. De motiveringsplicht voor een lokaal bestuur is dus minder streng dan de verplichting die op de rechtscolleges berust (art. 149 Gw.).

2. | Toepassingsgebied

Art. 1 en 6 Formele Motiveringswet

2.1. | Bestuurshandeling

769 De formele motiveringsverplichting geldt voor alle eenzijdige rechtshandelingen met individuele strekking die uitgaan van een bestuur en die beogen rechtsgevolgen te creëren voor een of meer bestuurden of voor een ander bestuur.

Het gaat om beslissingen van een 'bestuur' waarmee men doelt op een administratieve overheid uit artikel 14 van de Raad van State-Wet. Hieronder vallen alle provinciale overheden, de gemeentelijke overheden en de OCMW's.

Het gaat dus niet om handelingen die:
- *geen rechtshandelingen zijn*, zoals bv. feitelijke vaststellingen of informatieve handelingen;
- *geen individuele strekking bezitten*, zoals bv. gemeentelijke reglementen of verordeningen;
- *meerzijdige rechtshandelingen*, zoals bv. overeenkomsten of contracten sluiten (bv. verhuur of contract voor werken, leveringen of diensten). Het besluit tot de vaststelling van de voorwaarden van verhuring of tot de aanwijzing van een aannemer is

echter wel een eenzijdige rechtshandeling en valt dus onder de toepassing van de Formele Motiveringswet.

Handelingen die niet onder de formele motiveringsverplichting vallen kunnen evenwel onder de materiële motiveringsverplichting, als beginsel van behoorlijk bestuur, vallen [→ nr. 766].

2.2. Catch all-beginsel

770 De Formele Motiveringswet is van toepassing op *alle* bovenvermelde bestuurshandelingen. Toch belet de uit de wet voortvloeiende motiveringsverplichting niet dat andere wetten of decreten strengere verplichtingen opleggen.

3. Uitzonderingen

Art. 4 Formele Motiveringswet

771 De formele motiveringsplicht is niet van toepassing indien de motivering van de handeling:
1) de uitwendige veiligheid van de Staat in het gedrang kan brengen;
2) de openbare orde kan verstoren;
3) afbreuk kan doen aan de eerbied voor het privéleven;
4) afbreuk kan doen aan de bepalingen inzake de zwijgplicht.

Dringende noodzakelijkheid ontslaat het bestuur niet van de plicht zijn handelingen uitdrukkelijk te motiveren.

DEEL V
COMMUNICATIE DOOR LOKALE BESTUREN

Merk op dat de communicatie door lokale besturen in hoofdzaak is vervat in het Vlaams Bestuursdecreet van 19 december 2018. Behoudens anders aangegeven is dit decreet niet van toepassing op federale instanties zoals de politiezones of de hulpverleningszones.

HOOFDSTUK 1 ALGEMENE PRINCIPES 403

1. **Heldere en begrijpelijke taal** 403
2. **Politieke en commerciële neutraliteit** 403
3. **Gebruik van externe media** 404
4. **Toegankelijkheid van websites en mobiele applicaties** 404

HOOFDSTUK 2 OPENBAARHEID VAN BESTUUR 407

1. **Toepassingsgebied** 407
2. **Passieve openbaarheid** 408
3. **Actieve openbaarheid** 413
4. **Vermelden van de beroepsmogelijkheden** 414
5. **Bijzondere toepassing: akten en registers van de burgerlijke stand** 414

HOOFDSTUK 3 UITWISSELEN VAN BERICHTEN 417

1. **Vermelden contact- en beroepsgegevens** 417
2. **Elektronische uitwisseling van berichten** 417
3. **Verbod tot opvragen authentieke gegevensbronnen aan burger** 419

HOOFDSTUK 4 TAALGEBRUIK 421

1. **Taalgebruik in bestuurszaken** 421
2. **Taalgebruik bij de eedaflegging en in de gemeenteraad** 424

HOOFDSTUK 1
ALGEMENE PRINCIPES

1. Heldere en begrijpelijke taal

Art. II.10 Bestuursdecreet

772 De lokale besturen moeten in hun contact met de burger de standaardtaal hanteren. In het Vlaamse Gewest is dit in principe de Nederlandse taal, behalve als de taalwetgeving het gebruik van een andere taal voorschrijft of toelaat [→ nr. 797]. Dit betekent niet dat bv. in mondelinge communicatie tussentaal of dialectische vormen kunnen worden gebruikt. In elk geval moet de taal helder en begrijpelijk zijn voor de ontvanger.

2. Politieke en commerciële neutraliteit

Art. II.13-II.14 Bestuursdecreet

773 De communicatie van de lokale overheid moet politiek en commercieel neutraal zijn. De politieke neutraliteit geldt niet voor de individuele communicatie van lokale politici aangezien ze namens zichzelf spreken. Het is dus van belang om duidelijk een onderscheid te maken als een politicus namens zichzelf of namens het bestuur spreekt. Het principe van politiek neutrale communicatie betekent ook dat de overheid erover moet waken dat foto's of audiovisuele stukken in de eerste plaats informatief zijn, en dat er geen publicitaire, eenzijdige of opiniërende indruk rond een persoon wordt gewekt.

Daarnaast moet een lokale overheid zich in principe altijd onthouden van reclame voor private personen, bedrijven, merken, specifieke producten of procedés. Publieke middelen inzetten ten voordele van commerciële belangen is uitgesloten. De verwijzing naar private personen, bedrijven, logo's of diensten kan enkel indien die informatie relevant of noodzakelijk is voor de eigen publieke boodschap. Zo hebben lokale besturen soms overeenkomsten met private partners om bepaalde dienstverlening te doen voor burgers (bv. leveranciers van warme maaltijden) of moeten ze soms doorverwijzen naar private bedrijven. In die gevallen is het vermelden van namen onvermijdelijk.

Ondanks het principe van commercieel neutraal taalgebruik kan de lokale overheid tegen betaling reclame toestaan in haar publicaties of andere media. Het kan gaan om bv. een beperkt aantal pagina's in drukwerken of borden op eigendommen van de overheid. De neutraliteit verplicht de overheid wel tot bescheidenheid en duidelijke afscheiding van de reclame, zodat nooit de indruk wordt gecreëerd dat de overheid een kwalitatief standpunt inneemt tegenover bedrijven of private personen.

3. Gebruik van externe media

Art. II.15 Bestuursdecreet

774 De lokale besturen kunnen om hun communicatiedoeleinden te realiseren gebruik maken van publieke en private communicatie-instrumenten. Te denken valt aan reclamespotjes maar ook sociale media. Bij de aankoop van externe mediaruimte moet uiteraard de wetgeving inzake overheidsopdrachten worden nageleefd.
Het gebruik van externe media is evenwel slechts mogelijk onder de volgende cumulatieve voorwaarden:
- het initiatief is gericht op een weloverwogen en duidelijk aanwijsbare communicatiedoelstelling van de overheid;
- de overheid behoudt de volledige zeggenschap over de inhoud van de boodschap;
- de overheid is duidelijk herkenbaar.

4. Toegankelijkheid van websites en mobiele applicaties

Art. II.16-II.17 Bestuursdecreet

775 De websites en mobiele applicaties van lokale besturen moeten voldoen aan de Europese richtlijn inzake toegankelijkheid van overheidswebsites en mobiele applicaties (EU 2016/2102). Grosso modo betekent dit dat een webtoepassing moet zijn:
- waarneembaar (bv. voorzien van tekstalternatieven om beelden te beschrijven);
- bruikbaar (bv. bedienbaar met zowel muis, keyboard of hulpsoftware zoals screenreaders);
- begrijpelijk (bv. korte zinnen of afkortingen met goede beschrijving);
- robuust (bv. assistentiesoftware moet kunnen omgaan met de website).

Lokale besturen moeten de toegankelijkheidseisen toepassen voor zover zij voor hen geen onevenredige last met zich brengen. Dit betekent dat het voor een lokale overheid onmogelijk kan zijn om specifieke inhoud volledig toegankelijk te maken. De onevenredigheid van een last wordt beoordeeld op grond van de volgende criteria:

- de omvang, de middelen en de aard van de betrokken overheidsinstantie;
- de geraamde kosten en baten voor de betrokken overheidsinstantie in verhouding tot de geraamde voordelen voor personen met een beperking, rekening houdend met de frequentie en de duur van het gebruik van de specifieke website of mobiele applicatie.

Daarnaast voorziet artikel II.17 van het Bestuursdecreet ook in een aantal uitzonderings- en overgangsbepalingen. Zo krijgen bestaande websites – gepubliceerd voor 23 september 2018 – de tijd om zich aan te passen tot 23 september 2020 of zijn de toegankelijkheidsvereisten niet van toepassing op live uitgezonden audio of video.
Op de website moet een toegankelijkheidsverklaring over de conformiteit van de website of mobiele applicatie zijn opgenomen.

HOOFDSTUK 2
OPENBAARHEID VAN BESTUUR

1. Toepassingsgebied

Art. I.3, II.1, II.27-II.28 en II.39 Bestuursdecreet

776 De grondwetgever heeft krachtens artikel 32 de openbaarheid van bestuur gewaarborgd door iedereen het recht te verlenen om bestuursdocumenten te raadplegen en er een afschrift van te krijgen. De wet- en decreetgever kunnen echter voorwaarden hiertoe bepalen.

De Vlaamse decreetgever heeft er voor geopteerd om de openbaarheidsbepalingen op te nemen in het Vlaams Bestuursdecreet van 7 december 2018. Op lokaal vlak zijn de Vlaamse openbaarheidsbepalingen van toepassing op:
- de gemeenten en districten;
- de provincies;
- de OCMW's;
- de samenwerkingsvormen, vermeld in het Decreet Lokaal Bestuur;
- de intergemeentelijke onderwijsvereniging, vermeld in het decreet van 28 november 2008 over de intergemeentelijke onderwijsvereniging (*BS* 16 januari 2009);
- de welzijnsverenigingen, vermeld in het Decreet Lokaal Bestuur;
- de autonome verzorgingsinstellingen, vermeld in het Decreet Lokaal Bestuur;
- de verzelfstandigde agentschappen die opgericht zijn door een provincie of een gemeente;
- de polders en wateringen;
- de kerkfabrieken en instellingen die belast zijn met het beheer van de temporaliën van de erediensten.

Indien andere bestuursinstanties een bevoegdheid uitoefenen die hen door het Vlaamse Gewest of de Vlaamse Gemeenschap werd toegewezen zijn bepaalde uitzonderingen op de passieve openbaarheid ook op hen van toepassing indien ze die bevoegdheid uitoefenen. Het betreft de uitzonderingen die zijn opgesomd in artikelen II.33-II.38 Bestuursdecreet.

Voor de politiezones, die federale bestuurlijke overheden zijn, is de Openbaarheidswet van 11 april 1994 (*BS* 30 juni 1994) van toepassing. De Openbaarheidswet speelt ook zijn rol voor de andere niet-federale besturen indien zij een bevoegdheid uitoefenen die hen werd toegewezen door de federale overheid. In dit geval zijn de uitzonderingsregels uit artikel 6, §1 en §2 Openbaarheidswet van toepassing.

Omwille van de hybride vorm (deels federale en deels niet-federale kenmerken) van de hulpverleningszones is er discussie over welke openbaarheidswetgeving moet worden toegepast. Uit voorzichtigheid is het aangeraden de meest ruime vorm van openbaarheid ten voordele van de burger toe te laten.

Bij de aangelegenheden politie en brandweer, waarvan de organieke wetgeving niet geregionaliseerd is, moeten de gemeenten en provincies evenzeer de wet van 12 november 1997 (*BS* 19 december 1997) toepassen. De Openbaarheidswet kent gelijklopende principes als het Bestuursdecreet. We beperken ons daarom in de besprekingen van dit hoofdstuk tot de bepalingen zoals opgenomen in het Vlaamse Bestuursdecreet.

Daarnaast kunnen ook andere wetten of decreten strengere openbaarheidsverplichtingen opleggen aan de lokale besturen.

2. Passieve openbaarheid

2.1. Recht op inzage, informatie en afschrift

Art. II.6 en II.31-32 Bestuursdecreet

777 De personeelsleden van lokale besturen zijn verplicht om behulpzaam te zijn bij ieder natuurlijk persoon, rechtspersoon of groepering ervan die informatie zoekt. De zogenaamde 'passieve openbaarheid' behelst een drieledig recht:

1) *inzagerecht*: het recht om een bestuursdocument te raadplegen en ter plaatse te zien;
2) *informatierecht*: het recht om over een bestuursdocument uitleg te verkrijgen;
3) *kopierecht*: het recht om een afschrift te ontvangen van een bestuursdocument.

Dit passieve openbaarheidsrecht wordt in de Vlaamse decreetgeving voor lokale besturen in het bijzonder geëxpliciteerd, met name in artikel 22 Decreet Lokaal Bestuur en artikel 37 Provinciedecreet [→ nr. 134, 640].

778 Het begrip 'bestuursdocument' wordt zeer ruim geïnterpreteerd als alle informatie, in welke vorm ook, die in het bezit is van een overheidsinstantie. Het kan dus gaan om schriftelijke stukken, geluids- of beeldopnamen, notulen, processen-verbaal, statistieken, contracten, films, foto's, andere digitale bestanden …

Uiteraard kan het recht slechts betrekking hebben op bestuursdocumenten waarover het lokale bestuur beschikt. Een bestuursdocument in het bezit van een personeelslid van een lokaal bestuur wordt geacht toe te behoren aan het lokale bestuur voor zover het bestuursdocument betrekking heeft op de uitoefening van de functies van de instantie. Als de lokale overheid zelf niet over de gevraagde informatie beschikt, moet ze de vraag rechtstreeks doorsturen naar de bevoegde instantie of het centrale contact- en informatiepunt van de Vlaamse overheid.
De verplichting tot openbaarmaking betekent niet dat de overheid nieuwe documenten moet creëren op basis van bestaande gegevens of documenten of dat de bestaande documenten of gegevens dienen te worden geanalyseerd. Indien de informatie 'verwerkt' moet worden, is er ook geen 'beschikbaar' document.

779 De inzage en de uitleg zijn kosteloos. De overhandiging van een afschrift is dat in principe ook, maar de lokale besturen kunnen daarvoor middels een retributie een bepaalde geldsom vragen. Het bedrag moet vooraf zijn vastgesteld op basis van een redelijke kostprijs. Personeelskosten kunnen bv. niet worden aangerekend. Behoudens een kennelijk ongegronde of buitensporige aanvraag is de eerste kopie van een informatievraag met betrekking op de persoonsgegevens van een aanvrager evenwel steeds kosteloos (artikel 15, lid 3, van de Algemene Verordening Gegevensbescherming (EU 2016/679)).

2.2. | Op verzoek

Art. II.40 en art. II.45 Bestuursdecreet

780 Het inzage-, informatie- en kopierecht kunnen slechts worden verleend op verzoek. De aanvrager moet geen belang aantonen, behalve als hij om de openbaarmaking van documenten van persoonlijke aard vraagt. In dit laatste geval is het vereiste belang slechts aanwezig bij diegene die door het document rechtstreeks persoonlijk in zijn rechtssituatie kan worden geraakt. Het bestuursdocument kan daarom ook slechts gedeeltelijk openbaar worden gemaakt door slechts de informatie te verstrekken waarvoor geen belang nodig is of waarvoor de verzoekers slechts belang bezit.

2.3. Bevoegd personeelslid

Art. II.29 Bestuursdecreet

781 De aanvraag tot openbaarmaking wordt behandeld en beslist door de volgende personen:
- voor de gemeenten, de districten en de OCMW's: de algemeen directeur;
- voor de provincies: de griffier;
- voor de polders en wateringen: de dijkgraaf van de polder of de voorzitter van de watering;
- voor de besturen van de erkende kerk- of geloofsgemeenschappen van de erkende erediensten: hun voorzitter.

De vermelde personen nemen niet alleen de eindbeslissing tot inwilliging of afwijzing, maar ook de beslissingen tot gedeeltelijke openbaarmaking en de beslissing met betrekking tot de gevraagde vorm of formaat van de informatie, en het verzoek tot herformulering van de aanvraag. Ze kunnen hun bevoegdheid ook uitdrukkelijk delegeren.

2.4. Procedure

Art. II.30 en II.40-II.46 Bestuursdecreet

782 Na ontvangst van de aanvraag registreert het lokale bestuur de aanvraag in een register en gaat het na of het bestuursdocument niet onder een van de uitzonderingsgronden valt. De aanvraag wordt z.s.m. en uiterlijk binnen 20 kalenderdagen per brief, per e-mail of, in voorkomend geval, per webformulier beantwoord. In geval van moeilijk tijdig te verzamelen informatie kan de antwoordtermijn worden verlengd met 20 kalenderdagen.
De uiteindelijke beslissing tot uitvoeren van een verzoek tot openbaarmaking moet bijgevolg binnen 20 of – in geval van verlenging – 40 kalenderdagen, na registratie, worden uitgevoerd. Dit wil zeggen dat de instantie binnen die termijn inzage moet verlenen, er uitleg over moet verschaffen of er een afschrift van moet overhandigen.

2.5. Uitzonderingen

Art. II.33-II.39 Bestuursdecreet

783 Er zijn een aantal uitzonderingen op de passieve openbaarheid van besturen. Indien een bestuursdocument gedeeltelijk onder een van de uitzonderingsgronden valt, moet de lokale overheid de openbaarmaking beperken tot de informatie die niet onder de uitzonderingsgrond valt. Dit uiteraard slechts als het mogelijk is om de genoemde informatie te scheiden van de andere informatie.

Een eerste categorie vormen de formele uitzonderingsgronden waarop het lokale bestuur kan steunen om een aanvraag tot openbaarheid niet toe te staan. Het lokale bestuur wijst de openbaarmaking af als:
- de aanvraag kennelijk onredelijk of op een te algemene wijze geformuleerd blijft na een verzoek van het lokale bestuur tot herformulering van de eerste aanvraag;
- de documenten niet af of onvolledig zijn.

Daarnaast zijn er een aantal inhoudelijke uitzonderingsgronden op basis waarvan het lokale bestuur een aanvraag tot openbaarheid kan afwijzen, met name indien deze afbreuk doet aan een van de volgende belangen:
- een geheimhoudingsplicht vastgesteld in een gewestelijke of gemeenschapsaangelegenheid;
- de bescherming van de persoonlijke levenssfeer, tenzij de betrokken persoon met de openbaarmaking instemt;
- het bij wet of decreet bepaalde geheim van de beraadslagingen van Vlaamse besturen;
- bestuursdocumenten uitsluitend opgesteld t.b.v. de uitoefening van de strafvordering of de vordering van een bestuurlijke sanctie;
- bestuursdocumenten uitsluitend opgesteld t.b.v. de mogelijke toepassing van tuchtmaatregelen, zolang de mogelijkheid om een tuchtmaatregel te nemen blijft bestaan;
- bestuursdocumenten die gegevens bevatten die door derden werden verstrekt zonder dat zij daartoe verplicht zijn en die zij uitdrukkelijk als vertrouwelijk hebben bestempeld, tenzij de betrokken persoon met de openbaarmaking instemt.

Het lokale bestuur wijst bovendien de aanvraag tot openbaarheid af als het heeft vastgesteld dat het belang van die openbaarheid niet opweegt tegen de bescherming van een van de volgende belangen:
- een economisch, financieel of commercieel belang van de overheid;
- de openbare orde en de veiligheid;
- de rechtspleging in een burgerlijk of bestuurlijk rechtsgeding en de mogelijkheid een eerlijk proces te verkrijgen;
- het vertrouwelijk karakter van:
  - de internationale betrekkingen van het Vlaamse Gewest of de Vlaamse Gemeenschap;
  - de betrekkingen van het Vlaamse Gewest of de Vlaamse Gemeenschap met de supranationale instellingen, met de federale overheid en met andere gemeenschappen en gewesten;

- commerciële en industriële informatie, als deze informatie wordt beschermd om een gelegitimeerd economisch belang te vrijwaren, tenzij degene van wie de informatie afkomstig is met de openbaarheid instemt;
- het handelen van het lokale bestuur voor zover die vertrouwelijkheid noodzakelijk is voor de uitoefening van de administratieve handhaving, de uitvoering van een interne audit of de politieke besluitvorming.

Voor de volledigheid moet worden opgemerkt dat er nog specifieke regels zijn als het om
- milieu-informatie (artikel II.36 Bestuursdecreet);
- bestuursdocumenten die meer dan 20, 50 of 100 jaar geleden zijn opgemaakt of ontvangen (art. II.37 Bestuursdecreet);
- een verzoek vanwege universiteiten, hogescholen of erkende onderzoeksinstellingen voor wetenschappelijke doeleinden (art. II.38 Bestuursdecreet).

2.6. Verbetering of aanvulling van bestuursdocumenten

Art. II.47 Bestuursdecreet

784 Als iemand vaststelt dat bestuursdocumenten onjuiste of onvolledige gegevens over hem bevatten, kan de betrokkene het lokale bestuur verplichten de gegevens te verbeteren of aan te vullen, op voorwaarde dat hij de nodige bewijsstukken kan voorleggen. De regelgeving met betrekking tot de bescherming van de natuurlijke personen bij de verwerking van de persoonsgegeven, zoals de Algemene Verordening Gegevensbescherming, moet hierbij worden gerespecteerd.

2.7. Beroep

Art. II.48-II.51 en art. III-III.92 Bestuursdecreet

785 De aanvrager kan beroep instellen tegen:
- een beslissing van een lokaal bestuur;
- het uitblijven van een beslissing van een lokaal bestuur na het verstrijken van de antwoordtermijn;
- de onwillige uitvoering van een beslissing.

Hij stelt dat beroep in bij de beroepsinstantie inzake openbaarheid van bestuur.

3. Actieve openbaarheid

Art. II.2-II.7 en II.20 Bestuursdecreet

786 De lokale besturen hebben de verplichting om de bevolking actief te informeren over hun beleid, regelgeving en dienstverlening telkens als dat nuttig, belangrijk of noodzakelijk is. De 'actieve openbaarheid van bestuur' kan verschillende vormen aannemen maar komen er telkens op neer dat de overheid het initiatief tot openbaarheid neemt zonder daarbij een vraag van een bestuurde af te wachten.

De informatie moet aan een aantal basisvoorwaarden voldoen:

- *Correct, betrouwbaar en accuraat zijn*:
  - een betwistbare, vage of dubbelzinnige informatie;
  - onduidelijke informatie moet onmiddellijk worden rechtgezet;
  - eenzijdig een bepaald aspect belichten wordt vermeden (evenwichtige informatie);
- *Relevant zijn en gericht worden verspreid*: telkens communiceren met wie de boodschap aanbelangt;
- *Tijdig en systematisch worden verspreid*:
  - burgers moeten op het ogenblik dat de informatie voor hen nuttig of nodig is worden ingelicht zodat ze hun plichten kunnen naleven en rechten kunnen uitoefenen;
  - het inlichten moet consequent en niet ad hoc gebeuren.

787 Om die actieve openbaarheid van besturen te realiseren, legt het Bestuursdecreet een aantal bijzondere verplichten op aan de lokale besturen:

1) *de relevante informatie gemakkelijk raadpleegbaar maken voor het doelpubliek* doordat die geordend, accuraat, vergelijkbaar en geactualiseerd is (art. II.3 Bestuursdecreet);
2) *meewerken aan de uitbouw van één of meerdere gezamenlijke centrale gegevensbronnen,* opgemaakt door de Vlaamse overheid, met basisinformatie van de Vlaamse overheid, de lokale overheden, de instellingen met een publieke taak en de milieu-instanties, zoals bv. de contactgegevens en informatie over dienstverlening en de gegevens van o.a. de algemeen directeur, de ambtenaar van de burgerlijke stand of de omgevingsambtenaar (art. II.5 Bestuursdecreet);
3) *een virtueel centraal kanaal ('burgerprofiel') (mee helpen) voorzien met burgergegevens* waarbij de burger een persoonlijke overzicht krijgt van de gegevens waarover de overheid beschikt en van de interacties met die overheid (art. II.7 Bestuursdecreet);
4) *het vermelden van de contactgegevens* van degene die meer inlichtingen kan verstrekken over het dossier (bv. van specifieke

ambtenaar maar ook generiek telefoonnummer of mailbox) (art. II.20 Bestuursdecreet);

5) *het aanwijzen van een communicatieverantwoordelijke* door de provincie-, gemeente- en OCMW-raad die het communicatiebeleid plant, realiseert en evalueert (art. II.64 Bestuursdecreet).

Er is eveneens een bijzondere regeling voor milieu-instanties en ook uitzonderingen voorzien voor o.a. persoonlijke, commerciële of andere vertrouwelijke informatie, zoal bepaald in artikel II.34, II.35 en II.36 van het Bestuursdecreet.

788 Merk op dat ook andere regelgeving in bijzondere openbaarheidsverplichtingen kan voorzien. Denken we bv. aan de bekendmakingsplicht van reglementen en verordeningen van de gemeente- en OCMW-raad of van het college en van de burgemeester en het vast bureau op de gemeentelijke website [→ nr. 442].

4. Vermelden van de beroepsmogelijkheden

Art. II.21 Bestuursdecreet

789 Een beslissing of een administratieve handeling met individuele strekking, die beoogt rechtsgevolgen te hebben voor een of meer bestuurden of voor een ander bestuur, wordt slechts geldig ter kennis gebracht als ook de beroepsmogelijkheden en -modaliteiten worden vermeld. Als dat niet gebeurt, heeft dit tot gevolg dat de termijn om beroep in te stellen pas aanvang neemt vier maanden nadat de betrokkene in kennis werd gesteld van de akte of beslissing met individuele strekking.

5. Bijzondere toepassing: akten en registers van de burgerlijke stand

Art. 28-30 oud Burgerlijk Wetboek

790 De voor alle burgers geldende openbaarheidswaarborgen worden middels artikel 28 e.v. van het oud Burgerlijk Wetboek geregeld. Krachtens deze bepaling kunnen in beginsel slechts de volgende personen een afschrift verkrijgen van een akte van de burgerlijke stand die minder dan honderd jaar oud is of een uittreksel krijgen uit de akte met de toestemming van de personen op wie de akte betrekking heeft:
- de persoon op wie de akte betrekking heeft;
- zijn (overlevende) echtgenoot;
- zijn (overlevende) wettelijk samenwonende;

- zijn wettelijke vertegenwoordiger;
- zijn bloedverwanten in de opgaande lijn of nederdalende lijn;
- zijn erfgenamen, hun notaris en hun advocaat.

Indien het gaat om een akte van meer dan honderd jaar oud of ingeval de familierechtbank toestemming heeft verleend kan iedereen, zelfs zonder goedkeuring van de betrokkene, een afschrift of uittreksel verkrijgen.

HOOFDSTUK 3
UITWISSELEN VAN BERICHTEN

1. Vermelden contact- en beroepsgegevens

Art. II.20-II.21 Bestuursdecreet

791 Iedereen die een bericht krijgt van de overheid moet weten waar hij terecht kan met eventuele vragen over de inhoud ervan. Daarom moet elk uitgaand bericht de contactgegevens bevatten van degene die meer inlichtingen kan verstrekken over het dossier. Het kan gaan om de naam, telefoonnummer en/of e-mailadres van een individueel personeelslid maar ook om een generiek telefoonnummer of een generieke mailbox van een instantie of een team van die instantie. Generieke contactgegevens hebben als voordeel dat de afwezigheid van een personeelslid geen gevolgen heeft voor de burger.
Daarnaast is het verplicht voor een lokaal bestuur om bij individuele beslissingen of administratieve rechtshandelingen de beroepsmogelijkheden mee te delen. Het niet vermelden van die beroepsmogelijkheid heeft als gevolg dat de beroepstermijn pas begint te lopen vier maanden na de kennisgeving. De beroepsinstanties die over de ontvankelijkheid van het beroep oordelen moeten hiermee rekening houden. De beroepsmogelijkheden zijn slechts geldig vermeld als de kennisgeving uitdrukkelijk het volgende vermeldt:
- dat vermelding dat beroep kan worden ingesteld;
- de benaming en eventueel de contactgegevens van de beroepsinstantie;
- de beroepstermijn.

2. Elektronische uitwisseling van berichten

Art. II.22-II.23 Bestuursdecreet

2.1. Procedure tot digitaal uitwisselen

792 De lokale besturen kunnen een mogelijkheid voorzien om digitaal berichten uit te wisselen, ook als de toepasselijke sectorale regelgeving enkel voorziet in een analoge uitwisseling. Als bijvoorbeeld in de toepasselijke regelgeving opgenomen is dat een bepaalde brief enkel verstuurd mag worden via de post, kan die elektronisch worden verstuurd vanaf het ogenblik dat het lokaal bestuur ook een elektronische uitwisseling voorziet. In elk geval kan een overheid,

tenzij specifieke regelgeving anders bepaalt, zich niet beperken tot het digitaal uitwisselen van berichten.
Elke lokaal bestuur kan in beginsel zelf beslissen vanaf wanneer elektronische communicatie mogelijk is. Ze moet die beslissing in elk geval bekendmaken via bv. haar website of andere kanalen.
Bij de elektronische uitwisseling moet het lokaal bestuur onweerlegbaar een voldoende graad van informatieveiligheid kunnen garanderen. In het geval de toepasselijke regelgeving niet voorziet in elektronische communicatie is het lokaal bestuur ook verplicht om de burger of externe overheid (niet de Vlaamse en/of andere lokale overheden)

- te informeren over de te volgen procedures en de rechtsgevolgen van de elektronische uitwisseling;
- vooraf uitdrukkelijk te laten instemmen met de elektronische communicatie. Als een burger of externe overheid zelf de procedure op elektronische wijze start, is dit ook een uitdrukkelijke toestemming;
- de mogelijkheid te geven om op elk moment de instemming tot elektronische communicatie in te trekken.

2.2. Rechtsgevolgen

793 Indien aan alle voorwaarden van elektronische uitwisseling is voldaan, hebben die elektronische berichten dezelfde rechtsgevolgen als analoge dragers (bv. het beginnen lopen van beroepstermijnen). Voor het bepalen van het tijdstip van verzenden en ontvangen van een bericht zijn specifieke bepalingen voorzien in artikel II.23 van het Bestuursdecreet.

2.3. Digitale aangetekende zending

794 Als het lokaal bestuur en de geadresseerde gebruikmaken van hetzelfde informatiesysteem geldt een elektronisch bericht als aangetekende zending. Onder hetzelfde informatiesysteem wordt een informatiesysteem of een combinatie van informatiesystemen begrepen waarbij er voldoende controle is over de logging van het moment/tijdstip van verzending en ontvangst van een bericht.

2.4. Elektronisch bestuurlijk gegevensverkeer

795 Het Bestuursdecreet omvat ook bijzondere regels over elektronisch bestuurlijk gegevensverkeer (o.a. het principe van de eenmalige gegevensopvraging en het principe van de authentieke gegevensbronnen) in artikelen III.65 tot III.73 Bestuursdecreet.

3. Verbod tot opvragen authentieke gegevensbronnen aan burger

Art. III.68-III.69 Bestuursdecreet

796 Het Bestuursdecreet stelt het principe van eenmalige gegevensbevraging ('only once'-principe) voorop. Aan burgers en ondernemingen mogen geen gegevens worden gevraagd die bij de overheid al beschikbaar zijn. Het zijn in principe de authentieke gegevensbronnen die een overheidsinstantie eenmalig opslaat en ontsluit voor de andere overheidsinstanties die dit gegeven niet langer bij de gebruiker moeten opvragen.
Als Vlaamse authentieke gegevensbron zijn vandaag erkend:
- het adressenregister (CRAB);
- het Grootschalig referentiebestand (GRB);
- voorkooprechten;
- bedrijventerreinen;
- de Leer- en Ervaringsbewijzendatabank (LED).

Ook de volgende federale gegevensbronnen moeten worden gebruikt:
- het Rijksregister;
- de Kruispuntbank Ondernemingen (KBO);
- de Kruispuntbank Sociale Zekerheid (KSZ);
- de sociale gegevensbronnen.

Alleen als er geen verplicht te gebruiken gegevensbron bestaat, kunnen de overheidsinstanties gegevens bij de burger of bij een nog niet verplicht te gebruiken gegevensbron opvragen. De Vlaamse Regering zal de datum bepalen vanaf wanneer de burgers, zonder verlies van rechten, kunnen weigeren om bepaalde gegevens ter beschikking te stellen van de overheidsinstantie. De Vlaamse Regering bepaalt daarbij telkens nader onder welke voorwaarden het weigeringsrecht wordt toegestaan en welke de gevolgen van het weigeringsrecht zijn voor de betrokken burger en voor de betrokken overheidsinstantie.

HOOFDSTUK 4
TAALGEBRUIK

1. Taalgebruik in bestuurszaken

1.1. De taalgebieden

Art. 4 Gw. en art. 2-8 SWT

797 België is verdeeld in vier *taalgebieden*:
1) *het Nederlandse taalgebied* dat de provincies Antwerpen, Limburg, Oost-Vlaanderen, West-Vlaanderen en Vlaams-Brabant omvat;
2) *het Franse taalgebied* dat de provincies Henegouwen, Namen, Luxemburg, Luik (behalve de Duitstalige gemeenten vermeld onder punt 4) en Waals-Brabant omvat;
3) *het tweetalig arrondissement Brussel-Hoofdstad* dat 19 gemeenten omvat;
4) *het Duitstalig gebied* dat volgende gemeenten omvat: Kelmis, Lontzen, Raeren, Eupen, Bütgenbach, Büllingen, Amel, Sankt-Vith en Burg-Reuland.

Het tweetalig *arrondissement Brussel-Hoofdstad* omvat de volgende gemeenten: Anderlecht, Brussel, Elsene, Etterbeek, Evere, Ganshoren, Jette, Koekelberg, Oudergem, Schaarbeek, Sint-Agatha-Berchem, Sint-Gillis, Sint-Jans-Molenbeek, Sint-Joost-ten-Node, Sint-Lambrechts-Woluwe, Sint-Pieters-Woluwe, Ukkel, Vorst en Watermaal-Bosvoorde.

Rond Brussel-Hoofdstad werden zes gemeenten uit het Vlaamse Gewest, de zogenaamde *randgemeenten*, met een bijzondere taalregeling toegekend. Het gaat om de gemeenten Drogenbos, Kraainem, Linkebeek, Sint-Genesius-Rode, Wemmel en Wezembeek-Oppem.

Langs de taalgrens tussen Vlaanderen en Wallonië kregen een aantal andere gemeenten, de zogenaamde *taalgrensgemeenten*, eveneens een bijzondere regeling. Het betreft de gemeenten Mesen, Spiere-Helkijn, Moeskroen, Komen, Vloesberg, Ronse, Edingen, Bever, Herstappe en Voeren.

Ook twee gemeenten langs de taalgrens tussen Wallonië en het Duitse taalgebied bezitten een speciale regeling: Malmédy en Waimes.

1.2. De bestuurstaal in gemeenten en OCMW's

798 De Wetten op het Gebruik van de Talen in Bestuurszaken van 18 juli 1966 (*BS* 2 augustus 1966, kortweg 'SWT') maken een onderscheid tussen:
1) *plaatselijke diensten* waarvan de werkkring niet meer dan één gemeente bestrijkt (bv. gemeenten en OCMW's);
2) *gewestelijke diensten* waarvan de werkkring meer dan één gemeente maar niet het ganse land bestrijkt (bv. provincies).

In deze bespreking beperken we ons tot de taalregeling in plaatselijke diensten.

1.2.1. Nederlands en Frans taalgebied

Art. 10-16 SWT

799 Iedere gemeentelijke dienst die in het Nederlandse of het Franse taalgebied gevestigd is, gebruikt *uitsluitend* de taal van zijn gebied:
- in zijn binnendiensten;
- in zijn betrekkingen met de diensten waaronder hij ressorteert;
- in zijn betrekkingen met de andere diensten uit hetzelfde taalgebied en Brussel-Hoofdstad;
- voor de berichten, mededelingen en formulieren die voor het publiek bestemd zijn;
- in zijn betrekkingen met particulieren, al kan aan particulieren uit een ander taalgebied in hun taal worden geantwoord;
- voor akten die particulieren aangaan;
- voor de overschrijving van de akten van de burgerlijke stand;
- voor de uitreiking van getuigschriften, verklaringen, machtigingen en vergunningen aan particulieren.

Iedere belanghebbende, die er de noodzaak van aantoont, kan zich kosteloos een gewaarmerkte vertaling laten uitreiken van de akten die hem betreffen, van getuigschriften, verklaringen, machtigingen en vergunningen. In de gemeentelijke diensten kan niemand tot een ambt benoemd of bevorderd worden als hij de taal van het gebied niet kent.

Toeristische gemeenten mogen beslissen dat de berichten en mededelingen, die voor de toeristen bestemd zijn, in ten minste drie talen worden opgesteld.

Voor de gemeenten uit het Malmedyse gelden bijzondere uitzonderingen.

1.2.2. Duits taalgebied

800 In het Duitse taalgebied gelden dezelfde regels als in het Nederlandse en Franse taalgebied, met volgende bijzondere regelingen:
- de berichten, mededelingen en formulieren die voor het publiek bestemd zijn worden in het Duits én in het Frans gesteld;
- een particulier kan zonder kosten en zonder verantwoording een Franse vertaling bekomen van akten;
- getuigschriften, verklaringen, machtigingen en vergunningen worden in het Duits of het Frans gesteld naar keuze van de betrokkene;
- de gemeentediensten worden zo georganiseerd dat het publiek zonder enige moeite in het Frans of het Duits te woord kan worden gestaan.

1.2.3. De taalgrens- en randgemeenten

801 Verderop in dit zakboekje bespreken we de bijzondere regeling voor de taalgrens- en randgemeenten [→ nr. 833].

1.3. Toezicht en sancties

Art. 57-65*bis* SWT

802 De toezichthoudende overheid of de bestuurlijke rechtscolleges kunnen bestuurlijke handelingen en verordeningen vernietigen indien zij strijdig zijn met de bestuurstaalwetgeving. De vaststelling van de nietigheid verjaart na vijf jaar.

Om te waken over de toepassing van de Bestuurstaalwet werd bovendien een Vaste Commissie voor Taaltoezicht ingesteld. Zij bestaat uit elf leden die de Koning voor vier jaar benoemt onder de kandidaten die werden voorgedragen door het Vlaams Parlement (5 mandaten), het Parlement van de Franse Gemeenschap (5 mandaten) en het Parlement van de Duitstalige Gemeenschap (1 mandaat).

Ze beschikt over verschillende bevoegdheden waaronder:
- *het verlenen van een advies*, op vraag van de minister, over alle zaken van algemene aard die verband houden met de bestuurstaalwet;
- *de naleving van de Bestuurstaalwet onderzoeken* in openbare diensten op eigen initiatief of na een klacht van een inwoner woonachtig in een taalgrensgemeente, randgemeente, een Duitstalige faciliteitengemeente of een gemeente uit Brussel-Hoofdstad. De commissie kan zelfs in de plaats treden van de gemeente indien de gemeente het advies van de commissie niet naleeft;

– *het instellen van een annulatieberoep* tegen bestuurshandelingen die tot stand zijn gekomen in strijd met de bestuurstaalwet.

803 De arrondissementscommissaris te Moeskroen wordt, naast zijn normale opdrachten, belast met het toezicht over de toepassing van de taalwetten in de gemeentediensten in het arrondissement Moeskroen.

Voor de gemeente Voeren wordt een commissaris-adjunct van de arrondissementscommissaris van Tongeren benoemd, die de opdrachten van de arrondissementscommissaris uitoefent en tevens toezicht houdt op de naleving van de taalwetten.

De regeringscommissaris van het administratief arrondissement Brussel-Hoofdstad, vice-gouverneur, is belast met het toezicht op de toepassing van de wetten en verordeningen op het gebruik van de talen in bestuurszaken in de gemeenten van het administratief arrondissement Brussel-Hoofdstad. De regeringscommissaris, adjunct van de gouverneur van de provincie Vlaams-Brabant, bezit dezelfde opdracht t.a.v. de randgemeenten.

2. Taalgebruik bij de eedaflegging en in de gemeenteraad

804 De mandatarissen leggen in het Nederlandse taalgebied hun eed in het Nederlands af. De voertaal in de gemeenteraden en in de colleges in het Nederlandse taalgebied is dan ook het Nederlands. Ook de teksten die de werkzaamheden van die vergaderingen betreffen worden in het Nederlands opgesteld.

De miskenning van de bestuurstaal heeft de nietigheid van het document of de handeling tot gevolg.

DEEL VI
BRUSSEL, TAALGRENS- EN RANDGEMEENTEN

HOOFDSTUK 1 BRUSSEL: HOOFDSTAD, GEWEST EN AGGLOMERATIE 427

1. Het begrip 'Brussel' 427
2. Het Brusselse gebied 430
3. Gemeenten uit agglomeratie Brussel 431

HOOFDSTUK 2 BIJZONDERE MAATREGELEN VOOR DE RAND- EN TAALGRENSGEMEENTEN 433

1. Randgemeenten en taalgrensgemeenten 433
2. De bestuursorganen 434
3. Bestuurlijk toezicht 438
4. Taalgebruik 439

HOOFDSTUK 1
BRUSSEL: HOOFDSTAD, GEWEST EN AGGLOMERATIE

1. Het begrip 'Brussel'

1.1. Stad Brussel

805 Het begrip 'Brussel' dekt in onze staatsstructuur verscheidene ladingen. Vooreerst is er de *stad Brussel* als grondwettelijk verankerde hoofdstad van België. De Kamer van volksvertegenwoordigers, de Senaat en de federale regering zetelen er. Ook het Vlaams Parlement en het Parlement van de Franse Gemeenschap en hun respectieve regeringen vestigden er hun zetel. Het Waals Parlement zetelt in Namen. Tot slot hebben ook de Europese Commissie en de commissies van het Europees Parlement er zitting.

1.2. Brussels Hoofdstedelijk Gewest

806 Ten tweede vormt Brussel – naast Vlaanderen en Wallonië – ook een gewest, bevoegd voor de zogenaamde plaatsgebonden of gewestelijke materies (huisvesting, ruimtelijke ordening, leefmilieu ...). Het *Brussels Hoofdstedelijk Gewest* heeft een eigen Brussels Hoofdstedelijk Parlement en een Brusselse Hoofdstedelijke Regering. De eerste verkiezingen voor het parlement hadden plaats op zondag 18 juni 1989. Het Brussels Hoofdstedelijk Parlement vaardigt echter geen decreten maar ordonnanties uit.

In de schoot van het Brussels Hoofdstedelijk Parlement werden de Vlaamse Gemeenschapscommissie en de Franse Gemeenschapscommissie opgericht. Zij hangen af van respectievelijk de Vlaamse Gemeenschap en de Franse Gemeenschap en voeren bepaalde gemeenschapsbevoegdheden (persoonsgebonden aangelegenheden) uit. Samen vormen zij de Gemeenschappelijke Gemeenschapscommissie.

1.3. Brusselse agglomeratie

807 Ten derde is er de *Brusselse agglomeratie*. Sinds 1971 voorzag de Belgische wetgeving de mogelijkheid om agglomeraties en federaties van gemeenten op te richten. Alleen voor de 19 gemeenten uit de Brusselse agglomeratie en voor de Brabantse gemeenten rond Brussel werden ze ook effectief opgericht. De vijf zogenaamde 'randfederaties' Halle, Asse, Zaventem, Tervuren en Vilvoorde werden echter al in 1975 opgeheven, zodat de Brusselse agglomeratie als unicum overbleef. De wet van 12 januari 1989 doekte de bijhorende agglomeratieraad op, hoewel de agglomeratie zelf niet formeel is afgeschaft. De bevoegdheden ervan (zoals het ophalen en verwerken van huisvuil, de brandweer, het bezoldigde personenvervoer) droeg men over aan het hiervoor genoemde Brussels Hoofdstedelijk Gewest.

1.4. Tweetalig gebied Brussel-Hoofdstad

808 Ten vierde vormt Brussel het grondwettelijk afgebakende *tweetalige gebied Brussel-Hoofdstad*, bestaande uit 19 gemeenten. Door de splitsing van de provincie Brabant op 1 januari 1995 in een provincie Vlaams-Brabant en een provincie Waals-Brabant werd het tweetalig gebied Brussel-Hoofdstad zelf aan de indeling in provincies onttrokken. Het gebied behoort dus niet langer tot een van de tien provincies en bestaat dus als een afzonderlijk tweetalig *arrondissement Brussel-Hoofdstad.*

1.5. Arrondissement Brussel-Hoofdstad

809 Het *arrondissement Brussel-Hoofdstad* is dus het restant na de splitsing van de provincie Brabant in de provincie Vlaams-Brabant, de provincie Waals-Brabant en het arrondissement Brussel-Hoofdstad. Het gaat om een louter administratieve onderverdeling. Er is geen politieke of burgerlijke vertegenwoordiging aanwezig. Het arrondissement bezit geen rechtspersoonlijkheid en kan dus ook niet in rechte optreden.

Met uitzondering van de gemeenschapsbevoegdheden worden de 'provinciale' bevoegdheden voor dit provincieloze gebied toegekend aan het Brussels Hoofdstedelijk Gewest (art. 163 van de Grondwet en art. 83*quinquies* bijzondere wet van 12 januari 1989 met betrekking tot de Brusselse Instellingen, BS 14 januari 1989). De organen van het Brussels Hoofdstedelijk Gewest oefenen tevens de provinciale taken van algemeen bestuur, die geen gemeenschapsaangelegenheden zijn, uit. Er bestaat dus geen provincieraad of deputatie voor dit arrondissement.

De bevoegdheden inzake gemeenschapsaangelegenheden gemeen aan beide gemeenschappen van Brussel-Hoofdstad (de zogenaamde bicommunautaire aangelegenheden) oefent de Gemeenschappelijke Gemeenschapscommissie uit.

De bevoegdheden inzake de andere gemeenschapsaangelegenheden (de zogenaamde unicommunautaire aangelegenheden) komen toe aan de Vlaamse en de Franse Gemeenschap. Voor deze aangelegenheden worden de provinciale instellingen overgedragen aan de Vlaamse Gemeenschapscommissie en aan de Franse Gemeenschapscommissie.

Na de zesde staatshervorming werd de functie van provinciegouverneur binnen het administratief arrondissement Brussel-Hoofdstad afgeschaft. Een aantal van zijn bevoegdheden worden voortaan uitgeoefend door de minister-president van de Brusselse Regering of een door die regering aangeduide hoge ambtenaar; het gaat om bevoegdheden in het kader van het handhaven van de openbare orde, de coördinatie van het veiligheidsbeleid en de monitoring en registratie van de criminaliteit en de harmonisatie van politiereglementen. Andere voormalige bevoegdheden van de provinciegouverneur oefent de Brusselse regering zelf uit, met name bevoegdheden in het kader van het gewestelijk veiligheidsplan en het toezicht op de begrotingen van de politiezones. De bevoegdheden in het kader van het samenvoegen van administratieve diensten van de politiezones en de coördinatie van preventiebeleidslijnen worden door het Brusselse Parlement en de Brusselse Regering uitgeoefend (art. 48 Bijzondere wet van 12 januari 1989 met betrekking tot de Brusselse Instellingen, *BS* 14 januari 1989 *juncto* art. 4, §2*quater* wet van 26 juli 1971 houdende organisatie van de agglomeraties en de federaties van gemeenten, *BS* 24 augustus 1971).

Binnen het administratief arrondissement Brussel-Hoofdstad werden daarenboven enkele bijzondere taken toegekend aan de vicegouverneur die de hoedanigheid van regeringscommissaris van de federale regering bezit (art. 5 Provinciewet). Daarnaast is hij belast met het toezicht op de toepassing van de wetten en verordeningen op het gebruik van de talen in bestuurszaken in de gemeenten van het administratief arrondissement Brussel-Hoofdstad (art. 65 SWT).

1.6. Hoofdstedelijke gemeenschap van Brussel

810 Tot slot richtte de bijzondere wetgever bij de zesde staatshervorming een *hoofdstedelijke gemeenschap van Brussel* op. Zij staat in voor het overleg van gewestelijke aangelegenheden die meerdere gewesten aanbelangen (art. 92*bis*, §7, BWHI). Daarbij denken we in het bijzonder aan mobiliteit, verkeersveiligheid en de wegenwerken vanuit, naar en rond Brussel. De gewesten zijn lid van de hoofdstedelijke gemeenschap en de vertegenwoordigers van hun regeringen hebben er zitting in. Alle gemeenten van het Brussels Hoofdstedelijke Gewest en van de provincies Vlaams-Brabant en

Waals-Brabant, evenals de federale overheid zijn van rechtswege lid van de hoofdstedelijke gemeenschap. De provinciebesturen van Vlaams-Brabant en Waals-Brabant kunnen vrij toetreden. Voor deze oprichting is evenwel nog een samenwerkingsakkoord vereist.

2. | Het Brusselse gebied

811 De 19 gemeenten die de Brusselse agglomeratie uitmaken zijn: Anderlecht, Brussel, Elsene, Etterbeek, Evere, Ganshoren, Jette, Koekelberg, Oudergem, Schaarbeek, Sint-Agatha-Berchem, Sint-Gillis, Sint-Jans- Molenbeek, Sint-Joost-ten-Node, Sint-Lambrechts-Woluwe, Sint-Pieters-Woluwe, Ukkel, Vorst en Watermaal-Bosvoorde.

Rond dit Brusselse gebied zijn er zes randgemeenten, die tot het Vlaamse Gewest behoren, maar over een aparte 'taalfaciliteitenregeling' beschikken: Drogenbos, Kraainem, Linkebeek, Sint-Genesius-Rode, Wemmel en Wezenbeek-Oppem.

3. Gemeenten uit agglomeratie Brussel

3.1. Taalregeling

Art. 17-21 SWT

812 De 19 Brusselse gemeenten zijn grondwettelijk tweetalig. Het Nederlands en het Frans dienen er op voet van gelijkheid te worden behandeld.

De gemeentebesturen gebruiken in hun binnendiensten of in hun betrekkingen met andere diensten uit het gebied Brussel-Hoofdstad het Nederlands of het Frans zonder beroep te doen op vertalers naargelang de zaak:
- te lokaliseren is in het Nederlandse taalgebied of daar haar oorsprong vindt: het Nederlands;
- te lokaliseren is in het Franse taalgebied of daar haar oorsprong vindt: het Frans.

Is de zaak niet te lokaliseren of vindt ze haar oorsprong in het gebied Brussel-Hoofdstad dan moet een drievoudig onderscheid gemaakt worden:
1) is de zaak door een particulier ingediend: de taal van de particulier wordt gebruikt;
2) betreft het een ambtenaar van de dienst: de taal van zijn toelatingsexamen wordt gebruikt;
3) in de andere gevallen: de taal van het toelatingsexamen van de ambtenaar aan wie de zaak wordt toevertrouwd, wordt gebruikt. Indien de ambtenaar geen toelatingsexamen heeft afgelegd, gebruikt hij zijn hoofdtaal.

In hun betrekkingen met diensten uit het Nederlandse of Franse taalgebied gebruiken de gemeentebesturen respectievelijk het Nederlands en het Frans. De berichten, mededelingen en formulieren die voor het publiek bestemd zijn, worden in het Nederlands én in het Frans gesteld. Ook de dienstorders en de onderrichtingen aan het personeel, evenals de formulieren en drukwerken voor de binnendienst, worden in het Nederlands en in het Frans gesteld.

In hun betrekkingen met particulieren wordt naar keuze van de particulier het Nederlands of het Frans gebruikt. Hetzelfde geldt voor de aan particulieren af te geven akten, getuigschriften, verklaringen, machtigingen en vergunningen. De akten van de burgerlijke stand schrijft de gemeente in de oorspronkelijke taal over voor zover dit het Nederlands of het Frans is.

Voor iedere kandidaat die dingt naar een ambt of betrekking in de plaatselijke diensten gevestigd in Brussel-Hoofdstad is de kennis van het Nederlands of het Frans vereist. Wanneer men bij de uitoefening van het ambt of betrekking in contact komt met het publiek, moet deze persoon kunnen aantonen dat hij een aan de functie aangepaste voldoende of elementaire kennis bezit van de tweede taal. Bepaalde ambten vereisen bovendien een 'voldoende kennis' van de tweede taal.

3.2. Schepencollege

Art. 279 N.Gem.W.

813 De Lambermont-akkoorden, verwoord in o.m. de wet van 13 juli 2001, werkten een aparte regeling uit voor de gemeenten van het Brussels Hoofdstedelijk Gewest, wat de samenstelling van het schepencollege betreft. In de eerste plaats voorziet men in een procedure tot aanduiden van een extra schepen zodat beide taalgroepen steeds in het schepencollege zijn vertegenwoordigd.

In de gemeenten van het Brussels Hoofdstedelijk Gewest kan de gemeenteraad het wettelijk vastgelegde aantal schepenen overschrijden met één extra schepen indien
1) een of meer schepenen van de Nederlandse taalaanhorigheid zijn verkozen, en
2) een of meer schepenen van de Franse taalaanhorigheid zijn verkozen.

De gemeenteraad kan een extra schepen verkiezen respectievelijk van de Nederlandse dan wel de Franse taalaanhorigheid als
1) het aantal in functie zijnde schepenen overeenkomt met het aantal wettelijk vastgelegde schepenen, en
2) geen enkele van deze schepenen ofwel van de Nederlandse ofwel van de Franse taalaanhorigheid is.

814 Bij de normale procedure tot voordracht van de burgemeester van een gemeente van het Brussels Hoofdstedelijk Gewest waarbij de voordrachtsakte is getekend door zowel een gekozene van de Nederlandse als de Franse taalaanhorigheid dan moet het schepencollege bestaan uit:
1) ten minste één schepen van de Franse taalaanhorigheid;
2) ten minste één schepen van de Nederlandse taalaanhorigheid.

Aan deze verplichting kan worden voldaan door het wettelijk vastgelegde aantal schepenen te verhogen met één. Aan die verplichting wordt ook voldaan als de OCMW-voorzitter – die in het Brussels Gewest wel nog een uitvoerend mandaat bekleedt – behoort tot de taalgroep die overeenstemt met die welke niet is vertegenwoordigd in het college van burgemeester en schepenen.

HOOFDSTUK 2
BIJZONDERE MAATREGELEN VOOR DE RAND- EN TAALGRENS-GEMEENTEN

1. Randgemeenten en taalgrensgemeenten

Art. 7 en 8 SWT

815 De Pacificatiewet van 9 augustus 1988 werkte een politieke oplossing uit voor het probleem 'Voeren'. Deze oplossing heeft echter gevolgen voor andere taalgrens- en randgemeenten.

In de zes Vlaamse 'randgemeenten' rond Brussel genieten Franstaligen faciliteiten:
- Drogenbos;
- Kraainem;
- Linkebeek;
- Sint-Genesius-Rode;
- Wemmel;
- Wezembeek-Oppem.

816 In de 'taalgrensgemeenten' verleent de regelgever taalfaciliteiten aan de minderheidstaalgroep omwille van de specifieke ligging van de gemeente aan de taalgrens.

De zes Vlaamse taalgrensgemeenten met faciliteiten voor de Franstaligen zijn:
- Mesen;
- Spiere-Helkijn;
- Ronse;
- Bever;
- Herstappe;
- Voeren.

In de Franse Gemeenschap liggen vier taalgrensgemeenten met faciliteiten voor Nederlandstaligen:
- Komen-Waasten;
- Moeskroen;
- Vloesberg;
- Edingen.

817 Voorts zijn er twee gemeenten in de Franse Gemeenschap met faciliteiten voor Duitstaligen (Malmedy en Weismes) en bezitten de

Franstaligen faciliteiten in de negen gemeenten van de Duitse Gemeenschap. Zij vallen niet onder de noemer taalgrensgemeente. We gaan niet verder in op deze Duitstalige faciliteitengemeenten.

2. De bestuursorganen

2.1. Maatregelen voor de randgemeenten, Komen en Voeren

818 Een aantal maatregelen slaan alleen op de zes Brusselse randgemeenten en op de gemeenten Komen-Waasten en Voeren.

2.1.1. College van burgemeester en schepen

2.1.1.1. Schepenverkiezing

Art. 15, §2 en 16 N.Gem.W.

819 De inwoners van de voormelde acht gemeenten kunnen hun schepenen rechtstreeks verkiezen. De zeteltoewijzing geschiedt door het stelsel-D'Hondt toe te passen op de door de verschillende lijsten behaalde stemmen. De Belgische verkozen raadsleden bekleden een schepenmandaat conform de volgorde van hun verkiezing.

2.1.1.2. Consensusregel

Art. 107 N.Gem.W.

820 Het schepencollege beslist bij consensus. Bij gebrek aan consensus legt de burgemeester de zaak ter beslissing aan de gemeenteraad voor.

2.1.1.3. Waarnemend burgemeester

Art. 14 N.Gem.W.

821 Indien bij de installatie van de gemeenteraad nog geen burgemeester werd benoemd, wijst de gemeenteraad een Belgische schepen of gemeenteraadslid aan om het ambt van burgemeester waar te nemen. Het gaat om een waarnemend mandaat in afwachting van een definitieve benoeming.

2.1.2. Het OCMW

2.1.2.1. Rechtstreekse verkiezing OCMW-raadsleden

Art. 17*bis* OCMW-Wet

822 Op de dag van de gemeenteraadsverkiezingen kunnen de inwoners van de randgemeenten en de gemeente Voeren ook de OCMW-raadsleden rechtstreeks verkiezen. Het KB van 26 augustus 1988 (*BS* 31 augustus 1988) legt de bijzondere regels ter zake vast.

Voor de Vlaamse randgemeenten en voor Voeren legt het Besluit van de Vlaamse Regering van 25 mei 2018 (*BS* 7 juni 2018) het aantal OCMW-raadsleden als volgt vast:

Gemeente	*Aantal OCMW-raadsleden*
Drogenbos	9
Kraainem	9
Linkebeek	9
Sint-Genesius-Rode	11
Wemmel	11
Wezembeek-Oppem	9
Voeren	9

2.1.2.2. OCMW-voorzitter

Art. 25*bis* OCMW-Wet

823 De bevoegde gemeenschapsoverheid (in Vlaanderen: de Vlaamse Regering) benoemt de OCMW-voorzitter op voorstel van de OCMW-raad. In tegenstelling tot de reguliere regeling blijft in de randgemeenten de OCMW-voorzitter een uitvoerend mandaat bekleden. Is er bij de installatievergadering nog geen voorzitter benoemd, dan wijst de raad een waarnemend voorzitter aan.

2.1.2.3. Vast Bureau

Art. 27*bis* OCMW-Wet

824 Het vast bureau, dat verplicht wordt opgericht, wordt in de acht vernoemde gemeenten *mutatis mutandis* op dezelfde manier als bij de schepenverkiezing rechtstreeks door de gemeenteraadskiezers verkozen.

Voor de Vlaamse randgemeenten en voor Voeren legt het Besluit van de Vlaamse Regering van 25 mei 2018 (*BS* 7 juni 2018) het aantal leden van het vast bureau als volgt vast:

Gemeente	*Aantal leden*
Drogenbos	3
Kraainem	3
Linkebeek	3
Sint-Genesius-Rode	4

Gemeente	*Aantal leden*
Wemmel	4
Wezembeek-Oppem	3
Voeren	3

2.2. Maatregelen uitsluitend voor Voeren en Komen

825 Voor Voeren en – als politiek pendant – voor Komen-Waasten voorziet de wetgever een viertal aparte maatregelen.

2.2.1. Benoeming van de burgemeester

Art. 13 N.Gem.W.

826 Een buiten de gemeenteraad benoemde burgemeester is in Voeren eveneens mogelijk volgens dezelfde wijze als beschreven in de regels uit het Decreet Lokaal Bestuur [→ nr. 286], m.u.v. het gegeven dat een advies van de provinciegouverneur moet worden ingewonnen nadat het college van provinciegouverneurs hun advies hebben verleend.

2.2.2. Tucht bij schepenen

Art. 83 N.Gem.W.

827 De procedure van schorsing of afzetting van een schepen overeenkomstig artikel 71 Decreet Lokaal Bestuur is in Voeren eveneens van toepassing [→ nr. 215]. Indien het gaat om een schepen uit de gemeente Voeren kan de Vlaamse Regering echter slechts een beslissing nemen op eensluidend advies van het college van provinciegouverneurs.

2.2.3. College van provinciegouverneurs

Art. 131*bis* Prov.Wet

828 Het college van provinciegouverneurs brengt advies uit over bepaalde voorstellen van beslissing die uitgaan van de gouverneur van Limburg of van Henegouwen en die de gemeenten Voeren en Komen betreffen.

Het college bestaat uit tien leden, met name de tien gouverneurs van de tien provincies die twee taalgroepen van elk vijf leden vormen. Het beslist bij meerderheid van stemmen. Bij staking van stemmen wordt een negatief advies uitgebracht. Om geldig te kunnen beslissen dienen ten minste zes leden aanwezig te zijn, onder wie een gelijk aantal Nederlands- en Franstaligen. Zijn er méér van de ene dan van de andere taalgroep aanwezig, dan onthouden de jongst benoemden van de meest omvangrijke taalgroep zich.

Het college vergadert elke maand. Het voorzitterschap komt om beurt en voor één jaar toe aan het lid met de grootste anciënniteit van elke taalgroep. De bijzondere werkingsregels zijn vastgelegd in het KB van 6 september 1988 (*BS* 7 september 1988).

2.2.4. Parlementsverkiezingen in Aubel en Heuvelland

Art. 89*bis* Kieswetboek

829 Voor de verkiezingen voor de Kamer van volksvertegenwoordigers, de Senaat en de provincie krijgen de inwoners van Voeren en Komen de mogelijkheid om hun stem uit te brengen voor kandidaten uit het Luikse, respectievelijk het Kortrijkse. Zij kunnen dan hun effectieve stem uitbrengen in de gemeente Aubel, respectievelijk Heuvelland.

2.3. Maatregelen uitsluitend voor de randgemeenten

2.3.1. Benoeming van de burgemeester

Art. 13*bis* N.Gem.W.

830 Als gevolg van de zesde staatshervorming gelden nieuwe bijzondere regels voor de zes randgemeenten. De voordracht van deze burgemeesters gebeurt via de gewoonlijke voordrachtsakte. De gemeenteraad stemt vervolgens over de voordracht. Indien de gemeenteraad instemt, verkrijgt de voorgedragen persoon, in afwachting van de goedkeuring door de Vlaamse Regering, de titel van 'aangewezen-burgemeester'. Hij kan vanaf dat ogenblik alle functies uitoefenen zoals die een burgemeester gewoonlijk zijn toevertrouwd. De aangewezen-burgemeester wordt desgevallend niet als schepen vervangen.

De Vlaamse Regering beschikt over een termijn van 60 dagen, vanaf ontvangst van de voordrachtsakte, om de benoeming al dan niet te weigeren. Indien de Vlaamse Regering de aangewezen-burgemeester benoemt of indien zij geen beslissing meedeelt binnen de haar toegewezen termijn, is de aangewezen-burgemeester definitief benoemd. Desgevallend wordt hij op dit ogenblik wel als schepen vervangen.

Ingeval de Vlaamse Regering de definitieve benoeming weigert, deelt zij deze beslissing tot weigering mee aan de aangewezen-burgemeester, aan de gouverneur en de adjunct-gouverneur van de provincie Vlaams-Brabant, aan de algemeen directeur van de betrokken gemeente en aan de algemene vergadering van de afdeling bestuursrechtspraak van de Raad van State.

Het komt vervolgens de algemene vergadering van de Raad van State (afdeling bestuursrechtspraak) toe om zich uit te spreken over de weigering. Indien de Raad van State de weigeringsbeslissing tot benoeming teniet doet, leidt haar arrest tot de definitieve benoeming van de aangewezen-burgemeester.

Indien de Raad van State de weigeringsbeslissing bevestigt of de aangewezen-burgemeester heeft niet (tijdig) een memorie ingediend, dan wordt de weigering definitief. De gemeenteraad beschikt vervolgens over 30 dagen om opnieuw in te stemmen met een nieuwe voordrachtsakte. De geweigerde voorgedragen kandidaat-burgemeester kan tijdens eenzelfde bestuursperiode niet meer opnieuw worden voorgedragen, tenzij op basis van nieuwe feiten of gegevens.

De procedure kan dus eindeloos doorgaan. Na elke geweigerde benoeming kan de gemeenteraad een andere kandidaat voordragen waarop de gehele procedure opnieuw begint.

3. Bestuurlijk toezicht

Art. 254, 258 en 264-266 N.Gem.W.

831 In de gemeente Voeren en Komen is een bijzondere regeling uitgewerkt voor de uitoefening van het bestuurlijk toezicht.

3.1. Schorsings- en vernietigingstoezicht door provinciegouverneur

832 Wat de gemeenten Komen en Voeren betreft is het de provinciegouverneur die de uitvoering van een beslissing kan schorsen indien een gemeenteoverheid, de politieraad of het politiecollege haar bevoegdheid overschrijdt, de wet schendt of het algemeen belang schaadt. De provinciegouverneur beschikt eveneens over de daaropvolgende vernietigingsbevoegdheid.

Er is een gelijkaardig dwangtoezicht als in het Decreet Lokaal Bestuur [→ nr. 609], met dien verstande dat ook hier de provinciegouverneur de leidende rol op zich neemt.

3.2. Op eensluidend advies

De gouverneurs van Limburg en Henegouwen kunnen hun vernietigingsbeslissing slechts nemen op eensluidend advies van het college van provinciegouverneurs [→ nr. 828]. Wanneer dat college over het voorstel tot vernietiging een negatief advies uitbrengt, kan de gouverneur eventueel een tweede en laatste met andere redenen omkleed voorstel doen. De provinciegouverneur kan niet meer vernietigen ingeval het college van provinciegouverneurs over dit tweede voorstel opnieuw negatief advies uitbrengt. Hij kan ofwel zich onthouden ofwel aan de gemeente, de politieraad of het politiecollege meedelen dat hij van de vernietiging afziet, waardoor van rechtswege de opheffing van de schorsing volgt.

De uitoefening van het dwangtoezicht kan slechts nadat in eerste orde het college van provinciegouverneurs reeds een positief advies verleende.

Dit geldt niet voor toezichtsbesluiten genomen 'uitsluitend wegens schending van de taalwetgeving'. In dit geval brengt de gouverneur het college onmiddellijk op de hoogte van zijn voornemen. Het college spreekt zich – vooraleer de gouverneur zijn wettelijke bevoegdheid inzake toezicht heeft uitgeoefend – uit over de vraag of het inderdaad om een schending van de taalwetgeving gaat of niet.

4. Taalgebruik

4.1. Diensten van de gemeente en het OCMW

4.1.1. Taalgrensgemeenten

Art. 10-16 SWT

833 De berichten, mededelingen en formulieren die voor het publiek zijn bestemd moet de gemeente in het Frans en het Nederlands opstellen.

In betrekkingen met particulieren moet de gemeente het Nederlands of het Frans gebruiken, zoals de particulier dit wenst. De akten die particulieren betreffen moeten in de taal van het taalgebied worden gesteld. Een kosteloze, gewaarmerkte vertaling aanvragen is mogelijk.

Getuigschriften, verklaringen, machtigingen en vergunningen stelt men op in het Frans of het Nederlands, zoals de betrokkene wenst.

Er geldt een bijzonder regeling voor de akten van de burgerlijke stand.

834 Personeelsleden die met het publiek in contact komen, moeten over een 'elementaire kennis' van de tweede taal beschikken. Voor sommige hoge ambtenaren, zoals de gemeentelijke algemeen directeur, de gemeentelijke financieel directeur, de politiecommissaris, de algemeen directeur en financieel directeur van het OCMW, is zelfs een 'voldoende kennis' vereist.

4.1.2. | Randgemeenten

Art. 23-31 SWT

835 Hoewel de zes Brusselse randgemeenten in het Nederlandse taalgebied liggen, bezitten de Franstaligen echter faciliteiten. Voor de volgende betrekkingen blijft uitsluitend het Nederlands evenwel de te hanteren taal:
- in de binnendiensten;
- met de diensten waaronder hij ressorteert;
- met diensten uit het Nederlandse taalgebied;
- met diensten uit Brussel-Hoofdstad.

Berichten, mededelingen en formulieren die voor het publiek zijn bestemd, stelt de gemeente in het Frans en het Nederlands op. In Sint-Genesius-Rode en Wezembeek-Oppem kan de burger kosteloos een vertaling vragen, terwijl men in de andere vier randgemeenten zelfs de originele akte in het Frans kan laten opstellen. Voor de akten van de burgerlijke stand geldt een specifieke regeling.

In betrekkingen met particulieren gebruikt de dienst de door de betrokkene gebruikte taal indien deze Nederlands of Frans is. Getuigschriften, verklaringen, machtigingen en vergunningen worden in een van beide talen verstrekt, naargelang de wens van de particulier.

Wie tot een ambt of betrekking wil worden benoemd, moet het Nederlands kennen. In Drogenbos, Kraainem, Linkebeek en Wemmel is bovendien verplicht om een elementaire kennis van het Frans te hebben.

4.1.3. | Keuze van de bestuurstaal door de burger

836 De Raad van State is van oordeel dat, in tegenstelling tot de interpretatie van de taalwetten in de zogenaamde omzendbrief-Peeters, de burger zijn taalkeuze niet steeds moet hernieuwen. Die keuze geldt gedurende een redelijke termijn van vier jaar. Ná het verstrijken van die termijn kan de particulier met een nieuwe brief aan het gemeentebestuur zijn keuze hernieuwen, telkens voor een nieuwe termijn van vier jaar (RvS 20 juni 2014, nrs. 227.775-227.776).

4.2. Mandatarissen

Art. 72*bis* N.Gem.W.

837 Voor de mandatarissen in de gemeenten en OCMW's van de taalgrens- en randgemeenten (m.u.v. de Duitstalige) geldt een taalkennisvereiste. Deze verplichting geldt dus voor de burgemeester, de waarnemend burgemeester, de schepen, het gemeenteraadslid, de OCMW-voorzitter, de waarnemend OCMW-voorzitter en het OCMW-raadslid uit de taalgrens- en de randgemeenten. Zij moeten de taal van het taalgebied waarin de gemeente zich bevindt voldoende kennen om hun mandaat te kunnen uitoefenen.

Door het feit van hun verkiezing of benoeming bestaat een wettelijk vermoeden dat de mandataris inderdaad over die taalkennis beschikt.

Dit vermoeden is onweerlegbaar:
1) voor rechtstreeks verkozen mandatarissen (o.a. schepen en OCMW-raadsleden van Komen en Voeren [→ nr. 819]);
2) voor de burgemeester of OCMW-voorzitter die tussen 1 januari 1983 en 1 januari 1989 drie jaar onafgebroken dit ambt bekleedde.

In de andere gevallen kan een gemeente- of respectievelijk OCMW-raadslid, middels een beroep bij de Raad van State, dit vermoeden weerleggen binnen de zes maanden na de eedaflegging. Het raadslid kan het vermoeden weerleggen door het leveren van ernstige aanwijzingen die zijn afgeleid uit een rechterlijke beslissing, de betekenis van de mandataris of de uitoefening van zijn ambt als individuele bestuursoverheid.

Indien de Raad van State de benoeming vernietigt, kan betrokkene het ambt van burgemeester of waarnemend burgemeester (respectievelijk OCMW-voorzitter en waarnemend OCMW-voorzitter) niet meer uitoefenen tot de volgende verkiezingen.

DEEL VII
BIJLAGEN

BIJLAGE 1 DECREET LOKAAL BESTUUR 445

BIJLAGE 2 NIEUWE GEMEENTEWET 575

BIJLAGE 3 KRUISVERWIJZINGSTABEL RELEVANTE WETGEVING 597

1. OCMW-Wet van 8 juli 1976 597
2. Provinciedecreet van 9 december 2005 597
3. Lokaal en Provinciaal Kiesdecreet van 8 juli 2011 598
4. Digitaal Kiesdecreet van 25 mei 2012 599
5. Wet Geïntegreerde Politie van 7 december 1998 599
6. Wet Civiele Veiligheid van 15 mei 2007 599
7. Eredienstendecreet van 7 mei 2004 599
8. Polderswet van 3 juni 1957 600
9. Wateringenwet van 5 juli 1956 600
10. Formele Motiveringswet van 29 juli 1991 600
11. Bestuursdecreet van 7 december 2018 600
12. Taalwetten in Bestuurszaken (SWT) gecoördineerd bij KB van 18 juli 1966 601
13. Gemeentedecreet van 15 juli 2005 601

BIJLAGE 4 ADMINISTRATIEVE GEGEVENS GEMEENTEN IN HET VLAAMSE GEWEST 603

BIJLAGE 5 PROVINCIES EN PROVINCIALE KIESDISTRICTEN 615

1. Provincie Antwerpen: 36 provincieraadsleden 616
2. Provincie Limburg: 31 provincieraadsleden 617
3. Provincie Oost-Vlaanderen: 36 provincieraadsleden 619
4. Provincie Vlaams-Brabant: 36 provincieraadsleden 621
5. Provincie West-Vlaanderen: 36 provincieraadsleden 622

BIJLAGE 6 **POLITIEZONES IN HET VLAAMSE GEWEST EN BRUSSELS HOOFDSTEDELIJK GEWEST** 625

BIJLAGE 7 **HULPVERLENINGSZONES IN HET VLAAMSE GEWEST EN BRUSSELS HOOFDSTEDELIJK GEWEST** 629

BIJLAGE 8 **WOLTERS KLUWER DATABANKEN** 631

BIJLAGE 1
DECREET LOKAAL BESTUUR

Decreet over het lokaal bestuur – 22 december 2017

@ 199041

(*BS* 15 februari 2018)

DEEL 1. ALGEMENE BEPALINGEN

Art. 1. Dit decreet regelt een gemeenschaps- en gewestaangelegenheid.

Verwijzing
zie randnummer [→ nr. 1] [→ nr. 2] [→ nr. 3]

Art. 2. § 1. De gemeenten en de openbare centra voor maatschappelijk welzijn beogen om op het lokale niveau duurzaam bij te dragen aan het welzijn van de burgers en verzekeren een burgernabije, democratische, transparante en doelmatige uitoefening van hun bevoegdheden.

Ze betrekken de inwoners zo veel mogelijk bij het beleid en zorgen voor openheid van bestuur.

§ 2. De gemeenten zijn overeenkomstig artikel 41 van de Grondwet bevoegd voor de aangelegenheden van gemeentelijk belang. Voor de verwezenlijking daarvan kunnen ze alle initiatieven nemen. Ze beogen om bij te dragen aan de duurzame ontwikkeling van het gemeentelijk gebied.

Overeenkomstig artikel 6, § 1, VIII, tweede lid, van de bijzondere wet van 8 augustus 1980 tot hervorming der instellingen en artikel 46 van de gewone wet van 9 augustus 1980 tot hervorming der instellingen en met toepassing van het subsidiariteitsbeginsel, oefenen de gemeenten ook de bevoegdheden uit die hen door of krachtens de wet of het decreet zijn toevertrouwd.

Alleen als dat bij decreet uitdrukkelijk is bepaald, kunnen de provincies de medewerking van de gemeenten regelen.

§ 3. De openbare centra voor maatschappelijk welzijn oefenen de opdrachten, vermeld in artikel 1 en 57 van de organieke wet van 8 juli 1976 betreffende de openbare centra voor maatschappelijk welzijn, uit, alsook de andere aangelegenheden die hen door of krachtens een wet of een decreet worden opgelegd.

Verwijzing
zie randnummer [→ nr. 5] [→ nr. 6] [→ nr. 7] [→ nr. 8] [→ nr. 9] [→ nr. 10] [→ nr. 11] [→ nr. 12] [→ nr. 13] [→ nr. 14] [→ nr. 15] [→ nr. 16] [→ nr. 17] [→ nr. 18] [→ nr. 19] [→ nr. 20] [→ nr. 21] [→ nr. 22] [→ nr. 23] [→ nr. 24] [→ nr. 25] [→ nr. 26] [→ nr. 27] [→ nr. 28] [→ nr. 29] [→ nr. 30] [→ nr. 31] [→ nr. 32] [→ nr. 33] [→ nr. 34] [→ nr. 35] [→ nr. 36] [→ nr. 37] [→ nr. 167] [→ nr. 168]

Art. 3. Dit decreet is van toepassing op alle gemeenten van het Vlaamse Gewest en op alle openbare centra voor maatschappelijk welzijn in de gemeenten van het Nederlandse taalgebied onder voorbehoud van artikel 5, § 1, II, 2°, en artikel 6, § 1, VIII, eerste lid, 1°, eerste streepje, en 4°, eerste lid, a), en artikel 7, § 1, eerste en derde lid, van de bijzondere wet van 8 augustus 1980 tot hervorming der instellingen.

Verwijzing
zie randnummer [→ nr. 1] [→ nr. 2] [→ nr. 3]

DEEL 2. HET BESTUUR VAN DE GEMEENTE EN HET OPENBAAR CENTRUM VOOR MAATSCHAPPELIJK WELZIJN 19904

TITEL 1. DE POLITIEKE ORGANISATIE VAN DE GEMEENTE EN HET OPENBAAR CENTRUM VOOR MAATSCHAPPELIJK WELZIJN

HOOFDSTUK 1. De gemeenteraad

AFDELING 1. De organisatie van de gemeenteraad

Art. 4. § 1. De gemeenteraad vertegenwoordigt de hele bevolking van de gemeente. De gemeenteraad bestaat, met inbegrip van de burgemeester en de schepenen, uit:
1° 7 leden in de gemeenten met minder dan 1000 inwoners;
2° 9 leden in de gemeenten met 1000 tot en met 1999 inwoners;
3° 11 leden in de gemeenten met 2000 tot en met 2999 inwoners;
4° 13 leden in de gemeenten met 3000 tot en met 3999 inwoners;
5° 15 leden in de gemeenten met 4000 tot en met 4999 inwoners;
6° 17 leden in de gemeenten met 5000 tot en met 6999 inwoners;
7° 19 leden in de gemeenten met 7000 tot en met 8999 inwoners;
8° 21 leden in de gemeenten met 9000 tot en met 11.999 inwoners;
9° 23 leden in de gemeenten met 12.000 tot en met 14.999 inwoners;
10° 25 leden in de gemeenten met 15.000 tot en met 19.999 inwoners;
11° 27 leden in de gemeenten met 20.000 tot en met 24.999 inwoners;
12° 29 leden in de gemeenten met 25.000 tot en met 29.999 inwoners;
13° 31 leden in de gemeenten met 30.000 tot en met 34.999 inwoners;
14° 33 leden in de gemeenten met 35.000 tot en met 39.999 inwoners;
15° 35 leden in de gemeenten met 40.000 tot en met 49.999 inwoners;
16° 37 leden in de gemeenten met 50.000 tot en met 59.999 inwoners;
17° 39 leden in de gemeenten met 60.000 tot en met 69.999 inwoners;
18° 41 leden in de gemeenten met 70.000 tot en met 79.999 inwoners;
19° 43 leden in de gemeenten met 80.000 tot en met 89.999 inwoners;
20° 45 leden in de gemeenten met 90.000 tot en met 99.999 inwoners;
21° 47 leden in de gemeenten met 100.000 tot en met 149.999 inwoners;
22° 49 leden in de gemeenten met 150.000 tot en met 199.999 inwoners;
23° 51 leden in de gemeenten met 200.000 tot en met 249.999 inwoners;
24° 53 leden in de gemeenten met 250.000 tot en met 299.999 inwoners;
25° 55 leden in de gemeenten met 300.000 of meer inwoners.

§ 2. De schepenen en de burgemeester zijn gemeenteraadsleden behalve als ze niet als gemeenteraadslid zijn verkozen als vermeld in de gevallen, vermeld in artikel 42, § 4, artikel 58, § 3, en artikel 68, § 2.

§ 3. Uiterlijk op 1 juni van het jaar waarin de gemeenteraadsverkiezingen zullen plaatsvinden, stelt de Vlaamse Regering een lijst op van het aantal te verkiezen gemeenteraadsleden per gemeente op basis van de bevolkingsaantallen van de gemeenten. Het inwonertal dat in aanmerking wordt genomen, is het aantal personen dat ingeschreven is in het rijksregister van de natuurlijke personen en dat op 1 januari van het jaar van de gemeenteraadsverkiezingen zijn hoofdverblijfplaats in de desbetreffende gemeente had. Ingeval een gemeente een principiële beslissing tot samenvoeging aan de Vlaamse Regering heeft kenbaar gemaakt, vermeldt de Vlaamse Regering desgevallend in de lijst van het aantal te verkiezen gemeenteraadsleden ook het aantal te verkiezen gemeenteraadsleden van de nieuwe gemeente, op basis van de som van de bevolkingsaantallen van de samen te voegen gemeenten. Vanaf de inwerkingtreding van het samenvoegingsdecreet wordt in deze lijst het aantal

99041 te verkiezen gemeenteraadsleden, vermeld voor de samengevoegde gemeenten, opgeheven en is enkel het aantal te verkiezen gemeenteraadsleden van de nieuwe gemeente geldig.

Het bevolkingsaantal op 1 januari, bekendgemaakt in het *Belgisch Staatsblad*, wordt, met behoud van de toepassing van het eerste lid, vanaf 1 januari na de bekendmaking ervan, in aanmerking genomen als bevolkingscijfer in dit decreet.

Verwijzing
zie randnummer [→ nr. 96] [→ nr. 97]

Art. 5. § 1. De gemeenteraad wordt om de zes jaar volledig vernieuwd.

De leden van de gemeenteraad worden rechtstreeks verkozen door de gemeenteraadskiezers.

De leden van de gemeenteraad zijn herverkiesbaar.

§ 2. Na een volledige vernieuwing van de gemeenteraad blijven de uittredende gemeenteraadsleden in functie tot de geloofsbrieven van de nieuw verkozen gemeenteraadsleden onderzocht zijn en tot de meerderheid van de gemeenteraadsleden geïnstalleerd is.

Verwijzing
zie randnummer [→ nr. 39] [→ nr. 40] [→ nr. 41] [→ nr. 42] [→ nr. 43] [→ nr. 44] [→ nr. 45] [→ nr. 46] [→ nr. 47] [→ nr. 48] [→ nr. 49] [→ nr. 50] [→ nr. 51] [→ nr. 52] [→ nr. 53] [→ nr. 54] [→ nr. 55] [→ nr. 56] [→ nr. 57] [→ nr. 58] [→ nr. 59] [→ nr. 60] [→ nr. 61] [→ nr. 62] [→ nr. 63] [→ nr. 64] [→ nr. 65] [→ nr. 66] [→ nr. 67] [→ nr. 68] [→ nr. 69] [→ nr. 70] [→ nr. 71] [→ nr. 72] [→ nr. 73] [→ nr. 74] [→ nr. 75] [→ nr. 76] [→ nr. 77] [→ nr. 78] [→ nr. 79] [→ nr. 80] [→ nr. 81] [→ nr. 82] [→ nr. 83] [→ nr. 84] [→ nr. 85] [→ nr. 86] [→ nr. 87] [→ nr. 88] [→ nr. 89] [→ nr. 90] [→ nr. 91] [→ nr. 92] [→ nr. 94] [→ nr. 95] [→ nr. 99]

Art. 6. § 1. Als er geen bezwaar is ingediend tegen de verkiezing, worden de verkozen gemeenteraadsleden door de uittredende voorzitter van de gemeenteraad ten minste veertien dagen voor de installatievergadering van de gemeenteraad op de hoogte gebracht van de datum, het uur en de plaats van de installatievergadering. De installatievergadering van de gemeenteraad vindt plaats op een van de eerste vijf werkdagen van januari. Bij ontstentenis van oproeping door de uittredende voorzitter van de gemeenteraad vindt de installatievergadering van rechtswege plaats op de eerste werkdag van januari in het gemeentehuis om 20 uur. De algemeen directeur brengt bij ontstentenis van oproeping door de uittredende voorzitter van de gemeenteraad voor de goede orde ten minste acht dagen voor de installatievergadering van de gemeenteraad de nieuw verkozen gemeenteraadsleden daarvan op de hoogte.

In het eerste lid wordt verstaan onder werkdag: elke dag van de week, behalve zaterdag, zondag en wettelijke en decretale feestdagen.

Als er een bezwaar is ingediend tegen de verkiezing en als die vervolgens toch geldig is verklaard, worden de nieuw verkozen raadsleden door de uittredende voorzitter van de gemeenteraad bijeengeroepen op de installatievergadering binnen tien dagen na de dag waarop de uitslag van de verkiezing definitief is, maar ten vroegste op een van de eerste vijf werkdagen van januari.

Als er een bezwaar is ingediend tegen de verkiezing en als die verkiezing vervolgens ongeldig is verklaard en er een nieuwe verkiezing moet worden gehouden, worden de nieuw verkozen raadsleden door de uittredende voorzitter van de gemeenteraad bijeengeroepen op de installatievergadering binnen tien dagen na de dag waarop de uitslag van de nieuwe verkiezing definitief is.

Als de nieuw verkozen raadsleden niet zijn bijeengeroepen overeenkomstig het derde en het vierde lid, worden ze volgens hun rangorde bijeengeroepen door een uittredend lid van het college van burgemeester en schepenen. 19904

Als de gemeenteraad ten gevolge van een wijziging van de zetelverdeling niet van rechtswege geïnstalleerd kan worden overeenkomstig het eerste lid, worden de nieuw verkozen raadsleden bijeengeroepen overeenkomstig het derde en het vierde lid nadat de zetelverdeling definitief is.

§ 2. De uittredende voorzitter van de gemeenteraad zit de installatievergadering voor. Hij blijft voorzitter van de gemeenteraad tot een nieuwe voorzitter verkozen is. Als de uittredende voorzitter van de gemeenteraad de installatievergadering niet kan voorzitten, wordt ze voorgezeten door een uittredend lid van het college van burgemeester en schepenen in volgorde van hun rang.

§ 3. De gemeenteraad onderzoekt de geloofsbrieven van de verkozen gemeenteraadsleden. De verkozen gemeenteraadsleden van wie de geloofsbrieven zijn goedgekeurd, leggen, voor ze hun mandaat aanvaarden, in openbare vergadering de volgende eed af in handen van de voorzitter van de installatievergadering: "Ik zweer de verplichtingen van mijn mandaat trouw na te komen.".

De voorzitter van de installatievergadering legt, als hij herkozen is als gemeenteraadslid, de eed af in handen van de burgemeester. Als de uittredende burgemeester de installatievergadering voorzit en herkozen is als gemeenteraadslid, legt hij de eed af in handen van het oudste gemeenteraadslid. Als iemand anders de eed heeft afgelegd als burgemeester, legt de uittredende burgemeester de eed af in handen van de nieuw benoemde burgemeester.

§ 4. De verkozen gemeenteraadsleden die aanwezig zijn op de installatievergadering en die de eed niet afleggen, worden geacht afstand te hebben gedaan van hun mandaat.

§ 5. De verkozen gemeenteraadsleden die niet aanwezig zijn op de installatievergadering en die, nadat ze daarvoor uitdrukkelijk zijn opgeroepen, zonder geldige reden afwezig zijn op de eerste daaropvolgende vergadering, worden geacht afstand te hebben gedaan van hun mandaat.

§ 6. Als de voorzitter van de gemeenteraad, degene die de voorzitter vervangt of degene die de eed afneemt van de voorzitter, nalaat de eed af te nemen van de verkozen gemeenteraadsleden op de installatievergadering of, bij vervanging van een lid, na de installatievergadering uiterlijk op de eerstvolgende vergadering van de gemeenteraad, wordt de eed afgenomen door een lid van het college van burgemeester en schepenen volgens hun rangorde. Als de voorzitter van de gemeenteraad, degene die de voorzitter vervangt of degene die de eed afneemt van de voorzitter, nalaat de eed af te nemen, noteert de algemeen directeur de vervanging van de voorzitter in de notulen van de vergadering.

§ 7. De rangorde van de gemeenteraadsleden wordt tijdens de installatievergadering van de nieuwe gemeenteraad onmiddellijk na de eedaflegging van de gemeenteraadsleden vastgesteld. Het gemeenteraadslid met de hoogste anciënniteit neemt de hoogste rang in. Bij gelijke anciënniteit neemt het gemeenteraadslid dat bij de laatste volledige vernieuwing van de gemeenteraad het hoogste aantal naamstemmen heeft behaald, de hoogste rang in. Bij een gelijk aantal naamstemmen neemt het gemeenteraadslid van wie de lijst bij de laatste volledige vernieuwing van de gemeenteraad de meeste stemmen heeft behaald de hoogste rang in. De opvolgers die na de installatievergadering als gemeenteraadslid worden geïnstalleerd, nemen in volgorde van hun eedaflegging een rang in.

99041 *Verwijzing*
zie randnummer [→ nr. 106]

Art. 7. § 1. Op de installatievergadering verkiest de gemeenteraad onder de gemeenteraadsleden van Belgische nationaliteit een voorzitter. De voorzitter wordt verkozen op basis van een akte van voordracht van de kandidaat-voorzitter, ondertekend door meer dan de helft van de verkozenen op de lijsten die aan de verkiezingen deelnamen. Om ontvankelijk te zijn moet de akte van voordracht ook ondertekend zijn door de meerderheid van de personen die op dezelfde lijst als de voorgedragen kandidaat werden verkozen. Als de lijst waarop de naam van de kandidaat-voorzitter voorkomt maar twee verkozenen telt, volstaat de handtekening van een van hen.

De akte van voordracht kan ook de einddatum van het mandaat van de kandidaat-voorzitter vermelden. In dat geval kan op de akte van voordracht de naam vermeld worden van een of meer personen die hem zullen opvolgen voor de resterende duurtijd van het mandaat. In voorkomend geval is de voorzitter bij het bereiken van de einddatum van het mandaat van rechtswege ontslagnemend en wordt hij van rechtswege opgevolgd door de persoon die in de akte van voordracht als opvolger is vermeld. Als het mandaat eindigt voor de einddatum, vermeld in de akte, of als de persoon die in de akte van voordracht is aangewezen als de opvolger van de voorzitter, zijn mandaat niet opneemt, neemt de eerstvolgende opvolger vervroegd het mandaat op. Als de persoon die als laatste opvolger is vermeld, het mandaat niet kan opnemen of als er geen opvolger is vermeld, wordt tot vervanging overgegaan overeenkomstig paragraaf 5.

De akte wordt uiterlijk acht dagen voor de installatievergadering van de gemeenteraad aan de algemeen directeur bezorgd.

§ 2. Niemand kan meer dan één akte van voordracht ondertekenen. Alle handtekeningen die in strijd met dat voorschrift zijn geplaatst, zijn ongeldig in alle akten van voordracht.

Een verkozene die meer dan één akte van voordracht ondertekent, kan voor de duur van de zittingsperiode van de gemeenteraad niet worden benoemd of verkozen als burgemeester, schepen, voorzitter van de gemeenteraad, voorzitter van een gemeenteraadscommissie, voorzitter of lid van het bijzonder comité voor de sociale dienst, noch een dergelijk mandaat waarnemen. Hij kan de gemeente ook niet vertegenwoordigen of kan namens de gemeente geen mandaat bekleden of waarnemen in gemeentelijke extern verzelfstandigde agentschappen of andere verenigingen, stichtingen of vennootschappen. Hij kan evenmin het openbaar centrum voor maatschappelijk welzijn vertegenwoordigen of namens het openbaar centrum voor maatschappelijk welzijn een mandaat bekleden of waarnemen in een vereniging of vennootschap als vermeld in deel 3, titel 4, of in andere verenigingen, stichtingen of vennootschappen. Als de betrokkene al een dergelijk mandaat bekleedt of waarneemt, vervalt dat van rechtswege.

§ 3. Nadat de gemeenteraadsleden de eed hebben afgelegd, bezorgt de algemeen directeur de akte van voordracht van de kandidaat-voorzitter aan de voorzitter van de installatievergadering.

De voorzitter van de installatievergadering gaat na of de akte van voordracht ontvankelijk is overeenkomstig de voorwaarden, vermeld in paragraaf 1 en 2. Alleen de handtekeningen van de gemeenteraadsleden die de eed hebben afgelegd, worden daarvoor in aanmerking genomen, met inbegrip van de handtekeningen van de opvolgers die de akte van voordracht hebben ondertekend en die nadien als gemeenteraadslid de eed hebben afgelegd. In voorkomend geval wordt de voorgedragen kandidaat-voorzitter verkozen verklaard. 19904

§ 4. Als er geen ontvankelijke akte van voordracht van kandidaat-voorzitter aan de voorzitter van de installatievergadering wordt bezorgd, verkiest de gemeenteraad binnen veertien dagen een voorzitter.

De gemeenteraadsleden kunnen voor de verkiezing van een voorzitter, vermeld in het eerste lid, uiterlijk drie dagen voor de eerstvolgende vergadering van de gemeenteraad een gedagtekende akte van voordracht bezorgen aan de algemeen directeur.

Om ontvankelijk te zijn moet de akte van voordracht, vermeld in het tweede lid, ten minste ondertekend zijn door een meerderheid van de personen die op dezelfde lijst zijn verkozen als de voorgedragen kandidaat. Als de lijst waarop de kandidaat-voorzitter voorkomt maar twee verkozenen telt, volstaat de handtekening van een van hen. Elk gemeenteraadslid kan niet meer dan één akte van voordracht ondertekenen. Overtreding van dat verbod wordt bestraft overeenkomstig paragraaf 2. De akte van voordracht kan ook de einddatum van het mandaat van de kandidaatvoorzitter vermelden. In dat geval kan op de akte van voordracht de naam vermeld worden van een of meer personen die hem zullen opvolgen voor de resterende duurtijd van het mandaat. In voorkomend geval is de voorzitter bij het bereiken van de einddatum van het mandaat van rechtswege ontslagnemend en wordt hij van rechtswege opgevolgd door de persoon die in de akte van voordracht als opvolger is vermeld.

Als het mandaat van de voorzitter eindigt voor de einddatum, vermeld in de akte, of als de persoon die in de akte van voordracht is aangewezen als opvolger van de voorzitter zijn mandaat niet opneemt, neemt de eerstvolgende opvolger vervroegd het mandaat op. Als de persoon die als laatste opvolger is vermeld, het mandaat niet kan opnemen, of als er geen opvolger is vermeld, wordt tot vervanging overgegaan overeenkomstig paragraaf 5.

De verkiezing, vermeld in het eerste lid, gebeurt bij geheime stemming.

De kandidaat die de volstrekte meerderheid van de stemmen heeft behaald, is verkozen tot voorzitter van de gemeenteraad. Als geen enkele kandidaat de volstrekte meerderheid van de stemmen heeft behaald en als verschillende kandidaten zijn voorgedragen voor het vacante mandaat, vindt een tweede stemronde plaats, waarin wordt gestemd op de twee kandidaten die in de eerste stemronde de meeste stemmen behaalden. Bij staking van stemmen in de eerste stemronde komt de kandidaat die bij de gemeenteraadsverkiezingen de meeste naamstemmen heeft behaald, in aanmerking voor de tweede stemronde. De kandidaat die in de tweede stemronde de meerderheid van de stemmen heeft behaald, is verkozen tot voorzitter. Bij staking van stemmen in de tweede stemronde is de kandidaat die bij de gemeenteraadsverkiezingen de meeste naamstemmen heeft behaald, verkozen tot voorzitter. Als de naamstemmen bepalend zijn en de kandidaten een gelijk aantal naamstemmen hebben behaald, is de voorgedragen kandidaat verkozen van wie de lijst bij de gemeenteraadsverkiezingen de meeste stemmen heeft behaald.

§ 5. In al de volgende gevallen wordt een nieuwe voorzitter verkozen op de eerstvolgende vergadering van de gemeenteraad, overeenkomstig paragraaf 1 tot en met 4, met dien verstande dat "de installatievergadering" wordt gelezen als "de eerstvolgende vergadering, vermeld in paragraaf 5", "de installatievergadering van de gemeenteraad" wordt gelezen als "de eerstvolgende vergadering van de gemeenteraad, vermeld in paragraaf 5", "verkozenen op de lijsten die aan de verkiezingen deelnamen" wordt gelezen als "gemeenteraadsleden", "verkozene die" wordt gelezen als "gemeenteraadslid dat" en

99041 "Nadat de gemeenteraadsleden de eed hebben afgelegd" wordt gelezen als "Na opening van de vergadering":

1° als de voorzitter het mandaat niet aanvaardt;

2° als de voorzitter van zijn mandaat van gemeenteraadslid vervallen wordt verklaard;

3° als de voorzitter als verhinderd wordt beschouwd, ontslag genomen heeft of overleden is.

Tot aan de nieuwe verkiezing wordt het voorzitterschap waargenomen overeenkomstig het derde lid.

Als de voorzitter om een andere reden dan de redenen, vermeld in het eerste lid, tijdelijk afwezig is, of als hij bij een welbepaalde aangelegenheid betrokken partij is als vermeld in artikel 27, wordt hij met behoud van de toepassing van de nationaliteitsvereiste, vermeld in paragraaf 1, eerste lid, als volgt vervangen:

1° als de voorzitter zijn bevoegdheid schriftelijk heeft opgedragen aan een gemeenteraadslid, neemt dat gemeenteraadslid het voorzitterschap waar;

2° als de voorzitter zijn bevoegdheid niet heeft opgedragen aan een gemeenteraadslid overeenkomstig punt 1°, neemt het gemeenteraadslid met de hoogste rang het voorzitterschap waar. Als dat raadslid de voorzitter niet kan vervangen, wordt het voorzitterschap waargenomen door een ander gemeenteraadslid in volgorde van rang.

De voorzitter die als verhinderd wordt beschouwd of tijdelijk afwezig is, wordt vervangen zolang hij verhinderd of tijdelijk afwezig is. De gemeenteraad neemt akte van de verhindering, en van de beëindiging van de periode van verhindering. Als het niet gaat om een door het decreet opgelegde verhindering, richt de voorzitter zijn verzoek tot vervanging wegens verhindering aan de gemeenteraad.

§ 6. De verhindering, het ontslag, het verval en de afstand van het mandaat van voorzitter van de raad voor maatschappelijk welzijn houden van rechtswege de verhindering, het ontslag, het verval en de afstand van het mandaat van voorzitter van de gemeenteraad in.

Verwijzing
zie randnummer [→ nr. 107] [→ nr. 108] [→ nr. 109] [→ nr. 110] [→ nr. 124]

Art. 8. Een verkozen gemeenteraadslid dat voor zijn installatie afstand wil doen van zijn mandaat, brengt de voorzitter van de gemeenteraad daarvan schriftelijk op de hoogte. De afstand wordt definitief zodra de gemeenteraad daarvan heeft kennisgenomen.

Verwijzing
zie randnummer [→ nr. 99] [→ nr. 105]

Art. 9. § 1. Het gemeenteraadslid dat tijdens zijn mandaat niet meer voldoet aan de verkiesbaarheidsvoorwaarden, wordt door de gemeenteraad, nadat het raadslid is gehoord, vervallen verklaard tenzij het gemeenteraadslid onmiddellijk ontslag neemt overeenkomstig artikel 13.

De voorzitter van de gemeenteraad brengt de Raad voor Verkiezingsbetwistingen, alsook de betrokkene onmiddellijk op de hoogte van feiten die het verval van mandaat met zich kunnen meebrengen. Als de gemeenteraad niet optreedt binnen twee maanden nadat hij kennis heeft van de feiten die verval met zich kunnen meebrengen, treedt de Raad voor Verkiezingsbetwistingen in zijn plaats op, hetzij ambtshalve, hetzij op verzoek van een gemeenteraadslid of van het Openbaar Ministerie. De gemeenteraad wordt geacht kennis te hebben van de feiten die verval met zich kunnen meebrengen, hetzij vanaf de ontvangst van een bezwaar van een ander gemeenteraadslid of van het Openbaar Ministerie, hetzij vanaf de verzending van de kennisgeving door de voorzitter van de gemeenteraad aan de Raad voor Verkiezingsbetwistingen. 19904

§ 2. De vervallenverklaring heeft pas gevolg vanaf de kennisgeving aan het gemeenteraadslid van de uitspraak van het verval door de gemeenteraad of de Raad voor Verkiezingsbetwistingen. De vervallenverklaring tast de geldigheid van de eerdere beslissingen van de gemeenteraad niet aan.

§ 3. Als de betrokkene, zelfs bij ontstentenis van enige kennisgeving, na de vervallenverklaring zijn mandaat blijft uitoefenen hoewel hij kennis heeft van de oorzaak van het verval, is hij strafbaar met een gevangenisstraf van acht dagen tot een jaar en met geldboete van zesentwintig euro tot vijfhonderd euro.

Verwijzing
zie randnummer [→ nr. 116]

Art. 10. De volgende personen kunnen geen deel uitmaken van een gemeenteraad:

1° de provinciegouverneurs, de vicegouverneur van het administratief arrondissement Brussel-Hoofdstad, de hoge ambtenaar die de Brusselse Hoofdstedelijke Regering aanwijst overeenkomstig artikel 48, derde lid, van de bijzondere wet van 12 januari 1989 betreffende de Brusselse Instellingen en de adjunct van de gouverneur van de provincie Vlaams-Brabant, de provinciegriffiers, de arrondissementscommissarissen en de adjunct-arrondissementscommissarissen als de gemeente in kwestie deel uitmaakt van hun ambtsgebied;

2° de magistraten, de plaatsvervangende magistraten en de griffiers bij de hoven en de rechtbanken, de administratieve rechtscolleges en het Grondwettelijk Hof;

3° de leden van het operationeel, administratief of logistiek kader van de politiezone waar de gemeente toe behoort;

4° de personeelsleden van de gemeente in kwestie of van het openbaar centrum voor maatschappelijk welzijn dat die gemeente bedient of van de gemeentelijke extern verzelfstandigde agentschappen van de gemeente;

5° de leden van een districtsraad;

6° de personen die in een lokale decentrale overheid van een andere lidstaat van de Europese Unie een ambt of een mandaat uitoefenen dat gelijkwaardig is aan dat van gemeenteraadslid, voorzitter van de gemeenteraad, schepen of burgemeester;

7° de bloedverwanten tot en met de tweede graad, de aanverwanten in de eerste graad of de echtgenoten in de gemeenteraad van dezelfde gemeente.

Als bloed- of aanverwanten in een graad als vermeld in het eerste lid, 7°, of twee echtgenoten worden verkozen bij dezelfde verkiezing, wordt de voorkeur bepaald door de grootte van de quotiënten op grond waarvan de zetels die kandidaten hebben verkregen aan hun lijst zijn toegekend.

Als twee bloed- of aanverwanten in een verboden graad of twee echtgenoten worden verkozen, de ene tot raadslid, de andere tot opvolger, geldt het verbod om zitting te nemen alleen voor de opvolger, tenzij de plaats waarvoor hij in aanmerking komt, is opengevallen voor de verkiezing van zijn bloed- of aanverwant of echtgenoot. Tussen opvolgers die voor opengevallen plaatsen in aanmerking komen, wordt de voorrang allereerst bepaald volgens de tijdsorde van de vacatures.

99041 Voor de toepassing van dit artikel worden personen die een verklaring van wettelijke samenwoning als vermeld in artikel 1475 van het Burgerlijk Wetboek hebben afgelegd, met echtgenoten gelijkgesteld.

Aanverwantschap die later tot stand komt tussen raadsleden, brengt geen verval van hun mandaat mee. Dat geldt niet bij een huwelijk tussen raadsleden en als er een verklaring van wettelijke samenwoning als vermeld in artikel 1475 van het Burgerlijk Wetboek, is afgelegd.

De onverenigbaarheid wordt geacht op te houden door het overlijden van de persoon door wie ze tot stand is gekomen, door echtscheiding of door de beëindiging van het wettelijk samenlevingscontract.

Overeenkomstig artikel 71 en 72 van de Nieuwe Gemeentewet is het eerste lid, 1° en 2°, ook van toepassing op de niet-Belgische onderdanen van de Europese Unie die in België verblijven voor de uitoefening in een andere lidstaat van de Europese Unie van ambten die gelijkwaardig zijn aan de ambten, vermeld in deze bepalingen.

Verwijzing
zie randnummer [→ nr. 117] [→ nr. 118] [→ nr. 119]

Art. 11. Het verkozen gemeenteraadslid dat zich op het ogenblik van zijn installatie als gemeenteraadslid in een situatie bevindt die onverenigbaar is met het lidmaatschap van de gemeenteraad, kan de eed niet afleggen en wordt bijgevolg geacht afstand te doen van het mandaat dat aan hem toegekend is.

Een gemeenteraadslid dat tijdens zijn mandaat in een met zijn mandaat onverenigbare situatie terechtkomt en dat binnen vijftien dagen na het tot hem gerichte verzoek van de voorzitter van de gemeenteraad geen einde maakt aan die situatie, wordt door de gemeenteraad vervallen verklaard van zijn mandaat, overeenkomstig artikel 9, § 1, tweede lid, § 2 en § 3, nadat het betrokken gemeenteraadslid is gehoord.

Als de betrokkene, zelfs bij ontstentenis van enige kennisgeving, na de vervallenverklaring zijn mandaat blijft uitoefenen hoewel hij kennis heeft van de oorzaak van het verval, is hij strafbaar met een gevangenisstraf van acht dagen tot een jaar en met geldboete van zesentwintig euro tot vijfhonderd euro.

Verwijzing
zie randnummer [→ nr. 117] [→ nr. 118] [→ nr. 119]

Art. 12. De gemeenteraad neemt akte van de verhindering van de volgende personen:

1° het gemeenteraadslid dat om medische redenen, om studieredenen of wegens verblijf in het buitenland gedurende een minimale termijn van twaalf weken niet aanwezig kan zijn op de vergaderingen van de gemeenteraad en vervangen wil worden. Hij richt daarvoor een schriftelijk verzoek aan de voorzitter van de gemeenteraad. Bij het verzoek tot vervanging voor verhindering wegens medische redenen wordt een geneeskundig getuigschrift van maximaal vijftien dagen oud gevoegd, dat tevens de minimale termijn van afwezigheid om medische redenen aangeeft. Als het gemeenteraadslid dat om medische redenen afwezig blijft, niet in staat is om dat verzoek tot de voorzitter te richten, wordt hij van rechtswege als verhinderd beschouwd vanaf de derde opeenvolgende vergadering waarop hij afwezig is en zolang hij afwezig blijft. Bij het verzoek tot vervanging voor verhindering om studieredenen of verblijf in het buitenland wordt een attest van de onderwijsinstelling of opdrachtgever gevoegd;

2° het gemeenteraadslid dat ouderschapsverlof wil nemen voor de geboorte of adoptie van een kind. Dat gemeenteraadslid wordt op zijn schriftelijke verzoek, gericht aan de voorzitter van de gemeenteraad, vervangen, op zijn vroegst vanaf de zesde week voor de vermoedelijke datum van de geboorte of van de adoptie, tot het einde van de negende week na de adoptie of geboorte. Op schriftelijk verzoek wordt de onderbreking van de uitoefening van het mandaat na de negende week verlengd met een duur die gelijk is aan de termijn waarin het raadslid zijn mandaat heeft uitgeoefend tijdens de periode van zes weken die aan de dag van de geboorte of de adoptie voorafgaat. Bij de geboorte of de adoptie van een meerling kan het verlof verlengd worden met een periode van maximaal twee weken op verzoek van het gemeenteraadslid; 19904
3° het gemeenteraadslid dat door palliatief verlof of verlof voor bijstand of verzorging van een zwaar ziek familielid tot en met de tweede graad of van een zwaar ziek gezinslid gedurende minimaal twaalf weken niet aanwezig kan zijn op de vergaderingen van de gemeenteraad en vervangen wil worden. Hij richt daarvoor aan de voorzitter van de gemeenteraad een schriftelijk verzoek, waarbij een verklaring op erewoord gevoegd is waarin het raadslid zich bereid verklaart om bijstand of verzorging te verlenen. De naam van de patiënt hoeft niet te worden vermeld;
4° het gemeenteraadslid dat lid is van de Europese Commissie als het gemeenteraadslid daar schriftelijk om verzoekt. In voorkomend geval geldt de verhindering zolang het gemeenteraadslid het mandaat als lid van de Europese Commissie uitoefent;
5° het gemeenteraadslid dat geschorst is op grond van artikel 199 van het Lokaal en Provinciaal Kiesdecreet van 8 juli 2011.

Verwijzing
zie randnummer [→ nr. 112] [→ nr. 113]

Art. 13. Het gemeenteraadslid dat ontslag wil nemen, deelt dat schriftelijk mee aan de voorzitter van de gemeenteraad. Het ontslag is definitief zodra de voorzitter van de gemeenteraad de kennisgeving ontvangt.

Als het gemeenteraadslid zelf voorzitter van de gemeenteraad is, deelt hij zijn ontslag schriftelijk mee aan de persoon die hem vervangt met toepassing van artikel 7, § 5, tweede lid. Het ontslag is definitief zodra zijn vervanger de kennisgeving ontvangt.

Het lid van de gemeenteraad blijft zijn mandaat uitoefenen tot zijn opvolger is geïnstalleerd, behalve als het ontslag het gevolg is van een onverenigbaarheid.

Verwijzing
zie randnummer [→ nr. 115]

Art. 14. Het gemeenteraadslid dat afstand doet van zijn mandaat, dat van zijn mandaat vervallen wordt verklaard, dat als verhinderd wordt beschouwd, dat ontslag genomen heeft, of dat overleden is, wordt vervangen door zijn opvolger, die wordt aangewezen overeenkomstig artikel 169 van het Lokaal en Provinciaal Kiesdecreet van 8 juli 2011.

De geloofsbrieven worden onderzocht overeenkomstig artikel 6, § 3. De vervanger legt de eed af in openbare vergadering in de handen van de voorzitter van de gemeenteraad.

Het gemeenteraadslid dat als verhinderd wordt beschouwd, wordt vervangen zolang de toestand van verhindering duurt. De gemeenteraad neemt akte van de beëindiging van de periode van verhindering.

99041 *Verwijzing*
zie randnummer [→ nr. 122] [→ nr. 123]

Art. 15. De verhindering, het ontslag, het verval en de afstand van het mandaat van lid van de raad voor maatschappelijk welzijn houden van rechtswege de verhindering, het ontslag, het verval en de afstand van het mandaat van gemeenteraadslid in.

Verwijzing
zie randnummer [→ nr. 105] [→ nr. 112] [→ nr. 113] [→ nr. 115] [→ nr. 116] [→ nr. 117] [→ nr. 118] [→ nr. 119]

Art. 16. Het gemeenteraadslid dat wegens een beperking niet zelfstandig zijn mandaat kan vervullen, kan zich voor de uitoefening van dat mandaat laten bijstaan door een vertrouwenspersoon, gekozen uit personen die de volle leeftijd van achttien jaar hebben bereikt en die legaal binnen de Europese Unie verblijven, op voorwaarde dat hij zich niet bevindt in een situatie als vermeld in artikel 10, met uitzondering van het verbod in verband met bloed- en aanverwantschap, vermeld in punt 7° van dat artikel, ten aanzien van het lid met een beperking, en een situatie als vermeld in artikel 12.

De Vlaamse Regering bepaalt de criteria tot vaststelling van de hoedanigheid van een gemeenteraadslid met een beperking als vermeld in het eerste lid.

Bij het verlenen van de bijstand krijgt de vertrouwenspersoon dezelfde middelen ter beschikking en heeft hij dezelfde verplichtingen als het gemeenteraadslid, maar hij is niet gehouden tot de eedaflegging. Hij heeft ook recht op presentiegeld onder dezelfde voorwaarden als het gemeenteraadslid.

Verwijzing
zie randnummer [→ nr. 195]

Art. 17. § 1. De gemeenteraadsleden ontvangen een presentiegeld ten laste van de gemeente voor hun aanwezigheid op de vergaderingen van de gemeenteraad. De Vlaamse Regering stelt een lijst op van vergaderingen die voortvloeien uit de mandaatverplichtingen van de gemeenteraadsleden waarvoor de gemeenteraad bij reglement kan bepalen dat presentiegeld wordt verleend.

De som van de vergoedingen, wedden en presentiegelden, die de gemeenteraadsleden ontvangen voor hun mandaat als raadslid en de som van de vergoedingen, wedden en presentiegelden die ze ontvangen als bezoldiging voor activiteiten die ze naast hun mandaat uitgeoefend hebben, is gelijk aan of lager dan anderhalve keer het bedrag van de vergoeding van de leden van het Vlaams Parlement. Voor de berekening van dat bedrag komen de vergoedingen, wedden en presentiegelden die de gemeenteraadsleden ontvangen in aanmerking als ze voortvloeien uit de uitoefening van een openbaar mandaat, een openbare functie of een openbaar ambt van politieke aard.

Als het plafond, vermeld in het tweede lid, wordt overschreden, wordt de som van de vergoedingen, wedden of presentiegelden die voortvloeien uit de uitoefening van een openbaar mandaat, een openbare functie of een openbaar ambt van politieke aard als vermeld in het tweede lid verminderd tot het passende bedrag.

De vergoedingen, wedden en presentiegelden die voortvloeien uit de uitoefening van een openbaar mandaat, een openbare functie of een openbaar ambt van politieke aard zijn die, vermeld in artikel 154, § 1, derde lid.

§ 2. De gemeenteraad bepaalt het bedrag van de presentiegelden binnen de grenzen die vastgelegd zijn door de Vlaamse Regering. Daarbij kan rekening gehouden worden met het inwonersaantal van de gemeente. 19904

De gemeente vermindert de presentiegelden van het gemeenteraadslid dat andere wettelijke of reglementaire bezoldigingen, pensioenen, vergoedingen of toelagen ontvangt, of de gemeente vult die vergoeding aan, met een bedrag ter compensatie van het inkomensverlies dat de betrokkene lijdt, op voorwaarde dat de mandataris daar zelf om verzoekt. De algemeen directeur stelt vast of aan de voormelde voorwaarden is voldaan.

De som van de presentiegelden, aangevuld met het bedrag ter compensatie van het inkomensverlies, kan nooit hoger zijn dan de wedde van een schepen van een gemeente met 50.000 inwoners.

§ 3. De Vlaamse Regering bepaalt de grenzen waarbinnen de gemeenteraad kan bepalen welke specifieke kosten die verband houden met de uitoefening van het mandaat van gemeenteraadslid, voorzitter van de gemeenteraad en fractie- of commissievoorzitter, kunnen worden terugbetaald.

§ 4. De gemeenteraad kan de eretitels toekennen aan de gemeenteraadsleden onder de voorwaarden die hij bepaalt.

§ 5. De gemeente sluit een verzekering af om de burgerlijke aansprakelijkheid, met inbegrip van de rechtsbijstand, te dekken die bij de normale uitoefening van hun mandaat persoonlijk ten laste komt van de gemeenteraadsleden.

De Vlaamse Regering bepaalt de nadere regels voor de uitvoering van deze paragraaf.

De gemeente sluit naast de verzekering, vermeld in het eerste lid, een verzekering af voor ongevallen die de gemeenteraadsleden overkomen in het kader van de normale uitoefening van hun ambt.

§ 6. Behalve in geval van herhaling is de gemeente burgerrechtelijk aansprakelijk voor de betaling van de geldboeten waartoe een gemeenteraadslid wordt veroordeeld wegens een misdrijf, begaan bij de normale uitoefening van zijn ambt, met uitzondering van een persoonlijke inbreuk op de verkeersreglementering.

De regresvordering van de gemeente ten aanzien van de veroordeelde gemeenteraadsleden is beperkt tot de gevallen van bedrog, zware schuld of lichte schuld die bij hen gewoonlijk voorkomen.

Verwijzing
zie randnummer [→ nr. 179] [→ nr. 180] [→ nr. 181] [→ nr. 182] [→ nr. 183] [→ nr. 184] [→ nr. 185] [→ nr. 186] [→ nr. 187] [→ nr. 188]

AFDELING 2. De werking van de gemeenteraad

Art. 18. De gemeenteraad vergadert zo dikwijls als de zaken die tot zijn bevoegdheid behoren het vereisen en ten minste tienmaal per jaar.

Verwijzing
zie randnummer [→ nr. 136]

Art. 19. De voorzitter van de gemeenteraad beslist tot bijeenroeping van de gemeenteraad en stelt de agenda van de vergadering op. De agenda bevat in ieder geval de punten die door het college van burgemeester en schepenen aan de voorzitter worden meegedeeld.

De voorzitter is verplicht de gemeenteraad bijeen te roepen op verzoek van een derde van de zittinghebbende leden of van het college van burgemeester en schepenen.

99041 De voorzitter is ook verplicht de gemeenteraad bijeen te roepen op verzoek van een vijfde van de zittinghebbende leden als zes weken na de datum van de vorige gemeenteraad de gemeenteraadsleden nog niet bijeengeroepen zijn. De periode van zes weken wordt geschorst van 11 juli tot en met 15 augustus.

Bij een verplichte bijeenroeping als vermeld in het tweede en het derde lid roept de voorzitter de gemeenteraad bijeen op de aangewezen dag en het aangewezen uur en met de voorgestelde agenda. Daarvoor bezorgen de gemeenteraadsleden en het college van burgemeester en schepenen voor elk punt op de agenda hun voorstel van beslissing met een toelichting aan de algemeen directeur, die de voorstellen bezorgt aan de voorzitter van de gemeenteraad.

Verwijzing
zie randnummer [→ nr. 125] [→ nr. 126] [→ nr. 127] [→ nr. 129] [→ nr. 130] [→ nr. 131]

Art. 20. Behalve in spoedeisende gevallen en behalve in geval van toepassing van artikel 6, § 1, wordt de oproeping ten minste acht dagen voor de dag van de vergadering aan het raadslid bezorgd.

De oproeping vermeldt in elk geval de plaats, de dag, het tijdstip en de agenda van de vergadering en bevat een toegelicht voorstel van beslissing. De agendapunten moeten voldoende duidelijk omschreven zijn. Voor elk agendapunt wordt het dossier dat erop betrekking heeft, ter beschikking van de raadsleden gesteld vanaf de verzending van de agenda. Als een raadslid daarom verzoekt, wordt een dossier elektronisch ter beschikking gesteld.

Het huishoudelijk reglement bepaalt de wijze waarop de oproeping van de raadsleden wordt verzonden en de wijze waarop het dossier dat op de agenda betrekking heeft, ter beschikking wordt gesteld. Het huishoudelijk reglement kan ook de gezamenlijke oproeping van de gemeenteraad en de raad voor maatschappelijk welzijn regelen.

De algemeen directeur of de door hem aangewezen personeelsleden verstrekken aan de raadsleden die erom verzoeken, technische inlichtingen over stukken die in het dossier voorkomen. Het huishoudelijk reglement bepaalt de wijze waarop die inlichtingen worden verstrekt.

Verwijzing
zie randnummer [→ nr. 125] [→ nr. 126] [→ nr. 129] [→ nr. 130] [→ nr. 131] [→ nr. 132] [→ nr. 133]

Art. 21. Gemeenteraadsleden kunnen uiterlijk vijf dagen vóór de vergadering punten aan de agenda toevoegen. De gemeenteraadsleden bezorgen daarvoor hun toegelicht voorstel van beslissing aan de algemeen directeur, die de voorstellen bezorgt aan de voorzitter van de gemeenteraad.

Een lid van het college van burgemeester en schepenen kan niet gebruikmaken van de mogelijkheid, vermeld in het eerste lid.

De algemeen directeur deelt de aanvullende agendapunten zoals vastgesteld door de voorzitter van de gemeenteraad onmiddellijk mee aan de gemeenteraadsleden, samen met de bijbehorende toegelichte voorstellen.

Verwijzing
zie randnummer [→ nr. 129] [→ nr. 130] [→ nr. 131]

Art. 22. Behalve in spoedeisende gevallen worden de plaats, de dag, het tijdstip en de agenda van de vergaderingen van de gemeenteraad uiterlijk acht dagen voor de vergadering openbaar gemaakt, zodat het publiek ervan kan kennisnemen op elk moment. Het huishoudelijk reglement bepaalt de nadere regels voor de plaats en de wijze van openbaarmaking.

Als agendapunten aan de agenda worden toegevoegd overeenkomstig artikel 21, wordt de aangepaste agenda uiterlijk 24 uur nadat hij is vastgesteld, openbaar gemaakt overeenkomstig het eerste lid. In spoedeisende gevallen wordt de agenda uiterlijk 24 uur nadat hij is vastgesteld, en uiterlijk vóór de aanvang van de vergadering openbaar gemaakt overeenkomstig het eerste lid. 19904

Verwijzing
zie randnummer [→ nr. 128] [→ nr. 129] [→ nr. 130] [→ nr. 131] [→ nr. 132] [→ nr. 133] [→ nr. 134]

Art. 23. Een punt dat niet op de agenda voorkomt, mag niet in bespreking worden gebracht, behalve in spoedeisende gevallen.

Tot spoedbehandeling kan alleen worden besloten door ten minste twee derde van de aanwezige leden. De namen van die leden en de motivering van de spoedeisendheid worden in de notulen vermeld.

Verwijzing
zie randnummer [→ nr. 129] [→ nr. 130] [→ nr. 131] [→ nr. 149]

Art. 24. De voorzitter zit de vergaderingen van de gemeenteraad voor, en opent en sluit de vergaderingen.

Verwijzing
zie randnummer [→ nr. 140] [→ nr. 141]

Art. 25. De voorzitter is belast met de handhaving van de orde in de vergadering. Hij kan, na een voorafgaande waarschuwing, elke toehoorder die openlijk tekens van goedkeuring of van afkeuring geeft of die op enigerlei wijze wanorde veroorzaakt, uit de zaal laten verwijderen.

De voorzitter kan bovendien een proces-verbaal opmaken tegen die persoon en dat proces-verbaal bezorgen aan het openbaar ministerie met het oog op de eventuele vervolging van de betrokkene.

Verwijzing
zie randnummer [→ nr. 140] [→ nr. 141]

Art. 26. De gemeenteraad kan alleen beraadslagen of beslissen als de meerderheid van de zittinghebbende gemeenteraadsleden aanwezig is.

In afwijking van het eerste lid, kan de gemeenteraad, als hij eenmaal bijeengeroepen is zonder dat het vereiste aantal leden aanwezig is, na een tweede oproeping, ongeacht het aantal aanwezige leden, op geldige wijze beraadslagen of beslissen over de onderwerpen die voor de tweede keer op de agenda voorkomen.

In de oproeping, vermeld in het tweede lid, wordt vermeld dat het om een tweede oproeping gaat en worden de bepalingen van dit artikel overgenomen.

Verwijzing
zie randnummer [→ nr. 142] [→ nr. 143]

Art. 27. § 1. Het is voor een gemeenteraadslid verboden deel te nemen aan de bespreking en de stemming over:

1° aangelegenheden waarin hij een rechtstreeks belang heeft, hetzij persoonlijk, hetzij als vertegenwoordiger, of waarbij de echtgenoot, of bloed- of aanverwanten tot en met de vierde graad een persoonlijk en rechtstreeks belang hebben. Dat verbod strekt niet verder dan de bloed- en aanverwanten tot en met de tweede graad als het gaat om de voordracht van kandidaten, benoemingen, ontslagen, afzettingen en schorsingen. Voor

99041 de toepassing van deze bepaling worden personen die een verklaring van wettelijke samenwoning als vermeld in artikel 1475 van het Burgerlijk Wetboek hebben afgelegd, met echtgenoten gelijkgesteld;

2° de vaststelling of goedkeuring van het meerjarenplan, het budget en de jaarrekening van een instantie waaraan hij rekenschap verschuldigd is of van een instantie tot het uitvoerend orgaan waarvan hij behoort.

Het eerste lid is niet van toepassing op het gemeenteraadslid dat zich in de omstandigheden, vermeld in het eerste lid, bevindt louter op grond van het feit dat hij als vertegenwoordiger van de gemeente is aangewezen in andere rechtspersonen.

§ 2. Het is voor een gemeenteraadslid verboden:

1° rechtstreeks of onrechtstreeks als advocaat of notaris tegen betaling te werken in geschillen ten behoeve van de gemeente. Dat verbod geldt ook voor de personen die in het kader van een associatie, groepering, samenwerking of op hetzelfde kantooradres met het gemeenteraadslid werken;

2° rechtstreeks of onrechtstreeks als advocaat of notaris ten behoeve van de tegenpartij van de gemeente of ten behoeve van een personeelslid van de gemeente te werken bij geschillen die betrekking hebben op beslissingen over de tewerkstelling binnen de gemeente. Dat verbod geldt ook voor de personen die in het kader van een associatie, groepering, samenwerking of op hetzelfde kantooradres met het gemeenteraadslid werken;

3° rechtstreeks of onrechtstreeks een overeenkomst te sluiten, behalve in geval van een schenking aan de gemeente of een gemeentelijk extern verzelfstandigd agentschap, of deel te nemen aan een opdracht voor aanneming van werken, leveringen of diensten, verkoop of aankoop ten behoeve van de gemeente of een gemeentelijk extern verzelfstandigd agentschap, behalve als het gemeenteraadslid een beroep doet op een dienstverlening van de gemeente of van een gemeentelijk extern verzelfstandigd agentschap en ten gevolge daarvan een overeenkomst aangaat;

4° op te treden als afgevaardigde of deskundige van een vakorganisatie in het bijzonder onderhandelingscomité of het hoog overlegcomité van de gemeente.

§ 3. Dit artikel is van toepassing op de vertrouwenspersoon, vermeld in artikel 16 en 155.

§ 4. Als een gemeenteraadslid zich in de situatie, vermeld in paragraaf 1, bevindt, moet dat punt op de vergadering behandeld worden, en kan de vergadering niet gesloten worden voor het punt in kwestie is behandeld of voor beslist is om het punt uit te stellen.

Verwijzing

zie randnummer [→ nr. 144] [→ nr. 145] [→ nr. 146] [→ nr. 196] [→ nr. 197] [→ nr. 198] [→ nr. 199]

Art. 28. § 1. De vergaderingen van de gemeenteraad zijn openbaar, behalve als:

1° het om aangelegenheden gaat die de persoonlijke levenssfeer raken. Zodra een dergelijk punt aan de orde is, beveelt de voorzitter de behandeling in besloten vergadering;

2° de gemeenteraad met twee derde van de aanwezige leden en op gemotiveerde wijze beslist tot behandeling in besloten vergadering, in het belang van de openbare orde of op grond van ernstige bezwaren tegen de openbaarheid.

De vergaderingen over de beleidsrapporten, vermeld in artikel 249, zijn in elk geval openbaar.

§ 2. De besloten vergadering kan alleen plaatsvinden na de openbare vergadering, uitgezonderd in tuchtzaken. Als tijdens de openbare vergadering blijkt dat de behandeling van een punt in besloten vergadering moet worden voortgezet, kan de openbare vergadering, alleen met dat doel, worden onderbroken. Als tijdens de besloten vergadering blijkt dat de behandeling van een punt in openbare vergadering moet worden behandeld, wordt dat punt opgenomen op de agenda van de eerstvolgende gemeenteraad. In geval van dringende noodzakelijkheid van het punt of in geval van de eedaflegging van een personeelslid kan de besloten vergadering, alleen met dat doel, worden onderbroken. 19904

Verwijzing
zie randnummer [→ nr. 137] [→ nr. 138] [→ nr. 139]

Art. 29. § 1. De gemeenteraadsleden hebben het recht van inzage in alle dossiers, stukken en akten, ongeacht de drager, die het bestuur van de gemeente betreffen. De gemeenteraadsleden kunnen een afschrift verkrijgen van die dossiers, stukken en akten. De vergoeding die eventueel wordt gevraagd voor het afschrift, mag in geen geval meer bedragen dan de kostprijs, onder voorbehoud van de toepassing van artikel 12, lid 5, en artikel 15, lid 3, van verordening (EU) 2016/679 van het Europees Parlement en de Raad van 27 april 2016 betreffende de bescherming van natuurlijke personen in verband met de verwerking van persoonsgegevens en betreffende het vrije verkeer van die gegevens en tot intrekking van richtlijn 95/46/EG (algemene verordening gegevensbescherming).

De briefwisseling gericht aan de voorzitter van de gemeenteraad en die bestemd is voor de gemeenteraad, wordt meegedeeld aan de gemeenteraadsleden.

§ 2. De gemeenteraadsleden mogen alle instellingen en diensten bezoeken die de gemeente opricht en beheert.

§ 3. De gemeenteraad bepaalt bij huishoudelijk reglement de voorwaarden voor het inzagerecht en het recht van afschrift, en de voorwaarden voor het bezoekrecht aan de instellingen en diensten die de gemeente opricht en beheert.

§ 4. De gemeenteraadsleden, alsook alle andere personen die krachtens de wet of het decreet de besloten vergaderingen van de gemeenteraad bijwonen, zijn tot geheimhouding verplicht.

Dit artikel doet geen afbreuk aan de mogelijkheid van strafrechtelijke vervolging van de gemeenteraadsleden, alsook van alle andere personen als vermeld in het eerste lid wegens schending van het beroepsgeheim, overeenkomstig artikel 458 van het Strafwetboek.

§ 5. Het inzagerecht en het bezoekrecht van de gemeenteraadsleden, vermeld in paragraaf 1 tot en met 3, geldt ook voor de autonome gemeentebedrijven van de gemeente.

Verwijzing
zie randnummer [→ nr. 132] [→ nr. 133] [→ nr. 191] [→ nr. 192] [→ nr. 193] [→ nr. 194]

Art. 30. De burgemeester of de schepen die buiten de gemeenteraad is benoemd, is aanwezig op de vergaderingen van de gemeenteraad. De burgemeester of de schepen die buiten de gemeenteraad is benoemd beschikt in de gemeenteraad alleen over een raadgevende stem.

Verwijzing
zie randnummer [→ nr. 149]

99041 **Art. 31.** De gemeenteraadsleden hebben het recht aan de burgemeester en aan het college van burgemeester en schepenen mondelinge en schriftelijke vragen te stellen.

Voor het stellen van een vraag als vermeld in het eerste lid, is geen toegelicht voorstel van beslissing vereist.

Verwijzing
zie randnummer [→ nr. 149]

Art. 32. De notulen en het zittingsverslag van de vergadering van de gemeenteraad worden onder de verantwoordelijkheid van de algemeen directeur opgesteld overeenkomstig artikel 277 en 278.

Behalve in spoedeisende gevallen worden de notulen en het zittingsverslag van de vorige vergadering ten minste acht dagen voor de dag van de vergadering ter beschikking gesteld van de gemeenteraadsleden. Het huishoudelijk reglement bepaalt de wijze waarop de notulen en het zittingsverslag ter beschikking worden gesteld. Als een gemeenteraadslid daarom verzoekt, worden de notulen en het zittingsverslag elektronisch ter beschikking gesteld.

Elk gemeenteraadslid heeft het recht tijdens de vergadering opmerkingen te maken over de redactie van de notulen en het zittingsverslag van de vorige vergadering. Als die opmerkingen door de gemeenteraad worden aangenomen, worden de notulen en het zittingsverslag in die zin aangepast.

Als er geen opmerkingen worden gemaakt over de notulen en het zittingsverslag van de vorige vergadering worden de notulen en het zittingsverslag als goedgekeurd beschouwd en worden ze ondertekend door de voorzitter van de gemeenteraad en de algemeen directeur. Als de gemeenteraad bij spoedeisendheid is samengeroepen, kan de gemeenteraad beslissen om opmerkingen toe te laten op de eerstvolgende vergadering.

Telkens als de gemeenteraad het wenselijk acht, worden de notulen staande de vergadering opgemaakt en door de meerderheid van de gemeenteraadsleden en de algemeen directeur ondertekend.

Verwijzing
zie randnummer [→ nr. 155] [→ nr. 156] [→ nr. 157]

Art. 33. De besluiten worden genomen bij volstrekte meerderheid van stemmen.

In het eerste lid wordt verstaan onder volstrekte meerderheid van stemmen: meer dan de helft van de uitgebrachte stemmen, onthoudingen niet meegerekend.

Bij staking van stemmen is het voorstel verworpen.

Verwijzing
zie randnummer [→ nr. 150] [→ nr. 151]

Art. 34. De stemmingen in de gemeenteraad zijn niet geheim.

In afwijking van het eerste lid wordt over de volgende aangelegenheden geheim gestemd:

1° de vervallenverklaring van het mandaat van gemeenteraadslid en van schepen;
2° de aanwijzing van de leden van de gemeentelijke bestuursorganen en van de vertegenwoordigers van de gemeente in overlegorganen en in de organen van andere rechtspersonen en feitelijke verenigingen;
3° de beëindiging van een mandaat als vermeld in punt 2°;
4° individuele personeelszaken.

Onder voorbehoud van het tweede lid stemmen de leden van de gemeenteraad mondeling. Het huishoudelijk reglement kan een regeling invoeren die gelijkwaardig is aan een mondelinge stemming. Ongeacht de bepalingen van het huishoudelijk reglement wordt er mondeling gestemd telkens als een derde van de aanwezige leden daarom verzoekt. 19904

De voorzitter stemt als laatste, behalve bij geheime stemming.

Verwijzing
zie randnummer [→ nr. 152] [→ nr. 153] [→ nr. 154]

Art. 35. Voor elke benoeming in ambten, elke contractuele aanstelling, elke verkiezing en elke voordracht van kandidaten wordt een afzonderlijke stemming gehouden.

Als bij de benoeming, de contractuele aanstelling, de verkiezing of de voordracht van kandidaten de vereiste meerderheid niet wordt verkregen bij de eerste stemming, wordt opnieuw gestemd over de twee kandidaten die de meeste stemmen hebben behaald.

Als bij de eerste stemming sommige kandidaten een gelijk aantal stemmen behaald hebben, wordt de jongste kandidaat tot de herstemming toegelaten.

Bij staking van stemmen heeft de jongste kandidaat de voorkeur.

Verwijzing
zie randnummer [→ nr. 152] [→ nr. 153] [→ nr. 154]

Art. 36. § 1. Een of meer gemeenteraadsleden die op dezelfde lijst verkozen zijn, vormen een fractie.

§ 2. In afwijking van paragraaf 1 kunnen de kandidaat-gemeenteraadsleden die op dezelfde lijst zijn verkozen twee fracties vormen, mits aan volgende voorwaarden is voldaan:

1° de naam van de lijst bestaat uit verschillende woorden of afkortingen die minstens de twee fractienamen omvatten;

2° de kandidaat-gemeenteraadsleden beslissen bij de indiening van de voordrachtsakte of verbeteringsakte dat de op de lijst verkozen gemeenteraadsleden twee fracties vormen of kunnen vormen. In dat laatste geval worden twee fracties gevormd als een meerderheid van de verkozen gemeenteraadsleden die potentieel een afzonderlijke fractie kunnen uitmaken daartoe op de installatievergadering van de gemeenteraad beslist;

3° de beslissing, vermeld in punt 2°, wordt genomen in een afzonderlijke akte inzake fractievorming, ondertekend door alle kandidaat-gemeenteraadsleden op de lijst;

4° de akte inzake fractievorming bevat alle kandidaat-gemeenteraadsleden van de lijst, in dezelfde volgorde als op de voordrachtsakte of de verbeteringsakte die bij de voorzitter van het gemeentelijk hoofdbureau wordt ingediend;

5° met behoud van de toepassing van het derde lid vermeldt de akte inzake fractievorming voor alle kandidaat-gemeenteraadsleden tot welke fractie ze zullen behoren in geval van verkiezing;

6° er worden op de akte inzake fractievorming maar twee verschillende fracties vermeld;

7° de akte inzake fractievorming is als bijlage gevoegd bij de voordrachtsakte of de verbeteringsakte die, overeenkomstig artikel 70 en 91 van het Lokaal en Provinciaal Kiesdecreet van 8 juli 2011, aan de voorzitter van het gemeentelijk hoofdbureau wordt bezorgd;

8° aan de algemeen directeur wordt tegen ontvangstbewijs een afschrift van de akte inzake fractievorming bezorgd uiterlijk de eerste werkdag nadat

99041 de voordrachtsakte of de verbeteringsakte bij de voorzitter van het gemeentelijk hoofdbureau is ingediend.

De indiening van de akte inzake fractievorming en de door de kandidaat-gemeenteraadsleden gemaakte keuze is niet herroepbaar.

Als een kandidaat-gemeenteraadslid zich op de akte inzake fractievorming niet tot een fractie bekent, wordt het betrokken kandidaat-gemeenteraadslid geacht bij verkiezing te opteren voor de grootste fractie. Als beide fracties in de gemeenteraad even groot zijn, wordt hij geacht bij verkiezing te opteren voor de fractie waartoe de aanvoerder van de lijst behoort, behalve als de lijstaanvoerder op de akte van fractievorming zich niet tot een fractie heeft bekend. In dat laatste geval wordt het kandidaat-gemeenteraadslid geacht te opteren voor de fractie waartoe het kandidaat-gemeenteraadslid behoort dat de hoogste plaats op de lijst inneemt en dat zich tot een fractie heeft bekend.

Als de regeling, vermeld in het eerste tot en met het derde lid, niet is toegepast, kunnen er geen aparte fracties worden gevormd. Als de kandidaat-gemeenteraadsleden die op dezelfde lijst verkozen zijn, beslissen om twee fracties te vormen overeenkomstig het eerste lid, spreekt de gemeenteraad zich op de installatievergadering bij besluit uit of aan de voorwaarden, vermeld in het eerste lid, is voldaan.

De Vlaamse Regering stelt het model van akte inzake fractievorming vast.

§ 3. Een of meer gemeenteraadsleden die verkozen zijn op lijsten die zich uiterlijk op de installatievergadering onderling hebben verenigd, vormen een fractie. Tot onderlinge vereniging van de lijsten kan alleen beslist worden als de meerderheid van de verkozenen op elk van die lijsten daarmee instemt.

§ 4. De onderlinge vereniging tot een fractie of de vorming van twee fracties overeenkomstig paragraaf 2, geldt tot de eerstvolgende volledige vernieuwing van de gemeenteraad.

§ 5. Het huishoudelijk reglement legt de nadere regels vast voor de samenstelling en de werking van de fracties, alsook, binnen de grenzen die de Vlaamse Regering bepaalt, voor de financiering ervan.

Verwijzing
zie randnummer [→ nr. 163] [→ nr. 164] [→ nr. 165] [→ nr. 166]

Art. 37. § 1. De gemeenteraad kan commissies oprichten die zijn samengesteld uit gemeenteraadsleden. De commissies hebben als taak de besprekingen in de gemeenteraadszittingen voor te bereiden, advies te verlenen en voorstellen te formuleren over de wijze waarop vorm wordt gegeven aan de inspraak van de bevolking telkens als dat voor de beleidsvoering wenselijk wordt geacht. De commissies kunnen altijd deskundigen en belanghebbenden horen.

§ 2. Artikel 28 en 34 zijn van overeenkomstige toepassing op de vergaderingen en de stemmingen in de commissies.

§ 3. De mandaten in iedere commissie worden evenredig verdeeld over de fracties waaruit de gemeenteraad is samengesteld. De gemeenteraad bepaalt per gemeenteraadscommissie het aantal leden, alsook de wijze waarop de evenredigheid wordt berekend. Die berekeningswijze geldt voor alle commissies die de gemeenteraad opricht. De evenredigheid vereist in ieder geval dat de som van het aantal mandaten dat toekomt aan de fracties waarvan leden deel uitmaken van het college van burgemeester en schepenen, altijd hoger is dan de som van het aantal mandaten dat toekomt aan de andere fracties. Elke fractie wijst de mandaten toe, die haar overeenkomstig de voormelde berekeningswijze toekomen, met een voordracht, gericht aan de voorzitter van de gemeenteraad. Als de voorzitter van de gemeenteraad voordrachten ontvangt voor meer kandidaten dan er mandaten te begeven zijn voor een fractie, worden de mandaten toegewezen in de volgorde waarin de kandidaten vermeld staan op de akte van voordracht. 19904

Tot de eerstvolgende volledige vernieuwing van de gemeenteraad wordt een fractie geacht hetzelfde aantal leden in de commissies te behouden. Als een lid uitdrukkelijk aan de gemeenteraad heeft meegedeeld dat het niet meer wil behoren tot zijn fractie, vermeld in artikel 36, kan dat lid niet meer zetelen, noch als lid van deze fractie, noch als lid van een andere fractie. Niettemin behouden die fracties het oorspronkelijke aantal leden in de commissie.

Om ontvankelijk te zijn moet de akte van voordracht voor elk van de kandidaat-commissieleden ten minste ondertekend zijn door een meerderheid van de leden van de fractie waarvan het kandidaat-commissielid deel uitmaakt. Als de fractie van het kandidaat-commissielid maar uit twee verkozenen bestaat, volstaat de handtekening van een van hen. Niemand kan meer dan één akte ondertekenen per beschikbaar mandaat voor de fractie.

Als ten gevolge van de toepassing van de evenredige vertegenwoordiging, vermeld in het eerste lid, een fractie niet vertegenwoordigd is in een commissie, kan de fractie een raadslid aanwijzen dat als lid met raadgevende stem in de commissie zetelt.

§ 4. De burgemeester of schepenen kunnen geen voorzitter zijn van een gemeenteraadscommissie.

§ 5. Het huishoudelijk reglement bepaalt de nadere regels voor de samenstelling en de werkwijze van de commissie, alsook voor de toekenning van presentiegelden, met dien verstande dat de leden met raadgevende stem, vermeld in paragraaf 3, vierde lid, hetzelfde presentiegeld krijgen als de andere leden.

Als een lid met raadgevende stem lid is van verschillende commissies, kan het bedrag van de toegekende presentiegelden jaarlijks nooit hoger zijn dan het hoogste presentiegeld dat jaarlijks theoretisch toegekend kan worden aan een vast lid. Voor de berekening van dat maximumbedrag wordt rekening gehouden met het aantal commissievergaderingen die voor een vast lid recht geven op presentiegeld.

Verwijzing
zie randnummer [→ nr. 160] [→ nr. 161] [→ nr. 162]

Art. 38. De gemeenteraad stelt bij de aanvang van de zittingsperiode een huishoudelijk reglement vast waarin aanvullende maatregelen worden opgenomen voor de werking van de raad en waarin minstens bepalingen worden opgenomen over:

1° de vergaderingen waarvoor presentiegeld wordt verleend, het bedrag van het presentiegeld en de nadere regels voor de eventuele terugbetaling van specifieke kosten die verband houden met de uitoefening van het mandaat van gemeenteraadslid of lid van het college van burgemeester en schepenen;

2° de wijze van verzending van de oproeping en de terbeschikkingstelling van het dossier aan de gemeenteraadsleden, alsook de wijze waarop de algemeen directeur of de door hem aangewezen personeelsleden, aan de raadsleden die erom verzoeken, technische inlichtingen verstrekken over die stukken;

3° de wijze waarop de plaats, de dag, het tijdstip en de agenda van de vergaderingen van de gemeenteraad openbaar worden gemaakt;

99041 4° de voorwaarden voor het inzagerecht en het recht van afschrift voor gemeenteraadsleden en de voorwaarden voor het bezoekrecht aan de instellingen en diensten die de gemeente opricht en beheert;
5° de voorwaarden waaronder de gemeenteraadsleden hun recht uitoefenen om aan de burgemeester en aan het college van burgemeester en schepenen mondelinge en schriftelijke vragen te stellen;
6° de wijze van notulering en de wijze waarop de notulen en het zittingsverslag van de vorige vergadering ter beschikking worden gesteld van de gemeenteraadsleden;
7° de nadere regels voor de samenstelling en de werking van de commissies en de fracties;
8° de wijze waarop en de persoon door wie de stukken van de gemeente, vermeld in artikel 279, worden ondertekend;
9° de nadere voorwaarden waaronder het recht om verzoekschriften in te dienen, wordt uitgeoefend, en de wijze waarop de verzoekschriften worden behandeld;
10° de wijze van het ter kennis brengen van de beslissingen, vermeld in artikel 50, vijfde lid.

De gemeenteraad kan het huishoudelijk reglement op elk moment wijzigen.

Verwijzing
zie randnummer [→ nr. 158]

Art. 39. De gemeenteraad neemt een deontologische code aan.

Verwijzing
zie randnummer [→ nr. 159]

AFDELING 3. De bevoegdheden van de gemeenteraad

Art. 40. § 1. Onder voorbehoud van andere wettelijke of decretale bepalingen, beschikt de gemeenteraad over de volheid van bevoegdheid ten aanzien van de aangelegenheden, vermeld in artikel 2.

§ 2. De gemeenteraad bepaalt het beleid van de gemeente en kan daarvoor algemene regels vaststellen.

§ 3. De gemeenteraad stelt de gemeentelijke reglementen vast. Met behoud van de toepassing van de federale wetgeving in verband met de bevoegdheid van de gemeenteraad om politieverordeningen vast te stellen, kunnen de reglementen onder meer betrekking hebben op het gemeentelijk beleid, de gemeentelijke belastingen en retributies, en op het inwendige bestuur van de gemeente.

Een afschrift van elk reglement waarin een strafbepaling of een administratieve sanctie wordt opgenomen, wordt dadelijk verzonden aan de griffie van de rechtbank van eerste aanleg en aan die van de politierechtbank.

Verwijzing
zie randnummer [→ nr. 167] [→ nr. 168]

Art. 41. Behalve bij de uitdrukkelijke toewijzing van een bevoegdheid als vermeld in artikel 2, § 2, tweede lid, aan de gemeenteraad kan de gemeenteraad bij reglement bepaalde bevoegdheden toevertrouwen aan het college van burgemeester en schepenen.

De volgende bevoegdheden kunnen niet aan het college van burgemeester en schepenen worden toevertrouwd: 19904

1° de aan de gemeenteraad toegewezen bevoegdheden, vermeld in afdeling 1 en 2 van dit hoofdstuk;
2° het vaststellen van andere gemeentelijke reglementen dan die over personeelsaangelegenheden, en het bepalen van straffen en administratieve sancties bij de overtreding van die reglementen;
3° het vaststellen van de beleidsrapporten van de gemeente en het openbaar centrum voor maatschappelijk welzijn, vermeld in artikel 249;
4° het oprichten van en het toetreden tot rechtspersonen en het beslissen tot oprichting van, deelname aan of vertegenwoordiging in agentschappen, instellingen, verenigingen en ondernemingen;
5° het goedkeuren van beheersovereenkomsten en samenwerkingsovereenkomsten als vermeld in artikel 196, 234 en 247;
6° het aanstellen en ontslaan van de algemeen directeur, de adjunct-algemeen directeur, de financieel directeur en de ombudsman, alsook de sanctie- en tuchtbevoegdheid ten aanzien van die personeelsleden;
7° het goedkeuren van het algemene kader van het organisatiebeheersingssysteem, vermeld in artikel 219;
8° het vaststellen van wat onder het begrip "dagelijks bestuur" moet worden verstaan;
9° beslissingen die een wet, een decreet of een uitvoeringsbesluit uitdrukkelijk aan de gemeenteraad voorbehoudt;
10° het vaststellen van de plaatsingsprocedure en het vaststellen van de voorwaarden van overheidsopdrachten, tenzij:
   a) de opdracht past binnen het begrip "dagelijks bestuur", vermeld in punt 8°, waarvoor het college van burgemeester en schepenen bevoegd is;
   b) de raad de plaatsingsprocedure en het vaststellen van de voorwaarden voor die overheidsopdracht nominatief aan het college van burgemeester en schepenen heeft toevertrouwd;
11° de daden van beschikking over onroerende goederen, behalve die, vermeld in artikel 56, § 3, 8°, b);
12° het definitief aanvaarden van schenkingen en het aanvaarden van legaten;
13° het inrichten van adviesraden en overlegstructuren;
14° het vaststellen van de gemeentebelastingen en het vaststellen van de machtiging tot het heffen van de retributies en de voorwaarden ervan, inclusief verminderingen en vrijstellingen;
15° het vaststellen van een systeem van klachtenbehandeling;
16° het nemen van beslissingen als vermeld in artikel 297 en 298;
17° het aangaan van andere dadingen dan dadingen met personeelsleden naar aanleiding van een beëindiging van het dienstverband, die de gevolgen van de beëindiging van het dienstverband als voorwerp hebben;
18° de bevoegdheden van de gemeenteraad, vermeld in artikel 263, 265, 266, 267, 269 en 304, § 6;
19° het vaststellen van de wijze van het ter kennis brengen van de beslissingen, vermeld in artikel 50;
20° het aanstellen en ontslaan van de leden van de raad van bestuur van een autonoom gemeentebedrijf, de beslissing tot ontbinding en vereffening van een autonoom gemeentebedrijf, en het aanstellen van de gemeentelijke vertegenwoordigers in de algemene vergadering van een extern verzelfstandigd agentschap in privaatrechtelijke vorm;
21° het goedkeuren van het meerjarenplan en de aanpassingen ervan van een autonoom gemeentebedrijf;

99041 22° de aan de gemeenteraad toegewezen bevoegdheden, vermeld in deel 3, titel 3;

23° het vaststellen van subsidiereglementen en het toekennen van nominatieve subsidies;

24° de bevoegdheden van de gemeenteraad, vermeld in artikel 46.

In het geval, vermeld in het tweede lid, 14°, kan de bevoegdheid tot het bepalen van vrijstellingen en verminderingen, of elke andere vorm van differentiëring met lagere tarieven van de gemeentelijke opcentiemen op de onroerende voorheffing worden uitgeoefend mits de volgende voorwaarden worden nageleefd:

1° een voorstel van gemeenteraadsbesluit dat vrijstellingen, verminderingen of differentiëring met lagere tarieven vaststelt voor de gemeentelijke opcentiemen op de onroerende voorheffing moet voorafgaandelijk aan de Vlaamse Regering en de bevoegde entiteit van de Vlaamse administratie, vermeld in het decreet van 13 december 2013 houdende de Vlaamse Codex Fiscaliteit, worden voorgelegd;

2° het dossier dat aan de Vlaamse Regering wordt bezorgd, bevat ten minste een grondige motiveringsnota over de noodzaak van de differentiëring;

3° de bevoegde entiteit van de Vlaamse administratie levert een advies af over de technische uitvoerbaarheid van de beoogde gemeentelijke vrijstellingen of verminderingen;

4° het advies, vermeld in punt 3°, wordt gevoegd bij het voorstel van gemeenteraadsbeslissing dat aan de gemeenteraad in kwestie wordt voorgelegd.

Verwijzing

zie randnummer [→ nr. 170] [→ nr. 171] [→ nr. 172]

HOOFDSTUK 2. Het college van burgemeester en schepenen

AFDELING 1. De organisatie van het college van burgemeester en schepenen

Art. 42. § 1. Het college van burgemeester en schepenen bestaat uit de burgemeester en uit ten hoogste:

1° 2 schepenen in de gemeenten met minder dan 4999 inwoners;

2° 3 schepenen in de gemeenten met 5000 tot en met 9999 inwoners;

3° 4 schepenen in de gemeenten met 10.000 tot en met 19.999 inwoners;

4° 5 schepenen in de gemeenten met 20.000 tot en met 29.999 inwoners;

5° 6 schepenen in de gemeenten met 30.000 tot en met 49.999 inwoners;

6° 7 schepenen in de gemeenten met 50.000 tot en met 99.999 inwoners;

7° 8 schepenen in de gemeenten met 100.000 tot en met 199.999 inwoners;

8° 9 schepenen in de gemeenten met 200.000 of meer inwoners.

Het college van burgemeester en schepenen bevat naast de burgemeester minstens twee schepenen.

Als na de verkiezing van de voorzitter van het bijzonder comité voor de sociale dienst blijkt dat hij nog geen lid was van het college van burgemeester en schepenen, wordt hij van rechtswege vanaf zijn eedaflegging, vermeld in artikel 90, § 4, als schepen toegevoegd aan het college van burgemeester en schepenen.

§ 2. Op basis van de bevolkingsaantallen van de gemeenten, vermeld in artikel 4, § 3, stelt de Vlaamse Regering een lijst op van het maximale aantal per gemeente te verkiezen schepenen overeenkomstig paragraaf 1, eerste lid, en van het maximale aantal te verkiezen schepenen van de nieuwe gemeente in toepassing van artikel 355, § 1 en § 2, alsook van het aantal per gemeente te verkiezen schepenen in de gemeenten, vermeld in artikel 7 van de wetten op het gebruik van de talen in bestuurszaken, gecoördineerd op 18 juli 1966, en in de gemeente Voeren overeenkomstig artikel 16 van de Nieuwe Gemeentewet. 19904

§ 3. Het college van burgemeester en schepenen bestaat uit personen van verschillend geslacht.

Als het college van burgemeester en schepenen na de verkiezing van de voorzitter van het bijzonder comité voor de sociale dienst niet rechtsgeldig blijkt te zijn samengesteld overeenkomstig het eerste lid, wordt de laatste overeenkomstig artikel 43 of 49, § 1, verkozen schepen in rang, van rechtswege vervangen door het gemeenteraadslid van het andere geslacht dat op dezelfde lijst met de meeste naamstemmen verkozen is. Als verschillende raadsleden van het andere geslacht een gelijk aantal naamstemmen hebben behaald, krijgt het raadslid dat de hoogste plaats op de lijst bekleedt, voorrang onder die raadsleden. Als er geen verkozen gemeenteraadsleden van het andere geslacht op die lijst voorkomen, wordt de schepen van rechtswege vervangen door de eerste opvolger van het andere geslacht op die lijst.

In afwijking van het tweede lid wordt, als het college van burgemeester en schepenen na de verkiezing van de voorzitter van het bijzonder comité voor de sociale dienst niet rechtsgeldig blijkt te zijn samengesteld overeenkomstig het eerste lid, en als de overeenkomstig artikel 43 of 49, § 1, laatst verkozen schepen in rang, bij de verkiezing van de gemeenteraadsleden verkozen is op een lijst die maar één kandidaat bevat, de voorlaatste schepen in rang vervangen overeenkomstig het tweede lid. Als ook de voorlaatste schepen in rang verkozen werd op een lijst die maar een kandidaat bevat, wordt de derde laatste schepen in rang of, in voorkomend geval, de eerstvolgende laatste schepen in rang, vervangen overeenkomstig dezelfde bepalingen.

§ 4. De schepen die overeenkomstig paragraaf 3 buiten de gemeenteraad is benoemd en de schepen, vermeld in paragraaf 1, derde lid, zijn in alle gevallen stemgerechtigd in het college van burgemeester en schepenen.

§ 5. Iedereen die het mandaat van burgemeester, schepen of voorzitter van de raad uitoefent of waarneemt, moet beschikken over de kennis van de bestuurstaal die vereist is voor de uitoefening van het mandaat.

Door hun verkiezing of benoeming bestaat het vermoeden dat de mandatarissen, vermeld in het eerste lid, de vereiste taalkennis bezitten. Dat vermoeden kan worden weerlegd op verzoek van een gemeenteraadslid op basis van ernstige aanwijzingen, een bekentenis van de mandataris of de wijze waarop de betrokkene het mandaat uitoefent.

Het verzoek, vermeld in het tweede lid, wordt ingediend bij de Raad voor Verkiezingsbetwistingen. Als dat rechtscollege beslist dat het vermoeden van taalkennis is weerlegd, is de verkiezing of de benoeming vernietigd vanaf de dag van de kennisgeving van de beslissing van het rechtscollege, met behoud van de mogelijkheid van beroep bij de Raad van State, vermeld in artikel 147. Dat beroep schort de uitspraak van het rechtscollege niet op. Tot de algehele vernieuwing van de raad kan de betrokkene niet opnieuw benoemd of verkozen worden tot burgemeester, schepen of voorzitter van de raad, noch een dergelijk mandaat waarnemen.

De miskenning van de bepalingen van dit artikel door degene van wie het vermoeden van taalkennis is weerlegd, is een grove nalatigheid als vermeld in artikel 156.

Verwijzing
zie randnummer [→ nr. 200] [→ nr. 201] [→ nr. 202] [→ nr. 203] [→ nr. 204] [→ nr. 205] [→ nr. 206] [→ nr. 207] [→ nr. 208] [→ nr. 209] [→ nr. 210] [→ nr. 211] [→ nr. 281]

99041 **Art. 43.** § 1. Behalve de schepenen die benoemd zijn overeenkomstig artikel 42, § 1, derde lid, en § 3, tweede en derde lid, verkiest de gemeenteraad de schepenen onder de gemeenteraadsleden op basis van een gezamenlijke akte van voordracht van de kandidaat-schepenen, ondertekend door meer dan de helft van de verkozenen op de lijsten die aan de verkiezingen deelnamen. Om ontvankelijk te zijn moet die gezamenlijke akte van voordracht voor elk van de kandidaat-schepenen ook ondertekend zijn door een meerderheid van de personen die op dezelfde lijst zijn verkozen als de voorgedragen kandidaten. Als de lijst waarop een kandidaat-schepen voorkomt, maar twee verkozenen telt, volstaat de handtekening van een van hen. Niemand kan meer dan één gezamenlijke akte van voordracht ondertekenen. Overtreding van dit verbod wordt gesanctioneerd overeenkomstig artikel 7, § 2.

De gezamenlijke akte van voordracht kan ook de einddatum van het mandaat van een kandidaat-schepen vermelden. In dat geval kan op de akte van voordracht de naam vermeld worden van een of meer personen die hem zullen opvolgen voor de resterende duurtijd van het mandaat. In voorkomend geval is de schepen bij het bereiken van de einddatum van het mandaat van rechtswege ontslagnemend en wordt hij van rechtswege opgevolgd door de persoon die in de akte van voordracht als opvolger is vermeld. Als het mandaat eindigt voor de einddatum, vermeld in de akte, of als de persoon die in de akte van voordracht werd vermeld als de persoon die de schepen zou opvolgen, zijn mandaat niet opneemt, neemt de eerstvolgende opvolger vervroegd het mandaat op. Als de persoon die als laatste opvolger is vermeld, het mandaat niet kan opnemen of als er geen opvolger is vermeld, wordt tot vervanging overgegaan overeenkomstig artikel 49.

Die akte wordt uiterlijk acht dagen voor de installatievergadering van de gemeenteraad aan de algemeen directeur bezorgd. De algemeen directeur bezorgt een afschrift van de akte aan de burgemeester.

§ 2. Nadat de gemeenteraadsleden de eed hebben afgelegd, bezorgt de algemeen directeur de gezamenlijke akte van voordracht van de kandidaat-schepenen aan de voorzitter van de gemeenteraad.

De voorzitter van de gemeenteraad gaat na of de gezamenlijke akte van voordracht ontvankelijk is overeenkomstig de voorwaarden, vermeld in paragraaf 1. Alleen de handtekeningen van de gemeenteraadsleden die de eed hebben afgelegd, worden daarvoor in aanmerking genomen, met inbegrip van de handtekeningen van de opvolgers die de akte van voordracht hebben ondertekend en die nadien als gemeenteraadslid de eed hebben afgelegd. Als de voordracht ontvankelijk is, worden de voorgedragen kandidaat-schepenen verkozen verklaard en is het aantal schepenen vastgelegd tot de eerstvolgende volledige vernieuwing van de gemeenteraad.

§ 3. Als er geen ontvankelijke gezamenlijke akte van voordracht van kandidaat-schepenen aan de voorzitter van de installatievergadering wordt bezorgd, beslist de gemeenteraad op de installatievergadering over het aantal te verkiezen schepenen en wordt binnen veertien dagen overgegaan tot afzonderlijke verkiezing van de schepenen onder de gemeenteraadsleden. De gemeenteraadsleden kunnen daarvoor kandidaat-schepenen voordragen.

De akte van voordracht kan ook de einddatum van het mandaat van de kandidaat-schepen vermelden. In dat geval kan op de akte van voordracht de naam vermeld worden van een of meer personen die hem zullen opvolgen voor de resterende duurtijd van het mandaat. In voorkomend geval is de schepen bij het bereiken van de einddatum van het mandaat van rechtswege ontslagnemend en wordt hij van rechtswege opgevolgd door de persoon die in de akte van voordracht als opvolger is vermeld. Als het mandaat eindigt voor de einddatum, vermeld in de akte, of als de persoon die in de akte van voordracht is vermeld als de persoon die de schepen zou opvolgen, zijn mandaat niet opneemt, neemt de eerstvolgende opvolger vervroegd het mandaat op. Als de persoon die als laatste opvolger is vermeld, het mandaat niet kan opnemen of als er geen opvolger is vermeld, wordt tot vervanging overgegaan overeenkomstig artikel 49. 19904

Per schepenmandaat wordt uiterlijk drie dagen voor de eerstvolgende vergadering van de gemeenteraad een gedagtekende akte van voordracht aan de algemeen directeur bezorgd.

Om ontvankelijk te zijn, moet de akte van voordracht ten minste ondertekend zijn door een meerderheid van de personen die op dezelfde lijst zijn verkozen als de voorgedragen kandidaat. Als de lijst waarop de kandidaat-schepen voorkomt maar twee verkozenen telt, volstaat de handtekening van een van hen. Met behoud van de toepassing van paragraaf 1 kan elk gemeenteraadslid maar één akte van voordracht ondertekenen per schepenmandaat. Overtreding van dat verbod wordt bestraft overeenkomstig artikel 7, § 2. Als de schriftelijk voorgedragen kandidaturen niet volstaan om het college volledig samen te stellen, kunnen kandidaten mondeling op de zitting worden voorgedragen. Voor een kandidaat die op de zitting wordt voorgedragen, moet tijdens de zitting en vóór de stemming blijken dat een meerderheid van de gemeenteraadsleden die op dezelfde lijst zijn verkozen als de voorgedragen kandidaat, de voordracht van deze kandidaat steunt. Zo niet wordt de voordracht van deze kandidaat niet in aanmerking genomen.

De verkiezing gebeurt bij geheime stemming, door evenveel afzonderlijke stemmingen als er schepenen te kiezen zijn.

De kandidaat die de volstrekte meerderheid van de stemmen heeft behaald, is verkozen tot schepen. Als geen enkele kandidaat de volstrekte meerderheid van de stemmen heeft behaald en als verschillende kandidaten zijn voorgedragen voor het vacante schepenmandaat, vindt een tweede stemronde plaats. Daarin wordt gestemd op de twee kandidaten die in de eerste stemronde de meeste stemmen hebben behaald. Bij staking van stemmen in de eerste stemronde komt de kandidaat die bij de gemeenteraadsverkiezingen de meeste naamstemmen heeft behaald, in aanmerking voor de tweede stemronde. De kandidaat die in de tweede stemronde de meerderheid van de stemmen heeft behaald, is verkozen tot schepen. Bij staking van stemmen in de tweede stemronde is de kandidaat die bij de gemeenteraadsverkiezingen de meeste naamstemmen heeft behaald, verkozen tot schepen.

Als de naamstemmen bepalend zijn en de kandidaten een gelijk aantal naamstemmen hebben behaald, is de voorgedragen kandidaat van wie de lijst bij de gemeenteraadsverkiezingen de meeste stemmen heeft behaald verkozen.

§ 4. De rang van de schepenen wordt bepaald door de rangorde op de gezamenlijke akte van voordracht. In geval van afzonderlijke verkiezing van de schepenen wordt de rang van de schepenen bepaald door de volgorde van de stemmingen. De schepenen die op grond van paragraaf 1, tweede lid, paragraaf 3, tweede lid, of op grond van artikel 42, § 3, tweede en derde lid, een schepen opvolgen, nemen de rang in de volgorde van hun verkiezing of benoeming in. De schepen, vermeld in artikel 42, § 1, derde lid, is altijd de laatste schepen in rang. De burgemeester wordt geacht een hogere rang in te nemen dan de schepenen.

Verwijzing

zie randnummer [→ nr. 203] [→ nr. 204] [→ nr. 205] [→ nr. 206] [→ nr. 207] [→ nr. 208] [→ nr. 209] [→ nr. 210] [→ nr. 211] [→ nr. 212]

99041 **Art. 44.** Voor ze hun mandaat aanvaarden, leggen de schepenen in openbare vergadering van de gemeenteraad de volgende eed af in handen van de burgemeester: "Ik zweer de verplichtingen van mijn mandaat trouw na te komen.".

De schepen die de eed na twee achtereenvolgende uitnodigingen niet aflegt, wordt geacht zijn schepenmandaat niet te aanvaarden.

Verwijzing
zie randnummer [→ nr. 203] [→ nr. 204] [→ nr. 205] [→ nr. 206] [→ nr. 207] [→ nr. 208] [→ nr. 209] [→ nr. 210] [→ nr. 211]

Art. 45. De schepenen worden, behalve in de gevallen, vermeld in artikel 43, § 1, tweede lid, en § 3, tweede lid, artikel 46, 48 en 49, verkozen voor een periode van zes jaar. De uittredende schepenen blijven na een volledige vernieuwing van de gemeenteraad in functie tot het nieuwe college van burgemeester en schepenen geïnstalleerd is.

Artikel 9, 10 en 11, tweede en derde lid, zijn van overeenkomstige toepassing op de leden van het college van burgemeester en schepenen, met uitzondering van artikel 10, tweede en derde lid.

Verwijzing
zie randnummer [→ nr. 203] [→ nr. 204] [→ nr. 205] [→ nr. 206] [→ nr. 207] [→ nr. 208] [→ nr. 209] [→ nr. 210] [→ nr. 211]

Art. 46. De gemeenteraad kan, bij volstrekte meerderheid van stemmen de structurele onbestuurbaarheid van de gemeente vaststellen en brengt de Vlaamse Regering daarvan op de hoogte.

Op grond van die kennisgeving geeft de Vlaamse Regering aan de provinciegouverneur een bemiddelingsopdracht. De provinciegouverneur brengt de Vlaamse Regering op de hoogte van het resultaat van de bemiddeling.

Als de Vlaamse Regering vaststelt dat de bemiddeling van de gouverneur mislukt is en er zich geen oplossing aandient, brengt ze de gemeenteraad daarvan op de hoogte.

In dat geval kan de gemeenteraad vervolgens de procedure starten voor de aanstelling van een nieuw college van burgemeester en schepenen. De gemeenteraad brengt de Vlaamse Regering daarvan onmiddellijk op de hoogte, waarna de Vlaamse Regering de burgemeester ontslaat. De Vlaamse Regering stelt de gemeenteraad hiervan in kennis. De nieuwe burgemeester wordt benoemd overeenkomstig artikel 58 en 59. De aftredende burgemeester blijft in functie tot de installatie van de nieuwe burgemeester heeft plaatsgevonden. De verkiezing en installatie van de nieuwe schepenen, met uitzondering van de schepen, vermeld in artikel 42, § 1, derde lid, gebeurt op basis van een gezamenlijke akte van voordracht, met toepassing van artikel 42 tot en met 44. De uittredende schepenen blijven in functie tot de installatie van de nieuwe schepenen heeft plaatsgevonden. In het geval er geen gezamenlijke akte van voordracht wordt ingediend, overeenkomstig artikel 43, § 1 en § 2, blijven de uittredende schepenen in functie. Het aantal schepenen, zoals bepaald bij de volledige vernieuwing van de gemeenteraad, blijft evenwel behouden.

De gemeenteraad stelt de raad voor maatschappelijk welzijn in kennis van het feit dat overgegaan wordt tot de installatie van de nieuwe schepenen en de benoeming van de nieuwe burgemeester.

De vaststelling van de structurele onbestuurbaarheid en de aanstelling van een nieuw college van burgemeester en schepenen in toepassing daarvan, kan niet gebeuren in spoedeisende gevallen zoals vermeld in artikel 23 en evenmin in de periode van twaalf maanden voor de dag van de verkiezingen voor de volledige vernieuwing van de gemeenteraden.

De aanstelling van een nieuw college van burgemeester en schepenen na vaststelling van de structurele onbestuurbaarheid kan slechts eenmaal per bestuursperiode gebeuren. 19904

Verwijzing
zie randnummer [→ nr. 228] [→ nr. 229] [→ nr. 230] [→ nr. 296]

Art. 47. De gemeenteraad neemt akte van de verhindering van de volgende personen:

1° de schepen die lid is van de federale of Vlaamse Regering of van de Europese Commissie;

2° de schepen die lid is van de deputatie van de provincieraad of van het college, vermeld in artikel 83*quinquies*, § 2, van de bijzondere wet van 12 januari 1989 met betrekking tot de Brusselse Instellingen;

3° de schepen die het mandaat uitoefent van federaal, Vlaams of Europees parlementslid, als de schepen daar schriftelijk om verzoekt. In voorkomend geval geldt de verhindering zolang de schepen het mandaat van federaal, Vlaams of Europees parlementslid uitoefent;

4° de schepen die om medische redenen, om studieredenen of wegens verblijf in het buitenland vervangen wil worden gedurende een minimale termijn van twaalf weken. Hij richt daarvoor een schriftelijk verzoek aan de voorzitter van de gemeenteraad. Bij het verzoek wordt een geneeskundig getuigschrift van maximaal vijftien dagen oud gevoegd, dat ook de minimale termijn van afwezigheid om medische redenen aangeeft. Als de schepen die om medische redenen afwezig blijft, niet in staat is om dat verzoek tot de voorzitter te richten, wordt hij van rechtswege als verhinderd beschouwd vanaf de derde opeenvolgende vergadering waarop hij afwezig is en zolang hij afwezig blijft. Bij het verzoek tot vervanging van verhindering om studieredenen of verblijf in het buitenland wordt een attest van de onderwijsinstelling of opdrachtgever gevoegd;

5° de schepen die ouderschapsverlof wil nemen voor de geboorte of adoptie van een kind. Die schepen wordt op zijn schriftelijke verzoek, gericht aan de voorzitter van de gemeenteraad, vervangen, op zijn vroegst vanaf de zesde week voor de vermoedelijke datum van de geboorte of van de adoptie tot het einde van de negende week na de adoptie of geboorte. Op schriftelijk verzoek wordt de onderbreking van de uitoefening van het mandaat na de negende week verlengd met een duur die gelijk is aan de termijn waarin de schepen zijn mandaat heeft uitgeoefend tijdens de periode van zes weken die aan de dag van de geboorte of de adoptie voorafgaat. Bij de geboorte of de adoptie van een meerling kan op verzoek van de schepen het verlof verlengd worden met een periode van maximaal twee weken;

6° de schepen die tot nieuwe burgemeester wordt benoemd in geval van verhindering of schorsing van de burgemeester als vermeld in artikel 62 van dit decreet;

7° de schepen die wegens palliatief verlof of verlof voor bijstand of verzorging van een zwaar ziek familielid tot en met de tweede graad of van een zwaar ziek gezinslid vervangen wil worden gedurende minimaal twaalf weken. Hij stuurt een schriftelijk verzoek aan de voorzitter van de gemeenteraad, waarbij een verklaring op erewoord gevoegd is waarin de schepen zich bereid verklaart om bijstand of verzorging te verlenen. De naam van de patiënt hoeft niet te worden vermeld.

Verwijzing
zie randnummer [→ nr. 213] [→ nr. 214]

99041 **Art. 48.** De schepen die ontslag wil nemen, deelt dat schriftelijk mee aan de voorzitter van de gemeenteraad. Het ontslag is definitief zodra de voorzitter van de gemeenteraad de kennisgeving ontvangt.

De schepen blijft zijn mandaat uitoefenen tot zijn opvolger is geïnstalleerd, behalve als het ontslag het gevolg is van een onverenigbaarheid, of tot de gemeenteraad, met toepassing van artikel 49, § 1, eerste lid, heeft beslist om het opengevallen schepenmandaat niet in te vullen.

Verwijzing
zie randnummer [→ nr. 220]

Art. 49. § 1. Als een schepen zijn schepenmandaat niet aanvaardt, van zijn mandaat vervallen wordt verklaard, als verhinderd wordt beschouwd, afgezet of geschorst is, ontslag heeft genomen of overleden is, beslist de gemeenteraad met behoud van de toepassing van artikel 42, § 3, eerste lid, of het opengevallen schepenmandaat wordt ingevuld. Als de gemeenteraad beslist heeft om het mandaat niet in te vullen, kan het mandaat voor de rest van de zittingsperiode niet meer ingevuld worden. Als de gemeenteraad beslist heeft om het mandaat in te vullen, wordt tot een nieuwe verkiezing van een schepen overgegaan binnen twee maanden na het openvallen van het schepenmandaat. De schepen wordt verkozen op basis van een akte van voordracht van de kandidaat-schepen, ondertekend door meer dan de helft van de verkozen gemeenteraadsleden. Om ontvankelijk te zijn moet die akte van voordracht voor de kandidaat-schepenen ook ondertekend zijn door een meerderheid van de personen die op dezelfde lijst als de voorgedragen kandidaat zijn verkozen. Als de lijst waarop een kandidaat-schepen voorkomt maar twee verkozenen telt, volstaat de handtekening van een van hen. Met behoud van de toepassing van artikel 43 kan elk gemeenteraadslid maar één akte van voordracht ondertekenen per schepenmandaat. Overtreding van dat verbod wordt bestraft overeenkomstig artikel 7, § 2.

De akte van voordracht kan ook de einddatum van het mandaat van de kandidaat-schepen vermelden. In dat geval kan op de akte van voordracht de naam van een of meer personen vermeld worden die hem zullen opvolgen voor de resterende duurtijd van het mandaat. In voorkomend geval is de schepen bij het bereiken van de einddatum van het mandaat van rechtswege ontslagnemend en wordt hij van rechtswege opgevolgd door de persoon die in de akte van voordracht als opvolger is vermeld. Indien het mandaat eindigt voor de einddatum, vermeld in de akte, of indien de persoon die in de akte van voordracht werd vermeld als de persoon die de schepen zou opvolgen, zijn mandaat niet opneemt, neemt de eerstvolgende opvolger vervroegd het mandaat op. Als de persoon die als laatste opvolger is vermeld, het mandaat niet kan opnemen of als er geen opvolger is vermeld, wordt tot vervanging overgegaan overeenkomstig dit artikel. De voorzitter van de gemeenteraad gaat na of de akte van voordracht ontvankelijk is. In voorkomend geval wordt de voorgedragen kandidaat-schepen verkozen verklaard op de eerstvolgende vergadering van de gemeenteraad.

Als binnen twee maanden na het openvallen van een schepenmandaat en voor de bezorging van de akte van voordracht, genomen met toepassing van het eerste lid, een bijkomend schepenmandaat openvalt, waarvan de gemeenteraad beslist heeft het ook in te vullen, kan voor de vervanging van al die mandaten overgegaan worden tot een verkiezing overeenkomstig artikel 43, § 1 en § 2. De oorspronkelijke termijn van twee maanden voor het mandaat dat het eerst opengevallen is, blijft in dat geval van toepassing. Als evenwel toepassing wordt gemaakt van het eerste lid, blijft voor het tweede opengevallen mandaat de termijn, vermeld in het eerste lid, van toepassing.

In de gevallen, vermeld in het eerste en het derde lid, kan op de akte van voordracht worden bepaald, in afwijking van artikel 43, § 4, dat een of meer nieuw verkozen schepenen de rang innemen van degenen die ze vervangen. 19904

Als twee maanden na het openvallen van het schepenmandaat nog geen nieuwe schepen is benoemd overeenkomstig het eerste en het derde lid, kan de schepen op de eerstvolgende vergadering van de gemeenteraad verkozen worden overeenkomstig artikel 43, § 3.

Tot aan de nieuwe verkiezing kan het mandaat worden waargenomen overeenkomstig paragraaf 2.

§ 2. Als de schepen om een andere reden dan de redenen, vermeld in paragraaf 1, afwezig is, kan hij worden vervangen door het op dezelfde lijst verkozen gemeenteraadslid met de hoogste rang. Als er geen gemeenteraadslid is dat op dezelfde lijst verkozen is, kan de schepen vervangen worden door het gemeenteraadslid van een andere lijst met de hoogste rang. Als dat raadslid de schepen niet kan vervangen, kan het schepenmandaat waargenomen worden door een van de andere gemeenteraadsleden in volgorde van hun rang.

Het gemeenteraadslid dat overeenkomstig het eerste lid de schepen vervangt, vervangt die schepen van rechtswege ook in zijn mandaat van lid van het vast bureau.

§ 3. De verhindering, het ontslag, het verval van mandaat, de afstand van mandaat, de afzetting en de schorsing als lid van het vast bureau houden van rechtswege de verhindering, het ontslag, het verval van mandaat, de afstand van mandaat, de afzetting en de schorsing van de schepen in.

§ 4. De schepen die als verhinderd wordt beschouwd, die geschorst is of tijdelijk afwezig is, wordt vervangen zolang hij verhinderd, geschorst of tijdelijk afwezig is. De gemeenteraad neemt akte van de verhindering of schorsing, en van de beëindiging van de periode van de verhindering of schorsing.

Verwijzing
zie randnummer [→ nr. 218] [→ nr. 225] [→ nr. 226] [→ nr. 227]

AFDELING 2. De werking van het college van burgemeester en schepenen

Art. 50. Het college van burgemeester en schepenen vergadert zo dikwijls als de zaken die tot zijn bevoegdheid behoren, het vereisen. De burgemeester kan in spoedeisende gevallen buitengewone vergaderingen bijeenroepen, op de dag en het uur die hij bepaalt.

Het college van burgemeester en schepenen kan alleen beraadslagen of beslissen als de meerderheid van de leden aanwezig is.

Artikel 27 en 29 zijn van overeenkomstige toepassing op de leden van het college van burgemeester en schepenen.

Overeenkomstig artikel 104 van de Nieuwe Gemeentewet zijn de vergaderingen van het college van burgemeester en schepenen niet openbaar.

Overeenkomstig artikel 104 van de Nieuwe Gemeentewet worden alleen de beslissingen opgenomen in de notulen en in het register van de beraadslagingen, en kunnen alleen die beslissingen rechtsgevolgen hebben. De notulen worden goedgekeurd op de eerstvolgende gewone vergadering van het college van burgemeester en schepenen. De notulen worden uiterlijk op dezelfde dag als de vergadering van het college van burgemeester en schepenen die volgt op de vergadering van het college van burgemeester en schepenen waarop de notulen zijn goedgekeurd verstuurd naar of ter beschikking gesteld van de gemeenteraadsleden op de wijze die bepaald is in het huishoudelijk reglement.

99041 Als een gemeenteraadslid daarom verzoekt, worden de notulen elektronisch verstuurd of ter beschikking gesteld.

Verwijzing
zie randnummer [→ nr. 232] [→ nr. 233] [→ nr. 235] [→ nr. 236] [→ nr. 240] [→ nr. 241] [→ nr. 242] [→ nr. 279]

Art. 51. De burgemeester zit het college van burgemeester en schepenen voor, en opent en sluit de vergaderingen.

Verwijzing
zie randnummer [→ nr. 234] [→ nr. 297]

Art. 52. Het college van burgemeester en schepenen beslist collegiaal.

Verwijzing
zie randnummer [→ nr. 239] [→ nr. 297]

Art. 53. § 1. De besluiten worden genomen bij volstrekte meerderheid van stemmen.

In het eerste lid wordt verstaan onder volstrekte meerderheid van de stemmen: meer dan de helft van de uitgebrachte stemmen, onthoudingen niet meegerekend.

§ 2. Bij staking van stemmen verdaagt het college van burgemeester en schepenen de zaak tot een volgende vergadering. Als de meerderheid van het college van burgemeester en schepenen de zaak vóór de behandeling ervan echter spoedeisend heeft verklaard, is de stem van de voorzitter van het college van burgemeester en schepenen beslissend. Hetzelfde geldt als er op twee achtereenvolgende vergaderingen over dezelfde zaak een staking van stemmen is.

In afwijking van het eerste lid is het voorstel, in geval van staking van stemmen, verworpen, als het college van burgemeester en schepenen optreedt als tuchtoverheid als vermeld in artikel 201, eerste lid.

§ 3. Artikel 34 en 35 zijn van overeenkomstige toepassing op de stemmingen in het college van burgemeester en schepenen.

Verwijzing
zie randnummer [→ nr. 237] [→ nr. 238]

Art. 54. Het college van burgemeester en schepenen neemt bij de aanvang van de zittingsperiode een huishoudelijk reglement aan waarin het nadere regels vaststelt over zijn werking.

Verwijzing
zie randnummer [→ nr. 243]

Art. 55. Het college van burgemeester en schepenen heeft dezelfde deontologische code als die welke is aangenomen voor de gemeenteraad met toepassing van artikel 39. Het college van burgemeester en schepenen kan echter zelf een deontologische code aannemen die minstens de deontologische code zoals aangenomen door de gemeenteraad omvat.

Verwijzing
zie randnummer [→ nr. 244]

AFDELING 3. De bevoegdheden van het college van burgemeester en schepenen 19904

Art. 56. § 1. Het college van burgemeester en schepenen bereidt de beraadslagingen en de besluiten van de gemeenteraad voor.

Het college van burgemeester en schepenen voert de besluiten van de gemeenteraad uit.

§ 2. Het college oefent de bevoegdheden uit die eraan zijn toevertrouwd overeenkomstig artikel 41, eerste lid, van dit decreet, of overeenkomstig andere wettelijke en decretale bepalingen.

§ 3. Het college van burgemeester en schepenen is bevoegd voor:

1° de daden van beheer over de gemeentelijke inrichtingen en eigendommen, in voorkomend geval binnen de door de gemeenteraad vastgestelde algemene regels;

2° het aanstellen en het ontslaan van het personeel, alsook de sanctie- en tuchtbevoegdheid ten aanzien van het personeel, met behoud van de toepassing van de bevoegdheid van de gemeenteraad, vermeld in artikel 41, tweede lid, 6°, van dit decreet en de gevallen waarin die bevoegdheid door of krachtens de wet of het decreet aan de gemeenteraad is opgedragen;

3° het financiële beheer, met behoud van de toepassing van de bevoegdheden van de gemeenteraad;

4° het voeren van de plaatsingsprocedure, de gunning en de uitvoering van overheidsopdrachten;

5° de vaststelling van de plaatsingsprocedure en de voorwaarden van overheidsopdrachten als het gaat om een opdracht die past binnen het begrip "dagelijks bestuur", vermeld in artikel 41, tweede lid, 8°;

6° de vaststelling van de plaatsingsprocedure en de voorwaarden van overheidsopdrachten voor de opdrachten waarvoor de gemeenteraad dat nominatief aan het college van burgemeester en schepenen heeft toevertrouwd;

7° de beslissingen die een wet, een decreet of een uitvoeringsbesluit uitdrukkelijk aan het college van burgemeester en schepenen voorbehoudt;

8° de daden van beschikking:
   a) over roerende goederen, met uitzondering van het aangaan van de dadingen;
   b) over verhuring, concessie, pacht, jacht- en visrechten van meer dan negen jaar, behalve het vaststellen van de contractvoorwaarden waarvoor de gemeenteraad bevoegd blijft;

9° het vertegenwoordigen van de gemeente in gerechtelijke en buitengerechtelijke gevallen en beslissingen over het in rechte optreden namens de gemeente, behalve in geval van toepassing van artikel 297, § 1, tweede lid;

10° de burgerlijke stand en de politie over de vertoningen overeenkomstig artikel 125, 126, 127, 130 en 132 van de Nieuwe Gemeentewet;

11° het opleggen van administratieve sancties overeenkomstig artikel 119*bis* van de Nieuwe Gemeentewet;

12° de afpaling van de gemeentewegen, met inachtneming van de rooilijnplannen en eventuele andere plannen als die bestaan, volgens de bepalingen van het decreet van 3 mei 2019 houdende de gemeentewegen;

13° het afsluiten van een afsprakennota als vermeld in artikel 171, § 2.

§ 4. Als de gemeenteraad geen delegatie gegeven heeft voor de vaststelling van de plaatsingsprocedure en de voorwaarden van overheidsopdrachten, met toepassing van artikel 41, § 1, kan het college van burgemeester en schepenen

99041 in gevallen van dwingende en onvoorziene omstandigheden op eigen initiatief die bevoegdheden uitoefenen.

§ 5. Het college van burgemeester en schepenen is verantwoordelijk voor de zorg voor het gemeentearchief waaronder de titels.

§ 6. Het college van burgemeester en schepenen houdt een volledig en geactualiseerd overzicht bij van:

1° alle extern verzelfstandigde agentschappen van de gemeente, hun statuten en de overeenkomsten die ze hebben gesloten met de gemeente;
2° alle verenigingen, stichtingen en vennootschappen waarin de gemeente deelneemt;
3° alle intergemeentelijke samenwerkingsverbanden waarvan de gemeente deel uitmaakt, hun statuten en de overeenkomsten die ze hebben gesloten met de gemeente.

Minstens eenmaal per jaar wordt de gemeenteraad op de hoogte gebracht van het geactualiseerde overzicht met een toelichting van alle wijzigingen die zich sinds de vorige toelichting hebben voorgedaan.

§ 7. Dit artikel doet geen afbreuk aan de bevoegdheden van de burgemeester, vermeld in hoofdstuk 3, afdeling 2.

Verwijzing
zie randnummer [→ nr. 245] [→ nr. 246] [→ nr. 247] [→ nr. 346]

Art. 57. Met behoud van de toepassing van deel 2, titel 3, en behalve in geval van uitdrukkelijke toewijzing van een bevoegdheid als vermeld in artikel 2, § 2, tweede lid, aan het college van burgemeester en schepenen, kan het college van burgemeester en schepenen bij reglement de uitoefening van bepaalde bevoegdheden aan de algemeen directeur toevertrouwen.

De bevoegdheden van het college van burgemeester en schepenen, vermeld in artikel 56, § 1, eerste lid, en § 4, en de op basis van artikel 56, § 2, gedelegeerde bevoegdheden van de gemeenteraad voor het vaststellen van de rechtspositieregeling, het vaststellen van wat onder het begrip "dagelijks personeelsbeheer " moet worden verstaan, het aangaan van dadingen met personeelsleden naar aanleiding van een beëindiging van het dienstverband, die de gevolgen van de beëindiging van het dienstverband als voorwerp hebben, en de bevoegdheden, vermeld in artikel 56, § 3, 7°, 8°, b), 9°, 10°, 11° en 13°, kunnen evenwel niet aan de algemeen directeur worden toevertrouwd. Hetzelfde geldt voor de bevoegdheden van het college van burgemeester en schepenen in het kader van het financiële beheer, vermeld in artikel 258, 267, 269, 271 en 272, § 2.

De algemeen directeur oefent de bevoegdheden die hem met toepassing van het eerste lid zijn toevertrouwd persoonlijk uit. Met uitzondering van de bevoegdheid tot het vaststellen van het organogram en de bevoegdheid tot het aanstellen van een waarnemend algemeen directeur bij toepassing van artikel 166, vierde lid, kan de algemeen directeur die bevoegdheden toevertrouwen aan andere personeelsleden van de gemeente.

Verwijzing
zie randnummer [→ nr. 248] [→ nr. 249] [→ nr. 325] [→ nr. 346]

HOOFDSTUK 3. De burgemeester 19904

AFDELING 1. De benoeming van de burgemeester

Art. 58. § 1. Met behoud van de toepassing van de nationaliteitsvereiste, vermeld in artikel 13 van de Nieuwe Gemeentewet, wordt de burgemeester door de Vlaamse Regering benoemd uit de verkozenen voor de gemeenteraad. Die verkozenen kunnen daarvoor kandidaten voordragen waarvoor een gedagtekende akte van voordracht wordt voorgelegd aan de provinciegouverneur. Om ontvankelijk te zijn moet de akte van voordracht ondertekend zijn door meer dan de helft van de verkozenen op de lijsten die aan de verkiezingen hebben deelgenomen, alsook door een meerderheid van de personen die op dezelfde lijst als de voorgedragen kandidaat-burgemeester zijn verkozen. Als de lijst waarop de naam van de kandidaat-burgemeester voorkomt maar twee verkozenen telt, volstaat de handtekening van een van hen. Een akte van voordracht die wordt voorgelegd na de installatievergadering van de gemeenteraad is alleen ontvankelijk als ze ondertekend is door meer dan de helft van de gemeenteraadsleden, alsook door een meerderheid van de gemeenteraadsleden die op dezelfde lijst als de voorgedragen kandidaat-burgemeester verkozen zijn.

Niemand kan meer dan één akte van voordracht ondertekenen. Overtreding van dat verbod wordt bestraft overeenkomstig artikel 7, § 2.

De akte van voordracht kan ook de einddatum van het mandaat van de kandidaat-burgemeester vermelden. In dat geval kan op de akte van voordracht de naam vermeld worden van een of meer personen die worden voorgedragen om hem op te volgen voor de resterende duurtijd van het mandaat. In voorkomend geval is de burgemeester bij het bereiken van de einddatum van het mandaat van rechtswege ontslagnemend. Als het mandaat eindigt voor de einddatum, vermeld in de akte, of, als de persoon die in de akte van voordracht is vermeld als de persoon die de burgemeester zou opvolgen, zijn mandaat niet opneemt, wordt de voordracht van de eerstvolgende opvolger, vermeld in de akte, vervroegd. Als de persoon die als laatste opvolger is vermeld, het mandaat niet kan opnemen of als er geen opvolger is vermeld, wordt tot vervanging overgegaan overeenkomstig artikel 62.

De Vlaamse Regering gaat na of de akte van voordracht ontvankelijk is overeenkomstig de voorwaarden, vermeld in het eerste lid. De Vlaamse Regering kan evenwel altijd om een nieuwe voordracht verzoeken.

§ 2. Een voorgedragen kandidaat-burgemeester die niet is benoemd, kan tijdens dezelfde bestuursperiode niet meer opnieuw worden voorgedragen, tenzij op basis van nieuwe feiten of nieuwe gegevens.

§ 3. Met behoud van de toepassing van artikel 13, derde lid, van de Nieuwe Gemeentewet kan de burgemeester buiten de verkozenen voor de gemeenteraad worden benoemd uit de gemeenteraadskiezers die minstens vijfentwintig jaar oud zijn.

De burgemeester die buiten de raad is benoemd, is in alle gevallen stemgerechtigd in het college van burgemeester en schepenen en beschikt over een raadgevende stem in de gemeenteraad.

Verwijzing
zie randnummer [→ nr. 283] [→ nr. 284] [→ nr. 285] [→ nr. 286] [→ nr. 287] [→ nr. 288] [→ nr. 289] [→ nr. 290] [→ nr. 291]

Art. 59. De burgemeester wordt, behalve in de gevallen, vermeld in artikel 46, 58, § 1, derde lid, artikel 61 en 62, benoemd voor een periode van zes jaar.

99041 Voor hij zijn mandaat aanvaardt, legt de burgemeester de volgende eed af in handen van de provinciegouverneur: "Ik zweer de verplichtingen van mijn mandaat trouw na te komen.". Behalve in geval van benoeming van de burgemeester buiten de raad, geldt die eedaflegging ook als eedaflegging als gemeenteraadslid als vermeld in artikel 6. De burgemeester die de eed na twee oproepingen niet aflegt, wordt geacht het burgemeestersmandaat niet te aanvaarden. De Raad voor Verkiezingsbetwistingen doet uitspraak over de geschillen die hierover rijzen.

Na de gemeenteraadsverkiezingen blijft de aftredende burgemeester in functie tot de nieuwe burgemeester is geïnstalleerd.

Verwijzing
zie randnummer [→ nr. 283] [→ nr. 284] [→ nr. 285] [→ nr. 286] [→ nr. 287] [→ nr. 288] [→ nr. 289] [→ nr. 290] [→ nr. 291]

Art. 60. Artikel 47, met uitzondering van punt 6°, is van overeenkomstige toepassing op de burgemeester.

Verwijzing
zie randnummer [→ nr. 213] [→ nr. 214] [→ nr. 283] [→ nr. 284] [→ nr. 285] [→ nr. 286] [→ nr. 287] [→ nr. 288] [→ nr. 289] [→ nr. 290] [→ nr. 291] [→ nr. 292] [→ nr. 293] [→ nr. 294] [→ nr. 295]

Art. 61. De burgemeester die ontslag wil nemen, deelt dat schriftelijk mee aan de Vlaamse Regering. De aanvraag van het ontslag is definitief na de kennisname van dat ontslag door de Vlaamse Regering. De burgemeester blijft zijn mandaat uitoefenen tot hij als burgemeester vervangen is, behalve als het ontslag het gevolg is van een onverenigbaarheid.

Verwijzing
zie randnummer [→ nr. 283] [→ nr. 284] [→ nr. 285] [→ nr. 286] [→ nr. 287] [→ nr. 288] [→ nr. 289] [→ nr. 290] [→ nr. 291] [→ nr. 292]

Art. 62. In de volgende gevallen wordt een nieuwe burgemeester benoemd overeenkomstig artikel 58 en 59:

1° als de kandidaat-burgemeester het burgemeestersmandaat niet aanvaardt;
2° als de burgemeester:
   a) van zijn mandaat vervallen wordt verklaard;
   b) als verhinderd wordt beschouwd;
   c) afgezet of geschorst wordt;
   d) ontslag genomen heeft of overleden is.

In de gevallen waarin de burgemeester van zijn mandaat vervallen wordt verklaard, als verhinderd wordt beschouwd, afgezet of geschorst wordt, ontslagen is als gevolg van een onverenigbaarheid of overleden is, wordt tot aan de nieuwe benoeming het burgemeesterschap waargenomen overeenkomstig het derde en vierde lid.

Met behoud van de toepassing van de nationaliteitsvereiste, vermeld in artikel 14 van de Nieuwe Gemeentewet, wordt de burgemeester die om andere redenen dan de redenen, vermeld in het tweede lid, tijdelijk afwezig is, vervangen door een van de schepenen in volgorde van hun rang, tenzij de burgemeester zijn bevoegdheid aan een andere schepen heeft opgedragen.

Een voorgedragen kandidaat-burgemeester die niet is benoemd kan in dezelfde bestuursperiode het ambt van burgemeester niet waarnemen. Hij kan noch door de gemeenteraad, overeenkomstig artikel 14, tweede lid, van de Nieuwe Gemeentewet, noch door de burgemeester, overeenkomstig het derde lid, worden aangewezen om het ambt van burgemeester waar te nemen.

De burgemeester die als verhinderd wordt beschouwd, die geschorst is of tijdelijk afwezig is, wordt vervangen zolang hij verhinderd, geschorst of tijdelijk afwezig is. De gemeenteraad neemt akte van de verhindering of schorsing, en van de beëindiging van de periode van verhindering of schorsing. 19904

De verhindering, het ontslag, het verval van mandaat, de afstand van mandaat, de afzetting en de schorsing als burgemeester houdt van rechtswege de verhindering, het ontslag, het verval van mandaat, de afstand van mandaat, de afzetting en de schorsing in als voorzitter van het vast bureau.

De schepen die overeenkomstig het derde en vierde lid het burgemeestersambt waarneemt, neemt van rechtswege ook het mandaat waar van voorzitter van het vast bureau.

Verwijzing
zie randnummer [→ nr. 283] [→ nr. 284] [→ nr. 285] [→ nr. 286] [→ nr. 287] [→ nr. 288] [→ nr. 289] [→ nr. 290] [→ nr. 291] [→ nr. 292] [→ nr. 293] [→ nr. 294] [→ nr. 295]

AFDELING 2. De bevoegdheden van de burgemeester

Art. 63. Naast zijn bevoegdheden voor de uitvoering van de politiewetten, politiedecreten, politieverordeningen, politiereglementen en politiebesluiten, voor de bestuurlijke politie op het grondgebied van de gemeente en voor dringende politieverordeningen is de burgemeester bevoegd voor de uitvoering van de wetten, de decreten en de uitvoeringsbesluiten van de federale overheid, het gewest of de gemeenschap tenzij die bevoegdheid uitdrukkelijk aan een ander orgaan van de gemeente is opgedragen.

De burgemeester informeert de gemeenteraad over de wijze waarop hij die bevoegdheid uitoefent als die daarom verzoekt.

Verwijzing
zie randnummer [→ nr. 300] [→ nr. 301] [→ nr. 302] [→ nr. 303] [→ nr. 304]

Art. 64. Overeenkomstig artikel 134*bis* van de Nieuwe Gemeentewet kan de burgemeester vanaf de aanmaning van de eigenaar elk gebouw, dat sedert meer dan zes maanden verlaten is, opeisen om het ter beschikking te stellen van dakloze personen. Het opeisingsrecht kan alleen uitgeoefend worden binnen zes maanden vanaf de dag waarop de burgemeester de eigenaar op de hoogte heeft gebracht en op voorwaarde dat de eigenaar een billijke vergoeding krijgt.

Verwijzing
zie randnummer [→ nr. 301] [→ nr. 302] [→ nr. 303] [→ nr. 304] [→ nr. 307]

Art. 65. § 1. Als de voorwaarden van de uitbating van de instelling of van de vergunning niet worden nageleefd en nadat aan de overtreder de mogelijkheid is geboden zijn verweermiddelen naar voren te brengen, kan de burgemeester maatregelen nemen als vermeld in artikel 134*ter* van de Nieuwe Gemeentewet, als verdere vertraging een ernstig nadeel zou kunnen berokkenen. De burgemeester kan in dit geval echter geen maatregelen nemen als de bevoegdheid om in geval van hoogdringendheid een voorlopige sluiting van een instelling of de tijdelijke schorsing van een vergunning uit te spreken door een bijzondere regelgeving is toevertrouwd aan een andere overheid.

§ 2. De maatregelen, vermeld in paragraaf 1, vervallen dadelijk als ze door het college van burgemeester en schepenen in de eerstvolgende vergadering niet worden bekrachtigd.

99041 Zowel de sluiting als de schorsing kunnen een termijn van drie maanden niet overschrijden. Bij het verstrijken van de termijn wordt de beslissing van de burgemeester van rechtswege opgeheven.

Verwijzing
zie randnummer [→ nr. 301] [→ nr. 302] [→ nr. 303] [→ nr. 304]

Art. 66. Overeenkomstig artikel 134*quater* van de Nieuwe Gemeentewet kan de burgemeester beslissen een voor het publiek toegankelijke inrichting te sluiten voor de duur die hij bepaalt, als de openbare orde in de buurt ervan wordt verstoord naar aanleiding van gedragingen in die inrichting.

Die maatregelen zullen onmiddellijk ophouden uitwerking te hebben als ze niet tijdens de eerstvolgende vergadering van het college van burgemeester en schepenen worden bevestigd.

De sluiting mag een termijn van drie maanden niet overschrijden. De beslissing van de burgemeester wordt van rechtswege opgeheven bij het verstrijken van die termijn.

Verwijzing
zie randnummer [→ nr. 301] [→ nr. 302] [→ nr. 303] [→ nr. 304]

Art. 67. Op verzoek van de burgemeester roept de voorzitter van de gemeenteraad de gemeenteraad bijeen overeenkomstig artikel 20, met de door de burgemeester voorgestelde agenda, als de door de burgemeester voorgestelde agenda uitsluitend betrekking heeft op de bevoegdheden van de burgemeester.

Verwijzing
zie randnummer [→ nr. 127] [→ nr. 297]

HOOFDSTUK 4. De raad voor maatschappelijk welzijn

AFDELING 1. De organisatie van de raad voor maatschappelijk welzijn

Art. 68. § 1. Behalve in geval van toepassing van paragraaf 2, tweede lid, bestaat de raad voor maatschappelijk welzijn uit dezelfde leden als de gemeenteraad.

Door het onderzoek van de geloofsbrieven en de erop volgende eedaflegging van de gemeenteraadsleden, vermeld in artikel 6, § 3, en artikel 14, worden de leden van de raad voor maatschappelijk welzijn van rechtswege als geïnstalleerd beschouwd.

De rang die de leden van de raad voor maatschappelijk welzijn innemen is dezelfde als de rang die ze als gemeenteraadslid innemen overeenkomstig artikel 6, § 7.

§ 2. De raad voor maatschappelijk welzijn bestaat uit personen van verschillend geslacht.

Als de raad voor maatschappelijk welzijn niet rechtsgeldig blijkt te zijn samengesteld overeenkomstig het eerste lid, wordt het laatste gemeenteraadslid in rang van rechtswege vervangen in de raad voor maatschappelijk welzijn door de eerste opvolger van het andere geslacht op dezelfde lijst als die waarop hij als gemeenteraadslid is verkozen. Als op die lijst geen opvolger van het andere geslacht is verkozen, wordt hij van rechtswege vervangen door de eerste opvolger van het andere geslacht die is verkozen op de lijst met het hoogste stemcijfer.

§ 3. De raad voor maatschappelijk welzijn onderzoekt de geloofsbrieven van het lid van de raad voor maatschappelijk welzijn, aangewezen overeenkomstig paragraaf 2, tweede lid. Dit raadslid legt, voor hij zijn mandaat aanvaardt, in openbare vergadering de volgende eed af in handen van de voorzitter van de raad voor maatschappelijk welzijn: "Ik zweer de verplichtingen van mijn mandaat trouw na te komen.". Het lid van de raad voor maatschappelijk welzijn, aangeduid overeenkomstig paragraaf 2, tweede lid, dat de eed na twee achtereenvolgende uitnodigingen niet aflegt, wordt geacht zijn mandaat van lid van de raad voor maatschappelijk welzijn niet te aanvaarden. 19904

§ 4. De burgemeester die buiten de raad is benoemd, beschikt over een raadgevende stem in de raad voor maatschappelijk welzijn.

Verwijzing
zie randnummer [→ nr. 94] [→ nr. 95]

Art. 69. De voorzitter van de gemeenteraad is van rechtswege de voorzitter van de raad voor maatschappelijk welzijn.

Het verval van het mandaat van raadslid, de verhindering in en het ontslag uit het mandaat als voorzitter van de raad voor maatschappelijk welzijn houden van rechtswege het verval van het mandaat van raadslid, de verhindering in en het ontslag uit het mandaat van voorzitter van de gemeenteraad in en leiden tot een vervanging van het mandaat van voorzitter van de gemeenteraad overeenkomstig artikel 7, § 5.

Verwijzing
zie randnummer [→ nr. 107] [→ nr. 108] [→ nr. 109] [→ nr. 110]

Art. 70. De verhindering, het ontslag en het verval van het mandaat van gemeenteraadslid houden van rechtswege de verhindering, het ontslag en het verval van het mandaat van lid van de raad voor maatschappelijk welzijn in.

Verwijzing
zie randnummer [→ nr. 105] [→ nr. 112] [→ nr. 113] [→ nr. 115] [→ nr. 116] [→ nr. 117] [→ nr. 118] [→ nr. 119] [→ nr. 124]

Art. 71. Artikel 5, § 1, eerste en derde lid, en § 2, artikel 8, 9, 10, 11, 12, 13, 14, eerste en derde lid, en artikel 16 zijn van overeenkomstige toepassing op de raad voor maatschappelijk welzijn en zijn leden.

Verwijzing
zie randnummer [→ nr. 112] [→ nr. 113] [→ nr. 114] [→ nr. 115] [→ nr. 116] [→ nr. 117] [→ nr. 118] [→ nr. 119] [→ nr. 122] [→ nr. 123] [→ nr. 124] [→ nr. 195]

Art. 72. In afwijking van artikel 71 wordt het lid van de raad voor maatschappelijk welzijn aangewezen overeenkomstig artikel 68, § 2, tweede lid, dat afstand doet van zijn mandaat, dat van zijn mandaat vervallen wordt verklaard, dat als verhinderd wordt beschouwd, dat ontslag genomen heeft of dat overleden is, als volgt opgevolgd:

1° als de raad zonder de vervanging al rechtsgeldig is samengesteld overeenkomstig artikel 68, § 2, eerste lid, wordt het lid vervangen door het gemeenteraadslid dat overeenkomstig artikel 68, § 2, tweede lid, vervangen is;

2° als de raad zonder de vervanging niet rechtsgeldig is samengesteld overeenkomstig artikel 68, § 2, eerste lid, wordt het lid vervangen door de eerstvolgende opvolger van hetzelfde geslacht op dezelfde lijst als die waarop hij als gemeenteraadslid is verkozen.

99041 *Verwijzing*
zie randnummer [→ nr. 122] [→ nr. 123]

Art. 73. De leden van de raad voor maatschappelijk welzijn ontvangen ten laste van het openbaar centrum voor maatschappelijk welzijn alleen presentiegeld voor hun aanwezigheid op de vergadering van de raad voor maatschappelijk welzijn als die vergadering niet aansluit op de vergadering van de gemeenteraad. De Vlaamse Regering stelt een lijst op van vergaderingen die voortvloeien uit de mandaatsverplichtingen van de leden voor wie de raad voor maatschappelijk welzijn bij reglement kan bepalen dat presentiegeld wordt verleend.

In afwijking van het eerste lid ontvangen de leden van de raad voor maatschappelijk welzijn die geen lid van de gemeenteraad zijn, presentiegeld voor hun aanwezigheid op de vergaderingen van de raad voor maatschappelijk welzijn.

Artikel 17, § 1, tweede tot en met vierde lid, en § 2 tot en met § 6, zijn van overeenkomstige toepassing op de leden van de raad voor maatschappelijk welzijn.

Verwijzing
zie randnummer [→ nr. 179] [→ nr. 180] [→ nr. 181] [→ nr. 182] [→ nr. 183] [→ nr. 184] [→ nr. 185] [→ nr. 186] [→ nr. 187] [→ nr. 188]

AFDELING 2. De werking van de raad voor maatschappelijk welzijn

Art. 74. Artikel 18 tot en met 39, met uitzondering van artikel 29, § 1 en § 5, artikel 36, 37 en 38, eerste lid, 7°, zijn van toepassing op de raad voor maatschappelijk welzijn, met dien verstande dat in die bepalingen de volgende woorden worden gelezen als volgt:

1° "de gemeente" als "het openbaar centrum voor maatschappelijk welzijn";
2° "gemeenteraad" als "raad voor maatschappelijk welzijn";
3° "gemeenteraadslid" als "lid van de raad voor maatschappelijk welzijn";
4° "gemeenteraadsleden" als "leden van de raad voor maatschappelijk welzijn";
5° "college van burgemeester en schepenen" als "vast bureau";
6° "burgemeester" als "voorzitter van het vast bureau";
7° "schepen" als "lid van het vast bureau";
8° "gemeentelijke bestuursorganen" als "bestuursorganen van het openbaar centrum voor maatschappelijk welzijn";
9° "een gemeentelijk extern verzelfstandigd agentschap" als "de verenigingen of vennootschappen, vermeld in deel 3, titel 4";
10° "artikel 16" als "artikel 71 juncto artikel 16";
11° "artikel 50, vijfde lid" als "artikel 83, vijfde lid".

Verwijzing
zie randnummer [→ nr. 125] [→ nr. 126] [→ nr. 127] [→ nr. 128] [→ nr. 129] [→ nr. 130] [→ nr. 131] [→ nr. 132] [→ nr. 133] [→ nr. 134] [→ nr. 136] [→ nr. 140] [→ nr. 141] [→ nr. 142] [→ nr. 143] [→ nr. 144] [→ nr. 145] [→ nr. 146] [→ nr. 149] [→ nr. 150] [→ nr. 151] [→ nr. 152] [→ nr. 153] [→ nr. 154] [→ nr. 155] [→ nr. 156] [→ nr. 157] [→ nr. 159]

Art. 75. De leden van de raad voor maatschappelijk welzijn hebben het recht van inzage in dossiers, stukken en akten, ongeacht de drager die het bestuur van het openbaar centrum voor maatschappelijk welzijn betreffen. De leden van de raad voor maatschappelijk welzijn kunnen, behalve voor de dossiers die betrekking hebben op de persoonlijke levenssfeer van cliënten van het openbaar centrum voor maatschappelijk welzijn of hun onderhoudsplichtigen, een afschrift verkrijgen van die dossiers, stukken en akten. De vergoeding die eventueel wordt gevraagd voor het afschrift, mag in geen geval meer bedragen dan de kostprijs, onder voorbehoud van de toepassing van artikel 12, lid 5, en 15, lid 3, van verordening (EU) 2016/679 van het Europees Parlement en de Raad van 27 april 2016 betreffende de bescherming van natuurlijke personen in verband met de verwerking van persoonsgegevens en betreffende het vrije verkeer van die gegevens en tot intrekking van richtlijn 95/46/EG (algemene verordening gegevensbescherming). 19904

Verwijzing
zie randnummer [→ nr. 132] [→ nr. 133] [→ nr. 191] [→ nr. 192] [→ nr. 193] [→ nr. 194] [→ nr. 196] [→ nr. 197] [→ nr. 198] [→ nr. 199]

Art. 76. Met behoud van de toepassing van artikel 74 juncto artikel 38 worden in het huishoudelijk reglement van de raad voor maatschappelijk welzijn bepalingen opgenomen over de aangelegenheden, vermeld in deel 3, titel 4.

Verwijzing
zie randnummer [→ nr. 158]

AFDELING 3. De bevoegdheden van de raad voor maatschappelijk welzijn

Art. 77. De raad voor maatschappelijk welzijn beschikt over de volheid van bevoegdheid voor de aangelegenheden die aan het openbaar centrum voor maatschappelijk welzijn door of krachtens de wet of het decreet zijn toevertrouwd.

De raad voor maatschappelijk welzijn bepaalt het beleid van het openbaar centrum voor maatschappelijk welzijn en kan daarvoor algemene regels vaststellen.

De raad voor maatschappelijk welzijn stelt de reglementen van het openbaar centrum voor maatschappelijk welzijn vast. Die kunnen betrekking hebben op het beleid van het openbaar centrum voor maatschappelijk welzijn en op het inwendige bestuur ervan.

Verwijzing
zie randnummer [→ nr. 167] [→ nr. 168]

Art. 78. De raad voor maatschappelijk welzijn kan bij reglement zijn bevoegdheden overdragen aan het vast bureau.

De volgende bevoegdheden kunnen niet aan het vast bureau worden toevertrouwd:

1° de bevoegdheden die aan de raad voor maatschappelijk welzijn zijn toegewezen, vermeld in afdeling 1 en 2 van dit hoofdstuk, en de bevoegdheid tot overdracht, vermeld in het eerste lid;
2° de beslissingen die een wet, een decreet of een uitvoeringsbesluit uitdrukkelijk aan de raad voor maatschappelijk welzijn voorbehoudt;
3° het vaststellen van andere reglementen dan die over personeelsaangelegenheden;
4° het vaststellen van de beleidsrapporten van de gemeente en het openbaar centrum voor maatschappelijk welzijn, vermeld in artikel 249;
5° het oprichten van en het toetreden tot rechtspersonen, of het aanwijzen van leden van de rechtspersonen, vermeld in deel 3, titel 4, en de

99041 besluiten om deel te nemen in een gemeentelijk extern verzelfstandigd agentschap in privaatrechtelijke vorm;

6° het goedkeuren van beheersovereenkomsten en samenwerkingsovereenkomsten als vermeld in artikel 196;

7° het aanstellen en ontslaan van de ombudsman, alsook de sanctie- en tuchtbevoegdheid ten aanzien van dat personeelslid;

8° het goedkeuren van het algemene kader van het organisatiebeheersingssysteem, vermeld in artikel 219;

9° het vaststellen van wat onder het begrip “dagelijks bestuur” moet worden verstaan;

10° het vaststellen van de plaatsingsprocedure en het vaststellen van de voorwaarden van overheidsopdrachten, tenzij:

a) de opdracht past binnen het begrip “dagelijks bestuur”, vermeld in punt 9°, waarvoor het vast bureau bevoegd is;

b) de raad de plaatsingsprocedure en het vaststellen van de voorwaarden voor die overheidsopdracht nominatief aan het vast bureau heeft toevertrouwd;

11° de daden van beschikking over onroerende goederen, behalve die vermeld in artikel 84, § 3, 8°, b);

12° het definitief aanvaarden van schenkingen en het aanvaarden van legaten;

13° het vaststellen van een systeem van klachtenbehandeling;

14° de beslissingen als vermeld in artikel 297 en 298;

15° het aangaan van andere dadingen dan dadingen met personeelsleden naar aanleiding van een beëindiging van het dienstverband, die de gevolgen van de beëindiging van het dienstverband als voorwerp hebben;

16° de bevoegdheden van de raad voor maatschappelijk welzijn, vermeld in artikel 263 en artikel 273 juncto artikel 265, 266, 267 en 269;

17° het vaststellen van subsidiereglementen en het toekennen van nominatieve subsidies.

Verwijzing
zie randnummer [→ nr. 170] [→ nr. 171] [→ nr. 172]

HOOFDSTUK 5. Het vast bureau

AFDELING 1. De organisatie van het vast bureau

Art. 79. Met behoud van de toepassing van artikel 27*bis* van de organieke wet van 8 juli 1976 betreffende de openbare centra voor maatschappelijk welzijn is de burgemeester van rechtswege de voorzitter van het vast bureau en zijn de schepenen van rechtswege de leden van het vast bureau.

De eedaflegging, vermeld in artikel 59, tweede lid, en artikel 44, geldt ook als de eedaflegging als voorzitter en als lid van het vast bureau.

De rang die de schepenen innemen overeenkomstig artikel 43, § 4, is van rechtswege de rang die ze innemen als lid van het vast bureau, waarbij de voorzitter van het vast bureau wordt geacht een hogere rang in te nemen dan een lid van het vast bureau.

De burgemeester die buiten de raad is benoemd, is in alle gevallen stemgerechtigd in het vast bureau.

Verwijzing
zie randnummer [→ nr. 200] [→ nr. 201] [→ nr. 202] [→ nr. 203] [→ nr. 204] [→ nr. 205] [→ nr. 206] [→ nr. 207] [→ nr. 208] [→ nr. 209] [→ nr. 210] [→ nr. 211] [→ nr. 234]

Art. 80. Artikel 59, eerste en derde lid, en artikel 60 zijn van toepassing op de voorzitter van het vast bureau met dien verstande dat “burgemeester” wordt gelezen als “voorzitter van het vast bureau”. 19904

Artikel 45, 47 en 48 zijn van toepassing op de leden van het vast bureau, met dien verstande dat “schepen” wordt gelezen als “lid van het vast bureau”, “schepenen” wordt gelezen als “leden van het vast bureau”, “gemeenteraad” wordt gelezen als “raad voor maatschappelijk welzijn”, “college van burgemeester en schepenen” wordt gelezen als “voorzitter en leden van het vast bureau” en “voorzitter van de gemeenteraad” wordt gelezen als “voorzitter van de raad voor maatschappelijk welzijn”.

Verwijzing
zie randnummer [→ nr. 203] [→ nr. 204] [→ nr. 205] [→ nr. 206] [→ nr. 207] [→ nr. 208] [→ nr. 209] [→ nr. 210] [→ nr. 211] [→ nr. 213] [→ nr. 214] [→ nr. 220]

Art. 81. De verhindering, het ontslag, het verval van mandaat, de afstand van mandaat, de afzetting en de schorsing als voorzitter van het vast bureau houden ook de verhindering, het ontslag, het verval van mandaat, de afstand van mandaat, de afzetting en de schorsing als burgemeester in, waarna wordt overgegaan tot de vervanging, vermeld in artikel 62.

De verhindering, het ontslag, het verval van mandaat, de afstand van mandaat, de afzetting en de schorsing als lid van het vast bureau houden ook de verhindering, het ontslag, het verval van mandaat, de afstand van mandaat, de afzetting en de schorsing als schepen in, waarna wordt overgegaan tot de vervanging, vermeld in artikel 49.

Verwijzing
zie randnummer [→ nr. 219] [→ nr. 220] [→ nr. 221] [→ nr. 222] [→ nr. 223] [→ nr. 224]

Art. 82. De voorzitter van het vast bureau die ontslag wil nemen, deelt dat schriftelijk mee aan de voorzitter van de raad voor maatschappelijk welzijn. Hij deelt dan tegelijkertijd zijn ontslag als burgemeester mee aan de Vlaamse Regering, met toepassing van artikel 61.

De voorzitter van het vast bureau blijft zijn mandaat uitoefenen tot een nieuwe burgemeester is benoemd, behalve als het ontslag het gevolg is van een onverenigbaarheid.

Verwijzing
zie randnummer [→ nr. 293] [→ nr. 294] [→ nr. 295]

AFDELING 2. De werking van het vast bureau

Art. 83. Artikel 50 tot en met 55, met uitzondering van artikel 50, derde, vierde en vijfde lid, zijn van toepassing op het vast bureau met dien verstande dat “het college van burgemeester en schepenen” wordt gelezen als “het vast bureau”, “de burgemeester” wordt gelezen als “de voorzitter van het vast bureau”, “de gemeenteraad” wordt gelezen als “de raad voor maatschappelijk welzijn” en “gemeenteraadslid” wordt gelezen als “lid van de raad voor maatschappelijk welzijn”.

Artikel 27 en 29, § 2, § 3 en § 4, zijn van toepassing op de leden van het vast bureau, met dien verstande dat:

1° in artikel 27 “gemeenteraadslid” wordt gelezen als “lid van het vast bureau”, “de gemeente” wordt gelezen als “het openbaar centrum voor maatschappelijk welzijn” en “een gemeentelijk extern verzelfstandigd agentschap” wordt gelezen als “de verenigingen of vennootschappen, vermeld in deel 3, titel 4,”;

99041 2° in artikel 29, § 2, "gemeenteraadsleden" wordt gelezen als "leden van het vast bureau" en "de gemeente" wordt gelezen als "het openbaar centrum voor maatschappelijk welzijn";

3° in artikel 29, § 3, "gemeenteraad" wordt gelezen als "raad voor maatschappelijk welzijn" en "de gemeente" wordt gelezen als "het openbaar centrum voor maatschappelijk welzijn";

4° in artikel 29, § 4, "gemeenteraadsleden" wordt gelezen als "leden van het vast bureau" en "de gemeenteraad" wordt gelezen als "het vast bureau

Artikel 75 is van overeenkomstige toepassing op de leden van het vast bureau.

De vergaderingen van het vast bureau zijn niet openbaar.

Alleen de beslissingen worden opgenomen in de notulen en in het register van de beraadslagingen, en alleen die beslissingen kunnen rechtsgevolgen hebben. De notulen worden goedgekeurd op de eerstvolgende gewone vergadering van het vast bureau. De notulen worden uiterlijk op dezelfde dag als de vergadering van het vast bureau die volgt op de vergadering van het vast bureau waarop de notulen zijn goedgekeurd, verstuurd naar of ter beschikking gesteld van de leden van de raad voor maatschappelijk welzijn op de wijze die bepaald is in het huishoudelijk reglement. Als een lid van de raad voor maatschappelijk welzijn daarom verzoekt, worden de notulen elektronisch verstuurd of ter beschikking gesteld.

Verwijzing
zie randnummer [→ nr. 231] [→ nr. 279]

AFDELING 3. De bevoegdheden van het vast bureau

Art. 84. § 1. Het vast bureau bereidt de beraadslagingen en de besluiten van de raad voor maatschappelijk welzijn voor.

Het vast bureau voert de besluiten van de raad voor maatschappelijk welzijn uit.

§ 2. Het vast bureau oefent de bevoegdheden uit die eraan zijn toevertrouwd overeenkomstig artikel 78 van dit decreet, of overeenkomstig andere wettelijke en decretale bepalingen.

§ 3. Het vast bureau is bevoegd voor:

1° de daden van beheer over de inrichtingen en eigendommen van het openbaar centrum voor maatschappelijk welzijn, in voorkomend geval binnen de door de raad voor maatschappelijk welzijn vastgestelde algemene regels;

2° het aanstellen en het ontslaan van het personeel, alsook de sanctie- en tuchtbevoegdheid ten aanzien van het personeel, onder voorbehoud van de bevoegdheid van de raad voor maatschappelijk welzijn, vermeld in artikel 78, tweede lid, 7°, en de gevallen waarin die bevoegdheid door of krachtens de wet of het decreet aan de raad voor maatschappelijk welzijn is opgedragen;

3° het financiële beheer, onder voorbehoud van de bevoegdheden van de raad voor maatschappelijk welzijn;

4° het voeren van de plaatsingsprocedure, de gunning en de uitvoering van overheidsopdrachten;

5° de vaststelling van de plaatsingsprocedure en de voorwaarden van overheidsopdrachten als het gaat om een opdracht die past binnen het begrip "dagelijks bestuur", vermeld in artikel 78, tweede lid, 9°;

6° de vaststelling van de plaatsingsprocedure en de voorwaarden van overheidsopdrachten voor de opdrachten waarvoor de raad voor maatschappelijk welzijn dat nominatief aan het vast bureau heeft toevertrouwd; 19904

7° de beslissingen die een wet, een decreet of een uitvoeringsbesluit uitdrukkelijk aan het vast bureau voorbehoudt;

8° de daden van beschikking:
   a) over roerende goederen, met uitzondering van het aangaan van de dadingen;
   b) over verhuring, concessie, pacht, jacht- en visrechten van meer dan negen jaar, behalve het vaststellen van de contractvoorwaarden waarvoor de raad voor maatschappelijk welzijn bevoegd blijft;

9° het vertegenwoordigen van het openbaar centrum voor maatschappelijk welzijn in gerechtelijke en buitengerechtelijke gevallen en de beslissingen over het in rechte optreden namens het openbaar centrum voor maatschappelijk welzijn, onder voorbehoud van artikel 297, § 2;

10° het afsluiten van een afsprakennota als vermeld in artikel 171, § 2.

§ 4. Als de raad voor maatschappelijk welzijn geen delegatie gegeven heeft voor de vaststelling van de plaatsingsprocedure en de voorwaarden van overheidsopdrachten, met toepassing van artikel 78, eerste lid, kan het vast bureau in gevallen van dwingende en onvoorziene omstandigheden op eigen initiatief die bevoegdheden uitoefenen.

§ 5. Het vast bureau is verantwoordelijk voor de zorg voor de archiefdocumenten van het openbaar centrum voor maatschappelijk welzijn, waaronder de titels.

§ 6. Het vast bureau houdt een volledig en geactualiseerd overzicht bij van alle verenigingen, stichtingen en vennootschappen waarin het openbaar centrum voor maatschappelijk welzijn deelneemt.

Minstens eenmaal per jaar wordt de raad voor maatschappelijk welzijn op de hoogte gebracht van het geactualiseerde overzicht met een toelichting van alle wijzigingen die zich sinds de vorige toelichting hebben voorgedaan.

Verwijzing
zie randnummer [→ nr. 245] [→ nr. 246] [→ nr. 247] [→ nr. 346]

Art. 85. Met behoud van de toepassing van deel 3, titel 4, en behalve bij uitdrukkelijke toewijzing van een bevoegdheid krachtens de wet of het decreet aan het vast bureau, kan het vast bureau bij reglement de uitoefening van bepaalde bevoegdheden toevertrouwen aan de algemeen directeur.

De bevoegdheden van het vast bureau, vermeld in artikel 84, § 4, en in artikel 84, § 1, eerste lid, en de met toepassing van artikel 84, § 2, gedelegeerde bevoegdheden van de raad voor maatschappelijk welzijn voor het vaststellen van de rechtspositieregeling, het vaststellen van wat onder het begrip "dagelijks personeelsbeheer " moet worden verstaan, het aangaan van dadingen met personeelsleden naar aanleiding van een beëindiging van het dienstverband, die de gevolgen van de beëindiging van het dienstverband als voorwerp hebben, en de bevoegdheden, vermeld in artikel 84, § 3, 7°, 8°, b), en 10°, kunnen evenwel niet aan de algemeen directeur worden toevertrouwd. Hetzelfde geldt voor de bevoegdheden van het vast bureau in het kader van het financiële beheer, vermeld in artikel 258 en artikel 273 juncto artikel 267, 269 en 272.

De algemeen directeur oefent de bevoegdheden die hem met toepassing van het eerste lid zijn toevertrouwd, persoonlijk uit. Met uitzondering van de bevoegdheid tot het vaststellen van het organogram en de bevoegdheid tot het aanstellen van een waarnemend algemeen directeur bij toepassing van artikel 166, vierde lid, kan de algemeen directeur die bevoegdheden

99041 toevertrouwen aan andere personeelsleden van het openbaar centrum voor maatschappelijk welzijn.

Verwijzing
zie randnummer [→ nr. 248] [→ nr. 249] [→ nr. 346]

Art. 86. Met uitzondering van de bevoegdheden die de voorzitter van de raad voor maatschappelijk welzijn door of krachtens dit decreet krijgt, worden de bevoegdheden van de voorzitter van de raad voor maatschappelijk welzijn die hij door of krachtens een andere wet of een ander decreet krijgt, geacht te zijn toegewezen aan de voorzitter van het vast bureau.

Verwijzing
zie randnummer [→ nr. 308]

HOOFDSTUK 6. Het bijzonder comité voor de sociale dienst

AFDELING 1. De organisatie van het bijzonder comité voor de sociale dienst

Art. 87. § 1. Het bijzonder comité voor de sociale dienst bestaat, de voorzitter niet inbegrepen, uit:
1° zes leden voor een raad voor maatschappelijk welzijn met 23 leden of minder;
2° acht leden voor een raad voor maatschappelijk welzijn met 25 tot en met 47 leden;
3° tien leden voor een raad voor maatschappelijk welzijn met 49 tot en met 51 leden;
4° twaalf leden voor een raad voor maatschappelijk welzijn met 53 leden of meer.

De voorzitter en de leden van het bijzonder comité voor de sociale dienst moeten voldoen aan de verkiesbaarheidsvoorwaarden, vermeld in artikel 58 van het Lokaal en Provinciaal Kiesdecreet van 8 juli 2011.

Op basis van de bevolkingsaantallen van de gemeenten, vermeld in artikel 4, § 3, stelt de Vlaamse Regering een lijst op van het aantal leden van het bijzonder comité voor de sociale dienst, vermeld in het eerste lid, dat per gemeente verkozen moet worden, alsook van het aantal te verkiezen leden van het bijzonder comité voor de sociale dienst van de nieuwe gemeente, vermeld in artikel 343, 2°.

§ 2. Artikel 42, § 5, is van overeenkomstige toepassing op de voorzitter en de leden van het bijzonder comité voor de sociale dienst.

Verwijzing
zie randnummer [→ nr. 313]

Art. 88. De voorgedragen kandidaat-voorzitter, kandidaat-leden en hun opvolgers worden opgeroepen voor de vergadering van de raad voor maatschappelijk welzijn aansluitend op de installatievergadering van de gemeenteraad, overeenkomstig artikel 6, § 1, eerste en tweede lid.

Verwijzing
zie randnummer [→ nr. 314]

Art. 89. Het bijzonder comité voor de sociale dienst heeft de mogelijkheid om in zijn midden subcomités op te richten. In voorkomend geval wordt, met behoud van de toepassing van artikel 111, de samenstelling van de subcomités bepaald in het huishoudelijk reglement. 19904

Verwijzing
zie randnummer [→ nr. 318]

Art. 90. § 1. Op de vergadering van de raad voor maatschappelijk welzijn aansluitend op de installatievergadering van de gemeenteraad verkiest de raad voor maatschappelijk welzijn hetzij onder de voorzitter of de leden van het vast bureau, hetzij onder de leden van de raad voor maatschappelijk welzijn, een voorzitter van het bijzonder comité voor de sociale dienst. De voorzitter van het bijzonder comité voor de sociale dienst wordt verkozen op basis van een akte van voordracht, ondertekend door meer dan de helft van de verkozenen op de lijsten die aan de verkiezingen deelnamen. Om ontvankelijk te zijn, moet de akte van voordracht ook ondertekend zijn door een meerderheid van de personen die op dezelfde lijst als de voorgedragen kandidaat zijn verkozen. Als de lijst waarop de naam van de kandidaat-voorzitter voorkomt maar twee verkozenen telt, volstaat de handtekening van een van hen.

Niemand kan meer dan één akte van voordracht ondertekenen. Overtreding van dat verbod wordt bestraft overeenkomstig artikel 7, § 2.

De akte van voordracht kan ook de einddatum van het mandaat van de kandidaat-voorzitter van het bijzonder comité voor de sociale dienst vermelden. In dat geval kan op de akte van voordracht de naam van een of meer personen die hem zullen opvolgen voor de resterende duurtijd van het mandaat, vermeld worden. In voorkomend geval is de voorzitter van het bijzonder comité voor de sociale dienst bij het bereiken van de einddatum van het mandaat van rechtswege ontslagnemend en wordt hij van rechtswege opgevolgd door de persoon die in de akte van voordracht als opvolger is vermeld. Als het mandaat eindigt voor de einddatum, vermeld in de akte, of als de persoon die in de akte van voordracht is aangewezen als de persoon die de voorzitter zou opvolgen, zijn mandaat niet opneemt, neemt de eerstvolgende opvolger vervroegd het mandaat op.

Als de persoon die als laatste opvolger is vermeld, het mandaat niet kan opnemen, of als er geen opvolger is vermeld, wordt tot vervanging overgegaan overeenkomstig artikel 106.

De akte wordt uiterlijk acht dagen voor de installatievergadering van de gemeenteraad aan de algemeen directeur bezorgd.

§ 2. De algemeen directeur bezorgt de akte van voordracht van de kandidaat-voorzitter van het bijzonder comité voor de sociale dienst aan de voorzitter van de installatievergadering van de raad voor maatschappelijk welzijn.

De voorzitter van de installatievergadering gaat na of de akte van voordracht ontvankelijk is overeenkomstig de voorwaarden, vermeld in paragraaf 1. Alleen de handtekeningen van de leden van de raad voor maatschappelijk welzijn worden daarbij in aanmerking genomen, met inbegrip van de handtekeningen van de opvolgers die de akte van voordracht hebben ondertekend en die lid zijn van de raad voor maatschappelijk welzijn. In voorkomend geval wordt de voorgedragen kandidaat-voorzitter van het bijzonder comité voor de sociale dienst verkozen verklaard.

§ 3. Als er geen ontvankelijke akte van voordracht van kandidaat-voorzitter van het bijzonder comité voor de sociale dienst aan de voorzitter van de installatievergadering wordt bezorgd, gaat de raad voor maatschappelijk welzijn binnen veertien dagen over tot de verkiezing van een voorzitter van het bijzonder comité voor de sociale dienst.

99041 De leden van de raad voor maatschappelijk welzijn kunnen daarvoor uiterlijk drie dagen voor de eerstvolgende vergadering van de raad voor maatschappelijk welzijn een gedagtekende akte van voordracht bezorgen aan de algemeen directeur.

Om ontvankelijk te zijn moet de akte van voordracht ten minste ondertekend zijn door een meerderheid van de leden van de raad voor maatschappelijk welzijn die op dezelfde lijst zijn verkozen als de voorgedragen kandidaat. Als de lijst waarop de kandidaat-voorzitter voorkomt maar twee verkozenen telt, volstaat de handtekening van een van hen. Met behoud van de toepassing van paragraaf 1 kan elk lid van de raad voor maatschappelijk welzijn maar één akte van voordracht ondertekenen. Overtreding van dat verbod wordt bestraft overeenkomstig artikel 7, § 2.

De akte van voordracht kan ook de einddatum van het mandaat van de kandidaat-voorzitter vermelden. In dat geval kan op de akte van voordracht de naam vermeld worden van een of meer personen die hem zullen opvolgen voor de resterende duurtijd van het mandaat. In voorkomend geval is de voorzitter bij het bereiken van de einddatum van het mandaat van rechtswege ontslagnemend en wordt hij van rechtswege opgevolgd door de persoon die in de akte van voordracht als opvolger is vermeld.

Als het mandaat eindigt voor de einddatum, vermeld in de akte, of als de persoon die in de akte van voordracht is vermeld als de persoon die de voorzitter zou opvolgen, zijn mandaat niet opneemt, neemt de eerstvolgende opvolger vervroegd het mandaat op. Als de persoon die als laatste opvolger is vermeld, het mandaat niet kan opnemen, of als er geen opvolger is vermeld, wordt tot vervanging overgegaan overeenkomstig artikel 106.

De verkiezing gebeurt bij geheime stemming.

De kandidaat die de volstrekte meerderheid van de stemmen heeft behaald, is verkozen tot voorzitter van het bijzonder comité voor de sociale dienst. Als geen enkele kandidaat de volstrekte meerderheid van de stemmen heeft behaald en als verschillende kandidaten zijn voorgedragen voor het vacante mandaat, vindt een tweede stemronde plaats, waarin wordt gestemd op de twee kandidaten die in de eerste stemronde de meeste stemmen behaalden. Bij staking van stemmen in de eerste stemronde komt de kandidaat die bij de verkiezingen de meeste naamstemmen heeft behaald, in aanmerking voor de tweede stemronde. De kandidaat die in de tweede stemronde de meerderheid van de stemmen heeft behaald, is verkozen tot voorzitter. Bij staking van stemmen in de tweede stemronde is de kandidaat die bij de verkiezingen de meeste naamstemmen heeft behaald, verkozen tot voorzitter. Als de naamstemmen bepalend zijn en de kandidaten een gelijk aantal naamstemmen hebben behaald, is de voorgedragen kandidaat van wie de lijst bij de verkiezingen de meeste stemmen heeft behaald, verkozen.

§ 4. Als de voorzitter van het bijzonder comité voor de sociale dienst bij zijn verkiezing geen voorzitter of lid van het vast bureau is, legt hij, voor hij zijn mandaat aanvaardt, de eed af in handen van de voorzitter van de raad voor maatschappelijk welzijn: "Ik zweer de verplichtingen van mijn mandaat trouw na te komen.". Die eedaflegging geldt ook als eedaflegging voor zijn mandaat als schepen als vermeld in artikel 42, § 1, derde lid. Als de voorzitter van het bijzonder comité voor de sociale dienst de eed na twee achtereenvolgende uitnodigingen niet aflegt, wordt hij geacht zijn mandaat als voorzitter van het bijzonder comité voor de sociale dienst niet te aanvaarden. Als de voorzitter van de raad voor maatschappelijk welzijn de eed niet kan afnemen of nalaat de eed af te nemen, wordt de eed afgenomen door zijn vervanger.

Verwijzing
zie randnummer [→ nr. 314]

Art. 91. § 1. Het aantal leden van het bijzonder comité voor de sociale dienst dat wordt toegewezen aan de verschillende lijsten die aan de lokale verkiezingen hebben deelgenomen, wordt bepaald naar verhouding van het aantal zetels waarover elke lijst binnen de raad voor maatschappelijk welzijn beschikt. De verkozenen van de lijsten kunnen verklaren dat zij zich met elkaar wensen te verbinden. De verklaring van lijstenverbinding wordt aan de algemeen directeur overhandigd uiterlijk de zestigste dag na de dag van de gemeenteraadsverkiezingen. Om ontvankelijk te zijn moet die verklaring ondertekend zijn door minstens een meerderheid van de verkozenen van iedere lijst die zich wenst te verbinden. 19904

§ 2. De zetels worden verdeeld door het aantal zetels van het bijzonder comité voor de sociale dienst te delen door het aantal leden van de raad voor maatschappelijk welzijn, vermenigvuldigd met het aantal zetels waarover elke lijst of groep van lijsten binnen de raad beschikt. Het aantal eenheden van het resultaat van die bewerking geeft het aantal rechtstreeks verworven zetels aan.

De niet-rechtstreeks verworven zetels worden toegewezen in afnemende volgorde van de decimalen van het resultaat van de bewerking, vermeld in het eerste lid. Bij gelijkheid van decimalen van twee of meer lijsten of groepen van lijsten, wordt de zetel toegewezen aan de lijst of groep van lijsten met het hoogste stemcijfer, bepaald overeenkomstig artikel 165 van het Lokaal en Provinciaal Kiesdecreet van 8 juli 2011.

Uiterlijk de eenenzestigste dag na de gemeenteraadsverkiezingen gaat de algemeen directeur na hoeveel zetels in het bijzonder comité voor de sociale dienst aan de verschillende lijsten of groepen van lijsten toekomen, met toepassing van het eerste en tweede lid. Hij maakt op dezelfde dag die zetelverdeling bekend op de webtoepassing van de gemeente.

Verwijzing
zie randnummer [→ nr. 315]

Art. 92. De leden en kandidaat-opvolgers van het bijzonder comité voor de sociale dienst worden schriftelijk voorgedragen door de verkozenen voor de gemeenteraad.

Uiterlijk acht dagen voor de installatievergadering van de gemeenteraad bezorgen de verkozenen de voordrachtsakten voor de leden van het bijzonder comité voor de sociale dienst, vermeld in het eerste lid, aan de algemeen directeur. De algemeen directeur bezorgt een afschrift van de akten aan de voorzitter van de raad voor maatschappelijk welzijn.

De voordrachtsakte voldoet aan de volgende voorwaarden:

1° de voordrachtsakte vermeldt de naam, de voornamen, de geboortedatum, het beroep, het rijksregisternummer en de hoofdverblijfplaats van de kandidaat-leden;

2° de voordrachtsakte vermeldt de naam, de voornaam en het rijksregisternummer van de verkozenen op de lijsten die de voordracht doen;

3° de voordrachtsakte is voor akkoord ondertekend door de kandidaat-leden;

4° de voordrachtsakte is ondertekend door de meerderheid van de verkozenen van dezelfde lijst of groep van lijsten die aan de lokale verkiezingen hebben deelgenomen, of, als de voorgedragen kandidaat deelgenomen heeft aan de lokale verkiezingen, door de meerderheid van de verkozenen van dezelfde lijst of groep van lijsten die aan de lokale verkiezingen hebben deelgenomen. Het aantal handtekeningen wordt berekend na de schrapping van de ongeldige handtekeningen, vermeld in het zevende lid. Als een lijst of groep van lijsten maar twee verkozenen telt, volstaat de handtekening van een van hen;

99041 5° tenzij het gaat om een lijst of groep van lijsten waaraan maar een zetel in het bijzonder comité voor de sociale dienst is toegewezen, vermeldt de voordrachtsakte kandidaat-leden van verschillend geslacht;

6° de voordrachtsakte vermeldt niet meer kandidaat-leden dan het aantal dat aan de lijst of groep van lijsten is toegewezen overeenkomstig artikel 91.

De voordrachtsakte kan de naam, de voornamen, de geboortedatum, het beroep, het rijksregisternummer en de hoofdverblijfplaats van een of meer opvolgers van een kandidaat-lid vermelden. In voorkomend geval ondertekenen de kandidaat-opvolgers voor akkoord hun voordracht. Dezelfde persoon kan opvolger zijn van twee of meer kandidaat-leden die op dezelfde akte zijn voorgedragen. Dezelfde persoon kan ook kandidaat-lid en kandidaat-opvolger zijn.

De voordrachtsakte vermeldt in voorkomend geval voor elk kandidaat-lid de kandidaat-opvolgers in de volgorde waarin die zijn voorbestemd om het lid te vervangen.

De voordrachtsakte kan ook de einddatum van het mandaat van een kandidaat-lid of van een kandidaat-opvolger vermelden. De opvolger moet ook voldoen aan de voorwaarden voor de ondertekening, vermeld in het derde lid. In voorkomend geval is het lid van het bijzonder comité voor de sociale dienst bij het bereiken van de einddatum van het mandaat van rechtswege ontslagnemend en wordt hij van rechtswege opgevolgd door de persoon die in de voordrachtsakte als opvolger is vermeld. Als het mandaat eindigt voor de einddatum, vermeld in de akte, neemt de opvolger vervroegd het mandaat op.

Niemand kan meer dan één akte van voordracht ondertekenen. Overtreding van dat verbod wordt bestraft overeenkomstig artikel 7, § 2.

Verwijzing
zie randnummer [→ nr. 315]

Art. 93. De verkiezing van de leden van het bijzonder comité voor de sociale dienst vindt plaats in openbare zitting, tijdens de vergadering van de raad voor maatschappelijk welzijn, aansluitend op de installatievergadering van de gemeenteraad.

De voorzitter van de raad voor maatschappelijk welzijn gaat na of de voordrachtsakten ontvankelijk zijn overeenkomstig de voorwaarden, vermeld in artikel 92, derde lid. In voorkomend geval worden de voorgedragen kandidaat-leden en hun opvolgers verkozen verklaard.

Als tijdens de vergadering van de raad voor maatschappelijk welzijn, aansluitend op de installatievergadering van de gemeenteraad, geen voorzitter van het bijzonder comité voor de sociale dienst is verkozen, functioneert de uittredende voorzitter van het bijzonder comité voor de sociale dienst als voorzitter tot de raad voor maatschappelijk welzijn een nieuwe voorzitter heeft verkozen overeenkomstig artikel 90, § 3.

De kandidaten die als opvolgers van een verkozen lid werden voorgedragen, zijn, met behoud van de toepassing van artikel 94, de opvolgers van het voormelde lid.

Als een lijst of groep van lijsten geen ontvankelijke voordrachtsakte heeft ingediend voor de zetels die overeenkomstig artikel 91 aan de lijst of groep van lijsten werden toegewezen, is de procedure, vermeld in artikel 95, vierde lid, van toepassing voor de mandaten die nog niet zijn ingevuld.

Verwijzing
zie randnummer [→ nr. 315]

Art. 94. Het bijzonder comité voor de sociale dienst bestaat uit personen van verschillend geslacht. 19904

Als het bijzonder comité voor de sociale dienst niet rechtsgeldig blijkt te zijn samengesteld overeenkomstig het eerste lid, wordt de oudste kandidaat vervangen door de eerstvolgende opvolger van het andere geslacht die in de voordrachtsakte is vermeld.

Als voor die kandidaat geen opvolger van het andere geslacht is voorgedragen, wordt een nieuwe kandidaat van het andere geslacht voorgedragen met toepassing van artikel 95.

Verwijzing
zie randnummer [→ nr. 316]

Art. 95. Als een lid, voordat zijn mandaat verstreken is, ophoudt deel uit te maken van het bijzonder comité voor de sociale dienst of verhinderd is en als hij, met behoud van de toepassing van artikel 94, geen opvolger of opvolgers meer heeft, kunnen de leden van de raad voor maatschappelijk welzijn van de lijst of groep van lijsten die het betreffende lid heeft voorgedragen, samen een kandidaat-lid en een of meer kandidaat-opvolgers voordragen.

Artikel 92, derde tot en met zevende lid, is van toepassing op die voordrachtsakte, met dien verstande dat “verkozenen” wordt gelezen als “leden van de raad voor maatschappelijk welzijn”.

Die voordrachtsakte wordt uiterlijk acht dagen vóór de zitting van de raad voor maatschappelijk welzijn waarop de geloofsbrieven van het nieuwe lid van het bijzonder comité voor de sociale dienst en de opvolger of opvolgers zullen worden onderzocht, aan de algemeen directeur bezorgd, die een afschrift van de akte aan de voorzitter van de raad voor maatschappelijk welzijn bezorgt. In dat geval is de kandidaat verkozen verklaard en worden de kandidaat-opvolgers aangesteld in de volgorde van hun voordracht. Een opvolger die op grond van zijn geslacht het lid van het bijzonder comité voor de sociale dienst dat ontslag genomen heeft, niet kon opvolgen, wordt geacht opvolger te zijn van het nieuw verkozen lid van het bijzonder comité voor de sociale dienst en neemt een rang in vóór de opvolgers, vermeld op de voordrachtsakte.

Als de vervanging, vermeld in het eerste lid, niet kan doorgaan of niet plaatsvindt binnen zestig dagen, wordt met behoud van de toepassing van artikel 92, derde tot en met zevende lid, in de vervanging voorzien bij een geheime stemming in een stemronde waarbij elk lid van de raad voor maatschappelijk welzijn over een stem beschikt en waarbij de kandidaat die de meeste stemmen behaalt, als verkozen wordt verklaard. Bij staking van stemmen is de jongste kandidaat verkozen.

Verwijzing
zie randnummer [→ nr. 316]

Art. 96. § 1. De verkozen leden van het bijzonder comité voor de sociale dienst van wie de geloofsbrieven door de raad voor maatschappelijk welzijn zijn goedgekeurd, leggen, voor ze hun mandaat aanvaarden, de volgende eed af in handen van de voorzitter van de raad voor maatschappelijk welzijn: “Ik zweer de verplichtingen van mijn mandaat trouw na te komen.”.

In geval van algehele vernieuwing van het bijzonder comité voor de sociale dienst vindt de eedaflegging plaats tijdens de vergadering van de raad voor maatschappelijk welzijn aansluitend op de installatievergadering van de gemeenteraad. Die eedaflegging vindt plaats in openbare vergadering.

99041 Elke andere eedaflegging gebeurt alleen ten overstaan van de voorzitter van de raad voor maatschappelijk welzijn en in aanwezigheid van de algemeen directeur. Daarvan wordt een proces-verbaal opgemaakt dat ondertekend wordt door de voorzitter van de raad voor maatschappelijk welzijn en door de algemeen directeur en dat aan de voorzitter van het bijzonder comité voor de sociale dienst wordt bezorgd.

Als de voorzitter van de raad voor maatschappelijk welzijn de eed niet afneemt van de leden van het bijzonder comité voor de sociale dienst op de vergadering, vermeld in het tweede lid, of, bij vervanging van een lid, na de installatievergadering uiterlijk vóór de eerstvolgende vergadering van het bijzonder comité voor de sociale dienst, wordt de eed afgenomen door diegene die de voorzitter vervangt overeenkomstig artikel 7, § 5, tweede lid. In voorkomend geval noteert de algemeen directeur de vervanging van de voorzitter in de notulen van de vergadering, en wordt het proces-verbaal ondertekend door degene die de eed heeft afgenomen.

§ 2. De verkozen leden van het bijzonder comité voor de sociale dienst die aanwezig zijn op de vergadering, vermeld in paragraaf 1, tweede lid, en die de eed niet afleggen, worden geacht afstand te hebben gedaan van hun mandaat.

§ 3. De verkozen leden van het bijzonder comité voor de sociale dienst die niet aanwezig zijn op de vergadering, vermeld in paragraaf 1, tweede lid, en die, nadat ze daarvoor uitdrukkelijk zijn opgeroepen, zonder geldige reden afwezig zijn op de eerste daaropvolgende vergadering, worden geacht afstand te hebben gedaan van hun mandaat.

§ 4. Een verkozen lid van het bijzonder comité voor de sociale dienst dat zich zonder geldige reden niet aanmeldt bij de voorzitter van de raad voor maatschappelijk welzijn voor de eedaflegging, vermeld in paragraaf 1, derde lid, na daarvoor te zijn uitgenodigd, wordt geacht afstand te hebben gedaan van zijn mandaat.

Verwijzing
zie randnummer [→ nr. 316]

Art. 97. § 1. De voorzitter van het bijzonder comité voor de sociale dienst wordt, behalve in geval van vervallenverklaring, ontslag, overlijden, of als de akte van voordracht een einddatum vermeldt, verkozen voor een periode van zes jaar.

Na een volledige vernieuwing van de raad voor maatschappelijk welzijn blijft de uittredende voorzitter van het bijzonder comité voor de sociale dienst in functie tot de nieuwe voorzitter geïnstalleerd is.

§ 2. De leden van het bijzonder comité voor de sociale dienst worden, behalve in geval van vervallenverklaring, ontslag of overlijden of als de akte van voordracht een einddatum vermeldt, verkozen voor een periode van zes jaar.

De uittredende leden van het bijzonder comité voor de sociale dienst blijven na een volledige vernieuwing van de raad voor maatschappelijk welzijn in functie tot de installatie van de meerderheid van de leden van het bijzonder comité voor de sociale dienst heeft plaatsgevonden.

Verwijzing
zie randnummer [→ nr. 316]

Art. 98. Een verkozen lid van het bijzonder comité voor de sociale dienst dat voor zijn installatie afstand wil doen van zijn mandaat, brengt de voorzitter of de uittredende voorzitter van de raad voor maatschappelijk welzijn daarvan schriftelijk op de hoogte. De afstand wordt definitief zodra de voorzitter van de raad voor maatschappelijk welzijn daarvan heeft kennisgenomen. 19904

Verwijzing
zie randnummer [→ nr. 316]

Art. 99. Artikel 9 is van toepassing op de leden van het bijzonder comité voor de sociale dienst, tenzij het lid van het bijzonder comité onmiddellijk ontslag neemt met toepassing van artikel 103.

Verwijzing
zie randnummer [→ nr. 316]

Art. 100. Artikel 10 is van overeenkomstige toepassing op de voorzitter en de leden van het bijzonder comité voor de sociale dienst, met dien verstande dat het onderwijzend personeel van de gemeente, die door het openbaar centrum voor maatschappelijk welzijn wordt bediend, wel lid van het bijzonder comité voor de sociale dienst kan zijn.

De voorzitter of een lid van het vast bureau kan slechts deel uitmaken van het bijzonder comité voor de sociale dienst, als die met toepassing van artikel 90 verkozen is als voorzitter van het bijzonder comité voor de sociale dienst of als die met toepassing van artikel 106 de verkozen voorzitter van het bijzonder comité voor de sociale dienst vervangt.

Verwijzing
zie randnummer [→ nr. 316]

Art. 101. Artikel 11 is van overeenkomstige toepassing op de leden van het bijzonder comité voor de sociale dienst.

Verwijzing
zie randnummer [→ nr. 316]

Art. 102. Artikel 12, met uitzondering van punt 5°, is van overeenkomstige toepassing op het bijzonder comité voor de sociale dienst.

Met behoud van de toepassing van het eerste lid, neemt het bijzonder comité voor de sociale dienst akte van de verhindering van de volgende personen:

1° het lid van het bijzonder comité voor de sociale dienst, met uitzondering van de voorzitter, dat met toepassing van artikel 62, eerste lid, tot burgemeester wordt benoemd ter vervanging van een verhinderde of geschorste burgemeester of met toepassing van artikel 49, § 1, tot schepen wordt verkozen ter vervanging van een verhinderde of geschorste schepen;

2° de voorzitter van het bijzonder comité voor de sociale dienst die zich bevindt in een van de gevallen van verhindering, vermeld in artikel 47, 1° tot en met 3°.

Verwijzing
zie randnummer [→ nr. 316]

Art. 103. Het lid of de voorzitter van het bijzonder comité voor de sociale dienst dat ontslag wil nemen, deelt dat schriftelijk mee aan de voorzitter van de raad voor maatschappelijk welzijn. Het ontslag is definitief zodra de voorzitter van de raad voor maatschappelijk welzijn de kennisgeving ontvangt. Het lid of de voorzitter van het bijzonder comité voor de sociale dienst blijft

99041 zijn mandaat uitoefenen tot zijn opvolger is geïnstalleerd, behalve als het ontslag het gevolg is van een onverenigbaarheid.

Verwijzing
zie randnummer [→ nr. 316]

Art. 104. Nadat de gemeenteraad de raad voor maatschappelijk welzijn in kennis gesteld heeft van het feit dat overgegaan wordt tot de installatie van de nieuwe schepenen en de benoeming van de nieuwe burgemeester, met toepassing van artikel 46, kan de raad voor maatschappelijk welzijn overgaan tot de verkiezing van een nieuwe voorzitter van het bijzonder comité voor de sociale dienst, met toepassing van artikel 90.

Artikel 42, § 1, derde lid, is dan eveneens van toepassing.

De voorzitter van het bijzonder comité voor de sociale dienst blijft dan in functie tot de installatie van de nieuwe voorzitter van het bijzonder comité voor de sociale dienst heeft plaatsgevonden.

Verwijzing
zie randnummer [→ nr. 316]

Art. 105. § 1. Het lid van het bijzonder comité voor de sociale dienst dat afstand doet van zijn mandaat, van zijn mandaat vervallen wordt verklaard, als verhinderd wordt beschouwd, ontslag heeft genomen of overleden is, wordt vervangen door zijn opvolger.

Als het lid van het bijzonder comité voor de sociale dienst geen opvolger meer heeft, wordt overgegaan tot de verkiezing van een nieuw lid van het bijzonder comité voor de sociale dienst overeenkomstig artikel 95.

Tot aan de nieuwe verkiezing wordt het mandaat waargenomen overeenkomstig paragraaf 2.

§ 2. De raad voor maatschappelijk welzijn kan in zijn huishoudelijk reglement bepalen dat plaatsvervangers worden aangewezen die de effectieve leden van het bijzonder comité mogen vervangen, als die verhinderd zijn. De plaatsvervangers moeten leden van de raad voor maatschappelijk welzijn zijn en worden aangewezen door de leden van de raad voor maatschappelijk welzijn die de voordracht van het effectieve lid van het comité ondertekend hebben.

§ 3. Het lid van het bijzonder comité voor de sociale dienst dat als verhinderd wordt beschouwd, wordt vervangen zolang de toestand van verhindering duurt. Het bijzonder comité voor de sociale dienst neemt akte van de beëindiging van de periode van verhindering.

Verwijzing
zie randnummer [→ nr. 316]

Art. 106. § 1. Als de voorzitter het mandaat niet aanvaardt, als zijn mandaat vervallen wordt verklaard, als hij als verhinderd wordt beschouwd, afgezet of geschorst wordt, overleden is of ontslag genomen heeft, wordt op de eerstvolgende vergadering van de raad voor maatschappelijk welzijn een nieuwe voorzitter verkozen, overeenkomstig artikel 90, met dien verstande dat "de vergadering van de raad voor maatschappelijk welzijn aansluitend op de installatievergadering van de gemeenteraad" wordt gelezen als "de eerstvolgende vergadering van de raad voor maatschappelijk welzijn", "verkozenen op de lijsten die aan de verkiezingen deelnamen" wordt gelezen als "raadsleden van de raad voor maatschappelijk welzijn", "personen" wordt gelezen als "raadsleden van de raad voor maatschappelijk welzijn". Tot aan de nieuwe verkiezing wordt het voorzitterschap waargenomen overeenkomstig het tweede lid. 19904

Als de voorzitter om een andere reden dan de redenen, vermeld in het eerste lid, tijdelijk afwezig is of als hij bij een welbepaalde aangelegenheid betrokken partij is als vermeld in artikel 27, wijst hij de voorzitter of een lid van het vast bureau aan als zijn vervanger. Als hij geen vervanger heeft aangewezen of als de vervanger zelf tijdelijk afwezig is, dan wordt hij vervangen door de voorzitter of het lid van het vast bureau met de hoogste rang. Als de voorzitter of dat lid van het vast bureau de voorzitter niet kan vervangen, wordt het voorzitterschap waargenomen door een ander lid van het vast bureau, in volgorde van rang.

De voorzitter die als verhinderd wordt beschouwd, die geschorst is of tijdelijk afwezig is, wordt vervangen zolang hij verhinderd, geschorst of tijdelijk afwezig is. De raad voor maatschappelijk welzijn neemt akte van de verhindering of schorsing en van de beëindiging van de periode van de verhindering of schorsing.

§ 2. De vervallenverklaring, de verhindering, de afzetting of de schorsing van of de niet-aanvaarding of het ontslag door de voorzitter van het bijzonder comité voor de sociale dienst, die overeenkomstig artikel 42, § 1, derde lid, van rechtswege is toegevoegd aan het college van burgemeester en schepenen, houden van rechtswege de vervallenverklaring, de verhindering, de afzetting, de schorsing, de niet-aanvaarding of het ontslag in voor zijn mandaat als schepen als vermeld in artikel 42, § 1, derde lid.

Verwijzing
zie randnummer [→ nr. 316]

Art. 107. § 1. De leden van het bijzonder comité voor de sociale dienst ontvangen ten laste van het openbaar centrum voor maatschappelijk welzijn presentiegeld voor hun aanwezigheid op vergaderingen van het bijzonder comité voor de sociale dienst. De Vlaamse Regering stelt een lijst op van vergaderingen die voortvloeien uit de mandaatsverplichtingen van de leden van het bijzonder comité voor de sociale dienst waarvoor de raad voor maatschappelijk welzijn bij reglement kan bepalen dat presentiegeld wordt verleend.

§ 2. De raad voor maatschappelijk welzijn bepaalt het bedrag van het presentiegeld. Het presentiegeld bedraagt voor het bijwonen van de vergaderingen van het bijzonder comité voor de sociale dienst maximaal evenveel als het presentiegeld van de gemeenteraadsleden van de gemeente die door het openbaar centrum voor maatschappelijk welzijn wordt bediend, voor hun aanwezigheid op de gemeenteraad. Als de raad voor maatschappelijk welzijn geen beslissing over het presentiegeld genomen heeft, bedraagt het presentiegeld evenveel als het presentiegeld van de gemeenteraadsleden van de gemeente die door het openbaar centrum voor maatschappelijk welzijn wordt bediend, voor hun aanwezigheid op de gemeenteraad.

De raad voor maatschappelijk welzijn vermindert het presentiegeld van het lid van het bijzonder comité voor de sociale dienst dat andere wettelijke of reglementaire bezoldigingen, pensioenen, vergoedingen of toelagen ontvangt, of het openbaar centrum voor maatschappelijk welzijn vult die vergoeding aan, met een bedrag ter compensatie van het inkomensverlies dat de betrokkene lijdt, op voorwaarde dat het lid van het bijzonder comité voor de sociale dienst daar zelf om verzoekt. De algemeen directeur stelt vast of aan de vereiste voorwaarden is voldaan.

99041 De som van de presentiegelden, aangevuld met het bedrag ter compensatie van het inkomensverlies, kan nooit hoger zijn dan de wedde van een schepen van een gemeente met 50.000 inwoners.

§ 3. De Vlaamse Regering bepaalt de grenzen waarbinnen de raad voor maatschappelijk welzijn kan bepalen welke specifieke kosten die verband houden met de uitoefening van het mandaat kunnen worden terugbetaald.

§ 4. Het openbaar centrum voor maatschappelijk welzijn sluit een verzekering af om de burgerlijke aansprakelijkheid, met inbegrip van de rechtsbijstand, te dekken die persoonlijk ten laste komt van de leden van het bijzonder comité voor de sociale dienst bij de normale uitoefening van hun mandaat.

De Vlaamse Regering bepaalt de nadere regels voor de uitvoering van deze paragraaf.

Naast de verzekering, vermeld in het eerste lid, sluit het openbaar centrum voor maatschappelijk welzijn ook een verzekering af voor ongevallen die de leden van het bijzonder comité voor de sociale dienst overkomen in het kader van de normale uitoefening van hun mandaat.

§ 5. Behalve in geval van herhaling is het openbaar centrum voor maatschappelijk welzijn burgerrechtelijk aansprakelijk voor de betaling van de geldboeten waartoe een lid van het bijzonder comité voor de sociale dienst wordt veroordeeld wegens een misdrijf, begaan bij de normale uitoefening van zijn mandaat, met uitzondering van een persoonlijke inbreuk op de verkeersreglementering.

De regresvordering van het openbaar centrum voor maatschappelijk welzijn ten aanzien van de veroordeelde leden van het bijzonder comité voor de sociale dienst is beperkt tot de gevallen van bedrog, zware schuld of lichte schuld die bij hen gewoonlijk voorkomen.

Verwijzing
zie randnummer [→ nr. 316]

Art. 108. Artikel 16 is van overeenkomstige toepassing op de leden van het bijzonder comité voor de sociale dienst.

Verwijzing
zie randnummer [→ nr. 316]

AFDELING 2. De werking van het bijzonder comité voor de sociale dienst

Art. 109. De voorzitter van het bijzonder comité voor de sociale dienst roept de vergaderingen bijeen van het bijzonder comité voor de sociale dienst. Hij stelt de agenda vast van de vergaderingen en verricht het voorafgaande onderzoek van de zaken die worden voorgelegd.

Verwijzing
zie randnummer [→ nr. 317]

Art. 110. Het bijzonder comité voor de sociale dienst vergadert regelmatig, op de dagen en uren die het bepaalt, en zo dikwijls als de behandeling van de zaken het vereist. De voorzitter van het bijzonder comité voor de sociale dienst kan in spoedeisende gevallen buitengewone vergaderingen bijeenroepen, op de dag en het uur die hij bepaalt.

Artikel 20, 21, 23, 24, 26, 27, 29, 32, 33, 34, eerste lid, en artikel 75, met uitzondering van artikel 21, tweede lid, artikel 29, § 1, § 2 en § 5, en de bepalingen in artikel 32 over het zittingsverslag, zijn van toepassing op de

vergaderingen van het bijzonder comité voor de sociale dienst met dien verstande dat de volgende woorden worden gelezen als volgt: 19904
1° "het raadslid" als "het lid van het bijzonder comité voor de sociale dienst";
2° "de raadsleden" als "de leden van het bijzonder comité voor de sociale dienst";
3° "de voorzitter van de gemeenteraad" als "de voorzitter van het bijzonder comité voor de sociale dienst";
4° "de gemeenteraad" als "het bijzonder comité voor de sociale dienst";
5° "de gemeente" als "het openbaar centrum voor maatschappelijk welzijn";
6° "een gemeentelijk extern verzelfstandigd agentschap" als "de verenigingen of vennootschappen, vermeld in deel 3, titel 4";
7° "artikel 16 en 155" als "artikel 108".

Het bijzonder comité voor de sociale dienst kan in afwijking van artikel 20 in een huishoudelijk reglement bepalen dat de agenda van het bijzonder comité voor de sociale dienst pas vijf dagen voor de vergadering moet worden bezorgd. In dat geval bepaalt het bijzonder comité voor de sociale dienst in zijn huishoudelijk reglement binnen welke termijn de agendapunten, vermeld in artikel 21, kunnen worden toegevoegd. Het bijzonder comité voor de sociale dienst stelt de notulen van de vorige vergadering ter beschikking van zijn leden. De notulen die betrekking hebben op de persoonlijke levenssfeer van cliënten van het openbaar centrum voor maatschappelijk welzijn of hun onderhoudsplichtigen, worden alleen ter beschikking gesteld van de leden volgens de regels, vastgesteld overeenkomstig artikel 20, derde lid.

De vergaderingen van het bijzonder comité voor de sociale dienst zijn niet openbaar.

De beslissingen van het bijzonder comité voor de sociale dienst worden opgenomen in de notulen en alleen die beslissingen kunnen rechtsgevolgen hebben. De notulen worden goedgekeurd op de eerstvolgende gewone vergadering van het bijzonder comité voor de sociale dienst. De notulen [...] worden uiterlijk op dezelfde dag als de vergadering van het bijzonder comité voor de sociale dienst die volgt op de vergadering van het bijzonder comité voor de sociale dienst waarop de notulen zijn goedgekeurd, verstuurd naar of ter beschikking gesteld van de leden van het bijzonder comité voor de sociale dienst door de voorzitter van het bijzonder comité voor de sociale dienst op de wijze, vermeld in het huishoudelijk reglement.

Verwijzing
zie randnummer [→ nr. 317]

Art. 111. Bij de aanvang van de zittingsperiode neemt het bijzonder comité voor de sociale dienst een huishoudelijk reglement aan waarin, in voorkomend geval, nadere regels over de werking van het bijzonder comité voor de sociale dienst zijn bepaald, en waarin minstens bepalingen worden opgenomen over:
1° de wijze van notulering en de wijze waarop de notulen van de vorige vergadering ter beschikking worden gesteld van de leden van het bijzonder comité voor de sociale dienst;
2° de wijze van verzending van de oproeping en het ter beschikking stellen van het dossier aan de leden van het bijzonder comité voor de sociale dienst, alsook de wijze waarop de algemeen directeur of de door hem aangewezen personeelsleden aan de leden van het bijzonder comité voor de sociale dienst die erom verzoeken, technische inlichtingen verschaffen over die stukken;

99041 3° de wijze waarop het bijzonder comité voor de sociale dienst stemt;
4° de wijze van het ter kennis brengen van de beslissingen van het bijzonder comité voor de sociale dienst;
5° de perken waarbinnen de voorzitter van het bijzonder comité voor de sociale dienst zijn bevoegdheden als vermeld in artikel 114, kan uitoefenen.

Het bijzonder comité voor de sociale dienst kan het huishoudelijk reglement op elk moment wijzigen.

Verwijzing
zie randnummer [→ nr. 317]

Art. 112. Het bijzonder comité voor de sociale dienst heeft dezelfde deontologische code als die welke is aangenomen voor de raad voor maatschappelijk welzijn.

Het bijzonder comité voor de sociale dienst kan echter zelf een deontologische code aannemen die minstens de deontologische code, zoals aangenomen door de raad voor maatschappelijk welzijn, omvat.

Verwijzing
zie randnummer [→ nr. 317]

AFDELING 3. De bevoegdheden van het bijzonder comité voor de sociale dienst

Art. 113. Het bijzonder comité voor de sociale dienst is bevoegd voor:
1° de beslissingen over de toekenning, terugvordering, herziening en schorsing van individuele steun op het vlak van de maatschappelijke dienstverlening en de maatschappelijke integratie;
2° de bekrachtiging van de beslissingen van de voorzitter van het bijzonder comité voor de sociale dienst, vermeld in artikel 114.

Het bijzonder comité voor de sociale dienst kan in zijn huishoudelijk reglement bepalen dat het beslissingsbevoegdheid als vermeld in het eerste lid toevertrouwt aan een of meerdere subcomités. In voorkomend geval is de voorzitter van een subcomité een lid van het bijzonder comité voor de sociale dienst dat ook lid is van de raad voor maatschappelijk welzijn.

Het bijzonder comité voor de sociale dienst kan op eigen initiatief of op verzoek een niet-bindend advies geven aan het college, het vast bureau, de gemeenteraad en de OCMW-raad over het gemeente- of OCMW-beleid.

Verwijzing
zie randnummer [→ nr. 319]

AFDELING 4. De bevoegdheden van de voorzitter van het bijzonder comité voor de sociale dienst

Art. 114. De voorzitter van het bijzonder comité voor de sociale dienst kan in dringende gevallen en binnen de perken bepaald door het huishoudelijk reglement van het bijzonder comité voor de sociale dienst, zelf tot dringende hulpverlening beslissen, op voorwaarde dat hij zijn beslissing op de eerstvolgende vergadering ter bekrachtiging aan het bijzonder comité voor de sociale dienst voorlegt.

Als een dakloze persoon een beroep doet op de maatschappelijke dienstverlening van het openbaar centrum voor maatschappelijk welzijn van de gemeente waar hij zich bevindt, moet de voorzitter van het bijzonder comité voor de sociale dienst hem de vereiste dringende hulpverlening toekennen, binnen de grenzen, vastgesteld door het huishoudelijk reglement van het bijzonder comité voor de sociale dienst. Hij legt zijn beslissing op de eerstvolgende vergadering ter bekrachtiging voor aan het bijzonder comité voor de sociale dienst. 19904

Verwijzing
zie randnummer [→ nr. 23] [→ nr. 320]

HOOFDSTUK 7. De districten

AFDELING 1. Algemene bepalingen

Art. 115. In gemeenten met meer dan 100.000 inwoners kunnen, op initiatief van de gemeenteraad, binnengemeentelijke territoriale organen worden opgericht, districten genoemd.

Het besluit van de gemeenteraad tot oprichting van districten wordt gepubliceerd met toepassing van artikel 286, § 1, 11°.

Verwijzing
zie randnummer [→ nr. 524] [→ nr. 526]

Art. 116. Elk districtsbestuur omvat een districtsraad, een voorzitter van de districtsraad, een districtscollege en een voorzitter van het districtscollege, de districtsburgemeester genoemd.

Verwijzing
zie randnummer [→ nr. 524] [→ nr. 526]

AFDELING 2. Organisatie van de districtsraad

Art. 117. De leden van de districtsraden worden voor zes jaar gekozen door de vergadering van de gemeenteraadskiezers die in de bevolkingsregisters van de gemeente zijn ingeschreven als wonend in de gebiedsomschrijving in kwestie.

Verwijzing
zie randnummer [→ nr. 525] [→ nr. 526] [→ nr. 527] [→ nr. 528]

Art. 118. Het aantal leden dat voor de districtsraden verkozen moet worden, wordt bepaald op twee derde van het aantal leden, vermeld in artikel 4, § 1, toegepast op de overeenkomstige gebiedsomschrijvingen. Het resultaat van die deling wordt afgerond naar het hoger oneven getal.

Artikel 4, § 3, is van toepassing op de districtsraad met dien verstande dat "gemeente" wordt gelezen als "district", "gemeenteraadsleden" wordt gelezen als "districtsraadsleden" en "gemeenteraadsverkiezingen" wordt gelezen als "districtsraadsverkiezingen".

Verwijzing
zie randnummer [→ nr. 525] [→ nr. 526] [→ nr. 527] [→ nr. 528]

Art. 119. Artikel 5, 6, 8 tot en met 14, artikel 16 en 17, met uitzondering van artikel 6, § 3, tweede lid, artikel 10, eerste lid, 4°, wat betreft de personeelsleden van het openbaar centrum voor maatschappelijk welzijn en de personeelsleden van de gemeentelijke extern verzelfstandigde agentschappen, en artikel 10, eerste lid, 5°, zijn van toepassing op de districtsraden en hun leden, met dien verstande dat "de gemeenteraad" wordt gelezen als "de districtsraad", "de gemeenteraadskiezer" wordt gelezen als "de districtsraadskiezer",

99041 "het college van burgemeester en schepenen" wordt gelezen als "het districtscollege", "de voorzitter van de gemeenteraad" wordt gelezen als "de voorzitter van de districtsraad", "het gemeenteraadslid" wordt gelezen als "het districtsraadslid", "het gemeentehuis" wordt gelezen als "het districtshuis" en "de algemeen directeur" wordt gelezen als "de districtssecretaris".

Met behoud van de toepassing van het eerste lid wordt bij de oprichting van een nieuw district als vermeld in artikel 115 de installatievergadering samengeroepen door de voorzitter van de gemeenteraad uiterlijk dertig dagen na de installatie van de gemeenteraad. De voorzitter van de gemeenteraad zit in dat geval de installatievergadering voor.

De voorzitter van de installatievergadering legt, als hij herkozen is als districtsraadslid, de eed af in handen van het oudste districtsraadslid.

Er bestaat een onverenigbaarheid tussen het mandaat van gemeenteraadslid en lid van de districtsraad.

Verwijzing
zie randnummer [→ nr. 527] [→ nr. 528] [→ nr. 525] [→ nr. 529] [→ nr. 526]

Art. 120. Artikel 7 is van toepassing op de verkiezing van de voorzitter van de districtsraad, met dien verstande dat "de gemeenteraad" wordt gelezen als "de districtsraad", "het gemeenteraadslid" wordt gelezen als "het districtsraadslid", "de voorzitter van de gemeenteraad" wordt gelezen als "de voorzitter van de districtsraad", "gemeenteraadscommissie" wordt gelezen als "districtsraadscommissie", "schepen" wordt gelezen als "districtsschepen", "burgemeester" wordt gelezen als "districtsburgemeester", en "de algemeen directeur" wordt gelezen als "de districtssecretaris".

Verwijzing
zie randnummer [→ nr. 527] [→ nr. 528] [→ nr. 525] [→ nr. 526]

AFDELING 3. De organisatie van het districtscollege

Art. 121. § 1. Uiterlijk op 1 juni van het jaar waarin de districtsraadsverkiezingen plaatsvinden, bepaalt de gemeenteraad per district, dat door hem is opgericht, het maximale aantal districtsschepenen voor de volgende bestuursperiode op basis van de bevolkingsaantallen van het district. Het inwoneraantal dat in aanmerking wordt genomen, is het aantal personen dat ingeschreven is in het rijksregister van de natuurlijke personen die op 1 januari van het jaar van de districtsraadsverkiezingen hun hoofdverblijfplaats in het desbetreffende district hadden. Bij gebrek aan beslissing van de gemeenteraad, is het maximale aantal districtsschepenen identiek aan het maximale aantal districtsschepenen van de vorige bestuursperiode.

Het districtscollege moet, met inbegrip van de districtsburgemeester, minstens twee leden bevatten.

§ 2. Artikel 42, § 3 tot en met § 5, is van toepassing op de districtsschepenen, met dien verstande dat "gemeente" wordt gelezen als "district", "gemeenteraad" wordt gelezen als "districtsraad", "gemeenteraadslid" wordt gelezen als "districtsraadslid", "college van burgemeester en schepen" wordt gelezen als "districtscollege", "schepen" wordt gelezen als "districtsschepen" en "burgemeester" wordt gelezen als "districtsburgemeester".

Verwijzing
zie randnummer [→ nr. 531] [→ nr. 532] [→ nr. 533] [→ nr. 534]

Art. 122. Artikel 43 en 44 zijn van toepassing op de verkiezing van de districtsschepenen, met dien verstande dat "gemeenteraad" wordt gelezen als "districtsraad", "gemeenteraadslid" wordt gelezen als "districtsraadslid", "voorzitter van de gemeenteraad" wordt gelezen als "voorzitter van de districtsraad", "burgemeester" wordt gelezen als "districtsburgemeester", "schepen" wordt gelezen als "districtsschepen", "algemeen directeur" wordt gelezen als "districtssecretaris" en met dien verstande dat de districtsschepenen de eed afleggen in handen van de voorzitter van de districtsraad. 19904

Artikel 45, 47, 48, 49, § § 1, 2 en 4, en artikel 148 tot en met 156 en 160 zijn, als ze de burgemeester en de schepenen betreffen, ook van toepassing op de districtsburgemeester en op de districtsschepenen, met dien verstande dat "gemeente" wordt gelezen als "district", "gemeenteraad" wordt gelezen als "districtsraad", "voorzitter van de gemeenteraad" wordt gelezen als "voorzitter van de districtsraad", "gemeenteraadslid" wordt geleden als "districtsraadslid", "schepen" wordt gelezen als "districtsschepen", "college van burgemeester en schepenen" wordt gelezen als "districtscollege", "burgemeester" wordt gelezen als "districtsburgemeester" en "de algemeen directeur" wordt gelezen als "de districtssecretaris", met dien verstande dat personeelsleden van het openbaar centrum voor maatschappelijk welzijn kunnen zetelen in het districtscollege en met dien verstande dat de wedde van de districtsschepenen wordt bepaald door de Vlaamse Regering, die daarbij rekening kan houden met de omvang van de bevoegdheden die aan de districten toegewezen worden, alsook met het inwonersaantal van het district, en dat de districtsraad de eretitel van de districtsburgemeester kan toekennen onder voorwaarden die hij bepaalt.

Artikel 157 tot en met 159 zijn, als ze de burgemeester en de schepenen betreffen, ook van toepassing op de districtsburgemeester en op de districtsschepenen, met dien verstande dat "schepen" wordt gelezen als "districtsschepen" en "burgemeester" wordt gelezen als "districtsburgemeester".

Verwijzing
zie randnummer [→ nr. 535] [→ nr. 531] [→ nr. 532] [→ nr. 533]

Art. 123. De districtsschepenen kiezen uit hun midden een voorzitter van Belgische nationaliteit.

Verwijzing
zie randnummer [→ nr. 531] [→ nr. 532]

Art. 124. Als de districtsburgemeester het mandaat niet aanvaardt, van zijn mandaat van districtsschepen vervallen wordt verklaard, als verhinderd wordt beschouwd, afgezet of geschorst wordt, overleden is of ontslag genomen heeft, wordt een nieuwe districtsburgemeester verkozen op de eerstvolgende vergadering van het districtscollege, overeenkomstig artikel 123.

In de gevallen dat de districtsburgemeester van zijn mandaat vervallen wordt verklaard, als verhinderd wordt beschouwd, afgezet of geschorst wordt, ontslagen is als gevolg van een onverenigbaarheid of overleden is, wordt tot aan de nieuwe verkiezing, het voorzitterschap waargenomen overeenkomstig het derde en vierde lid.

Met behoud van de toepassing van de nationaliteitsvereiste, vermeld in artikel 14 juncto 332 van de Nieuwe Gemeentewet, wordt de voorzitter, die om een andere reden dan de redenen, vermeld in het eerste lid, tijdelijk afwezig is, vervangen door een districtsschepen in volgorde van hun rang, tenzij de districts-burgemeester zijn bevoegdheid aan een andere districtsschepen heeft opgedragen.

99041 De districtsburgemeester die als verhinderd wordt beschouwd, die geschorst is of tijdelijk afwezig is, wordt vervangen zolang hij verhinderd, geschorst of tijdelijk afwezig is. De districtsraad neemt akte van de verhindering of schorsing, en van de beëindiging van de periode van verhindering of schorsing.

Verwijzing
zie randnummer [→ nr. 531] [→ nr. 532]

AFDELING 4. De districtssecretaris

Art. 125. § 1. Er is in elk districtsbestuur een districtssecretaris.

§ 2. De districtssecretaris wordt door de gemeenteraad aangewezen na advies van het districtscollege.

§ 3. De bepalingen van artikel 163 tot en met 170, artikel 171, § 1, eerste lid, en § 3, en artikel 172 tot en met 174 zijn van toepassing op de districtssecretaris, met dien verstande dat:
1° in die bepalingen "de gemeente" wordt gelezen als "het district" en "de burgemeester" als "de districtsburgemeester";
2° in de die bepalingen "de gemeenteraad" wordt gelezen als "de districtsraad" en "het college van burgemeester en schepenen" als "het districtscollege", behalve in artikel 166, 167 en 168;
3° de door de gemeente goedgekeurde rechtspositieregeling ook van toepassing is op de districtssecretaris;
4° de gemeentelijke organen bevoegd blijven voor tuchtaangelegenheden opgelegd aan de districtssecretaris, waarbij voorafgaand advies aan het districtscollege moet worden gevraagd;
5° de algemeen directeur aan het hoofd blijft staan van het gemeentepersoneel, vermeld in artikel 140, en bevoegd is voor het dagelijkse personeelsbeheer.

§ 4. De districtssecretaris staat in voor de algemene leiding van de diensten van het district. Hij kan de uitoefening van het hem toevertrouwde dagelijkse personeelsbeheer toevertrouwen aan andere personeelsleden en hij rapporteert aan het districtscollege.

§ 5. De districtssecretaris staat bij de werking van de diensten van het district in voor de voorbereiding, de uitvoering en de evaluatie van het beleid. De districtssecretaris gedraagt zich naar de onderrichtingen die hem worden gegeven door de districtsraad, het districtscollege en de voorzitter van de districtsraad en de districtsburgemeester, al naargelang van hun respectieve bevoegdheden.

De districtssecretaris bereidt de zaken voor die aan de districtsraad, aan het districtscollege, aan de voorzitter van de districtsraad en aan de districtsburgemeester worden voorgelegd.

§ 6. De districtssecretaris woont de vergaderingen bij van de districtsraad en het districtscollege.

De districtssecretaris adviseert de districtsraad en het districtscollege op beleidsmatig, bestuurskundig en juridisch vlak. Hij herinnert in voorkomend geval aan de geldende rechtsregels, vermeldt de feitelijke gegevens waarvan hij kennis heeft en zorgt ervoor dat de vermeldingen die de regelgeving voorschrijft, in de besluiten worden opgenomen.

Artikel 27, § 1, is van overeenkomstige toepassing op de districtssecretaris.

Verwijzing
zie randnummer [→ nr. 538] [→ nr. 536]

AFDELING 5. Werking van de districtsraad 19904

Art. 126. Artikel 18 tot en met 38 zijn van toepassing op de districtsraden, met uitzondering van artikel 29, § 5, en artikel 34, tweede lid, 4°, met dien verstande dat in die bepalingen "de gemeente" wordt gelezen als "district", "gemeenteraadsleden" wordt gelezen als "de leden van de districtsraad", "de gemeenteraad" wordt gelezen als "de districtsraad", "de voorzitter van de gemeenteraad" wordt gelezen als "de voorzitter van de districtsraad", "het college van burgemeester en schepenen" wordt gelezen als "het districtscollege", "de burgemeester" wordt gelezen als "de districtsburgemeester", "gemeenteraadscommissie" wordt gelezen als "districtsraadscommissie", "de algemeen directeur" wordt gelezen als "de districtssecretaris", "de voorzitter van het gemeentelijk hoofdbureau" wordt gelezen als "de voorzitter van het stadsdistrictshoofdbureau" en met dien verstande dat artikel 30 alleen van toepassing is op de districtsschepen die buiten de districtsraad is benoemd en artikel 35 alleen van toepassing is op de verkiezing en de voordracht van kandidaten.

De verbodsbepalingen, vermeld in artikel 27, § 2, en de rechten van de leden van de districtsraden, vermeld in artikel 29, betreffen alleen het bestuur en de instellingen van het district.

Verwijzing
zie randnummer [→ nr. 527]

Art. 127. De leden van de districtsraad hanteren de deontologische code van de gemeenteraad, vermeld in artikel 39. De leden van de districtsraad worden door de districtssecretaris van die deontologische code en de wijzigingen erin binnen een maand na de aanneming ervan op de hoogte gebracht.

Verwijzing
zie randnummer [→ nr. 527]

Art. 128. Aan de gemeenteraadsleden of aan het personeelslid dat daarvoor de opdracht heeft gekregen, hetzij van de provinciegouverneur of van de deputatie van de provincieraad, hetzij van de burgemeester of van het college van burgemeester en schepenen, mag niet worden geweigerd ter plaatse inzage te nemen van de besluiten van de districtsraad.

Verwijzing
zie randnummer [→ nr. 527]

AFDELING 6. Werking van het districtscollege

Art. 129. Artikel 50 tot en met 54 zijn van toepassing op de vergaderingen, beraadslagingen en besluiten van het districtscollege, met uitzondering van artikel 53, § 2, tweede lid, en § 3, met dien verstande dat de districtsburgemeester optreedt in de plaats van de burgemeester en dat "het college van burgemeester en schepenen" wordt gelezen als "het districtscollege".

De verbodsbepalingen, vermeld in artikel 27, § 2, waarnaar wordt verwezen in artikel 50, betreffen alleen het bestuur en de instellingen van het district.

Verwijzing
zie randnummer [→ nr. 533]

Art. 130. De stemmingen in het districtscollege zijn niet geheim en gebeuren mondeling. Het huishoudelijk reglement kan een regeling invoeren die gelijkwaardig is aan een mondelinge stemming. De mechanisch uitgebrachte

99041 naamstemming en de stemming bij zitten en opstaan of bij handopsteking worden als gelijkaardig aan een mondeling stemming beschouwd. De districtsburgemeester stemt als laatste.

Verwijzing
zie randnummer [→ nr. 533]

Art. 131. De districtsschepenen hanteren de deontologische code van het college van burgemeester en schepenen, vermeld in artikel 55. De leden worden door de districtssecretaris van die deontologische code en de wijzigingen erin binnen een maand na de aanneming ervan op de hoogte gebracht.

Verwijzing
zie randnummer [→ nr. 533]

AFDELING 7. Bepalingen die van toepassing zijn op de akten van de districtsoverheden

Art. 132. Artikel 276 tot en met 290 zijn van toepassing op de akten, reglementen en verordeningen van het district, met uitzondering van de bepalingen die betrekking hebben op het openbaar centrum voor maatschappelijk welzijn, het bijzonder comité voor de sociale dienst, de autonome gemeentebedrijven, de extern verzelfstandigde agentschappen en de rechtspositieregeling van het personeel en met dien verstande dat “gemeente” wordt gelezen als “district”, “het gemeentehuis” wordt gelezen als “het districtshuis”, “de gemeenteraad” wordt gelezen als “de districtsraad”, “de voorzitter van de gemeenteraad” wordt gelezen als “de voorzitter van de districtsraad”, “het college van burgemeester en schepenen” wordt gelezen als “het districtscollege”, “de schepen” wordt gelezen als “districtsschepen”, “de burgemeester” wordt gelezen als “de districtsburgemeester” en “de algemeen directeur” wordt gelezen als “de districtssecretaris”.

AFDELING 8. Bevoegdheden

Art. 133. De handelingen en de beslissingen van de districtsraad, van het districtscollege, van de voorzitter van de districtsraad en van de districtsburgemeester mogen niet in strijd zijn met de besluiten van de gemeenteraad of het college van burgemeester en schepenen.

Verwijzing
zie randnummer [→ nr. 524] [→ nr. 525] [→ nr. 526]

Art. 134. De gemeenteraad kan de volgende bevoegdheden overdragen aan de districtsraden:

1° bevoegdheden van gemeentelijk belang waarover de gemeenteraad beschikt en die hij nader bepaalt;

2° bevoegdheden die door andere overheden aan de gemeenteraad zijn opgedragen, als de regel die die bevoegdheid aan de gemeenteraad toewees, de gemeenteraad daartoe machtigt;

3° de uitvoering van een bepaalde regel die een hogere overheid heeft opgedragen aan de gemeenteraad, als de regel die die opdracht aan de gemeenteraad toewees, de gemeenteraad daartoe machtigt.

Het college van burgemeester en schepenen kan de volgende bevoegdheden overdragen aan de districtscolleges:

1° bevoegdheden van gemeentelijk belang waarover het college van burgemeester en schepenen beschikt en die het nader bepaalt;

2° bevoegdheden die aan het college van burgemeester en schepenen door andere overheden zijn opgedragen, als de regel die die bevoegdheid aan het college toewees, het college daartoe machtigt; 19904

3° de uitvoering van een bepaalde regel die een andere overheid of de gemeenteraad heeft opgedragen aan het college van burgemeester en schepenen, als de regel die die opdracht aan het college toewees, het college daartoe machtigt.

De burgemeester kan de volgende bevoegdheden overdragen aan de districtsburgemeester:

1° bevoegdheden van gemeentelijk belang waarover de burgemeester beschikt en die hij nader bepaalt;

2° bevoegdheden die door andere overheden aan de burgemeester zijn opgedragen, als de regel die die bevoegdheid aan de burgemeester toewees, hem daartoe machtigt;

3° de uitvoering van een bepaalde regel die een andere overheid, de gemeenteraad of het college van burgemeester en schepenen heeft opgedragen aan de burgemeester, als de regel die die opdracht aan de burgemeester toewees, hem daartoe machtigt.

Bevoegdheden betreffende de tuchtregeling, de beleidsrapporten van de gemeente en de gemeentebelastingen kunnen niet worden overgedragen.

In afwijking van het derde lid kunnen de bevoegdheden van de burgemeester voor de politieaangelegenheden niet overgedragen worden aan de districtsburgemeester.

Bij de toewijzing van de bevoegdheden worden alle districten op een gelijke wijze behandeld. De gemeentelijke overheden zorgen ervoor dat het personeel en de financiële middelen die aan de districten op grond van artikel 140 en 141 ter beschikking gesteld worden, in overeenstemming zijn met de bevoegdheden die aan de districten toevertrouwd worden.

Verwijzing
zie randnummer [→ nr. 528] [→ nr. 529] [→ nr. 530] [→ nr. 531] [→ nr. 532] [→ nr. 537] [→ nr. 535]

Art. 135. Artikel 119 van de Nieuwe Gemeentewet is van toepassing op de districtsraden, met dien verstande dat reglementen en verordeningen ook niet strijdig mogen zijn met de besluiten van het college van burgemeester en schepenen en de gemeenteraad. Om van toepassing te kunnen zijn, moeten de politieverordeningen eerst goedgekeurd worden door de gemeenteraad.

Verwijzing
zie randnummer [→ nr. 528] [→ nr. 529] [→ nr. 530] [→ nr. 531] [→ nr. 532]

Art. 136. Als naar het oordeel van de gemeenteraad een gemeentelijk belang in het district voorzieningen vordert waarvoor de districtsraad met toepassing van artikel 134 bevoegd is, verleent die medewerking aan de uitvoering daarvan zoals door de gemeenteraad in zijn desbetreffende besluit is bepaald.

De districtsraad neemt daartoe alle uitvoeringsbesluiten en is gehouden tot de medewerking, vermeld in het eerste lid, onmiddellijk nadat het besluit van de gemeenteraad hem is meegedeeld.

Als de districtsraad zijn medewerking weigert, start een overlegprocedure volgens een reglement dat door de gemeenteraad wordt opgesteld. Als die overlegprocedure niet eindigt in een consensus, kunnen burgemeester en schepenen voorzien in de uitvoering van het besluit van de gemeenteraad door de kredieten te gebruiken die daartoe op het meerjarenplan van het district zijn ingeschreven. Dat gebeurt pas nadat de districtsraad zijn weigering aan het

99041 gemeentebestuur kenbaar heeft gemaakt. Het besluit daarvoor wordt genomen in de eerste vergadering van de districtsraad die volgt op de mededeling van het besluit van de gemeenteraad. Het niet-verlenen van een antwoord door de districtsraad in de eerste vergadering die volgt op de mededeling van het besluit van de gemeenteraad wordt beschouwd als een weigering.

Bij hoogdringendheid die uitdrukkelijk gemotiveerd wordt, of in geval van dwingende en onvoorziene omstandigheden kan de gemeenteraad, in afwijking van het eerste tot en met het derde lid, het college van burgemeester en schepenen opdragen de nodige voorzieningen uit te voeren, ook al behoren die tot de bevoegdheid van een districtsraad.

Verwijzing
zie randnummer [→ nr. 524] [→ nr. 526] [→ nr. 528] [→ nr. 529] [→ nr. 530] [→ nr. 531] [→ nr. 532]

Art. 137. Artikel 304, § 1, eerste lid, en § 3, en artikel 305 tot en met 325 zijn van toepassing op de districtsraden als het gaat over aangelegenheden van gemeentelijk belang die tot hun bevoegdheid behoren, met dien verstande dat -"gemeente" wordt gelezen als "district", "gemeentebestuur" wordt gelezen als "districts-bestuur", "gemeenteraad" wordt gelezen als "districtsraad", "gemeenteraadskiezer" wordt gelezen als "districtsraadskiezer", "college van burgemeester en schepenen" wordt gelezen als "districtscollege" en "de gemeentelijke volksraadpleging" wordt -gelezen als "de volksraadpleging in het district".

Het huishoudelijk reglement van de districtsraad bepaalt de wijze waarop concreet vorm gegeven wordt aan de inspraak, vermeld in artikel 304, § 1 en § 3, voor het district en zijn organen.

Verwijzing
zie randnummer [→ nr. 526] [→ nr. 524]

Art. 138. Naast de beslissingsbevoegdheden waarover de districtsraad beschikt op grond van dit decreet, heeft de districtsraad een algemene adviesbevoegdheid voor alle aangelegenheden die betrekking hebben op het district. De districtsraad kan bij reglement die algemene adviesbevoegdheid of delen ervan overdragen aan het districtscollege.

Verwijzing
zie randnummer [→ nr. 530] [→ nr. 531] [→ nr. 532] [→ nr. 528] [→ nr. 529]

Art. 139. Het districtscollege is belast met:
1° het beheer van de inrichtingen die aan het district zijn toevertrouwd;
2° de leiding van de werken van het district.

Het college van burgemeester en schepenen kan de districtscolleges belasten met:
1° het beheer van gemeentelijke inrichtingen in het district;
2° de afpaling van de rooilijnen;
3° het beheer van eigendommen van de gemeente in het district;
4° het doen onderhouden van gemeentewegen en waterlopen.

Artikel 125 en 126 van de Nieuwe Gemeentewet zijn van toepassing op het districtscollege, met dien verstande dat de districtsburgemeester optreedt in de plaats van de burgemeester, en met dien verstande dat "het college van burgemeester en schepenen" wordt gelezen als "het districtscollege" en dat "schepen" wordt gelezen als "districtsschepen".

Verwijzing 19904
zie randnummer [→ nr. 534] [→ nr. 536]

Art. 140. Elke districtsraad doet een voorstel voor het vaststellen van de personeelsbehoefte van de districten. Uitsluitend het gemeentebestuur kan beslissen over het uiteindelijke aantal gemeentepersoneelsleden die aan de districten worden toegewezen.

Nadat de gemeenteraad de personeelsbehoefte goedgekeurd heeft, wordt het personeel toegewezen aan de districten door het college van burgemeester en schepenen.

De personeelsleden, vermeld in het eerste en het tweede lid, die werken in de districtsbesturen, blijven deel uitmaken van het gemeentelijke personeelsbestand. Ze hebben het recht om binnen de gestelde voorwaarden mee te dingen naar andere ambten. Het districtscollege oefent het toezicht uit op het personeel dat toegewezen is aan het district.

De gemeentelijke organen blijven bevoegd voor tuchtaangelegenheden. Het tuchtdossier bevat, behalve als het over de districtssecretaris zelf gaat, een advies van de districtssecretaris. Het advies wordt gegeven uiterlijk vijftien dagen na het verzoek daarom door de algemeen directeur. Als het advies niet of niet tijdig wordt gegeven, kan de tuchtprocedure voortgezet worden zonder het advies.

Verwijzing
zie randnummer [→ nr. 528] [→ nr. 529] [→ nr. 530] [→ nr. 531] [→ nr. 532] [→ nr. 538] [→ nr. 536]

Art. 141. De gemeenteraad bepaalt de criteria op grond waarvan jaarlijks een algemene dotatie of specifieke dotaties uit de gemeentebegroting worden verstrekt aan de districten.

Verwijzing
zie randnummer [→ nr. 539] [→ nr. 537]

Art. 142. De districtsraden brengen altijd vooraf advies uit over de manier waarop de financiering van de districten moet verlopen.

Verwijzing
zie randnummer [→ nr. 528] [→ nr. 530] [→ nr. 532] [→ nr. 539] [→ nr. 529] [→ nr. 530] [→ nr. 537]

Art. 143. De bepalingen van titel 4 zijn van toepassing op de districten, met uitzondering van artikel 249, § 3, artikel 256 en 264, tweede lid, en met dien verstande dat de volgende woorden worden gelezen als volgt:

1° "de gemeente" als "het district";
2° "de gemeente en het openbaar centrum voor maatschappelijk welzijn" als "het district";
3° "elke gemeente en elk openbaar centrum voor maatschappelijk welzijn" als "alle districten";
4° "de gemeenteraad", "de gemeenteraad en de raad voor maatschappelijk welzijn" en "de gemeenteraad of de raad voor maatschappelijk welzijn" als "districtsraad";
5° "raadsleden" als "leden van de districtsraad";
6° "het college van burgemeester en schepenen" als "het districtscollege".

De ramingen voor de exploitatie, de investeringen en de financiering in het eerste jaar van de financiële nota van het meerjarenplan omvatten ook de kredieten voor dat boekjaar.

99041 De Vlaamse Regering bepaalt de nadere voorwaarden voor de toepassing van de bepalingen van het eerste en het tweede lid op de districten.

Verwijzing
zie randnummer [→ nr. 537] [→ nr. 539]

Art. 144. De districtsburgemeesters kunnen door het college van burgemeester en schepenen voor overleg worden samengeroepen telkens als de toestand dat vereist. Een dergelijk overleg is in elk geval jaarlijks verplicht voor de opmaak van het meerjarenplan en de aanpassingen ervan, alsook voor de vaststelling van de personeelsbehoeften van de districtsraden, vermeld in artikel 140. De voorzitters vormen samen de conferentie van de districtsburgemeesters voor dat overleg.

Verwijzing
zie randnummer [→ nr. 527] [→ nr. 529]

Art. 145. De districtsraad heeft het recht om, op voorwaarde dat hij het door de gemeenteraad aangenomen huishoudelijk reglement naleeft, punten toe te voegen aan de agenda van de gemeenteraad, als die betrekking hebben op zaken van gemeentelijk belang die tot zijn bevoegdheid behoren.

Verwijzing
zie randnummer [→ nr. 528] [→ nr. 529] [→ nr. 530] [→ nr. 531] [→ nr. 532]

AFDELING 9. Toezicht

Art. 146. Artikel 326 tot en met 335 zijn van toepassing op de besluiten van de districtsbesturen, met dien verstande dat "gemeente" wordt gelezen als "district", "gemeenteraad" wordt gelezen als "districtsraad" en "gemeenteoverheid" wordt gelezen als "districtsoverheid". De districtsoverheid bestaat daarbij uit de districtsraad, het districtscollege, de voorzitter van de districtsraad en de districts-burgemeester.

Verwijzing
zie randnummer [→ nr. 538]

HOOFDSTUK 8. De Raad voor Verkiezingsbetwistingen

Art. 147. Met behoud van de toepassing van het Lokaal en Provinciaal Kiesdecreet van 8 juli 2011 en het decreet van 4 april 2014 betreffende de organisatie en de rechtspleging van sommige Vlaamse bestuursrechtscolleges doet de Raad voor Verkiezingsbetwistingen uitspraak over:

1° geschillen die rijzen over de afstand, het verval, het ontslag of de verhindering van het mandaat van gemeenteraadslid, lid van de raad voor maatschappelijk welzijn, voorzitter van de gemeenteraad, voorzitter van de raad voor maatschappelijk welzijn, schepen, lid van het vast bureau, lid van het bijzonder comité voor de sociale dienst of voorzitter van het bijzonder comité voor de sociale dienst, lid van de districtsraad, districtsschepen, voorzitter van de districtsraad of districtsburgemeester;

2° geschillen die rijzen over de goedkeuring van de geloofsbrieven, de eedaflegging, de kennis van de bestuurstaal, vermeld in artikel 42, § 5, de verkiezing, benoeming, vervanging en opvolging van de voorzitter van de gemeenteraad, de voorzitter van de raad voor maatschappelijk welzijn, de schepen, het lid van het vast bureau, het lid van het bijzonder comité voor de sociale dienst of de voorzitter van het bijzonder comité voor de sociale dienst, de districtsschepen, de voorzitter van de districtsraad of de districtsburgemeester; 19904

3° geschillen die rijzen over de voorwaarden waaraan een vertrouwenspersoon als vermeld in artikel 16, 71, 108, 119 en 155, moet voldoen, alsook of het gemeenteraadslid, het lid van de raad voor maatschappelijk welzijn of het lid van de districtsraad voldoet aan de voorwaarden om een beroep te kunnen doen op een vertrouwenspersoon, als vermeld in artikel 16, 71, 108, 119 en 155.

Tegen de uitspraken van de Raad voor Verkiezingsbetwistingen, is binnen een termijn van acht dagen na de kennisgeving een beroep mogelijk bij de Raad van State. Dat beroep is niet schorsend. De hoofdgriffier van de Raad van State deelt het beroep binnen acht dagen na de ontvangst ervan mee aan de betrokkene en aan de gemeente in kwestie. De Raad van State doet uitspraak binnen zestig dagen. Het arrest van de Raad van State wordt door de zorg van de hoofdgriffier onmiddellijk ter kennis gebracht van de betrokkene, de provinciegouverneur en de gemeente.

Verwijzing
zie randnummer [→ nr. 91]

HOOFDSTUK 9. De mandatarissen (eretitels, rechtspositie, tucht, aansprakelijkheid, mandatendatabank)

AFDELING 1. Rechtspositie

Art. 148. De Vlaamse Regering kan de eretitels van de burgemeester toekennen onder de voorwaarden die ze bepaalt.

De gemeenteraad kan de eretitels van de schepenen toekennen onder de voorwaarden die hij bepaalt.

De raad voor maatschappelijk welzijn kan de eretitels van de voorzitter en de leden van het bijzonder comité voor de sociale dienst toekennen, onder de voorwaarden die hij bepaalt.

De Vlaamse Regering bepaalt de ambtskledij en de onderscheidingstekens van de burgemeester, de schepenen en de voorzitter van het vast bureau.

Verwijzing
zie randnummer [→ nr. 274] [→ nr. 311] [→ nr. 312]

Art. 149. De burgemeester en de schepenen, uitgezonderd de voorzitter van het bijzonder comité voor de sociale dienst die met toepassing van artikel 42, § 1, derde lid, schepen is, krijgen ten laste van de gemeente een wedde, een vakantiegeld, een eindejaarspremie en een uittredingsvergoeding. De voorzitter van het bijzonder comité voor de sociale dienst, vermeld in artikel 42, § 1, derde lid, krijgt ten laste van het openbaar centrum voor maatschappelijk welzijn een wedde, een vakantiegeld, een eindejaarspremie en een uittredingsvergoeding.

De wedde, het vakantiegeld, de eindejaarspremie en de uittredingsvergoeding van de burgemeester en van de schepenen omvatten de vergoeding voor hun opdracht als voorzitter of als lid van het vast bureau en, in voorkomend geval, als voorzitter van het bijzonder comité voor de sociale dienst. De wedde, het vakantiegeld, de eindejaarspremie en de uittredingsvergoeding van de voorzitter van het bijzonder comité voor de sociale dienst, vermeld in artikel 42, § 1, derde lid, omvatten de vergoeding voor zijn opdracht als schepen.

99041 De Vlaamse Regering stelt het bedrag, de wijze van betaling en de toekenningsvoorwaarden van de wedde, het vakantiegeld, de eindejaarspremie en de uittredingsvergoeding, vermeld in het eerste en het tweede lid, vast, rekening houdend met het inwonersaantal van de gemeente. De wedde van de burgemeester wordt uitgedrukt als een percentage van de parlementaire vergoeding van de leden van het Vlaams Parlement, met uitsluiting van de forfaitaire onkostenvergoeding, de eindejaarspremie en het vakantiegeld. De wedde van de schepenen en de voorzitter van het bijzonder comité voor de sociale dienst, vermeld in artikel 42, § 1, derde lid, wordt vastgesteld op basis van de wedde van de burgemeester.

De uittredingsvergoeding wordt toegekend binnen de volgende grenzen:

1° een maand uittredingsvergoeding per gepresteerd jaar, met een maximum van twaalf maanden;

2° de vergoeding wordt niet uitgekeerd aan een lid van de deputatie, een provinciegouverneur, een ambassadeur, een lid van het parlement, een lid van een gemeenschaps- of gewestregering, een minister of een staatssecretaris, een lid van het Grondwettelijk Hof en evenmin aan uittredende mandatarissen die een bezoldigd ambt hebben aanvaard in een internationale of parastatale instelling;

3° de uittredingsvergoeding vervalt als de betrokkene een beroepsinkomen verwerft. De betrokkene kan vragen om het verschil bij te passen als dat inkomen lager is dan de uittredingsvergoeding.

Verwijzing
zie randnummer [→ nr. 257] [→ nr. 258]

Art. 150. § 1. In een gemeente met minder dan 50.000 inwoners vult de gemeente de wedde van de burgemeester, van de schepen die of het gemeenteraadslid dat de burgemeester vervangt, van een schepen die of van een gemeenteraadslid dat een schepen vervangt, die wettelijke of reglementaire bezoldigingen, pensioenen, vergoedingen of toelagen krijgen, aan met een bedrag ter compensatie van het inkomensverlies dat de betrokkene lijdt, op voorwaarde dat de mandataris daar zelf om verzoekt en het geen onderwerping aan de wet van 27 juni 1969 tot herziening van de besluitwet van 28 december 1944 betreffende de maatschappelijke zekerheid der arbeiders of aan de besluitwet van 10 januari 1945 betreffende de maatschappelijke zekerheid van de mijnwerkers en ermee gelijkgestelden betreft. De algemeen directeur stelt vast of aan de voorwaarden is voldaan. Die wedde, aangevuld met het bedrag ter compensatie van het inkomensverlies, kan nooit hoger zijn dan de wedde van, naargelang het geval, de burgemeester of een schepen van een gemeente met 50.000 inwoners.

Als een gemeente met minder dan 50.000 inwoners bediend wordt, vult het openbaar centrum voor maatschappelijk welzijn, op dezelfde wijze als bepaald voor een schepen, de wedde van de voorzitter van het bijzonder comité voor de sociale dienst, vermeld in artikel 42, § 1, derde lid, die wettelijke of reglementaire bezoldigingen, pensioenen of vergoedingen of toelagen krijgt, aan met een bedrag ter compensatie van het inkomensverlies dat de betrokkene lijdt op voorwaarde dat de mandataris daar zelf om verzoekt en het geen onderwerping aan de wet van 27 juni 1969 tot herziening van de besluitwet van 28 december 1944 betreffende de maatschappelijke zekerheid der arbeiders of aan de besluitwet van 10 januari 1945 betreffende de maatschappelijke zekerheid van de mijnwerkers en ermee gelijkgestelden betreft. De algemeen directeur stelt vast of aan de voorwaarden is voldaan. Die wedde, aangevuld met het bedrag ter compensatie van het inkomensverlies, kan nooit hoger zijn dan de wedde van een schepen van een gemeente met 50.000 inwoners.

§ 2. Als ten gevolge van de toekenning van de bezoldiging, vermeld in artikel 149, andere wettelijke of reglementaire bezoldigingen, vergoedingen of toelagen verminderd worden of vervallen, vermindert de gemeenteraad, op verzoek van de burgemeester of de betrokken schepen, die bezoldiging overeenkomstig dat verzoek. Hetzelfde geldt voor de schepen die of het raadslid dat de burgemeester vervangt, of voor het raadslid dat een schepen vervangt. 19904

Als ten gevolge van de toekenning van de bezoldiging, vermeld in artikel 149, andere wettelijke of reglementaire bezoldigingen, vergoedingen of toelagen verminderd worden of vervallen, vermindert de raad voor maatschappelijk welzijn, op verzoek van de voorzitter van het bijzonder comité voor de sociale dienst, vermeld in artikel 42, § 1, derde lid, die bezoldiging overeenkomstig dat verzoek. Hetzelfde geldt voor het lid van de raad voor maatschappelijk welzijn dat de voorzitter vervangt.

Verwijzing
zie randnummer [→ nr. 262] [→ nr. 263]

Art. 151. In geval van verhindering of schorsing als vermeld in artikel 47, 60, 80, 122, tweede lid, of artikel 156, wordt de wedde die verbonden is aan het mandaat toegekend aan degene die de verhinderde of geschorste mandataris vervangt. De verhinderde of geschorste mandataris ontvangt geen wedde voor de periode van de verhindering of schorsing.

Als een schepen of een gemeenteraadslid de burgemeester vervangt gedurende minstens dertig opeenvolgende dagen of als een gemeenteraadslid een schepen vervangt gedurende minstens dertig opeenvolgende dagen, wordt aan hem, met behoud van de toepassing van het eerste lid, een wedde uitbetaald. Als een schepen of een gemeenteraadslid een burgemeesterswedde ontvangt, vervalt die van de burgemeester. Als een gemeenteraadslid een schepenwedde ontvangt, vervalt die van de schepen.

Als een lid van de raad voor maatschappelijk welzijn de voorzitter van het bijzonder comité voor de sociale dienst, vermeld in artikel 42, § 1, derde lid, vervangt gedurende minstens dertig opeenvolgende dagen, wordt hem een wedde uitbetaald. Als het lid van de raad voor maatschappelijk welzijn een wedde ontvangt, vervalt die van de voorzitter van het bijzonder comité voor de sociale dienst, vermeld in artikel 42, § 1, derde lid.

Verwijzing
zie randnummer [→ nr. 259]

Art. 152. De gemeenteraad bepaalt welke specifieke kosten die verband houden met de uitoefening van het mandaat van burgemeester en schepen, kunnen worden terugbetaald.

De raad voor maatschappelijk welzijn bepaalt welke specifieke kosten die verband houden met de uitoefening van het mandaat van de voorzitter van het bijzonder comité voor de sociale dienst, vermeld in artikel 42, § 1, derde lid, kunnen worden terugbetaald.

De Vlaamse Regering bepaalt de nadere regels voor de terugbetalingen, vermeld in het eerste en het tweede lid.

Verwijzing
zie randnummer [→ nr. 260] [→ nr. 261]

Art. 153. De burgemeester en de schepenen mogen, naast de vergoedingen, vermeld in artikel 149, 150, 151, 152 en 154, geen aanvullende vergoedingen, wedden en presentiegelden krijgen ten laste van de gemeente, de extern verzelfstandigde agentschappen van de gemeente en hun filialen, het openbaar

99041 centrum voor maatschappelijk welzijn dat de gemeente bedient, en de verenigingen of vennootschappen, vermeld in deel 3, titel 4, om welke reden of onder welke benaming ook.

De voorzitter van het bijzonder comité voor de sociale dienst, vermeld in artikel 42, § 1, derde lid, mag, buiten de vergoedingen, vermeld in artikel 149, 150, 151, 152 en 154, geen aanvullende vergoedingen, wedden en presentiegelden krijgen ten laste van het openbaar centrum voor maatschappelijk welzijn, de verenigingen of vennootschappen, vermeld in deel 3, titel 4, en de gemeente die het openbaar centrum voor maatschappelijk welzijn bedient, de extern verzelfstandigde agentschappen van de gemeente en hun filialen, om welke reden of onder welke benaming ook.

In afwijking van het eerste en het tweede lid, worden de persoonlijke bijdragen voor de sociale zekerheid en de pensioenen van de mandatarissen, vermeld in artikel 37*quater* van de wet van 29 juni 1981 houdende de algemene beginselen van de sociale zekerheid voor werknemers, gecompenseerd door de gemeente of het openbaar centrum waar zij hun mandaat bekleden. De Vlaamse Regering bepaalt de grenzen en nadere voorwaarden voor de toepassing van dit lid.

Verwijzing
zie randnummer [→ nr. 264] [→ nr. 265]

Art. 154. § 1. De som van de wedde van de burgemeester, de schepen of de voorzitter van het bijzonder comité voor de sociale dienst, vermeld in artikel 42, § 1, derde lid, en de som van de vergoedingen, wedden en presentiegelden, die de burgemeester, de schepen of de voorzitter van het bijzonder comité voor de sociale dienst, vermeld in artikel 42, § 1, derde lid, ontvangen als bezoldiging voor activiteiten die ze naast hun mandaat uitgeoefend hebben, is gelijk aan of lager dan anderhalve keer het bedrag van de vergoeding van de leden van het Vlaams Parlement. Voor de berekening van dat bedrag komen de vergoedingen, wedden en presentiegelden die de burgemeester, de schepen of de voorzitter van het bijzonder comité voor de sociale dienst, vermeld in artikel 42, § 1, derde lid, ontvangen in aanmerking als ze voortvloeien uit de uitoefening van een openbaar mandaat, een openbare functie of een openbaar ambt van politieke aard.

Als het plafond, vermeld in het eerste lid, wordt overschreden, wordt de som van de vergoedingen, wedden of presentiegelden die voortvloeien uit de uitoefening van een openbaar mandaat, een openbare functie of een openbaar ambt van politieke aard als vermeld in het eerste lid, verminderd tot het passende bedrag.

In deze paragraaf wordt verstaan onder vergoedingen, wedden en presentiegelden die voortvloeien uit de uitoefening van een openbaar mandaat, een openbare functie of een openbaar ambt van politieke aard, de vergoedingen, wedden en -presentiegelden die voortvloeien uit een mandaat, functie of ambt als:

1° lid van de Kamer van Volksvertegenwoordigers, de Senaat, het Vlaams Parlement of het Europees Parlement;
2° lid van een provincieraad of als lid van een bestuursorgaan van een provinciaal extern verzelfstandigd agentschap of een filiaal ervan;
3° mandataris van een openbaar centrum voor maatschappelijk welzijn, als lid van een bestuursorgaan van een gemeentelijk extern verzelfstandigd agentschap of een filiaal ervan;
4° lid van een bestuursorgaan van een intergemeentelijk samenwerkingsverband als vermeld in deel 3, titel 3, van dit decreet;

5° lid van een bestuursorgaan van een sociale huisvestingsmaatschappij als vermeld in het decreet van 15 juli 1997 houdende de Vlaamse Wooncode; 19904
6° lid van een bestuursorgaan van een rechtspersoon als vermeld in artikel 386 van dit decreet;
7° lid van een bestuursorgaan van een rechtspersoon als vermeld in artikel 188 van het Provinciedecreet van 9 december 2005;
8° lid van een bestuursorgaan of adviesorgaan van een publiekrechtelijke of privaatrechtelijke rechtspersoon waarin een dienstverlenende of opdrachthoudende vereniging rechtstreeks of onrechtstreeks deelneemt, overeenkomstig artikel 472, eerste lid, van dit decreet;
9° lid van een bestuursorgaan of adviesorgaan van een bedrijf voor productie, vervoer en distributie van energie, waarin de gemeente rechtstreeks of onrechtstreeks participeert overeenkomstig artikel 180 van de wet van 21 december 1994 houdende sociale en diverse bepalingen.

§ 2. Artikel 149 tot en met 154 van dit decreet doen geen afbreuk aan artikel 19, § 4, van de Nieuwe Gemeentewet.

Verwijzing
zie randnummer [→ nr. 264] [→ nr. 265]

Art. 155. De burgemeester, de schepen, de voorzitter van het vast bureau, het lid van het vast bureau en de voorzitter van het bijzonder comité voor de sociale dienst, die wegens een beperking niet zelfstandig hun mandaat kunnen vervullen, kunnen zich voor de uitoefening van dat mandaat laten bijstaan door een vertrouwenspersoon, gekozen uit personen die de volle leeftijd van achttien jaar hebben bereikt en die legaal binnen de Europese Unie verblijven, op voorwaarde dat hij zich niet bevindt in een van de volgende gevallen:
1° een situatie als vermeld in artikel 45, tweede lid, en artikel 80 of 101, meer bepaald wat betreft de verwijzing naar artikel 10, met uitzondering van het verbod in verband met bloed- en aanverwantschap;
2° een situatie als vermeld in artikel 47, 60, 80 of 103.

De Vlaamse Regering bepaalt de criteria voor de vaststelling van de beperking, vermeld in het eerste lid.

Bij het verlenen van de bijstand krijgt de vertrouwenspersoon dezelfde middelen ter beschikking en heeft hij dezelfde verplichtingen als een raadslid. Hij moet de eed echter niet afleggen. Hij heeft voor elke vergadering ook recht op presentiegeld onder dezelfde voorwaarden als een raadslid.

Verwijzing
zie randnummer [→ nr. 280]

AFDELING 2. Tucht

Art. 156. Met behoud van de toepassing van artikel 6, § 1, VIII, eerste lid, 5°, van de bijzondere wet van 8 augustus 1980 tot hervorming der instellingen en artikel 22 van de organieke wet van 8 juli 1976 betreffende de openbare centra voor maatschappelijk welzijn kan de Vlaamse Regering de burgemeester, de schepen, de voorzitter van de gemeenteraad, de voorzitter van het vast bureau, het lid van het vast bureau of de voorzitter van het bijzonder comité voor de sociale dienst schorsen of afzetten wegens kennelijk wangedrag of grove nalatigheid. De betrokken persoon wordt vooraf gehoord.

De Vlaamse Regering bepaalt hiervoor de nadere procedureregels.

De afgezette burgemeester, schepen , voorzitter van de gemeenteraad, voorzitter van het vast bureau, lid van het vast bureau of voorzitter van het

99041 bijzonder comité voor de sociale dienst kan pas na verloop van twee jaar opnieuw worden aangesteld in een functie van burgemeester, schepen , voorzitter van de gemeenteraad, voorzitter van het vast bureau, lid van het vast bureau of voorzitter van het bijzonder comité voor de sociale dienst.

Verwijzing
zie randnummer [→ nr. 215] [→ nr. 216] [→ nr. 217] [→ nr. 224]

AFDELING 3. Aansprakelijkheid

Art. 157. Naargelang van de aard van de uitgeoefende bevoegdheid is de Federale Staat, de Vlaamse Gemeenschap, het Vlaamse Gewest, de gemeente of het openbaar centrum voor maatschappelijk welzijn burgerrechtelijk aansprakelijk voor de schade die de burgemeester, de schepen, de voorzitter van het vast bureau, het lid van het vast bureau of de voorzitter van het bijzonder comité voor de sociale dienst aan derden berokkent bij de normale uitoefening van zijn mandaat. Als de burgemeester, de schepen, de voorzitter van het vast bureau, het lid van het vast bureau of de voorzitter van het bijzonder comité voor de sociale dienst, bij de normale uitoefening van zijn mandaat schade berokkent aan de gemeente of het openbaar centrum voor maatschappelijk welzijn of aan derden, is hij alleen aansprakelijk voor zijn bedrog en zijn zware schuld. Voor lichte schuld is hij alleen aansprakelijk als die bij hem eerder gewoonlijk dan toevallig voorkomt.

De burgemeester, de schepen, respectievelijk de voorzitter van het vast bureau, het lid van het vast bureau of de voorzitter van het bijzonder comité voor de sociale dienst tegen wie een vordering tot schadevergoeding is ingesteld voor de burgerlijke rechter of de strafrechter naar aanleiding van schade die hij bij de normale uitoefening van zijn mandaat aan derden heeft berokkend, brengt, naargelang van de aard van de uitgeoefende bevoegdheid, de Federale Staat, de Vlaamse Gemeenschap, het Vlaamse Gewest, de gemeente of respectievelijk het openbaar centrum voor maatschappelijk welzijn daarvan op de hoogte. Hij kan naargelang van de aard van de uitgeoefende bevoegdheid de Federale Staat, de Vlaamse Gemeenschap, het Vlaamse Gewest, de gemeente of het openbaar centrum voor maatschappelijk welzijn in het geding betrekken. De Federale Staat, de Vlaamse Gemeenschap, het Vlaamse Gewest, de gemeente of het openbaar centrum voor maatschappelijk welzijn kunnen vrijwillig tussenkomen.

De rechtspersonen, vermeld in dit artikel, kunnen beslissen dat de schade maar gedeeltelijk vergoed hoeft te worden.

Verwijzing
zie randnummer [→ nr. 275] [→ nr. 276] [→ nr. 277]

Art. 158. Behalve in geval van herhaling is, naargelang van de aard van de uitgeoefende bevoegdheid, de Federale Staat, de Vlaamse Gemeenschap, het Vlaamse Gewest, de gemeente of het openbaar centrum voor maatschappelijk welzijn burgerrechtelijk aansprakelijk voor de betaling van de geldboeten waartoe de burgemeester, de schepen, de voorzitter van het vast bureau, het lid van het vast bureau of de voorzitter van het bijzonder comité voor de sociale dienst wordt veroordeeld wegens een misdrijf dat hij begaan heeft bij de normale uitoefening van zijn mandaat, met uitzondering van een persoonlijke inbreuk op de verkeersreglementering.

De regresvordering van de rechtspersonen, vermeld in het eerste lid, ten aanzien van de burgemeester, de schepen, de voorzitter van het vast bureau, het lid van het vast bureau of de voorzitter van het bijzonder comité voor de sociale dienst is beperkt tot de gevallen van bedrog, zware schuld of lichte schuld als die bij hen gewoonlijk voorkomen. 19904

De rechtspersonen, vermeld in dit artikel, kunnen beslissen dat de geldboete maar gedeeltelijk vergoed hoeft te worden.

Verwijzing
zie randnummer [→ nr. 273] [→ nr. 275] [→ nr. 276] [→ nr. 277]

Art. 159. De gemeente of het openbaar centrum voor maatschappelijk welzijn sluit een verzekering af om de burgerlijke aansprakelijkheid, met inbegrip van de rechtsbijstand, te dekken die persoonlijk ten laste komt van de burgemeester, de schepen, de voorzitter van het vast bureau, het lid van het vast bureau of de voorzitter van het bijzonder comité voor de sociale dienst, bij de normale uitoefening van hun mandaat.

De Vlaamse Regering bepaalt de nadere regels voor de uitvoering van het eerste lid.

De gemeente of het openbaar centrum voor maatschappelijk welzijn sluit ook een verzekering af voor ongevallen van de burgemeester, de schepen, de voorzitter van het vast bureau, het lid van het vast bureau of de voorzitter van het bijzonder comité voor de sociale dienst die zich voordoen bij de normale uitoefening van hun mandaat.

Verwijzing
zie randnummer [→ nr. 275] [→ nr. 276] [→ nr. 277]

AFDELING 4. Mandatendatabank

Art. 160. Een door de Vlaamse Regering aan te wijzen entiteit van de Vlaamse overheid houdt een databank bij met gegevens over de mandatarissen van het lokaal bestuur. De databank bevat de voornaam, de achternaam, het rijksregisternummer, het geslacht, de geboortedatum, de naam van de lijst waarop de mandataris als raadslid is verkozen, de naam van de fractie waartoe hij behoort of, in voorkomend geval, de melding dat hij als onafhankelijke zetelt, alsook, in voorkomend geval, de bevoegdheden die hij toegewezen krijgt, en de begin- en einddatum van zijn mandaat. Die gegevens worden ter beschikking gesteld door het lokaal bestuur. De databank houdt het historische overzicht van die gegevens bij.

De entiteit, vermeld in het eerste lid, is verantwoordelijk voor het beheer van de gegevens, vermeld in het eerste lid.

De gegevens van de mandatarissen worden met uitzondering van het rijksregisternummer, het geslacht en de geboortedatum door de entiteit publiek toegankelijk gemaakt.

De Vlaamse Regering regelt de nadere uitvoering van dit artikel.

Verwijzing
zie randnummer [→ nr. 189]

TITEL 2. DE AMBTELIJKE ORGANISATIE VAN DE GEMEENTE EN VAN HET OPENBAAR CENTRUM VOOR MAATSCHAPPELIJK WELZIJN

HOOFDSTUK 1. Algemene bepaling

Art. 161. De gemeenteraad en de raad voor maatschappelijk welzijn stellen het gezamenlijk organogram van de diensten van de gemeente en van het openbaar centrum voor maatschappelijk welzijn vast.

99041 Het organogram geeft de organisatiestructuur van de diensten van de gemeente en van het openbaar centrum voor maatschappelijk welzijn weer, duidt de gezagsverhoudingen en de functies aan waaraan het lidmaatschap van het managementteam is verbonden.

Verwijzing
zie randnummer [→ nr. 321]

HOOFDSTUK 2. De algemeen directeur, de adjunct-algemeendirecteur en de financieel directeur

AFDELING 1. Gemeenschappelijke bepalingen

Art. 162. § 1. Er zijn in elke gemeente een algemeen directeur en een financieel directeur die zowel van de gemeente als van het openbaar centrum voor maatschappelijk welzijn dat de gemeente bedient, ten dienste staan.

In gemeenten met meer dan 60.000 inwoners kan een adjunct-algemeendirecteur worden aangesteld.

§ 2. De ambten, vermeld in paragraaf 1, worden uitgeoefend door personeelsleden van de gemeente.

Verwijzing
zie randnummer [→ nr. 323] [→ nr. 324]

Art. 163. Na hun aanstelling leggen de algemeen directeur, de adjunct-algemeendirecteur en de financieel directeur tijdens een openbare vergadering van de gemeenteraad de volgende eed af in handen van de voorzitter: "Ik zweer de verplichtingen van mijn ambt trouw na te komen.".

Een personeelslid als vermeld in het eerste lid, dat zonder wettige reden de eed niet aflegt nadat het met een aangetekende brief, met een brief die afgegeven wordt tegen ontvangstbewijs, of via een elektronische melding van gegevens die voldoet aan de voorwaarden, vermeld in artikel 2281 van het Burgerlijk Wetboek, en die een bewijs oplevert van die melding, van het tijdstip waarop ze is verricht en van de authenticiteit en de integriteit van de verwerkte gegevens, uitgenodigd is om de eed af te leggen, wordt geacht zijn aanstelling niet te aanvaarden. Die eedaflegging weigeren staat gelijk aan afstand doen van de aanstelling. Van de eedaflegging of de weigering ervan wordt een proces-verbaal opgemaakt.

Verwijzing
zie randnummer [→ nr. 323] [→ nr. 324]

Art. 164. Het ambt van algemeen directeur, adjunct-algemeendirecteur en financieel directeur is onverenigbaar met andere ambten binnen dezelfde gemeente en het openbaar centrum voor maatschappelijk welzijn dat de gemeente bedient.

Het ambt van algemeen directeur, adjunct-algemeendirecteur en financieel directeur is onverenigbaar met de hoedanigheid van personeelslid, belast met het bestuurlijk toezicht of met audittaken bij de gemeente en bij het openbaar centrum voor maatschappelijk welzijn dat de gemeente bedient.

Verwijzing
zie randnummer [→ nr. 331] [→ nr. 332] [→ nr. 333]

Art. 165. Het is voor de algemeen directeur, de adjunct-algemeendirecteur en de financieel directeur verboden zelf of via een tussenpersoon daden van koophandel te stellen als vermeld in artikel 2 van het Wetboek van Koophandel, met uitzondering van daden van koophandel in het kader van de voogdij, de curatele over onbekwamen, en de opdrachten die in naam van de gemeente en het openbaar centrum voor maatschappelijk welzijn in private ondernemingen of verenigingen worden uitgevoerd. 19904

Verwijzing
zie randnummer [→ nr. 332] [→ nr. 333]

Art. 166. Met behoud van de toepassing van artikel 175 regelt de gemeenteraad de vervanging van de algemeen directeur en de financieel directeur bij hun afwezigheid of verhindering.

Er wordt in elk geval in een waarneming van het ambt van algemeen directeur of financieel directeur voorzien als de afwezigheid of verhindering van de algemeen directeur of financieel directeur langer dan honderdtwintig dagen duurt of als het ambt vacant werd verklaard.

De waarnemend algemeen directeur en de waarnemend financieel directeur oefenen alle bevoegdheden uit die aan het ambt verbonden zijn.

De gemeenteraad kan de aanstelling van een waarnemend algemeen directeur of financieel directeur toevertrouwen aan het college van burgemeester en schepenen en aan de functiehouder van het ambt.

Verwijzing
zie randnummer [→ nr. 325]

Art. 167. De gemeenteraad stelt de algemeen directeur en de financieel directeur aan binnen zes maanden nadat het ambt vacant is geworden. Die termijn kan eenmaal worden verlengd met maximaal zes maanden, als de wervings- of bevorderingsprocedure is opgestart of als die procedure geen geslaagde kandidaat heeft opgeleverd.

Verwijzing
zie randnummer [→ nr. 326]

Art. 168. De gemeenteraad kan op zijn vroegst zes maanden voor de beëindiging van het ambt van de uittredende algemeen directeur een nieuwe algemeen directeur aanstellen.

De nieuwe algemeen directeur staat de uittredende algemeen directeur bij in de vervulling van zijn taken en de uitoefening van zijn bevoegdheden. Bij de beëindiging van het ambt van de uittredende algemeen directeur neemt de nieuwe algemeen directeur het ambt van algemeen directeur op.

Dit artikel is van overeenkomstige toepassing op de financieel directeur.

Verwijzing
zie randnummer [→ nr. 326]

Art. 169. Artikel 27, § 2, is van overeenkomstige toepassing op de algemeen directeur, de adjunct-algemeendirecteur en de financieel directeur, zowel wat de gemeente als wat het openbaar centrum voor maatschappelijk welzijn betreft..

De algemeen directeur en, in voorkomend geval, de adjunct-algemeendirecteur kunnen geen vakbondsafgevaardigde zijn in de lokale besturen van de gemeente waar ze zijn tewerkgesteld.

Verwijzing
zie randnummer [→ nr. 332] [→ nr. 333]

99041 AFDELING 2. De algemeen directeur en de adjunct-algemeendirecteur

Art. 170. De algemeen directeur staat in voor de algemene leiding van de diensten van de gemeente en van de diensten van het openbaar centrum voor maatschappelijk welzijn.

Hij staat aan het hoofd van het personeel van de gemeente en van het openbaar centrum voor maatschappelijk welzijn en hij is bevoegd voor het dagelijkse personeelsbeheer. De algemeen directeur kan de uitoefening van het dagelijkse personeelsbeheer toevertrouwen aan andere personeelsleden.

De algemeen directeur rapporteert aan het college van burgemeester en schepenen, aan het vast bureau en aan het bijzonder comité voor de sociale dienst.

Verwijzing
zie randnummer [→ nr. 327] [→ nr. 328] [→ nr. 329] [→ nr. 330]

Art. 171. § 1. De algemeen directeur staat in voor de werking van de diensten van de gemeente en van de diensten van het openbaar centrum voor maatschappelijk welzijn bij de voorbereiding, de uitvoering en de evaluatie van het beleid. De algemeen directeur gedraagt zich naar de onderrichtingen die hem worden gegeven door de gemeenteraad, de voorzitter van de gemeenteraad, het college van burgemeester en schepenen, de burgemeester, de raad voor maatschappelijk welzijn, de voorzitter van de raad voor maatschappelijk welzijn, het vast bureau, de voorzitter van het vast bureau, het bijzonder comité voor de sociale dienst en de voorzitter van het bijzonder comité voor de sociale dienst, al naargelang van hun respectieve bevoegdheden, tenzij het anders bepaald is in de afsprakennota, vermeld in paragraaf 2.

De algemeen directeur staat in voor het organisatiebeheersingssysteem, overeenkomstig artikel 217 tot en met 220.

§ 2. Ten minste na iedere volledige vernieuwing van de gemeenteraad sluit de algemeen directeur mede namens het managementteam een afsprakennota met het college van burgemeester en schepenen, met de burgemeester, met het vast bureau, met de voorzitter van het vast bureau, met het bijzonder comité voor de sociale dienst en met de voorzitter van het bijzonder comité voor de sociale dienst over de wijze waarop de algemeen directeur en de overige leden van het managementteam met het college van burgemeester en schepenen, de burgemeester, het vast bureau, de voorzitter van het vast bureau, het bijzonder comité voor de sociale dienst en de voorzitter van het bijzonder comité voor de sociale dienst samenwerken om de beleidsdoelstellingen te realiseren, en over de omgangsvormen tussen bestuur en administratie.

In de afsprakennota wordt bepaald op welke wijze de algemeen directeur de bevoegdheden uitoefent die aan hem zijn gedelegeerd door het college van burgemeester en schepenen overeenkomstig artikel 57 en door het vast bureau overeen-komstig artikel 85.

§ 3. De algemeen directeur bereidt de zaken voor die aan de gemeenteraad, aan de raad voor maatschappelijk welzijn, aan de raadscommissies, aan het college van burgemeester en schepenen, aan de burgemeester, aan het vast bureau, aan de voorzitter van het vast bureau, aan het bijzonder comité voor de sociale dienst en aan de voorzitter van het bijzonder comité voor de sociale dienst worden voorgelegd.

§ 4. De algemeen directeur zorgt in overleg met het managementteam voor de opmaak van:
1° het voorontwerp van het organogram;
2° het voorontwerp van de rechtspositieregeling van het personeel;

3° het voorontwerp van de beleidsrapporten en de opvolgingsrapportering; 19904
4° de inventaris.

Verwijzing
zie randnummer [→ nr. 327] [→ nr. 328] [→ nr. 329] [→ nr. 330] [→ nr. 387]

Art. 172. De algemeen directeur woont de vergaderingen bij van de gemeenteraad, van de raad voor maatschappelijk welzijn, van het college van burgemeester en schepenen, van het vast bureau, van het bijzonder comité voor de sociale dienst. Hij kan de vergaderingen van de raadscommissies bijwonen.

De algemeen directeur adviseert de gemeenteraad, de voorzitter van de gemeenteraad, de raad voor maatschappelijk welzijn, de voorzitter van de raad voor maatschappelijk welzijn, het college van burgemeester en schepenen, de burgemeester, het vast bureau, de voorzitter van het vast bureau en het bijzonder comité voor de sociale dienst op beleidsmatig, bestuurskundig en juridisch vlak. Hij herinnert in voorkomend geval aan de geldende rechtsregels, vermeldt de feitelijke gegevens waarvan hij kennis heeft en zorgt ervoor dat de vermeldingen die de regelgeving voorschrijft in de beslissingen worden opgenomen.

Artikel 27, § 1, is van overeenkomstige toepassing op de algemeen directeur, zowel wat de gemeente als wat het openbaar centrum voor maatschappelijk welzijn betreft..

Art. 173. De algemeen directeur organiseert de behandeling van de briefwisseling. Met behoud van de toepassing van artikel 56, § 5, en 84, § 5, organiseert hij het beheer van het archief waaronder de titels.

Verwijzing
zie randnummer [→ nr. 327] [→ nr. 328] [→ nr. 329] [→ nr. 330]

Art. 174. De algemeen directeur oefent de bevoegdheden uit die overeenkomstig artikel 57 en 85 of overeenkomstig andere wettelijke of decretale bepalingen aan de algemeen directeur, de gemeentesecretaris of de secretaris van het openbaar centrum voor maatschappelijk welzijn zijn toevertrouwd.

Verwijzing
zie randnummer [→ nr. 327] [→ nr. 328] [→ nr. 329] [→ nr. 330]

Art. 175. De adjunct-algemeendirecteur staat de algemeen directeur bij in de vervulling van zijn ambt, overeenkomstig het organisatiebeheersingssysteem, vermeld in artikel 217 tot en met 220. Hij vervangt de algemeen directeur als hij afwezig of verhinderd is. De gemeenteraad regelt die vervanging.

Verwijzing
zie randnummer [→ nr. 325] [→ nr. 327] [→ nr. 328] [→ nr. 329] [→ nr. 330]

AFDELING 3. De financieel directeur

Art. 176. De financieel directeur staat onder de functionele leiding van de algemeen directeur in voor:
1° het opstellen, in overleg met het managementteam, van het voorontwerp van de beleidsrapporten en de opvolgingsrapportering;
2° het voeren en het afsluiten van de boekhouding;
3° het verzorgen van financiële analyse en financiële beleidsadvisering;
4° het thesauriebeheer, met behoud van de toepassing van de bepalingen daarover in het organisatiebeheersingssysteem.

99041 De financieel directeur rapporteert aan de algemeen directeur over de taken, vermeld in het eerste lid.

Verwijzing
zie randnummer [→ nr. 335] [→ nr. 387]

Art. 177. De financieel directeur staat in volle onafhankelijkheid in voor:
1° de voorafgaande krediet- en wetmatigheidscontrole van de beslissingen van de gemeente en van het openbaar centrum voor maatschappelijk welzijn met budgettaire en financiële impact, overeenkomstig de voorwaarden, vermeld in artikel 266 en 267;
2° het debiteurenbeheer, in het bijzonder de invordering van de fiscale en niet-fiscale ontvangsten en het verlenen van kwijting.

De financieel directeur kan een dwangbevel uitvaardigen, geviseerd en uitvoerbaar verklaard door het college van burgemeester en schepenen of door het vast bureau, om onbetwiste en opeisbare niet-fiscale schuldvorderingen in te vorderen. Dat dwangbevel wordt betekend bij gerechtsdeurwaardersexploot. Dat exploot stuit de verjaring.

Een dwangbevel als vermeld in het tweede lid kan door het college van burgemeester en schepenen of door het vast bureau alleen worden geviseerd en uitvoerbaar verklaard worden als de schuld opeisbaar, vaststaand en zeker is. De schuldenaar moet bovendien vooraf aangemaand zijn met een aangetekende brief, met een brief die afgegeven wordt tegen ontvangstbewijs, of via een elektronische melding van gegevens die voldoet aan de voorwaarden, vermeld in artikel 2281 van het Burgerlijk Wetboek, en die een bewijs oplevert van deze melding, van het tijdstip waarop ze is verricht en van de authenticiteit en de integriteit van de verwerkte gegevens. De gemeente en het openbaar centrum voor maatschappelijk welzijn kunnen administratieve kosten aanrekenen voor die aangetekende brief. Die kosten zijn ten laste van de schuldenaar en kunnen ook ingevorderd worden via het dwangbevel.

Schulden van een publieke rechtspersoon kunnen nooit via een dwangbevel als vermeld in het tweede lid worden ingevorderd.

Er kan verzet worden aangetekend tegen een gerechtsdeurwaardersexploot als vermeld in het tweede lid binnen een maand na de betekening ervan bij verzoekschrift of door een dagvaarding ten gronde.

De financieel directeur rapporteert in volle onafhankelijkheid over de volgende aangelegenheden aan de gemeenteraad, aan de raad voor maatschappelijk welzijn, aan het college van burgemeester en schepenen, en aan het vast bureau:
1° de vervulling van de opdrachten, vermeld in dit artikel;
2° de thesaurietoestand, de liquiditeitsprognose, de beheerscontrole en de evolutie van de budgetten;
3° de financiële risico's.

De financieel directeur stelt tegelijkertijd een afschrift van de rapportering, vermeld in het zesde lid, aan de algemeen directeur ter beschikking.

Verwijzing
zie randnummer [→ nr. 335] [→ nr. 336]

Art. 178. De financieel directeur oefent de taken uit die door of krachtens de wet of het decreet aan de financieel directeur, de gemeenteontvanger, de financieel beheerder of de ontvanger van het openbaar centrum voor maatschappelijk welzijn zijn toevertrouwd.

Verwijzing
zie randnummer [→ nr. 335]

HOOFDSTUK 3. Het managementteam 19904

Art. 179. De gemeente en het openbaar centrum voor maatschappelijk welzijn dat de gemeente bedient, hebben een gemeenschappelijk managementteam.

Met behoud van de toepassing van het derde lid, bestaat het managementteam uit de algemeen directeur, de adjunct-algemeendirecteur, de financieel directeur en alle andere leden die geen mandataris zijn en waarvan de deelname aan het managementteam nuttig wordt geacht voor het functioneren van de gemeente en van het openbaar centrum voor maatschappelijk welzijn.

De burgemeester, of de door hem aangewezen schepen, maakt met raadgevende stem deel uit van het managementteam.

Verwijzing
zie randnummer [→ nr. 322]

Art. 180. Het managementteam vergadert geregeld onder het voorzitterschap van de algemeen directeur, overeenkomstig het organisatiebeheersingssysteem, vermeld in artikel 217 tot en met 220.

Verwijzing
zie randnummer [→ nr. 322]

Art. 181. Het managementteam ondersteunt de coördinatie van de diensten van de gemeente en van het openbaar centrum voor maatschappelijk welzijn bij de beleidsvoorbereiding, de beleidsuitvoering en de beleidsevaluatie. Het managementteam bewaakt de eenheid in de werking, de kwaliteit van de organisatie en de werking van de diensten van de gemeente en van het openbaar centrum voor maatschappelijk welzijn, alsook de interne communicatie, overeenkomstig het organisatiebeheersingssysteem, vermeld in artikel 217 tot en met 220.

Verwijzing
zie randnummer [→ nr. 322]

HOOFDSTUK 4. Het personeel van de gemeente en van het openbaar centrum voor maatschappelijk welzijn

AFDELING 1. Toepassingsgebied

Art. 182. Dit hoofdstuk is van toepassing op de leden van het personeel met behoud van de toepassing van de bijzondere regelingen, vermeld in hoofdstuk 1, 2 en 3 van deze titel, of van bijzondere regelingen die door of krachtens andere wettelijke of decretale bepalingen zijn vastgesteld.

Voor het personeel dat ingezet wordt in de gemeentelijke onderwijsinstellingen of centra voor leerlingenbegeleiding, en dat geheel of gedeeltelijk buiten het toepassingsgebied valt, vermeld in artikel 4, § 1, a), van het decreet rechtspositie personeelsleden gesubsidieerd onderwijs van 27 maart 1991, bepaalt de gemeenteraad de eventuele afwijkingen van de rechtspositieregeling, vermeld in artikel 186, § 1, van dit decreet, rekening houdend met hun opdracht in de onderwijsinstellingen of centra voor leerlingenbegeleiding. Die afwijkingen moeten in overeenstemming zijn met de decreten en besluiten betreffende het onderwijs.

99041 **AFDELING 2. De maatschappelijk werker**

Art. 183. § 1. Er is in elk openbaar centrum voor maatschappelijk welzijn ten minste een maatschappelijk werker die personeelslid is van dat openbaar centrum voor maatschappelijk welzijn.

Voor een maatschappelijk werker van het openbaar centrum voor maatschappelijk welzijn zijn ambt opneemt, legt hij de volgende eed af in handen van de voorzitter van de raad voor maatschappelijk welzijn: "Ik zweer de verplichtingen van mijn ambt trouw na te komen.".

Een personeelslid als vermeld in het tweede lid, dat zonder wettige reden de eed niet aflegt nadat het met een aangetekende brief, met een brief die afgegeven wordt tegen ontvangstbewijs, of via een elektronische melding van gegevens die voldoet aan de voorwaarden, vermeld in artikel 2281 van het Burgerlijk Wetboek, en die een bewijs oplevert van die melding, van het tijdstip waarop ze is verricht en van de authenticiteit en de integriteit van de verwerkte gegevens, uitgenodigd is om de eed af te leggen, wordt geacht zijn aanstelling niet te aanvaarden. Die eedaflegging weigeren staat gelijk aan afstand doen van de aanstelling. Van de eedaflegging of de weigering ervan wordt een proces-verbaal opgemaakt.

§ 2. Met het oog op de verwezenlijking van de doelstellingen, vermeld in artikel 1 van de organieke wet van 8 juli 1976 betreffende de openbare centra voor maatschappelijk welzijn, en in artikel 2 van dit decreet, en ter uitvoering van de taken die aan hem opgedragen zijn door de algemeen directeur namens de raad voor maatschappelijk welzijn, het vast bureau of het bijzonder comité voor de sociale dienst, of namens de voorzitter van het bijzonder comité voor de sociale dienst voor het verlenen van dringende steun, heeft de maatschappelijk werker van het openbaar centrum voor maatschappelijk welzijn als opdracht de personen en gezinnen te helpen bij het opheffen of verbeteren van de noodsituaties waarin zij zich bevinden. Daarvoor verricht hij, onder meer, de onderzoeken ter voorbereiding van de te nemen beslissingen, verstrekt hij documentatie en raadgevingen en verzekert hij de maatschappelijke begeleiding van de betrokkenen.

§ 3. De verantwoordelijke van de sociale dienst licht de raad voor maatschappelijk welzijn, het vast bureau of de algemeen directeur in over de algemene behoeften die hij bij de vervulling van zijn taak vaststelt en stelt maatregelen voor om daaraan tegemoet te komen. De verantwoordelijke van de sociale dienst neemt deel aan de vergaderingen van het bijzonder comité voor de sociale dienst. Hij kan bovendien uitgenodigd worden om deel te nemen aan de besprekingen van de raad voor maatschappelijk welzijn of van het vast bureau telkens als de problemen behandeld worden die de sociale dienst aanbelangen.

§ 4. Als de maatschappelijk werker van het openbaar centrum voor maatschappelijk welzijn die met het dossier belast is, er wegens bijzondere en uitzonderlijke redenen van vertrouwelijke aard om heeft verzocht, neemt het bijzonder comité voor de sociale dienst pas een beslissing over een individueel geval van dienstverlening nadat het de betrokken maatschappelijk werker van het openbaar centrum voor maatschappelijk welzijn gehoord heeft.

Verwijzing
zie randnummer [→ nr. 350] [→ nr. 372]

AFDELING 3. De rechtspositie van het personeel van de gemeente en van het openbaar centrum voor maatschappelijk welzijn 19904

Onderafdeling 1. Algemene bepaling

Art. 184. § 1. Het personeel kan in statutair of in contractueel dienstverband worden aangesteld.

§ 2. In geval van een ramp kan worden afgeweken van de vastgestelde aanwervingsvoorwaarden en selectieprocedure, als dat noodzakelijk is om dringende en onvoorziene taken te vervullen.

§ 3. Binnen de grenzen die de Vlaamse Regering bepaalt, kan de gemeente personeel in contractueel verband in dienst nemen om te voorzien in de personeelsbehoeften van het kabinet van de burgemeester of de schepenen, of van de fracties in de gemeenteraad. Die personeelsleden worden, naar gelang van het geval, kabinets- of fractiepersoneel genoemd.

De Vlaamse Regering stelt nadere regels vast voor de aanwerving of terbeschikkingstelling van het kabinets- en fractiepersoneel.

Verwijzing
zie randnummer [→ nr. 341]

Art. 185. § 1. Als dat nader bepaald is in de rechtspositieregeling van het personeel, kunnen personeelsleden in statutair dienstverband ter beschikking gesteld worden aan:

1° een extern verzelfstandigd agentschap als vermeld in artikel 225 van dit decreet;
2° een vereniging of een vennootschap als vermeld in artikel 475, 496, 501, 508 en 513 van dit decreet;
3° een samenwerkingsverband als vermeld in deel 3, titel 3, van dit decreet;
4° een vereniging als vermeld in artikel 386 van dit decreet;
5° een andere overheid dan die vermeld in punt 1° tot en met punt 4°;
6° een vereniging zonder winstoogmerk als vermeld in de wet van 27 juni 1921 betreffende de verenigingen zonder winstoogmerk, de stichtingen en de Europese politieke partijen en stichtingen, waarin de gemeente al dan niet deelneemt en waarvan de activiteit verband houdt met een gemeentelijk belang.

De terbeschikkingstelling is tijdelijk en wordt vastgelegd in een overeenkomst tussen de gemeente of het openbaar centrum voor maatschappelijk welzijn en de rechtspersoon waaraan het personeel ter beschikking wordt gesteld.

§ 2. De aanstellende overheid beslist, in overeenstemming met de rechtspositieregeling, over de individuele terbeschikkingstelling van het personeelslid, vermeld in paragraaf 1, en sluit een overeenkomst van terbeschikkingstelling.

§ 3. Met behoud van andersluidende wettelijke of decretale bepalingen en als dat nader bepaald is in de rechtspositieregeling van hun personeel, kunnen een gemeente, het autonoom gemeentebedrijf van die gemeente, het openbaar centrum voor maatschappelijk welzijn dat de gemeente bedient, een publiekrechtelijke vereniging van dat openbaar centrum voor maatschappelijk welzijn en een intergemeentelijk samenwerkingsverband waarin een van deze voormelde besturen deelneemt aan elkaar personeel overdragen.

Verwijzing
zie randnummer [→ nr. 360]

99041 ## Onderafdeling 2. De rechtspositieregeling

Art. 186. § 1. De gemeenteraad stelt de rechtspositieregeling van het gemeentepersoneel vast.

De rechtspositieregeling van het gemeentepersoneel is van rechtswege van toepassing op het personeelslid van het openbaar centrum voor maatschappelijk welzijn dat de gemeente bedient en dat een betrekking bekleedt die ook bestaat bij de gemeente.

§ 2. De raad voor maatschappelijk welzijn stelt de rechtspositieregeling vast voor:

1° het specifiek personeel, waaronder wordt verstaan het personeel dat een betrekking bekleedt die niet bestaat in de gemeente die het openbaar centrum voor maatschappelijk welzijn bedient;
2° de maatschappelijk werker, vermeld in artikel 183, § 1;
3° het voltallige personeel van de verzorgende, verplegende en dienstverlenende instellingen en diensten van het openbaar centrum voor maatschappelijk welzijn, waarvan de werking gebaseerd is op federale of gewestelijke financiering met bijbehorende werkings- en erkenningsregels en voor het voltallige personeel van het openbaar centrum voor maatschappelijk welzijn dat ingezet wordt voor activiteiten die hoofdzakelijk verricht worden in mededinging met andere marktdeelnemers.

§ 3. De raad voor maatschappelijk welzijn stelt de rechtspositieregeling voor het personeel, vermeld in paragraaf 2, 1° en 2°, vast door overname van de overeenkomstige bepalingen uit de rechtspositieregeling van het personeel van de gemeente die door het openbaar centrum voor maatschappelijk welzijn wordt bediend en rekening houdend met de door de Vlaamse Regering vastgestelde minimale voorwaarden, vermeld in artikel 195.

§ 4. Voor het personeel, vermeld in paragraaf 2, 3°, kan de raad voor maatschappelijk welzijn op gemotiveerde wijze afwijken van de rechtspositieregelingen vermeld in paragraaf 1 en 3. De mogelijkheid tot gemotiveerde afwijking geldt niet voor de bezoldiging van de personeelsleden en de salarisschalen die van toepassing zijn, rekening houdend met onder meer de gestelde bekwaamheidsvereisten en functievereisten.

De eventuele afwijkingen mogen bovendien niet strijdig zijn met de door de Vlaamse Regering vastgestelde minimale voorwaarden, vermeld in artikel 195.

§ 5. De raad voor maatschappelijk welzijn bepaalt volgens welke regels de beoefenaars van de geneeskunde toegelaten worden tot de uitoefening van hun beroep in de instellingen en diensten van het openbaar centrum voor maatschappelijk welzijn.

Als die beoefenaars van de geneeskunde niet aangesteld noch bezoldigd worden als personeelslid, worden hun betrekkingen geregeld op basis van een schriftelijke overeenkomst.

Verwijzing
zie randnummer [→ nr. 342] [→ nr. 343]

Onderafdeling 3. Eedaflegging van het personeel

Art. 187. Met behoud van de toepassing van artikel 163 en 183, § 1, leggen de personeelsleden van de gemeente en de personeelsleden van het openbaar centrum voor maatschappelijk welzijn de volgende eed af in handen van respectievelijk de burgemeester en de voorzitter van het vast bureau: "Ik zweer de verplichtingen van mijn ambt trouw na te komen.". Die eedaflegging weigeren staat gelijk met de aanstelling verzaken. Van de eedaflegging of de weigering ervan wordt een proces-verbaal opgemaakt. 19904

De burgemeester en de voorzitter van het vast bureau kunnen hun bevoegdheid om de eed, vermeld in het eerste lid, af te nemen toevertrouwen aan respectievelijk een lid van het college van burgemeester en schepenen en een lid van het vast bureau, of aan de algemeen directeur.

Bij eventuele delegatie van die bevoegdheid aan de algemeen directeur kan die laatste de bevoegdheid verder delegeren aan een van de leden van het managementteam, vermeld in artikel 179, tweede lid.

Verwijzing
zie randnummer [→ nr. 350]

Onderafdeling 4. Deontologische rechten en plichten

Art. 188. § 1. De personeelsleden oefenen hun ambt op een loyale en correcte wijze uit.

De personeelsleden zetten zich op een actieve en constructieve wijze in voor de realisatie van de opdracht en de doelstellingen van de gemeente en van het openbaar centrum voor maatschappelijk welzijn, overeenkomstig het organisatiebeheersingssysteem, vermeld in artikel 217 tot en met 220.

§ 2. De personeelsleden respecteren de persoonlijke waardigheid van iedereen.

Verwijzing
zie randnummer [→ nr. 357] [→ nr. 358]

Art. 189. § 1. De personeelsleden hebben spreekrecht tegenover derden over de feiten waarvan ze door hun ambt kennis hebben.

Met behoud van de toepassing van de regelgeving inzake openbaarheid van bestuur is het voor hen verboden feiten bekend te maken die betrekking hebben op:

1° de veiligheid van het land;
2° de bescherming van de openbare orde;
3° de financiële belangen van de overheid;
4° het voorkomen en het bestraffen van strafbare feiten;
5° het medisch geheim;
6° het vertrouwelijke karakter van commerciële, intellectuele en industriële gegevens;
7° het vertrouwelijke karakter van de beraadslagingen.

Het is voor hen verboden feiten bekend te maken als de bekendmaking ervan een inbreuk vormt op de rechten en de vrijheden van de burger, in het bijzonder op het privéleven, tenzij de betrokkene toestemming heeft verleend om de gegevens die op hem betrekking hebben, openbaar te maken.

Deze paragraaf geldt ook voor personeelsleden die hun ambt hebben beeindigd.

§ 2. De personeelsleden die bij de uitoefening van hun ambt nalatigheden, misbruiken of misdrijven vaststellen, brengen een hiërarchische meerdere daarvan onmiddellijk op de hoogte.

Verwijzing
zie randnummer [→ nr. 357] [→ nr. 358]

Art. 190. De personeelsleden behandelen de gebruikers van hun dienst welwillend en zonder enige discriminatie.

99041 De personeelsleden mogen, zelfs buiten hun ambt, noch rechtstreeks noch via een tussenpersoon, giften, beloningen of enig ander voordeel dat verband houdt met het ambt, vragen, eisen of aannemen.

Verwijzing
zie randnummer [→ nr. 357] [→ nr. 358]

Art. 191. § 1. De hoedanigheid van personeelslid is onverenigbaar met elke activiteit die het personeelslid zelf of via een tussenpersoon verricht en waardoor:
1° de ambtsplichten niet kunnen worden vervuld;
2° de waardigheid van het ambt in het gedrang komt;
3° de eigen onafhankelijkheid wordt aangetast;
4° een belangenconflict ontstaat.

De personeelsleden mogen geen vergoedingen, wedden, toelagen, presentiegelden of andere tegenprestaties ontvangen van de rechtspersonen waarin zij de gemeente of het openbaar centrum voor maatschappelijk welzijn vertegenwoordigen.

§ 2. De hoedanigheid van personeelslid, met inbegrip van de personen, vermeld in het koninklijk besluit nr. 78 van 10 november 1967 betreffende de uitoefening van de gezondheidszorgberoepen, die ingevolge een beslissing van een van de organen van de gemeente of van het openbaar centrum voor maatschappelijk welzijn hun werkzaamheden uitoefenen in een van de instellingen van de gemeente of van het openbaar centrum voor maatschappelijk welzijn is onverenigbaar met het mandaat van voorzitter van de gemeenteraad, voorzitter van de raad voor maatschappelijk welzijn, burgemeester of schepen, voorzitter van het vast bureau in de gemeente waar de instelling gevestigd is.

§ 3. Artikel 27, § 1 en § 2, met uitzondering van punt 4°, en artikel 29, § 4, zijn ook van toepassing op de personeelsleden van de gemeente en van het openbaar centrum voor maatschappelijk welzijn.

Verwijzing
zie randnummer [→ nr. 357] [→ nr. 358]

Art. 192. De personeelsleden hebben recht op informatie en vorming zowel over de aspecten die nuttig zijn voor de uitoefening van hun functie als om te kunnen voldoen aan de bevorderingsvereisten.

De personeelsleden houden zich op de hoogte van de ontwikkelingen en de nieuwe inzichten in de materies waarmee ze beroepshalve belast zijn.

De vorming is een plicht als ze noodzakelijk blijkt voor een betere uitoefening van de functie of voor het beter functioneren van een dienst, of als ze een onderdeel uitmaakt van een herstructurering of reorganisatie van een afdeling, of van een implementatie van nieuwe werkmethodes en infrastructuur.

Verwijzing
zie randnummer [→ nr. 357] [→ nr. 358]

Art. 193. De gemeenteraad en de raad voor maatschappelijk welzijn stellen een gezamenlijke deontologische code vast voor het personeel. Die concretiseert de bepalingen van deze afdeling en kan bijkomende deontologische rechten en verplichtingen opnemen, overeenkomstig het organisatiebeheersingssysteem, vermeld in artikel 217 tot en met 220.

Verwijzing
zie randnummer [→ nr. 357] [→ nr. 358]

Onderafdeling 5. De evaluatie van het personeel 19904

Art. 194. De personeelsleden hebben recht op opvolging en feedback, al dan niet door middel van een evaluatie, over hun wijze van functioneren. De personeelsleden worden opgevolgd en, in voorkomend geval, geëvalueerd op ambtelijk niveau.

Als de ombudsman wordt geëvalueerd, gebeurt dat door een bijzondere commissie, die is samengesteld overeenkomstig artikel 37, § 3. Die commissie wordt voorgezeten door de voorzitter van de gemeenteraad en, in voorkomend geval, door de voorzitter van de raad voor maatschappelijk welzijn. Bij staking van stemmen wordt het betrokken personeelslid geacht te voldoen.

De algemeen directeur, de adjunct-algemeendirecteur en de financieel directeur worden in voorkomend geval geëvalueerd door een evaluatiecomité, dat bestaat uit het college van burgemeester en schepenen en de voorzitter van de gemeenteraad. Die evaluatie vindt plaats op basis van een voorbereidend rapport, opgesteld door externe deskundigen in het personeelsbeleid. Het voorbereidend rapport wordt minstens opgemaakt op basis van een evaluatiegesprek tussen de externe deskundigen en de functiehouder en op basis van een onderzoek over de wijze van functioneren van de functiehouder, waarbij de burgemeester, de voorzitter van het vast bureau, de leden van het managementteam en de voorzitter van de gemeente-raad betrokken worden. Het evaluatiecomité bepaalt of het evaluatie-resultaat gunstig of ongunstig is. Bij staking van stemmen is het evaluatieresultaat gunstig.

Het ontslag wegens beroepsongeschiktheid ingevolge het ontoereikend functioneren van het personeelslid, is niet mogelijk zonder voorafgaande evaluatie.

Verwijzing
zie randnummer [→ nr. 160] [→ nr. 161] [→ nr. 162] [→ nr. 351] [→ nr. 352] [→ nr. 353] [→ nr. 354] [→ nr. 355] [→ nr. 356]

AFDELING 4. Verdere uitvoeringsmaatregelen

Art. 195. De Vlaamse Regering stelt minimale voorwaarden vast voor minstens de volgende aspecten van de rechtspositieregeling van het personeel:
1° de bezoldigingsregeling en de salarisschalen;
2° de toekenning van toelagen en vergoedingen;
3° de dienstbeëindiging, het verlies van de hoedanigheid van statutair personeelslid en de definitieve ambtsneerlegging;
4° de verloven en de afwezigheden.

Gemeenten met een inwoneraantal dat gelijk is aan of hoger is dan 200.000, kunnen, op basis van schaalgrootte, gemotiveerd afwijken van de minimale voorwaarden, vermeld in het eerste lid, 1°, 2° en 4°, met uitzondering van de ondergrenzen die de Vlaamse Regering daarin vaststelt.

De Vlaamse Regering neemt de nodige maatregelen voor de externe mobiliteit van het personeel.

Verwijzing
zie randnummer [→ nr. 342] [→ nr. 343] [→ nr. 359]

AFDELING 5. Samenwerking op het gebied van personeel

Art. 196. § 1. De gemeente en het openbaar centrum voor maatschappelijk welzijn kunnen met een of meer overheden een samenwerkingsovereenkomst sluiten voor de gezamenlijke werving en selectie van hun personeel en, in voorkomend geval, om gemeenschappelijke wervingsreserves aan te leggen.

99041 § 2. Tussen de gemeente en het openbaar centrum voor maatschappelijk welzijn dat de gemeente bedient kunnen beheersovereenkomsten worden gesloten over het gemeenschappelijk gebruik van elkaars diensten.

In de beheersovereenkomst kan worden opgenomen dat de gemeente en het openbaar centrum voor maatschappelijk welzijn voor bepaalde functies een beroep kunnen doen op elkaars personeelsleden. Tegelijk kan worden bepaald dat de bevoegde organen hun beslissings- en ondertekeningsbevoegdheid kunnen toevertrouwen aan de personeelsleden van het andere bestuur binnen de grenzen vastgesteld in dit decreet.

Verwijzing
zie randnummer [→ nr. 349] [→ nr. 361] [→ nr. 362]

Art. 197. Met uitzondering van de personeelsleden, vermeld in artikel 162, § 1, kan de gemeenteraad personeel overdragen aan het openbaar centrum voor maatschappelijk welzijn dat de gemeente bedient, op voorwaarde dat de geldende rechtspositieregeling van het gemeentepersoneel nageleefd wordt en na goedkeuring van de raad voor maatschappelijk welzijn. De Vlaamse Regering kan daarvoor de minimale voorwaarden vaststellen.

Met uitzondering van de personeelsleden, vermeld in artikel 183, § 1, kan de raad voor maatschappelijk welzijn personeel overdragen aan de gemeente die door het openbaar centrum voor maatschappelijk welzijn wordt bediend, op voorwaarde dat de geldende rechtspositieregeling van het personeel nageleefd wordt, en na goedkeuring van de gemeenteraad van de gemeente die door het openbaar centrum voor maatschappelijk welzijn wordt bediend. De Vlaamse Regering kan daarvoor de minimale voorwaarden vaststellen.

Verwijzing
zie randnummer [→ nr. 363]

AFDELING 6. Tucht

Onderafdeling 1. Toepassingsgebied

Art. 198. Deze afdeling is niet van toepassing op de leden van het personeel in contractueel dienstverband van de gemeente en van het openbaar centrum voor maatschappelijk welzijn.

Verwijzing
zie randnummer [→ nr. 364]

Onderafdeling 2. De tuchtvergrijpen

Art. 199. Elke handeling of gedraging die een tekortkoming aan de beroepsplichten uitmaakt of die de waardigheid van het ambt in het gedrang brengt, alsook een overtreding van de rechtspositieregeling, is een tuchtvergrijp en kan aanleiding geven tot een tuchtstraf.

Verwijzing
zie randnummer [→ nr. 364]

Onderafdeling 3. De tuchtstraffen

Art. 200. § 1. De volgende tuchtstraffen kunnen worden opgelegd:
1° blaam;
2° inhouding van salaris;

3° schorsing met inhouding van salaris; 19904
4° ontslag van ambtswege;
5° afzetting.

§ 2. De gemeenteraad kan de voorwaarden en de grenzen vaststellen van de tuchtstraffen, vermeld in paragraaf 1. De inhouding van salaris en de schorsing met inhouding van salaris mogen respectievelijk een termijn van zes maanden en een jaar niet overschrijden.

De tuchtstraf afzetting kan slechts worden opgelegd als de feiten die daaraan ten grondslag liggen, door de wetten en decreten als een misdaad zijn omschreven.

Elke tuchtstraf die een inhouding van salaris inhoudt, mag niet hoger zijn dan de begrenzing, vermeld in artikel 23, tweede lid, van de wet van 12 april 1965 betreffende de bescherming van het loon van de werknemers.

§ 3. De tuchtstraffen, de voorwaarden en de grenzen die de gemeenteraad in voorkomend geval vaststelt, zijn van rechtswege van toepassing op de personeelsleden van het openbaar centrum voor maatschappelijk welzijn dat de gemeente bedient.

§ 4. Elke tuchtstraf, behalve het ontslag van ambtswege en de afzetting, wordt in het persoonlijk dossier van de personeelsleden doorgehaald na verloop van een termijn van één jaar voor de blaam, drie jaar voor de inhouding van salaris en vier jaar voor de schorsing met inhouding van salaris. Die termijnen lopen vanaf de datum waarop de tuchtstraf werd uitgesproken door de tuchtoverheid of, indien beroep werd aangetekend overeenkomstig artikel 214, vanaf de datum van de uitspraak van de Beroepscommissie voor Tuchtzaken. De doorhaling heeft enkel uitwerking voor de toekomst. De gemeenteraad kan kortere doorhalingstermijnen vaststellen.

Verwijzing
zie randnummer [→ nr. 366] [→ nr. 371]

Onderafdeling 4. De tuchtoverheid

Art. 201. De overheid die op het ogenblik van de vaststelling van de feiten bevoegd is voor het aanstellen en ontslaan van het personeelslid, treedt op als tuchtoverheid.

In afwijking van artikel 57, derde lid, en artikel 85, kan de algemeen directeur de hem toevertrouwde bevoegdheid als vermeld in artikel 56, § 3, 2°, en artikel 84, § 3, 2°, slechts delegeren aan personeelsleden met minstens dezelfde of een gelijkwaardige graad als het personeelslid dat de tuchtprocedure ondergaat.

De gemeenteraad en, in voorkomend geval, de raad voor maatschappelijk welzijn kan onder zijn leden een tuchtcommissie oprichten, die de tuchtbevoegdheid van respectievelijk de gemeenteraad en de raad voor maatschappelijk welzijn uitoefent.

Het huishoudelijk reglement bepaalt de nadere regels over het voorzitterschap, de notulering en de werkwijze van de commissie.

Verwijzing
zie randnummer [→ nr. 367]

Onderafdeling 5. De tuchtprocedure

Art. 202. § 1. De tuchtoverheid start het tuchtonderzoek op en stelt een tuchtonderzoeker aan.

99041 Als tuchtonderzoeker kan elk personeelslid worden aangesteld dat werkt in een gemeente, een openbaar centrum voor maatschappelijk welzijn, een verzelfstandigde entiteit van de gemeente of het openbaar centrum voor maatschappelijk welzijn. Dit personeelslid heeft minstens een graad die gelijkwaardig is aan de graad van het personeelslid dat de tuchtprocedure ondergaat.

§ 2. Als het tuchtonderzoek is afgerond, stelt de tuchtonderzoeker het tuchtverslag op dat minstens de ten laste gelegde feiten bevat.

De tuchtoverheid stelt het tuchtdossier samen. Het tuchtdossier bevat alle stukken die betrekking hebben op de ten laste gelegde feiten.

Verwijzing
zie randnummer [→ nr. 368] [→ nr. 369]

Art. 203. De betrokkene mag zich op elk moment laten bijstaan en vertegenwoordigen door een raadsman van zijn keuze.

Verwijzing
zie randnummer [→ nr. 368] [→ nr. 369]

Art. 204. Een tuchtstraf kan pas worden opgelegd nadat het personeelslid en, in voorkomend geval, zijn raadsman de gelegenheid hebben gekregen om door de tuchtoverheid te worden gehoord in de verdediging met betrekking tot alle feiten die het personeelslid ten laste worden gelegd.

Verwijzing
zie randnummer [→ nr. 368] [→ nr. 369]

Art. 205. De betrokkene wordt van de beslissing van de tuchtoverheid op de hoogte gebracht met een aangetekende brief, met een brief die afgegeven wordt tegen ontvangstbewijs, of via een elektronische melding van gegevens die voldoet aan de voorwaarden, vermeld in artikel 2281 van het Burgerlijk Wetboek, en die een bewijs oplevert van die melding, van het tijdstip waarop ze is verricht en van de authenticiteit en de integriteit van de verwerkte gegevens.

In de kennisgeving van de beslissing wordt melding gemaakt van de beroepsmogelijkheid, vermeld in onderafdeling 8, van de termijn waarbinnen en van de wijze waarop het beroep kan worden aangetekend.

Verwijzing
zie randnummer [→ nr. 368] [→ nr. 369]

Art. 206. De Vlaamse Regering stelt de minimale voorwaarden vast voor de termijnen en de nadere procedureregels voor de tuchtprocedure.

Verwijzing
zie randnummer [→ nr. 368] [→ nr. 369]

Onderafdeling 6. De verjaring van de tuchtvordering

Art. 207. § 1. De tuchtoverheid kan geen tuchtrechtelijke vervolging meer instellen na verloop van een termijn van zes maanden na de vaststelling of de kennisname door de tuchtoverheid van de feiten.

De tuchtrechtelijke vervolging wordt geacht te zijn ingesteld zodra de tuchtoverheid beslist om een tuchtonderzoek op te starten als vermeld in artikel 202.

§ 2. Als in verband met dezelfde feiten een opsporingsonderzoek of een gerechtelijk onderzoek is ingesteld, wordt de termijn, vermeld in paragraaf 1, gestuit tot op de dag dat de tuchtoverheid ervan op de hoogte wordt gebracht dat de strafvordering beëindigd werd doordat, ingeval van een opsporingsonderzoek de zaak geseponeerd werd of er een correctioneel vonnis of arrest werd geveld, dat in kracht van gewijsde is gegaan, en ingeval van een gerechtelijk onderzoek de zaak beslecht werd met een beschikking tot buitenvervolgingstelling, die kracht van gewijsde heeft, of met een correctioneel vonnis of arrest, dat in kracht van gewijsde is gegaan. 19904

Als de strafvordering op gang werd gebracht door een rechtstreekse dagvaarding dan geldt de stuiting, vermeld in het eerste lid, vanaf de datum van de dagvaarding tot op de dag dat de tuchtoverheid ervan op de hoogte wordt gebracht dat de strafvordering beëindigd werd met een correctioneel vonnis of arrest dat in kracht van gewijsde is gegaan.

§ 3. Het opsporingsonderzoek, het gerechtelijk onderzoek of de strafvervolging doet geen afbreuk aan de mogelijkheid van de tuchtoverheid om een tuchtstraf uit te spreken. Als een opgelegde tuchtstraf onverenigbaar blijkt te zijn met een latere in kracht van gewijsde getreden strafrechtelijke uitspraak, kan het betrokken personeelslid binnen zestig dagen na de kennisneming ervan bij de tuchtoverheid een verzoek tot intrekking van de opgelegde tuchtsanctie instellen.

§ 4. Als de tuchtstraf wordt vernietigd, kan de tuchtoverheid vanaf de datum van de kennisgeving van de vernietiging, de tuchtrechtelijke vervolging hernemen gedurende het gedeelte van de termijn, vermeld in paragraaf 1, dat is overgebleven bij het instellen van de vervolging en minstens gedurende een termijn van drie maanden.

Als de tuchtstraf wordt ingetrokken, kan de tuchtoverheid vanaf de datum van de intrekking de tuchtrechtelijke vervolging hernemen gedurende het gedeelte van de termijn, vermeld in paragraaf 1, dat is overgebleven bij het instellen van de vervolging.

Verwijzing
zie randnummer [→ nr. 371]

Onderafdeling 7. De preventieve schorsing

Art. 208. § 1. Als tegen een personeelslid een tuchtprocedure, een opsporingsonderzoek of een strafvervolging loopt en zijn aanwezigheid onverenigbaar is met het belang van de dienst, kan de tuchtoverheid het personeelslid bij wijze van ordemaatregel preventief schorsen, al dan niet met inhouding van salaris. Het personeelslid wordt vooraf gehoord.

§ 2. In hoogdringende gevallen kan de algemeen directeur bij wijze van ordemaatregel het personeelslid onmiddellijk preventief schorsen zonder inhouding van salaris.

Als tegen de algemeen directeur, de adjunct-algemeendirecteur, de financieel directeur of de ombudsman een tuchtprocedure, een opsporingsonderzoek of een strafvervolging loopt en zijn aanwezigheid onverenigbaar is met het belang van de dienst, kan de voorzitter van de gemeenteraad in hoogdringende gevallen bij wijze van ordemaatregel het personeelslid onmiddellijk preventief schorsen zonder inhouding van salaris.

§ 3. De preventieve schorsing, vermeld in paragraaf 2, wordt binnen acht dagen nadat de beslissing genomen is, bevestigd door de tuchtoverheid, met behoud van de mogelijkheid om vanaf dan, volgens de regels, vermeld in

99041 paragraaf 1, de preventieve schorsing gepaard te laten gaan met een inhouding van salaris.

Als binnen de termijn, vermeld in het eerste lid, de tuchtoverheid de preventieve schorsing niet heeft bevestigd, vervallen de gevolgen van de preventieve schorsing.

Verwijzing
zie randnummer [→ nr. 365]

Art. 209. § 1. De preventieve schorsing wordt uitgesproken voor een termijn van maximaal zes maanden.

De tuchtoverheid kan beslissen tot een inhouding van salaris, op voorwaarde dat het personeelslid daarover vooraf wordt gehoord.

De inhouding van salaris mag niet hoger zijn dan de begrenzing, vermeld in artikel 23, tweede lid, van de wet van 12 april 1965 betreffende de bescherming van het loon van de werknemers.

§ 2. Als er een opsporingsonderzoek of een strafvervolging loopt, kan de tuchtoverheid de termijn, vermeld in paragraaf 1, verlengen voor perioden van maximaal zes maanden zolang het opsporingsonderzoek of de strafvervolging loopt, op voorwaarde dat het personeelslid daarover wordt gehoord.

Als binnen de termijnen, vermeld in het eerste lid, geen tuchtstraf wordt opgelegd, vervallen de gevolgen van de preventieve schorsing.

§ 3. De betrokkene wordt van de preventieve schorsing op de hoogte gebracht met een aangetekende brief, met een brief die afgegeven wordt tegen ontvangstbewijs, of via een elektronische melding van gegevens die voldoet aan de voorwaarden, vermeld in artikel 2281 van het Burgerlijk Wetboek, en die een bewijs oplevert van die melding, van het tijdstip waarop ze is verricht, en van de authenticiteit en de integriteit van de verwerkte gegevens.

Verwijzing
zie randnummer [→ nr. 365]

Art. 210. Als de tuchtoverheid, in aansluiting op een preventieve schorsing met inhouding van salaris, geen tuchtstraf oplegt of een tuchtstraf zonder inhouding van salaris oplegt, wordt de preventieve schorsing ingetrokken en betaalt de gemeente of het openbaar centrum voor maatschappelijk welzijn het ingehouden salaris uit.

Als de tuchtoverheid, in aansluiting op een preventieve schorsing met inhouding van salaris, een tuchtstraf met inhouding van salaris, ontslag van ambtswege of afzetting oplegt, heeft de tuchtstraf uitwerking met ingang van de dag waarop de preventieve schorsing is ingegaan. In dat geval wordt het bedrag van het salaris dat ingehouden is tijdens de schorsing in mindering gebracht op het bedrag van het salarisverlies dat verbonden is aan de tuchtstraf. Als het bedrag van het ingehouden salaris groter is dan het bedrag van het salarisverlies dat verbonden is aan de tuchtstraf, betaalt de gemeente of het openbaar centrum voor maatschappelijk welzijn het verschil uit.

Verwijzing
zie randnummer [→ nr. 365]

Art. 211. De Vlaamse Regering stelt de minimale voorwaarden vast voor de termijnen en de nadere procedureregels voor de preventieve schorsing.

Verwijzing
zie randnummer [→ nr. 365]

Onderafdeling 8. Beroep 1990

Art. 212. De Vlaamse Regering richt een commissie voor tuchtsancties van de lokale besturen op, hierna de Beroepscommissie voor Tuchtzaken genoemd.

Verwijzing
zie randnummer [→ nr. 370]

Art. 213. De Beroepscommissie voor Tuchtzaken is een bestuurlijk orgaan. De Vlaamse Regering regelt de samenstelling, de werking en de vergoeding van de leden ervan, alsook de nadere procedureregels voor de beroepsprocedure.

Verwijzing
zie randnummer [→ nr. 370]

Art. 214. Binnen dertig dagen na ontvangst van de beslissing over het opleggen van een tuchtstraf of een preventieve schorsing kan het personeelslid tegen die beslissing beroep aantekenen bij de Beroepscommissie voor Tuchtzaken.

Het beroep, vermeld in het eerste lid, schorst de uitvoering van de beslissing van de tuchtoverheid niet.

Verwijzing
zie randnummer [→ nr. 370] [→ nr. 610]

Art. 215. De Beroepscommissie voor Tuchtzaken mag pas uitspraak doen nadat het personeelslid, de tuchtoverheid en hun respectieve raadslieden de gelegenheid hebben gekregen om te worden gehoord. Die hoorzittingen zijn niet openbaar, tenzij het betrokken personeelslid er zelf om verzoekt.

Verwijzing
zie randnummer [→ nr. 370]

Art. 216. Binnen zestig dagen na de dag van de ontvangst van het tuchtdossier spreekt de Beroepscommissie voor Tuchtzaken zich uit over het beroep. De Beroepscommissie voor Tuchtzaken deelt de datum waarop ze het tuchtdossier heeft ontvangen, mee aan de tuchtoverheid en de indiener van het beroep.

De Beroepscommissie voor Tuchtzaken kan de oorspronkelijke termijn van zestig dagen eenmaal verlengen met een termijn van zestig dagen. Ze brengt, voor het verstrijken van de termijn van zestig dagen, de tuchtoverheid en het personeelslid op de hoogte van de verlengde termijn.

Met behoud van de toepassing van de termijn, vermeld in het eerste en tweede lid, kan de Beroepscommissie voor Tuchtzaken de tuchtoverheid de mogelijkheid geven om binnen een bepaalde termijn een onwettigheid in de bestreden beslissing te herstellen. In voorkomend geval deelt de Beroepscommissie voor Tuchtzaken de partijen mee op welke wijze het beroep verder wordt behandeld na kennisname van de beslissing van de tuchtoverheid tot herstel van de onwettigheid en uiterlijk na het verstrijken van die termijn om de onwettigheid te herstellen.

Als de Beroepscommissie voor Tuchtzaken het beroep gegrond verklaart, vernietigt ze de bestreden beslissing.

Verwijzing
zie randnummer [→ nr. 370]

9041 HOOFDSTUK 5. Organisatiebeheersing en audit

AFDELING 1. Organisatiebeheersing

Art. 217. Organisatiebeheersing is het geheel van maatregelen en procedures die ontworpen zijn om een redelijke zekerheid te verschaffen dat men:

1° de vastgelegde doelstellingen bereikt en de risico's om deze te bereiken kent en beheerst;
2° wetgeving en procedures naleeft;
3° over betrouwbare financiële en beheersrapportering beschikt;
4° op een effectieve en efficiënte wijze werkt en de beschikbare middelen economisch inzet;
5° de activa beschermt en fraude voorkomt.

Verwijzing
zie randnummer [→ nr. 471] [→ nr. 472] [→ nr. 473] [→ nr. 474]

Art. 218. Het organisatiebeheersingssysteem bepaalt op welke wijze de organisatiebeheersing van de gemeente en het openbaar centrum voor maatschappelijk welzijn wordt georganiseerd, met inbegrip van de te nemen controlemaatregelen, procedures en de aanwijzing van de personeelsleden en organen die ervoor verantwoordelijk zijn, en de rapporteringsverplichtingen van de personeelsleden die bij het organisatiebeheersingssysteem betrokken zijn.

Het organisatiebeheersingssysteem beantwoordt minstens aan het principe van functiescheiding waar mogelijk en is verenigbaar met de continuïteit van de werking van de gemeentelijke diensten.

Verwijzing
zie randnummer [→ nr. 471] [→ nr. 472] [→ nr. 473] [→ nr. 474]

Art. 219. Het organisatiebeheersingssysteem wordt vastgesteld door de algemeen directeur, na overleg met het managementteam. Het algemene kader van het organisatiebeheersingssysteem en de elementen daarin die raken aan de rol en de bevoegdheden van de gemeenteraad en de raad voor maatschappelijk welzijn zijn onderworpen aan de goedkeuring van de gemeenteraad en de raad voor maatschappelijk welzijn.

De algemeen directeur rapporteert jaarlijks aan het college van burgemeester en schepenen, de gemeenteraad, de raad voor maatschappelijk welzijn en het vast bureau over de organisatiebeheersing. Die rapportering gebeurt jaarlijks uiterlijk voor 30 juni van het daaropvolgende jaar.

Verwijzing
zie randnummer [→ nr. 471] [→ nr. 472] [→ nr. 473] [→ nr. 474]

Art. 220. Met behoud van de toepassing van artikel 57, 85 en 196 kan de algemeen directeur, binnen de grenzen van het organisatiebeheersingssysteem, zijn bevoegdheden toevertrouwen aan andere personeelsleden van de gemeente of het openbaar centrum voor maatschappelijk welzijn. Ook de financieel directeur kan zijn bevoegdheden toevertrouwen aan andere personeelsleden van de gemeente of het openbaar centrum voor maatschappelijk welzijn. In beide gevallen gebeurt dat schriftelijk en met een ondubbelzinnige omschrijving van de toegekende bevoegdheden en de daaraan verbonden opdrachten, middelen en rapporteringsverplichtingen.

De toepassing van het eerste lid ontslaat de algemeen directeur of de financieel directeur nooit van zijn verantwoordelijkheid.

Verwijzing 19904
zie randnummer [→ nr. 325] [→ nr. 471] [→ nr. 472] [→ nr. 473] [→ nr. 474]

AFDELING 2. Audit

Art. 221. In elke gemeente en in elk openbaar centrum voor maatschappelijk welzijn wordt periodiek een audit uitgevoerd door Audit Vlaanderen, vermeld in artikel III.115 van het Bestuursdecreet van 7 december 2018.

Audit Vlaanderen bezorgt de verslagen van de audits aan de voorzitter van de gemeenteraad of de raad voor maatschappelijk welzijn, die ze bezorgt aan de leden van de gemeenteraad of de raad voor maatschappelijk welzijn.

Verwijzing
zie randnummer [→ nr. 475] [→ nr. 476] [→ nr. 477]

Art. 222. Audit Vlaanderen evalueert de organisatiebeheersing, gaat na of ze adequaat is en formuleert aanbevelingen tot verbetering daarvan. Audit Vlaanderen kan daarvoor organisatie- en procesaudits uitvoeren en is gemachtigd alle bedrijfsprocessen en activiteiten te onderzoeken.

Audit Vlaanderen is ook bevoegd voor het uitvoeren van forensische audits.

Verwijzing
zie randnummer [→ nr. 475] [→ nr. 476] [→ nr. 477]

Art. 223. Om zijn bevoegdheid te kunnen uitoefenen, heeft Audit Vlaanderen toegang tot alle informatie en documenten, ongeacht de drager ervan, en tot alle gebouwen, ruimtes en installaties waar taken worden uitgevoerd van de besturen. Audit Vlaanderen kan aan ieder personeelslid de inlichtingen vragen die het voor de uitvoering van zijn opdrachten nodig acht. Ieder personeelslid is ertoe gehouden zo snel mogelijk en zonder voorafgaande machtiging op een volledige wijze te antwoorden en alle relevante informatie en documenten te verstrekken.

Elk personeelslid heeft het recht om Audit Vlaanderen rechtstreeks op de hoogte te brengen van onregelmatigheden die hij in de uitoefening van zijn functie vaststelt.

Buiten de gevallen van kwade trouw, persoonlijk voordeel of valse aangifte die een dienst of een persoon schade toebrengen, kan een rapportering aan Audit Vlaanderen nooit aanleiding geven tot een tuchtsanctie of een ontslag. Dergelijke verklaringen vallen niet onder het inzagerecht, tenzij het betrokken personeelslid daarvoor zijn instemming verleent.Met toepassing van artikel 23, lid 1, i), van de verordening (EU) 2016/679 van het Europees Parlement en de Raad van 27 april 2016 betreffende de bescherming van natuurlijke personen in verband met de verwerking van persoonsgegevens en betreffende het vrije verkeer van die gegevens en tot intrekking van richtlijn 95/46/EG (algemene verordening gegevensbescherming) heeft de persoon, op wie de rapportering betrekking heeft, geen toegang tot die verklaringen, behalve met toestemming van degene die de onregelmatigheid heeft gerapporteerd.

Met toepassing van artikel 23, lid 1, e) en h), van de verordening (EU) 2016/679 van het Europees Parlement en de Raad van 27 april 2016 betreffende de bescherming van natuurlijke personen in verband met de verwerking van persoonsgegevens en betreffende het vrije verkeer van die gegevens en tot intrekking van Richtlijn 95/46/EG (algemene verordening gegevensbescherming) kan Audit Vlaanderen beslissen om de verplichtingen en de rechten, vermeld in artikel 12 tot en met 22 van de voormelde verordening, niet toe te passen bij de verwerkingen van persoonsgegevens in het kader van een onderzoek dat betrekking heeft op een welbepaalde natuurlijke

99041 persoon, als voldaan is aan de voorwaarden, vermeld in het vijfde tot en met het dertiende lid.

De afwijkingsmogelijkheid, vermeld in het vierde lid, geldt alleen gedurende de periode waarin de betrokkene het voorwerp uitmaakt van een controle, een onderzoek of de voorbereidende werkzaamheden die daarmee verband houden, in het kader van de decretale en reglementaire opdrachten van Audit Vlaanderen, op voorwaarde dat het voor het goede verloop van het onderzoek noodzakelijk is of kan zijn dat de verplichtingen en de rechten, vermeld in artikel 12 tot en met 22 van de voormelde verordening, niet worden toegepast. De duur van de voorbereidende werkzaamheden mag in voorkomend geval niet meer bedragen dan een jaar vanaf de ontvangst van een verzoek tot uitoefening van een van de rechten, vermeld in artikel 12 tot en met 22 van de voormelde verordening.

De persoonsgegevens, vermeld in het vierde lid, worden niet langer bewaard dan nodig is voor de doeleinden waarvoor ze worden verwerkt.

De afwijkingsmogelijkheid, vermeld in het vierde lid, heeft geen betrekking op de gegevens die losstaan van het voorwerp van het onderzoek dat of van de controle die de weigering of beperking van de rechten, vermeld in het vierde lid, rechtvaardigt.

Als de betrokkene in het geval, vermeld in het vierde lid, tijdens de periode, vermeld in het vijfde lid, een verzoek indient op basis van artikel 12 tot en met 22 van de voormelde verordening, bevestigt de bevoegde functionaris voor gegevensbescherming de ontvangst daarvan.

De bevoegde functionaris voor gegevensbescherming brengt de betrokkene schriftelijk, zo snel mogelijk en in elk geval binnen een maand vanaf de dag die volgt op de dag waarop hij het verzoek heeft ontvangen, op de hoogte van elke weigering of beperking van de rechten, vermeld in het vierde lid. De verdere informatie over de nadere redenen voor die weigering of die beperking hoeft niet te worden verstrekt als dat de decretale en reglementaire opdrachten van Audit Vlaanderen zou ondermijnen, met behoud van de toepassing van het elfde lid. Als het nodig is, kan de voormelde termijn met twee maanden worden verlengd, rekening houdend met het aantal aanvragen en de complexiteit ervan. De verwerkingsverantwoordelijke brengt de betrokkene binnen een maand vanaf de dag die volgt op de dag waarop hij het verzoek heeft ontvangen, op de hoogte van die verlenging en van de redenen voor het uitstel.

De bevoegde functionaris voor gegevensbescherming informeert de betrokkene ook over de mogelijkheid om een verzoek in te dienen bij de Vlaamse toezichtcommissie voor de verwerking van persoonsgegevens conform artikel 10/5 van het decreet van 18 juli 2008 betreffende het elektronische bestuurlijke gegevensverkeer en om een beroep in rechte in te stellen.

De bevoegde functionaris voor gegevensbescherming noteert de feitelijke of juridische gronden waarop de beslissing is gebaseerd. Die informatie houdt hij ter beschikking van de voormelde Vlaamse toezichtcommissie.

Nadat het onderzoek afgesloten is, worden de rechten, vermeld in artikel 13 tot en met 22 van de voormelde verordening, in voorkomend geval, conform artikel 12 van de voormelde verordening opnieuw toegepast.

Als een dossier dat persoonsgegevens als vermeld in het vierde lid, bevat, naar het Openbaar Ministerie is gestuurd en kan leiden tot activiteiten onder leiding van het Openbaar Ministerie of een onderzoeksrechter, en er onduidelijkheid is over het geheim van het onderzoek onder leiding van het Openbaar Ministerie of een onderzoeksrechter, mag de bevoegde functionaris voor gegevensbescherming op verzoek van de betrokkene overeenkomstig artikel 12 tot en met 22 van de voormelde verordening pas antwoorden nadat het Openbaar Ministerie of, in voorkomend geval, de onderzoeksrechter heeft bevestigd dat een antwoord het onderzoek niet in het gedrang brengt of kan brengen. 19904

Verwijzing
zie randnummer [→ nr. 475] [→ nr. 476] [→ nr. 477]

Art. 224. De gemeenteraad en de raad voor maatschappelijk welzijn kunnen een interne audit organiseren. In afwijking van artikel 170 kunnen ze er daarbij voor kiezen om de personeelsleden die belast zijn met de interne audit niet onder de algemene leiding van de algemeen directeur te plaatsen. In dat geval is artikel 194, tweede lid, en 208, § 2, tweede lid, van toepassing op die personeelsleden, met dien verstande dat "de ombudsman" wordt gelezen als "het personeelslid belast met de interne audit".

Verwijzing
zie randnummer [→ nr. 160] [→ nr. 161] [→ nr. 162] [→ nr. 475] [→ nr. 476] [→ nr. 477]

TITEL 4. DE BELEIDS- EN BEHEERSCYCLUS VAN DE GEMEENTE EN HET OPENBAAR CENTRUM VOOR MAATSCHAPPELIJK WELZIJN

HOOFDSTUK 1. De beleidsrapporten

AFDELING 1. Algemene bepalingen

Art. 249. § 1. De beleidsrapporten van de gemeente en het openbaar centrum voor maatschappelijk welzijn zijn het meerjarenplan, de aanpassingen van het meer-jarenplan en de jaarrekening.

De beleidsrapporten van de gemeente en het openbaar centrum voor maatschappelijk welzijn vormen een geïntegreerd geheel.

§ 2. Elk ontwerp van beleidsrapport wordt op zijn minst veertien dagen voor de vergadering waarop het wordt besproken aan ieder lid van de gemeenteraad of de raad voor maatschappelijk welzijn bezorgd.

Vanaf het ogenblik dat het ontwerp van het beleidsrapport bezorgd is aan de raadsleden, wordt aan hen ook de bijbehorende documentatie ter beschikking gesteld.

§ 3. De gemeenteraad en de raad voor maatschappelijk welzijn stemmen over hun deel van elk beleidsrapport. Nadat de raden zo het beleidsrapport elk voor hun deel hebben vastgesteld, keurt de gemeenteraad het deel van het beleidsrapport zoals vastgesteld door de raad voor maatschappelijk welzijn goed. Door die goedkeuring wordt het beleidsrapport in zijn geheel geacht definitief vastgesteld te zijn.

De gemeenteraad kan het deel van het beleidsrapport zoals vastgesteld door de raad voor maatschappelijk welzijn niet goedkeuren als dat de financiële belangen van de gemeente bedreigt. In dat geval vervalt de eventuele vaststelling van het deel van het beleidsrapport zoals vastgesteld door de gemeenteraad.

§ 4. Elke raad stemt telkens over het geheel van zijn deel van het beleidsrapport. In afwijking daarvan kan elk raadslid de afzonderlijke stemming eisen over een of meer onderdelen die hij aanwijst. In dat geval mag de betrokken raad pas over het geheel van zijn deel van het beleidsrapport stemmen na de afzonderlijke stemming. Als deze afzonderlijke stemming tot gevolg heeft dat het ontwerp van beleidsrapport moet worden gewijzigd, wordt de stemming over het geheel verdaagd tot een volgende vergadering van de raad. Als de andere raad voordien zijn deel van het beleidsrapport al had vastgesteld, vervalt

99041 die vaststelling en stelt die raad het gewijzigde ontwerp van beleidsrapport vast op een volgende vergadering.

Verwijzing
zie randnummer [→ nr. 132] [→ nr. 133] [→ nr. 374] [→ nr. 375] [→ nr. 376] [→ nr. 377] [→ nr. 378] [→ nr. 379] [→ nr. 388] [→ nr. 389] [→ nr. 390] [→ nr. 434]

Art. 250. Onmiddellijk na de definitieve vaststelling van een beleidsrapport bezorgt de gemeente de gegevens over het vastgestelde beleidsrapport in digitale vorm aan de Vlaamse Regering.

Het vastgestelde beleidsrapport is pas uitvoerbaar als de digitale rapportering erover aan de Vlaamse Regering is bezorgd.

Als er nog geen jaarrekening is vastgesteld op 30 juni van het jaar dat volgt op het boekjaar in kwestie bezorgt de gemeente de gegevens over het ontwerp van jaarrekening in digitale vorm aan de Vlaamse Regering.

Verwijzing
zie randnummer [→ nr. 374] [→ nr. 375] [→ nr. 376] [→ nr. 377] [→ nr. 378] [→ nr. 379]

Art. 251. In de beleidsrapporten wordt een onderscheid gemaakt tussen de exploitatie, de investeringen en de financiering.

Verwijzing
zie randnummer [→ nr. 374] [→ nr. 375] [→ nr. 376] [→ nr. 377] [→ nr. 378] [→ nr. 379]

Art. 252. Het boekjaar begint op 1 januari en eindigt op 31 december van hetzelfde jaar.

Verwijzing
zie randnummer [→ nr. 374] [→ nr. 375] [→ nr. 376] [→ nr. 377] [→ nr. 378] [→ nr. 379]

Art. 253. Elke gemeente en elk openbaar centrum voor maatschappelijk welzijn voeren een algemene en een budgettaire boekhouding, aangepast aan de aard en de omvang van hun activiteiten.

Verwijzing
zie randnummer [→ nr. 374] [→ nr. 375] [→ nr. 376] [→ nr. 377] [→ nr. 378] [→ nr. 379] [→ nr. 431]

AFDELING 2. Het meerjarenplan

Art. 254. Voor het einde van het jaar dat volgt op de gemeenteraadsverkiezingen wordt een meerjarenplan vastgesteld. Dat meerjarenplan bestaat uit een strategische nota, een financiële nota en een toelichting.

Het meerjarenplan start in het tweede jaar dat volgt op de gemeenteraadsverkiezingen en loopt af op het einde van het jaar na de daaropvolgende gemeenteraadsverkiezingen.

Verwijzing
zie randnummer [→ nr. 380] [→ nr. 381] [→ nr. 382] [→ nr. 383] [→ nr. 384] [→ nr. 385] [→ nr. 386] [→ nr. 388] [→ nr. 389] [→ nr. 390] [→ nr. 434]

Art. 255. In de strategische nota van het meerjarenplan worden de beleidsdoelstellingen en de beleidsopties voor het extern en intern te voeren beleid geïntegreerd weergegeven.

In de financiële nota van het meerjarenplan wordt de financiële vertaling van de beleidsopties van de strategische nota weergegeven en wordt verduidelijkt hoe het financiële evenwicht wordt gehandhaafd. 19904

De toelichting van het meerjarenplan bevat alle informatie over de verrichtingen in het ontwerp van meerjarenplan die relevant is voor de raadsleden om met kennis van zaken een beslissing te kunnen nemen.

Verwijzing
zie randnummer [→ nr. 380] [→ nr. 381] [→ nr. 382] [→ nr. 383] [→ nr. 384] [→ nr. 385] [→ nr. 386]

Art. 256. De ramingen voor de exploitatie, de investeringen en de financiering in het eerste jaar van de financiële nota van het meerjarenplan omvatten ook de kredieten voor de gemeente en de kredieten voor het openbaar centrum voor maatschappelijk welzijn voor dat boekjaar.

Verwijzing
zie randnummer [→ nr. 380] [→ nr. 381] [→ nr. 382] [→ nr. 383] [→ nr. 384] [→ nr. 385] [→ nr. 386]

AFDELING 3. Aanpassingen van het meerjarenplan

Art. 257. § 1. Minstens een keer per jaar wordt het meerjarenplan aangepast, waarbij in elk geval de kredieten voor het volgende boekjaar worden vastgesteld. Als dat nodig is, kunnen daarbij ook de kredieten voor het lopende boekjaar worden aangepast. Daarnaast kan het meerjarenplan, als dat nodig is, ook worden aangepast om alleen de kredieten voor het lopende boekjaar aan te passen.

Als voor 1 januari van het jaar dat volgt op de gemeenteraadsverkiezingen de kredieten voor dat boekjaar nog niet werden vastgesteld, worden, in afwijking van het eerste lid, op die datum de kredieten voor dat boekjaar automatisch vastgesteld op basis van de ramingen voor dat boekjaar in de financiële nota van het meerjarenplan.

Bij elke aanpassing van het meerjarenplan wordt het resultaat van de intussen vastgestelde jaarrekeningen verwerkt.

De periode van het meerjarenplan blijft altijd de periode, vermeld in artikel 254, tweede lid, maar de financiële nota beschrijft altijd de financiële consequenties voor ten minste drie toekomstige boekjaren.

§ 2. Een aanpassing van het meerjarenplan omvat minstens een aangepaste financiële nota, een toelichting en de eventuele wijzigingen van de strategische nota.

Verwijzing
zie randnummer [→ nr. 391] [→ nr. 392]

Art. 258. Het college van burgemeester en schepenen bepaalt, voor 1 maart van het lopende boekjaar, welk gedeelte van de kredieten voor de gemeente voor investeringen en financiering, die voor het vorige boekjaar opgenomen waren in het meerjarenplan maar nog niet zijn aangewend, overgedragen worden naar het lopende boekjaar. Het vast bureau doet hetzelfde voor het openbaar centrum voor maatschappelijk welzijn.

De gemeente bezorgt de gegevens over de stand van het meerjarenplan na de overdrachten, vermeld in het eerste lid, onmiddellijk in digitale vorm aan de Vlaamse Regering.

99041 *Verwijzing*
zie randnummer [→ nr. 391] [→ nr. 392]

AFDELING 4. Bijzondere bepaling over het bestuurlijk toezicht op het meerjarenplan

Art. 259. Met behoud van de bevoegdheid van de toezichthoudende overheid tot vernietiging wegens schending van het recht of strijdigheid met het algemeen belang, met toepassing van artikel 330 tot en met 334, vernietigt de toezichthoudende overheid het meerjarenplan of de aanpassing ervan in de volgende gevallen:

1° aan de raadsleden is in het beleidsrapport niet alle noodzakelijke informatie ter beschikking gesteld om met kennis van zaken een beslissing te kunnen nemen, onder meer over de financiële risico's;

2° er wordt niet afdoende of alleen op basis van fictieve gegevens aangetoond dat het financiële evenwicht gevrijwaard blijft in de boekjaren waarop het meerjarenplan betrekking heeft;

3° het meerjarenplan dat aan de raadsleden is bezorgd, stemt niet overeen met de digitale rapportering die daarover aan de Vlaamse Regering is bezorgd met toepassing van artikel 250;

4° verwachte ontvangsten of uitgaven zijn ten onrechte, of ten onrechte niet, opgenomen in het meerjarenplan.

In afwijking van artikel 332 beschikt de toezichthoudende overheid over vijftig dagen om het meerjarenplan of de aanpassing ervan te vernietigen en om de gemeente en het openbaar centrum voor maatschappelijk welzijn daarvan op de hoogte te brengen. Die termijn gaat in op de dag nadat de gemeente zowel de toezichthoudende overheid op de hoogte heeft gebracht van de bekendmaking van het beleidsrapport, met toepassing van artikel 286, § 1, 3°, als de digitale rapportering erover aan de Vlaamse Regering heeft bezorgd met toepassing van artikel 250.

Verwijzing
zie randnummer [→ nr. 393]

AFDELING 5. De jaarrekening

Art. 260. Nadat de rekeningen van de boekhouding, vermeld in artikel 253, in overeenstemming zijn gebracht met de gegevens van de inventaris van al de bezittingen, rechten, vorderingen, schulden en verplichtingen, van welke aard ook, van de gemeente en het openbaar centrum voor maatschappelijk welzijn, worden ze samengevat opgenomen in het ontwerp van de jaarrekening.

De jaarrekening bestaat uit een beleidsevaluatie, een financiële nota en een toelichting.

De jaarrekening wordt vastgesteld voor 30 juni van het boekjaar dat volgt op het boekjaar waarop de rekening betrekking heeft.

Verwijzing
zie randnummer [→ nr. 432] [→ nr. 433]

Art. 261. De beleidsevaluatie van de jaarrekening geeft het beleid weer dat de gemeente en het openbaar centrum voor maatschappelijk welzijn gedurende het boekjaar hebben gevoerd en evalueert de beleidsdoelstellingen en de mate waarin ze zijn bereikt.

De financiële nota van de jaarrekening geeft de financiële gevolgen van het gevoerde beleid weer.

De toelichting van de jaarrekening bevat alle informatie over de verrichtingen in het ontwerp van jaarrekening die relevant is voor de raadsleden om met kennis van zaken een beslissing te kunnen nemen. Ze bevat minstens informatie over de schulden en de financiële risico's. 19904

Verwijzing
zie randnummer [→ nr. 432] [→ nr. 433]

AFDELING 6. Bijzondere bepaling over het bestuurlijk toezicht op de jaarrekening

Art. 262. § 1. De toezichthoudende overheid keurt de jaarrekening goed op voorwaarde dat:

1° aan de raadsleden in het beleidsrapport alle noodzakelijke informatie ter beschikking is gesteld om met kennis van zaken een beslissing te nemen;
2° de jaarrekening juist en volledig is en een waar en getrouw beeld geeft van de financiële toestand van de gemeente en het openbaar centrum voor maatschappelijk welzijn;
3° het beleidsrapport dat aan de raadsleden is bezorgd overeenstemt met de digitale rapportering die daarover aan de Vlaamse Regering is bezorgd met toepassing van artikel 250;
4° de algemene en de budgettaire boekhouding op elkaar aansluiten.

Als de toezichthoudende overheid geen besluit heeft verzonden naar de gemeente en het openbaar centrum voor maatschappelijk welzijn binnen een termijn van honderdvijftig dagen wordt ze geacht de jaarrekening goed te keuren. Die termijn gaat in op de dag nadat de gemeente zowel de toezichthoudende overheid op de hoogte heeft gebracht van de bekendmaking van de jaarrekening, met toepassing van artikel 286, § 1, 3°, als de digitale rapportering erover aan de Vlaamse Regering heeft bezorgd met toepassing van artikel 250.

§ 2. De toezichthoudende overheid kan bij de goedkeuring bepaalde verrichtingen als onregelmatig bestempelen en beslist dan over de aansprakelijkheid van de actoren die betrokken zijn bij die verrichtingen. Ze brengt de betrokkenen onmiddellijk op de hoogte van haar beslissing met een aangetekende brief of een andere melding die voldoet aan de voorwaarden, vermeld in artikel 2281 van het Burgerlijk Wetboek, en die een bewijs oplevert van die melding, van het tijdstip waarop ze is verricht en van de authenticiteit en de integriteit van de verwerkte gegevens. In voorkomend geval wordt daarbij een verzoek gevoegd om het vastgestelde bedrag aan de gemeente of het openbaar centrum voor maatschappelijk welzijn te betalen. Een afschrift van de beslissing van de toezichthoudende overheid wordt bezorgd aan de gemeente of het openbaar centrum voor maatschappelijk welzijn, al naargelang het geval.

Verwijzing
zie randnummer [→ nr. 435]

HOOFDSTUK 2. Andere rapporteringen

Art. 263. De gemeenteraad en de raad voor maatschappelijk welzijn bepalen wanneer hen een opvolgingsrapportering, met een stand van zaken van de uitvoering van het meerjarenplan, wordt voorgelegd.

Er wordt minstens voor het einde van het derde kwartaal een opvolgingsrapportering over het eerste semester van het boekjaar voorgelegd.

99041 *Verwijzing*
zie randnummer [→ nr. 374] [→ nr. 375] [→ nr. 376] [→ nr. 377] [→ nr. 378] [→ nr. 379]

Art. 264. De gemeente rapporteert aan de Vlaamse Regering over de verrichte transacties van elk kwartaal voor het einde van de maand die volgt op het kwartaal.

De rapportering, vermeld in het eerste lid, omvat zowel de transacties van de gemeente als die van het openbaar centrum voor maatschappelijk welzijn.

Verwijzing
zie randnummer [→ nr. 374] [→ nr. 375] [→ nr. 376] [→ nr. 377] [→ nr. 378] [→ nr. 379]

HOOFDSTUK 3. De ontvangsten- en uitgavencyclus

Art. 265. Een verbintenis mag alleen worden aangegaan als de financiële gevolgen ervan tijdens de periode van het meerjarenplan passen binnen de ramingen van het meerjarenplan en als de financiële gevolgen voor het lopende boekjaar passen binnen de limitatieve kredieten voor dat boekjaar in het meerjarenplan.

Als de gemeente nog niet over uitvoerbare kredieten beschikt voor het lopende boekjaar, is het aangaan of het wijzigen van verbintenissen onderworpen aan de voorafgaande goedkeuring door de gemeenteraad. De gemeente kan dan alleen verbintenissen aangaan of wijzigen die behoren tot de exploitatie en die verband houden met de courante werking en de bestaande dienstverlening.

Iedereen die in strijd met het tweede lid verbintenissen heeft aangegaan, is daarvoor persoonlijk verantwoordelijk, behalve in de gevallen die door of krachtens dit decreet worden bepaald en met behoud van de eventuele medeverantwoordelijkheid van andere organen of personeelsleden.

Verwijzing
zie randnummer [→ nr. 394] [→ nr. 395] [→ nr. 396] [→ nr. 397] [→ nr. 399]

Art. 266. De voorgenomen financiële verbintenissen die resulteren in een uitgaande nettokasstroom zijn onderworpen aan een voorafgaand visum, voordat enige verbintenis kan worden aangegaan.

De financieel directeur onderzoekt de wettigheid en regelmatigheid van die voorgenomen verbintenissen in het kader van zijn opdracht vermeld in artikel 177, eerste lid, 1°. Hij verleent zijn visum, als uit dat onderzoek de wettigheid en regelmatigheid van de voorgenomen verbintenis blijkt. Hij kan voorwaarden koppelen aan zijn visum. Als de financieel directeur weigert zijn visum te verlenen, of als hij er voorwaarden aan koppelt, motiveert hij dat.

De gemeenteraad bepaalt, na advies van de financieel directeur, de nadere voorwaarden waaronder de financieel directeur de controle, vermeld in het tweede lid, uitoefent. De gemeenteraad kan binnen de perken die vastgelegd zijn door de Vlaamse Regering, en na advies van de financieel directeur, bepaalde categorieën van verrichtingen uitsluiten van de visumverplichting.

Het organisatiebeheersingssysteem bepaalt de voorwaarden die gelden om advies te kunnen vragen aan de financieel directeur over de wettigheid en regelmatigheid van verrichtingen die van de visumverplichting zijn uitgesloten.

Verwijzing
zie randnummer [→ nr. 394] [→ nr. 395] [→ nr. 396] [→ nr. 397] [→ nr. 399]

Art. 267. Als de financieel directeur weigert om een visum te verlenen aan een voorgenomen verbintenis, kan het college van burgemeester en schepenen op eigen verantwoordelijkheid viseren. In dat geval brengt het college van burgemeester en schepenen de gemotiveerde beslissing van de financieel directeur, samen met zijn eigen beslissing, ter kennis van de gemeenteraad. 19904

De verbintenis kan pas worden aangegaan nadat de gemeenteraad heeft kunnen kennisnemen van die beslissing van het college van burgemeester en schepenen.

In afwijking van het eerste lid kan de gemeenteraad in de situatie, vermeld in artikel 265, tweede lid, viseren als de financieel directeur weigert om een visum te verlenen aan een voorgenomen verbintenis.

Verwijzing
zie randnummer [→ nr. 394] [→ nr. 395] [→ nr. 396] [→ nr. 397] [→ nr. 399]

Art. 268. Met het behoud van de toepassing van artikel 265, eerste en tweede lid, kan de gemeente geen verbintenissen uitvoeren zonder dat er kredieten voor beschikbaar zijn.

Totdat de gemeente over uitvoerbare kredieten beschikt, kan ze alleen uitgaven doen overeenkomstig verbintenissen die zijn aangegaan voor het begin van het boekjaar en overeenkomstig nieuwe verbintenissen die behoren tot de exploitatie en die verband houden met de courante werking en de bestaande dienstverlening.

Verwijzing
zie randnummer [→ nr. 394] [→ nr. 395] [→ nr. 396] [→ nr. 397] [→ nr. 399]

Art. 269. De gemeenteraad kan zonder de nodige kredieten over de uitgaven beslissen die door dwingende en onvoorziene omstandigheden vereist zijn, op voorwaarde dat hij daarvoor een met redenen omkleed besluit neemt.

In dezelfde omstandigheden en als het geringste uitstel onbetwistbare schade zou veroorzaken, kan het college van burgemeester en schepenen op eigen verantwoordelijkheid over de uitgaven beslissen. Het college van burgemeester en schepenen brengt de gemeenteraad daarvan onmiddellijk op de hoogte.

De bevoegdheid om over de uitgaven te beslissen, houdt ook de bevoegdheid in tot het vaststellen van de voorwaarden van overheidsopdrachten, het vaststellen van de plaatsingsprocedure, het voeren van de plaatsingsprocedure, de gunning en de uitvoering van de overheidsopdrachten.

In de gevallen, vermeld in het eerste en het tweede lid, worden de financiële gevolgen opgenomen in de eerstvolgende aanpassing van het meerjarenplan.

Verwijzing
zie randnummer [→ nr. 394] [→ nr. 395] [→ nr. 396] [→ nr. 397] [→ nr. 399]

Art. 270. Als verschillende gemeenten betrokken zijn bij een uitgave die door of krachtens wettelijke of decretale bepalingen aan de gemeente is opgelegd, dragen ze allemaal daarin bij naar evenredigheid van het belang dat ze erbij kunnen hebben. In geval van weigering of van onenigheid over de verhouding van dat belang en van de te dragen lasten, beslist de toezichthoudende overheid over het aandeel van elke gemeente.

Verwijzing
zie randnummer [→ nr. 394] [→ nr. 395] [→ nr. 396] [→ nr. 397] [→ nr. 399]

Art. 271. Als het college van burgemeester en schepenen, overeenkomstig artikel 304, § 6, het beheer van een bepaald budget voor de realisatie van een bepaalde actie of een bepaald project heeft toevertrouwd aan een wijkcomité

99041 of een burgerinitiatief, staat een personeelslid van de gemeente in voor de praktische uitvoering van dit beheer.

Verwijzing
zie randnummer [→ nr. 394] [→ nr. 395] [→ nr. 396] [→ nr. 397] [→ nr. 399]

Art. 272. § 1. Alle girale betalingen worden ondertekend door de algemeen directeur en de financieel directeur. Met zijn handtekening bevestigt de algemeen directeur dat de uitgave wettig en regelmatig is.

Als het organisatiebeheersingssysteem daarvoor een regeling bevat, kunnen provisies ter beschikking gesteld worden van personeelsleden voor het betalen van geringe exploitatie-uitgaven die voor de goede werking van de dienst onmiddellijk moeten worden gedaan. Het eerste lid is niet van toepassing op de betalingen vanuit die provisies.

Betalingen in verband met het thesauriebeheer verricht de financieel directeur autonoom. Daaronder vallen niet de betalingen naar de provisies, vermeld in het tweede lid.

§ 2. Als de algemeen directeur of een personeelslid dat hij met betalingsverrichtingen belast heeft, weigert een betalingsopdracht aan een financiële instelling te ondertekenen, kan het college van burgemeester en schepenen op eigen verantwoordelijkheid bevelen de betaling uit te voeren. Een dergelijk bevel kan niet worden geweigerd.

In het geval, vermeld in het eerste lid, brengt het college van burgemeester en schepenen de gemeenteraad op de hoogte van dat betalingsbevel.

De betaling, vermeld in het eerste lid, kan pas worden uitgevoerd nadat de gemeenteraad heeft kunnen kennisnemen van de beslissing van het college van burgemeester en schepenen.

Verwijzing
zie randnummer [→ nr. 394] [→ nr. 395] [→ nr. 396] [→ nr. 397] [→ nr. 399]

Art. 273. De bepalingen van dit hoofdstuk zijn van toepassing op het openbaar centrum voor maatschappelijk welzijn, met uitzondering van artikel 271 en met dien verstande dat de hiernavolgende woorden worden gelezen als volgt:

1° "gemeente" als "openbaar centrum voor maatschappelijk welzijn";
2° "gemeenteraad" als "raad voor maatschappelijk welzijn";
3° "college van burgemeester en schepenen" als "vast bureau".

Verwijzing
zie randnummer [→ nr. 394] [→ nr. 395] [→ nr. 396] [→ nr. 397] [→ nr. 399]

HOOFDSTUK 4. Bijzondere bepaling over het openbaar centrum voor maatschappelijk welzijn

Art. 274. De gemeente zorgt er voor dat het openbare centrum voor maatschappelijk welzijn dat de gemeente bedient steeds zijn financiële verplichtingen kan nakomen.

Verwijzing
zie randnummer [→ nr. 388] [→ nr. 389] [→ nr. 390]

HOOFDSTUK 5. Nadere uitwerking door de Vlaamse Regering

Art. 275. De Vlaamse Regering bepaalt de nadere voorschriften voor de uitvoering van deze titel en de bijbehorende documenten, met inbegrip van de te hanteren modellen, de rekeningenstelsels en de inhoud en wijze van de digitale rapporteringen. 19904

De Vlaamse Regering bepaalt welke kredieten limitatief zijn.

De Vlaamse Regering bepaalt de minimale vereisten waaraan de informaticasystemen moeten voldoen die door de gemeente en het openbaar centrum voor maatschappelijk welzijn worden gehanteerd bij de uitvoering van de bepalingen van deze titel.

TITEL 5. DE WERKING VAN HET LOKAAL BESTUUR

HOOFDSTUK 1. Akten van het lokaal bestuur

AFDELING 1. Opmaken en ondertekenen van akten

Art. 276. Akten en documenten van de gemeente, het openbaar centrum voor maatschappelijk welzijn, het autonoom gemeentebedrijf en het gemeentelijk extern verzelfstandigd agentschap in privaatrechtelijke vorm mogen op elke informatiedrager geplaatst worden, als de gemeente, het openbaar centrum voor maatschappelijk welzijn, het autonoom gemeentebedrijf of het gemeentelijk extern verzelfstandigd agentschap in privaatrechtelijke vorm een duurzame bewaring en toegankelijkheid garandeert.

Voor de toepassing van dit decreet kan aan de vereiste van een handtekening voldaan worden door een elektronische procedure die de authenticiteit en de integriteit van de gegevens waarborgt. De Vlaamse Regering kan die elektronische procedure nader bepalen.

De Vlaamse Regering kan nadere regels bepalen voor de wijze waarop gegevens, akten en documenten van de gemeente, het openbaar centrum voor maatschappelijk welzijn, het autonoom gemeentebedrijf en het gemeentelijk extern verzelfstandigd agentschap in privaatrechtelijke vorm opgemaakt, bewaard en gecommuniceerd worden.

Verwijzing
zie randnummer [→ nr. 436] [→ nr. 437] [→ nr. 438]

Art. 277. § 1. De algemeen directeur woont de vergaderingen van de gemeenteraad bij en is verantwoordelijk voor het opstellen en het bewaren van de notulen en het zittingsverslag ervan.

De notulen en het zittingsverslag van de gemeenteraad worden, na goedkeuring, ondertekend door de voorzitter van de gemeenteraad en de algemeen directeur.

De bepalingen, vermeld in het eerste en tweede lid, zijn van toepassing op het openbaar centrum voor maatschappelijk welzijn, met dien verstande dat "gemeenteraad" wordt gelezen als "raad voor maatschappelijk welzijn".

§ 2. De algemeen directeur woont de vergaderingen van het college van burgemeester en schepenen bij en is verantwoordelijk voor het opstellen en het bewaren van de notulen ervan.

De notulen van het college van burgemeester en schepenen worden, na goedkeuring, door de burgemeester en door de algemeen directeur ondertekend.

De bepalingen, vermeld in het eerste en tweede lid, zijn van toepassing op het openbaar centrum voor maatschappelijk welzijn, met dien verstande dat "college van burgemeester en schepenen" wordt gelezen als "vast bureau", en "burgemeester" wordt gelezen als "voorzitter van het vast bureau".

99041 § 3. De algemeen directeur woont de vergaderingen van het bijzonder comité voor de sociale dienst bij en is verantwoordelijk voor het opstellen en het bewaren van de notulen ervan.

De algemeen directeur kan het bijwonen van de vergaderingen van het bijzonder comité voor de sociale dienst, het opstellen en het medeondertekenen van de notulen delegeren aan een personeelslid van het openbaar centrum voor maatschappelijk welzijn. Als dat is opgenomen in de beheersovereenkomst, vermeld in artikel 196, kan hij die bevoegdheid ook toevertrouwen aan een personeelslid van de gemeente.

De notulen van het bijzonder comité voor de sociale dienst worden, na goedkeuring, ondertekend door de voorzitter van het bijzonder comité voor de sociale dienst en, naargelang het geval, door de algemeen directeur of door het personeelslid dat de algemeen directeur heeft aangewezen overeenkomstig het tweede lid.

Verwijzing
zie randnummer [→ nr. 155] [→ nr. 156] [→ nr. 157]

Art. 278. § 1. De notulen van de vergaderingen van de gemeenteraad vermelden, in chronologische volgorde, alle besproken onderwerpen, alsook het gevolg dat is gegeven aan de punten waarover de gemeenteraad geen beslissing heeft genomen. Ze maken melding van alle beslissingen en het resultaat van de stemmingen. Behalve bij geheime stemming, vermelden de notulen hoe elk lid gestemd heeft. Van die laatste verplichting kan worden afgeweken voor beslissingen die genomen zijn met unanimiteit.

De zittingsverslagen van de vergaderingen van de gemeenteraad vermelden, in chronologische volgorde, alle besproken onderwerpen, de essentie van de tussenkomsten en van de mondeling en schriftelijk gestelde vragen en antwoorden. De gemeenteraad kan beslissen om het zittingsverslag te vervangen door een audio- of audiovisuele opname van de openbare zitting van de gemeenteraad.

Als de gemeenteraad een aangelegenheid overeenkomstig artikel 28 in besloten vergadering behandelt, vermelden de notulen alleen de beslissingen en wordt er geen zittingsverslag opgesteld.

De bepalingen, vermeld in het eerste tot en met het derde lid, zijn van toepassing op het openbaar centrum voor maatschappelijk welzijn, met dien verstande dat "gemeenteraad" wordt gelezen als "raad voor maatschappelijk welzijn".

§ 2. De notulen van de vergaderingen van het college van burgemeester en schepenen vermelden de beslissingen van het college.

Als het college overeenkomstig artikel 267 op eigen verantwoordelijkheid een voorgenomen verbintenis viseert of overeenkomstig artikel 272 op eigen verantwoordelijkheid een bevel geeft tot betaling van een uitgave, wordt, op verzoek van een lid van het college, een verklaring over zijn stemgedrag in de notulen opgenomen.

De bepalingen, vermeld in het eerste en tweede lid, zijn van toepassing op het openbaar centrum voor maatschappelijk welzijn, met dien verstande dat "college van burgemeester en schepenen" en "college" worden gelezen als "vast bureau".

§ 3. De notulen van de vergaderingen van het bijzonder comité voor de sociale dienst vermelden de beslissingen van het bijzonder comité voor de sociale dienst.

Verwijzing
zie randnummer [→ nr. 155] [→ nr. 156] [→ nr. 157] [→ nr. 240] [→ nr. 241] [→ nr. 242]

Art. 279. § 1. De reglementen, verordeningen, beslissingen en akten van de gemeenteraad, en alle andere stukken of briefwisseling die specifiek betrekking hebben op de gemeenteraad worden ondertekend door de voorzitter van de gemeenteraad en medeondertekend door de algemeen directeur. 19904

De reglementen, beslissingen en akten van de raad voor maatschappelijk welzijn, en alle andere stukken of briefwisseling die specifiek betrekking hebben op de raad voor maatschappelijk welzijn, worden ondertekend door de voorzitter van de raad voor maatschappelijk welzijn en medeondertekend door de algemeen directeur.

§ 2. De reglementen, verordeningen, beslissingen en akten van de burgemeester en van het college van burgemeester en schepenen worden ondertekend door de burgemeester en medeondertekend door de algemeen directeur.

De reglementen, beslissingen en akten van het vast bureau worden ondertekend door de voorzitter van het vast bureau en medeondertekend door de algemeen directeur.

De beslissingen en akten van de voorzitter van het vast bureau worden door hem ondertekend en medeondertekend door de algemeen directeur.

§ 3. De beslissingen, de akten, de verslagen en de brieven van de financieel directeur en de maatschappelijk werker worden door hen ondertekend als ze specifiek betrekking hebben op de aan hen toevertrouwde taken.

De beslissingen, de akten en de briefwisseling van personeelsleden aan wie bevoegdheden zijn toevertrouwd, worden door die personeelsleden ondertekend.

Het dwangbevel, uitgevaardigd voor de invordering van schuldvorderingen, wordt, met behoud van de ondertekeningsbevoegdheid inzake de uitvoerbaarverklaring ervan, ondertekend door de financieel directeur.

§ 4. De reglementen, de beslissingen en de briefwisseling van het bijzonder comité voor de sociale dienst worden ondertekend door de voorzitter van het bijzonder comité voor de sociale dienst en medeondertekend door de algemeen directeur.

De beslissingen en akten van de voorzitter van het bijzonder comité voor de sociale dienst worden door hem ondertekend en medeondertekend door de algemeen directeur.

§ 5. Met behoud van de toepassing van paragraaf 1, eerste lid, en paragraaf 3 wordt de briefwisseling van de gemeente ondertekend door de burgemeester en medeondertekend door de algemeen directeur.

Met behoud van de toepassing van paragraaf 1, tweede lid, en paragraaf 3 en 4 wordt de briefwisseling van het openbaar centrum voor maatschappelijk welzijn ondertekend door de voorzitter van het vast bureau en medeondertekend door de algemeen directeur.

§ 6. De gemeenteraad bepaalt in het huishoudelijk reglement door wie en op welke wijze de andere stukken van de gemeente dan de stukken, vermeld in paragraaf 1 tot en met 5, worden ondertekend, en, als dat nodig wordt geacht, medeondertekend. Als de gemeenteraad die werkwijze niet vaststelt worden de stukken ondertekend door de burgemeester en medeondertekend door de algemeen directeur.

Het eerste lid is van toepassing op het openbaar centrum voor maatschappelijk welzijn, met dien verstande dat "gemeenteraad" wordt gelezen als "raad voor maatschappelijk welzijn", "de gemeente" wordt gelezen als "het openbaar centrum voor maatschappelijk welzijn" en "burgemeester" wordt gelezen als "voorzitter van het vast bureau".

99041 *Verwijzing*
zie randnummer [→ nr. 437] [→ nr. 438]

Art. 280. De burgemeester kan zijn bevoegdheid tot ondertekening opdragen aan een of meer leden van het college van burgemeester en schepenen, tenzij de bevoegdheid betrekking heeft op de ondertekening van de notulen, vermeld in artikel 277. Hij doet dat schriftelijk via een informatiedrager naar keuze. Die opdracht kan op elk moment worden herroepen.

De schepen aan wie de opdracht is gegeven, vermeldt die opdracht bij zijn handtekening.

De bepalingen, vermeld in het eerste en tweede lid, zijn van toepassing op het openbaar centrum voor maatschappelijk welzijn, met dien verstande dat "burgemeester" wordt gelezen als "voorzitter van het vast bureau", "college van burgemeester en schepenen" wordt gelezen als "vast bureau", en "de schepen" wordt gelezen als "het lid van het vast bureau".

Verwijzing
zie randnummer [→ nr. 437] [→ nr. 438]

Art. 281. De voorzitter van de gemeenteraad kan zijn bevoegdheid tot ondertekening opdragen aan een of meer leden van de gemeenteraad, tenzij die bevoegdheid betrekking heeft op de ondertekening van de notulen en het zittingsverslag, vermeld in artikel 277. Hij doet dat schriftelijk via een informatiedrager naar keuze. Die opdracht kan op elk moment worden herroepen.

Het gemeenteraadslid aan wie de opdracht is gegeven, vermeldt die opdracht bij zijn handtekening.

De bepalingen, vermeld in het eerste en tweede lid, zijn van toepassing op het openbaar centrum voor maatschappelijk welzijn, met dien verstande dat "gemeenteraad" wordt gelezen als "raad voor maatschappelijk welzijn", en "gemeenteraadslid" wordt gelezen als "lid van de raad voor maatschappelijk welzijn".

Verwijzing
zie randnummer [→ nr. 437] [→ nr. 438]

Art. 282. De voorzitter van het bijzonder comité voor de sociale dienst kan zijn bevoegdheid tot ondertekening opdragen aan een of meer leden van het bijzonder comité voor de sociale dienst, tenzij die bevoegdheid betrekking heeft op de ondertekening van de notulen, vermeld in artikel 277. Hij doet dat schriftelijk via een informatiedrager naar keuze. Die opdracht kan op elk moment worden herroepen.

Het lid van het bijzonder comité voor de sociale dienst aan wie de opdracht is gegeven, vermeldt die opdracht bij zijn handtekening.

Verwijzing
zie randnummer [→ nr. 437] [→ nr. 438]

Art. 283. De algemeen directeur kan zijn bevoegdheid tot ondertekening of mede-ondertekening opdragen aan een of meer personeelsleden van de gemeente, tenzij die bevoegdheid betrekking heeft op de ondertekening van de notulen en het zittingsverslag van de gemeenteraad en van de notulen van het college van burgemeester en schepenen. Hij doet dat schriftelijk via een informatiedrager naar keuze. Die opdracht kan op elk moment worden herroepen. Als dat is opgenomen in de beheersovereenkomst, vermeld in artikel 196, kan hij die bevoegdheid ook toevertrouwen aan een of meer personeelsleden van het openbaar centrum voor maatschappelijk welzijn.

De personeelsleden aan wie de opdracht tot ondertekening of medeondertekening is gegeven, vermelden die opdracht bij hun handtekening. 19904

De bepalingen, vermeld in het eerste en tweede lid, zijn van toepassing op het openbaar centrum voor maatschappelijk welzijn, met dien verstande dat "de gemeente" wordt gelezen als "het openbaar centrum voor maatschappelijk welzijn", "gemeenteraad" wordt gelezen als "raad voor maatschappelijk welzijn", "college van burgemeester en schepenen" wordt gelezen als "vast bureau", en "openbaar centrum voor maatschappelijk welzijn" wordt gelezen als "gemeente".

Verwijzing
zie randnummer [→ nr. 437] [→ nr. 438]

Art. 284. § 1. De algemeen directeur vermeldt de intrekking van een besluit, de vernietiging of de niet-goedkeuring van een besluit door een toezichthoudende overheid in de notulen van de gemeenteraad of van het college van burgemeester en schepenen.

De algemeen directeur brengt de gemeenteraad of het college van burgemeester en schepenen daarvan op de hoogte op de eerstvolgende vergadering van de gemeenteraad of het college van burgemeester en schepenen.

§ 2. De algemeen directeur vermeldt de intrekking van een besluit, de vernietiging of de niet-goedkeuring van een besluit door een toezichthoudende overheid in de notulen van de raad voor maatschappelijk welzijn, van het vast bureau of van het bijzonder comité voor de sociale dienst.

De algemeen directeur brengt de raad voor maatschappelijk welzijn, het vast bureau of het bijzonder comité voor de sociale dienst daarvan op de hoogte op de eerstvolgende vergadering van de raad voor maatschappelijk welzijn, het vast bureau of het bijzonder comité voor de sociale dienst.

Verwijzing
zie trandnummer [→ nr. 155] [→ nr. 156] [→ nr. 157] [→ nr. 240] [→ nr. 241] [→ nr. 242]

AFDELING 2. Bekendmaking en inwerkingtreding

Onderafdeling 1. Bekendmaking

Art. 285. § 1. De burgemeester maakt via de webtoepassing van de gemeente een lijst bekend met de besluiten van:

1° de gemeenteraad;
2° de raden van bestuur van de autonome gemeentebedrijven;
3° het college van burgemeester en schepenen;
4° de burgemeester.

§ 2. De voorzitter van het vast bureau maakt via de webtoepassing van de gemeente een lijst bekend met de besluiten van:

1° de raad voor maatschappelijk welzijn;
2° de algemene vergadering en de raad van bestuur van de welzijnsvereniging waarvan de maatschappelijke zetel zich in de gemeente bevindt;
3° het vast bureau;
4° de voorzitter van het vast bureau.

De besluiten van het bijzonder comité voor de sociale dienst worden niet bekendgemaakt.

§ 3. De lijsten, vermeld in paragraaf 1 en 2, bevatten een beknopte omschrijving van de aangelegenheden die geregeld zijn in de besluiten. Er wordt geen

99041 informatie verspreid die valt onder de uitzonderingen, vermeld in titel II, hoofdstuk 3, van het Bestuursdecreet van 7 december 2018.

Verwijzing
zie randnummer [→ nr. 439] [→ nr. 440] [→ nr. 441] [→ nr. 442]

Art. 286. § 1. De burgemeester maakt de volgende besluiten en de inhoud ervan bekend via de webtoepassing van de gemeente:

1° de reglementen en de verordeningen van de gemeenteraad, van het college van burgemeester en schepenen en van de burgemeester;
2° de rechtspositieregeling van het gemeentepersoneel en de wijzigingen ervan;
3° de beleidsrapporten van de gemeente en van het openbaar centrum voor maatschappelijk welzijn en de beleidsrapporten van de autonome gemeentebedrijven;
4° de besluiten van de gemeenteraad over de beleidsrapporten van de autonome gemeentebedrijven;
5° de oprichtingsakte van de autonome gemeentebedrijven;
6° de statuten en de wijzigingen ervan van de autonome gemeentebedrijven;
7° de oprichtingsakte van de extern verzelfstandige agentschappen in privaatrechtelijke vorm;
8° de statuten van de extern verzelfstandige agentschappen in privaatrechtelijke vorm;
9° de oprichtingsakte van de intergemeentelijke samenwerkingsverbanden met rechtspersoonlijkheid;
10° de statuten van de intergemeentelijke samenwerkingsverbanden met rechtspersoonlijkheid;
11° het besluit van de gemeenteraad tot oprichting van districten.

§ 2. De voorzitter van het vast bureau maakt de volgende besluiten en de inhoud ervan bekend via de webtoepassing van de gemeente:

1° de reglementen van de raad voor maatschappelijk welzijn en van het vast bureau;
2° de afwijkingen van de rechtspositieregeling van het personeel overeenkomstig artikel 186, § 2, en de wijzigingen ervan;
3° de oprichtingsakte van de verenigingen en vennootschappen voor maatschappelijk welzijn die het openbaar centrum voor maatschappelijk welzijn heeft opgericht of mede opgericht;
4° de statuten van de verenigingen voor maatschappelijk welzijn waarvan het openbaar centrum voor maatschappelijk welzijn deelgenoot is;
5° de beleidsrapporten van de welzijnsverenigingen waarvan de maatschappelijke zetel zich in de gemeente bevindt.

§ 3. Met behoud van de bepalingen van dit decreet, kan de Vlaamse Regering bepalen welke andere besluiten en andere stukken moeten worden bekendgemaakt, en voor alle besluiten en stukken, vermeld in dit artikel, hoe lang ze minimaal via de webtoepassing van de gemeente raadpleegbaar moeten blijven.

Verwijzing
zie randnummer [→ nr. 306] [→ nr. 439] [→ nr. 440] [→ nr. 441] [→ nr. 442]

Art. 287. De bekendmaking van de lijst van de besluiten, vermeld in artikel 285, en van de besluiten, vermeld in artikel 286, gebeurt binnen tien dagen nadat ze genomen zijn, met vermelding van de datum waarop ze via de webtoepassing worden bekendgemaakt.

Voor de besluiten, vermeld in artikel 286, § 1, 1° en 2°, en 286, § 2, 1° en 2°, bevat de bekendmaking ook de datum waarop ze zijn aangenomen. 19904

De webtoepassing van de gemeente vermeldt de wijze waarop het publiek inzage kan krijgen in de besluiten die op de lijst zijn vermeld, en vermeldt ook de mogelijkheid om klacht in te dienen bij de toezichthoudende overheid, vermeld in artikel 326. Als de toezichthoudende overheid een besluit heeft vernietigd, wordt ook van die vernietiging melding gemaakt.

Verwijzing
zie randnummer [→ nr. 439] [→ nr. 440] [→ nr. 441] [→ nr. 442]

Onderafdeling 2. Inwerkingtreding van reglementen en verordeningen

Art. 288. De reglementen en verordeningen, vermeld in artikel 286, § 1, 1° en 2°, en de reglementen, vermeld in artikel 286, § 2, 1° en 2°, treden in werking op de vijfde dag na de bekendmaking ervan, tenzij het anders bepaald is.

De bekendmaking en de datum van bekendmaking van de reglementen en de verordeningen, vermeld in het eerste lid, moeten blijken uit de aantekening in een register, dat bijgehouden wordt op de wijze, bepaald door de Vlaamse Regering.

Verwijzing
zie randnummer [→ nr. 441]

AFDELING 3. Wijze van kennisgeving

Art. 289. Tenzij de wet, dit decreet of een ander decreet de vorm van mededeling of kennisgeving oplegt, kan het huishoudelijk reglement van de gemeenteraad bepalen op welke wijze stukken aan de betrokkene worden meegedeeld of ter kennis gebracht. Als het huishoudelijk reglement niets bepaalt, worden de stukken van de gemeente met een gewone brief meegedeeld of ter kennis gebracht.

Het eerste lid is van toepassing op het openbaar centrum voor maatschappelijk welzijn, met dien verstande dat "gemeenteraad" wordt gelezen als "raad voor maatschappelijk welzijn" en "de gemeente" wordt gelezen als "het openbaar centrum voor maatschappelijk welzijn".

Verwijzing
zie randnummer [→ nr. 442]

AFDELING 4. Briefwisseling aan het lokaal bestuur

Art. 290. Alle briefwisseling aan de gemeente wordt geacht te zijn gericht aan het college van burgemeester en schepenen. Behalve bij andersluidende beslissing van de gemeenteraad wordt de briefwisseling verstuurd naar het gemeentehuis. Alle ingaande en uitgaande briefwisseling, van welke aard ook, wordt geregistreerd.

Het eerste lid is van toepassing op het openbaar centrum voor maatschappelijk welzijn, met dien verstande dat "de gemeente" wordt gelezen als "het openbaar centrum voor maatschappelijk welzijn", "college van burgemeester en schepenen" wordt gelezen als "vast bureau" en "het gemeentehuis" wordt gelezen als "de zetel van het openbaar centrum voor maatschappelijk welzijn".

Verwijzing
zie randnummer [→ nr. 443]

99041 HOOFDSTUK 2. Wijze van berekening van termijnen

Art. 291. Voor de toepassing van dit decreet wordt de termijn berekend vanaf de dag na de dag van de akte of de gebeurtenis die de termijn doet ingaan, en omvat de termijn alle dagen, ook de zaterdag, de zondag en de wettelijke of decretale feestdagen. De vervaldag is in de termijn begrepen. Als die dag echter een zaterdag, een zondag of een wettelijke of decretale feestdag is, dan wordt de vervaldag verplaatst naar de eerstvolgende werkdag.

Bij gebrek aan een akte of gebeurtenis die de termijn doet ingaan, wordt de termijn berekend door terug te tellen vanaf de gebeurtenis die de termijn doet eindigen. In dat geval wordt de dag van de gebeurtenis die de termijn doet eindigen niet in de termijn begrepen. De dag van verzending is niet in de termijn begrepen.

Verwijzing
zie randnummer [→ nr. 465] [→ nr. 466] [→ nr. 467]

HOOFDSTUK 3. Goederen van het lokaal bestuur

AFDELING 1. Onroerende goederen

Art. 292. De gemeente en de autonome gemeentebedrijven kunnen, op voorwaarde van bijzondere en omstandige motivering, zakelijke rechten vestigen op openbaardomeingoederen als die rechten niet kennelijk onverenigbaar zijn met de bestemming van die goederen.

Het eerste lid is van toepassing op het openbaar centrum voor maatschappelijk welzijn, met dien verstande dat "de gemeente" wordt gelezen als "het openbaar centrum voor maatschappelijk welzijn" en "de autonome gemeentebedrijven" wordt gelezen als "de verenigingen opgericht overeenkomstig deel 3, titel 4, hoofdstuk 2 en 3".

Verwijzing
zie randnummer [→ nr. 454]

Art. 293. Onroerende goederen van de gemeente en van de autonome gemeentebedrijven worden altijd vervreemd volgens de principes van mededinging en transparantie, behalve als er een motivering wordt gegeven voor een afwijking daarvan.

Het eerste lid is van toepassing op het openbaar centrum voor maatschappelijk welzijn, met dien verstande dat "de gemeente" wordt gelezen als "het openbaar centrum voor maatschappelijk welzijn" en "de autonome gemeentebedrijven" wordt gelezen als "de verenigingen opgericht overeenkomstig deel 3, titel 4, hoofdstuk 2 en 3".

Verwijzing
zie randnummer [→ nr. 454]

Art. 294. De openbare centra voor maatschappelijk welzijn kunnen beslissen het beheer van hun onroerende goederen toe te vertrouwen aan de gemeente waar het openbaar centrum voor maatschappelijk welzijn is gevestigd, of aan een autonoom gemeentebedrijf van die gemeente, dat ook het privé- en het openbaar domein van de gemeente beheert.

Verwijzing
zie randnummer [→ nr. 454]

AFDELING 2. Gemeentewegen 19904

Art. 295. De Vlaamse Regering bepaalt, na advies van de gemeenteraad in kwestie, welke wegen op het grondgebied van die gemeente als gewestwegen beschouwd worden.

Als bestaande wegen of weggedeelten niet langer beschouwd worden als gewestwegen, worden ze beschouwd als gemeentewegen, op voorwaarde dat de gemeenteraad daarmee instemt. Die overdracht heeft de toekenning om niet van de eigendom van die wegen tot gevolg. Bij de eigendomsoverdracht moeten die wegen zich in goede staat van onderhoud bevinden.

Verwijzing
zie randnummer [→ nr. 463]

HOOFDSTUK 4. Aanstellen van landmeters-experten

Art. 296. De gemeente en de gemeentelijke verzelfstandigde agentschappen, vermeld in deel 2, titel 3, kunnen landmeters-experten aanstellen om schattingsverslagen op te stellen in het kader van de onroerende verrichtingen die door hen worden gesteld.

Het eerste lid is van toepassing op het openbaar centrum voor maatschappelijk welzijn, met dien verstande dat "de gemeente" wordt gelezen als "het openbaar centrum voor maatschappelijk welzijn" en "de gemeentelijke verzelfstandigde agentschappen, vermeld in deel 2, titel 3" wordt gelezen als "de verenigingen voor maatschappelijk welzijn, vermeld in deel 3, titel 4, hoofdstuk 2 en 3".

In het eerste en tweede lid wordt verstaan onder:

1° landmeter-expert: de landmeter-expert, ingeschreven op het tableau van de beoefenaars van het beroep, vermeld in de wet van 11 mei 2003 tot bescherming van de titel en van het beroep van landmeter-expert en op wie het koninklijk besluit van 15 december 2005 tot vaststelling van de voorschriften inzake de plichtenleer van de landmeter-expert van toepassing is;

2° schattingsverslag: het verslag waarbij de waarde van het onroerend goed wordt bepaald aan de hand van vooraf vastgelegde objectieve regels zoals vergelijkingspunten uit de omgeving.

Verwijzing
zie randnummer [→ nr. 464]

HOOFDSTUK 5. Optreden in rechte

Art. 297. § 1. Het college van burgemeester en schepenen vertegenwoordigt de gemeente in gerechtelijke en buitengerechtelijke gevallen en beslist om op te treden in rechte namens de gemeente.

De gemeenteraad kan beslissen om de bevoegdheden, vermeld in het eerste lid, in de plaats van het college uit te oefenen. Als een lid van het college zich bevindt in een situatie als vermeld in artikel 27, § 1, eerste lid, 1°, oefent de gemeenteraad de bevoegdheden, vermeld in het eerste lid, uit.

§ 2. Het vast bureau vertegenwoordigt het openbaar centrum voor maatschappelijk welzijn in gerechtelijke en buitengerechtelijke gevallen en beslist om op te treden in rechte namens het openbaar centrum voor maatschappelijk welzijn.

De raad voor maatschappelijk welzijn kan beslissen om de bevoegdheden, vermeld in het eerste lid, in de plaats van het vast bureau uit te oefenen.

99041 Wanneer een lid van het vast bureau zich bevindt in een situatie als vermeld in artikel 27, § 1, eerste lid, 1°, juncto 74, oefent de raad voor maatschappelijk welzijn de bevoegdheden, vermeld in het eerste lid, uit.

Verwijzing
zie randnummer [→ nr. 468] [→ nr. 469]

Art. 298. Het college of, in voorkomend geval, de gemeenteraad kan hetzij een lid van het college, hetzij een personeelslid, hetzij een advocaat aanwijzen om namens de gemeente te verschijnen in rechte.

Het vast bureau of, in voorkomend geval de raad voor maatschappelijk welzijn kan hetzij een lid van het vast bureau, hetzij een personeelslid, hetzij een personeelslid van een samenwerkingsverband van een openbaar centrum voor maatschappelijk welzijn of van openbare centra voor maatschappelijk welzijn, hetzij een personeelslid van een ander openbaar centrum voor maatschappelijk welzijn op basis van een samenwerking van openbare centra voor maatschappelijk welzijn, hetzij een advocaat aanwijzen om namens het openbaar centrum voor maatschappelijk welzijn te verschijnen in rechte, alsook het openbaar centrum voor maatschappelijk welzijn te vertegenwoordigen in dossiers collectieve schuldenregeling.

Verwijzing
zie randnummer [→ nr. 468] [→ nr. 469]

Art. 299. In afwijking van artikel 297, § 2, worden de rechtsgedingen als eiser voor de terugvordering van de kosten voor verleende hulp, overeenkomstig de beslissing van het vast bureau of, in voorkomend geval, de raad voor maatschappelijk welzijn in naam van het openbaar centrum voor maatschappelijk welzijn gevoerd op vervolging en benaarstiging van de financieel directeur.

Verwijzing
zie randnummer [→ nr. 468] [→ nr. 469]

Art. 300. In geval van verhindering of afwezigheid van de financieel directeur worden de handelingen, vermeld in artikel 299, verricht door het personeelslid of door een personeelslid van een samenwerkingsverband van openbare centra voor maatschappelijk welzijn dat de voormelde financieel directeur onder zijn aansprakelijkheid heeft aangewezen, of door de waarnemend financieel directeur. Bij gebrek daaraan of in geval van een belangenvermenging van de financieel directeur wordt een personeelslid afgevaardigd door het vast bureau of, in voorkomend geval, de raad voor maatschappelijk welzijn.

Verwijzing
zie randnummer [→ nr. 468] [→ nr. 469] [→ nr. 586]

HOOFDSTUK 6. Digitale communicatie met de Vlaamse overheid

Art. 301. Een door de Vlaamse Regering aan te wijzen entiteit van de Vlaamse overheid houdt een databank bij die gegevens bevat over de aangestelde en waarnemend algemeen directeur en de aangestelde en waarnemend financieel directeur van de gemeente en over de leidend ambtenaar van het autonoom gemeentebedrijf. De databank biedt een overzicht van de personeelsleden die namens de gemeente , het openbaar centrum voor maatschappelijk welzijn en het autonoom gemeentebedrijf verantwoordelijk zijn voor de digitale communicatie met de Vlaamse overheid. 19904

De databank bevat de voornaam, de achternaam, het rijksregisternummer, de contactgegevens en de begin- en einddatum van de aanstelling. De gegevens worden ter beschikking gesteld door de gemeente en het autonoom gemeentebedrijf. De databank houdt het historische overzicht van die gegevens bij.

De gegevens, vermeld in het tweede lid, van de personen, vermeld in het eerste lid, die in functie zijn, worden met uitzondering van het rijksregisternummer door de entiteit publiek toegankelijk gemaakt.

De entiteit, vermeld in het eerste lid, is verantwoordelijk voor het beheer van de gegevens, vermeld in dit artikel.

De Vlaamse Regering regelt de nadere uitvoering van dit artikel.

Verwijzing
zie randnummer [→ nr. 373]

TITEL 6. PARTICIPATIE VAN DE BURGER

HOOFDSTUK 1. Klachtenbehandeling

Art. 302. Zowel de gemeenteraad als de raad voor maatschappelijk welzijn organiseert bij reglement een systeem van klachtenbehandeling.

Verwijzing
zie randnummer [→ nr. 583] [→ nr. 584] [→ nr. 585] [→ nr. 581] [→ nr. 582]

Art. 303. § 1. Het systeem van klachtenbehandeling wordt zowel voor de gemeente als voor het openbaar centrum van maatschappelijk welzijn georganiseerd op het ambtelijke niveau en is maximaal onafhankelijk van de diensten waarop de klachten betrekking hebben. De algemeen directeur neemt dat op in het organisatiebeheersingssysteem, vermeld in artikel 218.

§ 2. Elke gemeente kan op een van de volgende wijzen een ombudsdienst oprichten:

1° in eigen beheer;
2° in samenwerking met het openbaar centrum voor maatschappelijk welzijn dat de gemeente bedient;
3° in het kader van intergemeentelijke samenwerking als vermeld in deel 3, titel 3;
4° via een overeenkomst met de Vlaamse Ombudsdienst.

Elk openbaar centrum voor maatschappelijk welzijn kan op een van de volgende wijzen een ombudsdienst oprichten:

1° in eigen beheer;
2° in een vereniging, opgericht overeenkomstig deel 3, titel 4, hoofdstuk 2 en 3;
3° in samenwerking met de gemeente die door het openbaar centrum voor maatschappelijk welzijn wordt bediend;
4° in het kader van intergemeentelijke samenwerking als vermeld in deel 3, titel 3;
5° via een overeenkomst met de Vlaamse Ombudsdienst.

In deze paragraaf wordt verstaan onder Vlaamse Ombudsdienst: de Vlaamse Ombudsdienst, opgericht bij decreet van 7 juli 1998 houdende instelling van de Vlaamse Ombudsdienst.

§ 3. De algemeen directeur rapporteert jaarlijks aan de gemeenteraad over de klachten ingediend tegen de gemeente.

99041 De algemeen directeur rapporteert jaarlijks aan de raad voor maatschappelijk welzijn over de klachten ingediend tegen het openbaar centrum voor maatschappelijk welzijn.

Verwijzing
zie randnummer [→ nr. 581] [→ nr. 582] [→ nr. 583] [→ nr. 584] [→ nr. 585] [→ nr. 586]

HOOFDSTUK 2. Inspraak, voorstellen van burgers en verzoekschriften aan de organen van het lokaal bestuur

Art. 304. § 1. De gemeenteraad voert een beleid op het vlak van de betrokkenheid en de inspraak van de burgers of van de doelgroepen, met inbegrip van een regeling over het recht van de inwoners om voorstellen en vragen op de agenda van de gemeenteraad te zetten.

Het eerste lid is van toepassing op het openbaar centrum voor maatschappelijk welzijn, met dien verstande dat "gemeenteraad" wordt gelezen als "raad voor maatschappelijk welzijn".

§ 2. Overeenkomstig artikel 28 van de Grondwet, heeft iedereen het recht verzoekschriften in te dienen bij de organen van de gemeente en bij de organen van het openbaar centrum voor maatschappelijk welzijn.

§ 3. Onder voorbehoud van de wettelijke en decretale bepalingen die op dit gebied gelden, kan alleen de gemeenteraad overgaan tot de organisatie van raden en overlegstructuren die als opdracht hebben op regelmatige en systematische wijze het gemeentebestuur te adviseren.

Ten hoogste twee derde van de leden van de raden en de overlegstructuren, vermeld in het eerste lid, is van hetzelfde geslacht. Als dat niet het geval is, kan niet op rechtsgeldige wijze advies worden uitgebracht.

Gemeenteraadsleden en leden van het college van burgemeester en schepenen kunnen geen stemgerechtigd lid zijn van de raden en de overlegstructuren, vermeld in het eerste lid.

§ 4. De gemeenteraad en de raad voor maatschappelijk welzijn kunnen ook andere initiatieven nemen om de inspraak van de burgers te bevorderen.

§ 5. De gemeenteraad bepaalt bij reglement de wijze waarop concreet vorm gegeven wordt aan de inspraak, vermeld in paragraaf 1 tot en met 4, voor de gemeente en haar organen.

De raad voor maatschappelijk welzijn bepaalt bij reglement de wijze waarop concreet vorm gegeven wordt aan de inspraak, vermeld in paragraaf 1, 2 en 4, voor het openbaar centrum voor maatschappelijk welzijn en zijn organen.

§ 6. Het college van burgemeester en schepenen kan, onder de voorwaarden die de gemeenteraad vaststelt, het beheer van budgetten voor de realisatie van bepaalde acties of projecten toevertrouwen aan wijkcomités en burgerinitiatieven. De gemeenteraad bepaalt minstens aan welke voorwaarden een wijkcomité en een burgerinitiatief moeten voldoen om als voldoende gedragen te worden beschouwd voor een wijk of voor de bevolking.

Op het beheer, vermeld in het eerste lid, is artikel 271 van toepassing.

Het beheer, vermeld in het eerste lid, vervalt in ieder geval zes maanden na de algehele vernieuwing van de gemeenteraad.

Verwijzing
zie randnummer [→ nr. 129] [→ nr. 130] [→ nr. 131] [→ nr. 584] [→ nr. 585] [→ nr. 586] [→ nr. 587]

HOOFDSTUK 3. De gemeentelijke volksraadpleging 19904

AFDELING 1. Algemene bepalingen

Art. 305. De gemeenteraad kan beslissen om de inwoners te raadplegen over de aangelegenheden, vermeld in artikel 2, § 2, eerste lid. Hij organiseert een volksraadpleging als de inwoners van de gemeente daartoe een verzoek hebben ingediend dat voldoet aan de voorwaarden, vermeld in dit hoofdstuk.

Persoonlijke aangelegenheden en aangelegenheden betreffende de jaarrekeningen, het meerjarenplan en de aanpassingen ervan, de gemeentebelastingen en de retributies kunnen niet het voorwerp zijn van een volksraadpleging.

Verwijzing
zie randnummer [→ nr. 588] [→ nr. 589] [→ nr. 590] [→ nr. 591] [→ nr. 592]

Art. 306. Een volksraadpleging kan niet worden georganiseerd in de periode van twaalf maanden voor de dag van de verkiezingen voor de volledige vernieuwing van de gemeenteraden. Bovendien kan er geen volksraadpleging worden georganiseerd in de periode van veertig dagen voor de rechtstreekse verkiezing van de leden van de Kamer van Volksvertegenwoordigers, de gemeenschaps- en gewestparlementen en het Europees Parlement.

De inwoners van de gemeente kunnen maar eenmaal om de zes maanden worden geraadpleegd, met een maximum van zes volksraadplegingen per bestuursperiode. Gedurende de periode tussen twee vernieuwingen van de gemeenteraad kan maar één volksraadpleging over hetzelfde onderwerp worden gehouden.

Verwijzing
zie randnummer [→ nr. 588] [→ nr. 589] [→ nr. 590] [→ nr. 591] [→ nr. 592]

Art. 307. De vraag of vragen waarop de volksraadpleging betrekking heeft, wordt zo geformuleerd dat met ja of nee kan worden geantwoord.

Verwijzing
zie randnummer [→ nr. 588] [→ nr. 589] [→ nr. 590] [→ nr. 591] [→ nr. 592]

Art. 308. Er is een Vlaamse Adviescommissie voor Volksraadplegingen. Die adviescommissie heeft als opdracht om op verzoek advies uit te brengen aan de Vlaamse Regering, aan initiatiefnemers of aan gemeenten over het houden van een gemeentelijke volksraadpleging. Ze kan ook uit eigen beweging advies verstrekken aan de Vlaamse Regering.

De Vlaamse Regering bepaalt de werking en de samenstelling van de adviescommissie.

Verwijzing
zie randnummer [→ nr. 588] [→ nr. 589] [→ nr. 590] [→ nr. 591] [→ nr. 592]

AFDELING 2. De volksraadpleging op initiatief van de inwoners

Art. 309. Het initiatief dat uitgaat van de inwoners van de gemeente moet worden gesteund door ten minste:

1° 20 % van de inwoners in gemeenten met minder dan 15.000 inwoners;
2° 3000 inwoners in gemeenten met minstens 15.000 inwoners en minder dan 30.000 inwoners;
3° 10 % van de inwoners in gemeenten met minstens 30.000 inwoners.

99041 *Verwijzing*
zie randnummer [→ nr. 588] [→ nr. 589] [→ nr. 590] [→ nr. 591] [→ nr. 592]

Art. 310. Elk verzoek om een volksraadpleging te houden, op initiatief van de inwoners van de gemeente, wordt gericht aan het college van burgemeester en schepenen.

Het verzoek wordt met een aangetekende brief of door afgifte tegen ontvangstbewijs ingediend. De Vlaamse Regering kan bepalen dat ook andere manieren van indiening mogelijk zijn.

Bij het verzoek worden een gemotiveerde nota gevoegd en de stukken die de gemeenteraad kunnen voorlichten.

Verwijzing
zie randnummer [→ nr. 588] [→ nr. 589] [→ nr. 590] [→ nr. 591] [→ nr. 592]

Art. 311. Het verzoek wordt ingediend met een formulier dat bestaat uit een verzoekschrift en een petitielijst.

Het verzoekschrift bevat de volgende vermeldingen:

1° de naam van de gemeente;
2° de tekst van artikel 196 van het Strafwetboek;
3° de vraag of vragen waarop de voorgenomen volksraadpleging betrekking heeft;
4° de naam, de voornamen, de geboortedatum en de woonplaats van de personen die het initiatief nemen tot de volksraadpleging.

De petitielijst bevat naast de vermeldingen in het tweede lid ook de naam, voornamen, geboortedatum en woonplaats van iedereen die het verzoekschrift heeft ondertekend.

De Vlaamse Regering stelt het model van het formulier, vermeld in het eerste lid, vast.

Verwijzing
zie randnummer [→ nr. 588] [→ nr. 589] [→ nr. 590] [→ nr. 591] [→ nr. 592]

Art. 312. § 1. Een persoon kan verzoeken om een volksraadpleging als hij aan al de volgende voorwaarden voldoet:

1° in het bevolkingsregister van de gemeente ingeschreven of vermeld zijn;
2° de leeftijd van zestien jaar bereikt hebben;
3° niet het voorwerp uitmaken van een veroordeling of beslissing die voor een gemeenteraadskiezer de uitsluiting of schorsing van het kiesrecht meebrengt.

§ 2. De voorwaarden, vermeld in paragraaf 1, moeten vervuld zijn op de datum waarop het verzoekschrift wordt ingediend.

§ 3. Artikel 15, § 5, van het Lokaal en Provinciaal Kiesdecreet van 8 juli 2011 is van toepassing op alle categorieën van personen die voldoen aan de voorwaarden, vermeld in paragraaf 1.

Voor niet-Belgische onderdanen en voor Belgische onderdanen die jonger zijn dan achttien jaar, wordt de kennisgeving door de parketten van de hoven en rechtbanken gedaan als de veroordeling of de internering, waartegen met geen gewoon rechtsmiddel meer kan worden opgekomen, zou hebben geleid tot uitsluiting van het kiesrecht of opschorting van dat recht als ze ten laste van een gemeenteraadskiezer is uitgesproken. In geval van kennisgeving nadat de lijst van deelnemers is opgemaakt, worden de betrokkenen van die lijst geschrapt.

Verwijzing 19904
zie randnummer [→ nr. 588] [→ nr. 589] [→ nr. 590] [→ nr. 591] [→ nr. 592]

Art. 313. Na de ontvangst van het verzoek onderzoekt het college van burgemeester en schepenen of het verzoekschrift voldoet aan de vereisten, vermeld in artikel 305, 306, 307, 310, 311 en 312.

Het resultaat van dat onderzoek wordt in een gemotiveerd advies meegedeeld aan de gemeenteraad.

Verwijzing
zie randnummer [→ nr. 588] [→ nr. 589] [→ nr. 590] [→ nr. 591] [→ nr. 592]

Art. 314. Nadat het onderzoek, vermeld in artikel 313, is afgesloten wordt het verzoek om een volksraadpleging te houden, ingeschreven op de agenda van de eerstvolgende vergadering van de gemeenteraad.

De gemeenteraad beslist of het verzoek toelaatbaar is.

Verwijzing
zie randnummer [→ nr. 588] [→ nr. 589] [→ nr. 590] [→ nr. 591] [→ nr. 592]

Art. 315. Het college van burgemeester en schepenen onderzoekt of het verzoek gesteund is door een voldoende aantal geldige handtekeningen. Het college van burgemeester en schepenen kan beslissen dit onderzoek te voeren vooraleer het overgaat tot het onderzoek, vermeld in artikel 313.

Naar aanleiding van dat onderzoek schrapt het college van burgemeester en schepenen:

1° de dubbele handtekeningen;
2° de handtekeningen van de personen die niet voldoen aan de voorwaarden, vermeld in artikel 312;
3° de handtekeningen van de personen voor wie de verschafte gegevens ontoereikend zijn om de toetsing van hun identiteit mogelijk te maken.

De controle wordt beëindigd als het aantal geldige handtekeningen is bereikt.

Verwijzing
zie randnummer [→ nr. 588] [→ nr. 589] [→ nr. 590] [→ nr. 591] [→ nr. 592]

AFDELING 3. Voorafgaand aan de volksraadpleging

Art. 316. Ten minste dertig dagen voor de dag van de volksraadpleging stelt de gemeente aan de inwoners een brochure ter beschikking waarin het onderwerp van de volksraadpleging op een objectieve manier wordt uiteengezet. Die brochure bevat in voorkomend geval ook de gemotiveerde nota, vermeld in artikel 310, derde lid, en de vraag of vragen waarover de inwoners zullen worden geraadpleegd.

Verwijzing
zie randnummer [→ nr. 588] [→ nr. 589] [→ nr. 590] [→ nr. 591] [→ nr. 592]

Art. 317. § 1. Op de dertigste dag voor de volksraadpleging maakt het college van burgemeester en schepenen een lijst op van de deelnemers aan de volksraadpleging.

Op de lijst van deelnemers aan de volksraadpleging worden de volgende personen vermeld:

1° de personen die op de voormelde datum in het bevolkingsregister van de gemeente ingeschreven of vermeld zijn en die de leeftijd van zestien jaar

99041 hebben bereikt, en die niet het voorwerp uitmaken van een veroordeling of beslissing die voor een gemeenteraadskiezer de uitsluiting of schorsing van het kiesrecht meebrengt;

2° de deelnemers die tussen de datum, vermeld in het eerste lid, en de datum van de volksraadpleging de leeftijd van zestien jaar bereiken;

3° de personen voor wie de schorsing van het kiesrecht een einde neemt of zou nemen uiterlijk op de dag die is vastgesteld voor de volksraadpleging.

De deelnemers die na de datum waarop de lijst van de deelnemers aan de volksraadpleging wordt afgesloten, het voorwerp zijn van een veroordeling of van een beslissing die voor een gemeenteraadskiezer ofwel de uitsluiting van het kiesrecht, ofwel de schorsing van dat recht op de dag van de volksraadpleging meebrengt, worden van die lijst geschrapt.

Voor elke persoon die voldoet aan de deelnemingsvoorwaarden vermeldt de lijst van deelnemers aan de volksraadpleging de naam, de voornamen, de geboortedatum, het geslacht en de hoofdverblijfplaats. Die lijst wordt volgens een doorlopende nummering en eventueel per wijk van de gemeente opgemaakt, ofwel in alfabetische volgorde van de deelnemers, ofwel geografisch volgens de straten.

§ 2. Artikel 15, § 5, van het Lokaal en Provinciaal Kiesdecreet van 8 juli 2011 is van toepassing op alle categorieën van personen die voldoen aan de voorwaarden, vermeld in paragraaf 1.

Voor niet-Belgische onderdanen en voor Belgische onderdanen die jonger zijn dan achttien jaar wordt de kennisgeving door de parketten van de hoven en rechtbanken gedaan als de veroordeling of de internering, waartegen met geen gewoon rechtsmiddel meer kan worden opgekomen, zou hebben geleid tot uitsluiting van het kiesrecht of opschorting van dat recht als ze ten laste van een gemeenteraadskiezer is uitgesproken. In geval van kennisgeving nadat de lijst van deelnemers is opgemaakt, worden de betrokkenen van die lijst geschrapt.

Verwijzing
zie randnummer [→ nr. 588] [→ nr. 589] [→ nr. 590] [→ nr. 591] [→ nr. 592]

Art. 318. § 1. De volgende potentiële deelnemers aan de gemeentelijke volksraadpleging kunnen een andere potentiële deelnemer aan de gemeentelijke volksraadpleging machtigen om in hun naam te stemmen:

1° potentiële deelnemers aan de gemeentelijke volksraadpleging die wegens ziekte of gebrekkigheid niet in staat zijn om zich naar het stemlokaal te begeven of om ernaartoe gebracht te worden. Die onbekwaamheid blijkt uit een medisch attest;

2° potentiële deelnemers aan de gemeentelijke volksraadpleging die om beroeps- of dienstredenen:

- a) in het buitenland zijn opgehouden, net als de leden van hun gezin of hun gevolg die met hen daar verblijven. De onmogelijkheid blijkt uit een attest van de militaire of burgerlijke overheid of van de werkgever van de betrokkenen;
- b) zich op de dag van de gemeentelijke volksraadpleging in het Rijk bevinden, maar in de onmogelijkheid verkeren zich in het stemlokaal te melden. De onmogelijkheid blijkt ook uit een attest van de militaire of burgerlijke overheid of van de werkgever van de betrokkenen;

3° potentiële deelnemers aan de gemeentelijke volksraadpleging die het beroep van schipper, marktkramer of kermisreiziger uitoefenen en de leden van hun gezin die met hen samenwonen. De uitoefening van het beroep blijkt uit een attest van de burgemeester van de gemeente waar de betrokkenen in het bevolkingsregister zijn ingeschreven. De Vlaamse Regering bepaalt het model van dit attest; 19904

4° potentiële deelnemers aan de gemeentelijke volksraadpleging dic op de dag van de gemeentelijke volksraadpleging ten gevolge van een rechterlijke maatregel in een toestand van vrijheidsbeneming verkeren. Die toestand wordt bevestigd door de directie van de inrichting waar de betrokkenen zich bevinden;

5° potentiële deelnemers aan de gemeentelijke volksraadpleging die om redenen in verband met hun geloofsovertuiging in de onmogelijkheid verkeren zich in het stemlokaal te melden. Die onmogelijkheid blijkt uit een attest dat is afgegeven door de religieuze overheid;

6° studenten die zich om studieredenen in de onmogelijkheid bevinden om zich in het stemlokaal te melden, op voorwaarde dat ze een attest overleggen van de directie van de instelling waar ze studeren;

7° potentiële deelnemers aan de gemeentelijke volksraadpleging die om andere redenen op de dag van de gemeentelijke volksraadpleging niet in hun woonplaats zijn wegens een tijdelijk verblijf in het buitenland, en bijgevolg in de onmogelijkheid verkeren om zich in het stemlokaal aan te melden, als de onmogelijkheid door de burgemeester van hun woonplaats vastgesteld is, na overlegging van de nodige bewijsstukken of, als de betrokkene zich in de onmogelijkheid bevindt een dergelijk bewijsstuk voor te leggen, op grond van een verklaring op erewoord. De Vlaamse Regering bepaalt het model van de verklaring op erewoord die de betrokkene indient en het attest dat de burgemeester afgeeft. De aanvraag wordt uiterlijk de derde dag voor de dag van de volksraadpleging bij de burgemeester van de woonplaats ingediend.

§ 2. Iedereen die de hoedanigheid van potentiële deelnemer aan de gemeentelijke volksraadpleging bezit, kan als gemachtigde worden aangewezen. De gemachtigde kan zijn hoedanigheid bewijzen met zijn oproepingsbrief.

Iedere gemachtigde mag maar één volmacht hebben.

§ 3. De volmacht wordt gesteld op een formulier waarvan het model door de Vlaamse Regering wordt bepaald. Het wordt kosteloos ter beschikking gesteld door de gemeente.

De volmacht vermeldt de volksraadpleging waarvoor ze geldig is, de naam, de voornamen, de geboortedatum en het adres van de volmachtgever en van de gemachtigde.

De volmachtgever en de gemachtigde ondertekenen het volmachtformulier.

Verwijzing
zie randnummer [→ nr. 588] [→ nr. 589] [→ nr. 590] [→ nr. 591] [→ nr. 592]

AFDELING 4. Verloop van de volksraadpleging

Art. 319. De deelname aan de volksraadpleging is niet verplicht. Elke deelnemer heeft recht op één stem. De stemming is geheim.

De volksraadpleging kan alleen op een zondag plaatsvinden. De deelnemers worden tot de stemming toegelaten van 8 tot 13 uur. De personen die zich voor 13 uur in het stemlokaal bevinden, worden nog tot de stemming toegelaten.

Verwijzing
zie randnummer [→ nr. 588] [→ nr. 589] [→ nr. 590] [→ nr. 591] [→ nr. 592]

99041 **Art. 320.** Om tot de gemeentelijke volksraadpleging toegelaten te worden, overhandigt de gemachtigde aan de voorzitter van het stembureau waar de volmachtgever had moeten stemmen, de volmacht en een van de attesten, vermeld in artikel 318, § 1. Hij toont hem ook zijn identiteitskaart, de oproepingsbrief van de volmachtgever en zijn eigen oproepingsbrief, waarop de voorzitter de vermelding "heeft bij volmacht gestemd" noteert.

Verwijzing
zie randnummer [→ nr. 588] [→ nr. 589] [→ nr. 590] [→ nr. 591] [→ nr. 592]

Art. 321. De stemmen worden alleen geteld als ten minste het volgende aantal inwoners aan de volksraadpleging heeft deelgenomen:
1° 20 % van de inwoners in gemeenten met minder dan 15.000 inwoners;
2° 3000 inwoners in gemeenten met minstens 15.000 inwoners en minder dan 30.000 inwoners;
3° 10 % van de inwoners in gemeenten met minstens 30.000 inwoners.

Verwijzing
zie randnummer [→ nr. 588] [→ nr. 589] [→ nr. 590] [→ nr. 591] [→ nr. 592]

Art. 322. De Vlaamse Regering bepaalt de nadere procedureregels voor het houden van een gemeentelijke volksraadpleging.

Verwijzing
zie randnummer [→ nr. 588] [→ nr. 589] [→ nr. 590] [→ nr. 591] [→ nr. 592]

AFDELING 5. Na de volksraadpleging

Art. 323. De Vlaamse Regering bepaalt de wijze waarop de uitslag van de volksraadpleging aan de bevolking wordt bekendgemaakt.

Verwijzing
zie randnummer [→ nr. 588] [→ nr. 589] [→ nr. 590] [→ nr. 591] [→ nr. 592]

Art. 324. De Raad voor Verkiezingsbetwistingen doet uitspraak over de geschillen betreffende de telling van de stemmen, vermeld in artikel 321. Het bezwaar moet worden ingesteld binnen de acht dagen nadat het proces-verbaal is bekendgemaakt waarin is vastgesteld dat het vereiste aantal deelnemers, vermeld in artikel 321, niet is bereikt of waarin de uitslag van de gemeentelijke volksraadpleging is vermeld.

Tegen de uitspraken van de Raad voor Verkiezingsbetwistingen kan binnen een termijn van acht dagen na de kennisgeving beroep aangetekend worden bij de Raad van State. Dat beroep is niet schorsend. De hoofdgriffier van de Raad van State deelt het beroep binnen acht dagen na de ontvangst ervan mee aan de betrokkene en aan de gemeente in kwestie. De Raad van State doet uitspraak binnen zestig dagen. Het arrest van de Raad van State wordt door de zorg van de hoofdgriffier onmiddellijk ter kennis gebracht van de betrokkene, de provinciegouverneur en de gemeente.

Verwijzing
zie randnummer [→ nr. 91] [→ nr. 588] [→ nr. 589] [→ nr. 590] [→ nr. 591] [→ nr. 592]

Art. 325. De bepalingen van deel 5, titel 1, hoofdstuk 1, van het Lokaal en Provinciaal Kiesdecreet van 8 juli 2011, met uitzondering van artikel 234, zijn van toepassing op de gemeentelijke volksraadpleging, met dien verstande dat "kiezer" en "kiezers" altijd worden gelezen als "deelnemer" en "deelnemers", "verkiezing", "verkiezingen" en "kiesverrichtingen" worden gelezen als "volksraadpleging" en "kiescollege" wordt gelezen als "college". 19904

Verwijzing
zie randnummer [→ nr. 588] [→ nr. 589] [→ nr. 590] [→ nr. 591] [→ nr. 592]

TITEL 7. HET BESTUURLIJK TOEZICHT

HOOFDSTUK 1. Algemene bepalingen

Art. 326. In deze titel wordt verstaan onder:
1° gemeenteoverheid: de organen en personeelsleden van de gemeente en de autonome gemeentebedrijven die een beslissing nemen;
2° het openbaar centrum voor maatschappelijk welzijn: de organen en personeelsleden van het openbaar centrum voor maatschappelijk welzijn die een beslissing nemen;
3° toezichthoudende overheid: de Vlaamse Regering of namens de Vlaamse Regering, de provinciegouverneur die handelt overeenkomstig de instructies van de Vlaamse Regering.

Voor de eengemeentezones en de meergemeentezones wordt het bestuurlijk toezicht geregeld door de bepalingen van hoofdstuk 4.

Voor de hulpverleningszones wordt het bestuurlijk toezicht geregeld door de bepalingen van hoofdstuk 5.

Verwijzing
zie randnummer [→ nr. 596]

Art. 327. Behalve in geval van andersluidende bepalingen, beperkt de toezichthoudende overheid zich bij de uitoefening van het toezicht, vermeld in dit decreet, tot een toetsing aan het recht en aan het algemeen belang. Voor beslissingen van de gemeenteoverheid is het algemeen belang elk belang dat ruimer is dan het gemeentelijk belang. Voor beslissingen van het openbaar centrum voor maatschappelijk welzijn is het algemeen belang elk belang dat ruimer is dan het gemeentelijk belang en het belang van het openbaar centrum voor maatschappelijk welzijn.

Verwijzing
zie randnummer [→ nr. 596]

Art. 328. De toezichthoudende overheid kan bij de gemeenteoverheid en bij het openbaar centrum voor maatschappelijk welzijn alle documenten en inlichtingen opvragen of die ter plaatse raadplegen. Ze bepaalt de informatiedrager en de vorm waarin die gegevens worden verstrekt.

Verwijzing
zie randnummer [→ nr. 596]

Art. 329. De Vlaamse Regering bepaalt op welke wijze de communicatie tussen de onder toezicht staande overheid, de toezichthoudende overheid en, in voorkomend geval, de indiener van de klacht, verloopt.

Buiten de gevallen waarin een gemeenteoverheid of een openbaar centrum voor maatschappelijk welzijn krachtens dit decreet kennisgeeft van besluiten aan de toezichthoudende overheid, heeft de verzending of de kennisgeving van de bekendmaking van een beslissing aan de toezichthoudende overheid niet tot gevolg dat de termijn om het toezicht uit te oefenen een aanvang neemt.

9041 Op straffe van nietigheid wordt het besluit dat in het kader van het toezicht wordt genomen, uiterlijk de laatste dag van de voorgeschreven termijn verzonden.

Verwijzing
zie randnummer [→ nr. 596]

HOOFDSTUK 2. Algemeen bestuurlijk toezicht

Art. 330. Op dezelfde dag als de bekendmaking op de webtoepassing van de gemeente van de lijst van de aangelegenheden, vermeld in artikel 285, § 1, 1° en 2°, en van de besluiten, vermeld in artikel 286, § 1, brengt de gemeenteoverheid de toezichthoudende overheid op de hoogte van de bekendmaking ervan.

Het eerste lid is van toepassing op het openbaar centrum voor maatschappelijk welzijn, met dien verstande dat "gemeenteoverheid" wordt gelezen als "het openbaar centrum voor maatschappelijk welzijn", "artikel 285, § 1, 1° en 2°" wordt gelezen als "artikel 285, § 2, 1° en 2°" en "artikel 286, § 1," wordt gelezen als "artikel 286, § 2".

Verwijzing
zie randnummer [→ nr. 601]

Art. 331. De toezichthoudende overheid kan besluiten van een gemeenteoverheid en van een openbaar centrum voor maatschappelijk welzijn ambtshalve opvragen.

Bij de ontvangst van een klacht vraagt de toezichthoudende overheid het besluit en het bijbehorende dossier op.

Verwijzing
zie randnummer [→ nr. 601]

Art. 332. § 1. Met behoud van de toepassing van artikel 243, § 3, 259 en 262 beschikt de toezichthoudende overheid over dertig dagen om een besluit van een gemeenteoverheid te vernietigen en om de gemeenteoverheid daarvan op de hoogte te brengen.

De toezichthoudende overheid beschikt over dertig dagen om een besluit van het openbaar centrum voor maatschappelijk welzijn te vernietigen en om het openbaar centrum voor maatschappelijk welzijn daarvan op de hoogte te brengen.

Alle besluiten en opmerkingen van de toezichthoudende overheid worden ter kennis gebracht op de eerstvolgende vergadering van de gemeenteraad of van de raad voor maatschappelijk welzijn.

§ 2. De termijn, vermeld in paragraaf 1, gaat in op de dag die volgt op de kennisgeving aan de toezichthoudende overheid van de bekendmaking op de webtoepassing van de gemeente van de lijst van de aangelegenheden, vermeld in artikel 285, § 1, 1° en 2°, en artikel 285, § 2, eerste lid, 1° en 2°. Voor de besluiten, vermeld in artikel 286, § 1 en § 2, start de termijn, vermeld in paragraaf 1, op de dag die volgt op de kennisgeving aan de toezichthoudende overheid van de bekendmaking van het besluit op de webtoepassing van de gemeente.

Onder voorbehoud van de toepassing van het eerste lid, start de termijn, vermeld in paragraaf 1, voor de besluiten van een gemeenteoverheid of het openbaar centrum voor maatschappelijk welzijn die met toepassing van artikel 331 ambtshalve of na ontvangst van een klacht werden opgevraagd door de toezichthoudende overheid, op de dag die volgt op de verzending van het opgevraagde besluit. 19904

§ 3. Een klacht wordt, op straffe van niet-ontvankelijkheid, ingediend binnen een periode van dertig dagen, die volgt op de dag van de bekendmaking op de webtoepassing van de gemeente van de lijst van de aangelegenheden, vermeld in artikel 285, § 1, 1° en 2°, en artikel 285, § 2, eerste lid, 1° en 2°, of van de besluiten, vermeld in artikel 286, § 1 en § 2.

§ 4. De termijn, vermeld in paragraaf 1, wordt gestuit door de verzending van een klacht aan de toezichthoudende overheid, op voorwaarde dat die klacht verstuurd wordt op de wijze, bepaald door de Vlaamse Regering, binnen de termijn, vermeld in paragraaf 3.

Een nieuwe termijn als vermeld in paragraaf 1 gaat in op de dag die volgt op de verzending van de klacht.

§ 5. De termijn, vermeld in paragraaf 1, wordt gestuit door de opvraging door de toezichthoudende overheid van het besluit van de gemeenteoverheid of het openbaar centrum voor maatschappelijk welzijn met toepassing van artikel 331, eerste of tweede lid.

Een nieuwe termijn als vermeld in paragraaf 1 gaat in op de dag die volgt op de verzending van het opgevraagde besluit.

§ 6. De gemeenteoverheid of het openbaar centrum voor maatschappelijk welzijn verzendt het besluit dat door de toezichthoudende overheid is opgevraagd binnen een termijn van dertig dagen die volgt op de dag van de verzending van de opvraging.

Als de gemeenteoverheid of het openbaar centrum voor maatschappelijk welzijn het gevraagde besluit niet verzendt aan de toezichthoudende overheid binnen de termijn, vermeld in het eerste lid, bezorgt de toezichthoudende overheid na het verstrijken van die termijn een herinnering. De herinnering verwijst uitdrukkelijk naar de gevolgen, vermeld in het vierde lid.

Een nieuwe termijn van dertig dagen gaat in op de dag na de verzending van de herinnering.

Als het gevraagde besluit niet wordt verzonden aan de toezichthoudende overheid binnen die nieuwe termijn, is het opgevraagde besluit van rechtswege nietig. De toezichthoudende overheid brengt de gemeenteoverheid of het openbaar centrum voor maatschappelijk welzijn op de hoogte van die nietigheid.

Verwijzing
zie randnummer [→ nr. 602] [→ nr. 603] [→ nr. 604] [→ nr. 605]

Art. 333. Als een klacht wordt ingediend tegen een besluit van de gemeenteoverheid of van een openbaar centrum voor maatschappelijk welzijn brengt de toezichthoudende overheid de indiener van de klacht op de hoogte van:

1° de ontvangst van de klacht, binnen tien dagen nadat ze ontvangen werd;
2° het verzoek van de toezichthoudende overheid aan de gemeenteoverheid of het openbaar centrum voor maatschappelijk welzijn om het besluit en het bijbehorende dossier te bezorgen, binnen tien dagen na dat verzoek;
3° het besluit van de toezichthoudende overheid over de ingediende klacht met vermelding van de motieven waarop het besluit is gebaseerd.

De toezichthoudende overheid brengt de betrokken gemeenteoverheid of aan het betrokken openbaar centrum voor maatschappelijk welzijn op de hoogte van haar definitieve antwoord aan de indiener van de klacht. Deze mededeling wordt ter kennis gebracht op de eerstvolgende vergadering van de gemeenteraad of van de raad voor maatschappelijk welzijn.

99041 In geval van stuiting van de termijn om een beroep in te stellen bij de Raad van State, brengt de toezichthoudende overheid de indiener van de klacht op de wijze, bepaald door de Vlaamse Regering, op de hoogte van de motieven van de toezichthoudende overheid om het besluit van de gemeenteoverheid of van het openbaar centrum voor maatschappelijk welzijn waartegen de klacht was ingediend, niet te vernietigen, binnen tien dagen na het nemen van dat besluit of na het verstrijken van de termijn.

Verwijzing
zie randnummer [→ nr. 602] [→ nr. 603] [→ nr. 604] [→ nr. 605]

Art. 334. De toezichthoudende overheid kan de besluiten van de gemeenteoverheid en van het openbaar centrum voor maatschappelijk welzijn die genomen zijn in de loop van het jaar waarop de rekeningen betrekking hebben en die niet zijn opgevraagd of vernietigd, niet langer vernietigen vanaf de goedkeuring van de jaarrekeningen overeenkomstig artikel 243 en 262.

Verwijzing
zie randnummer [→ nr. 435] [→ nr. 602] [→ nr. 603] [→ nr. 604] [→ nr. 605]

HOOFDSTUK 3. Dwangtoezicht

Art. 335. § 1. De toezichthoudende overheid kan, na een ingebrekestelling, een of meer commissarissen gelasten zich ter plaatse te begeven om de gevraagde inlichtingen of opmerkingen in te zamelen van de gemeenteoverheid en van het openbaar centrum voor maatschappelijk welzijn of om de maatregelen uit te voeren die in rechte zijn voorgeschreven.

De toezichthoudende overheid kan pas optreden na het verstrijken van de termijn die bepaald is in de ingebrekestelling.

§ 2. Als een of meer commissarissen optreden, moeten zij vergoed worden door de personen die verzuimd hebben aan de ingebrekestelling gevolg te geven.

De financieel directeur vordert de kosten in op zicht van een daartoe genomen besluit van de overheid die de dwangprocedure heeft ingesteld, dat geldt als een bevelschrift dat de financieel directeur ambtshalve moet uitvoeren.

Verwijzing
zie randnummer [→ nr. 607]

HOOFDSTUK 4. Eengemeentezones en meergemeentezones, ingesteld door de wet van 7 december 1998 tot organisatie van een geïntegreerde politiedienst, gestructureerd op twee niveaus

Art. 336. De bepalingen van hoofdstuk 1 tot en met 3 zijn, met uitzondering van artikel 332, § 2 en § 3, binnen de grenzen van hun bevoegdheden van toepassing op de eengemeentezones en de meergemeentezones en op de besluiten die door hen worden genomen over de lokale politie, met dien verstande dat "de gemeenteoverheid" wordt gelezen als "de organen en personeelsleden van de meergemeentezones".

Verwijzing
zie randnummer [→ nr. 608] [→ nr. 710]

Art. 337. § 1. Van de besluiten van de politieraad wordt binnen tien dagen nadat ze genomen zijn een lijst met een beknopte omschrijving van de daarin geregelde aangelegenheden verzonden aan de toezichthoudende overheid op de wijze, bepaald door de Vlaamse Regering. 1990

De termijn, vermeld in artikel 332, § 1, gaat in op de dag die volgt op de verzending aan de toezichthoudende overheid van de lijst, vermeld in het eerste lid. Die termijn wordt gestuit door de opvraging door de toezichthoudende overheid op de wijze, bepaald door de Vlaamse Regering, van het besluit van de politieraad. Die termijn gaat opnieuw in op de dag die volgt op de verzending van het opgevraagde besluit.

§ 2. Vanaf de dag van de verzending aan de toezichthoudende overheid wordt de lijst, vermeld in paragraaf 1, openbaar gemaakt in de gemeenten die deel uitmaken van de zone, zodat het publiek er op elk moment van kan kennisnemen.

De Vlaamse Regering bepaalt hoelang de lijst, vermeld in het eerste lid, minstens raadpleegbaar moet blijven.

De bekendmaking, vermeld in het eerste lid, vermeldt de agenda van de raadszitting en de wijze waarop het publiek inzage kan krijgen van de beslissingen die op de lijst zijn vermeld.

§ 3. Een klacht wordt, op straffe van niet-ontvankelijkheid, ingediend binnen een periode van dertig dagen die volgt op de dag van de openbaarmaking van de lijst, vermeld in paragraaf 2.

Verwijzing
zie randnummer [→ nr. 608] [→ nr. 710]

Art. 338. Als de besluiten en handelingen van de organen van de eengemeentezones en de meergemeentezones, met toepassing van titel II, hoofdstuk V, van de wet van 7 december 1998 tot organisatie van een geïntegreerde politiedienst, gestructureerd op twee niveaus, onderworpen zijn aan een specifiek toezicht, kan tegen die organen, hun besluiten en handelingen, geen enkele toezichtmaatregel, als vermeld in hoofdstuk 2 van deze titel, worden genomen op grond van de schending van een bepaling, vervat in of genomen krachtens die wet.

Verwijzing
zie randnummer [→ nr. 608] [→ nr. 710]

HOOFDSTUK 5. Hulpverleningszones, ingesteld met toepassing van de wet van 15 mei 2007 betreffende de civiele veiligheid

Art. 339. De bepalingen van hoofdstuk 1 tot en met 3 van deze titel zijn, met uitzondering van artikel 332, § 2 en § 3, van dit decreet, binnen de grenzen van hun bevoegdheden van toepassing op de hulpverleningszones, vermeld in de wet van 15 mei 2007 betreffende de civiele veiligheid, en op de besluiten die door hen worden genomen over de voormelde hulpverleningszones, met dien verstande dat "de gemeenteoverheid" wordt gelezen als "de organen en personeelsleden van de hulpverleningszone".

Verwijzing
zie randnummer [→ nr. 609] [→ nr. 719]

Art. 340. § 1. Van de besluiten van de zoneraad wordt binnen tien dagen nadat ze genomen zijn een lijst met een beknopte omschrijving van de daarin geregelde aangelegenheden verzonden aan de toezichthoudende overheid op de wijze, bepaald door de Vlaamse Regering.

9041 De termijn, vermeld in artikel 332, § 1, gaat in op de dag die volgt op de verzending aan de toezichthoudende overheid van de lijst, vermeld in het eerste lid. Die termijn wordt gestuit door de opvraging door de toezichthoudende overheid op de wijze, bepaald door de Vlaamse Regering, van het besluit van de zoneraad. Die termijn gaat opnieuw in op de dag die volgt op de verzending van het opgevraagde besluit.

§ 2. Vanaf de dag van de verzending aan de toezichthoudende overheid wordt de lijst, vermeld in paragraaf 1, in de gemeenten die deel uitmaken van de zone openbaar gemaakt, met een beknopte omschrijving van de besluiten van de zoneraad, zodat het publiek op elk moment ervan kan kennisnemen.

De Vlaamse Regering bepaalt hoe lang de lijst, vermeld in het eerste lid, minstens raadpleegbaar moet blijven.

De bekendmaking, vermeld in het eerste lid, vermeldt de agenda van de raadszitting en de wijze waarop het publiek inzage kan krijgen in de beslissingen die op de lijst zijn vermeld.

§ 3. Een klacht wordt, op straffe van niet-ontvankelijkheid, ingediend binnen een termijn van dertig dagen, die volgt op de dag van de openbaarmaking van de lijst, vermeld in paragraaf 2.

Verwijzing
zie randnummer [→ nr. 609] [→ nr. 719]

Art. 341. Als de besluiten en handelingen van de organen van de hulpverleningszones, met toepassing van titel III, hoofdstuk VII, van de wet van 15 mei 2007 betreffende de civiele veiligheid, onderworpen zijn aan een specifiek toezicht, kan tegen die organen, hun besluiten en handelingen, geen enkele toezichtmaatregel als vermeld in titel 7, hoofdstuk 2, van deze titel worden genomen op grond van schending van een bepaling, vervat in of genomen krachtens die wet.

Verwijzing
zie randnummer [→ nr. 609] [→ nr. 719]

BIJLAGE 2
NIEUWE GEMEENTEWET

Nieuwe Gemeentewet – 24 juni 1988 @ 3007

(*B.S.*, 3 september 1988, *err.*, *B.S.*, 8 juni 1990)

Ondanks het Vlaamse Gemeentedecreet van 15 juli 2005 blijven een aantal bepalingen van de zogenaamde Nieuwe Gemeentewet, gecodificeerd bij Koninklijk Besluit van 24 juni 1988 en nadien meermaals gewijzigd, hun rechtskracht behouden in Vlaanderen.
Bovendien blijven ook volgende artikelen – althans gedeeltelijk – gehandhaafd:
- voor de vaststelling van de bevolkingscijfers en de bekendmaking ervan: artikel 5;
- in zoverre het artikel een nationaliteitsversie bevat: de artikelen 13; 14; 15; 16; 18; 71; 72;
- voor het personeel van politie en brandweer: de artikelen 143, 1e lid; 145; 146, §1; 149; 150, §1; 151; 152; 153, §1;
- voor het districtsbestuur: artikel 332, §4.

Die artikelen worden hierna weergegeven.
Ook de (hier niet opgenomen) artikelen over Voeren, de randgemeenten en de taalgrensgemeenten blijven ongewijzigd bestaan.
De andere artikelen werden door het Vlaamse Gemeentedecreet opgeheven.

TITEL I. HET GEMEENTEBESTUUR

HOOFDSTUK I. Samenstelling van het gemeentebestuur

AFDELING 1. Algemene bepalingen

Art. 1. [...]

Art. 2. [...]

Art. 3. [...]

Art. 4. [...]

Art. 5. De rangschikking van de gemeenten overeenkomstig de artikelen 8 en 16 wordt bij elke volledige vernieuwing van de gemeenteraden door de Koning in overeenstemming gebracht met het bevolkingscijfer. Het in aanmerking te nemen inwonertal is het aantal personen dat ingescheven is in het Rijksregister van de natuurlijke personen die op 1 januari van het jaar vóór dat van de volledige vernieuwing van de gemeenteraden hun hoofdverblijfplaats in de desbetreffende gemeente hadden.

Het bevolkingscijfer dat vastgesteld is overeenkomstig het eerste lid, is eveneens van toepassing op dezelfde datum, op de rangschikkingen bedoeld in de artikelen 28 tot 30 evenals, voor zover zij verwijzen naar een klasse van gemeenten die gebaseerd is op het bevolkingscijfer, in de artikelen 19, § 1, 24, § 1, 33, 42, 52, 65, § 1, 67, 74, 78, 146, § 1, 171, 235, § 2, en 265, § 2.

De minister van Binnenlandse Zaken maakt de bevolkingscijfers van de gemeenten van het Rijk, vastgesteld overeenkomstig het eerste lid, ten laatste op 1 mei van het jaar waarin de volledige vernieuwing van de gemeenteraden plaatsvindt bekend in het *Belgisch Staatsblad.*

Opgeheven, behalve voor wat betreft de vaststelling van de bevolkingscijfers en de bekendmaking ervan, bij art. 302, 5° Decr. Vl. Parl. 15 juli 2005 (*B.S.*, 31 augustus 2005 (derde uitg.)), met ingang van 1 januari 2007 (art. 1, 38° B. Vl. Reg. 24 november 2006 (*B.S.*, 30 november 2006 (eerste uitg.))).

AFDELING 3. De burgemeester 3007

Art. 13. De burgemeester wordt door de Koning benoemd uit de Belgische verkozenen voor de gemeenteraad. Deze laatsten kunnen daartoe kandidaten voordragen. Hiertoe dient een gedagtekende akte van voordracht te worden neergelegd in de handen van de gouverneur van de provincie. Om ontvankelijk te zijn, moet zij ondertekend zijn ten minste door een meerderheid van hen die op dezelfde lijst werden verkozen als de voorgedragen kandidaat-burgemeester. Ingeval de lijst waarop de kandidaat-burgemeester voorkomt slechts twee verkozenen telt, volstaat, voor de naleving van wat voorafgaat, de handtekening van één onder hen. Niemand kan meer dan één akte van voordracht ondertekenen voor dezelfde benoeming; de Koning kan evenwel te allen tijde om een nieuwe voordracht verzoeken.

Op overeenkomstig advies van de bestendige deputatie van de provincieraad kan de burgemeester buiten de Belgische verkozenen voor de raad benoemd worden uit de Belgische gemeenteraadskiezers die volle vijfentwintig jaar oud zijn.

Wat de gemeenten Komen-Waasten en Voeren betreft wordt het in het vorige lid bedoelde advies verstrekt door de provinciegouverneur, op eensluidend advies van het in artikel 131*bis* van de provinciewet bedoelde college van provinciegouverneurs.

De burgemeester die buiten de raad is benoemd, is in alle gevallen stemgerechtigd in het college van burgemeester en schepenen. Hij is van rechtswege voorzitter van de raad en heeft daarin een raadgevende stem.

Leden 1, 2 en 4 opgeheven, behalve in zoverre de betrokken bepaling een nationaliteitsvereiste bevat, bij art. 302, 13° Decr. Vl. Parl. 15 juli 2005 (*B.S.* 31 augustus 2005 (derde uitg.)), met ingang van 5 september 2006 (art. 1 B. Vl. Reg. 1 september 2006 (*B.S.*, 5 september 2006 (eerste uitg.))).

Verwijzing
zie randnummer [→ nr. 283] [→ nr. 284] [→ nr. 285] [→ nr. 286] [→ nr. 287] [→ nr. 288] [→ nr. 289] [→ nr. 290] [→ nr. 291] [→ nr. 826]

Art. 13*bis*. § 1. In de randgemeenten bedoeld in artikel 7 van de wetten op het gebruik van de talen in bestuurszaken, gecoördineerd op 18 juli 1966, wordt de voordrachtsakte van de burgemeester bevestigd door een stemming van de gemeenteraad en aan de Vlaamse Regering bezorgd. Vanaf die stemming is de kandidaat-burgemeester aangewezenburgemeester, draagt hij de titel van "aangewezen-burgemeester" en oefent hij alle functies uit die aan de burgemeester worden toevertrouwd. Hij wordt evenwel niet als schepen vervangen, indien hij als schepen werd verkozen.

§ 2. Zodra de Vlaamse Regering deze voordrachtsakte die werd bevestigd door een stemming van de gemeenteraad ontvangt, beschikt zij over een termijn van zestig dagen om over te gaan tot de benoeming van de aangewezen-burgemeester of tot de mededeling van een beslissing tot weigering van de benoeming overeenkomstig § 4.

§ 3. Indien de Vlaamse Regering de aangewezen-burgemeester benoemt of indien zij geen beslissing meedeelt binnen de haar toegewezen termijn, is de aangewezen-burgemeester definitief benoemd en wordt hij als schepen vervangen overeenkomstig de procedure bepaald in artikel 15, § 2, indien hij als schepen werd verkozen.

§ 4. Indien de Vlaamse Regering de definitieve benoeming van de betrokkene weigert, deelt zij deze beslissing tot weigering mee aan de aangewezen-burgemeester, aan de gouverneur en de adjunctgouverneur van de provincie

3007 Vlaams-Brabant, aan de gemeentesecretaris van de betrokken gemeente en aan de algemene vergadering van de afdeling bestuursrechtspraak van de Raad van State. De mededeling aan de aangewezen-burgemeester vermeldt eveneens waar het administratief dossier kan worden geraadpleegd.

§ 5. De aangewezen-burgemeester beschikt over een termijn van dertig dagen vanaf de ontvangst van de mededeling bedoeld in § 4 om een memorie in te dienen bij de algemene vergadering van de afdeling bestuursrechtspraak van de Raad van State.

De algemene vergadering van de afdeling bestuursrechtspraak spreekt zich uit binnen de negentig dagen na de indiening van deze memorie.

De inschrijving op de algemene rol van de Raad van State vindt plaats op het ogenblik dat de memorie wordt ingediend.

De memorie wordt gedagtekend en bevat:

1° het opschrift "memorie met betrekking tot een beslissing over de definitieve benoeming van een burgemeester van een randgemeente";

2° de naam en de woonplaats van de aangewezen-burgemeester en de gekozen woonplaats;

3° een uiteenzetting van de feiten en de middelen.

De memorie wordt niet op de rol ingeschreven indien:

1° ze niet is ondertekend of niet vergezeld gaat van vier door de ondertekenaar voor eensluidend verklaarde afschriften;

2° er geen inventaris is bijgevoegd van de stukken, die alle overeenkomstig die inventaris genummerd moeten zijn.

In geval van toepassing van het vijfde lid, richt de hoofdgriffier aan de aangewezen-burgemeester een brief waarin meegedeeld wordt waarom de memorie niet is ingeschreven op de rol en waarbij de aangewezen-burgemeester verzocht wordt binnen vijftien dagen zijn memorie te regulariseren.

De aangewezen-burgemeester die zijn memorie regulariseert binnen de vijftien dagen na de ontvangst van het verzoek bedoeld in het zesde lid, wordt geacht het te hebben ingediend op de datum van de eerste verzending ervan.

Een memorie die niet, onvolledig of laattijdig is geregulariseerd, wordt geacht niet te zijn ingediend.

Op hetzelfde ogenblik waarop hij zijn memorie indient, stuurt de aangewezen-burgemeester een kopie daarvan ter informatie aan de Vlaamse Regering. Deze verzending stelt de termijnen niet in werking die de Vlaamse Regering in acht moet nemen.

De hoofdgriffier zendt onverwijld een afschrift van de memorie aan de Vlaamse Regering, aan de auditeur-generaal en aan de adjunctauditeur-generaal over.

De Vlaamse Regering zendt hem binnen vijftien dagen na de kennisgeving van de memorie door de hoofdgriffier het volledige administratief dossier over, waarbij zij een nota met opmerkingen kan voegen.

Eén van de exemplaren van de nota wordt door de hoofdgriffier gezonden aan de aangewezen-burgemeester en aan de leden van het auditoraat bedoeld in artikel 93, § 5, van de wetten op de Raad van State, gecoördineerd op 12 januari 1973.

Een te laat ingediende nota met opmerkingen wordt uit de debatten geweerd.

De leden van het auditoraat maken binnen vijftien dagen na ontvangst van het dossier een verslag op overeenkomstig artikel 93, § 5, van de wetten op de Raad van State, gecoördineerd op 12 januari 1973. In voorkomend geval verzoeken zij de partijen nadere uitleg te verstrekken over de punten die zij aangeven.

De eerste voorzitter of de voorzitter bepaalt na kennisneming van het verslag, bij beschikking de dag van de terechtzitting waarop de zaak wordt behandeld door de algemene vergadering van de afdeling bestuursrechtspraak van de Raad van State. 3007

De hoofdgriffier geeft onverwijld kennis van de beschikking waarbij de rechtsdag wordt bepaald aan:

1° de leden van het auditoraat bedoeld in artikel 93, § 5, van de wetten op de Raad van State, gecoördineerd op 12 januari 1973;
2° de Vlaamse Regering;
3° de aangewezen-burgemeester.

Het verslag wordt bij de oproeping gevoegd. De partijen en hun advocaat kunnen gedurende de in de beschikking van de eerste voorzitter of de voorzitter bepaalde tijd ter griffie inzage nemen van het dossier.

De artikelen 93, § 5, eerste lid, 95, §§ 2 tot 4, en 97, derde lid, van de wetten op de Raad van State, gecoördineerd op 12 januari 1973, zijn van toepassing op de procedure die wordt ingesteld door dit artikel. De artikelen 21, zesde lid, 21*bis* en 30, § 3, van dezelfde gecoördineerde wetten zijn niet van toepassing.

§ 6. Indien de aangewezen-burgemeester geen memorie indient binnen de termijn van dertig dagen bedoeld in § 5, eerste lid, of indien de algemene vergadering van de afdeling bestuursrechtspraak van de Raad van State de beslissing tot weigering bevestigt, wordt deze definitief. De gemeenteraad beschikt over dertig dagen vanaf de datum waarop de beslissing tot weigering definitief is geworden om door een stemming een nieuwe voordrachtsakte te bevestigen.

§ 7. Indien de algemene vergadering van de afdeling bestuursrechtspraak van de Raad van State de beslissing van weigering tot benoeming tenietdoet, leidt haar arrest tot de definitieve benoeming van de aangewezen-burgemeester en tot zijn vervanging als schepen overeenkomstig de procedure bepaald in artikel 15, § 2, indien hij als schepen werd verkozen.

§ 8. Voor alles wat niet geregeld is bij dit artikel zijn de wetten op de Raad van State, gecoördineerd op 12 januari 1973 en het besluit van de Regent van 23 augustus 1948 tot regeling van de rechtspleging voor de afdeling bestuursrechtspraak van de Raad van State van toepassing.

Verwijzing
zie randnummer [→ nr. 833]

Art. 14. Bij ontstentenis of verhindering van de burgemeester wordt zijn ambt waargenomen door de eerstgekozen schepen van Belgische nationaliteit, tenzij de burgemeester zijn bevoegdheid aan een andere schepen van Belgische nationaliteit heeft opgedragen.

Wanneer, in de randgemeenten bedoeld in artikel 7 van de wetten op het gebruik der talen in bestuurszaken, gecoördineerd op 18 juli 1966, en in de gemeenten Komen-Waasten en Voeren, bij de installatie van de gemeenteraad na een algehele vernieuwing geen burgemeester is benoemd, wijst de gemeenteraad een schepen of een gemeenteraadslid van Belgische nationaliteit aan om, in afwachting van die benoeming, het ambt van burgemeester waar te nemen.

Lid 1 opgeheven, behalve in zoverre de betrokken bepaling een nationaliteitsvereiste bevat, bij art. 302, 14° Decr. Vl. Parl. 15 juli 2005 (*B.S.*, 31 augustus 2005 (derde uitg.)), met ingang van 1 januari 2007 (art. 1, 38° B. Vl. Reg. 24 november 2006 (*B.S.*, 30 november 2006 (eerste uitg.))).

Verwijzing
zie randnummer [→ nr. 821]

3007 **AFDELING 4. De schepenen**

Art. 15. § 1. De schepenen worden door de raad uit zijn midden verkozen. De verkozenen voor de raad kunnen daartoe kandidaten voordragen. Hiervoor dient per schepenmandaat een gedagtekende akte van voordracht te worden neergelegd in handen van de voorzitter van de raad, uiterlijk drie dagen vóór de vergadering waar de verkiezing van één of meer schepenen op de dagorde van de raad staat. Om ontvankelijk te zijn, moeten de akten van voordracht ondertekend zijn ten minste door een meerderheid van hen die op dezelfde lijst werden verkozen als de voorgedragen kandidaat. Ingeval de lijst waarop de kandidaat-schepen voorkomt slechts twee verkozenen telt, volstaat, voor de naleving van wat voorafgaat, de handtekening van één onder hen. Behoudens in geval van overlijden van, of afstand van het mandaat van gemeenteraadslid door een voorgedragen kandidaat, kan niemand meer dan één akte van voordracht ondertekenen voor hetzelfde schepenmandaat. Wanneer de schriftelijk voorgedragen kandidaturen niet volstaan om het schepencollege volledig samen te stellen, kunnen ter zitting kandidaten mondeling worden voorgedragen.

De verkiezing geschiedt bij geheime stemming en bij volstrekte meerderheid, door zoveel afzonderlijke stemmingen als er schepenen te kiezen zijn; de rang van de schepenen wordt bepaald door de volgorde van de stemmingen.

Wanneer voor een te begeven schepenmandaat slechts één kandidaat werd voorgedragen, geschiedt de stemming in één ronde; in elk ander geval en indien na twee stemmingen geen kandidaat de meerderheid heeft verkregen, geschiedt de herstemming over de twee kandidaten die de meeste stemmen hebben behaald; staken de stemmen bij de herstemming, dan is de oudste in jaren verkozen. De verkiezing van de schepenen heeft plaats in de installatievergadering die volgt op de vernieuwing van de raad. In elk geval moet de verkiezing geschieden binnen drie maanden na het openvallen van de plaats.

§ 2. In afwijking van § 1 worden de schepenen van de randgemeenten bedoeld in artikel 7 van de wetten op het gebruik van de talen in bestuurszaken, gecoördineerd op 18 juli 1966, en van de gemeenten Komen-Waasten en Voeren rechtstreeks gekozen door de vergadering van de gemeenteraadskiezers op de hierna volgende wijze:

De quotiënten verkregen met toepassing van artikel 56 van de gemeentekieswet, gecoördineerd op 4 augustus 1932, worden in de volgorde van hun belangrijkheid gerangschikt totdat er voor alle lijsten samen zoveel quotiënten worden bereikt als er schepenen te kiezen zijn.

De verdeling over de lijsten geschiedt door aan iedere lijst zoveel schepenmandaten toe te kennen als haar stemcijfer quotiënten heeft opgeleverd, gelijk aan of hoger dan het laatst gerangschikte quotiënt.

Indien een lijst meer schepenmandaten verkrijgt dan zij kandidaten telt, worden de niet toegekende mandaten gevoegd bij die welke aan de overige lijsten toekomen; de verdeling over deze lijsten geschiedt door voortzetting van de in het eerste lid van artikel 56 van de gemeentekieswet omschreven bewerking, zodat voor ieder nieuw quotiënt een mandaat wordt toegekend aan de lijst waartoe het behoort.

Het mandaat van schepen wordt toegewezen aan de tot raadslid gekozen kandidaten in de volgorde van hun verkiezing.

De rang van de schepenen wordt bepaald door de volgorde van de toewijzing van het mandaat.

De regels betreffende de ontslagneming als raadslid zijn mede van toepassing op de ontslagneming als schepen.

Wanneer een vacature ontstaat, wordt het mandaat van schepen toegewezen aan een raadslid van dezelfde lijst als die van de te vervangen schepen overeenkomstig de bepalingen vastgesteld in het vijfde lid. 3007

In de gevallen van verhindering bedoeld in artikel 18 wordt de verhinderde schepen gedurende de periode van verhindering vervangen door een raadslid aangewezen overeenkomstig het achtste lid.

§ 1 opgeheven, behalve in zoverre de betrokken bepaling een nationaliteitsvereiste bevat, bij art. 302, 16° Decr. Vl. Parl. 15 juli 2005 (*B.S.* 31 augustus 2005 (derde uitg.)), met ingang van 5 september 2006 (art. 1 B. Vl. Reg. 1 september 2006 (*B.S.*, 5 september 2006 (eerste uitg.))).

Verwijzing
zie randnummer [→ nr. 819]

Art. 16. Er zijn 2 schepenen in de gemeenten van minder dan 1.000 inwoners;

3 schepenen in die van 1.000 tot 4.999 inwoners;
4 schepenen in die van 5.000 tot 9.999 inwoners;
5 schepenen in die van 10.000 tot 19.999 inwoners;
6 schepenen in die van 20.000 tot 29.999 inwoners;
7 schepenen in die van 30.000 tot 49.999 inwoners;
8 schepenen in die van 50.000 tot 99.999 inwoners;
9 schepenen in die van 100.000 tot 199.999 inwoners;
10 schepenen in die van 200.000 inwoners en daarboven.

Opgeheven, behalve in zoverre de betrokken bepaling een nationaliteitsvereiste bevat en behalve voor de gemeenten, bedoeld in artikel 7 van de wetten op het gebruik van de talen in bestuurszaken en de gemeente Voeren, bij art. 302, 17° Decr. Vl. Parl. 15 juli 2005 (*B.S.* 31 augustus 2005 (derde uitg.)), met ingang van 5 september 2006 (art. 1 B. Vl. Reg. 1 september 2006 (*B.S.*, 5 september 2006 (eerste uitg.))).

Verwijzing
zie [→ nr. 819]

Art. 18. Als verhinderd wordt beschouwd de schepen die het ambt van Minister, Staatssecretaris, lid van een Executieve of gewestelijk Staatssecretaris uitoefent, voor de periode waarin dat ambt wordt uitgeoefend.

De schepen die verhinderd is wegens de vervulling van zijn actieve militaire diensttijd of van zijn burgerdienst als gewetensbezwaarde, wordt, op zijn schriftelijk verzoek gericht aan het college van burgemeester en schepenen, gedurende die periode vervangen.

De schepen die een ouderschapsverlof wenst te nemen wegens de geboorte of de adoptie van een kind, wordt op zijn schriftelijk verzoek, gericht aan het college van burgemeester en schepenen, vervangen voor de periode zoals bepaald in artikel 11.

De schepen die de krachtens artikel 14*bis* als verhinderd beschouwde burgemeester vervangt, wordt, op verzoek van het college van burgemeester en schepenen, vervangen voor de periode dat die schepen de burgemeester vervangt.

De verhinderde schepen bedoeld in het eerste, tweede, derde en vierde lid, wordt, in afwijking van artikel 17, vervangen door een raadslid van Belgische nationaliteit aangewezen door de gemeenteraad overeenkomstig artikel 15, § 1, onverminderd artikel 15, § 2, laatste lid, en artikel 279, derde lid.

Opgeheven, behoudens in zoverre de betrokken bepaling een nationaliteitsvereiste bevat, bij art. 302, 19° Decr. Vl. Parl. 15 juli 2005 (*B.S.*, 31 augustus 2005 (derde uitg.)), met

3007 ingang van 1 januari 2007 (art. 1, 38° B. Vl. Reg. 24 november 2006 (*B.S.*, 30 november 2006 (eerste uitg.))).

AFDELING 5. Wedde en ambtskledij van de burgemeesters en schepenen

Art. 19. § 1. [...]

§ 1*bis*. Het vakantiegeld en de eindejaarspremie van de burgemeesters en schepenen worden door de Koning vastgesteld.

§ 2. [...]

§ 3. [...]

§ 4. Indien de burgemeesters en schepenen niet zijn onderworpen aan de wet van 27 juni 1969 tot herziening van de besluitwet van 28 december 1944 betreffende de maatschappelijke zekerheid der arbeiders ingevolge hun activiteit als werknemer of aan het koninklijk besluit nr. 38 van 27 juli 1967 houdende inrichting van het sociaal statuut der zelfstandigen ingevolge hun activiteit als zelfstandigen, en indien ze zonder de toepassing van de huidige bepaling enkel prestaties inzake geneeskundige verzorging zouden genieten mits betaling van bijkomende persoonlijke bijdragen, worden ze door de gemeente onderworpen aan de regelingen van de verplichte verzekering voor geneeskundige verzorging en uitkeringen, werkloosheidsuitkeringen en de gezinsbijslag bedoeld bij artikel 5, a), b), e) en f), van voornoemde wet van 27 juni 1969.

Worden eveneens onderworpen aan de bovenvermelde stelsels, de burgemeesters en schepenen onderworpen aan de wet van 27 juni 1969 tot herziening van de besluitwet van 28 december 1944 betreffende de maatschappelijke zekerheid der arbeiders of aan het koninklijk besluit nr. 38 van 27 juli 1967 houdende inrichting van het sociaal statuut der zelfstandigen, indien ze zonder de toepassing van de huidige bepaling enkel prestaties inzake verplichte verzekering voor geneeskundige verzorging zouden genieten mits betaling van bijkomende persoonlijke bijdragen.

De werknemers- en werkgeversbijdragen bedoeld bij artikel 38, § 2, 2°, 3°, 4° en § 3, 2°, 3° en 4°, van de wet van 29 juni 1981 houdende de algemene beginselen van de sociale zekerheid voor werknemers en bij artikel 18 van het koninklijk besluit van 25 oktober 1985 tot uitvoering van hoofdstuk 1, afdeling 1, van de wet van 1 augustus 1985 houdende sociale bepalingen berekend op het bedrag van hun volledige wedde worden aangegeven en betaald aan de Rijksdienst voor sociale zekerheid van de provinciale en plaatselijke overheidsdiensten.

Indien de burgemeesters en de schepenen alsmede de gewezen burgemeesters en schepenen na de beëindiging van hun politiek mandaat enkel prestaties krachtens de verplichte verzekering voor geneeskundige verzorging kunnen genieten dan met toepassing van het artikel 32, 15° van de wet betreffende de verplichte verzekering voor geneeskundige verzorging en uitkeringen, gecoördineerd op 14 juli 1994, neemt de gemeente waar ze laatst dit mandaat hebben uitgeoefend de krachtens die bepaling verschuldigde persoonlijke bijdragen ten laste.

De Koning bepaalt bij een besluit vastgesteld na overleg in de Ministerraad de uitvoeringsmodaliteiten van deze bepaling.

Verwijzing
zie randnummer [→ nr. 271]

AFDELING 8. Onverenigbaarheden 3007

Art. 71. Van een gemeenteraad kunnen geen deel uitmaken en tot burgemeester kunnen niet worden benoemd:
1° de provinciegouverneurs, de gouverneur en de vice-gouverneur van het administratief arrondissement Brussel-Hoofdstad en de adjunct van de gouverneur van de provincie Vlaams-Brabant;
2° de leden van de bestendige deputatie van de provincieraad en de leden van het college ingesteld bij artikel 83*quinquies*, § 2, van de bijzondere wet van 12 januari 1989 met betrekking tot de Brusselse instellingen;
3° de provinciegriffiers;
4° de arrondissementscommissarissen [...];
5° de militairen in actieve dienst, behalve de wederopgeroepen reserveofficieren en de dienstplichtigen;
6° degenen die personeelslid zijn van of een toelage of wedde ontvangen van de gemeente, met uitzondering van de vrijwillige brandweerlieden;
7° de politieambtenaren en de ambtenaren van de openbare macht;
8° de beambten van het bosbeheer, wanneer hun bevoegdheid zich uitstrekt tot beboste eigendommen die aan het bosbeheer onderworpen zijn en die toebehoren aan de gemeente waarin zij hun ambt wensen uit te oefenen;
9° elke persoon die een ambt of mandaat uitoefent dat gelijkwaardig is aan dat van gemeenteraadslid, schepen of burgemeester in een lokale basisoverheid van een andere Lid-Staat van de Europese Unie. De Koning stelt een enuntiatieve lijst op van ambten of mandaten die als gelijkwaardig worden beschouwd.

De bepalingen van het eerste lid, 1° tot 8°, zijn eveneens van toepassing op de niet-Belgische onderdanen van de Europese Unie die in België verblijven voor de uitoefening in een andere Lid-Staat van de Europese Unie van ambten die gelijkwaardig zijn aan die bedoeld in deze bepalingen.

Opgeheven, behalve in zoverre de betrokken bepaling een nationaliteitsvereiste bevat, bij art. 302, 66° Decr. Vl. Parl. 15 juli 2005 (*B.S.* 31 augustus 2005 (derde uitg.)), met ingang van 5 september 2006 (art. 1 B. Vl. Reg. 1 september 2006 (*B.S.*, 5 september 2006 (eerste uitg.))).

Verwijzing
zie randnummer [→ nr. 117] [→ nr. 118] [→ nr. 119]

Art. 72. Burgemeester of schepen kunnen niet zijn:
1° de leden van de hoven, burgerlijke rechtbanken en vredegerechten;
2° de leden van het parket, de griffiers en de adjunct-griffiers bij de hoven, burgerlijke rechtbanken of ondernemingsrechtbanken, en de griffiers van de vredegerechten;
3° de bedienaren van de erediensten;
4° de agenten en beambten der fiscale besturen, in de gemeenten die tot hun werk- of ambtsgebied behoren, behoudens door de Koning toegestane afwijking;
5° de ontvangers van de openbare centra voor maatschappelijk welzijn van de gemeente waarvoor het centrum bevoegd is.

Wat het mandaat van schepen betreft, zijn de bepalingen van het eerste lid eveneens van toepassing op de niet-Belgische onderdanen van de Europese Unie die in België verblijven voor de uitoefening in een andere Lid-Staat van de Europese Unie van ambten die gelijkwaardig zijn aan die bedoeld in deze bepalingen.

3007 Opgeheven, behalve in zoverre de betrokken bepaling een nationaliteitsvereiste bevat, bij art. 302, 67° Decr. Vl. Parl. 15 juli 2005 (*B.S.*, 31 augustus 2005 (derde uitg.)), met ingang van 1 januari 2007 (art. 1, 38° B. Vl. Reg. 24 november 2006 (*B.S.*, 30 november 2006 (eerste uitg.))).

Verwijzing
zie randnummer [→ nr. 117] [→ nr. 118] [→ nr. 119]

TITEL II. BEVOEGDHEDEN

HOOFDSTUK I. Bevoegdheden van de gemeenteraad

Art. 119. De gemeenteraad maakt de gemeentelijke reglementen van inwendig bestuur en de gemeentelijke politieverordeningen, met uitzondering van de tijdelijke politieverordeningen op het wegverkeer bedoeld in artikel 130*bis*.

Deze reglementen en verordeningen mogen niet in strijd zijn met de wetten, de decreten, de ordonnanties, de reglementen en de besluiten van de Staat, de Gewesten, de Gemeenschappen, de Gemeenschapscommissies, de provincieraad en de bestendige deputatie van de provincieraad.

De raad zendt hiervan binnen achtenveertig uren een afschrift aan de bestendige deputatie van de provincieraad.

[...]

Een afschrift van die reglementen en politieverordeningen wordt dadelijk toegezonden aan de griffie van de rechtbank van eerste aanleg en aan die van de politierechtbank, waar zij in een daartoe bestemd register worden ingeschreven.

Van die reglementen en verordeningen wordt melding gemaakt in het Bestuursmemoriaal van de provincie.

[...]

Verwijzing
zie randnummer [→ nr. 167] [→ nr. 168]

Art. 119*bis*. De gemeenteraad kan gemeentelijke administratieve straffen en sancties opleggen overeenkomstig de wet van 24 juni 2013 betreffende de gemeentelijke administratieve sancties.

Art. 121. Door de gemeenteraden kunnen verordeningen tot aanvulling van de wet van 21 augustus 1948 tot afschaffing van de officiële reglementering van de prostitutie worden vastgesteld, indien zij tot doel hebben de openbare zedelijkheid en de openbare rust te verzekeren.

De door die verordeningen bepaalde misdrijven worden met politiestraffen gestraft.

HOOFDSTUK II. Bevoegdheden van het college van burgemeester en schepenen

Art. 125. [...]

Verwijzing
zie randnummer [→ nr. 167] [→ nr. 246] [→ nr. 247] [→ nr. 305]

Art. 126. De burgemeester en de ambtenaar van de burgerlijke stand kunnen ieder wat hem betreft, beambten van het gemeentebestuur machtigen tot:

1° het afgeven van uittreksels uit of afschriften van andere akten dan die van de burgerlijke stand;

2° het afgeven van uittreksels uit de bevolkingsregisters en van getuigschriften die geheel of ten dele aan de hand van die registers zijn opgemaakt; 3007
3° het legaliseren van handtekeningen;
4° het voor eensluidend verklaren van afschriften van stukken.

Die bevoegdheid geldt voor de stukken bestemd om in België of in het buitenland te dienen, met uitzondering van diegene die moeten gelegaliseerd worden door de Minister van Buitenlandse Betrekkingen of door de ambtenaar die hij daartoe machtigt.

Boven de handtekening van de beambten van het gemeentebestuur, aan wie de machtiging bedoeld bij dit artikel of bij artikel 45 van het Burgerlijk Wetboek is verleend, moet van die machtiging melding worden gemaakt.

De ambtenaar van de burgerlijke stand kan eveneens beambten van het gemeentebestuur machtigen tot het ontvangen van betekeningen, kennisgevingen en terhandstellingen van beslissingen inzake de staat van personen.

Verwijzing
zie randnummer [→ nr. 305]

Art. 127. [...]

Art. 129. Het college van burgemeester en schepenen draagt zorg voor het voorkomen en verhelpen van hinderlijke voorvallen waartoe in vrijheid gelaten zinnelozen en razenden aanleiding zouden kunnen geven.

[...]

Art. 130. De politie over de vertoningen behoort aan het college van burgemeester en schepenen; het kan in buitengewone omstandigheden elke vertoning verbieden ten einde de openbare rust te handhaven.

Dit college voert de verordeningen van de gemeenteraad uit voor alles wat de vertoningen betreft. De raad waakt tegen het geven van vertoningen die strijdig zijn met de openbare orde.

Art. 130*bis*. Het college van burgemeester en schepenen is bevoegd voor de tijdelijke politieverordeningen op het wegverkeer.

Art. 132. [...]

HOOFDSTUK III. Bevoegdheden van de burgemeester

Art. 133. [...]

Hij is in het bijzonder belast met de uitvoering van de politiewetten, de politiedecreten, de politieordonnanties, de politieverordeningen en de politiebesluiten. Hij kan echter onder zijn verantwoordelijkheid zijn bevoegdheid geheel of ten dele overdragen aan een van de schepenen.

[...]

Onverminderd de bevoegdheden van de Minister van Binnenlandse Zaken, van de gouverneur en van de bevoegde gemeentelijke instellingen, is de burgemeester de verantwoordelijke overheid inzake de bestuurlijke politie op het grondgebied van de gemeente.

Verwijzing
zie randnummer [→ nr. 301] [→ nr. 302] [→ nr. 303] [→ nr. 304]

3007 **Art. 133*bis*.** Zonder op enige wijze afbreuk te kunnen doen aan de aan de burgemeester toegekende bevoegdheden, heeft de gemeenteraad het recht geïnformeerd te worden door de burgemeester over de wijze waarop deze de bevoegdheden uitoefent die hem zijn verleend krachtens artikel 133, tweede en derde lid, en de artikelen 42, 43 en 45 van de wet van 7 december 1998 tot organisatie van een geïntegreerde politiedienst, gestructureerd op twee niveaus. In de ééngemeentezone wordt dit recht uitgebreid tot de bevoegdheden die de burgemeester zijn verleend krachtens artikel 45 van de wet van 7 december 1998 tot organisatie van een geïntegreerde politiedienst, gestructureerd op twee niveaus.

Zonder op enige wijze afbreuk te kunnen doen aan de aan de burgemeester toegekende bevoegdheden, heeft de gemeenteraad het recht geïnformeerd te worden door de burgemeester over de wijze waarop deze de bevoegdheden uitoefent die hem zijn verleend krachtens de artikelen 107, 153 en 181 van de wet van 15 mei 2007 betreffende de civiele veiligheid.

[...]

Art. 134. § 1. In geval van oproer, kwaadwillige samenscholing, ernstige stoornis van de openbare rust of andere onvoorziene gebeurtenissen, waarbij het geringste uitstel gevaar of schade zou kunnen opleveren voor de inwoners, kan de burgemeester politieverordeningen maken, onder verplichting om daarvan onverwijld aan de gemeenteraad kennis te geven [...], met opgave van de redenen waarom hij heeft gemeend zich niet tot de raad te moeten wenden [...]. Die verordeningen vervallen dadelijk, indien zij door de raad in de eerstvolgende vergadering niet worden bekrachtigd.

§ 2. Voor de gemeenten van het Duitse taalgebied, de gemeenten genoemd in artikel 7 van de wetten op het gebruik van de talen in bestuurszaken, gecoördineerd op 18 juli 1966, en de gemeenten Komen-Waasten en Voeren geeft de burgemeester de provinciegouverneur onmiddellijk kennis van de in § 1 bedoelde verordeningen, met opgave van de redenen waarom hij heeft gemeend zich niet tot de raad te moeten wenden.

De gouverneur kan de uitvoering ervan schorsen.

§ 2 opgeheven, voorzover hij betrekking heeft op de gemeenten, opgesomd in artikel 7 van de wetten op het gebruik van talen in bestuurszaken, gecoördineerd op 18 juli 1966, en de gemeente Voeren (art. 22, § 2 Decr. Vl. Parl. 15 juli 2002 (*B.S.*, 15 oktober 2002 (tweede uitg.))).

Verwijzing

zie randnummer [→ nr. 301] [→ nr. 302] [→ nr. 303] [→ nr. 304]

Art. 134*bis*. Op gemotiveerd verzoek van de voorzitter van de raad voor maatschappelijk welzijn beschikt de burgemeester, vanaf de aanmaning van de eigenaar, over het recht om elk gebouw, dat sedert meer dan zes maanden verlaten is, op te eisen ten einde het ter beschikking te stellen van dakloze personen. Het opeisingsrecht kan slechts uitgeoefend worden binnen een termijn van 6 maand te rekenen vanaf de dag waarop de burgemeester de eigenaar op de hoogte heeft gesteld, en mits een billijke vergoeding.

De Koning bepaalt, bij in Ministerraad overlegd besluit, de grenzen, de voorwaarden en de modaliteiten, volgens dewelke het opeisingsrecht kan uitgeoefend worden. Dit besluit bepaalt ook de procedure, de gebruiksduur, de modaliteiten inzake het op de hoogte stellen van de eigenaar en de mogelijkheden van laatstgenoemde tot verzet tegen de opeising, alsook de berekeningswijzen inzake de vergoedingen.

Verwijzing 3007
zie randnummer [→ nr. 307]

Art. 134*ter*. Behoudens wanneer de bevoegdheid om in geval van hoogdringendheid een voorlopige sluiting van een instelling of de tijdelijke schorsing van een vergunning uit te spreken door een bijzondere regelgeving is toevertrouwd aan een andere overheid, kan de burgemeester wanneer elke verdere vertraging een ernstig nadeel zou kunnen berokkenen, die maatregelen nemen wanneer de voorwaarden van de uitbating van de instelling of van de vergunning niet worden nageleefd en nadat de overtreder de mogelijkheid werd geboden zijn verweermiddelen naar voren te brengen.

Die maatregelen vervallen dadelijk indien zij door het college van burgemeester en schepenen in de eerstvolgende vergadering niet worden bekrachtigd.

Zowel de sluiting als de schorsing kunnen een termijn van drie maanden niet overschrijden. Na verloop van deze termijn wordt de beslissing van de burgemeester van rechtswege geheven.

Art. 134*quater*. Indien de openbare orde rond een voor het publiek toegankelijke inrichting wordt verstoord door gedragingen in die inrichting, kan de burgemeester besluiten deze te sluiten, voor de duur die hij bepaalt.

Die maatregelen zullen onmiddellijk ophouden uitwerking te hebben indien ze niet tijdens de eerstvolgende vergadering van het college van burgemeester en schepenen worden bevestigd.

De sluiting mag een termijn van drie maanden niet overschrijden. De beslissing van de burgemeester wordt opgeheven bij het verstrijken van die termijn.

Art. 134*quinquies*. Indien er ernstige aanwijzingen zijn dat in een inrichting feiten plaatsvinden van mensenhandel als bedoeld in artikel 433*quinquies* van het Strafwetboek of feiten van mensensmokkel als bedoeld in artikel 77*bis* van de wet van 15 december 1980 betreffende de toegang tot het grondgebied, het verblijf, de vestiging en de verwijdering van vreemdelingen, kan de burgemeester, na voorafgaand overleg met de gerechtelijke instanties, en na de middelen van verdediging van de verantwoordelijke te hebben gehoord, besluiten deze inrichting te sluiten voor de duur die hij bepaalt.

De burgemeester is gemachtigd om de inrichting te doen verzegelen indien het sluitingsbesluit niet wordt nageleefd.

Het sluitingsbesluit wordt ter kennis gebracht van de gemeenteraad op de eerste daaropvolgende zitting.

De sluitingsmaatregel duurt maximum zes maanden. Na het verstrijken van deze termijn vervalt het besluit van de burgemeester.

Art. 134*sexies*. § 1. De burgemeester kan, in geval van verstoring van de openbare orde veroorzaakt door individuele of collectieve gedragingen, of in geval van herhaaldelijke inbreuken op de reglementen en verordeningen van de gemeenteraad gepleegd op eenzelfde plaats of ter gelegenheid van gelijkaardige gebeurtenissen en die een verstoring van de openbare orde of een overlast met zich meebrengen, beslissen over te gaan tot een tijdelijk plaatsverbod van een maand, tweemaal hernieuwbaar, jegens de dader of de daders van deze gedragingen.

§ 2. Onder "tijdelijk plaatsverbod" wordt verstaan het verbod binnen te treden in een of meerdere duidelijke perimeters van plaatsen die als toegankelijk voor het publiek worden bepaald, gelegen binnen een gemeente, zonder

3007 evenwel het geheel van het grondgebied te beslaan. Worden beschouwd als plaats die toegankelijk is voor het publiek elke plaats die gelegen is in de gemeente die niet enkel toegankelijk is voor de beheerder van de plaats, voor degene die er werkt of voor degenen die er individueel worden uitgenodigd, met uitzondering van de woonplaats, de plaats van het werk of de plaats van de onderwijs- of opleidingsinstelling van de overtreder.

§ 3. De in § 1 bedoelde beslissing moet aan de volgende voorwaarden voldoen:

1° met redenen omkleed zijn op basis van de hinder die verband houdt met de openbare orde;

2° bevestigd worden door het college van burgemeester en schepenen of het gemeentecollege, bij de eerstvolgende vergadering, na de dader of de daders van die gedragingen of hun raadsman te hebben gehoord en nadat hij de mogelijkheid heeft gehad ter gelegenheid hiervan zijn verdedigingsmiddelen schriftelijk of mondeling te doen gelden, behalve indien hij, na te zijn uitgenodigd via een aangetekende brief, zich niet heeft gemeld en geen geldige motieven naar voren gebracht heeft voor zijn afwezigheid of zijn verhindering.

§ 4. De beslissing kan worden genomen, ofwel na een door de burgemeester betekende schriftelijke verwittiging die de dader of de daders van die gedragingen op de hoogte brengt van het feit dat een nieuwe inbreuk op een identieke plaats of ter gelegenheid van gelijkaardige gebeurtenissen aanleiding zal kunnen geven tot een plaatsverbod, ofwel, met het oog op de ordehandhaving, zonder verwittiging.

§ 5. In geval van niet-naleving van het tijdelijk plaatsverbod, kan de dader of kunnen de daders van die gedragingen gestraft worden met een administratieve geldboete zoals voorzien door de wet van 24 juni 2013 betreffende de gemeentelijke administratieve sancties.

Art. 134*septies*. Indien er ernstige aanwijzingen zijn dat in een inrichting feiten plaatsvinden die een terroristisch misdrijf inhouden als bedoeld in boek II, titel I*ter*, van het Strafwetboek, kan de burgemeester, na voorafgaand overleg met de gerechtelijke instanties en na de middelen van verdediging van de verantwoordelijke te hebben gehoord, beslissen deze inrichting te sluiten voor de duur die hij bepaalt.

De burgemeester is gemachtigd de inrichting te doen verzegelen indien het sluitingsbesluit niet wordt nageleefd.

Het sluitingsbesluit wordt op de eerstvolgende zitting bekrachtigd door het college van burgemeester en schepenen.

De sluitingsmaatregel duurt maximum zes maanden. Na het verstrijken van deze termijn heeft het besluit van de burgemeester niet langer uitwerking.

HOOFDSTUK IV. Bevoegdheden van de gemeenten in 't algemeen

Art. 135. § 1. [...]

§ 2. De gemeenten hebben ook tot taak het voorzien, ten behoeve van de inwoners, in een goede politie, met name over de zindelijkheid, de gezondheid, de veiligheid en de rust op openbare wegen en plaatsen en in openbare gebouwen.

Meer bepaald, en voor zover de aangelegenheid niet buiten de bevoegdheid van de gemeenten is gehouden, worden de volgende zaken van politie aan de waakzaamheid en het gezag van de gemeenten toevertrouwd: 3007

1° alles wat verband houdt met een veilig en vlot verkeer op openbare wegen, straten, kaden en pleinen, hetgeen omvat de reiniging, de verlichting, de opruiming van hindernissen, het slopen of herstellen van bouwvallige gebouwen, het verbod om aan ramen of andere delen van gebouwen enig voorwerp te plaatsen dat door zijn val schade kan berokkenen, of om wat dan ook te werpen dat voorbijgangers verwondingen of schade kan toebrengen of dat schadelijke uitwasemingen kan veroorzaken; voor zover de politie over het wegverkeer betrekking heeft op blijvende of periodieke toestanden, valt zij niet onder de toepassing van dit artikel;

2° het tegengaan van inbreuken op de openbare rust, zoals vechtpartijen en twisten met volksoploop op straat, tumult verwekt in plaatsen van openbare vergadering, nachtgerucht en nachtelijke samenscholingen die de rust van de inwoners verstoren;

3° het handhaven van de orde op plaatsen waar veel mensen samenkomen, zoals op jaarmarkten en markten, bij openbare vermakelijkheden en plechtigheden, vertoningen en spelen, in drankgelegenheden, kerken en openbare plaatsen;

4° het toezicht op een juiste toemeting bij het slijten van waren (waarvoor meeteenheden of meetwerktuigen gebruikt worden) en op de hygiëne van openbaar te koop gestelde eetwaren;

5° het nemen van passende maatregelen om rampen en plagen, zoals brand, epidemieën en epizoötieën te voorkomen en het verstrekken van de nodige hulp om ze te doen ophouden;

6° het verhelpen van hinderlijke voorvallen waartoe rondzwervende kwaadaardige of woeste dieren aanleiding kunnen geven;

7° het nemen van de nodige maatregelen, inclusief politieverordeningen, voor het tegengaan van alle vormen van openbare overlast.

Verwijzing
zie randnummer [→ nr. 301] [→ nr. 302] [→ nr. 303] [→ nr. 304]

TITEL III. HET PERSONEEL

HOOFDSTUK I. Algemene bepalingen

Art. 144. De beslissingen te nemen door de Koning krachtens artikel 29, worden vastgesteld na raadpleging van de vertegenwoordigers van de meest representatieve organisaties van het gemeentepersoneel.

De modaliteiten van die raadpleging worden door de Koning geregeld.

De raadpleging bedoeld in het eerste en in het tweede lid wordt vervangen door de formaliteiten inzake onderhandeling en overleg voorgeschreven door de wet van 19 december 1974 tot regeling van de betrekkingen tussen de overheid en de vakbonden van haar personeel voor de personeelsleden op wie deze wet toepasselijk is verklaard.

Verwijzing
zie randnummer [→ nr. 360]

Art. 144*bis*. In afwijking van artikel 31 van de wet van 24 juli 1987 betreffende de tijdelijke arbeid, de uitzendarbeid en het ter beschikking stellen van werknemers ten behoeve van gebruikers, kunnen gemeentebesturen, ter

3007 behartiging van gemeentelijke belangen, werknemers die met hen met een arbeidsovereenkomst zijn verbonden ter beschikking stellen van een O.C.M.W., een sociale huisvestingsmaatschappij of een vereniging zonder winstoogmerk.

Om de in het eerste lid bedoelde mogelijkheid te genieten moet het bestuursorgaan van de sociale huisvestingsmaatschappij of van de vereniging zonder winstoogmerk ten minste één lid tellen dat door de gemeenteraad is aangewezen.

De terbeschikkingstelling van werknemers ten behoeve van gebruikers, toegelaten bij het eerste lid, is onderworpen aan volgende voorwaarden:

1° de terbeschikkingstelling moet een beperkte tijd hebben en betrekking hebben op een opdracht die rechtstreeks verband houdt met een gemeentelijk belang;

2° de arbeidsvoorwaarden en het loon, met inbegrip van de vergoedingen en voordelen, van de terbeschikkinggestelde werknemer mogen niet lager liggen dan deze die hij zou genieten mocht hij bij zijn werkgever zijn tewerkgesteld; gedurende de periode waarin de werknemer ter beschikking van de gebruiker wordt gesteld is de gebruiker verantwoordelijk voor de toepassing van de bepalingen van de wetgeving inzake de reglementering en de bescherming van de arbeid, die gelden op de plaats van het werk zoals bedoeld bij artikel 19 van voornoemde wet van 24 juli 1987;

3° de voorwaarden en de duur van de terbeschikkingstelling evenals de aard van de opdracht moeten worden vastgesteld in een geschrift, goedgekeurd door de gemeenteraad en ondertekend door de werkgever, de gebruiker en de werknemer nog voor het begin van de terbeschikkingstelling;

4° de terbeschikkingstelling van werknemers ten behoeve van een gebruiker, toegelaten bij het eerste lid, is maar mogelijk voorzover de gebruiker-zelf de werknemer had kunnen aanwerven onder de voorwaarden waaronder hij is aangeworven door het gemeentebestuur.

HOOFDSTUK II. Administratief statuut en bezoldigingsregeling

Art. 145. De gemeenteraad bepaalt [...]:

1° de personeelsformatie en de voorwaarden inzake werving en bevordering van het gemeentepersoneel;

2° de bezoldigingsregeling en de weddeschalen van het gemeentepersoneel, met uitzondering van de personeelsleden wier bezoldigingsregeling wordt vastgesteld door deze wet of door de wet van 29 mei 1959 tot wijziging van sommige bepalingen van de onderwijswetgeving.

Bij om het even welke vaste benoeming van de leden van het gemeentepersoneel kan hij eisen dat de betrokkenen hun woonplaats en hun werkelijke verblijfplaats op het grondgebied van de gemeente hebben en behouden. De gemeenteraad motiveert zijn beslissing.

Opgeheven, behalve voor het personeel van de politie en de brandweer, bij art. 302, 133° Decr. Vl. Parl. 15 juli 2005 (*B.S.*, 31 augustus 2005 (derde uitg.)), met ingang van 1 januari 2007 (art. 1, 38° B. Vl. Reg. 24 november 2006 (*B.S.*, 30 november 2006 (eerste uitg.))).

Art. 147. § 1. De bezoldigingsregeling en de weddeschalen worden onder meer vastgesteld naargelang van de belangrijkheid der ambtsopdrachten, de graad van verantwoordelijkheid en de vereiste algemene- en vakbekwaamheid

en rekening houdend met de plaats welke de personeelsleden in de hiërarchie 3007
van de gemeenteadministratie bekleden.

[...]

§ 2. Voor de gemeenten van het Duitse taalgebied, de gemeenten genoemd in artikel 7 van de wetten op het gebruik van de talen in bestuurszaken, gecoördineerd op 18 juli 1966, en de gemeenten Komen-Waasten en Voeren worden de beslissingen omtrent de in § 1 bedoelde aangelegenheden onderworpen aan de goedkeuring van de provinciegouverneur.

Elk besluit houdende niet-goedkeuring moet met redenen zijn omkleed.

§ 1 opgeheven, behalve voor het personeel van de politie en de brandweer, bij art. 302, 133° Decr. Vl. Parl. 15 juli 2005 (*B.S.*, 31 augustus 2005 (derde uitg.)), met ingang van 1 januari 2007 (art. 1, 38° B. Vl. Reg. 24 november 2006 (*B.S.*, 30 november 2006 (eerste uitg.))).
§ 2 opgeheven, voorzover hij betrekking heeft op de gemeenten, opgesomd in artikel 7 van de wetten op het gebruik van talen in bestuurszaken, gecoördineerd op 18 juli 1966, en de gemeente Voeren (art. 22, § 2 Decr. Vl. Parl. 15 juli 2002 (*B.S.*, 15 oktober 2002 (tweede uitg.))).

Art. 148. Het gemeentepersoneel geniet onder dezelfde voorwaarden als het personeel der ministeries, volgende toelagen: [...] kinderbijslagen [...] en gezinsvakantiegeld [...].

Het gemeentepersoneel ontvangt een haard- en standplaatstoelage onder dezelfde voorwaarden als het personeel van het Ministerie van de Vlaamse Gemeenschap.

Het gemeentepersoneel ontvangt vakantiegeld onder de voorwaarden die door de Vlaamse regering worden bepaald.

HOOFDSTUK III. Benoeming

Art. 149. De gemeenteraad benoemt de personeelsleden wier benoeming niet bij de wet wordt geregeld. Hij kan die bevoegdheid aan het college van burgemeester en schepenen opdragen, behalve voor:

1° de doctoren in de genees-, heel- en verloskunde en de doctoren in de veeartsenijkunde die hij met bijzondere opdrachten in het belang van de gemeente belast;

2° de leden van het onderwijzend personeel.

Opgeheven, behalve voor het personeel van de politie en de brandweer, bij art. 302, 133° Decr. Vl. Parl. 15 juli 2005 (*B.S.*, 31 augustus 2005 (derde uitg.)), met ingang van 1 januari 2007 (art. 1, 38° B. Vl. Reg. 24 november 2006 (*B.S.*, 30 november 2006 (eerste uitg.))).

HOOFDSTUK IV. Tucht van het onderwijzend personeel

Art. 150. § 1. De afzetting of de schorsing van de leden van het personeel bedoeld in artikel 17 van de Grondwet wier benoeming aan de gemeenteraad is opgedragen, behoort aan deze laatste.

[...]

§ 2. Voor de gemeenten van het Duitse taalgebied en de gemeenten genoemd in artikel 7 van de wetten op het gebruik van de talen in bestuurszaken, gecoördineerd op 18 juli 1966:

1° worden de beslissingen houdende schorsing voor drie maanden of meer of afzetting onderworpen aan de goedkeuring van de bestendige deputatie van de provincieraad; zij worden bij voorraad ten uitvoer gelegd;

3007 2° mag de bestendige deputatie van de provincieraad, wanneer de titularis van een bediening bezwaar inbrengt tegen een besluit van de gemeenteraad tot opheffing van die bediening of tot vermindering van de eraan verbonden wedde, aan die beslissing alleen haar goedkeuring onthouden voor zover de genomen maatregelen klaarblijkelijk strekken tot een bedekte afzetting.

De gemeenteraad en het benadeeld personeelslid kunnen binnen veertien dagen na de kennisgeving die hun ervan wordt gedaan, tegen de beslissing van de bestendige deputatie beroep instellen bij de Koning, als het gaat om een gemeente van het Duitse taalgebied, en bij de Gewestexecutieve, als het gaat om één van de gemeenten genoemd in artikel 7 van de wetten op het gebruik van de talen in bestuurszaken, gecoördineerd op 18 juli 1966.

§ 3. Voor de gemeenten Komen-Waasten en Voeren oefent de provinciegouverneur de in § 2, eerste lid, 1° en 2°, bedoelde bevoegdheden van toezicht uit, overeenkomstig de artikelen 267 tot en met 269.

De gemeenteraad en het benadeelde personeelslid kunnen bij de Gewestexecutieve beroep instellen tegen de beslissing van de gouverneur, binnen veertien dagen na de kennisgeving die hun ervan wordt gedaan.

§ 1 opgeheven, behalve voor het personeel van de politie en de brandweer, bij art. 302, 133° Decr. Vl. Parl. 15 juli 2005 (*B.S.*, 31 augustus 2005 (derde uitg.)), met ingang van 1 januari 2007 (art. 1, 38° B. Vl. Reg. 24 november 2006 (*B.S.*, 30 november 2006 (eerste uitg.))).

Art. 151. Het college van burgemeester en schepenen kan de leden van het personeel bedoeld in artikel 17 van de Grondwet schorsen voor een termijn van ten hoogste zes weken.

Opgeheven, behalve voor het personeel van de politie en de brandweer, bij art. 302, 133° Decr. Vl. Parl. 15 juli 2005 (*B.S.*, 31 augustus 2005 (derde uitg.)), met ingang van 1 januari 2007 (art. 1, 38° B. Vl. Reg. 24 november 2006 (*B.S.*, 30 november 2006 (eerste uitg.))).

Art. 152. Elke krachtens de artikelen 150 en 151 uitgesproken schorsing heeft, zolang zij duurt, verlies van wedde ten gevolge, tenzij de overheid die ze oplegt, anders beslist.

De overheid waaraan deze wet het recht tot schorsing of afzetting van de leden van het personeel bedoeld in artikel 17 van de Grondwet toekent, kan hun de straf van waarschuwing of van berisping opleggen.

Voordat enige tuchtmaatregel – waarschuwing, berisping, schorsing of afzetting – op een lid van het personeel bedoeld in artikel 17 van de Grondwet kan worden toegepast, wordt deze gehoord; van zijn verklaringen wordt proces-verbaal opgemaakt.

Opgeheven, behalve voor het personeel van de politie en de brandweer, bij art. 302, 133° Decr. Vl. Parl. 15 juli 2005 (*B.S.*, 31 augustus 2005 (derde uitg.)), met ingang van 1 januari 2007 (art. 1, 38° B. Vl. Reg. 24 november 2006 (*B.S.*, 30 november 2006 (eerste uitg.))).

HOOFDSTUK IV*bis*. Verbodsbepalingen

Art. 153. § 1. De gemeenteraad kan de klerken, beambten [...] verbieden, zelf of door een tussenpersoon, enige handel te drijven of enige bediening te vervullen waarvan de uitoefening zou worden geacht overenigbaar te zijn met hun ambt.

In geval van overtreding van dit verbod, kan aan het betrokken personeelslid een tuchtstraf opgelegd worden. 3007

[...]

[...]

§ 2. Voor de gemeenten van het Duitse taalgebied, de gemeenten genoemd in artikel 7 van de wetten op het gebruik van de talen in bestuurszaken, gecoördineerd op 18 juli 1966 en de gemeenten Komen-Waasten en Voeren worden de beslissingen waardoor de gemeenteraad de in § 1 bedoelde straffen uitspreekt, onderworpen aan de goedkeuring van de bestendige deputatie van de provincieraad.

De betrokkene kan binnen veertien dagen na de kennisgeving die hem ervan wordt gedaan, tegen de beslissing van de bestendige deputatie beroep instellen bij de Koning, als het gaat om een gemeente van het Duitse taalgebied, en bij de Gewestexecutieve, als het gaat om één van de gemeenten genoemd in artikel 7 van de wetten op het gebruik van de talen in bestuurszaken, gecoördineerd op 18 juli 1966, de gemeente Komen-Waasten of de gemeente Voeren.

§ 3. Wanneer de gemeenteraad de in § 1 bedoelde straffen niet oplegt, worden ze voor diezelfde gemeenten ambtshalve opgelegd door de provinciegouverneur, op eensluidend advies van de bestendige deputatie van de provincieraad, na twee opeenvolgende, uit de briefwisseling blijkende waarschuwingen.

Bij ontstentenis van een eensluidend advies van de bestendige deputatie, kan de gouverneur beroep instellen bij de Koning, als het om een gemeente van het Duitse taalgebied gaat, en bij de Gewestexecutieve, als het gaat om één van de gemeenten genoemd in artikel 7 van de wetten op het gebruik van de talen in bestuurszaken, gecoördineerd op 18 juli 1966, de gemeente Komen-Waasten of de gemeente Voeren.

De klerken, beambten [...] kunnen binnen veertien dagen na de hun gedane kennisgeving tegen de beslissing van de gouverneur welke hen uit hun ambt ontzet, beroep instellen bij de Koning, als het gaat om een gemeente van het Duitse taalgebied, en bij de Gewestexecutieve als het gaat om één van de gemeenten genoemd in artikel 7 van de wetten op het gebruik van de talen in bestuurszaken, gecoördineerd op 18 juli 1966, de gemeente Komen-Waasten of de gemeente Voeren.

§ 1 opgeheven, behalve voor het personeel van de politie en de brandweer, bij art. 302, 133° Decr. Vl. Parl. 15 juli 2005 (*B.S.*, 31 augustus 2005 (derde uitg.)), met ingang van 1 januari 2007 (art. 1, 38° B. Vl. Reg. 24 november 2006 (*B.S.*, 30 november 2006 (eerste uitg.))).

§§ 2 en 3 opgeheven, voorzover ze betrekking hebben op de gemeenten, opgesomd in artikel 7 van de wetten op het gebruik van talen in bestuurszaken, gecoördineerd op 18 juli 1966, en de gemeente Voeren (art. 22, § 2 Decr. Vl. Parl. 15 juli 2002 (*B.S.*, 15 oktober 2002 (tweede uitg.))).

HOOFDSTUK V. Het personeel van de burgerlijke stand

HOOFDSTUK VI. Pensioenen

Art. 156. De gemeenten zijn gehouden aan de leden van hun personeel die vast benoemd zijn, en aan hun rechthebbenden, een pensioen te verzekeren berekend volgens de regelen die op de ambtenaren en beambten van het hoofdbestuur van het Ministerie van Binnenlandse Zaken alsmede op hun rechthebbenden worden toegepast.

3007 Het pensioen wordt berekend op basis van de referentiewedde bepaald in artikel 8, § 1, tweede lid, van de algemene wet van 21 juli 1844 op de burgerlijke en kerkelijke pensioenen.

Worden in aanmerking genomen ten belope van 1/50 per jaar dienst van deze referentiewedde, de diensten die betrokkene gepresteerd heeft:

1° als lid van het gemeentelijk politiekorps in de hoedanigheid van politieambtenaar bevoegd voor de uitoefening van opdrachten van gerechtelijke of bestuurlijke politie of als hulpagent van politie;

2° als lid van het operationeel korps van een brandweer dat rechtstreeks deelneemt aan de brandbestrijding.

Voor de leden van de politie die, overeenkomstig artikel 238 van de wet van 7 december 1998 tot organisatie van een geïntegreerde politiedienst, gestructureerd op twee niveaus, met verlof voorafgaand aan de pensionering zijn gegaan, wordt de verhoging van het pensioen waarin het derde lid voorziet, slechts toegestaan voor het gedeelte van het pensioen dat overeenstemt met de periode die voorafgaat aan het verlof voorafgaand aan de pensionering.

Art. 157. De nieuwe gemeenten tot stand gekomen ingevolge samenvoeging of aanhechting krachtens het koninklijk besluit van 17 september 1975 houdende samenvoeging van gemeenten en wijziging van hun grenzen, bekrachtigd door de wet van 30 december 1975, zijn ertoe gehouden aan hun personeelsleden die in vast verband aangeworven en benoemd worden vanaf de datum van de installatie van de nieuwe gemeenteraad en aan hun rechtverkrijgenden een pensioen te verlenen vastgesteld en berekend overeenkomstig de bepalingen van dit hoofdstuk, met uitsluiting van welke gemeentelijke pensioenreglementering ook.

Art. 157*bis*. De bepalingen van de artikelen 156 en 157 zijn eveneens van toepassing op de personeelsleden in de hoedanigheid van stagiair en hun rechthebbenden voor wat betreft de stageperioden die gelegen zijn na 31 december 2012.

Art. 158. De gemeenteambtenaren worden op pensioen gesteld op de leeftijd bepaald bij de algemene reglementen, met dien verstande dat deze leeftijd ten minste zestig en ten hoogste vijfenzestig jaar moet bedragen.

Dezelfde maximumleeftijd geldt niettegenstaande alle andersluidende wettelijke en reglementaire bepalingen inzake pensioenregeling voor het personeel dat aan dit hoofdstuk is onderworpen behalve voor de personeelsleden bedoeld in artikel 238 van de wet van 7 december 1998 tot organisatie van een geïntegreerde politiedienst, gestructureerd op twee niveaus, waarvoor die maximumleeftijd wordt vastgesteld op 4 jaar na de leeftijd waarop hun het verlof voorafgaand aan de pensionering is toegekend, zonder dat ze evenwel ouder mogen zijn dan 60 jaar.

Opgeheven, behoudens voor het personeel van de politie en de brandweer, bij art. 2 Decr. Vl. 17 januari 2014 (*BS* 6 februari 2014 (ed. 2)).

Art. 159. Wegens ziekte of gebrekkelijkheid, worden de gemeenteambtenaren onder dezelfde voorwaarden op pensioen gesteld als de ambtenaren van het hoofdbestuur van het Ministerie van Binnenlandse Zaken en Openbaar Ambt.

Art. 160. In geval van vaste benoeming, worden de civiele diensten als tijdelijk beambte bewezen, aan de gemeenten, aan de instellingen die er van afhangen, aan de verenigingen van gemeenten, alsmede de diensten bewezen

door de brigadecommissarissen en de gewestelijke ontvangers, in aanmerking 3007
genomen om de rechten op het pensioen van de belanghebbenden en van hun rechthebbenden vast te stellen.

TITEL VIII. RECHTSGEDINGEN

Art. 270. [...]

In de meergemeentezones, oefent het politiecollege ten aanzien van de politiezone de bevoegdheden uit die krachtens het eerste lid aan het college van burgemeester en schepenen zijn toegekend. De in het tweede lid bepaalde machtiging wordt door de politieraad gegeven.

TITEL XVI. DE BINNENGEMEENTELIJKE TERRITORIALE ORGANEN ALS BEDOELD IN ARTIKEL 41 VAN DE GRONDWET

HOOFDSTUK I. Het bestuur van het district

Art. 332. § 1. [...]

§ 2. [...]

§ 3. [...]

§ 4. De bepalingen van de artikelen 3, 4, 14, 14*bis*, 17, 18, 19, 20, 21, 22, 72, 74, 80, 81 en 83 zijn voor zover zij respectievelijk de burgemeester en de schepenen betreffen ook van toepassing respectievelijk op de voorzitter en op de leden van het bureau met dien verstande dat:

1° in artikel 18, tweede tot vierde lid, het bureau in de plaats treedt van het college van burgemeester en schepenen en de wijze van vervanging ingeval van verhindering, bedoeld in het laatste lid, die is welke bepaald wordt door § 2 van dit artikel;

2° de wedde van de leden van het bureau en van de voorzitter wordt bepaald door de Koning, daarbij kan rekening gehouden worden met de omvang van de bevoegdheden die aan de districten toegewezen worden, alsook met het inwonersaantal van het district;

3° de in artikel 22 voor het ontslag van een schepen opgenomen regeling zowel geldt voor de voorzitter als voor de leden van het bureau; het ontslag wordt ingediend bij de districtraad;

4° in artikel 80, derde lid, het lid van het schepencollege dat de installatievergadering voorzit in de plaats treedt van de burgemeester, voor wat de eedafneming van de leden van het bureau betreft, en in artikel 80, vierde lid, het lid van het schepencollege die de installatievergadering voorzit in de plaats treedt van de provinciegouverneur, voor wat de eedafneming van de voorzitter betreft;

5° de in artikel 83 voor de schorsing en de afzetting van de schepenen opgenomen bepalingen gelden zowel voor de voorzitter als voor de leden van het bureau.

BIJLAGE 3
KRUISVERWIJZINGSTABEL RELEVANTE WETGEVING

1. OCMW-Wet van 8 juli 1976

Rechtsgrond	*Randnummer*
Art. 1, 57 en 59	[→ nr. 11]
Art. 17*bis*	[→ nr. 822]
Art. 25*bis*	[→ nr. 823]
Art. 27*bis*	[→ nr. 824]
Art. 57, 63-68	[→ nr. 18]
Art. 57*bis*	[→ nr. 26]
	[→ nr. 13] [→ nr. 14] [→ nr. 15] [→ nr. 16] [→ nr. 17] [→ nr. 18] [→ nr. 19]
Art. 60	[→ nr. 22]
Art. 61	[→ nr. 520] [→ nr. 521]
Art. 62	[→ nr. 522]
Art. 68*quinquies*	[→ nr. 27]
Art. 71	[→ nr. 28]

2. Provinciedecreet van 9 december 2005

Rechtsgrond	*Randnummer*
Art. 2	[→ nr. 627–629]
Art. 3	[→ nr. 630]
Art. 5	[→ nr. 637]
Art. 6	[→ nr. 633] [→ nr. 635]
Art. 6-9 en 12	[→ nr. 638]
Art. 6-16	[→ nr. 639]
Art. 17 en 72*bis*	[→ nr. 645]
Art. 18 en 30	[→ nr. 646]
Art. 19-41	[→ nr. 640]
Art. 30, 44 en 68*bis*	[→ nr. 658]
Art. 42	[→ nr. 641]
Art. 43	[→ nr. 643–644]
Art. 44	[→ nr. 647]
Art. 44-47	[→ nr. 648]
Art. 47*bis*-50, 61 en 69	[→ nr. 649–650]
Art. 51-56	[→ nr. 651–652]
Art. 51-52	[→ nr. 665]
Art. 57	[→ nr. 653] [→ nr. 654]
Art. 58	[→ nr. 656]
Art. 59	[→ nr. 659–660] [→ nr. 660]
Art. 60	[→ nr. 662]
Art. 61	[→ nr. 661] [→ nr. 663]
Art. 62	[→ nr. 664]
Art. 63-64	[→ nr. 666]
Art. 64-65	[→ nr. 667]

Rechtsgrond	*Randnummer*
Art. 64 en 128-129	[→ nr. 669]
Art. 66 en 133-139bis	[→ nr. 670]
Art. 67-68 en 70-72	[→ nr. 657]
Art. 73-140	[→ nr. 671]
Art. 85	[→ nr. 641]
Art. 95-97	[→ nr. 676]
Art. 124	[→ nr. 668]
Art. 141-175	[→ nr. 672–674]
Art. 186	[→ nr. 675]
Art. 187	[→ nr. 682]
Art. 188	[→ nr. 679]
Art. 189	[→ nr. 681]
Art. 190-214	[→ nr. 682]
Art. 215-240*bis*	[→ nr. 678]
Art. 241-253	[→ nr. 683]
Art. 265-268	[→ nr. 677]

3. Lokaal en Provinciaal Kiesdecreet van 8 juli 2011

Rechtsgrond	*Randnummer*
Art. 2	[→ nr. 54–55] [→ nr. 59–61]
Art. 6	[→ nr. 39–92] [→ nr. 633]
Art. 8-9	[→ nr. 43]
Art. 11-12	[→ nr. 44]
Art. 13-14	[→ nr. 45]
Art. 15	[→ nr. 46]
Art. 16-22	[→ nr. 41–42] [→ nr. 631]
Art. 23	[→ nr. 63–65]
Art. 27-35	[→ nr. 41–42] [→ nr. 631]
Art. 37	[→ nr. 62]
Art. 42-50	[→ nr. 62]
Art. 56, 135	[→ nr. 73]
Art. 57-58	[→ nr. 47]
Art. 59	[→ nr. 632]
Art. 60-67	[→ nr. 74–75]
Art. 68-82	[→ nr. 48–51] [→ nr. 632]
Art. 81-82	[→ nr. 52]
Art. 85-98	[→ nr. 53]
Art. 110-120	[→ nr. 62]
Art. 110-137	[→ nr. 63–65]
Art. 135	[→ nr. 73]
Art. 138-140	[→ nr. 66–69]
Art. 141-149	[→ nr. 76]
Art. 150-164	[→ nr. 77–81]
Art. 155	[→ nr. 66–69]
Art. 165-189	[→ nr. 82–85]
Art. 177-184	[→ nr. 634]
Art. 190-193	[→ nr. 54–55]
Art. 194	[→ nr. 56]
Art. 195-195/2	[→ nr. 57]
Art. 196-197	[→ nr. 58]
Art. 198-201/1	[→ nr. 59–61]

Rechtsgrond	*Randnummer*
Art. 202-205	[→ nr. 86–92]

4. Digitaal Kiesdecreet van 25 mei 2012

Rechtsgrond	*Randnummer*
Art. 10	[→ nr. 63–65] [→ nr. 70–72]
Art. 7	[→ nr. 62]
Art. 13-20	[→ nr. 70–72]

5. Wet Geïntegreerde Politie van 7 december 1998

Rechtsgrond	*Randnummer*
Art. 3	[→ nr. 688]
Art. 9-10	[→ nr. 690–691]
Art. 11	[→ nr. 692] [→ nr. 697]
Art. 12-22*bis*	[→ nr. 693–695]
Art. 23-24	[→ nr. 698]
Art. 25-27/3	[→ nr. 696]
Art. 28	[→ nr. 699]
Art. 29-32*bis*, 47-60 en 116-140*quater*	[→ nr. 702–707]
Art. 35-37	[→ nr. 700]
Art. 39-41*bis*	[→ nr. 708–709]
Art. 42-43	[→ nr. 301–304]
Art. 42-46	[→ nr. 701]
Art. 61-64	[→ nr. 689]
Art. 65-89	[→ nr. 710]
Art. 127	[→ nr. 47]
Art. 134	[→ nr. 117–119]

6. Wet Civiele Veiligheid van 15 mei 2007

Rechtsgrond	*Randnummer*
Art. 14-22	[→ nr. 711–712]
Art. 23 en 67-99	[→ nr. 717–718]
Art. 24-54	[→ nr. 713]
Art. 55-63	[→ nr. 714]
Art. 64-66	[→ nr. 715]
Art. 100-106/1	[→ nr. 716]
Art. 120-152	[→ nr. 719]

7. Eredienstendecreet van 7 mei 2004

Rechtsgrond	*Randnummer*
Art. 2-33/1	[→ nr. 722–724]
Art. 4/1-4/11	[→ nr. 729–730]

Rechtsgrond	*Randnummer*
Art. 25-32	[→ nr. 725–727]
Art. 33-33/1	[→ nr. 728]
Art. 34-40	[→ nr. 732]
Art. 41-56	[→ nr. 736–739]
Art. 57-63	[→ nr. 740–742]
Art. 64	[→ nr. 743]
Art. 65-78	[→ nr. 731]
Art. 79-272	[→ nr. 744–749]

8. Polderswet van 3 juni 1957

Rechtsgrond	*Randnummer*
Art. 1	[→ nr. 751]
Art. 10, 26, 27, 51, 85	[→ nr. 761]
Art. 12-27	[→ nr. 752–753]
Art. 24	[→ nr. 762]
Art. 27	[→ nr. 763]
Art. 28-49	[→ nr. 754–755]
Art. 50-64	[→ nr. 756]
Art. 65-79	[→ nr. 757]
Art. 80-88	[→ nr. 758–760]

9. Wateringenwet van 5 juli 1956

Rechtsgrond	*Randnummer*
Art. 1	[→ nr. 751]
Art. 10, 26, 27, 51, 85	[→ nr. 761]
Art. 12-28	[→ nr. 752–753]
Art. 25	[→ nr. 762]
Art. 28	[→ nr. 763]
Art. 29-49	[→ nr. 754–755]
Art. 50-64	[→ nr. 756]
Art. 65-79	[→ nr. 757]
Art. 80-88	[→ nr. 758–760]

10. Formele Motiveringswet van 29 juli 1991

Rechtsgrond	*Randnummer*
Art. 1-6	[→ nr. 769–770]
Art. 2-3	[→ nr. 767–768]
Art. 4	[→ nr. 771]

11. Bestuursdecreet van 7 december 2018

Rechtsgrond	*Randnummer*
Art. II.10	[→ nr. 773]
Art. II.13-II.14	[→ nr. 773]

12. Taalwetten in Bestuurszaken (SWT) gecoördineerd bij KB van 18 juli 1966

Rechtsgrond	*Randnummer*
Art. 2-8	[→ nr. 797]
Art. 7-8	[→ nr. 815–817]
Art. 10-16	[→ nr. 799] [→ nr. 833–834]
Art. 17-21	[→ nr. 812]
Art. 23-31	[→ nr. 835]
Art. 57-65*bis*	[→ nr. 802–803]

13. Gemeentedecreet van 15 juli 2005

Rechtsgrond	*Randnummer*
Art. 194	[→ nr. 594]

BIJLAGE 4
ADMINISTRATIEVE GEGEVENS GEMEENTEN IN HET VLAAMSE GEWEST

De onderstaande tabel bevat de administratieve gegevens van de 300 Vlaamse gemeenten. België kent in zijn totaliteit 581 gemeenten.

Het bevolkingscijfer 2018 is het cijfer zoals gepubliceerd conform artikel 4, §3, Decreet Lokaal Bestuur bij besluit van de Vlaamse Regering van 25 mei 2018 (BS 7 juni 2018).
Het bevolkingscijfer 2020 is het cijfer zoals vastgesteld door de Algemene Directie Statistiek (Statistics Belgium) op 1 januari 2020.

Het aantal raadsleden en maximum aantal schepenen voor de bestuursperiode 2019-2024 zijn de aantallen zoals gepubliceerd bij besluit van de Vlaamse Regering van 25 mei 2018 (BS 7 juni 2018). De burgemeester en de BCSD-voorzitter zijn hierbij niet meegeteld.

Het aantal raadsleden en maximum aantal schepenen voor de bestuursperiode 2025-2030 is een berekening volgens de geldende bevolkingscijfers van het jaar 2020. De burgemeester en de BCSD-voorzitter zijn hierbij niet meegerekend.

Het aantal schepenen van de taalgrensgemeenten ligt vast in artikel 16 van de Nieuwe Gemeentewet. Het aantal leden van de OCMW-raad en het vast bureau – die voor de taalgrensgemeenten niet uit dezelfde personen bestaat van respectievelijk de gemeenteraad en het college van burgemeester en schepenen – is bepaald in het Besluit van de Vlaamse Regering van 25 mei 2018 (BS 7 juni 2018, [→ nr. 822] [→ nr. 824]).

Gemeente	Bevolkingscijfer		Oppervlakte (ha)	Gemeente- en OCMW-raadsleden		Max. aantal schepenen		BCSD-leden		Statuut	Δ raadsleden	Δ schepenen	Δ BCSD
	2018	2020		2019	2025	2019	2025	2019	2025				
Aalst	85.615	87.332	7.811,54	43	43	7	7	8	8	S			
Aalter	28.775	29.182	11.919,44	29	29	7	5	8	8	FG		-2	
Aarschot	29.956	30.183	6.251,50	29	31	5	6	8	8	S	2	1	
Aartselaar	14.298	14.427	1.092,61	23	23	4	4	6	6	G			
Affligem	13.221	13.351	1.769,73	23	23	4	4	6	6	G			
Alken	11.564	11.626	2.813,91	21	21	4	4	6	6	G			
Alveringem	5.087	4.993	8.000,98	17	15	3	2	6	6	G	-2	-1	
Antwerpen	521.680	529.247	20.451,42	55	55	9	9	12	12	S			
Anzegem	14.599	14.781	4.178,87	23	23	4	4	6	6	G			
Ardooie	8.988	9.077	3.457,61	19	21	3	3	6	6	G	2		
Arendonk	13.274	13.290	5.538,20	23	23	4	4	6	6	G			
As	8.190	8.236	2.206,83	19	19	3	3	6	6	G			
Asse	32.940	33.505	4.963,98	31	31	6	6	8	8	G			
Assenede	14.204	14.296	8.722,47	23	23	4	4	6	6	G			
Avelgem	10.063	10.206	2.174,81	21	21	4	4	6	6	G			
Baarle-Hertog	2.697	2.865	747,88	11	11	2	2	6	6	G			
Balen	22.425	22.813	7.288,18	27	27	5	5	8	8	G			
Beernem	15.683	15.817	7.167,58	25	25	4	4	8	8	G			
Beerse	17.928	18.128	3.747,98	25	25	4	4	8	8	G			
Beersel	25.035	25.343	3.000,67	29	29	5	5	8	8	G			
Begijnendijk	10.053	10.256	1.761,85	21	21	4	4	6	6	G			
Bekkevoort	6.269	6.332	3.717,12	17	17	3	3	6	6	G			
Beringen	46.027	46.598	7.829,61	35	35	6	6	8	8	S			
Berlaar	11.506	11.656	2.457,19	21	21	4	4	6	6	G			
Berlare	14.839	15.093	3.781,97	23	25	4	4	6	8	G	2		2

Bertem	9.960	10.141	2.974,71	21	21	3	4	6	6	G		1	
Bever	2.205	2.178	1.977,61	11	11	2	2	6	6	TG			
Beveren	48.162	49.047	15.018,13	35	35	6	6	8	8	G			
Bierbeek	10.023	10.162	3.973,45	21	21	4	4	6	6	G			
Bilzen	32.299	32.477	7.589,53	31	31	6	6	8	8	S			
Blankenberge	20.297	20.463	1.741,12	27	27	5	5	8	8	S			
Bocholt	13.081	13.144	5.934,24	23	23	4	4	6	6	G			
Boechout	13.114	13.372	2.065,51	23	23	4	4	6	6	G			
Bonheiden	14.954	15.078	2.926,59	23	25	4	4	6	8	G	2		2
Boom	17.955	18.555	736,54	25	25	4	4	8	8	G			
Boortmeerbeek	12.365	12.629	1.863,67	23	23	4	4	6	6	G			
Borgloon	10.695	11.010	5.112,28	21	21	4	4	6	6	S			
Bornem	21.178	21.353	4.575,83	27	27	5	5	8	8	G			
Borsbeek	10.677	10.949	391,87	21	21	4	4	6	6	G			
Boutersem	8.165	8.242	3.075,14	19	19	3	3	6	6	G			
Brakel	14.773	14.803	5.646,42	23	23	4	4	6	6	G			
Brasschaat	37.840	38.223	3.849,48	33	33	6	6	8	8	G			
Brecht	28.995	29.454	9.083,85	29	29	5	5	8	8	G			
Bredene	17.817	18.141	1.307,91	25	25	4	4	8	8	G			
Bree	16.000	16.169	6.496,02	25	25	4	4	8	8	S			
Brugge	118.136	118.656	13.840,22	47	47	8	8	8	8	S			
Buggenhout	14.470	14.662	2.525,34	23	23	4	4	6	6	G			
Damme	11.011	11.019	8.952,05	21	21	4	4	6	6	S			
De Haan	12.628	12.700	4.216,92	23	23	4	4	6	6	G			
De Panne	11.107	11.147	2.389,69	21	21	4	4	6	6	G			
De Pinte	10.532	10.881	1.798,43	21	21	4	4	6	6	G			
Deerlijk	11.794	12.078	1.681,57	21	23	4	4	6	6	G	2		
Deinze	43.232	43.580	12.742,97	35	35	8	6	8	8	FS		-2	
Denderleeuw	20.076	20.551	1.377,37	27	27	5	5	8	8	G			
Dendermonde	45.670	45.870	5.567,47	35	35	6	6	8	8	S			
Dentergem	8.483	8.612	2.593,55	19	19	3	3	6	6	G			
Dessel	9.538	9.605	2.703,03	21	21	3	3	6	6	G			

Gemeente	Bevolkingscijfer 2018	Bevolkingscijfer 2020	Oppervlakte (ha)	Gemeente- en OCMW-raadsleden 2019	Gemeente- en OCMW-raadsleden 2025	Max. aantal schepenen 2019	Max. aantal schepenen 2025	BCSD-leden 2019	BCSD-leden 2025	Statuut	Δ raadsleden	Δ schepenen	Δ BCSD
Destelbergen	18.012	18.528	2.656,47	25	25	4	4	8	8	G			
Diepenbeek	19.133	19.090	4.118,77	25	25	4	4	8	8	G			
Diest	23.811	24.234	5.819,89	27	27	5	5	8	8	S			
Diksmuide	16.729	16.843	14.940,18	25	25	4	4	8	8	S			
Dilbeek	42.467	43.423	4.117,64	35	35	6	6	8	8	G			
Dilsen-Stokkem	20.436	20.693	6.560,65	27	27	5	5	8	8	S			
Drogenbos	5.590	5.653	249,1	17	17	4	4	n.v.t.	n.v.t.	TG			
Duffel	17.374	17.664	2.271,24	25	25	4	4	8	8	G			
Edegem	21.936	22.261	865,22	27	27	5	5	8	8	G			
Eeklo	20.864	21.285	3.004,61	27	27	5	5	8	8	S			
Erpe-Mere	19.857	20.146	3.403,27	25	27	4	5	8	8	G	2	1	
Essen	19.060	19.162	4.748,25	25	25	4	4	8	8	G			
Evergem	35.213	35.628	7.503,96	33	33	6	6	8	8	G			
Galmaarden	8.729	8.836	3.493,30	19	19	3	3	6	6	G			
Gavere	12.766	12.903	3.134,59	23	23	4	4	6	6	G			
Geel	39.895	40.709	10.985,11	33	35	6	6	8	8	S	2		
Geetbets	6.032	6.136	3.517,23	17	17	3	3	6	6	G			
Genk	66.037	66.447	8.785,46	39	39	7	7	8	8	S			
Gent	259.570	263.927	15.618,11	53	53	9	9	12	12	S			
Geraardsbergen	33.341	33.649	7.971,45	31	31	6	6	8	8	S			
Gingelom	8.384	8.389	5.649,23	19	19	3	3	6	6	G			
Gistel	12.050	12.166	4.225,41	23	23	4	4	6	6	S			
Glabbeek	5.297	5.321	2.678,05	17	17	3	3	6	6	G			
Gooik	9.230	9.189	3.969,63	21	21	3	3	6	6	G			
Grimbergen	37.318	37.972	3.859,08	33	33	6	6	8	8	G			

Grobbendonk	11.117	11.172	2.835,65	21	21	4	4	6	6	G			
Haacht	14.466	14.854	3.056,85	23	23	4	4	6	6	G			
Haaltert	18.443	18.582	3.030,06	25	25	4	4	8	8	G			
Halen	9.456	9.485	3.629,48	21	21	3	3	6	6	S			
Halle	39.074	40.182	4.440,43	33	35	6	6	8	8	S	2		
Ham	10.813	10.977	3.269,02	21	21	4	4	6	6	G			
Hamme	24.825	24.946	4.021,41	27	27	5	5	8	8	G			
Hamont-Achel	14.417	14.299	4.365,97	23	23	4	4	6	6	S			
Harelbeke	27.879	28.502	2.914,00	29	29	5	5	8	8	S			
Hasselt	77.594	78.714	10.223,88	41	41	7	7	8	8	S			
Hechtel-Eksel	12.287	12.510	7.669,86	23	23	4	4	6	6	G			
Heers	7.285	7.337	5.306,60	19	19	3	3	6	6	G			
Heist-op-den-Berg	42.466	42.950	8.645,97	35	35	6	6	8	8	G			
Hemiksem	11.352	11.634	543,82	21	21	4	4	6	6	G			
Herent	21.633	21.920	3.273,22	27	27	5	5	8	8	G			
Herentals	28.085	28.272	4.856,07	29	29	5	5	8	8	S			
Herenthout	8.951	9.109	2.355,06	19	21	3	3	6	6	G	2		
Herk-de-Stad	12.658	12.650	4.283,24	23	23	4	4	6	6	S			
Herne	6.642	6.699	4.462,85	17	17	3	3	6	6	G			
Herselt	14.531	14.521	5.231,92	23	23	4	4	6	6	G			
Herstappe	88	79	135,46	7	7	2	2	6	6	TG			
Herzele	17.714	18.187	4.740,00	25	25	4	4	8	8	G			
Heusden-Zolder	33.386	33.892	5.322,71	31	31	6	6	8	8	G			
Heuvelland	7.846	7.926	9.423,53	19	19	3	3	6	6	G			
Hoegaarden	6.940	6.863	3.393,12	17	17	3	3	6	6	G			
Hoeilaart	11.171	11.408	2.042,84	21	21	4	4	6	6	G			
Hoeselt	9.683	9.730	3.002,11	21	21	3	3	6	6	G			
Holsbeek	9.902	10.062	3.849,54	21	21	3	4	6	6	G		1	
Hooglede	9.949	9.973	3.783,62	21	21	3	3	6	6	G			
Hoogstraten	21.293	21.424	10.531,84	27	27	5	5	8	8	S			
Horebeke	2.046	2.022	1.119,68	11	11	2	2	6	6	G			
Houthalen-Helchteren	30.589	30.550	7.826,88	31	31	6	6	8	8	G			

Gemeente	*Bevolkingscijfer*		*Opper-vlakte (ha)*	*Gemeente- en OCMW-raadsleden*		*Max. aantal schepe-nen*		*BCSD-leden*		*Statuut*	*Δ raadsle-den*	*Δ sche-penen*	*Δ BCSD*
	2018	*2020*		*2019*	*2025*	*2019*	*2025*	*2019*	*2025*				
Houthulst	10.033	10.110	5.589,39	21	21	4	4	6	6	G			
Hove	8.115	8.277	598,7	19	19	3	3	6	6	G			
Huldenberg	9.882	9.943	3.963,93	21	21	3	3	6	6	G			
Hulshout	10.376	10.471	1.734,55	21	21	4	4	6	6	G			
Ichtegem	13.940	14.041	4.533,47	23	23	4	4	6	6	G			
Ieper	34.950	34.995	13.061,04	31	31	6	6	8	8	S			
Ingelmunster	10.923	11.131	1.615,73	21	21	4	4	6	6	G			
Izegem	27.728	28.322	2.548,31	29	29	5	5	8	8	S			
Jabbeke	13.876	13.868	5.376,48	23	23	4	4	6	6	G			
Kalmthout	18.602	18.872	5.944,74	25	25	4	4	8	8	G			
Kampenhout	11.900	12.129	3.349,41	21	23	4	4	6	6	G	2		
Kapellen	26.731	26.981	3.711,31	29	29	5	5	8	8	G			
Kapelle-op-den-Bos	9.375	9.501	1.524,66	21	21	3	3	6	6	G			
Kaprijke	6.421	6.436	3.370,51	17	17	3	3	6	6	G			
Kasterlee	18.576	18.882	7.152,00	25	25	4	4	8	8	G			
Keerbergen	12.732	12.954	1.838,69	23	23	4	4	6	6	G			
Kinrooi	12.217	12.206	5.476,46	23	23	4	4	6	6	G			
Kluisbergen	6.446	6.577	3.038,15	17	17	3	3	6	6	G			
Knokke-Heist	33.058	33.089	5.644,32	31	31	6	6	8	8	G			
Koekelare	8.793	8.760	3.918,53	19	19	3	3	6	6	G			
Koksijde	21.956	21.869	4.395,96	27	27	5	5	8	8	G			
Kontich	21.064	21.203	2.366,90	27	27	5	5	8	8	G			
Kortemark	12.569	12.693	5.499,98	23	23	4	4	6	6	G			
Kortenaken	7.871	7.892	4.906,43	19	19	3	3	6	6	G			
Kortenberg	20.210	20.289	3.451,72	27	27	5	5	8	8	G			

Kortessem	8.441	8.437	3.389,96	19	19	3	3	6	6	G		
Kortrijk	76.242	77.109	8.003,07	41	41	7	7	8	8	S		
Kraainem	13.673	13.853	580,44	23	23	5	5	n.v.t.	n.v.t.	TG		
Kruibeke	16.661	16.846	3.342,42	25	25	4	4	8	8	G		
Kruisem	15.635	15.743	7.069,00	25	25	6	4	8	8	FG		-2
Kuurne	13.318	13.676	1.000,83	23	23	4	4	6	6	G		
Laakdal	16.007	16.186	4.248,41	25	25	4	4	8	8	G		
Laarne	12.485	12.361	3.206,60	23	23	4	4	6	6	G		
Lanaken	25.794	25.884	5.899,58	29	29	5	5	8	8	G		
Landen	15.953	16.096	5.405,40	25	25	4	4	8	8	S		
Langemark-Poelkapelle	7.907	7.825	5.252,90	19	19	3	3	6	6	G		
Lebbeke	19.188	19.538	2.691,65	25	25	4	4	8	8	G		
Lede	18.619	18.866	2.968,52	25	25	4	4	8	8	G		
Ledegem	9.720	9.687	2.475,82	21	21	3	3	6	6	G		
Lendelede	5.739	5.787	1.315,02	17	17	3	3	6	6	G		
Lennik	9.021	9.096	3.079,64	21	21	3	3	6	6	G		
Leopoldsburg	15.616	15.850	2.249,06	25	25	4	4	8	8	G		
Leuven	101.197	102.275	5.663,21	47	47	8	8	8	8	S		
Lichtervelde	8.791	8.943	2.593,14	19	19	3	3	6	6	G		
Liedekerke	13.181	13.397	1.007,80	23	23	4	4	6	6	G		
Lier	35.667	36.646	4.970,31	33	33	6	6	8	8	S		
Lierde	6.567	6.579	2.612,58	17	17	3	3	6	6	G		
Lievegem	25.812	26.310	8.017,10	29	29	7	5	8	8	FG		-2
Lille	16.499	16.564	5.939,85	25	25	4	4	8	8	G		
Linkebeek	4.753	4.696	414,93	15	15	3	3	n.v.t.	n.v.t.	TG		
Lint	8.776	8.641	557,29	19	19	3	3	6	6	G		
Linter	7.253	7.271	3.637,50	19	19	3	3	6	6	G		
Lochristi	22.299	22.610	6.034,41	27	27	5	5	8	8	G		
Lokeren	41.421	42.044	6.749,74	35	35	6	6	8	8	S		
Lommel	34.024	34.245	10.237,45	31	31	6	6	8	8	S		
Londerzeel	18.614	18.861	3.629,33	25	25	4	4	8	8	G		
Lo-Reninge	3.288	3.290	6.293,88	13	13	2	2	6	6	S		

Gemeente	*Bevolkingscijfer*		*Oppervlakte (ha)*	*Gemeente- en OCMW-raadsleden*		*Max. aantal schepenen*		*BCSD-leden*		*Statuut*	*Δ raadsleden*	*Δ schepenen*	*Δ BCSD*
	2018	*2020*		*2019*	*2025*	*2019*	*2025*	*2019*	*2025*				
Lubbeek	14.387	14.556	4.613,19	23	23	4	4	6	6	G			
Lummen	14.742	14.978	5.338,43	23	23	4	4	6	6	G			
Maarkedal	6.339	6.338	4.562,62	17	17	3	3	6	6	G			
Maaseik	25.180	25.310	7.691,40	29	29	5	5	8	8	S			
Maasmechelen	38.143	38.933	7,627,86	33	33	6	6	8	8	G			
Machelen	15.398	15.605	1.159,43	25	25	4	4	8	8	G			
Maldegem	23.681	23.958	9.464,36	27	27	5	5	8	8	G			
Malle	15.292	15.602	5.198,59	25	25	4	4	8	8	G			
Mechelen	86.137	86.921	6.518,78	43	43	7	7	8	8	S			
Meerhout	10.321	10.324	3.628,72	21	21	4	4	6	6	G			
Meise	19.154	19.627	3.481,85	25	25	4	4	8	8	G			
Melle	11.567	11.811	1.521,32	21	21	4	4	6	6	G			
Menen	33.141	33.540	3.306,96	31	31	6	6	8	8	S			
Merchtem	16.295	16.766	3.671,84	25	25	4	4	8	8	G			
Merelbeke	24.629	24.756	3.664,69	27	27	5	5	8	8	G			
Merksplas	8.602	8.588	4.455,97	19	19	3	3	6	6	G			
Mesen	1.037	1.047	357,83	9	9	2	2	6	6	TG/S			
Meulebeke	10.891	10.833	2.934,81	21	21	4	4	6	6	G			
Middelkerke	19.360	19.578	7.565,34	25	25	4	4	8	8	G			
Moerbeke	6.457	6.570	3.780,02	17	17	3	3	6	6	G			
Mol	36.506	37.022	11.425,61	33	33	6	6	8	8	G			
Moorslede	11.081	11.442	3.534,11	21	21	4	4	6	6	G			
Mortsel	25.798	26.157	778,42	29	29	5	5	8	8	S			
Nazareth	11.577	11.702	3.519,26	21	21	4	4	6	6	G			
Niel	10.424	10.546	527,08	21	21	4	4	6	6	G			

Nieuwerkerken	6.957	6.998	2.246,11	17	17	3	3	6	6	G			
Nieuwpoort	11.552	11.636	3.100,44	21	21	4	4	6	6	S			
Nijlen	22.799	22.936	3.909,13	27	27	5	5	8	8	G			
Ninove	38.677	39.251	7.257,41	33	33	6	6	8	8	S			
Olen	12.482	12.560	2.317,47	23	23	4	4	6	6	G			
Oostende	71.224	71.647	3.772,39	41	41	7	7	8	8	S			
Oosterzele	13.534	13.689	4.311,69	23	23	4	4	6	6	G			
Oostkamp	23.577	23.805	7.964,55	27	27	5	5	8	8	G			
Oostrozebeke	7.847	7.956	1.662,18	19	19	3	3	6	6	G			
Opwijk	14.386	14.746	1.969,03	23	23	4	4	6	6	G			
Oudenaarde	31.118	31.612	6.806,00	31	31	6	6	8	8	S			
Oudenburg	9.291	9.507	3.538,30	21	21	3	3	6	6	S			
Oud-Heverlee	11.097	11.088	3.113,86	21	21	4	4	6	6	G			
Oudsbergen	23415	23.615	11624,1	27	27	7	5	8	8	FG		-2	
Oud-Turnhout	13.505	13.977	3.879,56	23	23	4	4	6	6	G			
Overijse	25.169	25.497	4.443,26	29	29	5	5	8	8	G			
Peer	16.401	16.298	8.695,14	25	25	4	4	8	8	S			
Pelt	32.641	33.076	8.362,50	31	31	8	6	8	8	FG		-2	
Pepingen	4.374	4.537	3.604,71	15	15	2	2	6	6	G			
Pittem	6.749	6.717	3.442,15	17	17	3	3	6	6	G			
Poperinge	19.717	19.717	11.933,06	25	25	4	4	8	8	S			
Putte	17.584	17.927	3.495,58	25	25	4	4	8	8	G			
Puurs-Sint-Amands	25.927	26.142	4.898,69	29	29	7	5	8	8	FG		-2	
Ranst	18.979	19.187	4.358,37	25	25	4	4	8	8	G			
Ravels	14.855	15.023	9.499,25	23	25	4	4	6	8	G	2		2
Retie	11.226	11.508	4.838,91	21	21	4	4	6	6	G			
Riemst	16.654	16.759	5.787,63	25	25	4	4	8	8	G			
Rijkevorsel	11.915	12.178	4.678,58	21	23	4	4	6	6	G	2		
Roeselare	62.209	63.478	5.979,39	39	39	7	7	8	8	S			
Ronse	26.304	26.374	3.448,17	29	29	5	5	8	8	TG/S			
Roosdaal	11.622	11.665	2.169,24	21	21	4	4	6	6	G			
Rotselaar	16.675	17.024	3.757,31	25	25	4	4	8	8	G			

Gemeente	*Bevolkingscijfer*		*Opper-vlakte (ha)*	*Gemeente- en OCMW-raadsleden*		*Max. aantal schepe-nen*		*BCSD-leden*		*Statuut*	*Δ raadsle-den*	*Δ sche-penen*	*Δ BCSD*
	2018	*2020*		*2019*	*2025*	*2019*	*2025*	*2019*	*2025*				
Ruiselede	5.385	5.368	3.020,15	17	17	3	3	6	6	G			
Rumst	15.101	15.050	1.990,38	25	25	4	4	8	8	G			
Schelle	8.435	8.529	779,91	19	19	3	3	6	6	G			
Scherpenheuvel-Zichem	22.940	23.078	5.049,96	27	27	5	5	8	8	S			
Schilde	19.578	19.873	3.598,94	25	25	4	4	8	8	G			
Schoten	34.448	34.316	2.955,21	31	31	6	6	8	8	G			
Sint-Genesius-Rode	18.278	18.519	2.277,24	25	25	5	5	n.v.t.	n.v.t.	TG			
Sint-Gillis-Waas	19.258	19.499	5.498,31	25	25	4	4	8	8	G			
Sint-Katelijne-Waver	20.863	21.026	3.611,63	27	27	5	5	8	8	G			
Sint-Laureins	6.681	6.818	7.450,03	17	17	3	3	6	6	G			
Sint-Lievens-Houtem	10.244	10.400	2.666,72	21	21	4	4	6	6	G			
Sint-Martens-Latem	8.470	8.365	1.434,39	19	19	3	3	6	6	G			
Sint-Niklaas	76.670	78.531	8.379,71	41	41	7	7	8	8	S			
Sint-Pieters-Leeuw	34.025	34.621	4.037,96	31	31	6	6	8	8	G			
Sint-Truiden	40.444	40.672	10.689,75	35	35	6	6	8	8	S			
Spiere-Helkijn	2.086	2.071	1.077,67	11	11	2	2	6	6	TG			
Stabroek	18.522	18.789	2.150,65	25	25	4	4	8	8	G			
Staden	11.374	11.518	4.624,00	21	21	4	4	6	6	G			
Steenokkerzeel	12.086	12.279	2.345,89	23	23	4	4	6	6	G			
Stekene	18.342	18.687	4.479,83	25	25	4	4	8	8	G			
Temse	29.512	30.196	3.991,87	29	31	5	6	8	8	G	2	1	
Ternat	15.473	16.012	2.447,78	25	25	4	4	8	8	G			
Tervuren	22.248	22.708	3.292,22	27	27	5	5	8	8	G			
Tessenderlo	18.507	18.727	5.135,19	25	25	4	4	8	8	G			

Tielt	20.392	20.603	6.850,44	27	27	5	5	8	8	S		
Tielt-Winge	10.704	10.783	4.415,79	21	21	4	4	6	6	G		
Tienen	34.644	35.293	7.176,70	31	33	6	6	8	8	S	2	
Tongeren	31.013	31.142	8.756,11	31	31	6	6	8	8	S		
Torhout	20.504	20.467	4.523,28	27	27	5	5	8	8	S		
Tremelo	14.839	14.917	2.157,43	23	23	4	4	6	6	G		
Turnhout	44.035	45.280	5.606,38	35	35	6	6	8	8	S		
Veurne	11.795	12.094	9.633,97	21	23	4	4	6	6	S	2	
Vilvoorde	44.009	45.495	2.147,89	35	35	6	6	8	8	S		
Vleteren	3.658	3.653	3.814,82	13	13	2	2	6	6	G		
Voeren	4.155	4.175	5.062,70	15	15	3	3	n.v.t.	n.v.t.	TG		
Vorselaar	7.841	7.936	2.762,21	19	19	3	3	6	6	G		
Vosselaar	11.165	11.343	1.184,80	21	21	4	4	6	6	G		
Waasmunster	10.769	10.933	3.192,57	21	21	4	4	6	6	G		
Wachtebeke	7.676	7.809	3.453,29	19	19	3	3	6	6	G		
Waregem	38.104	38.350	4.508,70	33	33	6	6	8	8	S		
Wellen	7.401	7.354	2.672,43	19	19	3	3	6	6	G		
Wemmel	16.322	16.814	874,39	25	25	5	5	n.v.t.	n.v.t.	TG		
Wervik	18.632	18.909	4.361,25	25	25	4	4	8	8	S		
Westerlo	24.864	25.119	5.512,58	27	29	5	5	8	8	G	2	
Wetteren	25.464	26.021	3.667,71	29	29	5	5	8	8	G		
Wevelgem	31.385	31.579	3.875,24	31	31	6	6	8	8	G		
Wezembeek-Oppem	14.001	14.269	681,87	23	23	5	5	n.v.t.	n.v.t.	TG		
Wichelen	11.580	11.649	2.286,57	21	21	4	4	6	6	G		
Wielsbeke	9.581	9.833	2.101,71	21	21	3	3	6	6	G		
Wijnegem	9.705	9.983	785,97	21	21	3	3	6	6	G		
Willebroek	26.230	26.826	2.740,54	29	29	5	5	8	8	G		
Wingene	14.229	14.429	6.842,07	23	23	4	4	6	6	G		
Wommelgem	12.880	12.943	1.300,65	23	23	4	4	6	6	G		
Wortegem-Petegem	6.439	6.395	4.195,76	17	17	3	3	6	6	G		
Wuustwezel	20.663	21.213	8.942,66	27	27	5	5	8	8	G		
Zandhoven	12.981	13.071	4.010,09	23	23	4	4	6	6	G		

Gemeente	Bevolkingscijfer		Oppervlakte (ha)	Gemeente- en OCMW-raadsleden		Max. aantal schepenen		BCSD-leden		Statuut	Δ raadsleden	Δ schepenen	Δ BCSD
	2018	2020		2019	2025	2019	2025	2019	2025				
Zaventem	33.747	34.782	2.762,38	31	31	6	6	8	8	G			
Zedelgem	22.637	22.852	6.033,59	27	27	5	5	8	8	G			
Zele	20.953	21.338	3.305,71	27	27	5	5	8	8	G			
Zelzate	12.688	12.899	1.370,55	23	23	4	4	6	6	G			
Zemst	23.327	23.260	4.284,72	27	27	5	5	8	8	G			
Zoersel	21.738	22.065	3.865,08	27	27	5	5	8	8	G			
Zonhoven	21.214	21.327	3.933,94	27	27	5	5	8	8	G			
Zonnebeke	12.444	12.498	6.757,33	23	23	4	4	6	6	G			
Zottegem	26.368	26.686	5.665,50	29	29	5	5	8	8	S			
Zoutleeuw	8.489	8.575	4.673,38	19	19	3	3	6	6	S			
Zuienkerke	2.732	2.709	4.886,25	11	11	2	2	6	6	G			
Zulte	15.713	15.791	3.252,35	25	25	4	4	8	8	G			
Zutendaal	7.233	7.282	3.206,72	19	19	3	3	6	6	G			
Zwalm	8.130	8.167	3.381,70	19	19	3	3	6	6	G			
Zwevegem	24.602	24.814	6.324,24	27	27	5	5	8	8	G			
Zwijndrecht	18.991	19.154	1.781,86	25	25	4	4	8	8	G			

BIJLAGE 5
PROVINCIES EN PROVINCIALE KIESDISTRICTEN

Onderstaande lijst bevat de provinciedistricten binnen elke provincie, hun gemeenten en te verkiezen raadsleden zoals weergegeven in de bijlage van het Lokaal en Provinciaal Kiesdecreet. Het aantal raadsleden per provinciedistrict is zoals gepubliceerd bij besluit van de Vlaamse Regering van 25 mei 2018 (BS 7 juni 2018), mits aanpassing aan de fusiegemeenten.

De met één sterretje aangeduide steden (*) zijn de hoofdplaatsen van de provincie. De met twee sterretjes aangeduide steden (**) zijn evenzeer de hoofdplaatsen van het provinciedistrict.

1. Provincie Antwerpen: 36 provincieraadsleden

Provinciedistrict	*Gemeenten*	*Aantal raadsleden*
Antwerpen	Antwerpen**	20
	Aartselaar	
	Boechout	
	Boom	
	Borsbeek	
	Brasschaat	
	Brecht	
	Edegem	
	Essen	
	Hemiksem	
	Hove	
	Kalmthout	
	Kapellen	
	Kontich	
	Lint	
	Malle	
	Mortsel	
	Niel	
	Ranst	
	Rumst	
	Schelle	
	Schilde	
	Schoten	
	Stabroek	
	Wijnegem	
	Wommelgem	
	Wuustwezel	
	Zandhoven	
	Zoersel	
	Zwijndrecht	
Mechelen	Berlaar	7
	Bonheiden	
	Bornem	
	Duffel Heist-op-den-Berg	
	Lier Mechelen*	
	Nijlen	
	Putte	
	Puurs-Sint-Amands	
	Sint-Katelijne-Waver	
	Willebroek	

Provinciedistrict	*Gemeenten*	*Aantal raadsleden*
Turnhout	Arendonk Baarle-Hertog Balen Beerse Dessel Geel Grobbendonk Herentals Herenthout Herselt Hoogstraten Hulshout Kasterlee Laakdal Lille Meerhout Merksplas Mol Olen Oud-Turnhout Ravels Retie Rijkevorsel Turnhout* Vorselaar Vosselaar Westerlo	9

2. Provincie Limburg: 31 provincieraadsleden

Provinciedistrict	*Gemeenten*	*Aantal raadsleden*
Hasselt	As Beringen Diepenbeek Genk Gingelom Halen Ham Hasselt** Herk-de-Stad Heusden-Zolder Leopoldsburg Lummen Nieuwerkerken Sint-Truiden Tessenderlo Zonhoven Zutendaal	15

Provinciedistrict	*Gemeenten*	*Aantal raadsleden*
Maaseik	Bocholt	9
	Bree	
	Dilsen-Stokkem	
	Hamont-Achel	
	Hechtel-Eksel	
	Houthalen-Helchteren	
	Kinrooi	
	Lommel	
	Maaseik*	
	Oudsbergen	
	Peer	
	Pelt	
Tongeren	Alken	7
	Bilzen	
	Borgloon	
	Heers	
	Herstappe	
	Hoeselt	
	Kortessem	
	Lanaken	
	Maasmechelen	
	Riemst	
	Tongeren*	
	Voeren	
	Wellen	

3. Provincie Oost-Vlaanderen: 36 provincieraadsleden

Provinciedistrict	*Gemeenten*	*Aantal raadsleden*
Gent	Aalter	15
	Assenede	
	De Pinte	
	Deinze	
	Destelbergen	
	Eeklo	
	Evergem	
	Gavere	
	Gent**	
	Kaprijke	
	Lochristi	
	Lievegem	
	Maldegem	
	Melle	
	Merelbeke	
	Moerbeke	
	Nazareth	
	Oosterzele	
	Sint-Laureins	
	Sint-Martens-Latem	
	Wachtebeke	
	Zelzate	
	Zulte	
Aalst-Oudenaarde	Aalst*	10
	Brakel	
	Denderleeuw	
	Erpe-Mere	
	Geraardsbergen	
	Haaltert	
	Herzele	
	Horebeke	
	Kluisbergen	
	Kruisem	
	Lede	
	Lierde	
	Maarkedal	
	Ninove	
	Oudenaarde	
	Ronse	
	Sint-Lievens-Houtem	
	Wortegem-Petegem	
	Zottegem	
	Zwalm	

Provinciedistrict	*Gemeenten*	*Aantal raadsleden*
Dendermonde-Sint-Niklaas	Berlare Beveren Buggenhout Dendermonde Hamme Kruibeke Laarne Lebbeke Lokeren Sint-Gillis-Waas Sint-Niklaas* Stekene Temse Waasmunster Wetteren Wichelen Zele	11

4. Provincie Vlaams-Brabant: 36 provincieraadsleden

Provinciedistrict	*Gemeenten*	*Aantal raadsleden*
Leuven	Aarschot Begijnendijk Bekkevoort Bertem Bierbeek Boortmeerbeek Boutersem Diest Geetbets Glabbeek Haacht Herent Hoegaarden Holsbeek Huldenberg Keerbergen Kortenaken Kortenberg Landen Leuven** Aarschot Linter Lubbeek Oud-Heverlee Rotselaar Scherpenheuvel-Zichem Tervuren Tielt-Winge Tienen Tremelo Zoutleeuw	16

Provinciedistrict	*Gemeenten*	*Aantal raadsleden*
Halle-Vilvoorde	Affligem Asse Beersel Bever Dilbeek Drogenbos Galmaarden Gooik Grimbergen Halle Herne Hoeilaart Kampenhout Kapelle-op-den-Bos Kraainem Lennik Liedekerke Linkebeek Londerzeel Machelen Meise Merchtem Opwijk Overijse Pepingen Roosdaal Sint-Genesius-Rode Sint-Pieters-Leeuw Steenokkerzeel Ternat Vilvoorde* Wemmel Wezembeek-Oppem Zaventem Zemst	20

5. Provincie West-Vlaanderen: 36 provincieraadsleden

Provinciedistrict	*Gemeenten*	*Aantal raadsleden*
Brugge	Beernem Blankenberge Brugge** Beernem Damme Jabbeke Knokke-Heist Oostkamp Torhout Zedelgem Zuienkerke	9

Provinciedistrict	*Gemeenten*	*Aantal raadsleden*
Brugge Ieper-Oostende-Diksmuide	Alveringem Bredene De Haan De Panne Diksmuide Gistel Heuvelland Houthulst Ichtegem Ieper Koekelare Koksijde Kortemark Langemark-Poelkapelle Lo-Reninge Mesen Middelkerke Nieuwpoort Oostende* Oudenburg Poperinge Veurne Vleteren Wervik Zonnebeke	11

Provinciedistrict	*Gemeenten*	*Aantal raadsleden*
Kortrijk-Roeselare-Tielt	Anzegem Ardooie Avelgem Deerlijk Dentergem Harelbeke Hooglede Ingelmunster Izegem Kortrijk* Kuurne Ledegem Lendelede Lichtervelde Menen Meulebeke Moorslede Oostrozebeke Pittem Roeselare Ruiselede Spiere-Helkijn Staden Tielt Waregem Wevelgem Wielsbeke Wingene Zwevegem	16

BIJLAGE 6
POLITIEZONES IN HET VLAAMSE GEWEST EN BRUSSELS HOOFDSTEDELIJK GEWEST

Onderstaande lijst bevat de in het Belgisch Staatsblad gepubliceerde politiezones, zoals geraadpleegd op 1 september 2020. De effectieve instelling van een nieuwe zone kan op een latere datum plaatsvinden.

- *KB van 28 april 2000 houdende de indeling van het grondgebied van de provincie Antwerpen in politiezones (BS 29 juli 2000)*
- *KB van 28 april 2000 houdende de indeling van het grondgebied van het administratief arrondissement van Brussel-Hoofdstad in politiezones (BS 29 juli 2000)*
- *KB van 28 april 2000 houdende de indeling van het grondgebied van de provincie Vlaams-Brabant in politiezones (BS 29 juli 2000)*
- *KB van 28 april 2000 houdende de indeling van het grondgebied van de provincie Oost-Vlaanderen in politiezones (BS 29 juli 2000)*
- *KB van 28 april 2000 houdende de indeling van het grondgebied van de provincie West-Vlaanderen in politiezones (BS 4 augustus 2000)*
- *KB van 27 december 2000 houdende de indeling van het grondgebied van de provincie Limburg in politiezones (BS 30 december 2000)*

Provincie	*Politiezone*	*Gemeenten*
Antwerpen	Antwerpen	Antwerpen
	Balen-Dessel-Mol	Balen, Dessel, Mol
	Berlaar-Nijlen	Berlaar, Nijlen
	BODUKAP	Bonheiden, Duffel, Putte, Sint-Katelijne-Waver
	Brasschaat	Brasschaat
	Geel/Laakdal/Meerhout	Geel, Laakdal, Meerhout
	GRENS	Essen, Kalmthout, Wuustwezel
	Heist	Heist-op-den-Berg
	HEKLA	Aartselaar, Edegem, Hove, Kontich, Lint
	Kempen N-O	Arendonk, Ravels, Retie
	Klein-Brabant	Bornem, Puurs-Sint-Amands
	Lier	Lier
	Mechelen-Willebroek	Mechelen, Willebroek
	MINOS	Boechout, Borsbeek, Mortsel, Wijnegem, Wommelgem
	Neteland	Grobbendonk, Herentals, Herenthout, Olen, Vorselaar
	Noord	Kapellen, Stabroek

Provincie	*Politiezone*	*Gemeenten*
	Noorderkempen	Hoogstraten, Merksplas, Rijkevorsel
	ZARA	Ranst, Zandhoven
	Regio Turnhout	Beerse, Lille, Vosselaar, Baarle-Hertog, Kasterlee, Oud-Turnhout, Turnhout
	Rupel	Boom, Rumst, Niel, Schelle, Hemiksem
	Schoten	Schoten
	Voorkempen	Brecht, Malle, Schilde, Zoersel
	Zuiderkempen	Herselt, Hulshout, Westerlo
	Zwijndrecht	Zwijndrecht
Brussel-Hoofdstad	Brussel Hoofdstad Elsene Bruxelles Capitale Ixelles	Brussel, Elsene
	Brussel West Bruxelles-Ouest	Sint-Jans-Molenbeek, Koekelberg, Jette, Ganshoren, Sint-Agatha-Berchem
	Schaarbeek St.Joost Evere Schaerbeek St.Josse Evere	Schaarbeek, Evere, Sint-Joost-ten-Node
	Ukkel/W-B/Oudergem Uccle/W-B/Auderghem	Ukkel, Watermaal-Bosvoorde, Oudergem
	Zone Midi	Anderlecht, Sint-Gillis, Vorst
	Zone Montgomery	Etterbeek, Sint-Pieters-Woluwe, Sint-Lambrechts-Woluwe
Limburg	Beringen/Ham/Tessenderlo	Beringen, Ham, Tessenderlo
	Bilzen/Hoeselt/Riemst	Bilzen, Hoeselt, Riemst
	HANO	Hamont-Achel, Pelt
	Heusden-Zolder	Heusden-Zolder
	Kanton Borgloon	Alken, Borgloon, Heers, Kortessem, Wellen
	Kempenland	Hechtel-Eksel, Leopoldsburg, Peer
	Lanaken-Maasmechelen	Lanaken, Maasmechelen
	Limburg Regio Hoofdstad	Hasselt, Zonhoven, Diepenbeek, Halen, Herk-de-Stad, Lummen
	Lommel	Lommel
	Maasland	Dilsen-Stokkem, Maaseik
	CARMA	Genk, Zutendaal, As, Oudsbergen, Houthalen-Helchteren, Bocholt, Bree, Kinrooi
	Sint-Truiden – Gingelom – Nieuwerken	Gingelom, Sint-Truiden, Nieuwerkerken
	Tongeren-Herstappe	Tongeren, Herstappe
	Voeren	Voeren
Oost-Vlaanderen	Aalst	Aalst
	Aalter	Aalter
	Assenede/Evergem	Assenede, Evergem
	Berlare/Zele	Berlare, Zele
	Brakel	Brakel, Horebeke, Maarkedal, Zwalm
	Buggenhout-Lebbeke	Buggenhout, Lebbeke
	Deinze-Zulte-Lievegem	Deinze, Zulte, Lievegem
	Denderleeuw/Haaltert	Denderleeuw, Haaltert
	Dendermonde	Dendermonde
	Erpe-Mere/Lede	Erpe-Mere, Lede
	Gent	Gent
	Geraardsbergen-Lierde	Geraardsbergen, Lierde
	Hamme/Waasmunster	Hamme, Waasmunster
	Kruibeke/Temse	Kruibeke, Temse
	Lokeren	Lokeren
	Maldegem	Maldegem
	Meetjesland Centrum	Eeklo, Kaprijke, Sint-Laureins
	Ninove	Ninove
	Regio Puyenbroeck	Lochristi, Moerbeke, Wachtebeke, Zelzate
	Regio Rhode & Schelde	Destelbergen, Melle, Merelbeke, Oosterzele
	Ronse	Ronse
	Schelde-Leie	De Pinte, Gavere, Nazareth, Sint-Martens-Latem
	Sint-Niklaas	Sint-Niklaas

POLITIEZONES IN HET VLAAMSE GEWEST EN BRUSSELS HOOFDSTEDELIJK GEWEST

Provincie	*Politiezone*	*Gemeenten*
	Vlaamse Ardennen	Kluisbergen, Kruisem, Oudenaarde, Wortegem-Petegem
	Waasland-Noord	Beveren, Sint-Gillis-Waas, Stekene
	Wetteren Laarne Wichelen	Laarne, Wetteren, Wichelen
	Zottegem/Herzele/ SLHoutem	Herzele, Sint-Lievens-Houtem, Zottegem
Vlaams-Brabant	Aarschot	Aarschot
	Bierbeek/Boutersem/ Holsbeek/Lubbeek	Bierbeek, Boutersem, Holsbeek, Lubbeek
	BRT	Begijnendijk, Rotselaar, Tremelo
	Demerdal DSZ	Diest, Scherpenheuvel-Zichem
	Voer en Dijle (VODI)	Bertem, Huldenberg, Oud-Heverlee, Tervuren
	Dilbeek	Dilbeek
	Druivenstreek	Hoeilaart, Overijse
	Grimbergen	Grimbergen
	Haacht	Boortmeerbeek, Haacht, Keerbergen
	Hageland	Bekkevoort, Geetbets, Glabbeek, Kortenaken, Tielt-Winge
	HERKO	Herent, Kortenberg
	KASTZE	Kampenhout, Steenokkerzeel, Zemst
	K-L-M	Kapelle-op-den-Bos, Londerzeel, Meise
	Getevallei	Landen, Linter, Zoutleeuw, Hoegaarden, Tienen
	Leuven	Leuven
	Pajottenland	Bever, Galmaarden, Gooik, Herne, Lennik, Pepingen
	POL AMOW	Asse, Merchtem, Opwijk, Wemmel
	TARL	Affligem, Liedekerke, Roosdaal, Ternat
	Vilvoorde-Machelen	Machelen, Vilvoorde
	WOKRA	Kraainem, Wezembeek-Oppem
	Zaventem	Zaventem
	Zennevallei	Beersel, Halle, Sint-Pieters-Leeuw
	Zone Rode Zone Rhode	Drogenbos, Linkebeek, Sint-Genesius-Rode
West-Vlaanderen	ARRO Ieper	Ieper, Wervik, Heuvelland, Mesen, Poperinge, Vleteren, Langemark-Poelkapelle, Moorslede, Staden, Zonnebeke
	Blankenberge/Zuienkerke	Blankenberge, Zuienkerke
	Bredene/De Haan	Bredene, De Haan
	Brugge	Brugge
	Damme/Knokke-Heist	Damme, Knokke-Heist
	Gavers	Deerlijk, Harelbeke
	Grensleie	Menen, Ledegem, Wevelgem
	Het Houtsche	Beernem, Oostkamp, Zedelgem
	Kouter	Gistel, Ichtegem, Jabbeke, Oudenburg, Torhout
	Middelkerke	Middelkerke
	MIDOW	Dentergem, Ingelmunster, Meulebeke, Oost-rozebeke, Wielsbeke
	MIRA	Waregem, Anzegem, Spiere-Helkijn, Zwevegem, Avelgem
	Oostende	Oostende
	Polder	Diksmuide, Houthulst, Koekelare, Kortemark
	Regio Tielt	Ardooie, Pittem, Ruiselede, Tielt, Wingene, Lichtervelde
	RIHO	Hooglede, Roeselare, Izegem
	Spoorkin	Alveringem, Lo-Reninge, Veurne
	VLAS	Kortrijk, Kuurne, Lendelede
	Westkust	De Panne, Koksijde, Nieuwpoort

BIJLAGE 7
HULPVERLENINGSZONES IN HET VLAAMSE GEWEST EN BRUSSELS HOOFDSTEDELIJK GEWEST

Onderstaande lijst bevat de krachtens het KB van 2 februari 2009 (BS 17 februari 2009) gehanteerde namen en de samenstelling van de hulpverleningszones, zoals geraadpleegd op 1 september 2020.

Provincie	*Hulpverleningszone*	*Gemeenten*
Antwerpen	Hulpverleningszone Brandweerzone Antwerpen	Antwerpen, Wijnegem en Zwijndrecht
	Hulpverleningszone Brandweerzone Rivierenland	Aartselaar, Berlaar, Bonheiden, Boom, Bornem, Duffel, Hemiksem, Heist-op-den-Berg, Lier, Mechelen, Niel, Nijlen, Putte, Puurs-Sint-Amands, Rumst, Schelle, Sint-Katelijne-Waver en Willebroek
	Hulpverleningszone Brandweer Zone Rand	Boechout, Borsbeek, Brasschaat, Brecht, Edegem, Essen, Hove, Kalmthout, Kapellen, Kontich, Lint, Malle, Mortsel, Ranst, Schilde, Schoten, Stabroek, Wommelgem, Wuustwezel, Zandhoven en Zoersel
	Hulpverleningszone Taxandria	Arendonk, Baarle-Hertog, Beerse, Hoogstraten, Kasterlee, Lille, Merksplas, Oud-Turnhout, Ravels, Rijkevorsel, Turnhout en Vosselaar
	Hulpverleningszone Brandweer zone Kempen	Balen, Dessel, Geel, Grobbendonk, Herenthout, Herentals, Hulshout, Herselt, Laakdal, Meerhout, Mol, Olen, Retie, Vorselaar en Westerlo
Limburg	Hulpverleningszone Noord-Limburg	Bocholt, Bree, Ham, Hamont-Achel, Hechtel-Eksel, Leopoldsburg, Lommel, Pelt en Peer
	Hulpverleningszone Brandweerzone Oost-Limburg	As, Bilzen, Dilsen-Stokkem, Genk, Hoeselt, Houthalen-Helchteren, Kinrooi, Lanaken, Maaseik, Maasmechelen, Oudsbergen, Riemst, Voeren en Zutendaal
	Hulpverleningszone Zuidwest	Alken, Beringen, Borgloon, Diepenbeek, Gingelom, Halen, Hasselt, Heers, Herk-de-Stad, Herstappe, Heusden-Zolder, Kortessem, Lummen, Nieuwerkerken, Sint-Truiden, Tessenderlo, Tongeren, Wellen en Zonhoven
Oost-Vlaanderen	Hulpverleningszone Centrum	Assenede, Deinze, De Pinte, Destelbergen, Evergem, Gavere, Gent, Lievegem, Lochristi, Merelbeke, Melle, Moerbeke, Nazareth, Oosterzele, Sint-Martens-Latem, Wachtebeke, Zelzate en Zulte
	Hulpverleningszone Meetjesland	Aalter, Eeklo, Maldegem, Kaprijke, Sint-Laureins
	Brandweerzone Oost	Berlare, Buggenhout, Dendermonde, Hamme, Lebbeke, Lokeren en Zele

Provincie	*Hulpverleningszone*	*Gemeenten*
	Hulpverleningszone Brandweerzone Vlaamse Ardennen	Brakel, Herzele, Horebeke, Kluisbergen, Kruisem, Maarkedal, Oudenaarde, Ronse, Sint-Lievens-Houtem, Wortegem-Petegem, Zottegem en Zwalm
	Hulpverleningszone Waasland	Beveren, Kruibeke, Sint-Gillis-Waas, Sint-Niklaas, Stekene, Temse en Waasmunster
	Hulpverleningszone Zuid-Oost	Aalst, Denderleeuw, Erpe-Mere, Geraardsbergen, Haaltert, Laarne, Lede, Lierde, Ninove, Wetteren en Wichelen
Vlaams-Brabant	Hulpverleningszone Oost	Aarschot, Begijnendijk, Bekkevoort, Bertem, Bierbeek, Boortmeerbeek, Boutersem, Diest, Geetbets, Glabbeek, Haacht, Herent, Hoegaarden, Hoeilaart, Holsbeek, Huldenberg, Kampenhout, Keerbergen, Kortenaken, Landen, Leuven, Linter, Lubbeek, Oud-Heverlee, Overijse, Rotselaar, Scherpenheuvel-Zichem, Tervuren, Tielt-Winge, Tienen, Tremelo en Zoutleeuw
	Hulpverleningszone West	Affligem, Asse, Beersel, Bever, Dilbeek, Drogenbos, Galmaarden, Gooik, Grimbergen, Halle, Herne, Kapelle-op-den-Bos, Kortenberg, Kraainem, Lennik, Liedekerke, Linkebeek, Londerzeel, Machelen, Meise, Merchtem, Opwijk, Pepingen, Roosdaal, Sint-Genesius-Rode, Sint-Pieters-Leeuw, Steenokkerzeel, Ternat, Vilvoorde, Wemmel, Wezembeek-Oppem, Zaventem en Zemst
West-Vlaanderen	Hulpverleningszone 1	Blankenberge, Beernem, Bredene, Brugge, Damme, De Haan, Gistel, Ichtegem, Jabbeke, Knokke-Heist, Middelkerke, Oostkamp, Oostende, Oudenburg, Torhout, Zedelgem en Zuienkerke
	Hulpverleningszone Brandweerzone Midwest	Ardooie, Dentergem, Hooglede, Ingelmunster, Izegem, Lichtervelde, Meulebeke, Moorslede, Oostrozebeke, Pittem, Roeselare, Ruiselede, Staden, Tielt en Wingene
	Hulpverleningszone Fluvia	Anzegem, Avelgem, Deerlijk, Harelbeke, Kortrijk, Kuurne, Ledegem, Lendelede, Menen, Spiere-Helkijn, Waregem, Wevelgem, Wielsbeke en Zwevegem
	Hulpverleningszone Brandweer Westhoek	Alveringem, De Panne, Diksmuide, Heuvelland, Houthulst, Ieper, Koekelare, Koksijde, Kortemark, Langemark-Poelkapelle, Lo-Reninge, Mesen, Nieuwpoort, Poperinge, Veurne, Vleteren, Wervik en Zonnebeke

BIJLAGE 8
WOLTERS KLUWER DATABANKEN

Wolters Kluwer beheert diverse databanken die via jaarlijkse enquêteringen up-to-date gehouden worden.

Het *Gemeentelijk Zakboekje Databank* bundelt alle praktische informatie en de relevante contactgegevens voor de lokale besturen in Vlaanderen en Brussel. Het bevat actuele en betrouwbare informatie en contactgegevens voor:
- gemeenten;
- provincies;
- districten;
- intergemeentelijke samenwerkingsverbanden;
- polders en wateringen.

In het zakboekje kunt u o.m. terecht voor de samenstelling van gemeente-, districts- en provincieraden en de bestuurscoalitie, centrale telefoonnummers, samenstellende deelgemeenten, intergemeentelijke samenwerkingsverbanden verbonden aan de gemeenten, aantal inwoners, arbeids- en politierechtbank, contactgegevens voor de gemeentelijke diensten enz.

In het *OCMW Zakboekje Databank* bieden we gelijkaardige informatie voor de Vlaamse en Brusselse OCMW's. Hierin vindt u in een oogopslag de actuele informatie van de administratie, mandatarissen en instellingen verbonden aan OCMW's terug.